Dr. Ph. Joshua David Stone

und Janna Shelley Parker

Integrierter Aufstieg

Offenbarungen für das neue Jahrtausend

R. Lippert Verlag

Titel der englischen Originalausgabe:
"Integrated Ascension"
from the collected work: "The Easyto-Read
Encyclopedia of the Spiritual Path".
Erschienen bei: Writers Club Press, USA

Übersetzung: Monika Bischofberger-Spitzer

Titelbild: Julian T. Luksch
Gestaltung: Renate und Rudolf Lippert

Deutsche Erstausgabe Dezember 2001
© Copyright
by R. Lippert Verlag,
Hartgass 9, D-88639 Wald
Tel.: 07578-2229, Fax 07578-933194
www.lippert-verlag.de

Printed in Germany

ISBN 3-933470-65-X

Dr. Ph. Joshua David Stone

und Janna Shelley Parker

Integrierter Aufstieg

Offenbarungen für das neue Jahrtausend

R. Lippert Verlag

Anmerkung

Dieses Buch wurde mit dem Pronomen "ich" geschrieben, obwohl es zwei Autoren gibt. Ich glaube, daß sich das Buch in dieser Weise bedeutend leichter liest.

Dr. Joshua David Stone

Inhalt

1. Integrierter Aufstieg

Dieses Buch zu schreiben, war sehr aufregend für mich. Es ist vermutlich eines der wichtigsten Bücher meiner gesamten Serie der leicht zu lesenden Enzyklopädie des spirituellen Pfades. Es gibt ein großes Interesse in der spirituellen Bewegung für die Aufgestiegenen Meister, die Engel, die kosmischen Wesen, die Außerirdischen, andere Dimensionen, Einweihungsprozesse, den Aufbau von Lichtquotienten, Channeling und dem, was ich allgemein als den esoterischen und ätherischen Aspekt des Lebens beschreiben würde. Dies ist ebenfalls beinhaltet in dem Erleben des Aufstiegs. Ich habe bereits viel über diese Themen geschrieben und dieser Aspekt des Lebens bedeutet auch für mich persönlich sehr viel. In dieser Phase der Erdgeschichte, die von einem enorm beschleunigten spirituellen Wachstum gekennzeichnet ist, wächst in mir, wie auch bei den Kosmischen Aufgestiegenen Meistern, mit denen ich zusammenarbeite, ebenso eine Sorge bezüglich der großen Konzentration der Lichtarbeiter auf diesen spirituellen Aspekt des Lebens. Dieser Aspekt ist jedoch nicht ausreichend ausbalanciert und mit dem physischen Aspekt unseres Seins integriert. Die Wahrheit ist, daß der Aufstieg und die esoterische Arbeit oftmals als glorreicher und interessanter angesehen wird. Die Lichtarbeiter werden dadurch etwas unausgewogen. Ihr spiritueller Körper wird weitaus mehr entwickelt, als ihr mentaler-, emotionaler- und physischer Körper.

Wir leben in einer außergewöhnlichen Zeit der Erdgeschichte. Etwas, wofür die Meister in der Vergangenheit ein ganzes Leben brauchten, um es spirituell zu erreichen, kann heute in einigen Fällen buchstäblich in sechs Monaten erreicht werden. Die Lichtarbeiter müssen verstehen, daß das Erreichen von Einweihungen in Wahrheit mehr mit der Größe des Lichtquotienten zu tun hat, den sie halten, und wenig mit der generellen psychisch-spirituellen Entwicklung. Das Erreichen des Aufstiegs ereignet sich mit Abschluß der sechsten Einweihung. Die Befreiung vom Rad der Wiedergeburt erreicht man mit Beginn der siebten Einweihung. Der Abschluß des planetaren Aufstiegs beginnt, wenn die zehnte Einweihung genommen wird. Dies bringt außerdem den Prozeß des kosmischen Aufstiegs entgegengesetzt dem planetaren Aufstieg in Gang. Das Durchschreiten der Einweihungen ist von größter Wichtigkeit und die Frage, ob Du nochmals inkarnieren mußt, wird durch diese Einweihungen bestimmt. Der Prozeß des Channelns, der Kommunikation mit den Aufgestiegenen Meistern, das Studium okkulter Literatur, Meditation, Beten und alle esoterischen Praktiken sind sehr wichtig. Die einzige Anmerkung, die ich hier machen möchte ist, daß diese Arbeit ausgeglichen sein muß mit der angebrachten psychologischen und physischen Arbeit auf der Erde, um ein wahrhaft selbstverwirklichtes Wesen zu werden. Viele Lichtarbeiter gehen jetzt durch ihre höheren Einweihungen und erreichen ihre Befreiung vom Rad der Wiedergeburt und ihren Aufstieg. Das ist gut! Viele Lichtarbeiter bewegen sich sogar in Richtung des planetaren Aufstiegs und beginnen den kosmischen Aufstieg. Das ist ebenfalls gut. Was nicht so gut ist, ist die Tatsache, daß das mentale, das emotionale und psychologische Selbst sich nicht so schnell entwickeln, wie das spirituelle Selbst. Da die Einweihungen nunmehr in sechs Monaten bis zwei Jahren durchlaufen werden, ist keine Zeit für eine angebrachte Phase der Integration. Spirituelles Wachstum ist in Wahrheit sehr einfach. Wenn Du erst einmal im Aufstiegsprozeß und der dazugehörigen Arbeit bist, über die ich in meinen Büchern geschrieben habe, ist es nicht mehr schwer, durch Deine Einweihungen zu rasen und den Lichtquotienten aufzubauen. In Wahrheit ist das wirkliche Zentrum und die Basis des spirituellen Pfades die psychologische Ebene. Was zur Zeit in der spirituellen Bewegung geschieht, ist, daß viele Lichtarbeiter ihre Einweihungen erhalten oder den Aufstieg erreichen und das Rad der Wiedergeburt hinter sich lassen, doch sie haben, wie auch immer, ihren Aufstieg noch nicht wirklich realisiert.

Um den Aufstieg wirklich zu realisieren, muß man dies spirituell, mental, emotional, ätherisch, physisch, umweltbewußt, sozial, finanziell und/ oder auf allen Ebenen und Facetten seines Wesens tun. Ich sage nicht, daß man perfekt sein muß, aber einen allumfassenden Sinn für Balance und Integration sollte man haben. In der spirituellen Bewegung durchschreiten immer mehr Lichtarbeiter, spirituelle Lehrer, Channels und Heiler diese höheren Einweihungen - vielleicht sogar die siebte Einweihung. Ich frage Euch, meine Freunde, was hat es für einen Wert, wenn eine Person die siebte Einweihung durchschreitet und die Befreiung vom Rad der Wiedergeburt erlangt, aber immer noch gelenkt wird vom negativen Ego, dem niederen Selbst, dem Inneren Kind, dem Emotionalkörper, vom Wunschdenken und angefüllt ist mit negativen Gedanken und einfach nicht im Einklang mit dem Selbst ist? Vielleicht ist sie im Einklang mit Gott und den Aufgestiegenen Meistern, aber sie ist nicht im Einklang mit ihrem Selbst. Wie ich bereits in meinem Buch *Seelenpsychologie* schrieb, ist die wichtigste Beziehung in Deinem Leben nicht die Beziehung zu Gott und den Aufgestiegenen Meistern, sondern die Beziehung zu Dir selbst. Befindest Du Dich nicht im Einklang mit Deinem Selbst, wird diese falsche Beziehung zum Selbst auf jede andere Beziehung in Deinem Leben projiziert, einschließlich Deiner Beziehung zu Gott und den anderen Menschen. Dies, meine Freunde und geliebte Leser, ist die Unredlichkeit und Verseuchung, die im Moment massenhaft in der spirituellen Bewegung geschieht. Wenn eine Person nicht die richtige Beziehung zu sich selbst entwickelt, wird all ihr Channeln unredlich sein, und ich kümmere mich dabei nicht darum, wie berühmt diese Person auch immer sein mag oder wieviele Bücher sie geschrieben hat, sie wird immer ihr eigenes negatives Ego channeln oder ihre persönliche Geschichte und wird dies nicht einmal erkennen. Jede Durchgabe wird durch die Informationsbanken übermittelt - das Unterbewußtsein, den Mentalkörper, den Emotionalkörper, die Strahlenstruktur, die Programmierung und das persönliche Objektiv derjenigen Person. Lichtarbeiter sind, und dies soll keine Kritik sein, unglaublich naiv bezüglich dieser Tatsache. Nur weil eine Person hellhörig ist und sagt, daß sie die Aufgestiegenen Meister zu sich sprechen hört, ändert sich nichts an der Tatsache, die ich gerade anführte. Die Unredlichkeit, die ich gegenwärtig in der spirituellen Bewegung sehe ist geradezu monumental.

Lichtarbeiter geben ihre Macht an äußere Channels auf eine sehr ungesunde Weise ab. Sie denken, sobald es gechannelt ist, ist es wahr und nichts kann von der Wahrheit weiter entfernt sein. Der Punkt, den ich hier anspreche, ist von großer Wichtigkeit - es gibt einen solch großen Mangel an spiritueller Urteilskraft unter den Lichtarbeitern in dieser Hinsicht, daß die Meister mich gebeten haben, ein ganzes Buch nur diesem Thema zu widmen, welches den Namen tragen wird - *Channeling und der Pfad des Aufstiegs* - um dieses Thema in all seinen Verzweigungen zu erforschen. Der Punkt, den ich hier anspreche bezüglich Channeln oder Hellhörigkeit, betrifft in gleicher Weise das Hellsehen. Die Wahrheit ist, daß die Menschen nicht mit ihren Augen sehen, sondern sie sehen mit ihrem Verstand. Jeder Mensch auf dem Planeten Erde verursacht und sieht seine eigene Realität durch die Art seines Denkens. Jeder Mensch denkt oder sieht vom negativen Ego aus oder vom Christusbewußtsein aus, oder aber irgendeiner merkwürdigen Kombination aus beidem. Das Ideal ist offensichtlich - nämlich das Leben vom Christusbewußtsein aus zu interpretieren. Wenn dies nicht der Fall ist wird auf der psychologischen Ebene allen Channelns, Hellsehens und Hellhörens durch diesen Filter gesehen und interpretiert. Wie mein lieber Freund Djwhal Khul sagen würde: *"...denke darüber nach."* Meiner bescheidenen Meinung nach, besteht das größte Problem und die Herausforderung in der spirituellen Bewegung für die Lichtarbeiter darin, zu lernen, das Denken aus dem negativen Ego heraus sterben zu lassen und das Leben nur noch aus dem Christusbewußtsein heraus zu interpretieren. Meiner Meinung nach haben 98% der Lichtarbeiter hierin keine feste Handhabung. Die Konsequenzen sind gewaltig. Ich kann Euch nicht sagen, wieviele hoch angesiedelte Lichtarbeiter ich kenne, die ihre siebte, achte, neunte, zehnte und sogar elfte Einweihung nicht schafften aufgrund der Unfähigkeit ihr negatives Ego zu kontrollieren. Dies appelliert auch an viele der spirituellen Führer in der New Age Bewegung. Liebe Leser, ich weiß, daß Ihr wißt worüber ich hier spreche, denn viele von Euch haben die gleiche Besorgnis geteilt. Was nutzt es, wenn jemand ein Aufgestiegener Meister oder hoher Eingeweihter ist und sich auf einem massiven Ego-Trip befindet?

Nachfolgend eine Liste einiger negativer Ego-Unredlichkeiten, die es allzuoft gibt: Selbstüberschätzung, Selbstbezogenheit, Lieblosigkeit, emotionale Opferhaltung, Diktator-Verhalten, Unfähigkeit mit anderen Leuten auszukommen, Unverantwortlichkeit seinen eigenen Problemen gegenüber, das Erfülltsein von negativen Emotionen, Macht auszuüben, nicht in der Lage die Prüfung des Geldes zu bestehen, oder die des Ruhms, der Sexualität, des Stolzes, der Gier, Unehrlichkeit mit sich selbst oder anderen, Vergleich mit anderen, Eifersucht, Neid, Angriffsgedanken, entzweiend, trennend, verurteilend, hinterlistig, nicht kooperativ sein... - um nur einige der verderblichen Einflüsse zu nennen, die allzu häufig stattfinden. Die faszinierende Tatsache dabei ist, daß diese Individuen meistens dieser Sache gegenüber zu 100% unbewußt sind. Fragst Du sie nach ihrer psychologischen Entwicklung, so werden sie sagen: "Ich meisterte diese Ebene im Frühjahr 1972 und bin total klar auf dieser Ebene." Sie werden auch oft sagen...- "Das ist die niedrige Ebene, mit der ich nichts zu tun habe!" Ich weiß, meine lieben Leser, daß Ihr die gleichen

Dinge gesehen habt, die ich hier beschreibe. Ich sage diese Dinge nicht verurteilend, sondern eher um das Schwert der Wahrnehmung auf ein sehr gefährliches Muster zu legen, und einen Trend über den die Aufgestiegenen Meister der Inneren Ebene sehr besorgt sind.

Seine Heiligkeit - Lord Sai Baba - sagte, daß die Definition Gottes folgende ist: *"Gott ist gleich Mensch minus Ego"*. Beachtet, daß er nicht sagte, Gott ist gleich siebte Einweihung. In meiner Arbeit in der Melchizedek-Synthesis Light-Academy kann ich mich nicht um den Grad der Einweihung der Leute kümmern - wonach ich bei den Menschen, die hier arbeiten, schaue, ist Egolosigkeit, Selbstlosigkeit, Hingabe an die Meister, Christusbewußtsein, Reinheit, bedingungslose Liebe und dem Sinn dafür, daß sich die Person in ihrem ganz eigenen Puzzleteil wohlfühlt. Ich hätte viel lieber einen Eingeweihten des vierten Grades hier arbeiten, der diese Qualitäten besitzt, als einen Eingeweihten des neunten Grades, der von seinem negativen Ego gesteuert wird. Ich bin sicher, daß Ihr, meine Freunde, mir hier zustimmen würdet. Lichtarbeiter sind häufig fasziniert von kurzlebigen himmlischen Sphären ohne ihre Miete an Gott auf der psychologischen Ebene zu zahlen. Nun, meine Freunde, hier kommt der kosmische harte Liebeshieb, wie er mir von den Kosmischen und Planetaren Meistern der Inneren Ebenen, mit denen ich arbeite, erzählt wurde. Nummer eins ist, daß obgleich die siebte Einweihungsstufe die Befreiung vom Rad der Wiedergeburt bedeutet, Ihr auf der astralen oder mentalen Ebene wieder inkarnieren müßt, wenn die psychologische Arbeit an Euch selbst nicht in gleicher Weise gemeistert wird - auch wenn Ihr auf der siebten Stufe oder sogar jenseits der siebten Einweihung seid. Nummer zwei des harten Liebeshiebs der Kosmischen und Planetaren Hierarchie beinhaltet, daß alle Eingeweihten, die nicht die angebrachte psychologische Arbeit an sich selbst vollziehen, in einem Zustand des spirituellen Stillstandes gehalten werden am Ende der siebten Einweihung - und dies auf unbestimmte Zeit, bis die psychologische Arbeit ordentlich zu Ende gebracht worden ist.

Das Ende der siebten Einweihung ist der Ring, der nicht durchbrochen werden kann. Dies bedeutet, daß niemand, der nicht diesen Aspekt des Seins grundlegend gemeistert hat, die Erlaubnis hat, seinen planetaren Aufstieg zu vervollständigen, oder seinen kosmischen Aufstieg zu beginnen. Ich sage hier nicht, daß es perfekt sein muß, doch wie auch immer geartet, muß es eine grundlegende Meisterschaft des Selbst auf allen Ebenen gegeben haben - auf der spirituellen, psychologischen, physischen, umweltbezogen und den weiteren Ebenen. Meine lieben Leser, ich bringe Euch also im Moment ein neues Konzept und ein neues Ideal, über welches der Titel bereits einen Hinweis gibt. Anstatt nach Aufstieg zu streben, rate ich vorsichtig zu einem neuen Ideal und einem neuen Ziel, welches ich jetzt als integrierten Aufstieg bezeichnen werde. In diesem Bezug werden Einweihungen nicht nur auf der spirituellen Ebene bestanden, sie müssen ebenso auf der mentalen, der emotionalen, der ätherischen, der physischen, der umweltbezogenen Ebene bestanden und integriert werden. Auf diese Weise wird nicht nur der spirituelle Körper völlige Bewußtheit reflektieren, sondern Euer Mentalkörper wird das Leben korrekt interpretieren und Euer Emotionalkörper wird ruhig, aufrichtig, liebevoll, fröhlich und nicht voll von negativen Emotionen sein - er wird auch mit anderen Menschen gut auskommen. Euer ätherischer Körper wird instand gesetzt und ersetzt durch den göttlichen monadischen Blaupausenkörper der auch Mayavarupa Körper genannt wird. Ihr werdet auf Euren Körper achtgeben in Form einer guten Ernährung, Übungen, Schlaf, frischer Luft und Sonnenlicht, so daß er als ein geeignetes Instrument der Seele und der Monade dienen kann. Eure Umgebung wird organisiert sein, ordentlich und sauber, ästhetisch ansprechend und Ihr werdet Euch um Eure Geschäfte auf der irdischen Ebene kümmern, so daß Euer Erdenleben den Himmel auf Erden reflektiert. Die Sexualität wird überwunden sein und im Dienste Gottes angemessen benutzt werden. Armutsdenken wird auf der finanziellen Ebene in Wohlstandsbewußtsein umgewandelt. Auf der sozialen Ebene wird eine rechte Beziehung zu den Menschen erreicht und zur Meisterschaft im Dienste der bedingungslosen Liebe und Kooperation im Namen Gottes, des Mannes, der Frau gebracht.

Offenbarungen für das neue Jahrtausend

In dieser Offenbarung für das neue Jahrtausend - genannt "integrierter Aufstieg" - wird der Fokus nicht mehr nur auf das Erreichen von Einweihungen und das Aufbauen des Lichtquotienten gerichtet. Die neue Offenbarung wird nunmehr die folgenden Quotienten gleicher Wichtigkeit beinhalten:

1. Initationen
2. Lichtquotient
3. Liebesquotient
4. Quotient der psychologischen Weisheit
5. Christusbewußtseins-Quotient
6. Quotient der Überwindung des negativen Egos
7. Quotient des Dienens und der spirituellen Führung
8. Quotient der Integration und des Gleichgewichts

Um Deinen planetaren Aufstieg ganz zu realisieren, mußt Du angemessen hohe Punktzahlen in all diesen Quotienten erreichen. Es gibt viele andere Quotienten, die ebenfalls entwickelt werden müssen, jedoch waren diese acht in meinen Gesprächen mit den Meistern die Wichtigsten. Ein Teil der Unausgewogenheit in der spirituellen Bewegung liegt in der Tatsache, daß die einzigen beiden Quotienten über die wirklich gesprochen wird, die Initiationen und der Lichtquotient sind. Die anderen sechs Quotienten sind genauso wichtig und können ebenso in der 1 zu 100% Skala berechnet werden. Die Aufgestiegenen Meister der Inneren Ebene führen sorgfältig spirituelle Aufzeichnungen über jeden Eingeweihten. Dies ist die grundlegende Arbeit der sieben Chohans (El Morya, Kuthumi, Serapis Bey, Paul der Venezianer, Hilarion, Sananda, Saint Germain und Djwhal Khul).

Diese Aufzeichnungen über jeden Eingeweihten auf dem Planeten Erde sind in ihren spirituellen, holographischen Computern gespeichert, und sie sind es auch, welche, basierend auf diesen Kriterien, entscheiden, wer weit genug für eine Einweihung entwickelt ist, und wem es erlaubt sein wird, den weiterführenden kosmischen Einweihungsprozess zu beschreiten, oder wer letztlich auf der physischen, astralen oder mentalen Ebene wieder inkarnieren muß. Diese spirituellen Informationen und Aufzeichnungen werden weitergegeben an Lord Maitreya, unseren Planetaren Christus, und zu Lord Buddha, unseren Planetaren Logos, um eine abschließende Inspektion und Bestätigung zu geben. Wenn es zu einer Reinkarnation auf einer der drei Ebenen kommt, so werden außerdem die Meister des Karmischen Rates konsultiert.

Zusammenfassung

Aus den bisher genannten Gründen haben mich die Meister dahin geführt, die "Melchizedek-Synthesis-Light-Academy" zu gründen. Dies ist auch der Grund, weshalb ich von den Meistern dahin geleitet worden bin, meine Bücher zu schreiben. Ich kann nicht genug betonen, wie wichtig es ist, dieses Material zu studieren und damit zu arbeiten. Der Grund, warum die Lichtarbeiter zum größten Teil in diesem Bereich nicht entwickelt sind, liegt darin, daß die Art der spirituellen Psychologie, die hier präsentiert wird, eine tiefgreifende neue Sache im Bereich der Psychologie darstellt. Es ist ein neues Paradigma und Verständnis, geschrieben von der Seelen- und Monaden-Ebene des Bewußtseins, dem Leser leicht verständlich, praktisch und leicht verdaulich dargereicht. Die Wahrheit ist, meine Freunde, daß die Welt keine neuen Channels oder Hellsichtige braucht. Die Welt benötigt mehr spirituelle Lehrer, die diese Ebene der Arbeit nicht nur verstehen, sondern anderen beibringen können, wie dieses Material integriert werden kann. Ich kann Euch gar nicht sagen, wieviele hohe Lehrer und spirituelle Führer auf der Strecke bleiben, durch mangelndes Verständnis und zu wenig angemessenem Training in diesem Bereich. Dies ist keine Beurteilung, dies ist ein Weckruf und ein Trompetenschall an alle Lichtarbeiter rund um den Globus, daß sie die nötige Anpassungen an sich selbst und an ihrer Arbeit vornehmen - die nötige Korrektur der Einstellung auf globaler Ebene.

Fehlende Übung, Bücher und fehlende Lehrer und Berater, die diese Arbeit verstehen, sind der Grund dafür, warum so viele Lichtarbeiter und Menschen im allgemeinen Probleme haben. Alleine dieses Konzept, daß es lediglich zwei Arten des Denkens gibt (Christus-Denken oder negatives Ego-Denken) ergibt ein revolutionäres neues Verständnis für Männer, wie Frauen, und für das Gebiet der Psychologie. Dies sind einschneidende Lehren der neuen Art. Sie können treffend als "Seelenpsychologie" und/oder "Monadenpsychologie" bezeichnet werden. Auf Geheiß der Aufgestiegenen Meister erhebe ich jetzt diesen Aufruf an die Lichtarbeiter rund um den Globus, daß sie helfen mögen, diese wachsende Unausgewogenheit in der spirituellen Bewegung auszugleichen. Ich bitte alle Channels, unter Verwendung dieses Acht-Punkte-Quotienten-Systems, Durchgaben zu geben, so daß Lichtarbeiter das angemessene integrierte Ideal aufrechterhalten, und nicht nur nach spirituellem oder himmlischem Wachstum allein streben. Ich erlasse diesen Aufruf an alle

Berater, die genannten Ideale und Quotienten in ihren Berater-Sitzungen anzuwenden. Ich erlasse den Aufruf an alle Lichtarbeiter, daß sie über diese Quotienten und Ideale mit ihren Familien, Freunden und Schülern sprechen. Beurteilt Euch intuitiv selbst auf einer 1 zu 100% Skala bezüglich Eurer Entwicklung in diesen Quotienten. Eure Seele und Eure Monade wird Euch die korrekte Bewertung intuitiv mitteilen, wenn Ihr bereit seid, ehrlich zu Euch selbst zu sein. Laßt nur wundervolle Bewertungen einen Grund für Selbstbeurteilungen sein. Alles im Leben sind Lehren, Lektionen, Herausforderungen und Möglichkeiten zum Wachstum. Alles ist vergeben und unser Wert rührt aus der Tatsache, daß Gott uns erschuf. Worüber ich hier spreche, ist eine Heilung der Einstellung. Diese Lektionen können rasend schnell gelernt werden. Es ist nur eine Frage des Umdenkens, was Euer Bewußtsein revolutionieren und integrieren wird. Benutzt dabei die Methoden und Hilfsmittel, die ich in den einzelnen Büchern bereithalte, und sie werden Euer Bewußtsein sehr schnell und mit verhältnismäßig wenig Anstrengung verändern. Strebt danach, ein integrierter Meister auf allen Ebenen zu sein. Strebt danach, Gott auf allen 352 Ebenen Eures Seins zu realisieren. Seid sicher "Eure Miete" an Gott zu zahlen, nicht nur spirituell, sondern auch mental, emotional, physisch, umweltbewußt, sozial und finanziell.

Erinnert Euch stets daran, daß die psychologische Ebene, die Basis oder das 1. Stockwerk Eures symbolischen psychischen Zuhauses ist. Die 2. Ebene ist die spirituelle Ebene. Wenn Ihr all Eure Energien und Bewußtsein auf die 2. Ebene konzentriert und Ihr Eure Arbeit nicht im 1. Stockwerk tut, befindet sich Euer psychisches Haus in der Gefahr einzustürzen. Die Dinge, über die ich hier spreche, sind viel verbreiteter, als die meisten Menschen annehmen. Ich sage dies aus einer liebevollen Beobachtung als Leiter der "Melchizedek-Synthesis-Light-Academy" und in meiner Eigenschaft als professioneller Psychotherapeut, sowie als Ehe-, Familien- und Kindertherapeut. Ich habe viele Studenten in meiner Obhut und die Dinge, über die ich hier spreche, sind in der Welt weit verbreitet. Meiner ehrlichen Meinung nach, gibt es nicht ein einziges wichtigeres Thema in der spirituellen Bewegung, als dieses. Sollte dieses Thema nicht angesprochen werden, wird irgendwann sogar die spirituelle Ebene vom negativen Ego durchsetzt. Die Meister wünschen sich, daß jeder Lichtarbeiter auf der Erde unerbittlich ehrlich mit sich selbst wird, und den Mut, sowie die Egolosigkeit besitzt, seine Hausaufgaben in diesem so überaus wichtigen Bereich zu machen. Es mag nicht so spektakulär sein, wie manch andere Arbeit auf der spirituellen Ebene, jedoch ist es, wie auch immer, die wahre Prüfung der Göttlichkeit, nach der wir alle in Wahrheit suchen. Das negative Ego ist unglaublich trickreich und voller Selbsttäuschung. In Hinsicht auf diese Thematik, möchte ich diese Sektion mit den Worten Jesus´ aus *Ein Kurs in Wundern* schließen, in denen er sagt: "Verweigere jedem nicht göttlichen Gedanken den Zutritt zu Deinem Geist." Er sagt außerdem: "Sei wachsam für Gott und Sein Königreich."

Also, meine Freunde, seid wachsam gegen die negativen Motive des Egos und der Selbsttäuschung. Vergebt Euch selbst und seid schuldlos im Klärungsprozeß des negativen Egos in Eurem bewußten und unbewußten Denken. Dies ist eine Entwicklung und geschieht nicht innerhalb einer Sekunde. Es bedarf einer gewissen Ausrichtung und einer Verpflichtung - jedoch wird die Frucht, die Ihr nach der vollbrachten Knochenarbeit des spirituellen Pfades erhaltet, "den Frieden jenseits aller Vorstellungen bringen".

2. Eine genauere Erklärung der acht Quotienten und ihrer Anwendung

Initiationen

Wie Ihr alle bereits wißt, bezeichnen Initiationen einerseits die Vollendung einer Evolutionsphase und andererseits den Beginn der nächsten Stufe. Bis vor relativ kurzer Zeit handelte es sich dabei um einen langen, mühevollen Prozeß mit mehreren Inkarnationen, in dem ein ausreichend hoher Lichtquotient erarbeitet wurde, um überhaupt an der Initiation teilnehmen und damit in die nächste Entwicklungsstufe eintreten zu können. Obwohl dieser Vorgang im Vergleich zu unserem jetzigen, durch den Massenaufstieg beschleunigten Vorwärtsgehen sehr langsam war, sorgte er doch für eine viel vollständigere Integration aller Körper, da mit jedem von ihnen (physischer Körper, Ätherkörper, Emotionalkörper und Mentalkörper) viel nachhaltiger gearbeitet und sie somit in den Prozeß integriert wurden. Da durch die einmalige Möglichkeit, die sich gerade bietet, diese Initiationen im Eilzugstempo durchlaufen werden, ist der Prozeß nicht so tiefgreifend, wie er das in der Vergangenheit war. Das hat die nachteilige Auswirkung, daß viele aus ihrem Gleichgewicht geraten und nicht voll integriert sind.

Für das Tempo, mit welchem viele Menschen jetzt durch die Initiation geschleust werden, ist ein hoher Preis zu bezahlen. Dieser Preis besteht darin, daß die Körper nicht integriert werden und daß außerordentlich wichtige Quotienten, abgesehen vom Lichtquotient, vernachlässigt und / oder einfach nicht angenommen werden. Wie Ihr wißt, ist der Lichtquotient die treibende Kraft, die Euch durch die verschiedenen Stufen auf der Leiter der Initiation trägt, bis dann am Beginn der sechsten Initiation der planetare Aufstieg erreicht und am Ende der siebten vollständig beendet ist. Die Voraussetzung für den Aufstieg ist, daß Ihr 51% Eures Karmas ausgleicht. Das befreit Euch dann vom Rad der Wiedergeburt auf der physischen Ebene und gibt den Weg frei für Euer

Fortschreiten auf den inneren Bereichen. Das ist aber noch nicht alles und deshalb wird dieses Buch geschrieben. Es muß noch sehr viel in Betracht gezogen werden, bevor der "integrierte Aufstieg", der alle Körper beinhaltet, vollständig durchgeführt ist. Der "integrierte Aufstieg" ist das, was wir eigentlich wollen, denn um wirklich völlig aufzusteigen, müssen alle Körper und noch viele andere Quotienten zu Gott emporgehoben werden. Im Gegenzug muß die Gotteskraft durch den Prozeß des "Abstiegs" heruntergebracht werden. "Abstieg" bedeutet die Verankerung des Geistes im Körper (der Materie). Die Initiation, die ja zum Aufstieg führt, muß daher als Summe aller ihrer Einzelteile gesehen und erkannt werden.

Der Lichtquotient

Der Lichtquotient ist ein Aspekt der Initiation, mit dem fast jeder Lichtarbeiter vertraut ist. Wenn Du 80% des Lichtquotienten besitzt, kannst Du die sechste Initiation durchlaufen, was dann gleichzeitig der Beginn des eigentlichen Aufstieges ist. Um Deinen Aufstieg zu beginnen und/oder die sechste Initiation zu vollenden, muß ein Lichtquotient von 92% erreicht werden. Wie schon früher gesagt wurde: die Initiation, und letztlich der Aufstieg, wird durch die Kombination bestimmter Lichtquotient-Normen erreicht. Das ist der Grund, warum immer wieder betont wird, wie wichtig es ist, den Lichtquotienten anzuheben, wenn man den glorreichen Zustand des Aufstieges anstrebt. Es wird jedoch immer deutlicher, wie schwierig es ist, sich ausschließlich auf diesen Quotienten zu konzentrieren. Bevor ich hier weitergehe, möchte ich Euch auf zwei ganz wichtige Dinge aufmerksam machen. Das erste ist, daß, von einem bestimmten Standpunkt aus betrachtet, der Kosmos selbst aus Licht besteht, weshalb ich voll und ganz die Wichtigkeit des Lichtquotienten annehme und unterstreiche. Ohne ihn könnten wir nicht vorwärtsgehen. Wie unser geliebter Meister Jesus/Sananda sagt: "An ihrem Lichte werden wir sie erkennen." Das ist die reine Wahrheit. Gleicherweise betont Sananda jedoch die Qualität, oder den Quotienten, der Liebe und des Erreichens des Christusbewußtseins, also den Christusbewußtseins-Quotienten. Die Liebe wird von Meistern und Führern der unterschiedlichsten Wege und Religionen immer wieder betont. Ebenso die Qualität der Weisheit, die ein weiterer Aspekt des Lichtes ist, aber gleichzeitig ihre eigenen, ganz speziellen Eigenschaften hat. Die Weisheit steht in Zusammenhang mit dem Quotienten der psychologischen Weisheit, dem der Überwindung des negativen Egos, dem des Dienens und der spirituellen Führung, sowie dem Quotienten der Integration und des Gleichgewichts, wie im folgenden noch zu lesen sein wird.

Wir beginnen mit einem Blick auf den Lichtquotienten, da er derjenige ist, den wir am besten kennen. Gleichzeitig ist er das Modell, an Hand dessen wir verschiedene andere Quotienten erforschen werden. Das Steigern des Lichtquotienten hat mit dem immer stärkeren Anheben der Lichtfrequenz im Bereich des Vier-Körper-Systems zu tun. Einfach ausgedrückt ist es so, als wären unsere vier niederen Körper verdunkelte Zimmer, in denen durch ganz langsames, millimeterweises Drehen des Schalters das Licht in immer größerer Helligkeit erstrahlt. Genau das passiert, wenn wir uns reinigen und uns durch Meditation, Handlung, Initiation und Anrufung immer näher zum Ursprung hinbewegen. Das Licht unserer Körper wird immer heller, immer klarer. Die atomare Schwingung innerhalb unserer zwölf Körper wird angehoben und wir reflektieren das Licht Gottes. Das ist unbedingt notwendig und es gibt keinen Fortschritt, wenn nicht diese Transformation und göttliche Alchimie zur Wirkung kommt. Zu Mißverständnissen und Fehlinterpretationen kommt es dann, wenn wir irrtümlich von einem Glaubenssystem ausgehen, das uns erklärt, daß dies auch schon alles sei, was mit dem Aufstieg zu tun hat. Das ist einfach nicht wahr! Den Lichtquotienten anzuheben ist ein wichtiger Bestandteil des Prozesses, die anderen Quotienten sind jedoch, wie wir später sehen werden, ebenso wichtig.

Wir werden etliche Basismuster des Lichtquotienten dazu verwenden, die anderen sechs Quotienten zu erkennen und zu verstärken. Da jedoch jeder dieser Quotienten in seiner Art einmalig ist, werden wir sie auch in ihrer Einmaligkeit betrachten und ihre Wirkung erforschen. Wenn wir das getan haben, werden wir sie als einzigartige Einheiten, Qualitäten oder Aspekte betrachten können, für die das Lichtquotient-System nicht mehr relevant ist. Mitunter wird unsere Betrachtung dieser anderen Quotienten mit der des Lichtquotienten parallel laufen und dann werden diese Quotienten wieder für sich allein stehen, als komplett spezialisierte Funktionen des Kosmos, die ihre ganz spezifischen Auswirkungen im Bereich unseres eigenen Vier-Körper-Systems haben. Wenn Ihr genaueres über den Aufbau des Lichtquotienten wissen wollt, könnt Ihr das in meinen Büchern *Das komplette Aufstiegshandbuch* und *Jenseits des Aufstiegs* nachlesen. In diesen beiden Werken wird so viel an Information zu diesem Thema vermittelt, daß ich mich hier nicht wiederholen möchte. Es konzentriert sich genaugenommen sehr vieles an New Age - Material auf diesen besonderen Quotienten, weshalb ich es mir zur Aufgabe gemacht habe, mich den anderen Quotienten zu widmen, die gleicherweise zur Erreichung des "integrierten Aufstieges" wichtig sind, jedoch gerne übersehen werden.

Der Liebesquotient

Wir haben den Ausspruch "Gott ist die Liebe" sicherlich schon bis zum Überdruß gehört. Es ist jedoch eine traurige Tatsache, daß die Konzentration auf die Liebe innerhalb der Aufstiegsbewegung sehr stark fehlt. Die Liebe ist viel stärker in den traditionellen Religionen und spirituellen Wegen angesiedelt, einschließlich des Christentums, Bhakti oder Yoga der Hingabe, und ganz sicherlich der Lehren Seiner Heiligkeit des Lords Sai Baba. Die New Age - Bewegung hat jedoch viel von ihrer Forschung, ihren Meditationen und ihrer Konzentration allein auf das Licht ausgerichtet. Aber das, geliebte Leser, ist nur ein Teil der Gesamtreise zurück zum Ursprung. Licht und Liebe sind beide Seiten einer Münze. Kommt das Element "Weisheit" hinzu, dann ist dies jener Aspekt des Lichtes, der, gemeinsam mit der Liebe, die gesamte Struktur unseres Sonnensystems beinhaltet. Kommt dann zu dieser Gleichung noch der "Wille" hinzu, entspricht dies der Dreifaltigkeit Gottes, die wir in unserem Leben manifestieren sollen. Wir werden uns zunächst mit der Liebe auseinandersetzen. Arbeitet dabei nicht nur mit Eurem Geist, sondern auch mit Eurem Herzen, das die Liebe, welche Gott ist, empfangen und geben kann.

Wenn wir in unserem Mentalkörper den Liebesquotienten in gleicher Weise abtasten wie den Lichtquotienten, dann werden wir feststellen, daß sie beide ganz gleich sind. Man braucht mindestens 80% des Liebesquotienten, um die sechste Initiation und 92%, um die siebte Initiation zu durchlaufen. Der einzige Unterschied zum Lichtquotienten ist der, daß im Falle des Licht-Quotienten diese Stufen noch vor der eigentlichen Initiation stabilisiert werden müssen. Was den Liebesquotienten betrifft, müssen dieselben Kriterien erfüllt werden, wobei es jedoch dem einzelnen obliegt, daß dieser Quotient auch nach den Initiationen des Aufstiegs aufrechterhalten und in die Tat umgesetzt wird. Es hat in diesem Zusammenhang eine Menge Unsicherheiten gegeben. Das kommt daher, daß die Liebe sowohl dem mentalen Bereich und den Gefühlen (Astralkörper) angehört, als auch der spirituellen Essenz des Universums. Aus diesem Grunde bringen viele diese Facetten der Liebe durcheinander und ordnen sie unpassenderweise den unkontrollierten Aspekten des Mental- und Astralkörpers zu. Dadurch wird die reine Essenz der Liebe verdünnt und beschmutzt und manchmal sogar ganz aufgegeben.

Der Emotional- oder Gefühlskörper soll die hohen und wunderbaren Schwingungen der göttlichen Liebe übertragen. Das heißt nicht, daß Liebe nicht auch über die Emotionen erfahren werden kann. Es ist jedoch so, daß der Gefühlskörper durch die Frequenz der göttlichen Liebe emporgehoben wird und nicht umgekehrt. Göttliche, spirituelle Liebe kann in einer Art durch den Emotionalkörper gefiltert werden, die ihn emporhebt und dabei gleichzeitig den Emotionen gerecht wird. Fehler passieren dann, wenn jemand nicht genügend Mühe darauf verwendet, seinen Mental- und Emotionalkörper anzuheben, damit dies geschehen kann. In einem solchen Fall behält das mentale oder astrale Element die Oberhand und die reine Essenz der Liebe wird verzerrt und heruntergezogen oder kann überhaupt nicht zum Ausdruck kommen. Was eigentlich erreicht werden sollte, ist jene göttliche Ausgeglichenheit, in welcher der Mentalkörper und der Emotionalkörper so weit gereinigt wird, daß reinste göttliche Liebe aus ihnen strahlen kann. Das führt zu einer Bereicherung des menschlichen Lebens und ist gleichzeitig ein Ausdruck des höchsten Aspektes der geheiligten Liebesessenz auf den äußeren Bereichen der Manifestation. Diese Art der Liebe zeigt sich im selbstlosen Dienst an der Menschheit und an allem, was auf dieser Erde lebt; sie erstreckt sich bis zum Dienst an der Erde selbst und reicht bis in die Sternenräume des Himmels.

Näher betrachtet muß auch noch die Tatsache werden, daß die Liebe innerhalb der zwölf Körper frei fließen muß, das heißt, auch innerhalb der vier niederen Körper. Es bedeutet nicht, daß man seinen persönlichen Ausdruck der Liebe aufgeben sollte. Diese falsche Anschauung stammt aus früheren Zeiten, in denen das Astralelement so starken Einfluß hatte, daß verschiedene religiöse Führer es als weise erachteten, die Menschheit von jeglichem Ausdruck menschlicher oder persönlicher Liebe wegzuführen. In manchen Fällen war das auch sehr gut, in den meisten jedoch absolut nicht, da es zu einer Trennung zwischen dem fühlenden Körper und allen anderen Körpern führte. Auch schuf es eine Menge unnötiger Schuldgefühle, an denen eine Vielzahl von Menschen auch heute noch leidet. Außerdem führte es zu einer ungesunden Ablehnung eines so wichtigen Aspektes unserer Kultur. Wie bereits festgestellt, wurde der fühlende Körper dazu geschaffen und ist daher auch in der Lage, Liebe auszudrücken - und zwar sehr persönlich oder göttlich im selbstlosen Dienste an den Mitmenschen. Bei wem der Dienst nicht Teil des spirituellen Programmes ist, wird nicht am integrierten Aufstieg teilhaben können. Es ist enorm wichtig, den Liebesquotienten anzuheben, um Fortschritte auf dem spirituellen Pfad zu machen. Da das Sonnensystem der Erde ein System des Zweiten Strahles ist, müssen alle, die darin leben, letztendlich Liebe und Weisheit erlangen. Diejenigen, die wahrhaft vorwärtsschreiten wollen, müssen daher die Liebe zur Vollendung bringen. So ist das Gesetz und gleichzeitig eines der größten Geschenke Gottes an die Menschheit. Jeder, der schon einmal in der Gegenwart eines Wesens war, das reine Liebe ausstrahlt, weiß, wieviel unglaubliche Freude, Frieden und Einheit diese Energie verbreitet. Das ist der Grund, warum sich so viele Menschen um Sananda in seiner Inkarnation als Jesus vor 2000 Jahren scharten. Das ist auch der Grund, warum sich so viele um Sai Baba sammeln - um die Essenz der Liebe in ihrer reinsten Form zu erleben, sie in sich aufzunehmen und mit ihr zu verschmelzen. Liebe kann auf verschiedenen Stufen ausgedrückt werden. Je näher man sich am Ursprung befindet, desto größer ist die Fähigkeit zu lieben. Der Ursprung, der ja Licht und Liebe in sich trägt, braucht jedoch nur die rosa-goldene Treppe der Liebe zu erklimmen, um die ureigenste Natur zu erfüllen und darzustellen. Liebe, in ihrem ureigensten Wesen, schafft wieder Liebe. Sie ist der Weg und das Ziel. Je mehr man sich dem eigenen Energiefluß der Liebe öffnet, desto näher kommt man dem Ursprung der Liebe.

Liebe muß sich auf der äußeren Welt der Form ausdrücken. Die Liebe kann man damit beweisen, daß man zu einem lebenden Beispiel der "tätigen Liebe" wird. Wenn wir nur von Liebe reden, sie jedoch nicht leben, dann äußern wir nur leere Phrasen, in denen nichts von der Primärsubstanz zu fühlen ist, die unser Wesen und den gesamten Kosmos beinhaltet. Das ist eine Falle, in die viele stolpern. Wir wissen, daß Gott die Liebe ist, wir verstehen darunter ein Gefühl, eine abgedroschene Redewendung oder sogar eine Grundwahrheit, wir sind aber nicht imstande, diese Wahrheit zu leben. Um den Liebesquotienten anzuheben, um Gott hier auf Erden zu sein, muß jeder von uns versuchen, Liebe zu sein, sie zu erfahren, sie zu leben, das heißt, ihr Ebenbild und ihre sanften Hände zu verkörpern. Die Art, in der jeder von uns aufgerufen ist, zu dienen und die göttliche Qualität der Liebe auszudrücken, ist natürlich von Person zu Person verschieden. Jeder von uns lebt sein Puzzle-Stückchen und die Mission, die ihn zum Aufstieg führt, und jeder hat seinen eigenen Weg des Dienens. Es gibt besondere Verträge, die wir mit unserer Seele (Monade) und den Meistern in der Zeit zwischen unseren Inkarnationen abgeschlossen haben und die wir erst herausfinden müssen. Wenn wir uns unserem Höheren Selbst öffnen, beten, meditieren und bitten, daß uns der einzigartige Plan liebenden Dienens gezeigt werde, dann werden die Meister und unsere eigene mächtige ICH BIN - Gegenwart gerne bereit sein, dies zu tun. Es ist wichtig, daß jeder von uns die Verantwortung dafür übernimmt, dies zu tun. Noch wichtiger ist jedoch, daß wir erkennen, wie wesentlich der Faktor Liebe in der Gleichung unseres Lebens ist. Wenn wir mit diesem Verständnis darum bitten, daß uns unsere Mission dargelegt werde, dann öffnen wir uns der Schönheit des Planes, so wie er vorgesehen war und nicht einer schlechten Kopie, der der heilige Nektar fehlt, der aus dem Herzen Gottes selbst in unsere Herzen strömt.

Wir müssen alle erkennen, wie wichtig die Integration der Liebe in unser Leben, unser Dienen und unser tägliches Handeln ist. Wenn jemand beispielsweise herausfindet, daß es seine Mission ist ein Heiler zu sein und er versucht, diese Arbeit zu leisten, ohne vorher die Energien der Liebe anzurufen und sie in sich und seine Arbeit einzubringen, dann wird er bestenfalls die Hälfte seiner Möglichkeiten ausschöpfen können. Es wird ihm vielleicht klar sein, welche Technik er bei seiner Arbeit anwenden soll, er wird jedoch nur teilweise Erfolg haben, wenn die Glut der Liebe in seiner Arbeit fehlt. Was jemand beim Heilen ohne Liebe erreichen kann, ist eine Auswirkung auf den körperlichen Bereich, was an sich eine wunderbare Sache ist. Vom Gesichtspunkt des göttlichen Planes und dessen, was die Meister mit Hilfe der Lichtarbeiter auf diesem Planeten erreichen wollen, ist dieses Ergebnis jedoch nur sehr mangelhaft. Um eine wirkliche Heilung herbeizuführen, muß das, was die eigentliche Ursache des Unwohlseins ist, aufgedeckt werden. Um das zu erreichen, muß man aus der Grundessenz des Seins heraus arbeiten. Diese Grundessenz ist der Ursprung, ist Gott und damit die Liebe. Es ist dies bei jeder Art des Dienens so, egal, wie sich der Dienst äußert. Strahlt nicht die Liebe aus Euren Taten, dann sind sie hohl, unvollständig, unausgegoren und letztendlich ein schlechter Dienst. Die Qualität, die Haltung, die Eigenschaft und die Energie der Liebe ist so wichtig, daß Ihr als Lichtarbeiter gleicherweise "Liebesarbeiter" sein müßt. Um diesen Kernpunkt führt kein Weg herum. Licht und Liebe sind zwei ineinander fließende Ströme, die aus der großen Zentral-Sonne kommen. Meine lieben Leser, wenn Ihr in Wahrheit Gott sucht und feststellt, daß es Euch an Liebe mangelt, dann forscht in Euch und im Ursprung nach dieser Liebe. Die Liebe muß bei allen, die Gott in ihrem inneren und äußeren Leben zeigen wollen, vollständig integriert sein. So ist das Gesetz! Gleichzeitig muß man auch verstehen, daß der Lichtquotient eine Qualität ist, die nicht so sehr dargestellt, als vielmehr aus den himmlischen Bereichen aufgerufen und dann aufrechterhalten werden muß. Der Liebesquotient ist das genaue Gegenteil. Um den Liebesquotienten aufzubauen, muß man ihn selbst darstellen, statt sich ihn von den Meistern in das System einbauen zu lassen. Deshalb ist der Liebesquotient eher eine psychologische Entwicklung. Wenn man nicht lernt, den Geist, den Emotionalkörper, das negative Ego, das Unbewußte und die Begierden des niederen Selbst in den Griff zu bekommen, wenn es einem nicht gelingt, das Innere Kind anständig zu erziehen, kann man den Liebesquotienten nicht anheben. Daraus ist klar ersichtlich, daß es viel einfacher ist den Lichtquotienten aufzubauen, als den Liebesquotienten.

Ihr müßt auch wissen, daß am Ende der siebten Initiation der Aufbau des Lichtquotienten eingestellt wird, sofern nicht bereits früher der Liebesquotient parallel dazu und in der gleichen Intensität aufgebaut worden ist. Die Integration der spirituellen, der psychologischen und der physisch-irdischen Ebene ist nicht nur eine gute Idee bzw. ein neues Konzept für das neue Jahrtausend, sondern in Wahrheit unumgänglich erforderlich, um Gott erkennen zu können. Wenn man meint, daß sie nur dazu dient, Einweihungen zu durchlaufen oder die erste Stufe des Aufstiegs zu erlangen, ist man im Irrtum. Einige von Euch schlagen sich mit dem schwierigen Thema der Selbstliebe herum. Wenn Ihr Euch selbst als jemanden kennt, der geringes Selbstwertgefühl hat, sich als unwürdig empfindet und voll von Schuldgefühlen ist, dann lest bitte meine Bücher, die sich speziell mit diesen Themen auseinandersetzen - *Seelenpsychologie* und *Wie man sich vom negativen Ego befreit*. Es gibt noch andere wunderbare Bücher und Kassetten, die diese Themen behandeln, oder man kann sich direkt von einem ausgebildeten Counselor beraten lassen. Egal welche Methode Ihr wählt, welches Mittel Euch am wirkungsvollsten erscheint, wichtig ist, daß Ihr dabei bleibt, bis das gewünschte Ergebnis erreicht ist und diese Themen für Euch nicht mehr relevant sind. Macht Euch keine Vorwürfe, wenn diese Gefühle ein Stolperstein für Euch sind. Solange ein Mensch diese Themen nicht überwunden hat, muß er sich damit auseinandersetzen. Das geht allen so. Wichtig ist, daß Ihr Euch als Sohn oder Tochter Gottes empfindet und liebt. Habt Ihr diese Schwelle überschritten, steht das Tor zur Liebe für andere, als Geschöpfe Gottes, weit offen. Die Liebe ist für Gott, was der Atem für den Körper ist. Sie ist sogar noch mehr! Verschiedene Yogis und Meister können durch spezielle Anwendung des Prana und durch besondere Meditationsformen die Atmung umgehen. Um die Liebe jedoch führt kein Weg herum, sie ist die Essenz Gottes, genauso wie das Licht. Deshalb vergeßt nie diese wunderbare Energie, denn sie ist ein Kernstück für Euren Aufstieg und die damit verbundene Arbeit. Ebenso ist sie Kernpunkt Eures Lebens, denn sie ist, was Ihr seid und sie ist, was Gott ist. Die beiden sind eins und das ist, was Ihr seid.

Der Quotient der psychologischen Weisheit

Auf ihrem Weg entlang des Einweihungsweges, kommt der Quotient der psychologischen Weisheit den Lichtarbeitern leider meist gar nicht in den Sinn. Die Folge davon ist, daß der Fortschritt abrupt unterbrochen wird, weil einfach einer oder mehrere Bereiche ins Ungleichgewicht geraten und den Initiaten von seinem Weg abbringen und ihn in Verwirrung stürzen. Zu dieser Zeit des Massenaufbruchs ist dies etwas, an dem viele leiden. Die Entwicklung der psychologischen Weisheit muß unbedingt mit den anderen göttlichen Qualitäten Schritt halten. Ist dies nicht der Fall, dann muß man sich die Zeit nehmen, um die Dinge im Lichte dieser Weisheit wieder ins Gleichgewicht zu bringen. Dieser Vorgang ist zwar einfacher, wenn er weiter oben auf der Leiter des Aufstiegs durchgeführt wird - aber wie dem auch sei, einmal muß er eben durchgeführt werden. Jeder Mensch sollte sich dessen bewußt sein. Viele Lichtarbeiter versuchen diesen Bereich zu vermeiden, weil sie fälschlicherweise annehmen, daß sie

bereits darüber stehen bzw. er bereits gemeistert wurde. Die Wahrheit jedoch ist, daß jeder diesen Bereich sorgfältig im Auge behalten sollte, und viele Lichtarbeiter haben die erforderliche und grundsätzliche Arbeit noch nicht geleistet. Hier, meine lieben Leser, handelt es sich um einen Aspekt von uns selbst, durch welchen wir agieren, dienen, kommunizieren und uns Gott nähern. Das muß uns ganz klar sein. Keiner steht über der psychologischen Weisheit, sie ist für alle von uns äußerst wichtig! Gleich wie beim Licht- und beim Liebesquotienten sollte auch hier ein Minimum von 80% erreicht werden und man sollte versuchen, den Prozentsatz weiter zu erhöhen. Die Schwierigkeit, diesen Aspekt in den beiden vorgenannten zu integrieren liegt darin, daß zwar ein gewisses Maß an Licht und Liebe unbedingt für den Aufstieg erforderlich ist, nicht aber der psychologische Weisheitsquotient. Er ist jedoch unabdingbar für die Aufrechterhaltung der Meisterschaft und das Durchlaufen der Einweihungen jenseits der siebten Initiation. Hier befindet sich für die meisten Lichtarbeiter eine Schwachstelle und sie werden von ihrem Höheren Selbst und ihrer Monade auf den Boden zurückgeholt und gezwungen, größere, oft drastische Anpassungen vorzunehmen, bevor sie auf ihrem Weg weitergehen können.
Die meisten Lichtarbeiter arbeiten mit diesem Quotienten nur sehr ungern, da ihnen ihr fehlerhaftes Denken vorgaukelt, daß er ein niederer Aspekt ihres Wesens bzw. nicht so interessant sei, wie die spirituelle Ebene. Dieser Quotient beinhaltet jedoch, wer wir eigentlich in der jeweiligen Inkarnation sind und was wir davon in unserer Aura mitbringen. Der psychologische Weisheitsquotient hat seine Auswirkung auf viele Inkarnationsfolgen und ist somit ein wichtiger und mächtiger Teil unseres Selbst, der im Gleichgewicht gehalten und integriert sein will. Genaugenommen ist dieser Quotient die Basis unseres gesamten spirituellen Lebens; wird dieser Quotient nicht entsprechend integriert und angehoben, so verliert jede spirituelle Arbeit schlußendlich ihren Wert. Man kann einfach nicht richtig auf Gott, die Meister und die anderen Menschen ausgerichtet sein, wenn man nicht auch richtig auf sich selbst ausgerichtet ist. Die richtige Beziehung zu sich selbst, zu Gott, den Meistern und den anderen Menschen herzustellen, ist die Quintessenz des psychologischen Weisheitsquotienten. Selbst wenn jemand großes intellektuelles Wissen, konkrete oder sogar okkulte Kenntnisse besitzt, kann sein psychologischer Weisheitsquotient dennoch sehr gering sein. Ist dieser Quotient nicht entsprechend ausgebildet, so kann ein Mensch nicht einmal seinen Liebesquotienten entwickeln.

Man darf jedoch nicht vergessen, daß wir im speziellen Zeitrahmen der außerordentlichen Massen-Beschleunigung mit diesem Quotienten zu tun haben, was sehr stark zur Verbreitung des Ungleichgewichtes in diesem Entwicklungszeitraum beiträgt. In früheren Phasen der Erdgeschichte, als Initiationen viel langsamer durchgeführt wurden, war es wesentlich einfacher die verschiedenen Ebenen, welche integriert werden mußten, im Auge zu behalten. Damals war das noch ein ganz präziser Vorgang, in welchem die Grundfrequenzen und Erfordernisse des Zwölf-Körper-Systems Schritt für Schritt erarbeitet wurden. In diesen frühen Zeiten war auch die psychologische Vernetzung der modernen Gesellschaft bei weitem nicht so komplex wie heute und der Quotient, der erreicht und aufrechterhalten werden mußte, viel einfacher. Es war immer schon vorrangig, den Geist, die Emotionen und das negative Ego zu meistern, es ist jedoch heutzutage die Gesamtentwicklung des Bewußtseins der Menschheit viel höher angesetzt.

Da die heutige Zivilisation derart komplex ist, erfordert sie einen wesentlich ausgefeilteren psychologischen Weisheitsquotienten, als dies vor 2000 bis 5000 Jahren der Fall war. Die Grundlektionen sind jedoch dieselben geblieben. Da die Entwicklung sich so beschleunigt hat, wird jeder von uns zusehends schneller mit Informationen überhäuft, was wiederum dazu führt, daß der psychologische Weisheitsquotient stärker einbezogen wird. Wisset jedoch, daß er schon immer ein Grundpfeiler des spirituellen Wachstums gewesen ist. Auch wichtig ist die Tatsache, daß diejenigen, die sich entschlossen haben, in dieser speziellen Zeit zu inkarnieren, auch sämtliche Erfordernisse, die diese Zeit verlangt, erfüllen müssen. Das betrifft natürlich alle, die sich ihren Weg zum Aufstieg das erste Mal erarbeiten. Überraschend ist vielleicht, daß dies auch für alle Aufgestiegenen Meister gilt, die sich durch den natürlichen Vorgang der Geburt inkarniert haben, und alle diese Schritte erneut durchlaufen, damit andere durch ihr Beispiel inspiriert werden. Dazu gehören sämtliche Sternengeborene, aber auch andere, die in früheren geschichtlichen Perioden der Entwicklung unserer Erde bereits verschiedene Initiationen durchlaufen haben. Die Komplexität des Denkens, das feine Gespinst des psychologischen Stoffes muß mit aller Sorgfalt entwirrt werden, damit Ihr unbelastet auf Eurem Wege weitergehen könnt. Dieser Quotient ist sehr wichtig - ihn außer Acht zu lassen würde Euch zu Fall bringen. Da Ihr nun all das wißt, bitten wir Euch, daß Ihr Eurem psychologischen Selbst mit der gleichen Freude und Furchtlosigkeit begegnet, wie Eurem göttlichen Selbst. Stimmt Euch in Euren psychologischen Weisheitsquotienten ein und seht, wie weit Ihr gekommen seid. Seid Ihr bereits mit der wunderbaren Weisheit verbunden, die im Bewußtsein begründet ist und die Euch helfen kann, Euer psychologisches Selbst neu zu programmieren und von allen Blockaden zu befreien, die durch ein negatives, fehlerhaftes Programm darin errichtet worden sind? Seid Ihr wirklich hellwach, aufmerksam und bewußt, oder läuft noch zu viel automatisch ab? Habt Ihr Euer negatives Ego unter Kontrolle? Habt Ihr Euer Unterbewußtsein unter Kontrolle? Bewegen sich Eure Gedanken im Bereich Eures Christus/Buddha- Denkens? Erzieht Ihr Euer Inneres Kind mit aller Sorgfalt? Habt Ihr Euch von Abhängigkeiten freigemacht? Gehört Eure persönliche Kraft - innerlich wie äußerlich - wirklich immer Euch? Liebt und schätzt Ihr Euch selbst wirklich bedingungslos? Seid Ihr der Grund für Eure Realität oder die Auswirkung? Habt Ihr Eure Archetypen voll integriert? Habt Ihr die sieben Strahlen voll integriert? Sind Eure vier niederen Körper gut im Gleichgewicht? Sind Unterbewußtsein, Bewußtsein, Höheres Selbst und Monade voll integriert? Habt Ihr die Begierde des niederen Selbst gemeistert? Lenkt und integriert Ihr Eure Sub-Charaktere entsprechend? Habt Ihr Euer Gleichgewicht zwischen selbstbezogen und selbstlos gefunden? Habt Ihr Euer spirituelles Leben, das psychologische Leben und das physische Erdenleben entsprechend integriert und ins Gleichgewicht gebracht? Meine lieben Leser, diese Fragen sind sehr wichtig bei der Entwicklung einer hohen Stufe des psychologischen Weisheitsquotienten. Es sind Fragen, die nur Ihr selbst beantworten könnt. Eure Umwelt kann Euch jedoch diesbezüglich als Spiegel dienen. Beobachtet genau, was Euch widergespiegelt wird und wo Ihr die notwendigen Korrekturen durchführen wollt. Zweifelt niemals am Gelingen, denn es liegt ganz sicherlich in Eurer Macht!

Der psychologische Weisheitsquotient hat in erster Linie mit dem psychologischen Verständnis Eures Selbst zu tun. Je höher die Weisheit entwickelt ist, desto weniger an Gier, Angst, Begierde, Konkurrenzdenken, Angriffslust (gegen sich selbst oder andere), Abhängigkeit von Ruhm und Ehre, Macht, Geld etc. wird man vorfinden. Es wird ein Gefühl der Vollendung, in sich selbst und in Gott, zu spüren sein. Ist die psychologische Weisheit jedoch schwach, werden die negativen Eigenschaften überhandnehmen. Läßt man ihnen zu viel Freiheit, so haben sie die Macht, Euch total vom Weg abzubringen und Euren göttlichen Auftrag so lange zu sabotieren, bis Ihr die Dinge in Ordnung gebracht habt. Da dies eine tatsächliche und ständig vorhandene Gefahr ist, müßt Ihr sehr darauf bedacht sein, Euren psychologischen Weisheitsquotienten aufzubauen, ihn den Erfordernissen der heutigen Zeit anzupassen, und Euch von jeder noch so feingesponnenen Manipulation und Täuschung zu befreien, die entsteht, wenn es in diesem Bereich Unklarheiten gibt. Verbringt täglich Zeit damit, diesen wesentlichen Aspekt Eures Selbst zu betrachten und bittet Euer Höheres Selbst, Gott und die Meister um ihre Hilfe, damit wirklich jede disharmonische Strömung in diesem Bereich erkannt werde. Ein Tagebuch zu führen ist eine sehr gute Methode, diesen schwer faßbaren und komplexen Quotienten begreifbar zu machen. Habt keine Angst, Eure Geheimnisse vor Euch selbst, Gott und den Meistern zu lüften. Es verurteilt Euch niemand, außer Ihr selbst und wenn Ihr es tut, dann wißt Ihr auch, daß es sich dabei um einen psychologischen Bereich handelt, der dringend der Reinigung bedarf. Wenn Ihr Eure Berichte schreibt, dann bewertet Euch nach einer 1-100%-Skala, gleich wie beim Lichtquotienten. Vergeßt nicht, daß Ihr Euch mit einer Selbstverurteilung keinen Gefallen tut und nur einen Bereich aufdeckt, mit dem Ihr Euch dringend auseinandersetzen müßt. Gott verurteilt Euch nicht, auch die Meister tun das nicht. Ihr sollt Eure Berichte als persönliches Tagebuch verwenden, mit dessen Hilfe Ihr Euren psychologischen Weisheitsquotienten und die dazugehörige Klarheit rasch vergrößern könnt. Vor allem haltet Euch an die Wahrheit, so, wie Ihr sie seht. Wenn alles Verborgene ans Licht gebracht wird, kann Heilung erfolgen. Ihr habt die Kraft, das Verborgene aufzudecken und es der Reinigung zuzuführen.

Überlegt noch einmal, liebe Leser. Was bringt es jemandem, den Aufstieg oder eine Initiation der höchsten Stufen zu durchlaufen und mit dem eigenen psychologischen Selbst im Unklaren zu sein? Wenn ich nach Leuten suche, die in der "Melchizedek-Synthesis-Light-Academy" und dem Ashram dienen sollen, dann sind es solche, deren psychologischer Weisheitsquotient und Liebesquotient sehr stark ist. Diese Quotienten sind für mich viel wichtiger als ihre Initiationsstufe oder Ihr Lichtquotient. Die besten Mitarbeiter sind jene, die auf der psychologischen Ebene Klarheit zeigen, die selbstlos, egolos, mit sich selbst im Reinen, zufrieden mit ihrer Rolle und harmonisch im Zusammenleben mit anderen sind; dazuhin müssen sie fleißig, Gott ergeben, gut in der Zusammenarbeit (ohne Konkurrenzdenken), bedingungslos in ihrer Liebe und ständig darauf bedacht sein, einen fehlerfreien Charakter zu entwickeln. Diese

Lichtarbeiter haben oft nicht die selbe hohe Initiationsstufe wie andere, und doch sind schließlich sie es, die die größten Fortschritte machen. Mir ist es viel lieber, wenn jemand mit einer Initiation des dritten Grades in der Akademie und dem Ashram arbeitet, statt jemand, der eine Initiation des siebten Grades hat, aber voll seines negativen Egos, machtgierig und negativ emotional ist. Ich glaube, meine lieben Leser, Euch ginge es ebenso. Die Höhe des Initiationsgrades sagt überhaupt nichts über die spirituelle Gesamtentwicklung aus - das kann nicht oft genug betont werden! Aus diesem Grunde sollten sich die Lichtarbeiter weniger auf die Initiationen und den Lichtquotienten konzentrieren und statt dessen mehr in Richtung auf die gesamt-psychologische, physische und spirituelle Entwicklung hinarbeiten, wenn sie in Wahrheit Gott erkennen und den integrierten Aufstieg erreichen wollen. Unsere psychologische Zusammensetzung ist äußerst komplex und es gibt vieles, an dem man systematisch und mit großem Fleiß arbeiten muß. Vergeßt nicht, wir sprechen hier von einem tieferen Aspekt der Weisheit, einem größeren Verständnis des Lichtes und seiner Reinigung sowie der Reinigung, die durch das Licht erfolgt. Dieser Vorgang, in Freude angenommen, soll uns in größtmögliche Freiheit und Ausgeglichenheit führen. Er lehrt uns auch, vor möglichen Schwächen ständig auf der Hut zu sein. Wenn Ihr den psychologischen Weisheitsquotienten auf Eurem Pfad des Aufstiegs mitnehmt, wird er Euren gesamten Aufstiegsvorgang beschleunigen und Euch gereinigt vor den Altar Eures eigenen Gott-Selbst führen.

Der Christusbewußtseins-Quotient

Das Christusbewußtsein ist wahrlich etwas außerordentliches. Im Grunde bedeutet es, die Welt durch den Geist / das Herz Gottes zu betrachten, sich jeglichen Urteils zu enthalten, einen dauernden Zustand bedingungsloser Liebe zu bewahren und stets die Liebe vor die Angst zu setzen. Innerhalb dieser so einfach formulierten Aussage gibt es jedoch viele feine Unterscheidungen. Obwohl jeder einzelne Lichtarbeiter wünschen würde, aus diesem Christusbewußtsein heraus seine Arbeit zu tun, wissen wir, daß es einer enormen "Aufmerksamkeit auf Gott und sein Königreich" bedarf, wie Sananda / Jesus es so perfekt in dem Buch *Ein Kurs in Wundern* ausdrückt. Die in diesem wunderbaren "Idealzustand" enthaltenen Feinheiten führen uns alle, die wir aus diesem Zustand heraus handeln möchten, dazu, alles, was wir tun, mit größter Achtsamkeit auszuführen. Gleicherweise müssen wir unsere Aufmerksamkeit darauf richten, wie wir mit den Dingen, die uns über die vier Geisteszustände (Monade, Höheres Selbst, Bewußtsein und Unterbewußtsein), das Vier-Körper-System und über die Sinne erreichen, umgehen.

Kernpunkt des Christusbewußtseins-Quotienten sind zwei Philosophien oder Denkrichtungen, und zwar das Christus-Buddha-System und das System des negativen Egos. Jeder Mensch hier auf Erden, oder im unendlichen Universum, gehört in eines der beiden Systeme oder in eine Mischung aus beiden. Der Schlüssel zum Aufbau Eures Christusbewußtseins-Quotienten ist, alle Gedanken des negativen Egos daran zu hindern, Euer Bewußtsein zu betreten und gleichzeitig Euren Geist dazu zu bringen, immer nur Christus-Gedanken und -bilder zu denken, zu vertiefen und zu visualisieren. Es braucht lediglich einundzwanzig Tage, um dem Unterbewußtsein eine Gewohnheit einzuprägen - je mehr Ihr also übt, desto mehr gewöhnt Ihr Euch daran. In der Bibel heißt es: "Laßt den Geist, der in Jesus Christus war, auch in Euch sein." Das Christusbewußtsein ist eine Einstellung und eine Lebensphilosophie, aus der bedingungslose Liebe, Vergebung und Mitgefühl in allen Augenblicken und Situationen des Lebens entsteht. Ihr könnt Euch dazu entscheiden! Fragt Euch zu jeder Zeit und in jeder Situation Eures Lebens: "Wofür entscheide ich mich in dieser Situation? Für Gott und das Christusbewußtsein, oder für das Bewußtsein des negativen Egos, für Schein und Trug und Maya?" Um Euren Christusbewußtseins-Quotienten aufzubauen, entscheidet Euch immer für Gott, die bedingungslose Liebe, eine positive Einstellung und das Einssein in Euren Gedanken und Interpretationen des Lebens, denn dies schafft wiederum nur positive, liebende und spirituelle Gefühle und Emotionen. Unsere Gedanken erschaffen unsere Gefühle und Emotionen. Die Frage, die Ihr Euch in jedem Augenblick Eures Lebens stellen müßt ist, ob Eure Gedanken, Interpretationen und Motive dem Bewußtsein des negativen Egos oder dem Christusbewußtsein, dem Höheren Selbst, der Monade, den Aufgestiegenen Meistern und Gott entstammen. Es ist eigentlich ganz einfach. Wenn Ihr genauere Erklärungen in bezug auf das Christusbewußtsein und das Bewußtsein des negativen Egos haben wollt, lest bitte meine Bücher *Wie man sich vom negativen Ego befreit* und *Seelenpsychologie*. Das Christusbewußtsein ist einer der acht Primär-Quotienten und verdient unsere unentwegte Aufmerksamkeit. Was diesen Quotienten betrifft, so wäre es für alle Lichtarbeiter ideal, aus einem Prozentsatz von mindestens 80% des Christusbewußtseins heraus zu arbeiten, denn das würde bedeuten, daß dieser Bewußtseinsmodus bereits derart in Eurem System integriert ist, daß alle Gedanken, Worte, Emotionen und Werke selbst dann, wenn Ihr sie nicht bewußt steuert, aus dem inneren Christus heraus geschehen. Es wird natürlich immer wieder Situationen geben, in denen dieser Bewußtseinsmodus herausgefordert wird. In diesen speziellen Krisen haben wir die Möglichkeit zu lernen und zu wachsen. Den Meistern ist es bewußt, daß wir immer wieder solchen Situationen ausgesetzt werden, um die nötigen Bewußtseinsanpassungen vorzunehmen. Und es werden daher jene, die sich ernsthaft mit diesem Quotienten auseinandersetzen, zunächst einmal bis zu 20% der Zeit aus dem Christusbewußtsein herausfallen. Aus diesem Grunde hat man 20% als Basis-Standard angesetzt. Mit zunehmender Übung dieses Modus des spirituellen Bewußtseins sollte man sich mehr und mehr dem 100%-Quotienten annähern. So wäre es ideal - und genau die Art, wie die Menschheit das Gottesbewußtsein erreichen kann. Es ist wichtig zu begreifen, daß kleinere Fehler und Unstimmigkeiten immer wieder auftauchen werden und man muß konsequent versuchen, seine Einstellung so schnell wie möglich zu verändern, damit die Situation, die einem in der Vergangenheit einen ganzen Tag oder sogar eine Woche zu schaffen gemacht hat, jetzt in einem oder zwei Augenblicken verarbeitet werden kann. Das ist dann möglich, wenn man den Durchblick hat und wirklich versteht, daß man sich durch das, was man denkt, seine eigene Realität schafft.

Schauen wir uns einmal an, wie die Feinheiten innerhalb dieses Bewußtseins-Modus eigentlich ablaufen. Wir haben grundsätzlich immer die Möglichkeit, die Liebe statt der Angst zu wählen. Und doch ist die Angst für viele zu einem Instinkt geworden. Der Körper reagiert, die Emotionen reagieren und die Gedanken bewegen sich in tausend verschiedene Richtungen, und zersplittern im wahrsten Sinne des Wortes unser Bewußtsein. In solchen Situationen muß man sich der Liebe zuwenden, denn "Die wahre Liebe vertreibt jede Furcht". Diese Zuwendung muß jedoch leicht und sanft erfolgen, das heißt unter Weglassung jeglichen Verurteilens. Das ist einer der schwierigeren Aspekte, die zur Aufrechterhaltung des Christusbewußtseins gehören. Die Macht des Verurteilens ist sehr groß. Bei einigen wendet sich diese Kraft nach außen und richtet sich gegen andere. Für viele, die sich auf dem spirituellen Weg befinden, wendet sie sich jedoch nach innen. Da der Mensch dabei seine eigene Angst verurteilt, verliert er seinen Frieden. Die Selbst-Verurteilung zieht immer Schuldgefühle und Scham nach sich, sie verwandelt sich niemals in Liebe. Schuld und Scham gehören nicht zum Christusbewußtsein und die Liebe kann nicht in einem Umfeld der Verurteilung gedeihen. Um es kurz zu machen: Um Angst in Liebe umzuwandeln, muß man zuerst bereit sein, auf die Verurteilung seiner Ängste zu verzichten!

Die Angst, die einen dazu veranlaßt, Urteile überhaupt erst zu fällen, wirkt sehr subtil. So gibt es die Angst, sich vor der Öffentlichkeit zu blamieren, die Angst, von anderen nicht so gesehen zu werden, wie man sich selbst sieht und die Angst vor zu großer Nähe etc. Die Menschen mögen es nicht, wenn man sie verurteilt. Wenn ich uns gesamthaft als menschliche Rasse betrachte, drängt sich mir die Einsicht auf, daß wir in ständiger Angst davor leben, von irgend jemandem verurteilt und für geringer geachtet zu werden, als andere. Besonders diese Angst zeigt sich in der dreidimensionalen Welt in enorm vielen Formen. Ich möchte Euch in diesem Zusammenhang nur auf die Bereiche Wirtschaft, Politik und Kunst hinweisen. In der Gesellschaft zeigt sie sich in dem ständigen Wunsch, es seinem Nachbarn gleichzutun. Wenn man sich nur mit wachen Sinnen umsieht, meine lieben Leser, kann man diese Angst auf allen Stufen und in allen Bereichen des Lebens entdecken. Unglücklicherweise durchdringt diese Angst auch viele Aspekte der spirituellen Bewegung. Die Angst, als "nicht vollkommen" beurteilt zu werden, enbehrt in Wahrheit jeder Grundlage, da wir, als Söhne und Töchter Gottes, bereits vollkommen sind; und doch veranlaßt uns diese Angst dazu, uns selbst oder andere zu verurteilen. Dies liegt wie ein Schatten auf dem Antlitz vieler wunderbarer Lichtarbeiter, und schafft eine Schranke zwischen ihnen und ihrem wahren Ziel, dem Christusbewußtsein! Dieser Schatten der Angst und Verurteilung schleicht sich fast unmerkbar im Leben des Lichtarbeiters ein - deshalb habe ich darauf hingewiesen, daß es äußerster Wachsamkeit bedarf, das Christusbewußtsein aufrechtzuerhalten. Je höher man die Leiter der Entwicklung emporsteigt, desto subtiler werden die Dinge und aus dem offenen Machtkampf zweier Unternehmen wird der lautlose Dschungelkrieg, den sich zwei Lichtarbeiter um die Macht liefern. Könnte man den Kernpunkt dieses Kampfes aufdecken, dann wären in seinem

Zentrum die beiden Elemente Angst und Verurteilung. Kann man sich dieser beider entledigen, dann kann das Bewußtsein aufsteigen in das Reich von Christus, Buddha, Melchizedek und Gott. Wenn Ihr wahrlich aus dem Christusbewußtsein heraus arbeiten wollt, - und ich hoffe, daß das Euer Bestreben ist, denn schließlich ist dies ein wesentlicher Punkt des integrierten Aufstiegs - , so könnt Ihr das auch. Dazu ist allerdings neben Eurer ungeteilten Aufmerksamkeit in jeder Lebenssituation auch Eure unbedingte Ehrlichkeit erforderlich. Es ist keine Schande festzustellen, wo Eure Schwächen liegen, ganz im Gegenteil! Das Licht, das die dunkelsten Flecken in Euch aufzeigt ist das selbe, das sie reinigt und klärt. Der Mut, sich selbst zu betrachten und die Bereitschaft zur Veränderung verbinden sich mit unseren niederen Eigenschaften, wenn wir sie auf Gottes Altar zum Opfer bringen. Ist dies geschehen, dann wird die Schranke, die uns vom Christusbewußtsein trennt, nämlich Angst und Verurteilung in ihren vielerlei Gestalten, transzendiert und in göttliches Licht und göttliche Liebe verwandelt. Dann wird man zu dem Punkt emporgehoben, von wo aus man 99% bis 100% der Zeit aus dem Christusbewußtsein heraus arbeiten kann.

Es gibt also eigentlich nur zwei Emotionen: Alle negativen Emotionen, ganz egal, wie ihre Qualität ist, entstammen der Angst. Alle positiven Emotionen - und auch hier ist es egal, wie ihre Qualität ist - entstammen der Liebe. Wenn man irgend eine negative Emotion bis zu ihrem Ursprung zurückverfolgt, wird man feststellen, daß sie der Illusion der Angst entspringt, welcher man unbewußt den Zutritt in das eigene Bewußtsein gewährt hat. Das hat jetzt nichts mit Verurteilung zu tun, sondern ist eine klare Einsicht in die Natur von Ursache und Wirkung, aus der Emotionen entstehen. Das gleiche gilt selbstverständlich auch für alle positiven Emotionen, wobei der Unterschied darin liegt, daß hier die Liebe der ursächliche Grund ist. Eine Atmosphäre zu schaffen, in der das Christusbewußtsein gedeihen kann und diesen geheiligten und wertvollen Raum dann mit Achtsamkeit aufrechtzuerhalten, gehört mit zu der wichtigsten Integrationsarbeit überhaupt. Der Quotient des Christusbewußtseins sollte auf seinen höchsten Stand gebracht werden; befindet er sich dann im Bereich von 90% bis 100%, sollte alle Mühe darauf verwendet werden, diesen Zustand zu erhalten. Das Christusbewußtsein ist mehr als ein Quotient; es ist der Weg Gott auf der Erde zu manifestieren. Es ist das Leben in seiner herrlichsten Form, ein Zustand des reinen Verbundenseins mit unseren Brüdern und Schwestern, mit uns selbst und Gott. Wenn jemand seinen Aufstieg oder die sieben Stufen der

Initiation erreicht hat und zum Meister geworden ist, so heißt das noch lange nicht, daß er seine Wachsamkeit aufgeben darf. Das ist ein großer Fehler, den viele fortgeschrittene Lichtarbeiter machen. Der Bibelspruch "Hochmut kommt vor dem Fall" bringt das genau auf den Punkt. Man muß, selbst nach dem Aufstieg, mit der selben Disziplin, der selben Konzentration und dem selben Engagement weiterarbeiten wie zuvor. Nichts wird leichter, nur weil man den Aufstieg geschafft hat. Der Aufstieg und die Initiationen sind nichts anderes als Prozentsätze des Lichtes, Markierungszeichen auf einer unendlichen Skala. Bewegt man sich dann auf der kosmischen Lichtquotient-Skala weiter, gibt es wieder Initiationen und Lichtquotienten, die erreicht werden müssen. Strauchelt man, so kann man den erreichten Initiations-Status und die Prozenthöhe aller hier angesprochenen Quotienten verlieren. Nehmt nie etwas als selbstverständlich und gegeben an. Selbst wenn jemand den Titel eines Meisters erlangt hat, muß er seine Meisterschaft immer wieder beweisen, um auch vor den Augen Gottes und der Hierarchie der Aufgestiegenen Meister der Inneren Ebenen zu bestehen. Was man in der Vergangenheit getan hat ist nur bedingt von Wichtigkeit, viel wichtiger ist, was man jetzt gerade tut. Um es zu wiederholen: Du kannst in einem früheren Leben ein wunderbarer spiritueller Lehrer, ein Prophet, ein Medium oder Führer gewesen sein und doch in diesem Leben von Deinem negativen Ego beherrscht werden. Das wesentlichste ist, kompromißlos ehrlich mit sich selbst zu sein und jeden Augenblick des Lebens nach der Reinheit Gottes zu streben, ganz egal welche Initiationen und frühere Leben man durchlaufen hat oder wie groß der Ruf ist, der einem in diesem Leben vorausgeht. Das ist die wahre Prüfung für einen Lichtarbeiter. Hat der Lichtarbeiter eine Machtstellung erreicht, so muß er ganz besonders vorsichtig sein, daß das negative Ego nicht die Oberhand bekommt.
Nehmt Euch Zeit, geliebte Leser, um diesen Quotienten wirklich zu erarbeiten und diese herrlichen Schwingungen in Euch und um Euch zu verbreiten. So werdet Ihr, gemeinsam mit dem Planeten, in Liebe und Harmonie die Beschleunigung erfahren. Es gibt keinen besseren Weg, sich selbst und die Menschheit weiterzubringen, als sich durch das Christus-bewußtsein aufwärts ziehen zu lassen. Das Wunderbare dabei ist, daß wir diesen göttlichen Zustand der Gnade erhalten, wann immer wir darum bitten, ihn suchen, ihn aufrechterhalten oder für uns in Anspruch nehmen. Wenn wir in diesem Bereich wachsam bleiben, dann werden wir ohne den geringsten Zweifel wissen, daß wir Gesandte und Verkörperungen Christi auf Erden sind.

Der Quotient der Überwindung des negativen Egos

Der sozusagen Schwester-Quotient des Christusbewußtseins-Quotienten ist der Quotient der Überwindung des negativen Egos. Der Quotient des Christusbewußtseins stellt Gott bzw. das spirituelle Bewußtsein in seiner höchsten Form dar, das negative Ego dagegen ist ein Beispiel für das niedere Bewußtsein mit all seinen dazugehörigen Problemen. Aus diesem Grunde ist der Quotient der Überwindung des negativen Egos einer der acht Hauptquotienten. Bei der Arbeit mit diesem Quotienten bewerten wir alles als erfolgreich, was *nicht* aus dem negativen Ego heraus geschieht. Um das tun zu können, muß man sich jedoch zuerst einmal des negativen Egos überhaupt bewußt sein. Es handelt sich dabei um jenen Teil von uns, der einzig aus Selbstsucht, Isolation, Angst und mangelnder Ganzheit handelt und die ganze Palette niedriger Impulse, Tendenzen und Formen umfaßt. Oft ist es jener Teil, aus dem heraus das Innere Kind agiert, wenn es schlecht erzogen ist. Dieser Bereich funktioniert aus dem Unterbewußten. Allerdings ist das nicht immer so. Wenn Menschen auf die dritte Dimension ausgerichtet sind, dann zeigt sich dieser Teil oft ganz offen und wird auch ganz bewußt das Negative wählen. Das kann man deutlich an Entscheidungen erkennen, die nur dazu da sind, Schmerz, Zerstörung, Verletzung und Schaden herbeizuführen.

In der dreidimensionalen Welt wird die Fähigkeit, eigennützig zu handeln, oft als positiv angesehen, selbst wenn dabei ganz bewußt anderen geschadet wird. In der Welt der Unterhaltungsindustrie ist es durchaus üblich, Menschen als Trittstufen für die eigene Karriereleiter zu mißbrauchen und in der politischen Arena ist die schamlose Anwendung des negativen Egos an der Tagesordnung. Und das sind bloß zwei sehr allgemeine Beispiele. Wenn man jedoch den Planeten von einer höheren Ebene aus betrachtet, sieht man, daß praktisch jede Handlung aus diesem negativen Aspekt heraus geschieht. Im Falle der Lichtarbeiter ist es so, daß das negative Ego 90% bis 100% der Zeit im Unterbewußtsein tätig ist. Wir alle haben uns bewußt ausgesucht, für das Licht zu arbeiten, und viele verwenden einen großen Teil ihres Tages darauf, der Menschheit zu dienen und die höheren Stufen der Initiation und des Aufstiegs zu erklimmen. Manchmal ist es einem völlig unverständlich, was den Fortschritt in dieser Richtung hemmt oder Negativität hervorruft. Der Grund dafür ist, daß man überhaupt nicht durchschaut, daß das negative Ego in den tiefen Spalten des Unterbewußtseins noch voll im Schwange ist. Destruktive Gedankenbilder und Emotionen des negativen Egos blockieren uns und hindern uns daran, unseren Dienst im vollen Umfange zu leisten. Und das ist der Grund, warum es so enorm wichtig ist, den Quotienten der Überwindung des negativen Egos, als einen der mächtigsten Quotienten überhaupt, mit einzuschließen. Er gehört auch zu den am schwersten faßbaren, und das darum, weil in seiner Art das Gedankensystem des negativen Egos ebenso brillant konzipiert ist, wie das Christus-Gedanken-System, nur eben mit umgekehrten Vorzeichen, was Gottes Plan für die Schöpfung angeht. Um das negative Ego überwinden zu können, muß man zuerst verstehen, wie das negative Ego denkt und handelt, denn es kann die Menschen enorm gut verführen und manipulieren.

Es gibt gar nicht so viele Bücher hier auf der Erde, die wirklich die psychologische Technik des negativen Egos und des Christus-Denkens verstehen. Die meisten Lichtarbeiter sind für diese Arbeit nicht ausgebildet. Der gesamte Bereich der traditionellen Psychologie hat keine Ahnung von diesem Grundprinzip der spirituellen Psychologie. Die traditionellen Religionen sind, wie wir wissen, durch das negative Ego vergiftet. Die meisten Lebensberater arbeiten aus ihrem persönlichen Verständnis der Psychologie heraus, was gar nicht schlecht ist, jedoch nicht das Verständnis der Arbeitsweise des negativen Egos mit einschließt. Diese Art von Arbeit wird an keiner traditionellen Schule gelehrt und auch nicht an der Universität. Es gibt nur ganz wenige Bücher, die diese Arbeit so verständlich erklären, daß die Leute es verstehen und in ihr Leben umsetzen können. Das sind die Gründe, warum die Lichtarbeiter in dieser Arbeit nicht ausgebildet sind und warum die Menschheit eigentlich vollkommen unwissend ist in bezug auf diesen Bereich. Meiner Meinung nach ist dieser Bereich das Wichtigste, was ein Mensch wissen muß, um effektiv zu leben, erfolgreich zu sein und Gott zu erkennen. Gleichgültig, wie viel an Arbeit jemand spirituell oder auch in anderen Bereichen leistet - wenn Ihr nicht lernt, das negative Ego zu meistern und zu unterwerfen, wird es jeden Aspekt Eures Lebens mit seiner Gier nach Macht über andere, seiner negativen Selbstsucht, seiner Ruhmgier und Selbstüberschätzung, seiner Eitelkeit, seiner Distanz und negativen Beeinflussung, seinem Verhaftetsein, seinem Materialismus und seinen Begierden vergiften. Wie Sai Baba es so klar ausgedrückt hat: "Gott wird durch die Gebirgskette des negativen Egos verdeckt." Das negative Ego wird sich auch des Inneren Kindes bedienen, wenn es die Gelegenheit dazu bekommt. Es ist einfach so, daß das negative Ego durch jede Schwachstelle unserer Aura, die uns nicht einmal bewußt sein muß, austritt. Die Arbeit mit dem Quotienten der Überwindung des negativen Egos braucht viel Übung, Selbsterforschung, den Blick ins eigene Innere, Selbstprüfung, Wachsamkeit und Ehrlichkeit sich selbst gegenüber. Es ist eine lebenslange Arbeit - selbst die Aufgestiegenen Meister der Inneren Ebenen arbeiten immer noch daran, Überreste seiner schwer faßbaren Natur von den Feinebenen zu entfernen. Der wichtigste Aspekt der Arbeit mit dem negativen Ego ist der des Sich-selbst-Kennenlernens. Den Spruch "Erkenne Dich selbst" hört man immer wieder. Diese Wörter sind in ihrem Zusammenhang der Schlüssel für den integrierten Aufstieg.

Wenn Du Dich selbst kennst, kannst Du Dich von der Beeinflussung durch das negative Ego befreien und ihm die Macht über Dein Leben verweigern. Dann beginnst Du, den Quotienten der Überwindung des negativen Egos in Dir aufzubauen. Je größer Deine Fortschritte diesbezüglich sind, je mehr Kontrolle Du über Dein eigenes Leben gewinnst, desto rascher führt es Dich zur Initiation und zu einem integrierteren Aufstieg. Für jene, die bereits den Aufstieg erreicht haben, möchte ich hier betonen, daß es für den Aufbau dieses Quotienten niemals zu spät ist. Solange die Überwindung des negativen Egos nicht abgeschlossen ist, droht allen die Gefahr, auf ihrem Weg der Freiheit behindert zu werden, bis die Negativität, der wir zum Ausdruck verholfen haben, auf der Astral- oder Mentalebene aus dem Weg geräumt ist. Daher ist es vordringlich, an diesem Quotienten zu arbeiten und als Meister jeden Aspektes unseres Selbsts Erfolg zu haben. Zu diesen Aspekten gehören auch die unterbewußten Bereiche, in denen das negative Ego lauert, bis es eine Möglichkeit findet, sich zu zeigen. Der Einfluß des negativen Egos ist auf alle wirksam, es sei denn, sie hätten den Quotienten der Überwindung des negativen Egos gemeistert und auf 80% bis 90% gebracht. Je höher der Quotient, desto stärker ist die Klarheit. Dann kann Gottes strahlender Glanz ungestört und ohne jeden Schatten durchgeleitet werden. Das Ziel liegt bei soliden 92% und höher (bis zu 99%).

Es gibt einige ganz spezifische Anzeichen dafür, daß das Selbst eher vom negativen Ego beeinflußt wird als vom Christusbewußtsein. Um den Quotienten der Überwindung des negativen Egos aufbauen zu können, muß man mit diesen Anzeichen und Hinweisen vertraut sein. Diese Zeichen werden dann klar sichtbar, wenn man zuerst ihre Motive hinterfrägt. Das Motiv hinter jeder gegebenen Antwort zeigt das negative Ego in Aktion. Daher sind die Anzeichen eigentlich die innere Motivation, die sich dann zeigt, wenn man sich die Zeit nimmt, in sich zu gehen und zu sehen, was einen dazu veranlaßt, auf eine bestimmte Art zu handeln, zu fühlen oder zu denken.

Wie bereits erwähnt, ist das negative Ego heimtückisch und hinterlistig, und es kann sehr gut seine Spuren verwischen. Das geschieht damit, daß es unpassende selbstsüchtige und oft sogar grausame Motive als reine Motive darstellt. So kann es z. B. einen Menschen davon überzeugen, daß der Druck, den er auf jemand anderen ausübt, nur zu dessen Besten ist. Das negative Ego kann da sehr überzeugend sein. Wenn Ihr nicht dieser Meinung seid, denkt bloß an das Nazi-Deutschland und Hitler. Hitlers Taten geschahen alle im Namen des Dienstes am eigenen Land und der Reinigung der Welt, um die menschliche Rasse einer radikalen Verbesserung zuzuführen. Er war das Paradebeispiel des negativen Egos in seiner schlimmsten und gleichzeitig seiner besten Form. Vom Standpunkt des negativen Egos aus hatte es nämlich phantastische Arbeit geleistet, indem es eine große Anzahl Deutscher und ihrer Verbündeter davon überzeugte, daß das, was Hitler repräsentierte, tatsächlich nur zum Wohle der Menschheit war. Man kann es kaum glauben, aber das ist es: das negative Ego in all seiner schrecklichen, verdorbenen Pracht! Das Beispiel ist sicherlich extrem, es zeigt jedoch, wie das negative Ego sich grundsätzlich äußert und es kann uns auf die Falschheit unseres eigenen negativen Egos und das anderer Menschen sensibilisieren. Wenn jemand versucht, unangebrachten Druck auf Euch auszuüben und sich um Dinge zu kümmern, die ihn wirklich nichts angehen, dann garantiere ich Euch, daß ein kurzer Blick Euch das negative Ego voll in Aktion zeigt. Was ich mit diesem Beispiel natürlich nicht meine, ist die Führung, die Eltern ihren Kindern angedeihen lassen. Und ich rede auch nicht von vielen ungeschriebenen Verhaltensregeln, wie das Tragen entsprechender Kleidung im Beruf oder das Befolgen der Grundgesetze unserer Staaten und Städte etc. In jeder sozialen Struktur gibt es solche Verhaltensregeln, die der Grundstein für unser tägliches Leben sind. Von denen spreche ich hier nicht. Diese angesprochenen Situationen sind grundsätzlich wohlwollend und dienen einfach als Basis, von der aus wir agieren.

Was ich hier eigentlich ansprechen will sind jene Situationen, in welchen jemand seine Grenzen innerhalb dieser harmlosen Strukturen ganz gezielt überschreitet, um einen anderen Menschen unter Druck zu setzen. Um ein Beispiel zu geben: Es gibt aufgrund der Klimasituation in den verschiedenen Bereichen der Erde verschiedene Bekleidungsregeln. Das wäre so eine Kernsituation, innerhalb welcher eine Gruppe agiert. Wenn jedoch das negative Ego einer Person es anstrebt, jemand anderen zu unterdrücken, so kann es das tun, indem es "innerhalb" dieser Struktur die Art der Bekleidung des "Opfers" schlecht macht. Das kann geschehen, indem man den Leuten erklärt, daß sie sich auf bestimmte Art kleiden oder auch nicht kleiden sollen, daß sie einen schlechten Geschmack haben oder daß sie in der Art ihrer Kleidung zu dick oder zu dünn aussehen etc. Das mag harmlos, vielleicht sogar an den Haaren herbeigezogen erscheinen, aber ich kann Euch versichern, daß es das nicht ist. Es sind genau diese kleinen Dinge - z.B. das Herumnörgeln an der Kleidung, oder unerbetene Ratschläge in bezug auf das, was Leute essen oder nicht essen sollten - an denen das negative Ego sich verankert und sich dann ausdehnt.

Und nochmals, ich rede hier nicht von gutgemeinten, hilfreichen Ratschlägen, um die einen jemand anderer bittet, sondern vom Eindringen in die geheiligte Privatsphäre eines anderen Menschen. Durch so eine Handlung versucht das negative Ego Kontrolle zu erlangen; hat es erst einmal die Kontrolle, dann kann es alle weiteren zerstörerischen Angriffe seiner korrupten Macht beginnen. Und vergeßt nie: während all seiner Attacken behauptet das negative Ego zum Wohle des anderen Menschen bzw., wie in Hitlers Fall, "zum Wohle der Welt" zu handeln. Alle Lichtarbeiter müssen auf solche Angriffe achten, die das negative Ego beginnen wird, sofern es nur die geringste Chance dazu sieht. Es muß uns klar sein, daß solche Dinge auch aus der Richtung unserer wohlmeinendsten Freunde, Familienmitglieder, spirituellen Lehrer und Gurus, egal wie berühmt sie sind, kommen können und daß wir alle dafür anfällig sind, unabhängig davon, welchen Initiationsgrad wir haben oder was wir behaupten, in einem früheren Leben gewesen zu sein - selbst wenn es stimmen sollte. Es schützt auch niemanden davor, vom eigenen negativen Ego manipuliert zu werden. Wir müssen sehr aufpassen, daß es nicht aus den verborgenen Tiefen in uns selbst auftaucht und versucht, unsere göttlichen Seelen zu kontrollieren und uns, unter dem Vorwand "es sei nur zu unserem Besten", damit in die Irre führt. Bis das Christus-Licht es an den Tag bringt, und der Christus-Geist es seiner Macht beraubt, ist das negative Ego machtvoll und wirkt im Geheimen.

Wir alle können es besiegen, wir müssen es nur wollen und jeden Augenblick unseres Lebens daran arbeiten. Um wirklich dorthin zu gelangen, wo unser Bewußtsein, unser Herz, unsere Seele und unsere spirituellen Wünsche uns haben wollen, müssen wir uns über den Einfluß des negativen Egos erheben. Je schneller uns das gelingt, desto stärker werden wir integriert und desto schneller schreiten wir auf dem Pfad unseres Aufstiegs voran. Die Beispiele Hitler und Bekleidung sind sehr gut, doch der Kernpunkt dieser Lektion liegt in der Art, wie das negative Ego erfahrene Lichtarbeiter verführen kann. Wenn Ihr diesen Abschnitt durchlest, wird Euch das negative Ego zuflüstern "das hast Du doch schon längst gemeistert". Das kann unter Umständen sogar stimmen - ich sage Euch jedoch, daß 100% der Menschen, die vom negativen Ego geleitet werden, und die erfahrene Lichtarbeiter sind, ganz genau das selbe von ihrem negativen Ego hören.Es ist unwahrscheinlich, wie verführerisch, schlau, trickreich und manipulativ das negative Ego vorgeht. So behauptet es, Dinge im Namen Gottes oder der Meister zu tun, selbst wenn überhaupt nichts davon wahr ist. Es erfindet spirituelle Phantasien aus früheren Leben, beispielsweise daß Du ein großer spiritueller Führer mit wichtigen Aufgaben warst etc. und behauptet auch noch, daß diese Informationen von "drüben" durchgegeben wurden.

Das negative Ego wird jede Information, die von einem Medium oder einem Sensitiven kommt, mit Freuden akzeptieren, solange sie aufbauend ist. Es spielt dabei überhaupt keine Rolle, wenn diese Information nur dazu erfunden worden ist, um das Ego des Mediums oder des Sensitiven zu stärken. Bei hohen spirituellen Initiaten verspritzt das negative Ego lächelnd jede Menge psychologischen und emotionalen Giftes - und die Guten meinen dazu noch, daß sie sich höchst spirituell verhalten, obwohl es überhaupt nicht stimmt! Im Falle von spirituellen Führern wird das negative Ego oft andere Führer öffentlich kritisieren und dazu behaupten, daß damit den anderen nur ein Liebesdienst geleistet wird. In Wahrheit geschieht dies jedoch nur, weil sie sich ein Urteil anmaßen und sich selbst überschätzen. Bei einer psychologischen Beratungssitzung wird sich Euer negatives Ego autoritär, ja sogar tyrannisch geben, und Euch gleichzeitig vermitteln, daß Ihr der Meister seid. Das negative Ego wird Euch veranlassen, Durchgaben für andere Menschen zu machen und ihnen dabei vorzuschreiben, was sie zu tun haben; es wird Euch in selbstgerechte Wut ausbrechen lassen und Euch vorgaukeln, daß dies gerechtfertigt und spirituell gesehen vollkommen richtig ist, selbst wenn

Ihr damit völlig falsch liegt. Umgekehrt wird es Euch einflüstern, daß man Euch ungerecht behandelt und Euch aus Eurem Zustand persönlicher Kraft in einen Zustand der Angst und des Selbstmitleids stürzen. Es wird fortgeschrittene Lichtarbeiter dazu veranlassen, in süßlichen Tönen von bedingungsloser Liebe zu reden, während sie in Wahrheit unter dem Deckmantel ihrer Makellosigkeit den Einflüsterungen des negativen Egos folgen. Liebe Leser, Ihr wißt sicher alle, wovon ich rede!

Unter seinem Einfluß werden fortgeschrittene Lichtarbeiter von ihrer Sorge um das Wohl anderer sprechen und damit verbergen, daß ihr Interesse einzig und allein der Beherrschung dieser Menschen gilt. Auch werden diese Lichtarbeiter unter diesem Einfluß Worte und Schriften in einer Art auslegen, daß sie selbst meinen, spirituell zu handeln, während ihre Motive eigentlich rein aus dem getrennten Selbst stammen. Das sind Situationen, in denen Lichtarbeiter, was das Spirituelle angeht, ganz genau unterscheiden müssen. Heißt es nicht schon in der Bibel, daß am Beginn der Anti-Christ sich darstellen wird wie Christus? Der Anti-Christ ist nichts anderes als das negative Ego. Die wahren Motive des negativen Egos sind oft unter einem Schleier großen esoterischen und spirituellen Wissens, bzw. sensitiver Fähigkeiten verborgen. Die Wahrheit ist, daß diese Menschen stehlen, wie ganz gewöhnliche Diebe, nur in subtileren Bereichen. Die Motivation ist jedoch die selbe. Das negative Ego veranlaßt Euch, Euch über andere den Mund zu zerreißen und sie zu verurteilen - Euch jedoch spiegelt es dabei vor, daß Ihr Euch spirituell mit diesen Menschen auseinandersetzt. Könnt Ihr, meine lieben Leser, jetzt die subtilen Machenschaften des negativen Egos erkennen? Dabei ist dies alles nur die Spitze des Eisbergs. Mit diesem Thema könnte ich ein ganzes Buch füllen! Es hat auch schon ein Buch mit dem Titel *Spiritual Materialism* gegeben, dessen Autor ich allerdings im Moment nicht mehr weiß. Ich habe das Buch zwar nicht gelesen, der Titel jedoch spricht genau das an, was ich hier behandle. Es geht darum, wie sehr das negative Ego die New Age-Bewegung, die Bewußtseins-Bewegung und die gesamte spirituelle Bewegung durchsetzt und vergiftet. Meine lieben Leser, von dieser Situation sind nicht nur die traditionellen Religionen betroffen!
Das negative Ego läßt die Lichtarbeiter glauben, daß sie die höchsten Lebewesen auf dem Planeten sind und es produziert komplizierte spirituelle Tabellen, um dies zu beweisen. Es flüstert Euch zu, daß Ihr die Gattin eines der Aufgestiegenen Meister seid bzw. der Gefährte einer der weiblichen Aufgestiegenen Meister. Manchen macht es weis, daß sie die

Inkarnation eines berühmten Aufgestiegenen Meisters sind. Mediale und sensitive Fähigkeiten verwendet es dazu, um Prophezeiungen über Veränderungen der Erde zu verbreiten, um damit Macht über jene verängstigten Menschen auszuüben, die in ihrer Not keinen anderen Ansprechpartner finden, als das Medium, das ihnen diese Information vermittelt. Das negative Ego schafft auch elitäre spirituelle Gruppen, was wiederum die Menschen von einander trennt anstatt sie zu verbinden. Es bringt Euch auch dazu, mit anderen spirituellen Lichtarbeitern und Führern in Konkurrenz zu treten, was wahrer Spiritualität total widerspricht. Das negative Ego läßt statt Bescheidenheit ein Gefühl des falschen Stolzes im Bereich der wahren spirituellen Arbeit, die Ihr leistet, entstehen. Das negative Ego sagt Euch, daß Ihr nur aus den reinsten Motiven dient - dabei ist es unersättliche Gier nach Ruhm, Geld oder Macht, die Euch dazu veranlaßt.

Oft bindet es Lichtarbeiter an das geschriebene Wort, d.h., es läßt sie die Lehren nicht wirklich in ihr Leben integrieren und dann in der Erkenntnis Gottes weitergehen. Es bringt Euch dazu, falsche Philosophien und spirituelle Ideale anzunehmen und spiegelt Euch vor, daß Ihr Euch spirituell verhaltet, wo Ihr in Wahrheit nur Eure Emotionen und / oder gedanklichen Attacken an anderen auslaßt. Letztlich wird es Euch dazu verführen, eine spirituelle und globale Führungsposition anzustreben und dabei jeden, der zwischen Euch und Eurem hochgesteckten spirituellen Ziel steht, zu verfolgen und psychisch zugrunde zu richten. Liebe Leser, ich habe versucht, Euch ein paar Beispiele dafür zu geben, wie das negative Ego die Bewußtseinsbewegung durchsetzt. Einige dieser Beispiele sind fast komisch zu nennen. Wenn ich Meister Yodas Ausspruch "Unterschätzt niemals die Macht der dunklen Seite der Kraft!" wiederhole, meine ich das humorvoll aber auch ernst. Es ist unglaublich, was ich als spiritueller Lehrer, spiritueller Psychotherapeut und spiritueller Führer im Bereich der spirituellen Bewegung alles zu sehen bekomme. Das gleiche gilt für die Aufgestiegenen Meister der Inneren Ebenen und, davon bin überzeugt, auch für Euch.

Ich weiß, meine lieben Leser, daß Ihr meine Gedanken, Gefühle, Beobachtungen und auch meine Befürchtungen mit mir teilt. Versuchen wir deshalb, mit äußerster Konzentration unseren Quotienten der Überwindung des negativen Egos so stark wie möglich aufzubauen, und gleichzeitig mit ihm auch den Quotienten des Christusbewußtseins. Wenn wir dieses Ziel erreichen, können wir die "Gabe des Königs Midas" in unserem Leben entwickeln und gleichzeitig sichergehen, daß wir statt des bruchstückhaften nicht-integrierten Aufstiegs den voll-integrierten Aufstieg für uns erlangen.

Der Quotient des Dienens und der spirituellen Führung

Wenn die vorgenannten Quotienten richtig aufgebaut wurden, ist es unausbleiblich, daß auch der Quotient des Dienens und der spirituellen Führung einen hohen Wirkungsgrad erreicht. Der Grund dafür ist, daß die Energien von Licht und Liebe, gemeinsam mit der Unterdrückung oder gänzlichen Ausschaltung des negativen Egos sowie die hohe Entwicklung des Quotienten des Christusbewußtseins, Euch in den Bereich des Dienstes an der Welt tragen, da Ihr die dazu nötige geistige Reife erlangt habt. Das ist eine Tatsache. Und trotzdem gibt es viele Phasen und Stufen, die zu dieser höheren Manifestation des Dienens und speziell zum Podest der Führerschaft führen! Der Quotient des Dienens und der spirituellen Führung hat seine eigenen Kriterien und erfordert seine eigene Art der Achtsamkeit und Mühe. Der Wunsch zu Dienen ist vorhanden, kein Zweifel, doch die Methode muß sorgfältig erarbeitet werden. So nimmt man zum Beispiel an, daß alle von uns, die in anderen Bereichen hohe Quotienten erreicht haben, der Menschheit auf grundlegende Art und Weise dienen können. Es steckt jedoch mehr dahinter.
Alles, was wir vorher erreicht haben, bringt uns zu einem Quotienten des Dienens von 75 bis 80% und einem Quotienten der spirituellen Führung von 70%. Dieser Quotient ist etwas ganz besonderes und sollte nicht zu leicht genommen werden. Zu Dienen und gleichzeitig das Podest der Führerschaft zu besteigen ist ein äußerst heikles Unterfangen, denn dies bringt uns in den Bereich der Aura der anderen Menschen und läßt uns ihre Bedürfnisse und ihre Verletzlichkeit erkennen. Wir werden in gewisser Weise zu göttlichen oder spirituellen Ärzten und müssen mit äußerster Sorgfalt vorgehen. Der Idealprozentsatz dieses Quotienten liegt bei 100%. Das sollten wir anstreben. Das kann natürlich nicht der Ausgangspunkt sein, doch je bewußter wir werden und je weiter wir auf dem Pfad des Aufstiegs voranschreiten, desto wichtiger wird es, diesen Quotienten zu meistern. Wie schon Sai Baba sagte: "Hände, die helfen,

sind heiliger als Lippen, die beten." Wenn Ihr im Bereich der Initiationen höher und höher steigt, habt Ihr vieles von Gott und den Meistern mitbekommen, und vieles wird von Euch erwartet. Es heißt zwar, daß man am Beginn der sechsten Initiation das Portal der Meisterschaft durchschreitet - für Gott jedoch ist man erst dann ein Meister, wenn man den integrierten Aufstieg durchlaufen hat. Ein interessanter Punkt, der sehr oft von den Lichtarbeitern übersehen wird, ist, daß der Dienst und die Führung nicht nur in erster Linie auf die Menschheit, den Planeten und alle Lebensformen, denen man begegnet, ausgerichtet ist, sondern in gleicher Weise auf den Initiaten selbst. Das heißt, meine lieben Leser, passenden und gesunden Dienst und Führung Eures Selbst! Dieser Dienst wird klarerweise nicht dem niederen, eigensüchtigen Selbst geleistet, sondern dem wertvollen Kind Gottes, das Ihr seid! Dieser Quotient hat somit eine zweifache Wirkung. Einerseits wirkt er sich im äußeren Bereich des Dienstes an der Welt aus: hier hilft er Euch, Euren tatsächlichen Platz zu finden und zu akzeptieren, wie ich das im einzelnen in meinem Buch *Deine Aufstiegs-Mission - Das Annehmen des eigenen Puzzle-Stücks* dargelegt habe. Ich werde darüber noch ausführlicher berichten. Andererseits muß Euch jedoch auch klar sein, daß dieser Quotient sich gleichzeitig auf Euer eigenes göttliches Wesen und die Befriedigung Eurer persönlichen Bedürfnisse auswirkt. Dienen beginnt mit Selbsterkenntnis und dem Verständnis Eures Selbst!

Viele beginnen ihren Dienst noch bevor sie ihre Ganzheit erreicht haben oder mit sich selbst und mit Gott im Reinen sind, was letztendlich zu einem falschen, nur nach außen gerichteten Dienen und/oder der Erschöpfung der eigenen Energien führt. Der erste Schritt auf dem Weg des Aufstiegs muß immer das Erreichen der Integration sein. Der wahre Dienst kann nach Erreichen der dritten Initiation beginnen, nachdem das psychologische Selbst entsprechend integriert worden ist. Auf der selben Stufe kann auch die spirituelle Führung begonnen werden. Es muß jedoch ganz klar sein, daß man zuerst sich selbst führen können muß, bevor man für andere zum spirituellen Führer werden kann. Diesen Vorgang nennt man Selbst-Führung. Bildlich gesprochen heißt das, daß man der Kapitän des eigenen Schiffes werden muß. Wenn Ihr Euch genauer über das Thema der spirituellen Führung informieren wollt, schlagt in meinem *Handbuch zur planetaren Führung* aus der leicht zu lesenden Enzyklopädie des spirituellen Pfades nach. Spirituelle Führung kann mit einem Menschen beginnen und sich dann langsam auf die Arbeit mit mehreren

Klienten, Gruppen, Klassen und Seminaren ausweiten. Sie wird sich zuerst auf die Stadt konzentrieren, in der Ihr lebt, und sich später, so dies Eure Aufgabe ist, auf den ganzen Bundesstaat, dann das ganze Land, ausdehnen und/oder sich weltweit auswirken. Wie Ihr dient oder führt, ist vollkommen egal, solange es in Übereinstimmung mit den Wünschen des eigenen Höheren Selbst, der Monade oder der mächtigen ICH BIN - Gegenwart ist. Ihr solltet Euch nie mit anderen vergleichen oder mit ihnen konkurrieren, sondern dem folgen, was das Eure ist. Dafür ist keine Show erforderlich.

Manche dienen und führen leise im Hintergrund, anderen ist es bestimmt im Blickpunkt der Öffentlichkeit zu stehen. Hört hier genau auf das, was Euch Eure Seele sagt und laßt Euch nicht von Eurem negativen Ego beeinflussen. Das betrifft auch das Akzeptieren Eurer Aufgabe hier auf Erden und das Einnehmen des Euch zugedachten Platzes auf der Bühne dieser Welt. Vielleicht ist es Eure Aufgabe, aus dem Hintergrund heraus zu wirken, ein Beispiel zu geben im Bereich Eures Heims oder der Gemeinde. Vielleicht bedeutet es aber auch, daß Euer göttliches Schicksal Euch auf die Bühne der Welt stellt, von wo aus mit Hilfe der Massenmedien Eure Ansprachen die ganze Welt erreichen. Solange es wirklich Eure Aufgabe ist, wird sich alles entsprechend entfalten. Dies alles enthebt Euch jedoch nicht der Führungsverantwortung, die Ihr in Eurem persönlichen Leben und dem der Menschen um Euch habt. Wenn Ihr, wie Ihr sollt und es auch von Euch verlangt wird, diesen Quotienten aufbaut, so müßt Ihr das zuerst in Euch selbst tun. Jeder Mensch ist verpflichtet, die Zügel der Führung seines eigenen Lebens fest in der Hand zu halten und damit im eigenen Inneren zu beginnen. Das erste Podest der Führung, das Ihr erklimmen müßt, ist unsichtbar und kann nur von Eurer inneren Sicht erkannt werden. Ihr müßt zuerst die Führung Eures eigenen Wesens übernehmen, wozu auch der Aufbau aller bis jetzt besprochenen Quotienten zu ihrer höchsten Stufe gehört. Geist und Herz müssen auf unpersönliche, universelle Art einerseits und auf sehr persönliche Art und Weise andererseits im Gleichgewicht gehalten werden. Ihr kennt alle den bekannten Spruch "Nächstenliebe beginnt im eigenen Heim". Genauso, liebe Freunde, beginnt die Führung im eigenen Heim und zwar dem Heim des eigenen Selbst. Ist sie dort gelungen, ist die Ausdehnung auf andere Bereiche verhältnismäßig einfach.

Sehr viele Lichtarbeiter werden in ihrer Mission, ihrem Dienst und ihrer Lebensaufgabe irregeleitet, weil ihnen das negative Ego in die Quere kommt. So kann es vorkommen, daß jemand eigentlich im Hintergrund wirken sollte, er jedoch von seinem negativen Ego, Macht, Ruhm und Erfolg dazu verführt wird, im Rampenlicht zu stehen. Da er nicht in Harmonie mit seiner Seele und Monade ist, wird er diesen Weg mit allem Eifer verfolgen, und damit Konkurrenzdenken, Wettbewerb, Ungleichgewicht und Trennung herbeiführen. Nach außen wird es so aussehen, als wäre er ein spiritueller Führer, der der Welt dient, in Wahrheit folgt er jedoch nur dem negativen Ego. In diesen Bereichen ist es nötig, kompromißlos ehrlich zu sich selbst zu sein, denn das negative Ego sucht, ohne Rücksicht auf Verluste, Macht, Ruhm, Erfolg und Geld zu erwerben. So kann Euch Euer negatives Ego eingeben, ein spirituelles Buch zu schreiben, selbst wenn das nicht Eure Aufgabe ist und Ihr auch nicht das Talent dazu habt. Es kann Euch einflüstern, daß Ihr ein hellhörendes Medium sein sollt, selbst wenn das nicht Gottes Absicht für Euch ist. Eure Aufgabe ist es vielleicht, für Euch selbst und für Eure Freunde Botschaften weiterzugeben. Lichtarbeiter sind oft der Ansicht, daß spirituelle Führung und Dienst an der Welt gleichzusetzen sei mit Lehrarbeit vor tausend Menschen in einem Vortragssaal oder vor Millionen von Menschen vor den Fernsehgeräten, oder mit Reisen und Seminararbeit. Ich muß Euch mitteilen, daß nur sehr wenige von Euch diese Aufgabe haben und daß Gott und die Meister das nur von sehr wenigen Menschen erwarten. Spirituelle Führung und Dienst an der Welt bedeutet nur so zu dienen und zu führen, wie Euer Höheres Selbst und die Monade es von Euch wünschen. Für einige Lichtarbeiter bedeutet es vorwiegend Arbeit auf den Inneren Ebenen, für andere wiederum politische Aktivität. Für wieder andere bedeutet es eine Familie zu haben und Freunden und Menschen, die ihnen auf ihrem Lebensweg begegnen, zu dienen. Von allen diesen Dienstleistungen gibt es keine besseren oder weniger guten. Am besten ist es, seine eigene Aufgabe gemäß des göttlichen Planes zu finden.

Aus all dem ist klar zu erkennen, daß dieser Quotient des Dienens und der spirituellen Führung ein natürliches Ergebnis der Erreichung der höheren Quotienten ist und deshalb größte Sorgfalt und ganz spezielle Aufmerksamkeit verlangt. Es ist mehr dahinter, als man auf den ersten Blick annehmen könnte. Wie bereits erwähnt, erfordert der Dienst an anderen große Feinfühligkeit. Man möchte doch den Bedürfnissen der Menschheit und seiner Brüder und Schwestern auf allen nur möglichen

Ebenen entgegenkommen. Und doch sollte man, wie wir das bereits im Kapitel über das negative Ego gehört haben, nicht die Privatsphäre der Menschen verletzen. Das heißt, daß man zwar das Beste für alle Königreiche des Planeten erreichen soll, ohne dabei den freien Willen zu stören oder notwendige Lektionen zu umgehen. Unser Ziel sollte es daher sein, die grundsätzlichen Bedürfnisse aller zu stillen, wann immer uns das möglich ist, und zwar auf sehr sanfte Art und Weise, wie ein Schutzengel, der nur in Aktion tritt, wenn er darum gebeten wird, jedoch sonst immer den freien Willen der Menschen respektiert. Das bedeutet nicht, daß wir nicht auf sehr dezente Art Vorschläge machen sollten, denn diejenigen, die bereits einen größeren Überblick erlangt haben, können ihren Brüdern und Schwestern dabei behilflich sein, mehr aus der Gnade zu lernen als aus dem Karma. Geht man hierbei jedoch zu plump vor, schafft man unabsichtlich noch mehr Karma, das dann irgendwann einmal abgetragen werden muß.

Das Gleichgewicht, liebe Leser, ist sehr labil in diesen Bereichen. Um wirklich zu wissen, was getan werden soll, müßt Ihr Euch immer mit Eurem Höheren Selbst und der Monade verbinden und zuhören, was Euch Gott und die Meister sagen. Die spirituelle Führung ist also sehr eng verknüpft mit dem Dienen, weshalb der Aufbau ihres Quotienten auf gleiche Art erfolgen muß. Die beste Art der Führung ist das gute Beispiel. Darum ist es so wichtig, und ist auch immer wieder betont worden, daß man zuerst lernen muß sich selbst zu dienen und sich selbst zu führen. Ebenso wichtig ist es, daß man seine Aufstiegs-Mission erkennt und das lebt, was seine Aufgabe in diesem Leben ist. Ist man sich selbst gegenüber nicht ehrlich, so kann man weder seinen Quotienten aufbauen, noch im Dienen oder in der Führung erfolgreich sein. So könnte jemand, dessen göttlicher Auftrag es ist, als Politiker zu arbeiten, unmöglich ein erfolgreicher Künstler sein und umgekehrt. Dasselbe gilt für alle Aufgaben, und seien sie einander noch so ähnlich, d.h. ein Aquarellmaler würde seine Botschaft ganz sicher nicht so gut vermitteln können, würde er versuchen Ölbilder zu malen. In solch subtile Bereiche dringen wir hier vor, meine Freunde.

Gott macht keinen Unterschied in den verschiedenen Aufgaben der Menschen, und sein Gesichtspunkt ist schließlich der einzig wahre, von dem aus auch Ihr Eure Aufgaben und Euren Quotienten des Dienens und der spirituellen Führung betrachten sollt. Alles andere wäre völlig unangemessen und wird Euch nur von Euren besten und wohlmeinendsten Absichten abbringen. Wenn Euch beim Anblick von Blut schlecht wird, ist es offensichtlich nicht Eure Aufgabe ein Chirurg zu werden, Ihr könnt jedoch im ätherischen Bereich ein wunderbarer Heiler sein. Überstürzt nichts, sagt niemals: ich werde Heiler, ich werde malen... Stimmt Euch auf das ein, was Eure Berufung ist, findet Eure Aufgabe heraus und wie Ihr sie am besten erfüllen könnt. Vergeßt niemals, daß ein Mensch, der voll Hingabe seine Aufgabe als Introvertierter, als Forscher oder auch als Familienmensch erfüllt, viel mehr Erfolg haben wird als einer, der öffentliche Anerkennung sucht, ohne daß dies seine Bestimmung ist. Und noch einmal, in Gottes Augen ist jede Arbeit gleich wertvoll. Was beim Aufbau dieses Quotienten erforderlich ist, ist absolute Ehrlichkeit und die Hingabe an die wahre Berufung. Ob man dann als Führer eine Königskrone oder die zerschlissenen Jeans eines Funk-Jazzers trägt, spielt für Gott keine Rolle, und es ist auch kein Hinweis darauf, welche Stufe man im Aufbau des besagten Quotienten bereits erreicht hat. Was es jedoch aufzeigt ist, Eure Fähigkeit, wahrhaft spirituell dienen und führen zu können, egal wohin Euer Schicksal oder Euer freier Wille Euch gestellt hat. Dort könnt Ihr das meiste daraus machen und den Quotienten des Dienens und der spirituellen Führung auf konstant 97% bis 100% halten.

Selbst wenn Euch Euer negatives Ego auf eine Bühne vor 5.000 Zuschauer gestellt hat: wenn es nicht Eure Bestimmung ist, wird dadurch Euer Quotient des Dienens und der spirituellen Führung absinken, weil Ihr nicht das tut, was Eure wahre Aufgabe ist. Man sollte meinen, daß in einer solchen Situation der Quotient ansteigt, das ist aber nicht so, denn Ihr seid nicht im Gleichklang mit Eurer Seele. Das gleiche passiert, wenn jemand, der eigentlich ein Manifestations-Medium sein sollte als Visionär arbeitet. Und das gleiche geschieht auch, wenn Lichtarbeiter in ihrer Begeisterung für die spirituelle Führung, das Wachstum und den Dienst, sich ohne Grund scheiden lassen, ihre Kinder verlassen und Freunde und Beruf aufgeben. Manchmal besteht die Lektion darin, in der Ehe zu verbleiben, den Kindern ein geistiger Führer zu sein und seinen Arbeitsplatz spirituell aufzuwerten, indem man ihn mit der Haltung des Dienens und der Ausstrahlung spiritueller Energien durchtränkt, und indem man Freundschaften aufrechterhält und sie spiritualisiert. Das Dienen und Führen beginnt genau da, wo man sich gerade befindet, es bedeutet nicht unbedingt, daß man dazu in einer spirituellen Gemeinde leben muß.

Manchmal jedoch ist es gerechtfertigt, Situationen zu verändern, wobei man aber ganz sicher gehen sollte, daß man dies unter der Leitung seiner eigenen Seele und nicht des negativen Egos tut. Ein spirituelles Wort sagt: "Niemand sollte aus einer Situation herausgehen, solange er nicht seine Lektion gelernt hat; es könnte sonst sein, daß er diese Situation, womöglich in verstärkter Form, nochmals durchleben muß."

Ein weiteres Beispiel für den schlechten Einfluß des negativen Egos auf diesen Quotienten im Bereich der New-Age-Bewegung ist die Tatsache, daß manche Menschen aus einem Gefühl der Selbstgerechtigkeit und des Besserwissens handeln. Sie haben ihren Aufstieg erreicht, sie sind Meister geworden und sie meinen, daß ihnen dies das Recht gibt, Leute herumzukommandieren und ihnen zu sagen, wo es lang geht. Ihrer Meinung nach verkörpern sie die Stimme der Meister, und doch ist es bloß die Stimme des negativen Egos, die aus ihnen spricht. Sie überschätzen sich dabei einfach maßlos und das zudem noch unbewußt, und ihre Handlungen sind dadurch das genaue Gegenteil dessen, was wahre spirituelle Führung eigentlich darstellt. Um ein weiteres Beispiel zu geben: Eine sanfte, sehr weibliche Frau, die in ihrer Art überhaupt nicht der Typ des Informations-Mediums ist, versucht als ein solches Medium zu arbeiten - dabei wäre es ihre wahre Bestimmung, eher durch das Beispiel der Liebe und durch Meditationen der Energie der weiblichen Meister zu führen. Eine Frau versucht, ihre Spiritualität und ihr Dienen in einem eher männlichen Paradigma durchzuführen, dabei wäre es ihre wahre Aufgabe, sie im Paradigma der Göttin zu leben. Ähnlich verläuft es bei einem Mann oder einer Frau, die wunderbare Durchgaben geben können, jedoch kläglich versagen, wenn sie versuchen, bei vollem Bewußtsein zu lehren oder zu schreiben, statt dies in einem Trancezustand zu tun. Darum ist es so wichtig, daß jeder Lichtarbeiter seine wahre Aufgabe erkennt und sich nicht eine Aufgabe anmaßt, die ihm nicht entspricht und nicht für ihn bestimmt ist. In Umkehrung des oben genannten Beispiels könnte auch jemand, der ein ausgezeichneter spiritueller Lehrer ist, versuchen, hellhörende Durchgaben zu geben statt seine eigentlichen Gabe, nämlich ein Integrations- oder Telepathie-Medium zu sein, zu nutzen, oder einfach nur aus der eigenen inneren Weisheit zu schöpfen ohne an Durchgaben überhaupt zu denken. Andere Beispiele aus der New-Age-Szene sind Mystiker, die meinen, Okkultisten zu sein und umgekehrt. Das kann sich bei Personen zeigen, die gerne ein Kanal für direkte Durchgaben sein möchten, bei denen sich die Gabe jedoch in Form des Schreibens, inspirierter Dichtkunst oder Komposition manifestiert. Viele Lichtarbeiter meinen, daß es nichts Schöneres gibt, als ein Medium, ein Sensitiver, ein spiritueller Lehrer, ein Autor oder Heiler zu sein, das ist aber nicht so. Es ist nicht der Ruhm, der Euch daran faszinieren soll, sondern die wahre göttliche und spirituelle Aufgabe. Der schnellste Weg zum Aufstieg ist das Finden der wahren Aufgabe und das Dienen und Führen in Erfüllung dieser Aufgabe. Ein Mensch, Mann oder Frau, im Bereich von Heim und Familie geht genauso schnell durch die diversen Initiationen wie jemand, der als Medium, spiritueller Lehrer oder auch Politiker weltberühmt ist. In Gottes Augen gibt es keinen Unterschied, solange jeder von ihnen seine ihm zugedachte Arbeit im göttlichen Plan leistet. Ein Mensch, der versucht als Informations-Medium zu arbeiten, ohne daß dies seine wahre Bestimmung ist, wird vielleicht trotz besten Willens ungenaue Durchgaben geben. Er wäre besser beraten, Heil-Energie, Licht und Liebe zu übermitteln und seinem Klienten zu helfen, eine bessere göttliche Übereinstimmung zu finden.

Meine lieben Leser, es ist unendlich wichtig zu verstehen, daß niemand alle Fähigkeiten haben und alle Aufgaben erfüllen kann. Das negative Ego mit seinem Drang zur Selbstherrlichkeit wird jedoch versuchen, vielen Lichtarbeitern genau das einzureden. Die Aufgestiegenen Meister der Inneren Ebenen haben mir aufgetragen Euch mitzuteilen, daß ein solcher Versuch nur zu Fehlverhalten führt und bewirkt, daß Ihr Euer wahres Licht und Eure wahre Fähigkeit nicht in dem Maße einsetzen könnt, wie Euer Höheres Selbst und die Monade es wünschen. Gott ist so unendlich groß, daß wir alle, auch die Aufgestiegenen Meister der Inneren Ebenen, miteinander arbeiten müssen, um alle Facetten des Prismas von Gottes Plan zu realisieren. Beschränkt Euch auf die eine Sache, die Ihr wirklich gut könnt und konzentriert Euch darauf und laßt Euch von anderen Lichtarbeitern, deren Stärken in anderen Aufgaben liegen, in den Bereichen helfen, wo Ihr Hilfe braucht. Nur durch unsere Zusammenarbeit, Mithilfe und Einstimmung auf das Göttliche kann Gottes Plan verwirklicht werden. Einige sollen als Medien arbeiten, andere als spirituelle Lehrer, Autoren, Sensitive, Psychologen, Berater, Sozialarbeiter, Heiler, Tänzer, Dichter, Künstler, Politiker, Komiker, Pfleger, Ärzte, Geschäftsleute, Religionsführer, Sekretärinnen, Wissenschaftler, Musiker, Rechtsanwälte, Schauspieler, Hausfrauen, Hausmänner, Piloten, Diplomaten, Automechaniker, Computertechniker, Gärtner und so weiter. Gott braucht Lichtarbeiter, die in jedem Bereich des Erdenlebens dienen und spirituell führen. Das, was Ihr tut, ist nebensächlich, wichtig ist nur, daß Ihr in alles, was Ihr tut, die Haltung des spirituellen Dienens mit einbringt, ob Ihr nun im Arbeitsbereich eingebunden seid oder nicht.

Was bringt es, wenn jemand ein weltberühmtes Medium oder ein spiritueller Lehrer ist, wenn die treibende Kraft hinter seinen Handlungen das negative Ego ist? Wenn Ihr jedoch von Eurer Seele oder Monade an die Front der spirituellen Führung berufen werdet, dann folgt diesem Ruf in Reinheit und Selbstlosigkeit. Man könnte Gott mit der Sonne vergleichen, die ihre Strahlen in einen dichten Wald schickt und Lichtstrahlen auf den Waldboden wirft. Wir alle sind so ein Strahl von Gottes unendlichem Licht. Versuchen wir nicht, ein Licht zu sein, das Gott in der Art nicht geschaffen hat - versuchen wir vielmehr zu erkennen, daß alle Lichtstrahlen demselben Lichte entspringen, daß sie alle gleich wichtig und wertvoll sind. Gottes Plan kann nicht vollendet werden, solange nicht jeder Mensch auf Erden seine Aufgabe so erfüllt, wie Gott es von ihm wünscht.

Der Quotient des Dienens und der spirituellen Führung kann weder gefälscht noch mit Gewalt aufgebaut werden. Er muß sich öffnen wie eine Knospe und zur Blüte reifen. Der einzige Weg hierzu führt über die kompromißlose Ehrlichkeit sich selbst gegenüber und die Achtsamkeit in bezug auf Absicht und höhere Sicht. Es ist nur zu hoffen, daß die Tiefe dieses Quotienten durch seine scheinbare Einfachheit nicht verdeckt wird. Auch ist zu wünschen, daß er nicht durch den Irrglauben des negativen Egos, spirituelle Führung im Angesicht der Öffentlichkeit sei wichtiger als an einem Platz, der mit der Frequenz des Zwölf-Körper-Systems harmoniert, verkannt wird. Dieser Quotient ist enorm wichtig. Er muß von jedem von uns erarbeitet werden, um das Reich Gottes auf Erden zu errichten. Gleicherweise wünscht Gott, daß wir diesen Quotienten in unser Inneres ausrichten, damit das Reich Gottes in uns errichtet werde. Nehmt diesen Quotienten ernst, seine Wichtigkeit auf persönlicher und planetarer Ebene kann nicht oft genug betont werden. Gleichzeitig geht aber leichten Schrittes auf diesem Weg, denn dieser Quotient ist auch ein natürlicher Ausdruck dafür, wer wir als Gottes Geschöpfe eigentlich sind und daß wir, als Gottes Geschöpfe, zu nichts gezwungen werden können. Geht mit Freude vorwärts auf dem Weg dieses Quotienten und die Früchte Eurer Arbeit werden ganz von selbst reifen. Seid wachsam und doch voll Freude, sucht und anerkennt Eure wahre Aufgabe und die

Berufung zum Aufstieg. Auf diese Weise werdet Ihr zu einem der Großen im Dienste an der Welt und im spirituellen Führen. Und Ihr werdet es auf eine Art und Weise sein, die Euch voll und ganz entspricht und die einmalig ist.

Der Quotient der Integration und des Gleichgewichtes

Dies ist der letzte der acht Hauptquotienten, die wir hier besprechen wollen. Dieser Quotient ist die Summe aller anderen Quotienten und Unterquotienten, von denen später noch die Rede sein wird, und er muß auf der höchstmöglichen Stufe arbeiten. Dieser Quotient ist Hauptthema dieses Buches, denn, so seltsam es klingt, viele Lichtarbeiter haben zwar hohe Werte bei vielen anderen Quotienten, haben sie jedoch nicht auf diesen wichtigsten Quotienten von allen abgestimmt und ausgerichtet. Dieser Quotient, meine lieben Leser, wird Euch über die Schwelle des voll integrierten Aufstiegs tragen. Er ist der Quotient, der für das neue Jahrtausend benötigt wird und muß daher mit dem ihm zustehenden Respekt behandelt werden.

Unser Ziel muß es sein, 92% bis 98% dieses Quotienten zu erreichen. 100% wären natürlich ideal, die Meister sind jedoch Realisten, sie wissen, daß dies zur Zeit der schwierigste und am wenigsten entwickelte Quotient ist. Einer der Gründe, warum es so schwierig ist, sich diesem Quotienten auch nur anzunähern, ist, daß so viele Lichtarbeiter sich mit den bereits genannten Quotienten nicht auseinandergesetzt haben, bzw. daß viele nicht einmal wissen, daß diese anderen Quotienten gemeistert werden müssen. Wie ich bereits erwähnt habe, liegt die Grundvoraussetzung für die Initiation und den Aufstieg im Bereich des Lichtquotienten, was bedeutet, daß alle Lichtarbeiter ihre Entwicklung nahezu ausschließlich auf diesen Quotienten ausgerichtet haben. Es erstaunt mich auch, daß wir nicht den Namen "Liebesarbeiter" verwenden, obwohl wir das ja eigentlich sind. Diese Bezeichnung wäre ein klarer Hinweis auf ein Verständnis des Herzens Gottes. Die Liebe ist ein so wesentlicher Teil unseres Seins und unserer Entwicklung, daß man sie nicht länger ignorieren kann. Die meisten Lichtarbeiter beschäftigen sich mehr oder minder mit diesem Quotienten, da er ein Teil der Lichtenergie ist. Die Tatsache, daß man sich mit ihm speziell auseinandersetzen muß, wird jedoch meist übersehen. Was auch dazu beiträgt, daß der Quotient der Integration und des Gleichgewichtes so im Argen liegt ist, daß viele nicht die leiseste Ahnung davon haben, wie stark der Einfluß des negativen Egos ist. In weiten Kreisen ist der Begriff "negatives Ego" überhaupt nicht bekannt, d.h. in seiner wahren Bedeutung, und somit wird einer der Hauptfaktoren zur Erlangung des integrierten Aufstieges komplett übersehen. Deshalb habe ich so viel darüber geschrieben und diesem Thema sogar ein ganzes Buch mit dem Titel: *Wie man sich vom negativen Ego befreit* gewidmet. Wenn man all das in Betracht zieht, muß uns klar werden, daß, abgesehen vom Verständnis und dem Aufbau dieser acht wichtigen Quotienten, bzw. der sieben bereits behandelten, sie auch in ihrer Gesamtheit voll integriert und im Gleichgewicht sein müssen. Um das zu erreichen, müssen zwei Ebenen der Meisterschaft entwickelt werden. Die erste Ebene erfordert, daß diese Quotienten gemeistert und beschleunigt werden, bis man jeden einzelnen in sich zu einer hohen Frequenz gebracht hat. Auf der zweiten Ebene muß man sie auf sämtlichen Stufen des eigenen Selbst meistern und integrieren, so daß nicht nur jeder einzelne Quotient, sondern alle acht Quotienten gemeinsam aufeinander und auf unser gesamtes Wesen abgestimmt sind und auf ihrer höchstmöglichen Frequenz schwingen. So wird man voll integriert, ausgeglichen und ganz.

Wenn Ihr nicht lernt, dies zu tun, wird immer ein Spalt zwischen den einzelnen Aspekten Eures Seins klaffen und Ihr werdet nicht imstande sein, den wahren, holistischen Aufstieg durchzuführen. Ihr könnt zwar auch so die Befreiung von der Wiedergeburt erlangen, werdet jedoch alle nicht integrierten, unausgeglichenen Teile Eures Selbst auf der Astral- und/oder Mental-Ebene angleichen müssen. Das wiederum würde zu einer Verzögerung Eurer vollständigen Befreiung führen, was sicher niemand von Euch wünschen würde. Es ist doch so: Wenn man ganz ehrlich mit sich selbst ist, dann spürt man wenn die verschiedenen Ebenen nicht völlig im Gleichklang sind und empfindet es als ein unangenehmes Gefühl der Disharmonie zwischen dem eigenen Selbst und Gott. Man fühlt sich wie abgeschnitten von dem, was man eigentlich erreichen könnte. Um es etwas klarer zu machen: Großes Licht aktiviert große Liebe und die Liebe wird versuchen, sich im Dienen auszudrücken. Ist einem jedoch der Führungsaspekt des Dienens nicht vertraut, wird man feststellen, daß man nicht genügend Stehvermögen oder Willen hat, diese Vision umzusetzen. Das führt dann dazu, daß man sich frustriert fühlt und daß der Bereich des Dienens, der einem entsprechen würde, nicht erfüllt wird. Dieses kleine Beispiel zeigt ganz klar, wie vernetzt diese verschiedenen Quotienten miteinander sind.

Wir haben für jeden einzelnen Quotienten ein ganzes Kapitel aufgewendet und so möchte ich Euch bitten, jetzt mit mir den Quotienten der Integration und des Gleichgewichtes auszuloten. In diesem Quotienten konzentriert man sich auf den Aspekt der Angleichung und Integration der verschiedenen Quotienten untereinander. Was ich hierbei nochmals betonen möchte ist, daß jeder von uns in seiner Individualität einmalig ist und daher auch die Punkte, an denen das Gleichgewicht gefunden wird, unterschiedlich sind. So findet beispielsweise jemand mit einer Monade des zweiten Strahles, einer Seele des sechsten und dem Charakter des vierten Strahles seinen Gleichgewichtspunkt ganz sicher an einer anderen Stelle als jemand mit einer Monade des ersten, einer Seele des fünften und einem Charakter des dritten Strahles. Der Gleichgewichtspunkt jedes dieser beiden ist daher einmalig, was nichts an der Tatsache ändert, daß jedermann einen Punkt hat, an dem das Gleichgewicht am stabilsten ist, und daß dieses Gleichgewicht auch voll und ganz in der Gesamtheit unseres Wesens integriert werden muß. Unabhängig davon, wann und wo jemand seinen Gleichgewichtspunkt findet, müssen bis zu diesem Zeitpunkt alle Quotienten synchron und harmonisch arbeiten. Eine Seele des sechsten Strahles mit einer Monade des zweiten Strahles wird in ihrem Leben eher das Herzzentrum betonen, während bei einer Seele und Monade des Ersten Strahles die Betonung auf dem Willen liegt. Deswegen muß aber trotzdem jeder von ihnen die höchste Frequenz in den verschiedenen Quotienten erreichen, unabhängig davon, daß die wahre Aufgabe jedes einzelnen wahrscheinlich sehr unterschiedlich von der des anderen ist. Alle genannten Quotienten müssen den gleichen Rhythmus haben, die gleiche Harmonie, und in einem Energiefeld pulsieren, das im Selbst geschlossen und an das Selbst angeglichen ist. Miteinander müssen sie einen zylindrischen Tunnel bilden innerhalb dessen sie ohne Mühe zwischen den einzelnen Frequenzen und Aktionszentren auf- und absteigen können, ähnlich wie das bei den Chakren der Fall ist.

Es hilft Euch vielleicht, wenn Ihr Euch diesen Zylinder als Verbindung zwischen den acht großen Quotienten vorstellt. Betrachtet den Initiations-Quotienten zuerst als einen Kreis, der sich in einen Zylinder ausdehnt und damit diesen speziellen Quotienten mit dem Lichtquotienten, dem Liebesquotienten, dem der psychologischen Weisheit, des Christusbewußtseins, der Überwindung des negativen Egos und dem Quotienten des Dienens und der spirituellen Führung verbindet und direkt zum Quotienten der Integration und des Gleichgewichts führt. Sind die genannten sieben Quotienten perfekt aufeinander abgestimmt und ausgerichtet, könnte der Quotient der Integration und des Gleichgewichtes in einem Bereich von 92% Minimum und 100% Maximum arbeiten. Der Mittelwert läge in diesem Falle zwischen 97% und 98%, also wesentlich höher im Vergleich zu jetzt und Ihr hättet keinerlei Mühe das heilige Tor des integrierten Aufstiegs zu durchschreiten. Ich lege Euch daher, meine lieben Leser, mit allem Nachdruck nahe, Euch zu bemühen, jeden dieser Quotienten auf die ihm zustehende Frequenz zu bringen. Als spirituelle Wesen ist es unser Recht, auf der aktivsten und entsprechenden Stufe zu arbeiten. Das war es auch, was wir von allem Anbeginn auf unserem Weg der Initiation angestrebt haben. Unsere eigene Begeisterung, aber auch das wachsende Licht und die steigenden Möglichkeiten für einen Massenaufstieg haben uns in einem Ausmaß vorangetragen, daß es zumindest für die Mehrheit von uns vonnöten ist, eine Neubewertung und Neueinstellung aller acht Primär-Quotienten gleichzeitig vorzunehmen. Wenn Ihr das für Euch tut, werdet Ihr es nicht bereuen.

Das Ausmaß an Ganzheit und Wohlbefinden, das Euch dann erfüllt, wird nur noch von dem Wissen übertroffen werden, daß Ihr endlich die totale Freiheit habt, Eure wahre Aufgabe und Aufstiegs-Mission in voller Übereinstimmung mit dem göttlichen Plan zu erfüllen. Es wird Euch auch die wahre Befriedigung erfüllen, die nur dann möglich ist, wenn man weiß, daß nichts übersehen wurde und daß alle Quotienten aufgebaut sind. Euer Weg des integrierten Aufstiegs ist damit vollendet. Ihr werdet von allen niederen Welten befreit sein und gleichzeitig voll Ehrfurcht verstehen, daß sie Teil des Ganzen sind und daß Ihr in ihren phantastischen Bereichen Euer Dienen und Eure Göttlichkeit erfüllen könnt! Vergeßt nicht, was ich zuvor gesagt habe: Die Leiter der Entwicklung ist in Wahrheit kreisförmig oder zylindrisch in ihrer Form. Sie ist eine immer breiter werdende Spirale, die immer weiterreichende Aspekte des alles durchdringenden Ganzen umfängt. Dies ist der Ruhm, der jeden von uns erwartet, der dem göttlichen Pfad des integrierten Aufstiegs folgt und er ist, meine lieben Leser, Eure wahre Bestimmung. Wenn Ihr, meine lieben Leser, Euch mit dem Kapitel "Die wichtigen

Nebenquotienten" auseinandersetzt, dann nehmt die Informationen sorgfältig in Euer Gedanken-Konzept des Quotienten der Integration und des Gleichgewichtes mit hinein. Damit wird sichergestellt, daß Euer Weg des integrierten Aufstiegs den größten Überblick, das volle Spektrum des planetaren und kosmischen Aufstiegs erhält, das uns zur Zeit zugänglich ist.

Zusammenfassung

Am Ende dieses Kapitels, möchte ich Euch, meine lieben Leser, nochmals auffordern und bitten, die acht Quotienten, die wir hier behandelt haben, zu nutzen und sie auf ihre höchste Frequenz zu bringen, ohne daß das negative Ego darin involviert ist. Letztendlich müssen alle Ebenen voll integriert und ausgeglichen sein, damit die volle Schönheit Eurer einzigartigen und nur Euch zugehörigen mächtigen ICH BIN - Gegenwart auf jeder Stufe Eurer Existenz erstrahlen kann. Wir berühren das Herz Gottes, damit wir die Essenz der Liebe an die bedürftige Welt weitergeben können. Wir füllen uns mit dem Lichte Gottes, damit wir durch unseren Dienst behilflich sein können, dem Planeten Erleuchtung zu bringen. Wir lassen das negative Ego hinter uns, damit der Geist, das Verständnis, das in Jesus Christus war, auch in uns sein möge. Wir lernen psychologisches Gleichgewicht zu wahren, damit wir es in Liebe, Dienst und entsprechender Führung anwenden können. All dies tun wir von unserem Platz des Gleichgewichtes und der Integration aus. Wenn wir diese Quotienten integrieren, sind wir stark und beständig als das selbst-erfahrene, selbst-bewußte und Gott-bewußte Wesen, das wir sind! Auf diesem Weg sollte jedoch kein Platz für Konkurrenzdenken, Vergleiche oder Beurteilung sein. Solltet Ihr Euch jedoch dabei ertappen, so wisset, daß das bloß die irregeleitete Stimme des negativen Egos ist. Es gibt hier keine Beurteilung, keine Schuld, keinen Wettbewerb. Es geht hier einfach um den Weg, den wir alle gehen sollen, um die Wunder des integrierten Aufstiegs zu erleben und aufzuzeigen. Ich bitte Euch daher nochmals, auf diesem Weg in das Unendliche und Ewige achtsam und doch voll Freude zu sein. Dies ist ein Weg der Gnade, aber auch der Arbeit, meine lieben Leser, und die Quotienten sind wie Straßenlampen und Wegweiser entlang dieses Weges. Vergeßt nie die Freude, wenn Ihr diese Quotienten aufbaut, so wie der Bau eines irdischen Hauses oder das

Wahrwerden eines irdischen Traumes oder einer Vision Euch mit Freude erfüllen sollte. Diese Quotienten wurden Euch gegeben, um Euch auf Eurem Weg zu helfen - sie kommen aus dem Herzen der Großen Zentralsonne und der Liebe. Geht leichten Schrittes und mit liebevollem Herzen auf Eurem Weg des Lichtes und der Liebe. Nutzt diese Quotienten im Bewußtsein ihrer Wichtigkeit jedoch ohne Anstrengung und Belastung. Sie sind ein Geschenk, das Euch auf Eurer Reise begleiten soll und ein weiterer Beweis der Wunder Gottes auf dieser Erde an der Schwelle zur glorreichen Welt des neuen Jahrtausends.

3. Die zwölf Stufen der Initiation und ihre Integration in das Vierkörper-System

Das Auflösen der Illusion

Eines der großen Mißverständnisse, das sich in das Bewußtsein und das Glaubenssystem manch eines fortgeschrittenen Lichtarbeiters eingeschlichen hat, besteht in der Annahme, daß jede Stufe der Initiation die vorhergehende ersetzt. Das stimmt, wenn man den Vorgang nur von einem Standpunkt aus betrachtet: geht man jedoch dabei mehr in die Tiefe, so wird klar, daß jede Stufe der Initiation die vorgehende in sich birgt. Was geschieht, bzw. im Idealfall geschehen sollte, ist, daß jede nachfolgende Stufe alles an Energien, Schwingungen, Liebe, Licht, Reinigung und Beschleunigung der gerade durchlaufenen Initiation in sich weiterführt. Geschieht die Initiation auf diese holistische Weise, dann baut sie auf der vorhergehenden auf und verfeinert sie, was unvermeidbar zu einem totalen und vollständig integrierten Aufstieg führt.

Da viele von uns sich diesen Vorgang noch nicht völlig zunutze gemacht haben, ist es nun an der Zeit zu betrachten, was bis zu diesem Zeitpunkt noch nicht integriert und assimiliert wurde. Es spielt dabei keine Rolle, auf welcher Stufe der Initiation Ihr Euch befindet: trachtet die Lücken zu entdecken, die in Eurem Initiationsprozeß noch nicht geschlossen worden sind. Wenn Ihr Euch sozusagen noch auf einer unteren Sprosse der Leiter befindet, wird Euch dieses größere Verständnis des integrierten Aufstiegs dabei helfen, Euren Weg mit weniger Schwierigkeiten in Angriff zu nehmen. In gewisser Weise habt Ihr großes Glück, daß Ihr bereits in einem frühen Stadium dieses Verständnis erlangt, denn damit könnt Ihr Euren Weg von allem Anfang an holistisch beschreiten. Genaugenommen ist es jedoch egal, auf welcher Stufe der Entwicklung Ihr Euch gerade befindet, denn wir alle müssen den gesamten Prozeß in unserem Vierkörper-System integrieren, damit wir in völliger Ausgeglichenheit leben und von den Ketten, die uns binden, oder den Illusionen, die uns so unendlich stark umschließen, befreit werden.

Die erste Initiation

Die erste Initiation hat mit der Kontrolle über das physische Vehikel oder, um es genauer auszudrücken, über das grundlegend Physische zu tun. Das bedeutet allerdings nicht, wie so viele das fälschlich meinen, daß wir getrennt von unserem physischen Körper leben. Wir werden uns jedoch dieses Aspektes gewahr, wenn wir uns der Tatsache stellen, daß unser essentielles Selbst nicht gleichzusetzen ist mit der zeitlichen Form, in der wir uns aufhalten. Dies ist wesentlich für das grundsätzliche Verständnis, daß wir Seele / Geist sind, die/der sich in einer Form befindet. Während unserer Inkarnation ist es unsere Aufgabe, das physisch / ätherische Vehikel zu reinigen und unser Höheres Selbst einzubringen. Und das ist etwas ganz anderes, als uns vollständig vom Körper abzusetzen. Mit Gewalt diese Trennung herbeizuführen steht im Gegensatz zur Integration und dient nicht dem wahren Zweck. Was man von uns erwartet ist, daß wir nach bestem Vermögen den physisch / ätherischen Körper beherrschen. Beim momentanen Stand der Entwicklung schließt dies jede Art der Verstümmelung, der Ablehnung, Trennung und Verweigerung entsprechender Nahrung aus. Das grundlegend Physische muß unter Kontrolle gebracht werden, was bedeutet, daß durch Selbstdisziplin das niedere Basis-Selbst und die animalischen Tendenzen der Lust, der Verweichlichung, der mangelnden Selbstdisziplin etc. durch das Bewußtsein unterworfen werden, und daß es selbst dabei lernt, sich der Überseele unterzuordnen.
Dieser Prozeß erfordert auch entsprechende Ernährung, die in den seltensten Fällen zugeführt wird. Wie mir einmal ein außergewöhnlicher spiritueller und physischer Heiler in bezug auf die Ernährung sagte, ist die Wurzel des Wortes Ernährung das Wort "nähren". Um unseren Körper wirklich zu nähren, muß unsere Nahrung gesund sein und unseren individuellen Bedürfnissen entsprechen. Es ist klar, daß wir uns nicht mit "Junk-Food" oder anderen Giften versorgen wollen. Wenn wir den Gedanken des "Nährens" weiter verfolgen, dann werden wir verstehen, daß wir unser physisch / ätherisches Vehikel auch lieben und nähren sollen. Viele Lichtarbeiter tun dies nicht, da sie viel zu sehr damit

beschäftigt sind, sich gänzlich vom Physischen abzusetzen. Die Energien des Kreislaufes, in dem wir uns bewegen, dulden das nicht - wir müssen daher auf jeder Stufe auch die entsprechende Ernährung des physischen Vehikels mit hereinnehmen. Das bedeutet aber nicht, daß man es verwöhnen soll - es bedeutet, liebe Leser, daß man es nähren muß. Schon seit vielen Jahrhunderten, so lange es Schüler auf dem Pfade der Initiation gibt, hat man gewußt, daß der physische Körper kontrolliert werden muß und man hat sich, wenn auch nicht immer, entsprechend um ihn gekümmert. Viele von uns meinen immer noch, daß das Beherrschen der niederen Triebe wichtiger sei als entsprechende Nahrung und Körperübung. Wir sind hier um Euch zu sagen, daß das nicht genügt. Richtige Ernährung ist ebenso wichtig wie entsprechende Beherrschung. Wir müssen uns, so wie wir sind, lieben. Das ist von größter Wichtigkeit. Tun wir das nicht, errichten wir eine Trennwand zwischen Seele / Geist, der mächtigen ICH BIN - Gegenwart und dem physischen Körper und sind dadurch nicht imstande, die Arbeit zu leisten, die für dieses Jahrtausend wichtig ist und für die wir menschliche Gestalt angenommen haben: nämlich den Geist im Physischen zu verankern! Überlegt Euch den holistischen Zugang zu dem, was man allgemein als die Grunderfordernisse der ersten Initiation bezeichnet. Erinnert Euch daran, daß ich Euch vor kurzem erklärt habe, daß wir Euren gesamten Willen, so wie ihn die Zeit, in der wir leben, aufzeigt, völlig integrieren müssen. Dies ist das Zeitalter, in dem das Göttliche auf die Erde gebracht wird, daher also auch in uns, als physische Wesen.

Wer von Euch also Schwierigkeiten damit hat, die niederen Triebe des physischen Elementes zu kontrollieren, oder Probleme mit dem Essen oder der entsprechenden Körperübung hat, der möge dies nun bitte angehen. Die meisten von Euch wissen, was sie tun sollen. Es gibt auch zahllose Bücher, Heiler (physische oder ätherische) und Ernährungsfachleute, die Euch dabei behilflich sein können. Schämt Euch nicht, um Hilfe zu bitten. Die meisten von uns müssen ihre Vorgehensweise in dieser Richtung neu überdenken und verfeinern - das ist auch der Grund, warum so viele Heiler und Helfer in diese Richtung geführt worden sind. Und vergeßt auch nicht, daß Ihr jederzeit die Meister ansprechen könnt und sie Euch gerne helfen werden. Wir haben dafür die Aufgestiegenen Meister der Inneren Ebenen und die Engel, an die wir uns wenden können, sowie die Heiler der äußeren Ebene, deren Aufgabe es ist, uns durch diese Integration zu nähren und uns zu helfen, unseren Prozeß so zu verändern, daß wir dem Maßstab dieses neuen Jahrtausends entsprechen. Auch haben wir Bibliotheken voll mit alten und neuen Lehren, an die wir uns halten können. Das Ziel ist immer, das Physische zu ehren und zu reinigen, damit es auf Erden im Licht und in der Liebe Gottes erstrahlen möge. So Ihr also einen Bereich findet der der Arbeit bedarf, - den ja die meisten von uns haben - dann kümmert Euch darum. Vergeßt jedoch nicht, daß selbst dann, wenn wir unseren Körper mit aller Konsequenz disziplinieren, wir ihn auch mit unserer Liebe nähren müssen. Die richtige Ernährung, körperliche Übungen und Selbstkontrolle bringen uns zwar ein gutes Stück weiter, wir müssen jedoch auch die entsprechende Liebe, die Nahrung und eine Haltung der Dankbarkeit dafür, daß wir überhaupt einen Körper haben dürfen, mit einbringen. Wir müssen uns als Mensch lieben und auch anderen die Möglichkeit geben, unsere menschgewordene Form anzuerkennen und zu lieben. Das, meine lieben Leser, stellt den größeren Rahmen dieser ersten Initiation dar und muß erfüllt werden, um sich dann der zweiten Initiation zuzuwenden.

Ihr müßt verstehen, daß es nicht notwendig ist, die volle Beherrschung des Körpers erlangt zu haben, um diese Initiation zu durchlaufen. Es gibt Initiaten der siebten Stufe, die immer noch von ihren physischen Begierden getrieben werden. Obwohl es nicht erforderlich ist, voll im Gleichgewicht zu sein, um diese Prüfung zu bestehen, ist dies jedoch dann nötig, wenn Ihr den integrierten Aufstieg und die volle Gotteserkenntnis erlangen wollt. Es ist jedoch so, daß die Prüfungen heutzutage viel leichter zu bestehen sind, als dies früher der Fall war. Sie sind sogar so leicht zu bestehen, daß ein Buch wie dieses geschrieben werden muß, um fortgeschrittene Lichtarbeiter daran zu erinnern, ihre Hausaufgaben zu machen, damit sie die Initiationen auch richtig integrieren können. Lichtarbeiter gehen auf der spirituellen Ebene durch diese Initiationen, jedoch nicht durch die mentale, emotionale, ätherische und physische Stufe der Initiationen. Gott hat es uns jetzt, zu diesem Zeitpunkt, leicht gemacht, wofür wir auch dankbar sein sollten. Alles, was Gott von uns verlangt ist, daß wir auf der spirituellen Ebene bestehen. Wenn wir die siebte Initiation erreichen, hat Gott dort eine Schranke errichtet auf der steht, daß jeder, der weitergehen möchte, zuerst jede der Initiationen in allen vier Körpern integrieren muß. Weil also Ihr selbst oder jemand, den Ihr kennt, die Initiationen durchlaufen hat, heißt das noch lange nicht, daß Ihr sie auch tatsächlich im Mental-, Emotional- oder dem physischen Körper durchlaufen habt. In der Vergangenheit war dies gleich erforderlich, zum jetzigen Zeitpunkt jedoch nicht. Doch Gott würde sich von Euch einen hohen Standard bei den Initiationen wünschen, selbst wenn er es zur Zeit nicht fordert. Wenn Ihr Eure Hausaufgaben jetzt erledigt, braucht Ihr dann später, als Initiaten der siebten Stufe, nicht mehr Euer ABC zu wiederholen.

Die zweite Initiation

Die meisten von Euch werden bereits das Tor der zweiten Initiation, der Kontrolle des Astralkörpers oder Körpers der niederen Begierden, durchschritten haben. Ich bitte Euch nun, dies noch weiter zu verfeinern, so daß der Gefühlskörper noch besser und genauer die Frequenz des neuen Jahrtausends widerspiegeln kann. Darin sind natürlich auch alle Feinheiten und Erfordernisse der ersten oder vorhergehenden Initiation enthalten. Vergeßt nicht, unser Ziel ist volle Integration aller Stufen, wie sie noch nie vorher auf dieser heiligen Erde durchgeführt worden ist. Die Kontrolle des Emotionalkörpers und des Astralelements ist etwas vom Schwierigsten in der Arbeit mit den Aspekten des Selbst. Vieles innerhalb unserer gegenwärtigen Gesellschaft dient eher dazu, diesen Körper anzuregen als ihn zu beherrschen und wir sind in dieser Arbeit wie Lachse, die gegen den Strom schwimmen. Ihr müßt Euch bewußt sein, daß nahezu alle von Euch, die dieses Buch lesen, bereits so viel an Meisterschaft erlangt haben, daß man davon ausgehen kann, daß Ihr diese Initiation entweder in diesem oder bereits in einem früheren Leben durchlaufen habt. Was Ihr noch tun solltet ist, diesen Prozeß so weit zu verfeinern, daß er dem Standard des jetzigen Welt-Zyklus entspricht. Wenn dies der Fall ist, habt Ihr ein gutes Fundament für die Arbeit, die Ihr leisten sollt. Es soll Euch ein Trost sein, daß Ihr auf den Inneren Ebenen einen Vertrag für diese Arbeit abgeschlossen habt, noch bevor Ihr in diesem Zyklus geboren wurdet.

Die Kraft ist in Wahrheit mit Euch, liebe Freunde, und alles ist zu Eurer Unterstützung vorbereitet. Denkt immer daran, wenn wir jetzt weitergehen. Als erstes müssen wir verstehen, daß es hier, genauso wie beim physischen und ätherischen Körper bzw. der ersten Initiation, unumgänglich ist, den Emotionalkörper richtig und zur Gänze zu beherrschen, ihn jedoch dabei entsprechend zu erhalten und zu pflegen.

Das bedeutet nicht, ihn zu verwöhnen, es bedeutet, ihn mit Liebe zu versorgen. Es bedeutet auch, Liebe, Verständnis und die Sorge füreinander zu teilen und damit dem Gefühlskörper der Menschheit schlechthin die Ehre zu erweisen. Dieses zu tun und gleichzeitig stärkste Kontrolle auszuüben ist die Forderung und gleichzeitig Herausforderung des Neuen Zeitalters. Wenn Ihr Euch einen Augenblick Zeit nehmt, um darüber nachzudenken, werdet Ihr sehen, daß es gleichzeitig ein genaues Abbild der totalen Integration darstellt. Selbstdisziplin in bezug auf den Emotionalkörper und dabei gleichzeitiges liebevolles Hegen und Pflegen bringt diesen Körper in eine integrierte Ausrichtung, die vollkommen neu ist.

Es ist sehr oft vorgekommen, daß Initianten das geheiligte Portal der zweiten Initiation durchschritten haben und dabei komplett von ihrem emotionalen Selbst getrennt waren. In der Vergangenheit war das richtig so, denn man hat danach getrachtet, durch die Unterwerfung des Astralelements diesen Körper unter die Kontrolle des Höheren Selbst zu bringen. Heute ist das nicht mehr genug, denn einerseits wird eine stärkere Kontrolle verlangt, damit dieser Körper die höchsten Gefühlsaspekte, nämlich die des Fühlens und auch des Ausstrahlens bedingungsloser Liebe widerspiegeln kann, und andererseits wird das Verankern dieses Liebesgefühles innerhalb der fühlenden Welt erforderlich. Es ist daher notwendig, daß wir uns die höchste Stufe der Kontrolle über diesen Körper erarbeiten, dabei aber gleichzeitig den fühlenden Körper die Liebe auf diese Erde bringen lassen. Es gibt zahlreiche subtile Methoden, durch welche der Emotionalkörper unpassenderweise die Kontrolle beanspruchen kann. Die meisten seiner Täuschungsmanöver kommen über das Unterbewußtsein, weshalb es für uns vordringlich ist, daß wir auf der bewußten Ebene unser Möglichstes tun, um diesen Aspekt unseres Wesens neu zu programmieren und ihn zu einem Ort der wirklich positiven Einstellung zu machen. Die beste Nahrung, die wir unserem unbewußten Inneren Kind bzw. dem unbewußten Teil unseres Selbst geben können, sind positive Energien. Wir sollten das deshalb auf der bewußten Ebene mit 100% bewußter Absicht durchführen.

Zusammenfassend ist zur zweiten Initiation folgendes zu sagen: Der beste Weg, um jeden Aspekt des Fühlens zu integrieren ist, das niedere Selbst durch das Bewußtsein und den Willen, der den Idealen des Höheren Selbsts folgt, zu kontrollieren. Als nächstes muß man den Mental- und den Emotionalkörper dazu bringen, nur bedingungslose Liebe zu verströmen. Gleichzeitig sollte die Beobachtung und die Förderung der fühlenden Körper allen fühlenden Lebens seine wichtigste Aufgabe sein. Das kann sich in der Liebe von Partnern oder innerhalb der Familie zeigen oder auch in der Liebe der Tiere oder innerhalb der Natur, d.h. dem Königreich der Devas. Der Emotionalkörper ist als Ausdrucksmittel auf der physischen Ebene gedacht, sei dies nun in einem weitgesteckten oder sehr intimen Rahmen. Auf keinen Fall soll er unterdrückt oder zurückgehalten werden, er soll nur unter der Kontrolle des Bewußtseins, des Höheren Selbsts und der mächtigen ICH BIN - Gegenwart stehen. Dann wird das fühlende Selbst imstande sein, seinen rechtmäßigen Platz einzunehmen. Wenn das geschieht, sollen auch die höchsten und am meisten ausgeglichenen Qualitäten der ersten Initiation mit integriert werden, so wie es bereits beschrieben wurde. Es sollten gleicherweise auch die bereits integrierten Qualitäten der zweiten Initiation in die folgenden Stufen mit eingebracht werden. Auf diese Weise kann der Aufstieg durchlebt und auf die ausgeglichenste Art und Weise manifestiert werden.

Die dritte Initiation

Die dritte Initiation beinhaltet die Kontrolle des Mentalkörpers. Da wir es mit drei Formen des Geistes zu tun haben, ist dies ein sehr komplizierter Prozeß. Um unserem speziellen Ziel zu folgen, werden wir uns vorwiegend mit dem Bewußtsein auseinandersetzen und zwar nicht in einer isolierten sondern einer integrierten Form. Das bedeutet, daß wir alles, was wir in bezug auf die erste und die zweite Initiation gesagt haben, auch in die dritte Initiation einbringen müssen. Gleichzeitig bedeutet es, daß alles, was innerhalb der dritten Initiation den Feinschliff erhält, auch in die folgenden Initiationen integriert werden muß. Unser Ziel muß es immer sein, alle sieben Stufen der Initiation zu integrieren, das heißt, sie einzeln in ihren höchsten und ausgeglichensten Zustand zu bringen und sie danach als funktionierendes Ganzes zu betrachten. Erreicht man innerhalb der ersten und zweiten Initiation nur die unterste Stufe der Meisterschaft, dann kann das volle Potential der dritten Stufe weder verankert, noch aktiviert bzw. auf den Stand gebracht werden. Man muß alle Stufen maximieren und dann miteinander verbinden. Je klarer man selbst ist, desto direkter und genauer trifft man den Punkt. Folglich hängt, wenn man mit den Körpern auf einer Stufe der Initiation arbeitet, das gewünschte Ergebnis vom möglichst ungestörten Übergang in die nächste Stufe ab. Alle Körper, Chakren und Initiationen sind miteinander verbunden und funktionieren letztlich als ein Ganzes. Diese wertvolle Wahrheit solltet Ihr niemals vergessen, damit Euch nicht die Zersplitterung von Eurem wahren Ziel ablenkt und dabei unnötige Lektionen schafft, denen Ihr Euch dann später widmen müßt. Da die dritte Initiation mit dem Geist zu tun hat, kann das, was mit diesem Aspekt zusammenhängt am besten mit den Worten unseres geliebten Sai Baba ausgedrückt werden: "... vom Geiste wird gesagt, er sei das Instrument sowohl für die Bindung als auch für die Befreiung." In diesen Worten liegt der Schlüssel zu dieser Initiation. Der Schlüssel zum integrierten Aufstieg liegt jedoch in der völligen Meisterung des Geistes. Es ist eine Sache, das Konzept des sogenannten "umherschweifenden Verstandes" zu begreifen, eine andere jedoch, die totale Kontrolle über Körper und Geist innerhalb der Dimensionen zu erreichen, in denen wir unser Lebensziel erarbeiten.

Viele Lichtarbeiter verwenden bloß einen Teil ihres Geistes für das Verständnis und die Anwendung der subtilen Stufe der Geisteskontrolle, die notwendig ist, um die höheren Frequenzen zu erreichen. Vom Intellekt her ist uns allen klar, daß der Geist der Überseele oder Monade oder der mächtigen ICH BIN - Gegenwart unterstellt sein muß. Das ist jedoch bei weitem nicht alles, sondern nur ein Bruchteil dessen, was unsere höchste Aufmerksamkeit und unseren Fleiß erfordert. Was wir einfach tun müssen, geliebte Leser, ist, den umherschweifenden Verstand unter die Kontrolle des Bewußtseins und der Schwingung des Geistes selbst zu bringen. Wir müssen alle Energien, die Führung, die Schlüssel-Codes und die geheiligte Geometrie konkret im Geist selbst verankern. Viele Lichtarbeiter tun dies jedoch nicht. Sie erreichen die Mindestanforderung der mentalen Kontrolle und lassen dann Verzerrungen aus dem Gefühl und den ätherisch / physischen Bereichen in ihrem Geist zu. Das kommt daher, weil bei der ersten und zweiten Initiation auch nur die Mindestanforderung erfüllt wurde, und zudem noch in nicht-integrierter Form. Als Ergebnis herrscht in allen drei Körpern ein Ungleichgewicht und eine Zersplitterung, die es dem negativen Ego ermöglicht, den Initiaten ständig zu beeinflussen. Ich hoffe, daß Ihr bereits das Zusammenspiel innerhalb dieses Prozesses erkennen könnt und begreift, wie wichtig es ist, die nächste Sprosse der spirituellen Leiter im Zustand der höchsten Integration und Läuterung zu erklimmen. Das neue Jahrtausend verlangt die vollständige Verankerung des Spirituellen auf Erden. Das kann jedoch nicht erreicht werden solange es nicht in jedem von uns geschehen ist. So ist das Gesetz. Wenn eine bestimmte Frequenz und eine höhere Entwicklung und Integration in uns, dem Mikrokosmos, erreicht und verankert ist, bleibt es nicht aus, daß sie auch kollektiv, im Makrokosmos der Menschheit selbst sich ausweitet und etabliert. Ich erinnere Euch hier auch daran, daß der Zyklus, in dem wir uns befinden, ein großes Maß an psychologischem Fingerspitzengefühl erfordert. All dies muß in Betracht gezogen werden, wenn wir uns vorwärts bewegen und den integrierten Aufstieg zu einer Realität in uns und in der Welt machen.

Die vierte Initiation

Es ist Euch sicher klar, daß bei der vierten Initiation der individuelle Seelenkörper aufgebraucht ist und sich der Initiat in direktem Kontakt mit dem Bewußtsein der Monade oder mächtigen ICH BIN - Gegenwart befindet. Das ist der Zeitpunkt, zu dem Eure vier niederen Körper - sofern sie integriert, ausgeglichen und ausgerichtet wurden - direkt von der Monade selbst angesprochen werden. Eine Störung dieses Prozesses erfolgt dann, wenn Initiation und Aufstieg nicht ganzheitlich sondern zersplittert und unausgeglichen erfolgen. Wird der hohe Standard der vorherigen Initiationen nicht beibehalten, mischen sich negatives Ego und persönliche Angelegenheiten wieder ein, und der Initiat erreicht nicht die gewünschte Haltung selbstlosen Dienens und der Liebe, sondern wird von seinem negativen Ego beeinflußt.

Die fünfte Initiation

Bei der fünften Initiation wird die Frequenz auf die atmische Ebene angehoben. Es ist dies bereits eine sehr hohe Initiation und gleichzeitig Vorläuferin der sechsten, bei der das geheiligte Tor des Aufstiegs durchschritten wird. Bei dieser Initiation spricht das Wesen die Worte:

"Der Vater und ich sind eins." Was dieses Buch erreichen will ist, daß die höchsten Qualitäten der jeweils vorangegangenen Initiation voll integriert werden.

Die sechste Initiation

Die sechste Initiation bringt Euch in das volle Licht des Aufstiegs. Das Erreichen der ersten Phase oder Unterstufe dieser Initiation bezeichne ich liebevoll als das Erreichen der Stufe eines flüggen Aufgestiegenen Kindergarten-Meisters. Hier wird Euch der Titel eines Meisters verliehen, weil Ihr Euren Lichtquotienten aufgebaut und bestimmten Anforderungen bezüglich der vorhergehenden Initiation entsprochen habt. Diese Initiation ist bei Erreichen der siebten Unterstufe der siebten Initiation abgeschlossen.

Es ist wichtig zu bemerken, daß wir nur 51% unseres Karmas ausgeglichen haben müssen, um die sechste Initiation des Aufstiegs zu durchlaufen. Dadurch bleibt noch ziemlich viel übrig, was wieder einmal an die Oberfläche kommen und uns die eine oder andere Lektion erteilen kann. Das muß allerdings nicht unbedingt sein, da es in unserer Hand, d.h. unserem Licht, der Liebe und der Weisheit liegt, dies zu umgehen und alles nötige durch die Gnade statt durch das Karma zu erlernen. Das ist jedoch ein fraglicher Punkt insofern, daß viele Lichtarbeiter nicht einmal die früheren Initiationen verankert haben und dadurch das negative Ego die Macht ausübt, die eigentlich der Mensch haben sollte. Das muß grundsätzlich verändert werden!

Die siebte Initiation

Wie gerade gesagt wurde, bringt uns die Erreichung der siebten Unterstufe der siebten Initiation in den Stand eines Aufgestiegenen Meisters, jedoch nur im Zusammenhang mit dem Lichtquotienten. Jetzt habt Ihr den Kindergarten hinter Euch gebracht und seid, planetar betrachtet, ein Meister, also jemand, der sich den Zugang zu den höheren Ebenen des Ordens des Melchizedek erarbeitet hat. Es durchströmen Euch wunderbare Energien, wenn Ihr jetzt Euren schwerverdienten Platz unter den anderen Meistern der Hierarchie einnehmt. Das ist phantastisch und man darf Euch gratulieren. Mit dem Durchschreiten der siebten Initiation habt Ihr die Befreiung vom Rad der körperlichen Wiedergeburt erreicht, was eine gewaltige Leistung darstellt. Es muß Euch jedoch ganz klar sein, daß die Tatsache, daß Ihr die siebte Initiation geschafft habt, noch lange nicht bedeutet, daß Ihr auch Euer negatives Ego, die Begierden des niederen Selbst, den Emotionalkörper, das Innere Kind, Euer Unterbewußtes, den Mentalkörper, Eure physischen Wünsche oder die spirituellen Prüfungen der Macht, des Ruhms, des Geldes, der Sexualität, des Stolzes und der Eitelkeit, um nur einige zu nennen, bezwungen habt. Was Ihr tatsächlich erreicht habt, sind 92 bis 98% des Lichtquotienten, das ist alles bei dieser Initiation. Ihr müßt auch verstehen, daß sich 98 oder 99% Lichtquotient bloß auf die planetare Ebene beziehen, kosmisch betrachtet sind das bloß 10% Lichtquotient gesamthaft umgelegt. Wie ich schon im ersten Kapitel gesagt habe: Wenn Ihr nicht jede einzelne Initiation in jedem Eurer vier Körper integriert habt, werdet Ihr, siebte Initiation hin oder her, trotzdem nochmals auf der astralen oder mentalen Ebene inkarnieren müssen. Auch wird es Euch nicht gestattet sein, höhere Initiationen zu durchlaufen, solange diese psychologische Arbeit nicht geleistet wurde.

Ich kenne einen Lichtarbeiter, den ich als schizophren und größenwahnsinnig einstufe, obwohl er die siebte Initiation bereits hinter sich hat. Ihr könnt das ruhig als paradox bezeichnen, doch er gibt mediale Durchgaben und leistet paranormale Arbeit. Die siebte Initiation, meine lieben Leser, ist also auch nicht mehr das, was sie einmal war! In den Zeiten von Jesus, Lord Maitreya, Saint Germain, El Morya, Kuthumi und Djwhal Khul hatte sie eine viel größere Bedeutung. Als sie ihre Initiationen durchliefen, hieß das noch etwas! Wegen der hohen Erdbeschleunigung dürfen wir jedoch durch die geheiligten Tore der Initiationen hindurchhuschen, damit wir dadurch, daß wir höhere Lichtfrequenzen hereinbringen, Hilfestellung leisten können. Das hat aber jetzt seinen Zweck erfüllt und es ist nun wieder so, daß wir uns, um vollwertige Meister zu sein, wieder auf jeder Stufe entsprechend reinigen müssen. Um dieser Neuregelung Genüge zu tun, ist dieses Buch geschrieben worden, meine lieben Leser.

Der Zauberkreis

Es ist wichtig zu verstehen, daß es auf der siebten Unterstufe der siebten Initiation einen Zauberkreis gibt und es ihn immer schon gegeben hat. Hier muß sich jeder verantworten. Die Energien fließen mit so enormer Geschwindigkeit, daß sie viele von uns durch die sieben Initiations-Stufen jagen. Das bringt großen Gewinn, nicht nur für uns selbst, sondern auch für den gesamten Planeten. Wenn wir unsere Lichtfrequenz stark genug steigern können, um selbst Aufgestiegene Meister zu werden, helfen wir, diese Energien auf unserem Planeten zu verankern. Das entspricht alles dem göttlichen Plan. Was man jedoch wissen muß ist, daß Ihr keine weiteren Initiationen durchlaufen dürft und auf Stufe Sieben verbleiben müßt, solange Ihr nicht alle vorangegangenen Initiationen integriert habt. Daß Ihr zur Verantwortung gezogen werdet und diesen Zauberkreis überwinden müßt, dient der selben Wahrheit. Es geht bis hierher und nicht weiter. Ihr erlangt zwar die Befreiung von der Wiedergeburt auf der physischen Ebene, müßt jedoch, ehe Ihr dem Pfad der höheren Entwicklung folgen dürft, Eure Schwächen zuerst auf der Astral- und Mentalebene aufarbeiten.

Es gibt seltene Fälle, bei denen, bedingt durch die stark beschleunigte Frequenz dieses Zykluses, ein Mensch die höheren Initiationen durchläuft und erst dann mit den Gesetzen der physisch/ätherischen, astralen und mentalen Ebenen in Konflikt kommt. Das ist eine ernste Sache, denn es heißt ja: "Je höher der Aufstieg, desto tiefer der Fall." Was am besorgniserregensten ist, ist die Tatsache, daß der Mensch, dem dies passiert, überhaupt nichts davon merkt. Das ist deshalb so, weil das negative Ego ihn ergriffen hat und er daher annimmt, daß er sich noch auf derselben Stufe der Integrität befindet, wie vor seinem Abweichen vom wahren Weg.

So ein Mensch wird genaugenommen das Opfer seines eigenen falschen Glaubens. Meistens fällt ihm gar nicht auf, daß die Meister den Energiefluß angehalten haben, damit er die entsprechende Lektion erteilt bekommen kann. Er ist so von sich und seiner Macht überzeugt, daß er keinen Weg aus der Täuschung findet und in den Bereich der "zwielichtigen" Meister gerät, über die ich hier nicht weiter sprechen will, da ihnen ein eigenes Kapitel gewidmet ist. Wenn ein Initiat vom Pfad der Heiligkeit abweicht, dann wird ein Zauberkreis um ihn gezogen, der ihn festhält, egal welche Initiation er bereits durchlaufen hat. Selbst wenn dies auf der achten, neunten, zehnten, elften, zwölften oder einer noch höheren Initiationsstufe geschieht, wird dieser Kreis gezogen, und der Mensch muß auf der Stufe verbleiben bis "jedes Jota" des Gesetzes erfüllt und abgehandelt ist. So wie alle anderen wird auch er für sein Vergehen zur Verantwortung gezogen und immer wieder in Situationen gebracht, die ihm die benötigte Lektion erteilen. Ist die Lektion gelernt und die Taten gesühnt, wird der Zauberkreis aufgelöst und der Mensch kann auf seinem Pfad der Entwicklung vorwärtsschreiten. Damit das nicht an irgendeiner Stelle Eures Weges geschieht, möchte ich nochmals die dringende Notwendigkeit eines ausgeglichenen und integrierten Aufstiegs betonen. Ich möchte Euch auch nochmals darauf hinweisen, wie wichtig es ist, daß Ihr allzeit wachsam seid in Eurer Absicht und in der Kontrolle Eurer Grundmotivation. Diese Kontrolle muß überhaupt nicht belastend oder aufwendig sein. Ihr müßt Euch eigentlich nur Eurer Absicht bewußt sein. Dient Ihr Euch selbst oder Gott, den Meistern, der Menschheit und dem Planeten? Integriert und vervollständigt Ihr die Lektionen und Lehren all Eurer vorangegangenen Initiationen? Ist das der Fall, dann seid Ihr in Harmonie mit dem göttlichen Willen und arbeitet im vollendeten Tao. So einfach ist das. Allerdings müßt Ihr auf diese Dinge wirklich achten.

Es kann nicht oft genug betont werden, daß die Initiationen nur mit dem Prozentsatz Eures Lichtquotienten zu tun haben und mit nichts sonst. Weil jemand seinen Aufstieg geschafft und die sieben Stufen der Initiation durchlaufen hat, heißt das nicht, daß er ein wahrer Meister ist. Er kann sich vom Rad der Wiedergeburt befreit haben, was gar nichts zu sagen hat, wenn er immer noch machtgierig, egoistisch ehrgeizig, voll Selbstüberschätzung und egozentrisch ist und sich, voll Neid auf die Erfolge anderer, von seinen Emotionen, seinen niederen Begierden und seinem Inneren Kind beherrschen läßt. Das selbe gilt, wenn er noch von unreinen Motiven erfüllt, philosophisch und psychologisch fehlerhaft ausgerichtet ist und negative Gefühle und Gedanken hegt. Geliebte Leser, ich kenne persönlich Hunderte, wenn nicht Tausende von Initiaten höchster Stufen, die in diese Kategorie fallen. Ich sage das nicht, um über sie zu urteilen, ich teile Euch nur eine einfache, in Liebe beobachtete Tatsache mit. Aus diesem Grund haben mich die Meister dazu angeleitet, dieses Buch zu schreiben.

Integration in den physischen Bereich

Es ist wirklich zu hoffen, daß Ihr zu diesem Zeitpunkt in Eurem tiefsten Inneren begreift, warum diese Integration für den Aufstiegsprozeß so wesentlich ist. Ohne diesen Prozeß, geliebte Leser, ist der Aufstieg im besten Falle unvollständig und im schlimmsten Falle durch Fragmentierung und Unausgeglichenheit derart gestört, daß der Mensch von seinem reinen Pfad und seinem Ziel im Ursprung abgelenkt wird. Aber all das ist bereits ausführlich behandelt worden und wir werden uns jetzt mit den Methoden beschäftigen, mit deren Hilfe wir in unserem Vier-Körper-System die wahre Integration erlangen können. Dies ist ein ganz wichtiges Thema, weil es den Aufstieg gleichzeitig als ein Heruntersteigen, ein Hereinbringen und Verankern des Geistes hier auf dieser Erde behandelt. Es betrachtet auch die Verantwortung jedes Initiaten in bezug auf den "Weg" und auf das, was er selbst innerhalb der Hierarchie darstellt. Dieser Weg ist monadisch in seinem Ausmaß, weil sich die Monade selbst auf den Stufen der höheren Initiation in den vier niederen Körpern ausdrückt und dadurch gleichzeitig noch höhere Initiationen anstrebt. Es ist tatsächlich so, daß die Initiaten sich selbst und die ganze Menschheit gefährden, wenn sie es verabsäumen, alle Stufen der Initiationen in ihrem Vier-Körper-System zu aktualisieren und zu integrieren, und dadurch dem negativen Ego zum Opfer fallen. Dieses Thema ist daher für jeden einzelnen Menschen auf der Erde von sehr großer Bedeutung.
Wie bereits am Anfang dieses Kapitels angesprochen wurde, ist es zunächst einmal das Ziel, alle aufeinanderfolgenden Aktivierungsvorgänge, die höheren Frequenzen, das Einrichten der höheren Chakren, die geheiligte Geometrie, die Grundkodierung sowie Liebe / Weisheit der höheren Initiationen in den physischen Körper zu integrieren. Das kann nicht erreicht werden, wenn wir uns ständig von unserem physischen Vehikel getrennt halten, wie das viele Lichtarbeiter tun. Es kann nur dadurch erreicht werden, daß wir alle Dinge der höheren Stufen darin integrieren. Daher müssen wir den physischen Körper annehmen, statt uns fernzuhalten, denn schließlich ist er das Mittel, durch welches wir hier auf Erden unser Gott-Selbst ausdrücken sollen, er ist wahrlich der Tempel unseres Geistes.

Viele Menschen sind immer noch der veralteten Ansicht, daß das Genießen und die Erfahrung von Freude mit Hilfe unseres physischen

Körpers uns von Gott entfernt. Ich versichere Euch, daß das nicht stimmt. Es kann nur dann passieren, wenn das Physische Gewalt über das wahre Selbst, den inneren Geist, unsere göttliche Essenz der Monade gewinnt. Darum ist es ja so wichtig, daß man die niederen Triebe zu beherrschen lernt. Es besteht jedoch ein gewaltiger Unterschied zwischen der korrekten Kontrolle dieser Triebe und der kompletten Ablehnung jeglichen Kontakts mit ihnen. Geliebte Leser - solange wir auf der Erde sind, gibt es eine Verbindung zwischen Geist und Form, die nicht weggeleugnet werden kann. Das zeigt sich in unserem physischen und ätherischen Selbst und gleicherweise im physisch/ätherischen Selbst des gesamten Planeten. Der Auftrag dieses neuen Jahrtausends lautet, diese Verbindung zu ehren und nicht zu verleugnen! Es ist die göttliche Absicht, den Geist direkt im Herzzentrum der materiellen Welt zu verankern, damit das Goldene Zeitalter auch im dichtesten Bereich des Planeten zu einer erfahrbaren Tatsache wird. Am besten beginnt man damit in der eigenen physischen Struktur. Es ist mir schon klar, daß das im Gegensatz zu einigen der bekannte Konzepte vergangener Zeitalter und alter Traditionen zu stehen scheint, wie beispielsweise der des Yoga, um nur eine von vielen zu nennen. Ich versichere Euch jedoch, daß das nicht grundsätzlich gegensätzlich ist, sondern nur so zu sein scheint, da bestimmte Aspekte im Zusammenhang mit dem physischen Körper in anderen Zeitaltern und Zyklen in einem anderen Lichte dargestellt wurden.

Der Auftrag, den physischen Körper zu kontrollieren, war absolut gerechtfertigt und ist dies immer noch. Es liegt überhaupt nicht in meiner Absicht, Euch diesem Aspekt der ersten Initiation zu entfremden, denn wenn man das nicht richtig im Auge behält, ist es der Körper, der den Menschen kontrolliert statt umgekehrt! Das Bewußtsein untersteht der Seele und Monade und muß daher die niederen Gelüste und Neigungen des physischen Selbst an die Zügel nehmen. Ich hoffe, daß dies allen jetzt wirklich verständlich ist. Was ich dieser grundsätzlichen Lehre noch hinzufügen möchte, ist der Aufruf des Neuen Zeitalters, der besagt, daß man sich von diesem Körper nicht abwenden, sondern in ihm all das auf den Stand bringen soll, was einen die höheren Initiationen, einschließlich des Aufstieges und all der Dinge, die danach noch kommen, gelehrt haben.

Das wird auch durch das geöffnete Herzchakra ausgedrückt. Das Herz enthält die Natur und die Qualität der Liebe, und die Liebe möchte im physischen Bereich ausgedrückt werden. Das bedeutet jedoch nicht, daß

man einen Lebenspartner haben oder eine intime Beziehung pflegen muß, denn das hängt ausschließlich von der persönlichen Entscheidung des Einzelnen bzw. von der Blaupause jedes einzelnen Lebens ab. Es heißt jedoch, daß wir, als Lichtarbeiter, uns einander zuwenden und die entsprechenden physischen Kontakte und Verbindungen leben sollen. Manche Lichtarbeiter sind so distanziert, daß sie nicht einmal ihren engsten Freund oder Kollegen umarmen. Sie berühren einfach niemanden und bleiben statt dessen in ihren höheren Energiezentren, ohne sich mit der physischen Ebene abzugeben. Das ist, um ehrlich zu sein, gar nicht gesund.
Es ist wissenschaftlich bewiesen, daß jeder Mensch die Berührung braucht. Es ist bekannt, daß Kinder in Waisenhäusern aus Mangel an Berührung sterben können. Einer der esoterischen Gründe dafür ist, daß jedes einzelne Herzchakra in Wahrheit ein Teil des Herzens Gottes ist und damit versucht, mit weiteren Teilen von sich selbst, die in verschiedenen menschlichen Körpern inkarniert sind, in Kontakt zu kommen. Die einzige Möglichkeit, die das Herz hat, sich physisch zu verankern und auszudrücken, ist durch die Berührung und durch die Hilfe der verschiedenen anderen Sinne. Wenn zwei Initiaten der höheren Stufen einander berühren, gibt es eine enorme dynamische Explosion der Liebe, die wie eine Fontäne aus dem Herzen Gottes aufsteigt, sich durch das Herzchakra der beiden Beteiligten weiter aufwärts bewegt und heilendes Liebeslicht aus allen subatomaren Mini-Chakren strömen läßt, die es an den Kontaktstellen des physischen Körpers gibt. Die Berührung findet nicht nur von Haut zu Haut statt, obwohl es so aussieht.

Es ist vielmehr das feurige Herz des göttlichen Ursprungs, welches das aktivierte Herz, die ätherische und die physische Struktur eines Menschen berührt. Wenn wir den physischen Körper nicht ehren, dann ehren wir auch nicht die Fülle, die Quelle, welche Gott ist. Wir trennen Teile Gottes von anderen Teilen, die Gottes sind, und schaffen damit eine Spaltung, wo es keine geben sollte. Die beste Erklärung, die ich diesbezüglich kenne, stammt vom Mahatma, dem Avatar der Synthese. Immer wieder hat Er mir erklärt, daß ich nur dann alles, was er darstellt, in seiner Gänze erfassen und umfangen kann, wenn ich ihn wirklich auf jeder Stufe seines Seins erfasse und umfange. Damit das geschehen kann, muß er in jeden einzelnen Aspekt der Existenz integriert sein, da er tatsächlich den Kosmos verbindet. Wenn man ihn also in aller Aufrichtigkeit zu erkennen sucht und sich dann auf der 352ten Stufe der Gottheit mit ihm verbindet, muß man ihn trotzdem auch auf jeder einzelnen Stufe der Evolution erkennen und umfangen und zwar auf der ersten Stufe mit genau der gleichen Intensität wie auf der 352ten! Daraus ist klar zu ersehen, daß die körperliche Ebene genauso vollständig umfangen werden muß, wie die spirituelle.

Meine lieben Leser, ich muß Euch gestehen, daß ich selbst Ihn eher auf den höheren Stufen suchte. Für mich war es immer ganz klar, daß er nur dort zu finden sein würde, da ich mich immer nur mit dem Ursprung und nichts Geringerem verbinden wollte. Und dann kommt Mahatma und sagt mir, daß die uneingeschränkte Verschmelzung mit dem Ursprung nur dann möglich sei, wenn ich mich in gleicher Weise mit jeder Stufe, die im Ursprung enthalten ist, verbinde. Was ich entdeckt habe ist, daß die sogenannte "Leiter" nach oben genaugenommen zylindrische Form besitzt. Da gibt es Ebenen, ganz klar, sie sind jedoch nicht direkt übereinander angeordnet. Sie sind das, was Mahatma selbst als "Ebenen der Einschließlichkeit" bezeichnet. Über diese tiefe Wahrheit, die uns Mahatma in seiner Güte vermittelt hat, kann man sehr lange nachdenken!

Die meisten Lichtarbeiter wissen, daß sie genügend Bewegung, Ruhe, ausgewogene Ernährung etc. benötigen. Was meist fehlt, ist der Wille, das auch zu tun. Es ist überhaupt nicht notwendig, in irgendeinem dieser Bereiche fanatisch zu werden, wir sollten jedoch den Botschaften, die unser Körper uns vermittelt, Gehör schenken. Um zu wissen, daß man ausreichend Ruhe oder Bewegung braucht, muß man nicht medial begabt sein, wir müssen nur dem, was der Körper sagt unsere Aufmerksamkeit schenken und uns danach richten, um dem physischen Selbst die bestmögliche Sorgfalt angedeihen zu lassen. Der Mahatma ist in uns, so wie wir selbst und wie Gott es ist. Die Integration hat mit jeder Stufe des Selbst zu tun, es führt kein Weg daran vorbei. Will man den Mahatma auf allen Stufen integrieren, so bedeutet das nicht nur, daß man sich um den physischen Körper sorgt, sondern daß man die gesamte dreidimensionale Realität ehrt. Das Integrieren des Mahatmas verlangt, daß man die zur dritten Dimension gehörigen Bedürfnisse von Familie, Freunden, Nachbarn und Klienten erfüllt. Das heißt zum Beispiel, gebt jedem, der zu Euch kommt, auch zu essen und zu trinken. Sorgt dafür, daß es bei Euch weder zu warm noch zu kalt ist. Das Integrieren des Mahatmas, also der höchsten Energiefrequenz, die es auf Erden gibt, heißt auch, jemandem bezüglich seiner Kleidung oder seiner Frisur Komplimente zu machen. Es bedeutet gleicherweise, seinem Nachbarn zu helfen, selbst wenn es einem schwerfällt. Das Integrieren des Mahatmas verlangt auch, daß man sensibel ist in bezug auf die Bedürfnisse und Wünsche seiner Familienmitglieder, selbst dann, wenn man selbst diese Wünsche oder Bedürfnisse nicht hat. Es gehört auch dazu, daß man sich an Geburtstage und Namen erinnert, und daß man sich bei gegebenem Anlaß schriftlich bedankt. Ebenso zeigt sich die Integration des Mahatmas darin, daß man seinen Freunden oder Familienmitgliedern Speisen kocht, die sie gerne essen, selbst wenn man sie selbst überhaupt nicht mag. Versucht nicht, den Mahatma nur auf der 352ten Stufe der Gottheit zu erkennen - wenn Ihr Ihn aus tiefstem Herzen kennenlernen und Euch mit Ihm verbinden wollt, was das gleiche ist, wie wenn man sich mit Gott verbindet, dann begegnet ihm auf allen 352 Stufen, die alle irdischen, physischen, emotionalen, mentalen und spirituellen Ebenen einschließen.

Der Mahatma sagt, daß man sich ausdrücken und beherrschen soll, statt zu verdrängen. In dieser Aussage ist natürlich die notwendige Disziplin und Kontrolle des vorher erwähnten physischen Elementars angesprochen. Vergeßt jedoch nicht, daß der Mahatma sich erst vor ganz kurzer Zeit auf der physischen Ebene verankert hat. Diese Tatsache ist ein Hinweis auf das Kommen des Goldenen Zeitalters, in welchem wir das Königreich Gottes auf der Erde sehen werden. Die Geburt dieses Goldenen Zeitalters muß jedoch zuerst in unserem Inneren stattfinden und dann nach außen gebracht und auf die gesamte Menschheit, die Tiere, die Pflanzen, die Gesteine, die Devas und Engel ausgedehnt werden. Die gesamte physische Erde muß in die Liebe des Heiligen Herzens und das strahlende Licht eingehen, welches aus dem Ursprung kommt und in das tiefste Innerste aller physischen Manifestationen strömt.

Integration in den Ätherbereich

Der Ätherbereich ist, wie Ihr alle wißt, der subtile Aspekt unserer physischen Natur und hat daher auch eine spezielle Funktion. So wird z.B. die Frequenz der Chakren über die Drüsen, wie die Schilddrüse, aufgezeigt und äußert sich in einer Über- oder Unterfunktion, je nachdem wie schnell das Chakra rotiert. Man muß jedoch vorsichtig sein, wenn man hier Diagnosen stellen will, denn es bedarf eines sehr gut ausgebildeten Initiaten, um den Grund für physische Beschwerden herauszufinden. Was sich an der Oberfläche als Krankheit darstellt ist, wenn man es von einer klareren Warte aus betrachtet, oft ein Reinigungsprozeß oder eine Neu-Konfiguration oder Einstellung auf höhere Frequenzen. Es ist jedoch tatsächlich so, daß der Entwicklungsprozeß des ätherischen Chakrensystems im physischen Körper, bzw. in den entsprechenden Drüsen spürbar wird. Der ätherische Körper hat, obwohl er direkt und intensiv mit dem physischen Körper in Verbindung steht, seine eigene typische Schwingungs-Bandbreite, welche sowohl gemeinsam als auch unabhängig vom jeweiligen physischen Körper arbeitet, wie man gut erkennen kann, wenn man den physischen Körper verläßt, um innerhalb des Ätherkörpers zu reisen. Wenn man den Ätherkörper eines Menschen betrachtet, kann man enorm viel über sein Wohlbefinden und seinen Gesundheitszustand erfahren. Er ist ein höchst interessantes System mit vielen Feinheiten, die der Hinweis dafür sind, daß dieser Körper ein Eigenleben hat. Meist betrachtet man ihn als einen Bestandteil des physischen Körpers, es erweitert jedoch unser Verständnis, wenn wir ihn als einen eigenen Körper betrachten. Wenn wir so weit sind, können wir uns mit den verschiedenen Arten auseinandersetzen, mit deren Hilfe er im vollen Spektrum der Initiation integriert werden kann, so daß man ihn einerseits als einen Zusatz zum menschlichen physischen Körper, andererseits jedoch als einen eigenen Körper erkennt, der besonderer Aufmerksamkeit bedarf.

Für alle, die sich in der Deva- und Engelrichtung entwickeln ist es gut zu wissen, daß sie über die Verkörperung im Ätherbereich zum physischen Bereich Zugang finden. Für diese Wesen ist der Ätherkörper der physische Körper, da sie eine höhere Schwingung besitzen als die Menschheit sie zur Zeit hat. Die beiden Welten, ihre und unsere, nähern sich jedoch an und der Schleier zwischen den beiden Evolutionen hebt sich langsam. Das zeigt sich ganz deutlich daran, daß es immer mehr Menschen gibt, die diese andere Welt sehen und mit ihr kommunizieren können. Es muß in diesem Zusammenhang darauf hingewiesen werden, daß der Ätherbereich nichts anderes ist, als ein höherer Ausdruck physischer Verkörperung, was allerdings nicht ausschließt, daß er gleicherweise als Einheit, als ein in sich einmaliger Körper funktioniert.

Wenn wir auf unserem Pfad der Initiation vorwärtsschreiten, geben die Chakren automatisch die Frequenz jeder unserer Initiationen an. Es öffnen sich die Blütenblätter des Chakras und die Geschwindigkeit seiner Drehung zeigt den Grad der Initiation an. Werden die höheren Initiationen durchlaufen, dann werden auch die höheren Chakren im Ätherbereich verankert. All dies ist auf der physischen und auf der ätherischen Ebene zu erkennen. Es ist unsere Aufgabe, den Grad der Reinheit in diesen Systemen zu überwachen und sie frei von jeglichem negativen psychischem Abfall zu halten. Das kann man in erster Linie durch integrierte und ausgeglichene Initiationen und Aufstiegsprozesse herbeiführen. Wir müssen auch den Ätherraum um uns sorgfältig bewachen, damit nicht die Negativenergien anderer Menschen in unsere geheiligte Äthersphäre eindringen. Das können wir tun, indem wir einen schützenden Mantel weißgoldenen Lichtes um unsere Aura legen und das reine weiße Licht des Christus zu uns rufen. Wir können auch die Hilfe und Unterstützung jedes Meisters oder Engels, zu dem wir uns hingezogen fühlen, erbitten, damit er uns bei diesem Prozeß beistehe. Wir überprüfen auf allen Ebenen und zu jeder Zeit unsere Motivationen, damit unsere Absicht in ihrer reinsten Form angesprochen wird. Auf diese Weise können wir das Beste. das wir auf unserem Pfad der Initiation gesammelt haben, zum Ausdruck bringen. Damit bringen wir in unserem Äthersystem nur die höchsten Energien zum Fließen, was uns sowohl auf der ätherischen wie auch auf der dichten physischen Ebene ausgeglichen sein läßt.

Da das Chakren-System den subtileren Energien entspricht, welche unser System durchfließen, ist eine gelegentliche Reinigung und Ausgleichung der Chakren durchaus zu empfehlen. Es gibt besondere Initiaten, die in dieser subtilen Art des Heilens speziell ausgebildet sind und die uns dabei helfen, unseren ätherischen Mechanismus zu reinigen und zu entwirren. Einige dieser Initiaten sind intuitiv auf dieses subtile System ausgerichtet, andere wiederum sind imstande, die Bandbreite der Frequenzen, die durch jedes Chakra strömen, abzulesen. Es ist immer gut, gelegentlich einen Heiler, der auf dieses Gebiet spezialisiert ist, aufzusuchen, denn er kann uns behilflich sein, unser ätherisches System von aller Negativität freizuhalten, sei sie psychischer Natur oder durch Implantate und / oder negative Elementale oder schlichtweg durch unsere eigene Fehleinstimmung verursacht, die unausgeglichene negative Energien durch unseren Körper fließen läßt. Außerdem nehmen wir ganz einfach dadurch, daß wir im Ätherbereich des Planeten leben, ein gewisses Maß an Rückständen in uns auf. Wenn Ihr mich anruft (die Telefonnummer steht am Ende dieses Buches), werde ich gerne einen dieser Heiler empfehlen. Setzt Euch auch ohne weiteres mit den Aufgestiegenen Meistern der Inneren Ebenen und den galaktischen Heilern in Verbindung, denn sie helfen Euch gerne, so Ihr sie nur darum bittet.

Was hier ganz klar gemacht werden soll ist, daß es nur an uns liegt, diesen Körper in der gleichen grundsätzlichen Art zu schützen und zu nähren, wie man es Euch in bezug auf Euren physischen Körper gezeigt hat. Das heißt zunächst einmal, daß man ihn damit ehren muß, daß man ihn vollständig anerkennt. Haben wir das einmal getan, liegt es an uns, den reinsten und höchsten Ausdruck unseres Gottes oder unserer Seele / Monade darin erstrahlen zu lassen. Es ist wichtig, daß wir unsere vier niederen Körper als eine Einheit betrachten, die ausschließlich dazu dient, Gott zu verankern. So muß denn auch der ätherisch-physische, der Astral- und der Mentalkörper respektiert, geliebt, genährt und umsorgt werden. Wir integrieren den spirituellen Körper in diesem Vehikel, in dem Wissen, daß er für die Zusammenarbeit mit der Seele/Monade steht. Wir behandeln diese vier Körper auch in der ganz speziellen Weise, die sie erfordern. Auf gar keinen Fall ignorieren wir sie oder betrachten sie geringer als den bzw. die spirituellen Körper. Der Idealzustand ist, sie völlig im spirituellen Körper zu integrieren und sie das tun zu lassen, wofür sie geschaffen wurden, nämlich ein Ausdruck des Allerhöchsten auf der Ebene zu sein, welche sie bewohnen. Das, geliebte Leser, wird das Goldene Zeitalter einläuten und schließlich Gott vollständig in all diesen kostbaren Bereichen verankern. Wir sollten uns daher alle voll Eifer und Freude daranmachen, den integrierten Aufstieg zu vollziehen. Dies ist die Arbeit, die am Ende Gottes Antlitz auf dieser geheiligten Erde enthüllen wird.

Integration in den Astralbereich

Es ist sehr schwierig, den Astral- oder Emotionalkörper in den eigenen Aufstiegsprozeß zu integrieren. Das hat wiederum mit der enormen, durch den hohen Lichtquotienten bedingten Geschwindigkeit zu tun, mit welcher viele Lichtarbeiter durch ihre Initiation, durch ihren Aufstieg gehen, ohne daß sie die vollständige Kontrolle über ihr Astralelement erhalten. Selbst wenn wir davon ausgehen, daß die zweite Initiation bereits in einem früheren Leben gemeistert wurde, ist es wesentlich, daß die damals gelernten Lektionen nochmals aufgefrischt und den Bedingungen des derzeitigen Lebenszyklus unterworfen werden. Das wird jedoch normalerweise nicht getan und bereitet der Hierarchie der Aufgestiegenen Planetaren und Kosmischen Meister der Inneren Ebenen große Sorgen. Dies ist auch der Grund für viel Unruhe und Schmerz im Leben des nicht-integrierten Initiaten und aller, die mit ihm zu tun haben. Wenn der Astralkörper, der fühlende Körper, die Frequenzen und Energien der höheren Initiationen nicht integriert hat bzw. er das Programm des Initiaten beeinflußt, muß das so schnell wie möglich korrigiert werden. Vergeßt bitte nie, daß es die Aufgabe der Monade ist, die höheren Energien durch uns fließen zu lassen und die Frequenz und das Programm des persönlichen Selbst zu bestimmen, und nicht die Aufgabe der vier Körper. In dem hier angesprochenen Bereich betrifft das direkt den Astralkörper und das Astralelement.

Ihr müßt wirklich begreifen, daß die Initiationen, die Ihr in einem früheren Leben durchlaufen habt, zum größten Teil nochmals bearbeitet werden müssen. Die Chakren jedoch, die in früheren Leben geöffnet wurden, bleiben geöffnet und alle neu geschaffenen Konfigurationen und höheren Frequenzen bleiben wie sie sind, was klarerweise seinen Einfluß auf das jetzige Leben des Initiaten hat. Das Bewußtsein muß sich allerdings auf all die geleistete Arbeit einstellen und sich mit der Stufe der Meisterschaft, die es eigentlich repräsentieren soll, wieder vertraut machen. Das erfordert viel Arbeit und noch mehr Aufmerksamkeit. Wenn man dazu noch in Betracht zieht, daß sich der Initiat mit einem vollkommen anderen Weltzyklus vertraut machen und sich mit der Reinigung und Heilung des Rest-Karmas auseinandersetzen muß, dann versteht man, daß es sich hierbei um einen äußerst schwierigen Prozeß handelt.

Daß Ihr in einem früheren Leben eine bestimmte Initiation durchlaufen habt bedeutet nicht, daß Ihr Euer negatives Ego, Euer Unterbewußtsein, die Begierden des niederen Selbst, das Innere Kind, den Astralkörper, die physischen Wünsche und das mentale Vehikel in diesem Leben beherrscht. Ihr könnt in einem früheren Leben ein berühmter spiritueller Mensch gewesen sein, was Euch jedoch nicht im geringsten davor beschützt, in diesem Leben ein Opfer Eures negativen Egos und der psychologischen Unklarheit zu werden, wenn Ihr Eure Hausaufgaben nicht sorgfältig macht. Das heißt, Ihr müßt in diesem Leben in jedem Augenblick die totale Beherrschung Eures negativen Egos und des Astralkörpers anstreben. Bestandene Prüfungen oder Berühmtheit in früheren Leben hilft Euch in keinster Weise dabei. Was Euch hilft ist, wie Ihr Euch in jedem Augenblick Eures Lebens verhaltet und nicht, was Ihr in vergangenen Leben geleistet habt. Im Grunde muß jeder wieder durch den gesamten Initiationsprozeß hindurchgehen. Wäre das nicht so, hättet Ihr Euch nicht inkarniert. Einzige Ausnahmen sind Menschen wie Sai Baba, der ein kosmischer Avatar ist.

Der fühlende Körper ist einer der sensitivsten Körper überhaupt. Seine Bedürfnisse sind nicht leicht zu erkennen, nicht einmal für einen ausgebildeten Initiaten, und vieles, was dieser Körper wünscht oder meint, daß er möchte, kommt aus dem Unterbewußtsein. Diese Wünsche und Begierden werden oft als Bedürfnisse mißverstanden und beherrschen dann den vertrauensseligen Wanderer. Sie sabotieren die besten Absichten und spirituellen Bestrebungen, wenn man sie nicht sorgfältig beobachtet und sich vor ihnen schützt. Daß heutzutage so viele Lichtarbeiter in Verwirrung sind liegt daran, daß der Gefühlskörper die Kontrolle übernommen hat und ganz subtil knapp unterhalb der Bewußtseinsschwelle des Initiaten arbeitet. Damit kann das Astralelement an Macht zulegen, obwohl es sich doch eigentlich dem Willen des Bewußtseins, der persönlichen Kraft, der Überseele und Monade unterordnen sollte. Viele Lichtarbeiter sind zwar bewußt, haben jedoch keine persönliche Kraft. Das ist der Grund, warum viele Menschen sagen, daß die Unwissenheit ein Segen sei. Das stimmt zwar nicht, paßt jedoch genau, wenn man zwar bewußt, aber ohne persönliche Kraft ist. Ist das der Fall, so wird man sich in aller Klarheit bewußt, daß man ein Opfer ist ohne jedoch die persönliche Kraft zu haben, etwas dagegen zu unternehmen. Ich muß Euch noch darauf hinweisen, daß die stark erhöhten Frequenzen des Aufstiegs, die in diesem Zeitrahmen auftreten, manch einen Initiaten die sieben Ebenen der Initiation in Windeseile durchlaufen lassen, was auch auf den unglaublich hohen Lichtquotienten zurückzuführen ist, der sich auf diesem Planeten befindet. Das ist in jeder Beziehung wunderbar - der einzige Nachteil ist, daß es dadurch die Anpassungszeit, die in der Vergangenheit für jede Stufe der Initiation vorgesehen war, einfach nicht mehr gibt.

Viele Menschen durchlaufen ihren Aufstieg im Eilzugstempo und müssen sich dann später zu einem Zeitpunkt, wo sie es bereits mit dem unglaublich hohen Lichtquotienten zu tun haben, notgedrungen mit der Integration ihres Aufstieges in ihre vier niederen Körper beschäftigen. Viele möchten sich aber nicht mehr mit den niederen Körpern abgeben nachdem sie die Glückseligkeit ihres Lichtkörpers kennengelernt haben. Es ist jedoch eine unabänderliche Tatsache, daß unsere vier niederen Körper gänzlich unter die Kontrolle des Bewußtseins, des Höheren Selbst und des Geistes gebracht werden müssen, unabhängig von der Entwicklungsstufe auf welcher wir uns zu Beginn der jetzigen Inkarnation befanden. Jede einzelne Initiation muß in jedem einzelnen Körper verankert werden. Da wir gerade davon sprechen, wie man den Astralkörper integrieren soll, werden wir uns zunächst etwas genauer mit ihm auseinandersetzen. Ich hoffe, daß mein kurzes Abschweifen Euch klargemacht hat, warum sowohl jene, die gerade erst die zweite Initiation durchlaufen haben wie auch jene, die sie von höheren Sphären aus neu durchleben müssen, grundsätzlich die gleichen Schwierigkeiten haben. Das ist für jede Initiationsstufe dasselbe. Jeder neue Zyklus, jede neue Inkarnation muß alles, was vorher durchlebt und erfahren worden ist, in sich integrieren. Was wir in der Vergangenheit erlernt haben, müssen wir in der Gegenwart zur Anwendung bringen. Viele tun das jedoch nicht, speziell was den Gefühlskörper angeht. Geliebte Leser, solange dies nicht geschieht, und zwar nach bestem Wissen und Gewissen, solange werdet Ihr auf einer Stufe verharren, die Ihr eigentlich schon längst überschritten haben solltet.

Die Wahrheit ist, daß der Gefühlskörper enorm viel zu bieten hat. Um das jedoch wahrnehmen zu können, müssen wir ihn zunächst einmal beherrschen und dies auch in unserem täglichen Leben beweisen. Einer der Hauptbereiche, die der Gefühlskörper verwendet, um die Lichtarbeiter von ihrem Pfad abzulenken, ist der des Ruhms, der Anerkennung, der Macht, der Gier, der Kontrollausübung und des Geldes. Diese "Prüfungen" zeigen sich auf jeder Evolutionsstufe, jedoch nirgends derart intensiv, wie bei der Annäherung bzw. dem Durchlaufen der Initiation zum Aufstieg. Das kommt Euch vielleicht seltsam vor, möglicherweise sogar total konträr zu dem, was Ihr meint, daß eigentlich der Fall sein müßte. Ich versichere Euch jedoch, daß dies nicht so ist. Der Grund dafür ist, daß alle, welche die geheiligten Portale durchschritten haben, auch beweisen müssen, daß sie das, wofür sie stehen, auch vertreten. Es ist schwierig aber gleicherweise notwendig, daß wir ein lebendes Beispiel für den integrierten Aufstieg sind, daß wir alles, was wir erreicht haben sowie die Gnade, die uns auf jeder Stufe unseres Seins geschenkt worden ist, auch leben.

Jene von uns, die innerhalb der New-Age-Bewegung Führungspositionen erreichen, müssen absolut integer sein. Deshalb kommen die Prüfungen, die vorhin angesprochen wurden, so rasch und intensiv, denn wir können es uns einfach nicht leisten, zu straucheln oder Schwächen zu zeigen. Wir sind Führer, unser Einfluß ist sehr groß und betrifft viele andere Menschen. Verlieren wir unser Gleichgewicht, lassen wir Emotionen des negativen Egos, wie Gier, Machthunger, Ruhmsucht und den Wunsch nach persönlicher Anerkennung in uns entstehen, dann kommen nicht nur wir selbst, sondern viele Lichtarbeiter mit uns vom Wege ab. Wenn wir den Stolz zulassen und er uns glauben macht, daß wir diese emotionalen Prüfungen bereits bestanden und weit hinter uns gelassen haben, dann befinden wir uns auf gefährlichem Terrain.

Ein Mensch, der gerade seine zweite oder dritte Initiation durchlaufen hat, tut sich noch leichter damit, unerledigtes emotionales Karma aufzuarbeiten als jemand, der sich auf der Aufstiegsstufe oder noch weiter oben befindet. Der jüngere Initiat erwartet, daß er geprüft wird und ist daher auch meist durchaus bereit, die Herausforderungen seines Lebens als Prüfung zu betrachten, die er bewältigen möchte und muß. Jene, die schon eine weitere Strecke auf dieser Reise zurückgelegt haben, laufen Gefahr, sich selbst als bereits so fortgeschritten zu betrachten, daß solche Banalitäten für sie einfach nicht mehr interessant sind. Geliebte Leser, das ist ein großer Fehler. Wenn ein Initiat des zweiten Grades in der Astralebene festhängt, wird er für alle Täuschungen und das emotionale Chaos, das er in seinem eigenen und im Leben anderer Menschen seines kleinen Kreises verursacht hat, die Konsequenzen tragen müssen. Für den Aufgestiegenen läuft das anders. Wenn wir es zulassen, daß uns unsere Emotionen überwältigen und wir ein Opfer der Täuschungen und Illusionen des negativen Egos werden, werden wir nicht nur für das, was wir in unserem eigenen Leben und im Leben der Menschen um uns angerichtet haben, zur Rechenschaft gezogen, sondern gleicherweise auch für alle Störungen, die wir durch unsere Aura und durch unseren Einfluß verursacht haben. Und das ist etwas, was Ihr auf alle Fälle vermeiden solltet, glaubt mir das. Es ist zu Eurem eigenen und zum Besten all jener denen Ihr versprochen habt zu dienen, wenn Ihr wirklich darauf achtet, Euren Emotionalkörper im Griff zu behalten. Es muß Euch klar sein, daß die Prüfungen bezüglich dieses Bereiches Eures Selbst bei weitem noch nicht abgeschlossen sind, sondern daß Ihr mehr Prüfungen unterzogen werdet, als die meisten anderen Menschen.

Geliebte Brüder und Schwestern des Lichtes, es ist ganz wesentlich, daß jeder von uns alle Initiationsstufen in seinem emotionalen Selbst integriert, so daß diese Körper im Licht und in der Liebe des Geistes erstrahlen können. Wir müssen uns wirklich bemühen, das Licht und die Liebe aufrechtzuerhalten, welche wir mit Hilfe unserer Monade erworben haben, und die wir bei jedem Atemzug nach außen und bei jeder unserer Missionen und der göttlichen Berufung nach innen bringen. Haben wir das erreicht, können wir den Gefühlskörper als das wunderbare Kommunikationsmittel verwenden, als das er geschaffen wurde. Im Gefühlskörper kann sich die Freude des Himmels zeigen. Er kann große Kunstwerke wahrlich schätzen, er empfindet die tiefe Freude berührender Musik und kann Liebe erweisen.

Dieser Körper sollte niemals negiert werden, so wie das auch beim physischen Körper nie der Fall sein darf. Der Gefühlskörper zeigt große Bereitschaft zum Dienen und zum göttlichen, liebenden Austausch von Energien. Das ist der Grund, weshalb wir uns nicht von ihm separieren sollten. Was wir jedoch tun müssen ist, ihn entsprechend zu kontrollieren, so daß wir sein Meister sind und nicht umgekehrt. Wenn das klargestellt ist, kann der Gefühlskörper zu einem der mächtigsten Überbringer von Gottes Liebe und der Energie reinster Freude werden, so wie das ja auch im göttlichen Plan vorgesehen ist. Die Künstler der Erde sind aufgerufen speziell im Bereich der Emotionen zu arbeiten und den Menschen Freude und Erbauung zu bringen. Ähnlich ist dies bei allen, die auf dem Strahl der Hingabe dienen. Die Evolutionslinie der Engel ist vorwiegend mit der Gefühlsfrequenz befaßt. Jeder, der die Gnade gehabt hat, von seinem Schutzengel berührt zu werden oder die Präsenz unserer geliebten Mutter Maria zu spüren, wird das bestätigen. Daher möchten wir Euch alle bitten, die Prüfungen, die Euch in bezug auf diesen sensitiven Körper auferlegt werden, wirklich auf Euch zu nehmen. Seid wachsam und besteht Euer Examen mit Auszeichnung. Laßt Euch nicht von Eurem negativen Ego irgendwelche "falschen Gefühle" vortäuschen und bleibt Eurer göttlichen Absicht treu. Wenn Ihr dies unbeirrt in jedem Gedanken, jedem Wort und jeder Tat Eures fühlenden Körpers dokumentiert, so wird Eure Gefühlswelt sich in die wunderbaren Höhen des Geistes erheben. Der Segen, der Euch daraus erwächst, ist nicht zu beschreiben. Zu sagen, daß sich Eure Seele mit Sphärenklängen, dem Gesang der Engel und der Liebe der Göttlichen Mutter füllen wird, ist nur der Versuch, dem Gefühlskörper eine Idee zu vermitteln, die zwar Nahrung für die Gedanken, nicht jedoch für das Herz darstellt. Nur das Herz jedes Einzelnen kann wirklich die Liebe erfahren und genießen, welche aus dem Ursprung aller Liebe strömt. Dieser Reichtum an Schönheit erwartet alle, die ihr Astralelement sorgfältig kontrollieren und dabei trotzdem furchtlos und vertrauensvoll ihre Herzen dem Herzen Gottes öffnen. Daß dies für alle so sein möge, ist mein demutsvolles Gebet.

Es gibt sehr viele Lichtarbeiter, die sich nur von ihren Gefühlen leiten lassen. Geliebte Leser, Ihr müßt verstehen, daß man den eigenen Gefühlen jedoch nur dann trauen kann, wenn das negative Ego nicht mehr den Emotionalkörper programmiert. Der Gefühlskörper wird in bestimmten Situationen den Wunsch haben, zurückzuschlagen und jemand anderen psychologisch oder auch physisch zu treffen. Dieser Gedanke kommt nicht von Gott. Ideal wäre, sich nicht über Gebühr mit den eigenen Gefühlen zu identifizieren, sondern Intuition, Gedanken und Gefühle entsprechend zu integrieren. Sind diese drei Aspekte integriert und das Höhere Selbst, die Monade und das Christusbewußtsein die Programmierer des Emotionalkörpers statt das negative Ego, dann, und nur dann, könnt Ihr darauf vertrauen, daß Eure Gefühle dem richtigen Zentrum entstammen.

Integration des Verstandes

Das Integrieren der sieben Ebenen der Initiation in den Mentalkörper ist ein sehr komplexer Vorgang, da er das Unterbewußtsein, das Bewußtsein und das Überbewußtsein mit einbezieht. Er berührt die Bedürfnisse des Inneren Kindes und ist auch mit dem Emotionalkörper verflochten. Mental- und Emotionalkörper interagieren, was zum Entstehen des einzigartigen psychologischen Selbst führt. Ich werde mich in diesem Kapitel auf den Mentalkörper beschränken, da ich noch an anderer Stelle genauer über das psychologische Selbst sprechen werde. Hier und da wird es zu Überschneidungen kommen, da das psychologische Selbst eine ganz wesentliche Rolle im Integrationsprozeß spielt. Das führt dazu, daß es auch bei der Besprechung des Mentalkörpers immer wieder auftaucht.

Der Verstand ist deshalb einmalig, weil er die göttliche Weisheit aufnimmt. Wenn sich das Kronenchakra zu seiner vollen Blüte entfaltet, erhalten wir das, was man allgemein als "Erleuchtung" bezeichnet. Das höhere Bewußtsein hat eine sehr direkte Verbindung zur Monadenstufe des Seins und des Lichtes. Es strömt dann in das Bewußtsein und das physische Gehirn ein. Das Aufstiegs-Chakra liegt ebenfalls im Kopfbereich, genau so wie das Dritte Auge, das Auge der inneren Schau und der inneren Erleuchtung. Es erstaunt überhaupt nicht, daß die Heiligen und die Meister der Welt immer mit einem Heiligenschein um das Haupt dargestellt werden. Wir müssen jetzt wirklich begreifen wie wichtig es ist, alles, was wir uns durch unseren Aufstiegsvorgang erworben haben, in den Mentalkörper zu integrieren. Ich hoffe, daß es wirklich ganz klar ist, denn es ist der Verstand, durch den wir letztlich die Kontrolle über den physischen-, den ätherischen- und den Astralkörper erlangen und der uns in das Licht des Aufstiegs führt.

Das Wichtigste, das alle Lichtarbeiter in bezug auf den Verstand im Auge behalten müssen ist, daß sie sich von ihm nicht verführen lassen, Dinge, die dem falschen Denken oder dem negativen Ego angehören, zu glauben. Es ist ganz wesentlich, daß wir Meister unseres Verstandes und unserer Gedanken sind; noch wichtiger ist jedoch, daß wir wachsam gegenüber den Methoden sind, mit welchen der Mentalkörper uns davon überzeugen will, daß das, was er uns vermittelt, aus der höchsten Quelle stammt. Der Verstand kann uns damit in die Irre führen, daß er uns sagt, wir *sollten* uns verletzt, wütend oder eifersüchtig fühlen. Er sagt uns vielleicht auch, daß wir, weil wir spirituell schon so weit fortgeschritten sind, das Recht haben, andere zu verurteilen bzw. daß nur wir wissen, was für sie gut ist und daß wir ihnen daher sagen müssen, was sie tun sollen. Aus diesen Gründen befinden sich viele Lichtarbeiter auf gewaltigen Egotrips und werden durch das negative Ego von ihren besten Vorsätzen abgelenkt. Das geschieht deshalb, weil sie meinen, daß sie besser sind als andere Lichtarbeiter und daß sie, weil sie bereits eine höhere Initiationsstufe erreicht haben, andere dominieren können. Um es nochmals zu wiederholen: wenn der Initiationsprozeß nicht in der Gesamtheit Eures Wesens, inklusive dem Verstand, integriert ist, habt Ihr noch sehr viel zu lernen. Die vorher beschriebenen Täuschungen sind nur Beispiele dafür, wie der Verstand, der nicht in die höheren Schwingungen und Stufen der Initiationen integriert ist, reagieren kann. Das allein sollte Euch dazu führen, eifrigst an Eurem integrierten Aufstieg zu arbeiten.

Was es innerhalb der Verstandesebene zu erreichen gilt, ist das Arbeiten vom Christusbewußtsein aus. Das Christusbewußtsein ist die Kehrseite vom Bewußtsein des negativen Egos. In seinem geheiligten Umkreis werden die Gedanken mit der bedingungslosen Liebe in Einklang gebracht. Die vollkommene Liebe vertreibt nicht nur die Furcht, sondern auch alles, was das Bewußtsein des negativen Egos vermittelt, seine Reaktionen, Rechtfertigungen und Emotionen. Es ist wirklich ganz einfach festzustellen, ob man sich aus der höchsten Stufe des Christusbewußtseins oder aus dem negativen Ego heraus verhält. Wenn Ihr imstande seid, den Zustand bedingungsloser Liebe in Euch zu bewahren, wenn Ihr die Schwierigkeiten Eures Lebens als "Prüfungen" statt als "Schikanen" erkennt, wenn Ihr die Einheit statt des Getrenntseins empfindet, und Euch Glaube statt Zweifel erfüllt, wenn Ihr Selbstlosigkeit statt negativer Selbstsucht übt und vergeben könnt, statt ewig zu grollen, wenn Ihr nach dem lebt, was Ihr für richtig haltet statt Euch an Althergebrachtem festzuklammern und Demut statt falschen Stolz in Euch tragt, wenn Ihr Euch für das liebt und anerkennt, was Ihr seid und diese Anerkennung auch jedem anderen Lebewesen zukommen laßt (wobei Ihr jede Begegnung als "heilige Begegnung" empfindet, wie es das Buch *Ein Kurs in Wundern* beschreibt, dann seid Ihr auf dem besten Wege das Christus/Buddha/Gottes-Bewußtsein zu erlangen. Alles, was nicht diese Stufe erreicht, gehört dem fehlerhaften Glaubenssystem des negativen Egos an und beweist, daß Ihr in diesem Bereich noch sehr viel zu arbeiten habt.

Der Verstand arbeitet mit jedem Trick und ist sehr schwer unter Kontrolle zu halten. Um Euch wirklich aus der Herrschaft der Denkweise des negativen Egos zu befreien und Euch in die Denkweise des Christusbewußtseins hineinzubewegen, müßt Ihr Euch immer genau Eurer Motivation bewußt sein und wissen, wo sie ihren Ursprung hat. Ihr müßt auch ständig Euren integrierten Aufstieg im Auge behalten. Wenn es Euch gelingt, alle wunderbaren spirituellen Schwingungen und Erkenntnisse im Mentalkörper direkt zu verankern, dann werdet Ihr auch Euren Verstand im Christusbewußtsein halten und Euch selbst im

Mentalkörper integrieren können. Der Weg, um diesen einfachen und reinen Seinszustand zu erreichen kann oft recht komplex sein, da es im eigenen Ich sehr viele Dinge aufzulösen und zu unterscheiden gilt.

So muß zunächst das Unterbewußtsein neu programmiert werden, damit die vielen Aspekte fehlerhaften Denkens, die ursprünglich hineinprogrammiert wurden, entfernt werden können. Diese Erstprogrammierung erfolgte zum Teil bereits vor Eurer Geburt, zum Teil durch die Gesellschaft. Fehlerhaftes Denken, genauso wie positives Denken, das in unser Unterbewußtsein programmiert wurde, wird immer an die Oberfläche drängen und sich als Grundwahrheit darstellen, nach der wir dann unser Leben ausrichten. Diese Wahrheiten, geliebte Leser, sind jedoch meist keine Wahrheiten, sondern das genaue Gegenteil. Sie entstammen dem Negativ-Programm, das uns von diesem wie auch von früheren Leben und von einer verwirrten Gesellschaft aufgedrückt wurde. Es liegt an uns, diese fehlerhafte und irreführende Computer-Diskette zu löschen und sie durch die Lichtfrequenzen Gottes zu ersetzen.

Und dann ist da noch das Innere Kind, das nur dann freudig und friedlich in uns agieren kann, wenn es entsprechend erzogen wurde. Wir müssen uns darüber im Klaren sein, daß der Verstand auf all diesen Ebenen gleichzeitig arbeitet. Wenn wir die Aufstiegsschwingungen, das Monadenbewußtsein und unsere Überseele oder das höhere Bewußtsein im konkreten oder physischen Verstand und Gehirn integriert haben wollen, müssen wir uns mit allen diesen Aspekten des Verstandes entsprechend auseinandersetzen. Das Überbewußtsein ist ein wunderbares Hilfsmittel, um Zugang zur Liebe/Weisheit und zum Willen unseres Gott-Selbst zu finden. Das ist notwendig, um unseren Aufstieg im gesamten Mentalbereich zu verankern und zu integrieren. Kraft seiner Fähigkeiten, ist das Überbewußtsein in Übereinstimmung mit den höheren spirituellen Energien. Wenn wir lernen, Zugang zu diesem Geistesaspekt zu finden, und Schwingungsenergien in alle anderen Aspekte unseres Verstandes zu bringen, wird der Aufstiegsvorgang enorm erleichtert. Wenn wir uns mit dem Überbewußtsein in Einklang bringen, werden auch die anderen Aspekte des Geistes auf sein Niveau angehoben. Wenn also das Unterbewußtsein, und das Bewußtsein aufsteigt, das Überbewußtsein jedoch herabsteigt, um seine höhere Frequenz zu verankern, stimmen sich alle Aspekte des Geistes auf die Blaupause der Monade ein, und beginnen in dieser Frequenz zu schwingen. Wenn sich auf diese Weise höhere und niedere Aspekte des Geistes vermischen und aufeinander einstimmen, dann wird immer der höhere Aspekt den niederen zu sich emporheben und es wird letztlich ein größeres Bild der geistigen Integration entstehen.

Was man also tun muß, um die mentale Integration durchzuführen ist, jeden Gedanken sorgfältig zu kontrollieren und sich selbst gegenüber, was die Herkunft der Gedanken angeht, absolut ehrlich zu sein. Laßt nicht zu, daß Euch das negative Ego durch seine Rechtfertigungen und seine Manipulationskünste verführt und täuscht. Wenn Ihr Euch selbst gegenüber absolut ehrlich seid, wenn Ihr Euch dazuhin entsprechend gereinigt und entschlackt habt, dann werdet Ihr ganz genau wissen, ob das Christusbewußtsein oder das negative Ego zu Euch spricht. Ist es tatsächlich das negative Ego, dann werdet Ihr die Geistesgegenwart besitzen zu sagen: "Weiche, Satan!" und danach das Christusbewußtsein anrufen. Spricht jedoch das Christusbewußtsein in Euch, dann werdet Ihr das erkennen und voll Freude zulassen. Wenn Ihr die volle Verantwortung für diesen Prozeß übernehmt, habt Ihr alle Initiationsstufen im Mentalkörper integriert. Dann wird Freude, Frieden, Liebe und Leichtigkeit Euer Lohn und Euer Entzücken sein. So wie jeder andere Aspekt der vier niederen Körper hat auch der Verstand seine eigenen Bedürfnisse, was die Nahrung angeht. Eines der Hauptnahrungsmittel für den Verstand sind positive und friedvolle Gedanken. Je mehr Positives unseren Verstand erfüllt, desto mehr wird er an Positivem an uns zurückgeben. Wenn man dem Unterbewußtsein, dem Inneren Kind und dem Bewußtsein positive Gedanken, Bilder, Visualisierungen und Erwartungen zuführt, wird dieses Programm unseres Geistes unser ganzes Wesen mit den selben Bildern und Gedanken der Freude erfüllen.

Ein weiteres sehr wichtiges Nahrungsmittel für den Verstand ist die Stille. Am Anfang dieses Kapitels habe ich davon gesprochen, daß das Wort "Nahrung" mit "nähren" zusammenhängt. In der tiefen Stille sind Elemente enthalten, deren Nährwert alles übersteigt, was man durch das gesprochene oder geschriebene Wort erhalten könnte. Ausgewogene Ernährung enthält auch entsprechende Ruhepausen, welche man finden kann, wenn der Geist die Ruhe und Stille des *reinen Seins* betritt. Was uns dort an Ruhe erwartet, ist nicht nur für den Verstand von großer Wichtigkeit, es durchströmt auch alle vier niederen Körper mit Frieden und sanfter Gnade.

Geliebte Leser, ich hoffe sehr, daß Ihr jetzt erkennt, wie wichtig es ist, die vier niederen Körper auszugleichen und zu integrieren. Es ist die göttliche Absicht, daß jeder von uns seinen Aufstieg im Bereich jeder einzelnen Ebene seines Wesens manifestiert und ihn dann, ausgehend vom Punkt der inneren Ausgeglichenheit, nach außen in die Welt trägt.

Integration des Spirituellen

Es gibt unzählige spirituelle Körper und es ist nicht unsere Absicht, sie zu diesem Zeitpunkt einzeln zu betrachten. Was wir in diesem Kapitel und in diesem ganzen Buch erklären möchten, ist die Wichtigkeit, den Aufstieg in einer abgerundeten und integrierten Weise durchzuführen. Das heißt im Grunde, daß alle Körper ihr höchstes Potential nutzen und gleichzeitig die höchsten spirituellen Energien widerspiegeln sollen, die für Euch erreichbar sind. Das bedeutet, daß die Körper in diesem Zustand perfekt aufeinander abgestimmt sind, daß wir uns selbst als Monade, als mächtige ICH BIN - Gegenwart erkennen und versuchen, diese Seinsstufe in den anderen Körpern, die diese Erde bevölkern, hervorzurufen, ebenso wie in jenen, die sich auf höheren spirituellen Ebenen befinden und über die wir im Moment nicht sprechen wollen.

Vergeßt nie, daß wir in unserer Anlage multidimensional sind und daß alles, was wir über die vier niederen Körper gesagt haben ebenso, wenn auch in anderer Form, für die Körper gilt, welche wir auf höherer spiritueller Ebene besitzen. Jeder unserer multidimensionalen Körper muß mit der göttlichen Absicht im Einklang stehen. Wir müssen die Verbindung zu unserer eigenen Überseele und unserer Monade erkennen, welche jener Teil in uns ist, der unsere persönliche Flamme aus dem großen Feuer Gottes und der mächtigen ICH BIN - Gegenwart darstellt. Diese spirituelle Essenz muß in jedem der Körper, welche wir bewohnen, mit Freude wahrgenommen und auch in entsprechender Form ausgedrückt werden.

Mit Rücksicht auf den letzten Abschnitt dieses Kapitels werden wir uns vorwiegend mit unserer eigenen Monade oder mächtigen ICH BIN - Gegenwart auseinandersetzen, welche letztlich die Quintessenz unseres Selbst ist. Wenn Ihr Euren vollen Aufstieg durchlaufen und alle nicht-integrierten Bereiche bearbeitet habt und somit zu einem vollkommen befreiten Wesen geworden seid, dann wird automatisch die Essenz aller Erfahrungen aller Leben in Eurer Monade absorbiert. Es gibt dann nichts mehr, was Euch an die vier niederen Körper fesselt, außer dem Wunsch, auf einer der vier niederen Ebenen zu dienen. Ihr kehrt von dort, wo Ihr herkommt, wieder in die Sphäre von Geburt und Tod zurück, zurück zum monadischen Ursprung. Ich möchte Euch an dieser Stelle nochmals daran erinnern, daß Eure Individualität bestehen bleibt. Ihr verliert Euch nicht einfach ins Nichts sondern integriert Euch in Eurer individuellen ICH BIN - Gegenwart zu einem weiteren und größeren solaren und kosmischen Abenteuer.

Was ich gerade angesprochen habe, ist sehr wichtig. Immer wieder äußern Lichtarbeiter ihre Sorge darüber, daß sie verschwinden oder ihre Individualität verlieren könnten. Das ist aber nicht der Fall. Die Wahrheit ist, daß das Verschmelzen mit der Monade oder mächtigen ICH BIN - Gegenwart dem Verschmelzen in ein unermeßlich größeres, alles einschließendes Selbst gleichkommt, welches eins ist mit Gott, und doch einzigartig und individuell. Diese reine Essenz des Selbst entwickelt sich weiter und gewinnt immer mehr Einblicke in die Bereiche der Gottheit. In meinem Buch *Kosmischer Aufstieg* habe ich das im Detail behandelt. Die Integration zurück in die Monade ist die Integration zurück in unseren eigenen, individuellen Ursprung. Liebe Leser, Ihr geht bei diesem Vorgang ganz sicher nicht verloren, spirituell gesehen gewinnt Ihr dabei viel mehr, als Ihr Euch jemals hättet träumen lassen! Damit diese wunderbare Erfahrung zustande kommen kann, müßt Ihr Euch darauf konzentrieren, daß Eure monadische Essenz in Eure vier niederen Körper integriert wird. Dann wird der spirituelle Körper durch die Inkarnation eins mit dem physischen Körper und es kommt zu einer Art Vollkommenheit. Deshalb legen wir so viel Wert auf das Ausgleichen, die Beherrschung und Integration der vier niederen- und letztlich auch der spirituellen Körper. Damit kann sich das Monaden-Selbst und der höchste Lichtkörper auf allen Existenzebenen ausdrücken. Auf diese Weise ist es möglich, daß die wahre und vollständige Befreiung und der Aufstieg als unleugbare Tatsache erkannt werden.

Meditation ist eine sehr wichtige Hilfe beim Verankern der Monade oder der mächtigen ICH BIN - Gegenwart in den Körpern. Das kann, muß jedoch nicht, in der Form der üblichen Meditation geschehen. Es wird dabei jedoch immer so sein, daß Ihr alle Eure Unternehmungen in einem meditativen Zustand angeht. So sind die Worte unseres geliebten Meisters Jesus "Seid in der Welt, jedoch nicht von der Welt" zu verstehen. Das heißt, daß wir irgendwann bei all unseren täglichen Aktivitäten einen Punkt dauernder Meditation und Übereinstimmung mit der Monade erreichen. Dann bedeutet unser Leben Dienen, voll von Licht und Liebe, weil dies auf der Stufe des Einsseins mit dem Geiste eben so ist.

Was die Nahrung bezüglich des Geistes angeht, gibt es nicht viel zu sagen, da der Geist seine eigene Nahrung ist. Und doch liegt, wenn man es von einer anderen Warte aus betrachtet, sehr wohl die Ernährung der mächtigen ICH BIN - Gegenwart und der anderen spirituellen Körper auch in unseren Händen, weil wir zum Ausdruck und der Manifestation der höheren Absicht unseren Beitrag leisten. Wenn wir unseren Brüdern und Schwestern dienen, wenn wir das Licht in die Welt tragen, wenn wir die Hungrigen, sei es auf physischer oder spiritueller Ebene, speisen, wenn wir der Tierwelt freundlich gegenüberstehen und dem gesamten Planeten unser Mitgefühl schenken, wenn wir mit den Engelschören unsere Freude ausdrücken und all das geben, was wir zur Verbesserung des Planeten zu geben imstande sind, dann nähren wir nicht nur unsere eigene Monade und die eigenen spirituellen Körper, sondern gleichzeitig auch den Ursprung selbst. Was immer wir im Geiste der Heiligkeit tun, wird auf den Schwingen des Göttlichen direkt auf die 352te Stufe der Gottheit gebracht. Das klingt vielleicht übertrieben, ist es jedoch nicht. Als Jesus/Sananda sagte: "Dies ist mein Leib, esset davon - dies ist mein Blut, trinket davon", sprach er das nicht im Namen seines eigenen Höheren Selbst, sondern als Verkörperung des Vater-Mutter-Gottes. Zu diesem Zeitpunkt agierte er selbstverständlich als ein zur Erde gekommener Kanal. Daß er die Gottheit als männlich ansprach, soll Euch nicht verwirren, denn er drückte sich in der Sprache des Zyklus aus, in welchem er inkarniert war. Obwohl er durch viele Seinsebenen heruntergestiegen war, und sein Leben im Drama der Kreuzigung mündete, war er doch, als er diese Worte sprach, direkt mit dem Ursprung verbunden. Meine Lieben, durch dieses, das gesamte Spektrum erfassende Objektiv können wir erkennen, daß der Geist zwar sich selbst genügt, wir ihm aber trotzdem Nahrung geben können. Der Grund, meine Brüder und Schwestern ist der, daß wir, lange bevor die Welten durch Gottes Atem entstanden sind, schon eins mit dem Ursprung waren und dies auch auf ewig sein werden. Der Geist genügt sich selbst tatsächlich, denn wir sind ein Teil von ihm. Wenn wir ihm nun durch unser Licht, unsere Liebe und durch unseren Willen zum Guten Nahrung zuführen, ernähren wir gleichzeitig auch uns selbst auf der höchstmöglichen Ebene.

Die Aufgabe, die uns gestellt ist, ist nicht im geistigen Bereich zu lösen, sondern vielmehr dadurch, daß wir die höheren Ebenen in unsere vier niederen Körper verankern und integrieren. Es genügt nicht, daß wir unsere Initiationen nehmen und uns auf der Höhe unseres eigenen Lichtquotienten fortbewegen, wir müssen vielmehr alle Energiefelder, mit denen wir in Kontakt gekommen sind voll aktivieren und dafür sorgen, daß sie in unserem physisch/ätherischen, emotionalen und mentalen Selbst und dem dazugehörigen Körper entsprechend funktionieren. Niemand kann diese Arbeit für uns tun, es handelt sich dabei um eine Verantwortung, die jeder für sich selbst übernehmen muß. Eines kann ich Euch jedoch versprechen: wenn sich jemand dieser Mühe unterzieht, ist ihm die Unterstützung aller Kräfte des Universums sicher. Je mehr man sich diesem Integrationsprozeß hingibt, desto mehr Hilfe erhält man von den Planetaren und Kosmischen Aufgestiegenen Meistern der Inneren Ebenen, von den Engeln und Erzengeln. Die Planetare und Kosmische Hierarchie der Inneren Ebenen wartet nur darauf, daß Ihr sie in dieser Arbeit um Hilfe bittet, denn es ist ihr größter Wunsch uns zu dienen.

Dort, wo diese Meister wohnen, gibt es nichts anderes als Einheit. Sie alle wissen, daß die Hilfe, die wir anderen leisten, letztlich uns selbst dient. Wenn Ihr mir nicht glaubt, bitte ich Euch, diese Wahrheit selbst zu überprüfen. Fangt jetzt, auf der Stelle, damit an, an Eurem integrierten Aufstieg zu arbeiten und beobachtet, ob sich nicht sofort ein Gefühl der freudigen Erwartung einstellt, welches immer ein Zeichen dafür ist, daß diese gesegneten Wesen innerhalb unseres Lebens aktiv werden. Entwickelt den Wunsch, alle Stufen der Initiationen, die Ihr durchlaufen habt, in Euer eigenes Vier-Körper-System und das des Planeten zu integrieren. Begreift diesen Wunsch gleichzeitig als Eure persönliche Verantwortung und ich garantiere Euch, daß Ihr sofort bemerkt, wie Ihr in diesem Bemühen nicht allein steht, sondern von jenen, die dem Plan aus dem Herzen des Lichtes und der Liebe Gottes dienen, mit Segen und Gnade überschüttet werdet.

Integration der achten bis zwölften Initiation

Bevor ich dieses Kapitel zum Abschluß bringe, möchte ich noch die Integration der achten bis zwölften Initiation ansprechen. Wir haben davon gehört, daß ein undurchdringlicher Zauberkreis um den Initiaten gelegt wird, der ihn daran hindert die siebte Unterstufe der siebten Initiation zu überschreiten, wenn die grundsätzlichen Anforderungen der richtigen psychologischen Integration noch nicht erfüllt worden sind. Wir haben auch davon gesprochen, daß viele Menschen, die bereits höhere Initiationen durchlaufen haben, trotzdem ihrem negativen Ego in die Falle gehen. Das müßt Ihr, geliebte Leser, genau bedenken, denn Ihr wollt sicher nicht auch dazu gehören. Einer der Hauptgründe für diesen Umstand ist, daß beim Durchschreiten der vorangegangenen Initiationen nur die mindesten Anforderungen der Meisterschaft erfüllt wurden. Auf unserem Planeten steigt die Anzahl der Aufgestiegenen Meister, welche nicht vollständig integriert sind, ständig an. Im vorigen Kapitel erläuterte ich acht Quotienten, die Ihr alle genau studieren und Euch zu Herzen nehmen solltet. Je höher der Standard zu Beginn des Aufstiegs ist, desto leichter ist es, diesen Standard der Meisterschaft beizubehalten. Für viele Lichtarbeiter war bis jetzt der Lichtquotient allein die Antriebskraft, es ist aber bereits erklärt worden, daß ein hoher Lichtquotient an sich nicht ausreicht, um ein wirklich voll integrierter Aufgestiegener Meister zu werden.

Hat man die achte bis zwölfte Initiation durchlaufen, ist es unumgänglich, daß diese Initiationen genauso vollständig in den vier niederen Körpern integriert werden, wie die vorherigen sieben. Je höher die Stufe der Initiation, desto mehr Kraft und Intensität haben wir und damit auch größeren Einfluß auf den Planeten insgesamt. Das ist deshalb so, weil wir unsere Einheit so vollständig in uns ausgeweitet haben, daß unser Einfluß in jedem Bereich des Einsseins, mit dem wir in Berührung gekommen sind, spürbar wird. Unser Aurafeld wird sehr groß und berührt dadurch natürlich eine sehr große Zahl von Wesen. Wenn wir nicht richtig integriert sind, können wir dadurch auf dieser Stufe und auch bei uns selbst derart viel Schaden anrichten, daß unser Pfad auf der Stelle blockiert wird. Da keiner von uns dies wünscht, müssen wir dafür sorgen, daß wir uns ein festes Fundament der Integration schaffen. Geliebte Leser, alle Energien, selbst die der höchsten Initiationen, müssen in den vier niederen Körpern voll integriert sein. Einige dieser Energien werden notgedrungen heruntergebracht werden müssen, damit sie sich auf der materiellen Ebene ausdrücken können, ohne daß sie das zarte Gewebe des niederen Äthers stören oder verletzen. Andere Energien wieder können ohne weiteres durch den gut integrierten Initiaten fließen, und damit einen heilenden und anregenden Einfluß ausüben. Wie die Energien fließen, wird durch die göttliche Ordnung und die Tatsache, daß man seinen richtigen Platz im göttlichen Puzzle gefunden hat, bestimmt. Die Quintessenz ist jedoch, daß wir uns als Gesamtheit sehen und alle Stufen unseres Wesens in der jeweilige Form integrieren müssen. Dies bedeutet letztlich: Je weiter man sich entwickelt, desto wachsamer muß man hinsichtlich jedes einzelnen Aspektes des Selbst sein. Es kann schon sein, daß Ihr einem Glaubenssystem entstammt, das Euch das genaue Gegenteil vorschreibt. Sollte dies der Fall sein, muß ich Euch sagen, daß jeder Mensch die Gnade verlieren kann, selbst wenn er sie sich durch harte Arbeit und spirituelle Hingabe erworben hat. Das Dienen und die Hingabe an die Geistige Welt muß in Eurem Herzen, Eurem Geist, Eurer Seele und Monade immer Vorrang besitzen und dort eingesetzt werden, wo es auf diesem Planeten am wichtigsten ist. Wachsamkeit in bezug auf die vier niederen Körper und das Aufrechterhalten der hohen Stufen in allen Quotienten, über die wir im nächsten Kapitel sprechen werden, ist von größter Bedeutung. In jedem Bereich spirituellen Fortschrittes muß das Gleichgewicht aufrechterhalten werden.

Wenn wir diese höheren Initiationsstufen einmal erreicht haben, gibt es jedoch Situationen, in denen wir von unserer Mühe befreit sind. Dazu gehört die Durchführung spezieller Meditationen, um die Übereinstimmung mit der Geistigen Welt zu erreichen, der Versuch, telepathischen Kontakt mit den Meistern herzustellen oder die Bemühung, die Befreiung oder den Aufstieg zu erlangen. Doch selbst, wenn wir uns in diesen Bereichen entspannen können, sollten wir es uns niemals und nirgends gestatten, träge zu werden bzw. der spirituellen, mentalen, emotionalen, ätherischen oder physischen Lethargie nachzugeben. Bleibt jederzeit auf Eure ICH BIN - Gegenwart, auf Gott und die Meister eingestimmt. Und vergeßt vor allem niemals, alle Eure Körper in den Initiationsprozeß zu integrieren. Laßt nie zu, daß Ihr Dinge automatisch tut und dabei vergeßt, daß Ihr innerhalb der vier niederen Körper inkarniert seid. Diese Körper müssen immer auf ihren Platz verwiesen werden, damit sie auf die beste Art als Umsetzungsmittel für den göttlichen Willen und den Plan Gottes dienen können. Im Zustand der

Inkarnation sind sie ein wesentlicher Bestandteil des Gottes, der wir sind, das dürfen wir niemals vergessen. Wir können durch sie die Welt erfahren und uns daran erfreuen, und sollen das ja auch. Und doch müssen wir diejenigen sein, die diese Körper beherrschen, die dafür sorgen, daß sie gepflegt und gereinigt werden und frei von allen Rückständen sind, damit sie für unser Gott-Selbst der reinste Kanal sein können.

Geliebte Leser, seht zu, daß jeder Eurer Körper seine Schwingung auf die des Geistes anhebt und sie in den Energien Eurer ständig voranschreitenden Initiationen verankert. Bleibt bei den sieben Initiationen nicht stehen, sondern verankert die Energien wirklich auf jeder einzelnen Stufe der Initiation, die Ihr in jedem der von Euch bewohnten Körper erreicht. Sicherlich ist dafür ein gewisses Maß, um nicht zu sagen, ein hohes Maß an Disziplin erforderlich. Die Belohnung ist jedoch ebenfalls sehr groß. Um das Entzücken zu beschreiben, das einen erfüllt, wenn man mit den Klängen und Strahlungen der höheren Bereiche und Initiationen mitschwingt, fehlen einfach die Worte. Ich kann Euch nur immer wieder nachdrücklich darauf hinweisen, daß Ihr alle Stufen in allen Körpern integriert. Dann erfahrt Ihr das, wovon ich hier spreche, am eigenen Leibe. Die Freude, welche Euch dann erfüllt, wird jedes Opfer, das die Disziplin von Euch fordert, klein erscheinen lassen, und es wird Euch allen auf einmal klar sein, was das heilige Lied der Hindus "Sat Chit Ananda", d.h. Leben, Bewußtsein, Entzücken in jeder einzelnen Zelle Eures Seins, wirklich bedeutet. Bevor ich abschließe, möchte ich noch auf zwei Dinge hinweisen. Ich habe in meinem ersten Buch mit dem Titel *Das komplette Aufstiegshandbuch* gesagt, daß man bei den Initiationen nicht über die siebte hinausgehen kann. Dabei habe ich den tatsächlichen, physischen Vorgang der Initiation angesprochen. Auf der physischen Ebene kann man tatsächlich nicht höher gehen, im Inneren und auf der spirituellen Ebene jedoch sehr wohl. Das heißt, man leistet zwar alle Arbeit und führt die Integrationen und Aktivierungen durch, die für diese Initiationen erforderlich sind - unser physisch/ätherischer Teil kann jedoch erst dann daran teilhaben, wenn wir den Körper verlassen oder ihn physisch dem Aufstieg zuführen. Dann können selbstverständlich höhere Initiationen - bis über die zwölfte hinaus - durchlaufen werden. Dem spirituellen Wachstum sind keine Grenzen gesetzt.

Das zweite, was ich hier ansprechen möchte, ist die Tatsache, daß viele Lichtarbeiter glauben, daß sie bei ihrem Aufstieg ihre Körperlichkeit verlieren. Das ist jedoch eine Fähigkeit, die nur fortgeschrittene Aufgestiegene Meister beherrschen und die bei dem Aufstieg, wie er jetzt vorgesehen ist, noch nicht zum Tragen kommt. Wie mir Melchizedek sagte, sollte niemand von solchen fortgeschrittenen Techniken auch nur träumen, so lange er nicht die siebte Unterstufe der zwölften Initiation bewältigt hat. Wenn ich hier von der zwölften Initiation spreche, sind damit wiederum die zwölf großen Initiationen gemeint. Es geht hierbei also nicht um die zwölf Initiationen, die den sieben Stufen der Vollendung der Initiation entsprechen und mit denen viele New Age Gruppen arbeiten. Wenn Ihr beispielsweise die zwölf Stufen der Initiation abschließen wollt, müßt Ihr Euren solaren-, galaktischen- und kosmischen Körper voll integriert und aktiviert haben; desgleichen muß das zweihundertste Chakra an der höchsten Stelle Eures Kopfes verankert und aktiviert sein. Auch müßt Ihr mehr als eine Million Eurer Seelenausdehnungen in Eurer Monaden-Gruppe integriert und gereinigt haben und es müssen 98% Eures Karmas abgebaut sein. Ferner müßt Ihr mit Eurem Lichtquotienten 40% auf der kosmischen Lichtquotient-Skala erreicht und Euren gesalbten Körper des Christus-Überselbstes sowie den Zohar-Lichtkörper völlig verankert und aktiviert haben.

Ich muß dazu sagen, daß das Initiations-System, das Brian Grattan in seinen Büchern zitierte, nicht das ist, welches ich verwende. Die zwölf Stufen seines Systems entsprechen der Erreichung der sieben Unterstufen der siebten Initiation. Wenn ich von Initiationen spreche, meine ich die großen Initiationen, und nicht die Unterstufen. Es ist darum verwirrend, weil bestimmte andere Systeme jede der sieben Initiationsstufen in drei Teile teilen, und zwar beginnend mit der sechsten. Sie bezeichnen dabei jede dieser drei Unterstufen in der sechsten und siebten Initiation als volle Initiation. Wenn Ihr gerne wissen wollt, welche Initiationsstufe Ihr erreicht habt, und Ihr wißt es nicht in Eurem Inneren oder wollt Eure innere Information bestätigt haben, dann ruft mich an und ich werde Euch eine Channel-Sitzung mit einem fortgeschrittenen Eingeweihten vermitteln, den ich selbst ausgebildet habe, damit er exakte Informationen in bezug auf diese sowie auch auf andere persönliche Fragen geben kann.

Das negative Ego wird versuchen, Euch weiszumachen, daß Ihr Euch auf einer höheren oder auch niederen Stufe befindet, als dies tatsächlich der Fall ist, doch Gott sagt Euch, wo Ihr genau steht. Laßt Euch hier nicht in die Irre leiten. Begeht auch nicht den Fehler, Vergleiche mit Freunden,

Kollegen oder Eurer Aufstiegsgruppe zu ziehen oder mit ihnen in Konkurrenz zu treten. Wenn Ihr tatsächlich mit dem Wissen um Eure Initiationsstufe begnadet seid, dann würde ich Euch empfehlen, mit niemandem darüber zu sprechen, außer in extremen Ausnahmefällen, nämlich dann, wenn es einen bestimmten spirituellen Grund oder eine Mission des Dienens gibt. Ich habe spirituelle Gruppen kennengelernt, die diesbezüglich derart vom negativen Ego irregeleitet waren, daß es schon fast lächerlich wirkte. Initiationen sind zwar wichtig, die Erfüllung von Gottes Willen ist jedoch noch wichtiger. Ganz egal, welche Initiationsstufe jemand erreicht hat, solange er vom negativen Ego getrieben wird, erfüllt er nicht den Willen Gottes.

Wie bereits früher gesagt wurde, kann jeder auf jeder Stufe der Initiation straucheln, sogar jenseits der zwölften. Meiner Meinung nach sollten sich Lichtarbeiter weniger für die Initiationen, die früheren Leben, psychische Phänomene und die Erlangung spiritueller Kräfte (Dematerialisation, Materialisation von Gegenständen, Hellsichtigkeit und Hellhören) interessieren, sondern daran arbeiten, Gottes Präsenz in jedem Augenblick ihres Lebens zu verwirklichen, jederzeit bedingungslose Liebe zu verströmen und das Christus/Buddha-Bewußtsein, die Freiheit vom Ego, den Ausgleich der vier Körper, spirituelle Führerschaft, spirituelles Dienen und den integrierten Aufstieg zu entwickeln. Wenn Ihr diese spirituellen Ideale anstrebt und Euer Leben Gott und den Kosmischen und den Planetaren Meistern weiht, dann geschehen Eure Initiationen ganz von selbst und, so Gott will, erhaltet Ihr auch die spirituellen Gaben und Kräfte. Geliebte Leser, vergeßt niemals, daß die größte spirituelle Gabe und Kraft, die es überhaupt gibt, die Liebe ist.

4. Integration der sieben Strahlen und Strahlenarten

Die Wichtigkeit der Strahlen

Was die sieben Strahlen betrifft, die es in unserem Sonnensystem gibt, muß ich Euch sagen, daß die fünf höheren Strahlen erst vor kurzem für die menschliche Entwicklung aktiviert worden sind. Die Strahlen eins, zwei und drei sind die Hauptstrahlen, wobei der dritte ein Strahlenbündel ist, welches die Strahlen vier, fünf, sechs und sieben unter sich hat. In meinen Büchern *Das komplette Aufstiegshandbuch, Kosmischer Aufstieg* und *Deine Aufstiegs-Mission - Das Annehmen des eigenen Puzzle-Stücks,* habe ich sehr detailliert über diese Strahlen gesprochen und werde es daher hier nicht wiederholen. Es gibt in diesen Büchern leicht verständliche Tabellen. Mehrere meiner anderen Bücher beziehen sich ebenfalls auf diese Tabellen und durchleuchten sie sehr genau. Wenn Ihr also die Strahlen in ihren Einzelheiten verstehen möchtet, greift auf diese Informationen zurück. Um nicht nochmals zu wiederholen, was bereits ausführlich besprochen wurde, habe ich in diesem Buch auf einen Abdruck der Tabellen verzichtet.

Ich gehe also davon aus, meine geliebten Leser, daß Ihr mit der Strahlen-Grundstruktur und ihren Tendenzen vertraut seid. Sollte dieses Thema jedoch neu für Euch sein, dann empfehle ich Euch, daß Ihr Euch mit den Tabellen der vorgenannten Bücher auseinandersetzt. Für den Anfänger ist wahrscheinlich *Das komplette Aufstiegshandbuch* die erste Wahl, da die Strahlen hier grundsätzlich vorgestellt und dem Verständnis nahegebracht werden. Jeder, der sich ernsthaft mit dem Okkulten beschäftigt, sollte mit den Strahlen und ihren Meistern vertraut sein, da sie ein wesentlicher Bestandteil unserer Entwicklung, unseres Wachstums, des Evolutions- wie auch des Aufstiegs- und Initiationsprozesses und damit unseres planetaren und kosmischen Schicksals sind.

Die Strahlen und die Integration

Wie Ihr wißt, bewegen wir uns durch die verschiedenen Strahlen, um spezielle Qualitäten, Attribute und Aspekte dieser Strahlen in uns zu entwickeln. Unsere Monade oder mächtige ICH BIN - Gegenwart verbleibt während des Ablaufes von Geburt und Tod der physischen Form immer auf dem gleichen Strahl. Der Strahl der Überseele oder des Höheren Selbst bleibt mehr oder minder konstant, durchläuft jedoch zyklische Veränderungen, wenn dies die Hierarchie der Meister und unser eigenes Höheres Selbst für richtig erachten. Der Strahl der Persönlichkeit verändert sich dauernd und berührt verschiedene andere Strahlen, genauso wie er die verschiedenen Sternzeichen berührt. Wenn eine Persönlichkeit auf einem Strahl inkarniert, den sie vorher bereits berührt hat, zeigt sie immer höhere und feinere Attribute und Facetten dieses speziellen Strahles. Astrologisch betrachtet ergibt das beispielsweise einen Menschen, der auf verschiedenen Evolutionsstufen immer wieder im Sonnenzeichen des Löwen geboren wird. Das entspricht ziemlich genau der Persönlichkeit des ersten Strahles. Beide haben starkes Durchsetzungsvermögen. Was geschehen sollte ist, daß bei jeder Verkörperung innerhalb dieses Bereiches, der Mensch klarere, reinere, spirituellere Seiten dieses Zeichens oder des Strahles entwickelt. Dasselbe gilt selbstverständlich für alle anderen Zeichen und Strahlen.

Verschiedene Aspekte der Persönlichkeit berühren jedoch zum gleichen Zeitpunkt auch andere Strahlen. So befinden sich beispielsweise der Emotional- und der Mentalkörper auf anderen Strahlen als der dichte physische Körper. Dies verändert sich ständig, genauso wie sich von einem Leben zum anderen die regierenden Planeten verändern. Dies alles dient dazu, daß man die Lektionen jedes einzelnen Strahles lernt, daß man die höheren Frequenzen und die Einstellung auf jeden einzelnen Strahl erreicht und gleichzeitig den Konzentrationspunkt so weit anhebt, daß er zuletzt den höchsten Qualitäten, die in der Kernmatrix der Lichtstruktur jeden Strahles enthalten sind, entspricht. Da dies ein fortlaufender Prozeß ist, integrieren wir dabei zunächst die sieben Hauptstrahlen und später die fünf höheren Strahlen in unserem Vierkörper-System. Zuletzt erreichen wir den Strahl unserer Monade, die einen Teil des Energiefeldes des Meisters dieses Strahls darstellt, was nicht allgemein bekannt ist. Wenn wir dies erreichen, ist zu hoffen, daß wir ebenso die verschiedenen anderen Strahlen in der Essenz unserer Monade integriert haben. Die

Tatsache, daß wir einen Strahl erarbeitet haben soll uns jedoch nicht von unserem eigentlichen Ziel ablenken, nämlich jeden Strahl in uns zu integrieren. Damit wird unsere eigene Essenz abgerundet und vollendet.

Nichts geht verloren

Etwas vom Wichtigsten, das wir begreifen sollten, ist die Tatsache, daß eigentlich nichts verloren geht. Über dieses Thema wird recht oft diskutiert, es wird jedoch kaum wirklich überdacht, geschweige denn verstanden. In dieser grundsätzlichen Wahrheit ist die Tatsache enthalten, daß alles, was wir jemals waren, getan oder erfahren haben, zum Zeitpunkt unseres vollen Aufstieges in der Essenz unserer Monade enthalten ist. Alles, was uns sonst noch ausgemacht hat, ist natürlich nicht mehr vorhanden. Die Essenz aller Dinge, die wir in den vielen Kreisläufen von Tod und Wiedergeburt auf den verschiedenen Ebenen und Welten, auf denen wir uns aufgehalten haben, erlebt und erfahren haben, ist jedoch in unserer mächtigen ICH BIN - Gegenwart enthalten und alle Klänge, Farben und Frequenzen, die damit verbunden sind, führen zur Regeneration unseres Seins. Die Handlungen, die wir unter dem destruktiven, trennenden und manipulativen Einfluß unseres negativen Egos begangen haben, sind in der Essenz jedoch nicht enthalten. Alle negativen Energien werden noch vor dem Zeitpunkt unseres eigentlichen Aufstiegs verändert und geläutert und folgen uns ganz sicher nicht zu den " ... höheren Bereichen". Es kommt der Moment, wo sie alle bearbeitet und gereinigt sind und die Spirale negativer Energie, die sie hervorrufen, verändert und in eine höhere Frequenz umgewandelt wird. Das nennt man "Veränderung durch Alchimie". Ihr seht, selbst in bezug auf die niederen Schwingungen geht nichts verloren.

Unsere eigentliche Aufgabe ist jedoch, die höchsten Aspekte jedes Strahles zu erarbeiten und das Ganze zu bereichern, indem wir in der einzigartigen Essenz unserer Monade das Beste aller Strahlen integrieren. Das ist ein völlig anderer Gesichtspunkt als der, den viele Lichtarbeiter vertreten, wenn sie großartig sagen: "Ich bin ein typischer Mensch des ersten, zweiten, dritten ... Strahles. Was interessieren mich die anderen Strahlen im Bereich meines Lebens." Sie sollten Euch aber interessieren, geliebte Leser! Ihr seid zwar tatsächlich typisch für den einen oder anderen Strahl, was Eure Monade, Eure Seele und die verschiedenen Charaktereigenschaften angeht, Ihr seid jedoch gleichzeitig auch die Summe aller Erfahrungen, die Ihr bereits durchlaufen habt, und Ihr solltet keinen dieser Strahlen vernachlässigen. Ihr solltet jedoch die niederen Aspekte aller Strahlen in den Griff bekommen, um das höchste Potential eines jeden Strahles in Eurem Wesen darstellen zu können. Ich bin überzeugt, daß Euch jetzt die Integration der verschiedenen Strahlen in Relation zum Ganzen verständlicher ist. Alles, was auf der Seelenebene geschieht, geschieht letztlich auch auf der Monaden-Ebene. Dann wird die Essenz unserer Erfahrungen mit den verschiedenen Strahlen direkt in die Kernmatrix dessen, der Herr des Strahles unserer Monade ist, absorbiert. Das wiederholt sich dann auf der planetaren, der galaktischen, der universalen und multiuniversalen sowie auf der kosmischen Ebene. Auf diese Weise, meine geliebten Leser, geht nichts von unseren grundsätzlichen Erfahrungen jemals verloren. Sie werden vielmehr erweitert und bringen damit für das ewige Ganze, dessen Teil wir alle sind, eine Bereicherung.

Integration der Strahlen während einer Lebenszeit

Bringen wir unsere Gedanken aus den kosmischen Bereichen wieder in das Leben zurück, in dem wir uns gegenwärtig befinden und es erhebt sich die Frage, wie wir vorgehen sollen, damit wir die Strahlen entsprechend integrieren. Zu diesem Zwecke werden wir verschiedene Möglichkeiten betrachten und herausfinden, wie wir die Atmosphäre, die Frequenzen und die Motivationen unseres jeweiligen Lebens dazu verwenden können, die verschiedenen Strahlen zu integrieren. Was wir als erstes begreifen müssen ist, daß wir uns alle, entsprechend der Strahlenstruktur unserer Monade, unserer Seele und unserer Persönlichkeit, zu bestimmten Strahlen hingezogen fühlen. Dies sollte man nicht übergehen, sondern versuchen, darin die höchste Stufe zu erreichen, die einem nur möglich ist. Wenn wir bereit sind, alle verschiedenen Strahlen zu integrieren, sollten wir das nicht auf Kosten der Strahlenkonfiguration tun, die uns angeboren ist. Wir betreten jede Inkarnation mit einer bestimmten Strahlenstruktur, damit wir innerhalb dieses vorgegebenen Musters das Potential des Strahles so weit wie möglich erforschen und leben können.

Die Integration der verschiedenen Strahlen in jeder Inkarnation heißt nichts anderes, als daß die Strahlen in das integriert werden sollen, was wir im Grunde unseres Wesens sind. Je mehr wir uns mit unserer speziellen Strahlenkonfiguration und ihren Qualitäten und Tendenzen auseinandersetzen, desto eher werden wir dazu imstande sein, unserem Wesen und unserer Art entsprechend verschiedene andere Strahlenaspekte hinzuzufügen. Deshalb bitte ich Euch nachdrücklich, niemals Eure Strahlenzugehörigkeit zu umgehen. Erforscht sie, so weit Euch das möglich ist und findet damit Euer spezielles Strahlenmuster. Ist das geschehen, arbeitet an der Integration der anderen Strahlen in Eurem Strahlenzentrum. Wenn Ihr zu den Menschen gehört, die sehr dem ersten Strahl verbunden sind, wie beispielsweise Gesamtpersönlichkeit und Monade des ersten Strahles, dann habt Ihr sehr viel Willenskraft. Persönliche Kraft, wie ich sie so oft anspreche, wird Euch nicht sonderlich interessieren, da sie bei Menschen mit Qualitäten des ersten Strahles bereits reichlich vorhanden ist. Ihr werdet Euch vielleicht als Politiker profilieren, als starker und mächtiger Führer von Nationen und es wird Euch gut gelingen, den Qualitäten des ersten Strahles zu entsprechen und sie auch auszudrücken. Geschieht das von einem spirituell günstigen Ausgangspunkt aus - und das wollen wir hier annehmen -, dann kann Euer Einsatz die Politik, ja die Zivilisation selbst verändern!

Oberhaupt des ersten Strahles auf den kosmischen Ebenen, und direkter noch im Zusammenhang mit uns und unserem Planeten, ist der Manu Allah Gobi. Seine Funktion ist in den Mantel des Geheimnisvollen gehüllt, hat jedoch ganz klar mit der Regierung des ganzen Planeten zu tun. Unter seiner göttlichen Schirmherrschaft arbeitet El Morya, der Chohan dieses Strahles. Innerhalb des Zauberkreises der vier niederen Welten würde der Mensch, den ich vorher als Beispiel genommen habe, eine ähnliche Position einnehmen und wäre damit sozusagen ein Repräsentant von Manu und El Morya, und zwar was die Frequenz und das Ziel angeht. Als inkarnierter Mensch müßte er jedoch noch die Feinarbeit an seiner Persönlichkeit leisten. Wie der Titel des Buches besagt, müßte er an der Integration seiner acht Hauptquotienten und auch an der Integration der anderen Strahlen, die nicht so starken Einfluß auf sein Leben haben, wie der erste, arbeiten. In diesem Abschnitt wollen wir uns daher besonders auf die Integration der Strahlen konzentrieren. Unser so wunderbar auf den ersten Strahl ausgerichteter politischer Führer hat vielleicht seine liebe Mühe mit der entsprechenden und erforderlichen Integration des

Liebesaspektes des zweiten Strahles, und ebenso mit der des sechsten Strahles der Hingabe. Es kann schon sein, daß er sich einem Ideal verschreiben kann oder einem abstrakten politischen Konzept - wenn es jedoch um die entsprechende Hingabe und Loyalität in bezug auf die Menschen geht, mit denen er lebt und arbeitet, steht er daneben. Sein Herzzentrum, durch welches Liebe und Hingabe strömen, ist nicht in Funktion. Damit haben wir einen Menschen, der zwar seinen Monaden-Strahl voll über seinen Persönlichkeitsstrahl lebt (beide sind ja bekanntlich vom ersten Strahl), der aber zwei wichtige Strahlen überhaupt nicht integriert hat.

Er läuft dauernd Gefahr, daß seine Angestellten ihn verlassen, weil sie ihm bzw. seiner Unterstützung nicht vertrauen. Das kommt daher, weil sie völlig zurecht das Gefühl haben, daß er von seiner emotionalen Natur abgeschnitten ist. Wie wir bereits vorhin angesprochen haben, kann er zwar durchaus seinen Idealen verpflichtet sein, seine Leute wissen aber sehr genau, daß er niemandem gegenüber persönliches Interesse, geschweige denn Liebe, zeigen kann. Alle, die ihn kennen, bewegen sich daher im Umfeld seines so mächtigen ersten Strahles nur mit äußerster Vorsicht. Nicht zu Unrecht nehmen sie an, daß weder Liebe, noch Zärtlichkeit, weder Hingabe noch persönliches Interesse irgendeiner Art den Zorn seiner unintegrierten Persönlichkeit des ersten Strahles bremsen kann, wenn man ihr in die Quere kommt. Die Menschen, mit denen er sein Leben teilt, bedauern das Fehlen des Herzzentrums. Sie sehen einen fähigen Menschen vor sich, der jedoch dringend die Liebe des zweiten und die Hingabe des sechsten Strahles in sein Leben und seine Arbeit integrieren muß. Gelingt ihm das nicht, ist sein Fall unausweichlich, weil er viel zu unausgeglichen ist, um mit ihm auf Dauer zu leben. Er selbst fühlt eine unangenehme Härte in sich, weiß aber nicht, wie er damit umgehen soll. Betrachtet man diese Situation durch die Lupe der Strahlenintegration, dann wäre es für ihn sicherlich das Einfachste, den zweiten und den sechsten Strahl in sein Leben zu rufen. Er könnte Kuthumi, den Herrn des zweiten Strahles und Sananda, den Herrn des sechsten Strahles bitten, die Qualitäten ihrer Strahlen in seinem Leben wirksam werden zu lassen.

Die Meister aller Strahlen sind sehr gerne bereit, jedem, der ihre Hilfe erbittet, dort behilflich zu sein, wo die Hilfe am nötigsten ist. Ihr alle, meine Freunde, solltet wissen, daß ein Ungleichgewicht, das Ihr in bezug auf einen bestimmten Strahl fühlt, in Ordnung gebracht werden kann, wenn ihr den Meister, den Herrn oder Chohan des Strahles oder den Strahl selbst ansprecht. Wenn Ihr mit den Farben der Strahlen vertraut seid genügt es schon, wenn Ihr die Frequenz der Farbe des Strahles ertönen laßt. Der Mensch in unserem Beispiel könnte sich mit einem Strahlen-Medium oder jemandem, der die Strahlen reinigt, in Verbindung setzen. Auf diese Weise könnte er genau herausfinden, wie die Gesamtstruktur seiner Strahlen zusammengesetzt ist. Das Medium kann ihm sagen, auf welchem Strahl sich seine Seele befindet und auch die Einzelheiten des Persönlichkeitsstrahls herausfinden. Es ist sehr wahrscheinlich, daß der Strahl der Liebe / Weisheit entweder seinen Seelenkörper oder einen speziellen Aspekt seiner Persönlichkeit, wie z.B. den Mentalkörper enthält. Das gleiche wäre für den sechsten Strahl oder auch den vierten Strahl der Harmonie und Kunst möglich. Er könnte dann direkt mit diesen Aspekten seines Wesens arbeiten, damit diese Strahlen verankert und nach und nach völlig in sein Leben integriert werden. Wenn er solch einen Weg beschreitet, würde das wahre Wunder bei ihm und bei allen, die sein Leben und seinen Arbeitsbereich teilen, wirken und es wäre auch hilfreich seine Berufslaufbahn zu stabilisieren. Diese Art der Heilung bezeichnet man als "Heilen durch das Integrieren der Strahlen". Das funktioniert auch, wenn man Strahlen anspricht, die sich zwar in Eurer Gesamtstruktur zeigen, weil sie in einem früheren Leben aktiviert waren, jedoch in diesem Leben ruhend sind. Die Möglichkeiten, die diese Integrationsheilung in sich birgt, sind sehr groß. Ich hoffe sehr, daß Ihr diese Idee aufgreift und in Eurem Leben anwendet.

Wir sind alle im Bereich unserer Strahlen nicht richtig ausgeglichen, weil wir uns unter Vernachlässigung aller anderen Strahlen ausschließlich auf einen einzigen konzentrieren. Der erfolgreiche Künstler, der seine hochentwickelte Persönlichkeit des vierten Strahles lebt, und eine Monade des vierten Strahles besitzt, ist in der gleichen Situation wie unser Politiker des ersten Strahles, wobei er sich jedoch am anderen Ende des Spektrums aufhält. Er ist in Liebe, Schönheit, Poesie und Harmonie eingebettet, hat dabei aber mit hoher Wahrscheinlichkeit kein "Rückgrat", also keinen Willen, keine Durchsetzungskraft. Das "Heilen durch die Integration der Strahlen" wäre bei ihm genauso wichtig, wie beim Menschen des ersten Strahles. Es spielt so gesehen überhaupt keine Rolle, welches Szenario man durchlebt, das Heilmittel ist in jedem Fall die entsprechende Integration der Strahlen. Sie ist überhaupt das wirkungsvollste Heil-,

Ausgleichs- und Integrationsmittel und ich hoffe von Herzen, daß Ihr sie so viel wie möglich anwendet.

Individuelle Ausgleichungspunkte

Es ist auch eine Überlegung wert, daß jeder Mensch, abhängig von der Konfiguration der Strahlen, in jeder Lebenszeit seine eigene einzigartige Ausgleichung besitzt. Die Integration und der Ausgleich der Strahlen ist daher auch ein einzigartiger, ganz auf die Person abgestimmter Prozeß. Jeder von uns hat bei der Inkarnation seine spezielle göttliche Blaupause, seinen Bauplan sozusagen, mitbekommen. Für uns alle ist eine bestimmte Aufstiegsmission vorgesehen und wir haben auch unser eigenes Puzzle-Stück innerhalb dieser Mission. Das ist der Grund, warum wir, was die Strahlen betrifft, unterschiedlich konfiguriert sind. Hier kann man wieder eine Parallele zu der astrologischen Konfiguration erkennen. Wir erhalten unsere spezifischen Muster durch die göttliche Absicht, das heißt, wir müssen uns bemühen, es nach bestem Wissen zu leben, denn dazu sind wir auf diese Erde gekommen. Wenn wir das tun, müssen wir auch versuchen, auf jeder Stufe die größtmögliche Integration zu erreichen. Daher bemühen wir uns, den göttlichen Plan und unsere spezielle Strahlenkonfiguration optimal zu leben, wobei wir aber gleichzeitig auch die volle Integration der verschiedenen Strahlen zu erreichen suchen, damit sie in unserem Puzzlestück ihren vollkommenen Beitrag leisten können. Das geschieht in unterschiedlichen Formen, da jeder Mensch seinen eigenen spezifischen Ausgleichungspunkt in seinem eigenen einzigartigen Schicksal hat.

Ein stark vom zweiten Strahl betonter Mensch beispielsweise, mit Seele und Monade auf dem zweiten Strahl der Liebe/Weisheit, wäre in diesen Bereichen sehr dominant. Liegt die Gesamtpersönlichkeit auf dem vierten Strahl, dann wird dieser Mensch wahrscheinlich die spirituellen Prinzipien der Liebe und Weisheit durch die Kunst vermitteln. Versucht nun dieser Mensch, die anderen Strahlen in sich zu integrieren und auszugleichen, wird er wahrscheinlich sehr erfolgreich sein. Wenn wir nun diesen Menschen mit unserem Politiker des ersten Strahles vergleichen und annehmen, daß sie beide erfolgreich in der Heilung durch die Integration der Strahlen waren, würden wir logischerweise auch zwei klare Ergebnisse vorfinden.

Der Ausgleichungspunkt bei dem vorwiegend vom vierten Strahl beeinflußten Menschen wäre ein anderer als der des vom ersten Strahl beeinflußten, was kein Hinweis auf ein Ungleichgewicht, sondern vielmehr ein klarer Hinweis auf Gleichgewicht und Erfolg ist. Da jeder einzelne Mensch seine einzigartige Mission und Berufung hat, ist jeder von uns sozusagen in unterschiedlicher Form dem Herzen Gottes entsprungen. Das heißt, jeder von uns hat für jede Lebenszeit und sogar für das Leben der Monade selbst eine andere Blaupause. Die "monadische Blaupause" ersetzt bei unserer Weiterentwicklung später die Blaupause der Seele. Das Wesentlichste ist jedoch, daß keiner von uns gleich geschaffen oder konfiguriert wurde wie ein anderer. Der göttliche Plan hat jeden von uns mit einer eigenen speziellen Energiematrix versehen, weshalb auch keiner von uns jemals den selben Ausgleichungspunkt haben kann, wie ein anderer. Viele Lichtarbeiter sind der irrigen Annahme, daß wir das jedoch sollten.

Viel zu oft überträgt man das, was für den einen Menschen richtig ist, auf einen anderen. Es stimmt zwar, daß wir für einander Spiegel sein können und daß es oft viel einfacher ist eine Situation als Außenstehender zu beurteilen, als wenn man direkt involviert ist. Es ist aber gleicherweise richtig, daß niemand besser weiß, was man selbst benötigt, als das eigene Gott-Selbst. Und das, meine lieben Leser, ist eine Tatsache. Die Weisen unter uns wissen, wann sie sprechen und wann sie schweigen müssen. Im Augenblick spreche ich für Eure Individualität und Einzigartigkeit. Und ich sage Euch, daß das Ausgleichen der Strahlen eine wunderbare Gelegenheit darstellt, Euch zu heilen und mit Euch selbst ins Reine zu kommen. Ich sage Euch jedoch *nicht*, wo Euer Ausgleichungspunkt liegt, das könnte ich gar nicht. Wenn man sich darüber mit einem Medium, das in dieser Richtung Erfahrung hat, unterhält, kann es jedoch zu Einsichten kommen. Wie ich bereits erklärt habe, sind solche Menschen imstande, Eure Grundkonfiguration der Strahlen zu erkennen und Euch damit Unterstützung und Anleitung anzubieten. Was jedoch weder sie noch sonst irgend jemand tun kann ist, Euch zu sagen, wie Ihr Euren Ausgleichungspunkt *am besten* manifestiert bzw. wo dieser Punkt zu finden ist. Das müßt Ihr mit Gott ausmachen. Um diesen Prozeß vollständig zu verstehen, müßte man nicht nur dieses Leben, sondern auch alle früheren Leben mit einbeziehen ebenso wie den speziellen Ausgleichungspunkt, den Ihr ja nicht nur in Eurem Inneren, sondern gleicherweise in der Komplexität der Welt erfahren müßt.

Während des Viktorianischen Zeitalters wurde jede Seele in männlicher Körperform, die eine Tendenz zum Träumen, zur Phantasie oder sogar zur Schönheit aufwies, starker Kritik unterzogen und als "Schwächling" angesehen, obwohl man diese Qualitäten bei Frauen erwartete. Alles war zu dieser Zeit so "anständig", daß jeder Mann mit starker Viertstrahl-Energie für den oberflächlichen Betrachter unausgeglichen erschien. Dabei lebten sie einen Ausgleichungspunkt, der für den gesamten Planeten sehr notwendig war. Eine eigenwillige, starke Frau, die ihren freien Ausdruck lebte, hätte genau so dazu gedient, das planetare Gleichgewicht zu halten. Und das planetare Gleichgewicht wird auch heute noch gehalten, geliebte Leser. In Ländern, die vorwiegend vom ersten Strahl beeinflußt sind, kann ein scheinbar unausgeglichener Mensch, der übermäßig seine Emotionen lebt und übermäßig sentimental oder auch extrem künstlerisch begabt ist, im wahrsten Sinne des Wortes seine Zivilisation zusammenhalten! Für seine eigene Integration wäre es wahrscheinlich besser, einen Punkt größerer Ausgeglichenheit zu finden, es würde mich aber trotzdem sehr überraschen, wenn sein persönlicher Punkt der Ausgleichung nicht trotzdem im Bereich des Träumens, der Sentimentalität und des Künstlerischen läge. Gott, die Karma-Kommission und die Meister suchen sich absichtlich Menschen aus, die vorwiegend in dieser Art strukturiert sind, um damit zu helfen, eine Gemeinschaft, eine Stadt, einen Staat, ja sogar eine ganze Nation auszugleichen.

Wir müssen daher sehr vorsichtig sein und niemals eine Situation kritisieren, speziell wenn es sich um die subtile Strahlenkonfiguration eines Menschen handelt. Jeder Mensch hat seine eigene göttliche Arbeit zu leisten, die zum Teil ganz gezielt von der Struktur der aktiven Strahlen, mit denen der Mensch geboren wurde, kontrolliert wird. Obwohl es das Ziel des Menschen sein sollte - und ja auch zu seinem Besten ist - , Ausgleichung und Integration in dieser Strahlenstruktur zu finden, ist es gleicherweise sehr wichtig, die Strahlenkonfiguration, mit der er geboren wurde, anzunehmen, denn erst dann kommt die größere Arbeit, nämlich die Ausgleichung der Gemeinschaft, der Nation und des gesamten Planeten ins Spiel. Das gelingt uns am besten, wenn wir zunächst einmal wir selbst sind und unseren Strahl in seiner höchsten Wirkung und Ausdrucksmöglichkeit leben und dabei gleichzeitig den Mut finden, in diesem Strukturmuster unseren eigenen, einzigartigen Optimalpunkt der Ausgleichung zu entdecken.

Wie Ihr seht, ist das Thema des Strahlenausgleichens sehr groß und schwierig. Es ist ein Thema, das sicherlich jeden von uns berührt, aber gleichzeitig auch jenen Teil anspricht, den wir im größeren Plan der Dinge zu erfüllen haben. Unser Planet selbst gehört dem vierten Strahl an; wir müssen daher erkennen, daß wir uns alle, in unserer Inkarnation auf dem Planeten Erde, in einer Sphäre ausgleichen, die ihre eigene Form, ihre eigene Frequenz und ihren eigenen Ausgleichungspunkt hat. Das größere Sonnensystem, dessen Teil wir gleicherweise sind, liegt auf dem Strahl der Liebe / Weisheit. Wir alle, die wir an der Entwicklung dieses speziellen Sonnensystems beteiligt sind, tendieren daher ein bißchen in die Richtung von Liebe / Weisheit. Wenn wir uns auf Melchizedek, unseren Kosmischen Logos, einstimmen, finden wir, daß das gesamte Universum auf Mut aufgebaut ist. Das beeinflußt alle im Bereich unseres Universums, und zwar in einem so großen Maße, daß wir die wahre Bedeutung dessen überhaupt nicht erfassen können. Es gibt jedoch einen entsprechenden Ausgleichungspunkt auf der universalen und multiuniversalen Ebene, der alle Initiaten in ihrer kosmischen Entwicklung zum richtigen Zeitpunkt berührt. Wir müssen demutsvoll sein, wenn wir uns der Ausgleichung der Strahlen zuwenden, und nicht meinen, daß wir wissen, was für irgendeinen unserer Brüder und Schwestern auf diesem Planeten das Beste ist. Genauso wenig sollten wir uns dies in bezug auf irgendeine Rasse eines anderen Milchstraßensystems oder eines anderen Universums anmaßen. Das heißt, wir müssen zur Zeit mit dem arbeiten, was uns gezeigt worden ist.

Geliebte Leser, wir alle wissen sehr genau, wann unsere Strahlen unausgeglichen sind, genauso wie wir es bei allen anderen Dingen spüren. Wenn wir nur den Mut aufbringen können, der ja der Schlüsselpunkt unseres Universums ist, dann sind wir auf dem besten Wege, uns durch die Strahlenintegration auszugleichen. Wenn wir das tun, dürfen wir uns auf gar keinen Fall mit irgend jemand anderem vergleichen! Was bei einem Menschen der Punkt des Ausgleiches ist, ist für den anderen vielleicht der Punkt des Ungleichgewichtes, und dieser andere seid eben gerade Ihr. Wenn Ihr versucht, der Vorstellung von Ausgleichung eines anderen Menschen zu entsprechen, geratet Ihr vielleicht allen Ernstes auf einen Weg, der nicht der Eure ist! Vertraut Euch selbst und Euren inneren Sinnen. Sucht Euren eigenen Punkt maximaler Ausgeglichenheit und bedient Euch dafür der Hilfe der Meister. Versucht jedoch niemals, ein anderer oder anders zu sein, als Ihr wirklich seid. Wenn Ihr das tut, gefährdet Ihr damit das Gleichgewicht des größeren Ganzen, in welchem Ihr Euch bewegt und lebt, in dem sich Euer Wesen befindet und in dem Ihr eine ganz spezielle Rolle zu spielen habt. Außerdem schadet Ihr Euch damit selbst. Der Schlüsselpunkt ist die Integration und Ausgleichung der Strahlen - es muß sich dabei jedoch um Eure eigenen Strahlen und um Euren eigenen Ausgleichungspunkt handeln. So wie das Königreich Gottes liegt auch das Gleichgewicht in Euch. Es darf niemals mit dem eines anderen Menschen verglichen werden, sondern muß in Eurem ureigensten Wesen integriert und ausgerichtet werden und damit Eure persönliche Aufstiegsmission erfüllen.

Das Integrieren der Strahlen in den verschiedenen Körpern

An anderer Stelle in diesem Kapitel habe ich Euch erklärt, daß sich jeder der vier niederen Körper auf seinem eigenen, individuellen Strahl befindet. Da ist zunächst der Gesamtstrahl der Persönlichkeit und dann gibt es die speziellen Strahlen für den physischen, den Emotional- oder Astralkörper und den Mentalkörper. Dann ist da noch der Strahl der Monade und der Strahl der Seele, welcher ab der dritten Initiation besonders aktiv wird - beide stellen für den höheren Initiaten die wichtigste Quelle dar. Alle diese Strahlen müssen aufeinander abgestimmt und ins Gleichgewicht gebracht werden, damit Ihr optimal arbeiten könnt. Deshalb ist die richtige Integration der Strahlen der vier niederen Körper in ihrem eigenen, wie auch dem Bereich von Seele und Monade so wichtig. In diesem Zusammenhang kann eine Sitzung bei einem ausgebildeten und vertrauenswürdigen Medium sehr hilfreich sein. Dies ist ein Dienst, der an der Melchizedek-Synthesis-Light-Academy angeboten wird. Für alle, die imstande sind, die Meister und Führer der Inneren Ebenen direkt anzusprechen, schlage ich vor, daß Ihr sie bittet, Euch darüber aufzuklären, welcher Strahl Eurer verschiedenen Körper in Funktion ist. Mit diesem größeren Wissen wird es Euch dann möglich sein, klarer und direkter und vor allem ganz gezielt auf den Prozeß der Integration und Ausgleichung hinzuarbeiten.

Für Euren Integrationsprozeß ist das vielleicht das wichtigste Hilfsmittel überhaupt. So ist es wichtig zu wissen, daß der Grund, daß Ihr im Augenblick überempfindlich reagiert und Launen unterworfen seid und

Gefühlsausbrüche habt, darin liegt, daß Euer Emotionalkörper sich auf dem sechsten Strahl befindet und Ihr Euch deshalb extrem hingebungsvoll und emotional verhaltet. Befindet sich Euer Astralkörper auf dem vierten Strahl, der Strahl Eurer Gesamtpersönlichkeit jedoch auf dem zweiten, sind die Gefühle in Euch sehr stark und Euer Herzzentrum ist, so es nicht entsprechend ausgeglichen wurde, derart offen, daß es keine Grenzen kennt und zu viel empfindet. Ich spreche hierbei nicht vom höheren Aspekt des Herzens, sondern von jenem, der auf die vier niederen Ebenen konzentriert und für die Emotionen der Menschheit schlechthin und gleicherweise auch für jene der Menschen im eigenen Umfeld empfänglich ist. Sollte es sich bei der "Strahlen-Sitzung" zeigen, daß Euer Mentalkörper auf dem dritten Strahl, Eure Seele sich jedoch auf dem fünften, dem "wissenschaftlichen" Strahl befindet, dann seid Ihr Euch Eurer grundsätzlichen Zusammensetzung bewußt und wißt auch genau, woran Ihr noch arbeiten müßt. Wenn sich dann auch noch herausstellt, daß Eure Monade auf dem zweiten Strahl von Liebe/Weisheit liegt, könnt Ihr die höheren Aspekte der Liebe und die Weisheit erreichen, welche Eure mächtige ICH BIN - Gegenwart in sich enthält. Mit dieser Art der Information könnt Ihr sehr viel erreichen.

So könnt Ihr sofort Euren Mentalkörper, der reichlich mit Intelligenz, mentaler Erleuchtung und klaren Gedankengängen ausgestattet ist, mit einbeziehen. Integriert die gefühlvolleren und emotionalen Strahlen in den vier niederen Körpern mit dem Strahl des Mentalkörpers. Bittet darum, mit der Klarheit des Geistes und der aktiven Intelligenz dieses Strahles sehen zu dürfen. Bringt bewußt die Energie und die klare Sicht des Geistes ins Spiel, bevor Ihr von den zwei niederen Körpern und dem Gesamtpersönlichkeits-Körper und ihren zugehörigen Strahlen komplett dominiert und damit emotional überlastet werdet. Wenn Euch das gelingt, wird dies eine starke Veränderung in Euch hervorrufen. Erkennt, daß Euch Eure emotional überbetonte Natur sehr wahrscheinlich von der Energiefrequenz Eurer Seele und Monade abgeschnitten hat und stellt Euch sofort auf diese höheren Aspekte des Selbst ein! Wenn Eure Überseele auf dem fünften Strahl liegt, dann bietet er Euch Wissenschaftlichkeit, Struktur und Rationalität. Ruft ihn an, meditiert mit ihm, sprecht zu unserem geliebten Meister Hilarion, der Chohan dieses Strahles ist oder stellt Euch die Farbe des Strahles vor, ein reines, klares Orange und umgebt und durchdringt damit alle vier niederen Körper. Jeder von uns, der Lichtarbeiter ist - und ich bin überzeugt, liebe

Freunde, daß Ihr, da Ihr dieses Buch lest, auch dazu gehört - hat Zugang zum Strahl der eigenen Seele. Ruft diese gewaltige, kraftvolle und vom Licht durchdrungene Macht an, Euch zu helfen, alle diese Facetten Eures Wesens zu vereinen. Bittet auch das Höhere Selbst oder die Seele, damit sie Euch behilflich sind, die Frequenz innerhalb jedes der vier niederen Körper anzuheben.
Wenn Ihr Euch erinnert, haben wir zu Beginn dieses Buches die verschiedenen Schwingungsfrequenzen angesprochen, in welchen die vier niederen Körper arbeiten. Wenn Ihr diese Körper nicht tatsächlich vollständig integriert, ausgeglichen und gereinigt habt, so daß Euer wahres Selbst, die mächtige ICH BIN - Gegenwart allein die Antriebskraft und der Steuermann Eures Lebensschiffes ist, ist es klar, daß diese Körper durchaus eine Frequenzbeschleunigung brauchen können. Wenn Ihr das Höhere Selbst, unabhängig vom Strahl, auf dem es sich befindet, ansprecht und bittet, daß die Strahlenstruktur aller Eurer Körper ins Gleichgewicht und in Harmonie gebracht werden möge, so wird dies ganz sicherlich die Frequenz und den Schwingungspegel jedes einzelnen dieser Körper anheben. Um die volle persönliche Integration zu erreichen und die Frequenz all Eurer vielen Körper anzuheben ist es vordringlich, den Strahl der Monade oder mächtigen ICH BIN - Gegenwart völlig zu integrieren und zu verankern. Denkt daran, daß die fünfte Initiation die der Monadenverschmelzung ist, wobei die Monade einen immer stärkeren aktiven Einfluß auf den Initiaten, der ja ein inkarnierter Aspekt der Monade ist, ausübt. Fast alle, wenn nicht überhaupt alle, die sich entschlossen haben, dieses Buch zu lesen, haben zumindest die fünfte Initiation hinter sich. Und ich höre von den Meistern, daß die wenigen, die diese Initiation noch nicht durchlaufen haben, ganz kurz davor stehen.

Die Monade und der Monadenstrahl haben daher einen großen Einfluß auf jeden von Euch, der gerade dieses Buch liest. Für die meisten beschreibt es das, was sie selbst sind und es auch wissen, da die Mehrzahl der Leser bereits das Tor des Aufstiegs durchschritten hat. Die restlichen brauchen nur ein bißchen Zeit, um, wie die anderen zu begreifen, daß sie selbst die Monade sind. Deshalb ist die Monade für alle von größter Bedeutung. Der Monadenstrahl hat in Wahrheit den größten Einfluß auf alle unsere Leben. Er kann jeglichen Aspekt des Selbst zur Integration und Ausgleichung bringen. Er hat die größte Macht, denn er befindet sich auf der höchsten Stufe der Einstimmung auf Gott und weiß, daß er selbst ein Funke der ewig lodernden Flamme Gottes ist!

Was im genannten Beispiel, wie auch in allen anderen Strahlenkonfigurationen erforderlich ist, ist die Einstimmung auf die Frequenz und die Stufe des Seins der Monade selbst. Wenn man mit den Strahlen arbeitet, sollte man vor allem die Strahlenenergie der Monade anrufen, welche in den angeführten Beispielen die des zweiten Strahles der Liebe / Weisheit ist. Bittet, daß Eure Monade oder mächtige ICH BIN - Gegenwart sämtliche Strahlen Eurer verschiedenen Körper an Helligkeit übertreffen und sie im Bereich ihrer eigenen göttlichen Ausstrahlung integrieren möge und daß sich durch den Einfluß des Monadenstrahles alle anderen Strahlenfrequenzen in Euch anpassen, harmonisieren und ausgleichen. Solange die niederen Körper nicht vollständig auf allen vorhandenen Stufen integriert und ausgeglichen sind, wird es in Eurem System immer wieder zu Fragmentierungen kommen. Dies zeigt sich dann sehr oft darin, daß die verschiedenen Strahlen, die in Euch wirksam werden, nicht integriert sind. Wenn Ihr um die Hilfe des Monadenstrahles bittet, könnt Ihr Euch damit auf der Stelle auf die höchste Resonanz Eurer göttlichen Konfiguration ausrichten. Wie vorher bereits erwähnt wurde, übt die Monade den größten Einfluß auf den Initiaten aus. Wenn Ihr also die Hilfe der Monadenstrahlfrequenz anruft, wird sie mit Sicherheit alle Strahlen der niederen Körper dazu bringen, sich auf sie auszurichten.

Wenn der Monadenstrahl tatsächlich der Strahl der Liebe / Weisheit ist, wird er diese Qualitäten allen seinen Aspekten weitergeben. Da er gleichzeitig der Hauptstrahl ist, wird er jeden der Körper dazu befähigen, in göttlicher Übereinstimmung mit Liebe / Weisheit zu arbeiten. Die über-emotionalen und über-hingebungsvollen Aspekte, die nicht mehr richtig eingestimmt sind, werden vom Licht und der Liebe aus dem Herzen Gottes durchdrungen, die aus der großen Zentralsonne, durch die Monade in jede Zelle unserer multidimensionalen Körper strömen. Die niederen Aspekte der einzelnen Strahlen, welche die Persönlichkeit beherrschen, werden vom göttlichen Feuer verzehrt, und hinterlassen an ihrer Stelle die höchsten Aspekte aller Strahlen, die gemeinsam jeden der Körper regieren. Die Seele, das Höhere Selbst, dient dabei als direkter Kanal, durch welchen sich die mächtige ICH BIN - Gegenwart äußert. Der Vorgang der Strahlenintegration kann damit auf einer Stufe der Einheit und Harmonie durchgeführt werden, die ohne den direkten Einfluß der Monade an dieser Stelle nicht zu erreichen wäre.

Es spielt wirklich keine Rolle, auf welchem Strahl sich Eure Monade befindet. Der Strahl von Liebe / Weisheit dient einfach nur dazu, das vorgegebene Beispiel zur Vollendung zu bringen. Befindet sich Eure Monade auf dem ersten Strahl, dem des Willens, würde sie gleicherweise zur Harmonisierung, Freude und der göttlichen Umwandlung aller Strahlen beitragen, so daß sie eins werden mit der göttlichen Absicht. Eine Monade des ersten Strahles würde ihr helles Licht mit dem Gefühl persönlicher Kraft und starken Willens über die verschiedenen Körper erstrahlen lassen. Ihr müßt dabei jedoch verstehen, daß der "Wille", von dem hier die Rede ist, der Wille Gottes ist! Egal, auf welchem Strahl sich die Monade eines Menschen befindet, so ist sie doch im Licht, der Liebe und der Kraft (= dem Willen) Gottes zusammengefaßt und bringt daher alle Strahlen aller niederen Körper genauso in Übereinstimmung mit dem Gott-Selbst, wie jeder andere Monadenstrahl. Die Tatsache, daß jede Monade ihre eigene, spezifische Frequenz besitzt, ist gottgewollt und eine der wichtigsten Komponenten der Individualität. Die Tatsache, daß die Einstimmung auf den Monadenstrahl gleichzeitig auch die Einstimmung auf den Strahl der eigenen mächtigen ICH BIN - Gegenwart und letztlich auf Gott selbst ist, ist jedoch für alle Menschen gleich.

Bei der Arbeit mit den Strahlen, kann ich Euch, geliebte Leser, nicht oft und nicht eindringlich genug darauf hinweisen, mit aller Kraft zu versuchen, die Strahlen, aus denen Ihr besteht, wirklich in ein wunderbar funktionierendes, unabhängiges "Ganzes" zu integrieren. Wird dieses "Ganze" von der Monade, der mächtigen ICH BIN - Gegenwart oder dem Gott-Selbst geführt, so bleibt es für jede weitere Eurer Inkarnationen erhalten. Unter den vielen Hilfsmitteln, die ich Euch zeige, damit Ihr vollintegrierte Aufgestiegene Meister werden könnt, ist die Integration der eigenen, persönlichen Strahlenstruktur ein wahres Juwel, das leider viel zu wenige kennen.

Die Integration von Strahlen, die nicht Teil der eigenen Grundkonfiguration sind

Manchmal ist unsere Konfiguration so zusammengestellt, daß der eine oder andere Strahl oder auch eine Strahlengruppe in unserer Grundstruktur fehlt. Auch das geschieht nach göttlichem Plan, da ja unser

Puzzle-Stück und unsere Aufstiegsmission offensichtlich eine ganz besondere Art von Körper verlangen. Das bedeutet natürlich nicht, daß wir nicht auch auf diese Strahlen bzw. auf ihre Meister zurückgreifen können, damit sie uns helfen und vielleicht ein bißchen mehr Gleichgewicht in unserer Gesamtkonfiguration schaffen. Wir sind möglicherweise nach bestimmten Strahlen strukturiert, damit wir in einer bestimmten Arbeitsrichtung auch ein bestimmtes Schicksal erfüllen können. Wie ich schon gesagt habe, arbeiten wir daran, das Gleichgewicht des Planeten herzustellen. Wir tun das, indem wir unser eigenes Gleichgewicht herstellen. Gibt es nun in diesem Bereich eine Lücke, und die Herren des Karma und unsere mächtige ICH BIN - Gegenwart erkennen, daß wir diese Lücke ohne Mühe schließen können, dann erhalten wir die Strahlenstruktur, die uns am schnellsten und wirkungsvollsten auf unserem gewählten Weg vorwärtskommen läßt. Es besteht dabei jedoch durchaus die Möglichkeit, daß uns diese Strahlenstruktur in anderen Bereichen schwächer sein läßt. Das ist alles gut und recht, da dies nicht unser Ziel ist und wir in dieser Inkarnation durchaus unseren persönlichen Ausgleichungspunkt finden können, ohne daß wir uns mit diesen anderen Strahlen und ihren Eigenschaften auseinandersetzen müssen. Es ist jedoch sehr oft der Fall, daß wir irgendwann einmal feststellen, daß wir nur dann auf unserem Pfad weiterkommen und in unserem Leben ein Maximum an Harmonie erreichen können, wenn wir auch die Qualitäten anderer Strahlen aufnehmen, als die, auf denen die Monade ihre diversen Körper aufgebaut hat. Es ist sogar ganz sicher, daß wir das feststellen werden!

Was ich in so einem Fall vorschlage ist, die Aktivierung des Strahles in jenem Bereich zu erbitten, der es Eurem Gefühl nach am meisten benötigt. Nehmen wir an, Eure Aufgabe ist es, als visionärer Maler und als Medium zu arbeiten, wofür Ihr wahrscheinlich keinen ersten Strahl in Euch habt. Nehmen wir nun weiterhin an, daß Eure Arbeit wunderbar vonstatten geht, daß alle Eure persönlichen Strahlenkonfigurationen in Harmonie mit dem göttlichen Plan und dem Ziel der Monade sind. Und dann sollt Ihr, ganz ohne Vorwarnung, an einem Treffen teilnehmen, das irgendwo hoch oben auf einem Berg stattfindet und bei dem es um globale Visionen und mediale Arbeit geht. Ihr geht in Euch und stellt fest, daß Euer Körper überhaupt keine Lust und auch nicht die Kondition hat, diesen anstrengenden und für ihn möglicherweise gefährlichen Weg auf sich zu nehmen.

Genau dann ist es an der Zeit, die Hilfe von El Morya und die Kraft und Willensstärke des ersten Strahles, dessen Hüter er ist, zu erbitten. Ihr müßtet dies in diesem Fall in erster Linie für Euren physischen Körper tun, da die Aufgabe, der Ihr Euch stellen wollt, Willensstärke im Bereich des physischen Körpers erfordert. Gleicherweise solltet Ihr es aber auch für Euren Emotionalkörper tun, da ich annehme, daß Ihr vor diesem Unternehmen auch ein bißchen Angst habt. Das Fehlen des ersten Strahles wird Euch jedoch in erster Linie im Bereich des physischen Körpers auffallen, da Ihr noch nie vorher den "Willen" in Euch verspürt habt, ihn an seine Grenzen zu führen. Daher ist er jetzt ein bißchen empfindlich, faul und schwach und er mißtraut seinen eigenen Fähigkeiten. Vielleicht ist er sogar einer der zarten Körper des zweiten Strahles, dem es nie und nimmer in den Sinn käme, mit Bergschuhen und Rucksack in Berührung zu kommen, geschweige denn, so eine Reise zu unternehmen!
Der Vorteil, den das Studium unserer verschiedenen Strahlen und Strahlenstrukturen so wie deren Integration bietet, liegt im Verständnis dessen, was wir erbitten und in seiner Anwendung. In der gegebenen Situation würde ich ganz entschieden dazu raten, El Morya und Erzengel Michael anzurufen. Erzengel Michael ist, wie Ihr ja bereits wißt, der Erzengel des ersten Strahles, und konzentriert sich auf den Schutz im weitesten Sinne. Seine Energie, gemeinsam mit der von El Morya, kann dazu dienen, Eure Willenskraft zu stärken und Euch zu beschützen. Da Ihr ja wißt, welcher Eurer Körper Willenskraft und Schutz benötigt, könnt Ihr Eure Bitte dementsprechend vortragen. Das würde zu einer außerordentlich raschen Reaktion führen, da Eure Invokation ganz direkt und zur Sache wäre. Ihr würdet dabei nicht allgemein um Willensstärke bitten, sondern darum, daß sie auf direktem Weg in Euren physischen Körper gebracht wird. Dieser Vorgang würde noch schneller, wenn Ihr gleichzeitig die Farbe Rot in die Ätherstruktur, die um Euren physischen Körper liegt, einbringt. Dazu würde ich Euch empfehlen, tatsächlich diese Farbe in Eurer Kleidung zu haben, da die Farbe bereits den speziellen Strahl, den Ihr hier anruft, stimuliert. Da der Fußmarsch zum Gipfel des Berges Euer größtes Handicap ist, würde ich in diesem Falle an den Füßen oder an den Beinen etwas Rotes tragen. Rote Socken sind ausgezeichnet, es könnte jedoch auch eine rote Knöchelbandage sein. Was immer Ihr an roter Kleidung an Euch tragt, wäre ein gutes Mittel, diesen Vorgang zu erleichtern und dem physischen Körper direkte Signale zu senden, was ihn wiederum stimulieren und mit der Kraft des göttlichen Willens erfüllen würde.

Liegt der Bedarf mehr auf der emotionalen Ebene, so gilt das gleiche wie vorher, nur eben auf den Emotionalkörper ausgerichtet. Nehmen wir an, die Ausgangsposition ist ähnlich wie vorher, Ihr müßt nur, um zu diesem Treffen zu gelangen, vorher einen 18-Stunden-Flug hinter Euch bringen. Dabei habt Ihr gräßliche Angst vorm Fliegen. In diesem Falle müßte man dem Emotionalkörper die Unterstützung zukommen lassen, damit diese Reise vonstatten gehen kann. Ihr würdet die gleichen Meister anrufen, wobei ihre Hilfe jedoch auf der emotionalen Ebene erforderlich wäre. Kleidung in roter Farbe könnte auch hier hilfreich sein, da sie eine sichtbare und energiegeladene Erinnerung an die Strahlenfrequenz ist, welche Ihr zu stimulieren wünscht. Noch wichtiger wäre es jedoch, eine Meditation durchzuführen, bei welcher Ihr Euren Emotionalkörper mit der Frequenz von Rot bzw. des Willens einhüllt. Ein Medaillon oder Amulett, oder ein Schmuckstein wie Rubin oder Granat direkt im Herzbereich getragen, wäre auch hilfreich. Das rote Amulett bzw. der Schmuckstein sollte in regelmäßigen Abständen auf den Solarplexus gelegt werden, denn genau dort wären die Energien am wirksamsten.

Man kann diese Situation auf hunderterlei Art durchspielen, doch ich meine, daß die angeführten Beispiele genügend Grundinformation liefern. Egal, welche Strahlenstruktur Ihr benötigt - sie sind alle zu haben, Ihr müßt nur darum bitten. Es macht gar nichts aus, wenn Ihr in einer Art konfiguriert seid, die Euch ermöglicht, 98 % Eurer Lebensmission und Eures Zieles zu erreichen, ohne daß Ihr eine spezielle Strahlenenergie aktiviert. Sollte jedoch einmal die Zeit kommen - und das wird sie ganz sicher - , daß Ihr diese spezielle Energie braucht, dann wendet alle Techniken an, die ich Euch in den Beispielen angegeben habe, und legt sie auf Euren spezifischen Fall um. Vergeßt nicht, den Meister des Strahl um seine Hilfe zu bitten und die Farbe des Strahles an der Stelle im Körper zu aktivieren, wo sie benötigt wird. Es ist immer gut, irgend ein Kleidungsstück in der Farbe des Strahles zu tragen, am besten dort, wo die Stimulation erfolgen soll. Die Farbe enthält den Farbton und die Frequenz des Strahles, den Ihr anruft.

Da ist noch eine Sache, die ich hier ansprechen möchte. Es ist ebenfalls hilfreich, die Unterstützung eines anderen Strahles, der mit dem Strahl harmoniert, den Ihr gerade benötigt, zu erbitten. Es ist auch von Vorteil, wenn man einen bereits in der eigenen Struktur vorhandenen Strahl aktiviert, der dann auf seine Art zum gewünschten Ergebnis beitragen kann. Wenn also, um das vorherige Beispiel wieder aufzugreifen, Eurem Körper das Selbstvertrauen mangelt, den Berg zu besteigen, dann folgt meiner Empfehlung und ruft den ersten Strahl des Willens direkt in Eurem physischen Körper auf. Befindet sich Euer Emotionalkörper auf dem sechsten Strahl der Hingabe, könnt Ihr diesen Strahl auch aus Eurer Strahlenstruktur heraus dazu bringen, Euren physischen Körper zu diesem Unternehmen zu motivieren. Euer Wunsch, innerhalb des Bereiches Eurer Aufstiegsmission zu dienen, wird zur Aktivierung und Reaktion führen. Es ist dabei unwesentlich, ob der Strahl in Eurem Vier-Körper-System aktiv ist oder nicht, denn Hingabe ist komplementär zum Willen und hilft damit, einen bestimmten Körper anzuregen und zu motivieren, seiner Berufung zu folgen. Ihr solltet jedoch wissen, daß Ihr ohne weiteres einen Strahl, der in einem Eurer Körper aktiv ist, dazu bringen könnt, einen anderen Eurer Körper zu stimulieren. Wie das mit Hilfe des Höheren Selbst und der Monade oder der mächtigen ICH BIN - Gegenwart geschehen kann, habe ich bereits erklärt, es ist für Euch jedoch wichtig zu wissen, daß dies auch im Bereich der niederen Körper seine Gültigkeit hat.

Es ist immer gut, den Meister, den Chohan oder Herrn des jeweiligen Strahles, den Ihr zu Eurer Unterstützung gewählt habt, anzusprechen und ihn ganz direkt um seine Hilfe in dem Körper zu bitten, wo diese Hilfe nötig ist. Nehmen wir an, Ihr wollt die Energien der Hingabe, die in Eurem Emotionalkörper vorhanden sind, dazu verwenden, um Euren physischen Körper zu motivieren, sich auf das Abenteuer der Bergbesteigung einzulassen, damit Ihr an dem Treffen teilnehmen könnt. Bittet unseren geliebten Meister Sananda, daß er Euch behilflich ist, die Frequenzen des sechsten Strahles aus Eurem Emotionalkörper direkt in Euren physischen Körper zu übertragen. Vergeßt nie, daß die Herren der Strahlen dazu da sind, uns auf jede Art behilflich zu sein - und wer könnte Euch auch bei der direkten Anwendung einer speziellen Strahlenfrequenz mehr helfen, als sie? Wenn Ihr den Eindruck habt, daß die Energien des Strahles der Hingabe Euch dienlich sind, dann beschränkt Euch keinesfalls darauf, sie nur aus Eurer eigenen Strahlenkonfiguration heraus zu kontaktieren. Dies ist zwar eine sehr gute und hilfreiche Methode, aber warum bittet Ihr Sananda nicht darum, Euch direkt mit der Frequenz und Strömung des sechsten Strahles zu versorgen? Wenn Ihr das tut, erleichtert es Euch den Zugang zu diesem Strahl von Eurem eigenen Bereich aus.

Geliebte Leser, legt diesem Vorgang keine wie immer gearteten Beschränkungen an. Die Strahlen beinhalten einen der Hauptschlüssel zum integrierten Aufstieg. Die Meister, die Herren und Chohans jeden Strahles warten nur darauf, daß sie Euch bei Eurem integrierten Aufstieg behilflich sein dürfen. Ruft sie, selbst wenn Ihr nur meint, daß die Frequenz eines bestimmten Strahles Euch helfen könnte. Wenn sie in Euer Aurafeld eintreten, ist allein schon ihre göttliche Präsenz für Euch hilfreich, selbst wenn sie es nicht für richtig erachten sollten, Euch in bezug auf die Strahlen zu helfen. Ich selbst nehme jeden morgen mit ihnen Kontakt auf. Ich bitte um das, was meiner Meinung nach notwendig ist, überlasse es jedoch ihnen, zu entscheiden. Wenn ich das Gefühl habe, daß ein bestimmter Strahl stärker in mir wirken sollte, dann weiß ich, daß er verstärkt wird. Brauche ich Heilung, in welcher Art auch immer, dann wird sie mir zuteil. Die Strahlen-Chohans sind ein wahrer Segen. Ich kann nicht oft genug betonen, wie wichtig es ist, sie in jeder Situation zu rufen und natürlich ganz besonders dann, wenn es sich um die Energie der Strahlen und ihren Einfluß in unserem Leben handelt!

Zusammenfassung

Das Thema der Strahlen ist so enorm groß, daß es ein eigenes Buch umfassen könnte. Ich behandle dieses Thema jedoch in allen meinen Büchern, so daß es aus verschiedenen Blickwinkeln betrachtet und erfahren werden kann. Ich möchte Euch wirklich bitten, die Strahlen von jeder Richtung, die ich in meinen Büchern anspreche, zu erforschen. Findet heraus, wie Ihr sie am besten in Eurem Leben integrieren könnt und wie sie Euch am besten in Eurem ureigensten Bereich des Dienens helfen können.

Wie in diesem Kapitel immer wieder zu lesen war, spielt die Integration der Strahlen im Prozeß des integrierten Aufstiegs eine sehr wichtige Rolle. Anhand von Beispielen wurde aufgezeigt, wie die Strahlen am besten für den Gesamtaufstieg eingesetzt durch verschiedene Hilfsmittel auch in sich integriert werden können. Es wäre mein größter Wunsch, daß Ihr diese Hilfsmittel anwendet und damit den Ort der Ausgleichung in Eurer persönlichen Strahlenkonfiguration findet.

5. Ein Überblick über den nicht-integrierten Aufstieg

Wie schon früher erwähnt, ist der Aufstieg und das Durchlaufen der sieben Initiationsstufen nicht so sehr eine allgemeine Entwicklung des spirituellen, mentalen, emotionalen, ätherischen und physischen Körpers, sondern die Entwicklung der Spiritualität und der Aufbau des Lichtquotienten. Der Aufstieg und die Initiation hat daher nicht unbedingt mit der Entwicklung von Bereichen wie Führerschaft, Dienst an der Welt, Geld-Bewußtsein, Beziehungsfähigkeit, Familienfähigkeit und der Meisterschaft auf der Erdebene zu tun. Deshalb heißt das Thema für das neue Jahrtausend auch nicht "Aufstieg", sondern "integrierter Aufstieg" oder anders ausgedrückt "volle Selbsterkenntnis". Die Selbst- oder Gottes-Erkenntnis ist das Erkennen der Göttlichkeit auf jeder Stufe, nicht nur auf der spirituellen oder anhand der Lichtmenge, die einen erfüllt.

Ich möchte das Kapitel über den nicht-integrierten Aufstieg damit beginnen, daß ich Euch archetypische Muster beschreibe, in welchen sich der Aufstieg zeigen kann. Um den integrierten Aufstieg zu erlangen, muß man diese Archetypen verstehen und sich selbst stets kontrollieren, um die Grenzen dieser Ideale und Gesetze nicht zu überschreiten. Einige davon werden Euch sehr einfach vorkommen, ich bin jedoch der bescheidenen Ansicht, daß es die einfachsten und christusgemäßen Ideale sind, die vielen Lichtarbeitern die größten Probleme machen. Laßt mich erklären, was ich damit meine. Beginnen wir mit der Balance der männlichen und weiblichen Aspekte im eigenen Selbst. Weil man aufgestiegen oder die sieben, wenn nicht sogar die zwölf Initiationsstufen durchlaufen hat, bedeutet das noch lange nicht, daß diese Aspekte im Gleichgewicht sind. Sind Yin und Yang bei Euch tatsächlich ausgeglichen? Sind Gedanken, Gefühle und Emotionen tatsächlich im Gleichgewicht? Seid Ihr durch Euer Denken selbst der Anlaß für Eure Gefühle und Emotionen oder laßt Ihr Euch von Euren Emotionen überfahren, statt der Herr Eures Geistes und Eurer Gefühle zu sein? Programmiert das negative

Ego Euren Emotionalkörper oder ist es das Christus/Buddha-Bewußtsein? Integriert Ihr Euren Emotionalkörper in der richtigen Art und Weise oder ist ihm der entsprechende christusgemäße Ausdruck verwehrt? Habt Ihr Euren Emotionalkörper spiritualisiert oder erfüllen ihn negative Emotionen, die von Gedanken des negativen Egos in ihm ausgelöst werden? Bewirkt Ihr durch Euer Denken die Emotionen, die Euch erfüllen, oder laßt Ihr sie durch äußere Einflüsse und das Verhalten anderer Menschen entstehen? Seid Ihr Herr Eurer Gedanken oder ist es umgekehrt? Ist es Euch gelungen, Handeln und Sein in Einklang zu bringen? Und wie steht es mit dem Gleichgewicht zwischen Freude und ernsthafter Konzentration, Arbeit und Spiel? Könnt Ihr Euren Kopf zur Ruhe bringen oder seid Ihr ihm auf Gedeih und Verderb ausgeliefert? Habt Ihr den perfekten Ausgleich von Geben und Nehmen gefunden und auch die mystischen und geheimnisvollen Aspekte in Euch integriert? Stimmen Kopf und Herz überein? Das sind einige der Fragen, mit denen Ihr Euch ernsthaft auseinandersetzen müßt, wenn Ihr Euren Aufstieg wirklich integrieren wollt. Habt Ihr es noch nicht getan, so ist das keine Kritik, sondern eher ein Geschenk Gottes, das Euch darauf hinweist, wo Ihr Euer Bewußtsein konzentrieren sollt und wo Haltungsänderungen erforderlich sind. Ich habe nicht die Absicht, ganz genau zu erklären, wie man hierbei vorgehen soll, da das bereits in meinen Büchern *Seelenpsychologie* und *Wie man sich vom negativen Ego befreit* geschehen ist.

Die Balance zwischen Himmel und Erde

Ein weiteres christusgemäßes archetypisches Ideal ist der Ausgleich und die Integration der irdischen und himmlischen Aspekte des Selbst. Viele Lichtarbeiter konzentrieren sich auf ihrem spirituellen Weg viel zu sehr auf das Himmlische. Man sollte nie vergessen, daß es drei Ebenen Gottes gibt, die man bewältigen muß, um den integrierten Aufstieg zu erreichen. Es handelt sich dabei um die himmlische (spirituelle), die psychologische und die physisch-irdische Ebene. In meiner langjährigen Erfahrung als spiritueller Lehrer und spiritueller Psychotherapeut habe ich herausgefunden, daß Lichtarbeiter wesentlich stärker in ihrem spirituellen Körper entwickelt sind als in ihrem psychologischen. Viele spirituelle Lehrer und Medien leisten ausgezeichnete Arbeit, haben jedoch grundsätzliche Themen ihrer Persönlichkeit nicht bearbeitet, die sich dann als großes Hindernis zur Erreichung des vollen göttlichen Ausdruckes ihrer Mission herausstellen. Andere Lichtarbeiter sind oft nicht physisch geerdet oder kümmern sich zu wenig um ihre Gesundheit, d.h. sie vernachlässigen entsprechende Ernährung, körperliches Training, ausreichend Schlaf etc. Die nicht existente irdische Integration kann sich auch darin zeigen, daß sie sich bei weitem nicht so bemühen, ihr Erdenleben in den Griff zu bekommen, wie sie das bei den anderen Stufen tun. Des weiteren kann sie sich darin äußern, daß sie ständig in Geldschwierigkeiten sind, nur Botengänge erledigen und daß ihnen im Dienst an der Seele und Monade die Beherrschung der Sexualität fehlt. Auch mangelhafte Hygiene, unpassende Kleidung, fehlende Häuslichkeit, Verhaftung aufgrund Dharma und die Unfähigkeit, den eigenen wahren Dienst bzw. das eigene Puzzle-Stück im göttlichen Plan zu finden sind ein Hinweis auf die fehlende Integration, genau so wie das Verweigern der Führungsposition, die sich als Potential zeigt und im göttlichen Plan verwirklicht werden sollte.

Ideal wäre, und das wißt Ihr natürlich auch, meine lieben Leser, den Himmel auf die Erde zu bringen. Die materielle Ebene ist einer der Himmel Gottes und wir sollten sie nicht so belassen, wie sie ist, sondern sie zu einem Spiegelbild der fünften oder einer höheren Realität machen. Viele Lichtarbeiter verwenden bei der Bearbeitung dieser drei klaren Aspekte Gottes einfach die falsche Methode. Wenn, zum Beispiel, Euer Problem mangelnde Selbstliebe ist, dann könnt Ihr von jetzt bis in die Ewigkeit chanten, und es wird Euch gar nichts bringen. Das Chanten ist eine wunderbare Methode und ein ausgezeichnetes Hilfsmittel, was den allgemeinen integrierten Aufstieg betrifft, um jedoch das Thema Selbstliebe in den Griff zu bekommen, müßt Ihr in den psychologischen Bereich gehen. Die Frage ist also: "Zahlt Ihr wirklich auf jeder dieser Stufen Eure Miete an Gott?" (Gemeint sind die himmlische, die psychologische und die physisch-irdische Stufe.) Integration und Balance ist der ideale Zustand. Viele Lichtarbeiter werfen die spirituelle und die psychologische Stufe auf einen Haufen und erkennen nicht, daß jede dieser Stufen ihren eigenen, unverkennbaren Grad der Meisterschaft verlangt. Daraus entsteht der nicht integrierte, oder in Extremfällen sogar der Teil-Aufstieg, wie ich ihn nenne.

Balance der vier Körper

Dieses christusgemäße archetypische Ideal ist dem vorherigen sehr ähnlich, allerdings noch spezifischer. Sind Eure spirituellen, emotionalen, ätherischen und physischen Körper wirklich im Gleichgewicht und entsprechend integriert? Für welchen der Körper wendet Ihr am meisten Arbeit auf? Habt Ihr den Eindruck, daß ein Körper wichtiger ist als die anderen? Wenn das so ist, liegt Ihr falsch. Die vier Körper sind sozusagen die vier Gesichter Gottes und damit alle gleich wichtig. Steht Ihr dazu, daß wirklich alle vier zu ihrem Recht kommen? Überlegt Euch einmal, wieviel Zeit Ihr pro Tag darauf verwendet, Euch auf jeden der Körper zu konzentrieren. Diese kleine Übung kann zu überraschenden Ergebnissen führen. Lichtarbeiter der höheren Stufen verblüffen mich immer wieder damit, daß sie die emotionale oder psychologische Stufe zu den niederen Stufen zählen, also als etwas betrachten, was sie schon lange hinter sich gebracht haben. Nichts liegt der Wahrheit ferner und ist ein ganz deutlicher Hinweis auf einen Teil-Aufstieg.

Liebe, Weisheit, Kraft

Ein weiteres in der Reihe dieser Ideale ist der Ausgleich von Liebe, Weisheit und Kraft in Eurem Leben. Eine ganz große Schwachstelle bei vielen Lichtarbeitern ist ihr Mangel an persönlicher Kraft. Haben sie sie jedoch, untersteht sie ganz sicher nicht Gottes Kraft und Willen. Sie besitzen ihre persönliche Kraft nicht wirklich, was bedeutet, daß sie auf andere Leute übergeht, oder daß ihr unlogisches Unterbewußtsein, der Emotionalkörper, die Begierden des niederen Selbst, das Innere Kind oder das negative Ego davon Besitz ergreifen. Die Kehrseite beim nicht integrierten Aufstieg ist, daß sie zwar Kraft besitzen, sie jedoch egoistisch, diktatorisch und aggressiv verwenden. Die einen Lichtarbeiter lieben vielleicht sich selbst und andere nicht bedingungslos, andere wiederum sind zu besitzergreifend und klammernd in ihrer Liebe. Diese Energien des ersten und zweiten Strahles müssen durch die Weisheit ausgeglichen werden. Einige von Euch haben zwar okkultes Wissen jedoch kein psychologisches. Andere wiederum besitzen Weisheit auf der intellektuellen Ebene, können sie jedoch nicht in ihrem täglichen Leben und im Umgang mit anderen Menschen umsetzen. Liebe Leser, ich bin überzeugt, daß Ihr alle über diese Themen informiert seid und auch wißt, daß ihre Integration und Balance konstante Achtsamkeit erfordert. Die psychologische Stufe muß dauernd beobachtet werden. Da unsere Gedanken die Realität erschaffen, kann uns "automatisches" Handeln, ganz gleich wie kurzfristig, komplett aus der Bahn werfen. Das Leben ist eine ununterbrochene Reihe von Anpassungen und Feineinstellungen auf das Geistige.

Integration der drei Bewußtseinsebenen

Das nächste Ideal ist von sehr großer Bedeutung. Daß es von so vielen Lichtarbeitern nicht verstanden wird, führt zu großer nicht integrierter Fragmentierung. Wir, als Bewußtsein, müssen ständig die Kontrolle über das Unterbewußtsein haben, weil es nicht logisch handelt. Dazu braucht man allerdings seine persönliche Kraft. Wenn Ihr Eure Kraft nicht wirklich in Euren eigenen Händen habt, dann laßt Ihr es zu, daß Euer Unterbewußtsein Euer Leben lenkt. Entgegen einer immer wieder geäußerten Meinung denken Euer Höheres Selbst, die Überseele, die Monade, die mächtige ICH BIN - Gegenwart und die Aufgestiegenen Meister und Engel überhaupt nicht daran, Euren Geist und/oder Eure Emotionen für Euch zu kontrollieren. Ihr könnt darum beten so lange Ihr wollt und es wird doch nicht geschehen. Jeder geistige Zustand hat innerhalb eines integrierten, aufgestiegenen Wesens seine Aufgabe. Das Unterbewußtsein hat phantastische Fähigkeiten, es braucht jedoch einen "Programmierer", nämlich das Bewußtsein.

So wie das Bewußtsein das Unterbewußtsein zum Gehorsam erzieht, muß es sich selbst dem Höheren Selbst, der Überseele und Monade unterordnen. Die Monade ist der Geisteszustand der vierten Stufe. Das Höhere Selbst oder die Überseele ist Euer Lehrer bis zur vierten Initiation. Von dort an erhaltet Ihr Eure Unterweisung von der Monade im Gegensatz zum Höheren Selbst oder der Überseele. Aus diesem Verständnis heraus kann man erkennen, warum die Integration der drei Bewußtseinsebenen so wichtig ist. Wird dies entsprechend ausgeführt, funktionieren die drei Zustände wie drei Ringe, die miteinander verbunden sind und wie einer funktionieren. Wenn der vierte Ring, der integrierte Aufstieg, dazukommt, habt Ihr die siebte Initiation erreicht.

Beim Durchführen des integrierten Aufstieges werden Affirmationen und/oder Visualisationen verwendet, um das Unterbewußtsein zu programmieren. Das Gebet ist eine Bitte, die an den überbewußten Bereich gerichtet ist. Wenn Euch das Überbewußtsein und die Aufgestiegenen Meister helfen sollen, müßt Ihr darum bitten. Dem Unterbewußtsein müßt Ihr, wenn auch liebevoll, Befehle erteilen, und es wird Euch gehorchen, so weit Eure persönliche Kraft reicht.

Lichtarbeiter erreichen sehr oft nicht die Integration, weil sie zur spirituellen Stufe beten und gleichzeitig vergessen, in ihrer persönlichen Kraft zu verbleiben und ihr Unterbewußtsein und das negative Ego im Auge zu behalten. Die zweite Situation, in der sich Lichtarbeiter im fragmentierten Aufstieg verheddern ist, daß sie so überzeugt davon sind, die meisten Bereiche ihres Lebens gemeistert zu haben. Dabei haben sie bestenfalls Meisterschaft auf der bewußten Ebene, das Unterbewußtsein entzieht sich jedoch ihrer Kontrolle. In anderen Worten ausgedrückt heißt das, das Bewußtsein tut das eine, das Unterbewußtsein jedoch das andere. Ich kann Euch gar nicht sagen, meine geliebten Leser, wie oft das passiert! Oft sind Lichtarbeiter enorm gut informiert, was das Spirituelle angeht, haben jedoch keine Ahnung davon, daß das Unterbewußtsein sie an der Nase herumführt. Dafür gibt es jede Menge Beispiele. Nehmen wir an, es ergibt sich eine negative Situation und der Lichtarbeiter sagt: "Ich ärgere mich nicht." Das mag auf der bewußten Ebene, zumindest in dem, wie er sich verhält schon stimmen. Im Unterbewußtsein jedoch ärgert er sich grün und blau. Ein ähnliches Beispiel für diese Ungereimtheit ist die Tatsache, daß jemand zwar auf der bewußten Ebene meint, er habe vergeben, im Unterbewußtsein jedoch weiterhin den Groll hegt. Oder wenn jemand davon überzeugt ist, sein negatives Ego bewältigt zu haben, und dabei schafft es eine chaotische Situation nach der anderen. Oder wenn jemand meint, er habe völlige psychologische Klarheit und damit das Ideal der Aufgestiegenen Meister erreicht, und dabei erfüllen dauernd negative Emotionen sein Bewußtsein und er merkt noch nicht einmal, daß er mit dem überbewußten Ideal nicht harmoniert. Oder wenn jemand glaubt, daß er nicht mehr von seinem Ego geleitet wird, und dabei, bei allem was er tut, größter Selbstüberschätzung unterliegt, und es nicht einmal bemerkt. Das wichtigste ist, daß Ihr ein "richtiges Verständnis der Realität" entwickelt, das richtige Verständnis für die Manifestationen Eures Unterbewußtseins. Ein richtiges Verständnis der Ideale, des Bewußtseins und ihrer Beziehung zum Ideal des vollen Spektrums des integrierten Aufstiegs. Letztlich müßt Ihr das richtige Verständnis für die Realität finden, also für das, was die Ideale der Seele und Monade ausmacht und dafür, wie die Ideale und Darstellungen des Bewußtseins deren Wünsche umsetzen. Das spirituelle Axiom "Erkenne Dich selbst" ist die Quintessenz dieser Lektion. Die meisten Lichtarbeiter interessieren sich mehr für die himmlischen Gefilde, die Aufgestiegenen Meister und esoterische Informationen. Das ist alles gut und recht, so lange sie dabei nicht ihre Schularbeiten auf der bewußten und der unterbewußten Stufe vergessen. Merkt Euch dies, meine geliebten Leser: "Jegliche spirituelle Arbeit der höheren Stufen verliert ihren Wert und wird vom negativen Ego zunichte gemacht, wenn die bewußte / unterbewußte Beziehung nicht klar und rein ist". Alles, was im Bereich des Unterbewußtseins geglaubt und programmiert wird, unterliegt dem Diktat der spirituellen Ideale des Bewußtseins. Alles, was im Bereich des Bewußtseins geglaubt und programmiert wird, unterliegt dem Diktat und den Idealen des Höheren Selbst und der Monade. So werden die drei Bewußtseinszustände richtig integriert. Um das Unterbewußtsein, den Emotionalkörper, den Mentalkörper, das niedere Selbst, das negative Ego, den Körper der Begierden und das Innere Kind wirklich unter Kontrolle zu bekommen, bedarf es sehr konzentrierter Arbeit an Eurem Selbst, sowie fortgesetzter Wachsamkeit und Arbeit auf allen zwölf Stufen der Initiation und darüber hinaus.

Was noch sehr oft bei Lichtarbeitern passiert, ist, daß sie wirklich hart arbeiten und, wenn sie endlich erfahren, daß sie ihren Aufstieg und die sieben Stufen der Initiation geschafft haben, ihnen dann der Kamm schwillt und sie stolz und eingebildet werden. Wie es schon in der Bibel heißt, kommt der Hochmut vor dem Fall. Ich kann Euch gar nicht sagen, wie oft ich das bei weit fortgeschrittenen Lichtarbeitern schon erlebt habe. Sie denken: "Jetzt bin ich aufgestiegen, jetzt bin ein Meister." In Wahrheit sind sie ein Meister auf einer spirituellen Stufe, bedingt durch ihren Lichtquotienten, aber das ist auch schon alles. Ihr seid erst dann ein wahrer Meister, wenn Ihr Eure Meisterschaft jederzeit und fortgesetzt demonstriert. In gewisser Beziehung ist es viel schwieriger, die Meisterschaft auf den hohen Initiationsstufen beizubehalten, denn je höher man steigt, desto mehr Führungsaufgaben und Verantwortung bekommt man zugeteilt, und das bedeutet sehr viel mehr Lernen.

Der Vorgang wird aber auch einfacher, und zwar insofern, daß die Lektionen, die man sich erarbeitet hat dazu führen, daß Unterbewußtsein und Bewußtsein integriert miteinander arbeiten. Trotzdem muß man aber wachsam bleiben und darf nichts automatisch ablaufen lassen. Es ist jedoch so, daß die Meister in immer größerem Ausmaß zur Verfügung stehen und bereit sind zu helfen, je weiter man auf diesem Wege vorangekommen ist. Was das Manifestieren betrifft, so haben die meisten Lichtarbeiter damit ihre Schwierigkeiten, weil sie einfach nicht die Kraft ihrer drei Bewußtseinsebenen unter Kontrolle haben. Sie führen das nicht integrierte Manifestieren durch, wie ich es nenne. Das Manifestieren muß immer aus allen drei Bewußtseinsebenen zugleich geschehen. Persönliche Kraft und entsprechende Handlung manifestiert sich aus dem Bewußtsein, während das Gebet sich auf der überbewußten oder spirituellen Ebene darstellt. Affirmationen, Visualisierungen und positives Denken, welche das Unterbewußtsein dazu programmieren, magnetische und anziehende Strahlung abzugeben, manifestieren sich auf der unbewußten Ebene. Die meisten Lichtarbeiter geben sich bloß mit einer Art der Manifestation ab und sind deshalb bei weitem nicht so leistungsfähig, wie sie das eigentlich sein könnten. Man muß verstehen, daß jede dieser Bewußtseinsebenen ein Aspekt Gottes ist und eingesetzt werden muß. Persönliche Kraft ohne Gebet und ohne persönliche Ausstrahlung ist nicht wirkungsvoll. Gebet ohne entsprechende unterbewußte Ausstrahlung macht den Gebetsvorgang zunichte, indem es Konfliktenergie zuläßt. Gebet und unterbewußte Ausstrahlung ohne persönliche Kraft und entsprechende Handlung, führen dazu, daß man sich viele Gelegenheiten entgehen läßt.

Seht Ihr, wie wesentlich es ist, alle drei Bewußtseinsebenen entsprechend zu integrieren? Viele Lichtarbeiter wissen nicht, wie die drei Bewußtseinsebenen miteinander kooperieren, was wiederum der Grund dafür ist, daß so viele den nicht integrierten Aufstieg vollziehen. Das soll keine Kritik sein - der eigentliche Grund dafür liegt nämlich darin, daß diese Prinzipien von keiner Kirche, keiner Schule und auch nicht von spirituellen oder psychologischen Ratgebern gelehrt werden. Sie sind an sich recht einfach, wenn sie richtig erklärt werden, jedoch andererseits auch recht schwierig. Um das eigene Selbst tatsächlich in den Griff zu bekommen, bedarf es eines sehr großen Verständnisses. Wie soll man denn diesbezüglich etwas lernen, wenn man in diese Welt geschickt wird und niemanden hat, der einen berät oder als spiritueller Lehrer fungiert?

Es ist Eure Aufgabe, dies für jene in die Welt hinauszutragen, die diese Dinge verstehen und darüber lesen. Ich habe eine der herkömmlichen Schulen besucht und habe nie über diese Art der Psychologie gehört. Um ganz ehrlich zu sein, habe ich sie mir auf meiner Reise selbst erarbeitet, und zwar als ich versuchte, mich selbst zu heilen und meinen Klienten und Schülern zu helfen. Teilinformationen und Hilfe habe ich auch über Bücher und Workshops erfahren, habe jedoch niemanden gefunden, der alles in einer leicht verständlichen, praktischen Art und Weise zusammengefaßt hat. Das, geliebte Leser, ist nun meine bescheidene Aufgabe und ich wünsche und hoffe von Herzen, daß Ihr diese kompakte Art der Darstellung als nützlich empfindet.

Das, was uns Bücher, Vorträge, Seminare, Priester, Berufsausbildung, spirituelle Lehrer, Berater, Psychologen, Sozialarbeiter, Familienberater und Hypnotherapeuten lehren können, ist sicherlich von großer Bedeutung, enthält jedoch nur einen Teil der Wahrheit und vermittelt dadurch Halbwahrheiten oder nur Anteile der Wahrheit. Wir müssen uns dann bemühen, über andere Bücher oder Berater weitere Teile der Wahrheit zu finden. Wir alle waren damit schon in der Situation, das Rad neu zu erfinden. Alle diese verschiedenen Lehren sind ausgezeichnet, sie sind jedoch nicht voll integriert und umfassen nicht das gesamte Prisma, das für den integrierten Aufstieg nötig ist. Menschen folgen leider sehr oft Wegen, die sie im Endeffekt nicht dorthin bringen, wo sie eigentlich hinkommen sollten. Nochmals, das ist keine Kritik, nur eine Beobachtung, eine Einsicht; es ist daher notwendig, daß Ihr Euch den Plan, bzw. das Ideal, dem Ihr folgt, nochmals genauer anseht. Das ist der Grund warum ich, ebenso wie viele andere, den Weg der Synthese gewählt habe. Das heißt, ich nehme mir aus allen Lehren das Beste heraus und schaffe daraus meine eigene Philosophie, wenn man so will.

Zusammenfassend möchte ich nochmals darauf hinweisen, wie wichtig es ist, das Unterbewußtsein zu kontrollieren seinen Inhalt genau zu überprüfen, um sicherzugehen, daß es mit den Idealen Eures Bewußtseins übereinstimmt. Achtet auch darauf, daß keine Heuchelei und Ungereimtheit zwischen diesen beiden Bewußtseinsebenen existiert und daß sie beide mit den Idealen des Höheren Selbst und der mächtigen ICH BIN - Gegenwart konform gehen. Das ist die Psychologie der Zukunft und man könnte sie, durchaus passend, als Seelenpsychologie, spirituelle Psychologie, transpersonale Psychologie und/oder Psychologie der

Aufgestiegenen Meister bezeichnen. Was ich in diesem letzten Abschnitt versuche ist, Euch klarzumachen, daß Ihr einem Plan, einer Philosophie oder einem Paradigma folgen müßt, das in vollem Umfang das enthält, was den integrierten Aufstieg ausmacht, denn wie könntet Ihr sonst dieses Ideal integrieren? Alle diese verschiedenen Lehren und Wege können ausgesprochen hilfreich sein, solange man sein Ziel vor Augen behält und sich nicht in Teil- oder Halbwahrheiten verfängt. Das passiert leider sehr oft, wenn sich Leute auf einen bestimmten Weg, eine bestimmte Lehre festlegen und dann glauben, daß dies das allein Seligmachende sei. Dabei ist es bloß eine - vielleicht sogar mehrere - der Facetten eines Kristalls. Der Idealfall ist, wenn man gleichzeitig durch alle Facetten sehen kann, was dem Gottes- und dem Mahatma-Bewußtsein entsprechen würde. Das ist der Grund, warum es so wichtig ist, auf dem Weg zum Aufstieg wählerisch zu sein; und es ist auch der Grund, warum ich mich bemüht habe, diese leicht zu lesende Enzyklopädie des spirituellen Pfades zu schreiben.

Für einige Lichtarbeiter stimmt es, wenn sie nur einem Weg folgen, wie z.B. dem der Self Realization Fellowship von Paramahansa Yogananda oder dem des Siddha Yoga von Swami Muktananda. Das muß jeder für sich selbst entscheiden. Ich habe den Weg der Synthese gewählt und betrachte die Integration und Synthese aller Wege als den einen Weg. Ich habe mich mit allen Arten der traditionellen Psychologie und der spirituellen Psychologie auseinandergesetzt, ich habe mir aus jeder der beiden das Beste herausgenommen und es mit den Lehren, die ich im Laufe der Zeit entwickelt und medial empfangen habe verbunden. Ich hoffe, geliebte Leser, daß die kurze Betrachtung dieses so wichtigen Themas für Euch von Nutzen war.

Wie man das Innere Kind erzieht

Was bei Lichtarbeitern am häufigsten zum nicht-integrierten Aufstieg führt ist, daß sie zu ihrem Inneren Kind keine richtige Beziehung haben und es auch nicht richtig erziehen. Auch haben Lichtarbeiter sehr oft ein weitaus größeres Interesse an den himmlischen Gefilden und den Aufgestiegenen Meistern und erkennen daher nicht, wie stark das Innere Kind in der psychologischen Realität jedes Menschen eigentlich vertreten ist. Die häufigste Form der Nicht-Integration äußert sich darin, daß man das Innere Kind vollständig vernachlässigt und ihm im Bereich des Bewußtseins keine psychische Realität einräumt. Das führt dazu, daß der Mensch entweder nur vom Inneren Kind geleitet wird, oder daß er das Innere Kind so unterdrückt, daß es sich in einem ständigen Zustand der Depression, des Unerfüllt-Seins und der Freudlosigkeit befindet. Die Lichtarbeiter übersehen sehr oft, daß es ja auch innere Eltern gibt, die ihrerseits ausgebildet und erzogen werden müssen. Im Falle des nicht integrierten oder fragmentierten Aufstiegs sind die inneren Eltern entweder zu kritisch oder zu nachgiebig, oder beides. Daraus entsteht dann ein Inneres Kind, das weder Selbstwertgefühl noch Selbstliebe besitzt, und das in bezug auf die Begierden des niederen Selbst verwöhnt und verweichlicht ist. Ich habe in bezug auf verschiedene Medien eine interessante Beobachtung gemacht: sie zeigen zwar große Meisterschaft, wenn sie ihrem Beruf nachgehen oder vor Leuten arbeiten, lassen sich jedoch, kaum daß sie ihr Privatleben aufnehmen, wieder vollständig vom Inneren Kind leiten. Das bedeutet, daß zwar das spirituelle Selbst und die unterbewußten psychischen Sinne entwickelt sind, das Bewußtsein jedoch nicht, was dazu führt, daß das innere Kind die Kontrolle über das Privatleben übernimmt. Das ist ein Verhaltensmuster, auf welches Medien besonders achten müssen. Das Bewußtsein steht dem Prinzip der Erziehung sehr nahe.

Es ist für alle Lichtarbeiter sehr wichtig, die Eltern entsprechend zu programmieren und das Innere Kind wertzuschätzen und zu integrieren. Das Innere Kind hat den selben Stellenwert wie das Höhere Selbst. In den Lehren Hawaiis nennt man das Höhere Selbst "Aumakua", was "der/die äußerst vertrauenswürdige Vater / Mutter" bedeutet. Wir, als Bewußtsein, müssen daher unseren inneren Vater / die innere Mutter dazu ausbilden, das äußerst vertrauenswürdige Eltern-Selbst für unser Inneres Kind zu sein. Es spielt keine Rolle, wie alt an Jahren Ihr seid, Ihr habt immer ein Inneres Kind. Die beste Art, dieses Kind zu erziehen, ist mit Liebe und Konsequenz. Wenn die Beziehung zwischen dem Höheren Selbst, dem Bewußtsein und dem Inneren Kind nicht übereinstimmt, sind die Grundmauern des psychologischen Hauses aus dem Lot. Das ist etwas, was alle Lichtarbeiter erkennen müssen, denn es verzerrt oder zerstört sogar jede mediale und hellsichtige Arbeit, wenn es nicht korrigiert wird.

Die sieben Strahlen

Dieses Thema ist bereits in einem früheren Kapitel angesprochen worden, es muß jedoch gesagt werden, daß es trotzdem wesentlich ist, alle Strahlen zu integrieren und zu einer Synthese zu bringen, auch wenn Eure Seele und Monade sich auf einem ganz bestimmten Strahl befinden. Das entspricht der Synthese und Integration der Prinzipien von Macht, Liebe, Weisheit, aktiver Intelligenz, Harmonie, konkreter Wissenschaft, Hingabe, der Hierarchie und der Magie. Die Gefahr beim nicht-integrierten Aufstieg ist, daß man alle diese Energien auf ein einziges dieser Prinzipien ausrichtet und damit als Mensch nicht abgerundet und integriert wird. Es ist wesentlich, daß ich meine aktive Intelligenz, meine Hingabe, meine Harmonie etc. entwickle. Der zweite Strahl hat mit der spirituellen Erziehung zu tun. Würde ich mich ausschließlich auf diesen Strahl konzentrieren, ginge mir die Beschäftigung mit den Künsten, die sich auf dem vierten Strahl befinden, verloren. Und ich würde mich nie mit den wirtschaftlichen Aspekten des Lebens auf dem dritten Strahl und auch nicht mit dem religiösen Aspekt, der sich auf dem sechsten Strahl befindet, auseinandersetzen. Die Wissenschaft des New Age auf dem fünften Strahl wäre für mich genau so unerreichbar, wie der geschäftliche Aspekt des siebten Strahles. Und doch sind das alles Aspekte meiner selbst, und ich liebe, ehre und respektiere sie und wende in meinem Inneren und im Bereich meines Dienstes sehr viel Energie für sie auf.

Das gleiche läßt sich über die Astrologie sagen. Die Tatsache, daß man Schütze oder Widder ist sollte einen nicht dazu bringen, sich im eigenen Horoskop zu verheddern. Verwendet diese Information so, wie Ihr Eure Strahlen-Struktur verwenden würdet, aber entwickelt Euch in allen Häusern, Planeten und Aspekten weiter. Dasselbe gilt für die Numerologie und auch für jedes andere System, das Ihr verwendet. Wie jeder weiß, ist kein Strahl, kein Zeichen und auch keine Zahl besser als die anderen. Gott ist in allen von ihnen. Um wirklich Gottes-bewußt zu werden, müßt Ihr alle Aspekte des Selbst entwickeln und dennoch die Einzigartigkeit respektieren, mit der uns Gott geschaffen hat.

Der nicht-integrierte Aufstieg und die Chakren

Der nicht-integrierte Aufstieg kann sich auch durch eine Über- bzw. Unteridentifikation mit einem oder mehreren Chakren äußern. Ideal wäre natürlich, wenn die sieben Hauptchakren und alle höheren Chakren mit den Chakren der dritten Dimension ausgeglichen und integriert wären. Aufgrund ihrer einzigartigen Strahlenstruktur, der astrologischen Konfiguration, des Puzzle-Stückes und der eigenen Mission, ist es jedoch durchaus verständlich und auch in Ordnung, wenn Lichtarbeiter in manchen Chakren stärker sind als in anderen. Doch ist trotz allem Ausgleichung und Integration als das Ideal anzusehen. Etwas, das wegen einer bestimmten psychologischen Programmierung in den Chakren immer wieder passiert ist, daß eine Identifikation mit speziellen Chakren stattfindet. So kann zum Beispiel ein Mensch sehr stark auf das Überleben und die materiellen Belange ausgerichtet sein. Ein anderer Lichtarbeiter ist zu einem bestimmten Zeitpunkt in seinem Leben mehr an Sexualität interessiert, ein anderer wiederum beschäftigt sich mehr mit seinem Emotionalkörper. Wenn wir uns zu den oberen Chakren bewegen, dann wird vielleicht für andere bedingungslose Liebe zum Thema, oder Kommunikation und Ausdruck. Andere wiederum sind mehr mit dem sechsten Chakra befaßt, das mit innerer Vision, Konzentration und der Ausrichtung auf Gott zu tun hat. Letztlich gibt es solche, die auf ein transzendiertes Gottes-Bewußtsein in seiner vollen Manifestation ausgerichtet sind.

Ideal wäre es, alle diese Aspekte in sich auszugleichen; gleicherweise wäre es hilfreich, diese Aspekte in sich zu beobachten und zu sehen, wie der völlig integrierte Aufstieg Gottes in Euch stattfindet. Ist das noch nicht der Fall, soll dies keine Kritik sein. Alles, was Ihr braucht, ist eine Veränderung Eurer Haltung, damit in dem Bereich des Chakras mit einer Unterfunktion mehr Energie und Konzentration entstehen kann. Gleichzeitig kann es nötig sein, einer Qualität oder einem Chakra, das überaktiv oder zu stark ist, die Konzentration des Bewußtseins kurzfristig zu entziehen. All dies hat mit der Bewahrung von Energie und ihrer entsprechenden Anwendung in der integriertesten und wirkungsvollsten Art und Weise zu tun. Ein Mißverständnis, das bei Lichtarbeitern immer wieder auftaucht ist, daß sie sich mitunter für Lehren interessieren, die zu sehr auf den himmlischen Bereich ausgerichtet sind, was sich in den unteren Chakren als fehlende oder schwache Energie äußert. Manche

Lehren fördern sogar die Schwächung der drei unteren Chakren. Dies ist allerdings nicht richtig, da alle Chakren in der göttlichen Manifestation ihre Aufgabe und ihren Platz haben. Im Idealzustand sind alle sieben Chakren integriert und ausgeglichen. In einem integriert aufgestiegenen Wesen unterstehen sie jedoch dem Willen der Monade und mächtigen ICH BIN - Gegenwart und nicht dem niederen Selbst, dem negativen Ego, dem Astralelement und/oder dem Inneren Kind. Auch arbeiten die sieben Chakren in völliger Übereinstimmung, wenn man aufgestiegen ist, und sie sehen für den Hellsichtigen aus wie ein Strom von Lichtenergie. Alle Formen des nicht integrierten Aufstieges, die in diesem Kapitel beschrieben worden sind, sind zu sehen, wenn man die Chakren hellsichtig oder auch nur intuitiv betrachtet.

Einer der häufigsten Gründe für die fehlende Integration innerhalb der Chakren, hat mit der Psychologie und der Philosophie des Menschen auf der bewußten und unterbewußten Ebene zu tun. Ist der Mentalkörper nicht mit der Philosophie und der Psychologie der Überseele und Monade im Einklang, zeigt sich dies in den Chakren als teilweise Unausgeglichenheit. Das gleiche gilt für den Emotionalkörper. Ist er nicht völlig der Überseele und Monade unterstellt, so zeigt sich dies in den Chakren. Wir alle wissen, daß unsere Gedanken Schöpfer unserer Realität und unseres Glaubenssystems sind. Jeder Gedanke, der dem negativen Ego entstammt, führt zu entsprechend negativen Emotionen, die sich wiederum als leichte Unausgeglichenheit der Chakren äußern. Man kann nicht oft genug betonen, wie wichtig es ist, daß Euer Mentalkörper, wenn möglich jeden Augenblick Eures Lebens, mit dem Ursprung verbunden ist. Viele östliche Weisheitslehren sagen, daß die Gedanken negativ sind und man sie daher loswerden sollte. Das entspricht jedoch überhaupt nicht der Wahrheit. Alle Aspekte des Selbst (die Intuition, das Denken, das Fühlen und die fünf Sinne) müssen anerkannt und integriert werden. Carl Jung, der berühmte Schweizer Psychologe, hat gelehrt, daß viele Menschen sich mit einem oder mehreren dieser Aspekte identifizieren, die anderen jedoch vernachlässigen. Und er hat damit recht. Auch das zeigt sich in den Chakren. Was man auch hier tun muß ist, sich immer wieder zu kontrollieren, wie weit man die allgemeine Ausgeglichenheit erreicht hat. Manchmal ist es durchaus angebracht, sich auf ein Chakra, auf eine Qualität zu konzentrieren. Dann muß man jedoch einen Schritt zurücktreten und das ganze Spektrum betrachten, bevor man sich wieder einem einzelnen Zentrierungspunkt zuwendet. Manche Lichtarbeiter konzentrieren sich zu stark und sehen dann den Wald vor lauter Bäumen nicht mehr, andere wiederum sind in ihrer Konzentration zu weit gestreut und können daher, sozusagen, die Bäume vor lauter Wald nicht mehr erkennen, das heißt, sie sind nicht imstande, ihre Energien auf ihre spirituelle Aufgabe auszurichten. Man darf die Notwendigkeit, das eigene Bewußtsein zu überwachen und damit diesen Kontrollvorgang, nicht unterschätzen. Seine Heiligkeit, Lord Sai Baba, hat dies "Selbstbefragung" genannt. Wie Meister Jesus im Buch *Ein Kurs in Wundern* ausdrückt: "Es gibt keine neutralen Gedanken." Deshalb muß uns allen klar werden, daß Gedanken entweder aus dem Christusbewußtsein oder aus dem Bewußtsein des negativen Egos stammen und daß daher Wachsamkeit und kontinuierliche Selbstbefragung unumgänglich notwendig sind. Das kleinste Fehlverhalten, sei es im Gedankengang oder durch automatisches Verhalten, zeigt sich in den Chakren.

Es ist gleicherweise notwendig, daß man alle Bücher und Lehren, nach denen man sein Leben ausrichtet, durch das volle Spektrum des Bewußtseins betrachtet. Ich meine das nicht als Kritik, es ist jedoch so, daß die meisten nicht diesem Anspruch genügen. Die verschiedenen Formen der Psychologie beziehen sich jeweils auf einen anderen Teilbereich der Wahrheit und damit auf ein anderes Chakra bzw. Chakren. Das gleiche gilt für spirituelle Lehren. Wenn Ihr z.B. meinem Lieblingsbuch *Ein Kurs in Wundern* Wort für Wort folgt, dann seid Ihr viel zu sehr in den himmlischen Bereichen und sprecht nur mehr Eure höheren Chakren an, wobei die niederen vollständig vernachlässigt werden. Dieses Buch wurde zu einem ganz bestimmten Zweck so geschrieben. Nicht alle Bücher sollen eine Synthese darstellen, und das ist auch richtig so. Aus diesem Grunde sollte dieses Buch eher integriert werden, als daß man sich zu stark damit identifiziert. Es ist wie das Licht am Ende des Tunnels - um jedoch dorthin zu gelangen, bedarf es eines integrierteren Vorgehens.

Das Problem mancher Lichtarbeiter ist, daß sie sich mit einem bestimmten Buch oder einem bestimmten Lehrer auseinandersetzen, der ihnen hilft, spezielle Chakren oder benötigte Aspekte zu entwickeln ohne daß dabei jedoch das Gesamtspektrum des integrierten Aufstiegs mit einbezogen wird. Das wird in dem Moment zu einem Problem, wenn der Lichtarbeiter, sei es aufgrund des Einflusses seines negativen Egos oder seiner Unerfahrenheit, meint, daß dieser Teilaspekt und/oder diese Teilwahrheit das einzig Wahre sei und es als solches voller Begeisterung vermittelt. In den Chakren zeigt sich das sofort als eine Über- oder Unterfunktion in dem einen oder anderen Chakra. Viele der östlichen Lehren konzentrieren sich viel mehr auf die spirituelle als auf die psychologische Stufe. Manchmal lehnen sie die soziale Stufe oder die Sexualität vollständig ab. Lichtarbeiter müssen in diesem Zusammenhang sehr genau unterscheiden lernen. Es gibt auf unserem Planeten nur ganz wenige spirituelle oder psychologische Lehren, die gleichzeitig das volle Spektrum einbeziehen. Auch hier kritisiere ich nicht, sondern mache nur darauf aufmerksam. Wenn Ihr das versteht, wird Euch klar, daß die psychologischen und spirituellen Lehren Hilfsmittel und Aspekte des Selbst darstellen, die zu integrieren sind, und zwar die einen mehr und die anderen weniger. Die einzige Gefahr besteht darin, daß man Bücher, Lehren, spirituelle Lehrer, Berater und Psychologen als das allein Seligmachende betrachtet und übersieht, daß das einfach nicht stimmt.

Oft werdet Ihr auf intuitive Weise zu einem Teil der Wahrheit geführt, den Ihr gerade braucht, um ein Ungleichgewicht in Eurem Gesamtprogramm zu korrigieren. Das ist wunderbar - wenn Ihr Euch jedoch zu lange damit beschäftigt, führt das wiederum zu einem Ungleichgewicht in der anderen Richtung. Nehmen wir zum Beispiel einen Mann, der sehr intellektuell und von seinen Emotionen abgeschnitten ist und der sich auf einmal mit Humanpsychologie und Erfahrungsgruppen beschäftigt, was wahrscheinlich für ihn sehr gut ist. Nach zwei Jahren intensiver Arbeit ist er emotionell sehr offen und es besteht damit die Gefahr, daß er sich zu sehr mit seinem Emotionalkörper identifiziert. Jetzt ist vielleicht eine eher spirituelle Annäherung gefragt. Nimmt der Mensch jedoch an, daß er die Wahrheit schlechthin gefunden hat, so wird er in seinem dritten Chakra hängenbleiben. Bei jemandem, der sich mit Freud´scher Psychologie beschäftigt, ist es das zweite, bei jemandem, der sich mit der Psychologie von Carl Rogers, dem Humanpsychologen, auseinandersetzt, ist es das Herzchakra. Folgt der Mensch dem Pfad des Yoga, wie er vielerorts gelehrt wird, dann wird er versuchen, die Sexualität aus seinem Leben zu verbannen und sein zweites Chakra wird ziemlich energielos sein. Dazu werden noch Schuldgefühle auftauchen, wenn sein Weg des Zölibats nicht aus einem klaren Raum heraus entschieden wurde.

Meine geliebten Leser, es ist sehr interessant, die verschiedenen Formen der Psychologie und der Spiritualität zu studieren um zu sehen, wie viel sie vom vollen Spektrum, der Philosophie und der Ausgleichung des

Chakrensystems enthalten. Betrachtet man sie durch das Prisma des vollen Spektrums, so zeigt die Verbindung von Philosophie und spiritueller Lehre alle Facetten des Prismas der Wahrheit. In meiner Enzyklopädie habe ich versucht, allen diesen Facetten gerecht zu werden und sie mit der Wahrheit, so wie sie mir vermittelt wurde und ich sie unter Berücksichtigung des Aufstieges und der Lehren der Aufgestiegenen Meister verstehe, welche der Hintergrund aller meiner Bücher sind, zu verbinden. Jeder Aspekt entspricht den Kapiteln in einem meiner sechzehn Bücher, und ist ein Versuch mehr Licht und Verständnis in den Prozeß der Gottes-Erkenntnis zu bringen, die wir alle auf verschiedenen Ebenen der Initiation und Integration zu erreichen suchen.

Die fehlende Integration und die zwölf Archetypen

Eine weitere interessante Möglichkeit den integrierten Aufstieg zu erlangen, liegt in der Integration der großen Archetypen. Der nicht-integrierte Aufstieg äußert sich oft darin, daß sich Lichtarbeiter zu stark mit einem Archetypus identifizieren und den anderen zu wenig Beachtung schenken. Da auch dieses Thema bereits in anderen Büchern ausführlich behandelt wurde, möchte ich mich hier kurz fassen. Als Erinnerung an alle, die einige meiner Bücher noch nicht kennen, sei nachfolgendes wiederholt. Die zwölf hauptsächlichen Archetypen sind: der Zerstörer, der Narr, der Unschuldige, der Magier, der Märtyrer, der Patriarch, der Herrscher, der Verführer, der Suchende, der Diener, der Krieger und der Weise. Um den integrierten Aufstieg wirklich zur Gänze durchzuführen, müssen alle Archetypen, ebenso wie die zwölf Tierkreiszeichen und die zwölf Strahlen integriert sein. Ihr könnt in einigen Eurer früheren Leben den einen oder anderen dieser Archetypen ausgelebt haben, was auch gut und richtig ist. Ich bin überzeugt, geliebte Leser, daß für alle von Euch dieses Leben das letzte auf dieser Erde sein wird. Da ich davon überzeugt bin, daß Ihr in dieser Lebenszeit die Befreiung erlangen werdet, ist es wesentlich, daß Ihr alle Archetypen integriert. Wer mehr über dieses Thema wissen möchte, soll sich mit den Büchern *Das komplette Aufstiegshandbuch* und *Wie man sich vom negativen Ego befreit* auseinandersetzen.

Fehlende Integration und Christus-Denken im Gegensatz zum Denken des negativen Egos

Meine Beschreibung der Situation, in der sich der nicht-integrierte Aufstieg am stärksten bemerkbar macht, kommt zuletzt. Das A und O bei der spirituellen Arbeit ist, ob man sein Leben von der Warte des Christusbewußtseins oder vom negativen Ego aus betrachtet. Es gibt keine andere Wahl. Es gibt nur diese beiden Lebensphilosophien, und jeder Mensch auf Erden lebt entweder die eine oder die andere oder eine Mischung aus den beiden. Jeder Gedanke, den Ihr denkt, entspricht dem, was entweder das negative Ego oder das Christusbewußtsein in Euch zu Euch spricht. Wie Meister Jesus es im Buch Ein *Kurs in Wundern* ausdrückt: "Verweigert jedem Gedanken, der nicht von Gott kommt, Zugang zu Eurem Geist." Seine Heiligkeit, Lord Sai Baba nennt das "den Vorgang der Selbstbefragung" und meint, daß er 75% des spirituellen Weges ausmache.

Geliebte Leser, es ist verblüffend, wie wenig dies in den Bereichen Psychologie, Spiritualität, Religion und im Leben selbst bekannt ist. Meine Freunde, es ist Eure Aufgabe, dieses Wissen in Euch zu üben, es nach bestem Gewissen jeden Augenblick Eures Daseins zu leben und es anderen zu vermitteln, wann immer sich die passende Gelegenheit dafür bietet. Das ist es, was die Welt am dringendsten benötigt. Wenn das negative Ego eindringen kann, führt dies zu negativen Emotionen, negativer Selbstsucht, Trennung und Isolation. Es wird Euer Programm auf jeder Stufe aus dem Gleichgewicht bringen, und alles, was Ihr sagt und tut wird davon beeinflußt sein, so wie Eure Einschätzung von Situationen davon beeinflußt wird. Und es wird Eure medialen Durchgaben, Eure medialen Fähigkeiten, Eure Intuition, Hellsichtigkeit und Hellhörigkeit vergiften, so wie es Eure Beziehungen und geschäftlichen Unternehmungen unterwandert. Der einzige Weg, um inneren Frieden, Glück und Freude zu erlangen ist, das negative Ego zu vertreiben und es durch Gedanken des Christusbewußtseins zu ersetzen.

Die Beziehung zu Euch selbst ist Eure wichtigste Beziehung überhaupt. Seid Ihr mit Euch selbst nicht im Reinen, wird sich das in jeder Eurer Beziehungen und Lebenssituationen widerspiegeln - auch in Eurer Beziehung zu Gott! Es kann nicht oft genug betont werden, wie unendlich wichtig es ist, in bezug auf das Bewußtsein wachsam zu sein, von innen wie von außen, vierundzwanzig Stunden am Tag. Das kann am Anfang für Lichtarbeiter recht schwierig sein, mit der Zeit jedoch nimmt das Unterbewußtsein die Neuprogrammierung an und man lernt, nicht mehr automatisch zu reagieren. Man bleibt statt dessen im Bereich der eigenen Kraft und Einstimmung auf die Überseele, Monade, die Aufgestiegenen Meister und Gott und überläßt diese Kraft nicht mehr dem Unterbewußtsein, dem Emotionalkörper, dem Inneren Kind, dem niederen Selbst, den Begierden und körperlichen Wünschen und dem Mentalkörper. Bei einigen dieser Aspekte ist es wichtig, daß sie holistisch und synergetisch integriert werden, ausgenommen natürlich die des negativen Egos. Das Bewußtsein bleibt aber sozusagen immer Kapitän des Schiffes und untersteht der Überseele, der Monade, den Aufgestiegenen Meistern der Inneren Ebenen und Gott.

Wenn Ihr das negative Ego fernhalten und statt dessen das Christus-Denken in Eurem Geist verankern könnt, stellt sich die Gabe des Königs Midas ein, das heißt, daß alles, was Ihr in Eurem Leben in die Hand nehmt, zu Gold bzw. zu Erfolg wird. Ich bezeichne das als "den richtigen Kopf zwischen den Schultern haben". Da die Gedanken die Realität schaffen, ist leicht zu verstehen, wie wichtig das ist. Wenn das negative Ego das Steuer in den Händen hält, werden Ruhm und Geld zu Eurem Idol, Eurem falschen Gott. Unterschätzt niemals die Verführungskünste des negativen Egos. Was die Qualität seiner Täuschungsmanöver und Verschleierungstaktiken angeht, ist es ebenso brillant wie das Christusbewußtsein. Ihr müßt laufend Eure wahre Motivation überprüfen, um herauszufinden, wer bei Euch wirklich das Sagen hat. Die Initiationsstufe hat überhaupt nichts zu sagen was die Gefahr angeht, vom negativen Ego überrannt zu werden. Ihr müßt jeden Aspekt, jeden Winkel Eures bewußten und unterbewußten Denkens überprüfen, um das negative Ego von Eurem Wesen fernzuhalten. Daß Ihr zu einem bestimmten Zeitpunkt in Eurem Leben die Kontrolle hattet, bedeutet noch lange nicht, daß Ihr sie zu einem späteren Zeitpunkt nicht wieder verliert. Zu 90% fällt es Euch nicht einmal bewußt auf, wenn das negative Ego die Lenkung übernimmt. Meiner Meinung nach ist die Kontrolle des negativen Egos, die einzig wirklich wichtige Lektion auf dem spirituellen Pfad, und gleichzeitig die schwierigste.

Wenn Ihr Führungspositionen erreicht, werdet Ihr feststellen, daß Ruhm, Geld und Macht Eure größten Prüfungen sind. Das ist der Moment, in dem die meisten spirituellen Führungskräfte und Lichtarbeiter versagen. Sie sind demütig und bescheiden auf dem Wege zu ihrem Ziel - aber laßt sie es erreichen! Vergeßt niemals, daß es in der Bibel heißt: "Hochmut kommt vor dem Fall." Das negative Ego ist heimtückisch in seiner Vorgehensweise, daher müssen die Lichtarbeiter große Vorsicht walten lassen, bei sich selbst und bei anderen. Daß jemand ein großer spiritueller Lehrer, ein Medium, ein Hellsichtiger oder Heiler ist, bedeutet noch lange nicht, daß er sein negatives Ego unter Kontrolle hat. Es muß leider gesagt werden, daß speziell bei solchen Menschen sich das negative Ego am stärksten und verheerendsten bemerkbar macht. Die meiste Zeit wissen sie nicht einmal, daß dies der Fall ist. Würde man sie fragen, ob sie Ihr negatives Ego im Griff haben, würden sie dies alle bejahen.

Die größte Errungenschaft im Zusammenhang mit dem integrierten Aufstieg, ist meiner Meinung nach das Erreichen des Zustandes der völligen Egolosigkeit, was bedeutet, daß man bei allem, was man tut, seine persönliche Kraft einsetzt und gleichzeitig als voll integrierter Meister auf Erden, im Dienste Gottes und der Aufgestiegenen Meister der Inneren Ebenen arbeitet. Motivation ist der Schlüssel für dieses Unternehmen. Überprüft die Motivation hinter allem, was Ihr denkt, sagt und tut, damit Ihr seht, ob Selbstmotivation und Selbstinteresse hinter Eurem Handeln steht. Dazu muß man schonungslos ehrlich mit sich selbst sein. Hat man diesen Zustand in einem sehr hohen Maße erreicht, bezeichne ich dies als das Leben im Zustand der Reinheit. Es gibt auf diesem Planeten nur sehr wenige Menschen, die diesbezüglich wirklich rein sind. Versucht, zu ihnen zu gehören!

Es gibt ständig spirituelle Prüfungen, und jeder Gedanke, den Ihr denkt, ist genaugenommen solch eine Prüfung, ebenso wie Eure Reaktion auf bestimmte Situationen. Vergeßt nur nie, daß Ihr Euch in jedem Moment Eures Lebens zwischen Gott und dem negativen Ego entscheiden müßt. Wenn Ihr Euch für das negative Ego entscheidet, heißt das nicht, daß Ihr Euch tatsächlich von Gott oder von Euren Brüdern und Schwestern abwendet, Ihr schafft Euch jedoch diese Realität im Bereich Eurer Gottes-Erkenntnis. Das negative Ego wird Euch weismachen, daß es für Euch nur von Vorteil ist, wenn Ihr seinen Ratschlägen folgt - in Wirklichkeit verliert Ihr aber dabei. Was ist Euch lieber, der Pseudovorteil, den Euch das negative Ego vorgaukelt, oder die Glückseligkeit der Gottes-Erkenntnis? Wollt Ihr bei jeder Kontroverse mit einem anderen

Menschen als Sieger hervorgehen, oder wünscht Ihr Euch Liebe? Es gibt grundsätzlich nur die beiden Emotionen: Liebe und Angst. Habt Ihr im Bereich Eures Lebens Vorlieben oder sind es Verhaftungen? Alles Leiden stammt aus dem Verhaftet-Sein. Betrachtet Ihr die Ereignisse um Euch als Lektionen und spirituelle Prüfungen, oder als leidige Probleme, auf die Ihr mit Ärger und Wut reagiert? Ist die Liebe zu Euch selbst und zu anderen bedingungslos, oder ist sie Bedingungen unterworfen? Seid Ihr die Ursache oder die Wirkung Eurer Realität? Seid Ihr Meister Eures Selbst und Eures Lebens, oder seid Ihr das Opfer? Verehrt Ihr falsche Götter und betreibt Götzenkult, indem Ihr Macht, Ruhm, Geld, Sex, materielle Belange, Eitelkeit, falschen Stolz und sogar Menschen vor Gott setzt? Sind die Wünsche des Höheren Selbst oder die Begierden des niederen Selbst Euer Antrieb? Steht die Beziehung zu Euch selbst und zu Gott bei Euch an erster Stelle? Liebt Ihr Euch selbst, oder veranlaßt Euch das negative Ego dazu, zu kritisch oder zu nachsichtig mit Euch selbst zu sein? Liebt Ihr Eure Feinde oder gebt Ihr Euren Rachegedanken nach? Laßt Ihr Euer Leben vollautomatisch ablaufen oder seid Ihr wachsam für Gott und Sein Königreich?

Eure Haltung, geliebte Leser, wird darüber entscheiden, ob Ihr den integrierten Aufstieg erreicht oder nicht. Wenn Ihr zulaßt, daß das negative Ego Eure Realität dominiert, wird Euer psychologisches und spirituelles Haus aus dem Gleichgewicht geraten. Verbringt ausreichend Zeit damit, Eure Meditationen, spirituellen Studien, die Aufstiegsarbeit, Gebete und Anrufungen Gottes durchzuführen. Vergeßt darüber jedoch nie, daß der Kernpunkt dieser Arbeit, die wahre Prüfung in bezug auf den integrierten Aufstieg und das Erreichen des Christusbewußtseins, in den Lektionen, die hier angesprochen werden, enthalten sind. Wenn Ihr mehr darüber wissen wollt, lest die Bücher: *Seelenpsychologie, Wie man sich vom negativen Ego befreit, Aufstieg und Liebesbeziehungen* und *Deine Aufstiegsmission - das Annehmen des eigenen Puzzle-Stücks.*

Geliebte Leser, ich weiß, daß ich in diesem Kapitel streng und ohne Umschweife gesprochen habe, daß ich es jedoch mit bedingungsloser Liebe getan habe. Dieses Kapitel war als Weckruf gedacht, denn es passiert allzu leicht, daß man von der Flut spirituellen und esoterischen Wissens und der Weisheit, die heutzutage für alle von uns erreichbar sind, überwältigt wird. Dieses Kapitel dient dazu, alle diese Dinge in einem richtigen Maß zu halten. Denn das richtige Maß ist der Schlüssel zum integrierten Aufstieg und zum inneren Frieden. Ich habe das in bedingungsloser Liebe zu Euch, geliebte Leser, geschrieben, um Euch die Quintessenz dieses Buches zugänglich zu machen. Was als nächstes kommt, habe ich auch in allen meinen anderen Büchern bereits gesagt und werde es hier nochmals wiederholen. Seine Heiligkeit Lord Sai Baba definiert Gott so: "Gott ist gleich Mensch minus Ego." Behaltet diese Kernwahrheit immer im Auge und räumt ihr den entsprechenden Platz in Eurem Leben ein! Wenn Ihr lernt, Euer negatives Ego zu kontrollieren, wird Euch das bedingungslose Liebe, Freude, Glück, Glückseligkeit und einen inneren Frieden bringen, der jedes Verständnis überschreitet. Da ich, geliebte Leser, wünsche, daß Ihr alle dieses Ausmaß an Liebe, Freude und Frieden erreicht, spreche ich so intensiv und nachdrücklich über dieses Thema. Ihr könnt dieses Ziel nicht erreichen, wenn Euer negatives Ego nicht gezähmt ist. Das bedarf großer Meisterschaft und eines großen Einsatzes - das, was Ihr damit erreicht, ist jedoch der Mühe wert! Ich schreibe in dieser konsequenten Art, damit Ihr Euer volles Potential an bedingungsloser Liebe, Freude, Glück, Glückseligkeit und innerem Frieden erreichen könnt, das Euch als den Söhnen und Töchtern Gottes zusteht!

6. Die wichtigen Nebenquotienten

Die Wichtigkeit der kleineren Quotienten

Wir haben zu Beginn dieses Buches von den acht größeren Quotienten und ihrer Wichtigkeit in bezug auf den integrierten Aufstieg gesprochen. Um sie Euch wieder kurz in Erinnerung zu bringen, hier ihre Namen: Initiationsquotient, Lichtquotient, Liebesquotient, Quotient der psychologischen Weisheit, Christusbewußtseinsquotient, Quotient der Überwindung des negativen Egos, Quotient des Dienens und der spirituellen Führung und Quotient der Integration und des Gleichgewichts. Diese acht Quotienten sind die Basis dieses Buches und Eures integrierten Aufstiegs.

Es gibt jedoch noch Nebenquotienten, die für Euren Weg der Initiation sehr wichtig sind und deshalb hier erwähnt werden müssen. Sie bilden zwar nicht die Basis Eures Aufstiegs, erleichtern ihn jedoch und machen es für Euch angenehmer, die Wendeltreppe zur und über die siebte Initiation hinaus emporzusteigen. Ich werde daher diese kleineren Quotienten mit Euch durchgehen, ohne dabei eine spezielle Reihenfolge einzuhalten. Jeder von Euch wird den einen oder anderen, oder auch Gruppen dieser Quotienten für sich und sein Leben wichtiger empfinden als andere. Hört auf Eure innere Stimme und versucht, den höchsten Standard zu erreichen, der Euch möglich ist. Wenn Ihr das tut, werdet Ihr auf einmal den fehlenden Schritt zu Eurem Aufstieg machen können und Ihr werdet es auf einer persönlichen, planetaren und spirituellen Ebene als sehr hilfreich empfinden. Wir werden jeden dieser Quotienten so beschreiben, wie es seiner Art entspricht. Manche Beschreibungen werden kürzer, andere wieder länger sein. Vielleicht möchtet Ihr Eure eigenen Gedanken aufschreiben, um den Quotienten in der Beziehung zu Euch selbst wirklich anzunehmen und zu verstehen. Sie sind in drei Gruppen unterteilt: Die irdisch-physischen Quotienten, die psychologischen Quotienten und die spirituellen Quotienten.

Die irdisch-physischen Quotienten

1. Integration des Quotienten der spirituellen und irdischen Energien

Dies ist ein guter Anfang, denn dieser Quotient beinhaltet alles, was hier bereits gesagt worden ist. Wenn man das Physische, zu dem auch das Ätherische, Astrale und Emotionale gehört, nicht richtig mit dem Spirituellen ausgeglichen hat, ist man ständig im Ungleichgewicht mit sich selbst. Es ist so, daß man manchmal stärker auf einen bestimmten Körper konzentriert ist, oder daß die eigene Mission es verlangt, daß man sich allgemein oder auch speziell mit dem einen oder anderen der Körper beschäftigt. Man muß jedoch trotzdem den richtigen Punkt der Ausgleichung und Integration finden. Ganz gleich, wo dieser Punkt bei Euch liegen mag, ist es dennoch wichtig, daß Ihr Euch bemüht, ihn ständig auf der höchsten Stufe zu erhalten, denn dann wird er Eure Leistungsfähigkeit in jedem Bereich und in jeder Situation, die auf Euch zukommt, maximieren.

2. Der Quotient des Umweltbewußtseins

Je mehr wir in uns selbst und Gott integriert sind, desto bewußter wird es uns, daß wir auch in den Planeten, auf dem wir leben, integriert sind. Betrachtet einmal, wie Ihr diesen Planeten ehrt und für ihn sorgt - das zeigt sich in der Art, wie Ihr mit Eurer Umwelt umgeht. Wenn Abfall in Eurem Heim herumliegt, werdet Ihr ihn sicher sofort entfernen. Und wie sieht es mit Eurem größeren Heim, dem Planeten Erde aus! Versucht alle, bewußter zu werden und zu vermeiden, daß Ihr zu der Menge an Müll und Giftstoffen beitragt, die bereits unsere Welt verunstalten. Man muß ja nicht gleich fanatisch werden und jedes Stück Papier von der Straße aufheben. Man kann jedoch achtsam sein und nicht noch zur Verschmutzung beitragen. Wir können den Menschen, die für die Abfallentsorgung zuständig sind, das Leben erleichtern und auch Sorge für ihre Gesundheit tragen, indem wir darauf achten, daß verrottete Lebensmittel in Müllsäcke verpackt sind und nicht frei herumliegen. Wir können zum Recycling beitragen. Wir können Glassplitter, die wir auf dem Boden sehen, entfernen, damit nicht unser Nachbar oder sonst jemand drauftritt oder darüber stolpert. Findet heraus, wo bei Euch die Bewußtseinsschwelle für den Beitrag zur Lösung von Umweltproblemen angesiedelt ist. Wenn jeder von uns nur ein kleines bißchen dazu beiträgt, können wir sehr viel erreichen.

3. Der Quotient des sozialen und politischen Bewußtseins

Es ist offensichtlich, daß einige von uns größeres politisches Interesse haben, als andere - das ist auch richtig so und entspricht dem göttlichen Plan. Da wir aber alle Teil dieser Welt sind, müssen wir uns auch dieses Bereiches bewußt sein. Um Licht, Liebe und Heilung einsetzen zu können, muß man wissen, wo sie benötigt werden. Dieser Quotient ist sehr persönlicher Natur, was sehr stark spürbar wird, da einige von Euch "Erst-Strahlern" tatsächlich im Bereich Politik und/oder Soziales tätig sind, und andere wiederum sich von diesen Bereichen überhaupt nicht angezogen fühlen. Selbst wenn das für Euch von geringer Bedeutung scheint, bitte ich Euch doch, Euer Augenmerk darauf zu richten und Euch auch mit diesen weltlichen Angelegenheiten auseinanderzusetzen. Findet zunächst einmal heraus, inwieweit Euer Puzzle-Stück und Euer Interesse Euch in diese Richtung drängt, dann schafft Euch den Rahmen, in dem Ihr diesem Thema näherkommen könnt. Es genügt wahrscheinlich ein Minimum an Aufmerksamkeit, um den 99% Quotienten dessen, was in dieser Richtung Euer Puzzle-Stück und Eure Mission ist, zu erfüllen. Ich möchte Euch wirklich bitten, dieses Minimum zu erarbeiten, so daß ein Austausch zwischen Euch und Eurer soziologischen und politischen Welt entstehen kann. Alle, die von Haus aus in politischer Richtung tätig sind, bitte ich, die 100%-Marke anzustreben.

4. Der Erdungs-Quotient

Bei dem enormen Ausmaß an spiritueller Arbeit, die Ihr, geliebte Leser, leistet, ist es heutzutage gar nicht so einfach, geerdet zu bleiben. Viele haben die Tendenz kopflastig zu werden, das heißt ihren spirituellen Ideen, Idealen und außerkörperlichen Erfahrungen nachzugehen. Aber es ist wichtig, daß wir gleicherweise geerdet sind. Das neue Jahrtausend verlangt von uns, daß wir uns dem Himmel nähern, daß jedoch der Himmel sich durch uns auch der Erde nähert. Denkt an die Schnur, die Euch mit der Erde verbindet und daran, was Eure Aufgabe auf Erden ist. Kontrolliert, wie stark Euer Erdungs-Quotient ist. Ich sage Euch, geliebte Leser: Je mehr Ihr im Spirituellen und dem Physischen, also dem Himmel und der Erde integriert seid, desto glücklicher und ausgeglichener werdet Ihr sein.

5. Der Quotient der physischen Ruhe und des Schlafes

Viele lassen sich von unserer Aufgabe und der Arbeit, die wir zu leisten haben, derart fordern, daß sie vergessen, dem Körper die nötige Ruhe zu gönnen. Betrachtet Euer Leben einmal von dieser Warte aus und vergeßt bitte nicht, dem Körper sein Recht zukommen zu lassen. Laßt ihn ruhen, von allem zurücktreten und sich entspannen und gönnt ihm so viel Schlaf, wie er braucht. Das kann manchmal mehr und manchmal weniger sein. Wenn Ihr krank seid, gesteht Eurem physischen Körper die Pause zu, die er zu dieser Zeit benötigt. Liebe Freunde, damit verwöhnt man den Körper nicht, sondern man ehrt ihn. Denkt daran, dieses Buch beschäftigt sich mit der Integration und der Wertschätzung aller Stufen unseres Seins. Wenn Ihr den physischen Körper zugrunde richtet, bringt Euch das keinesfalls schneller in Gottes Königreich. Verweichlicht Euer physisches Selbst nicht, aber verweigert ihm auch nicht seinen Anspruch auf Ruhe. Das ist darum so wichtig, weil der Körper der Tempel des Geistes ist und seine Ruhe braucht.

6. Der Quotient der Freude, des Vergnügens und der Erholung

Ein altes Sprichwort sagt: "Je komplexer und schwieriger die Arbeit eines Menschen ist, desto mehr Spaß und Erholung muß er haben." Die Arbeit der Lichtarbeiter ist sehr intensiv, daher benötigen sie auch viel Erholung, Spaß und Vergnügen. Viele Lichtarbeiter sind der irrigen Ansicht, daß Zeit, die für diese Dinge verwendet wird, verschwendete Zeit ist. Das ist absolut falsch. Wir alle müssen uns Zeit für einfache Freuden nehmen.

Welche das sind, hängt von Eurer Persönlichkeitsstruktur ab und kann vom Kochen, über ins Kino gehen, Wandern und Zelten alles sein. Was immer Euch Freude und Erholung bietet - bitte, schenkt ihm Zeit und Aufmerksamkeit. Testet aus, wo in diesem Bereich Euer Quotient liegt und versucht, das Ziel höher anzusetzen. Glaubt mir, Ihr habt jedes Recht, diesen Quotienten bis zu seinem Maximum zu erfüllen!

7. Das Spiritualisieren des Sexualitäts-Quotienten

Die Sexualität ist speziell für Lichtarbeiter ein heikles Thema. Viele von uns sind in früheren Leben Mönche, Nonnen, Eremiten oder andere Vertreter des Zölibats gewesen. Daher kommt, daß viele von uns fälschlicherweise meinen, sie müßten ihre Sexualität verweigern. Das kann zu einer Art Sexual-Rebellion führen, in der man sich wahllosem und oberflächlichem Sex hingibt. Wir müssen das richtige Maß für uns finden, in welchem unsere Sexualität und unsere Spiritualität ihren Ausdruck finden. Das ist absolut nicht unmöglich, da uns unser nächster Schritt zur kollektiven Gruppe führt. Die Verbindung zwischen Spiritualität und Sexualität geschieht auf dem Wege über das Herzchakra und die anderen Chakren. Dies lehrt uns die volle Wertschätzung der spirituellen Wesen in der Art, daß wir erkennen, daß jeder von uns dem höchsten Ideal entspricht. Betrachtet diesen Gedankengang einmal für Euch selbst und dann gemeinsam mit Eurem/r Partner/in. Dieser besondere Quotient funktioniert am besten, wenn man ihn zuerst allein und dann gemeinsam mit dem/r Gefährten/in oder Partner/in bearbeitet. Versucht, Euch so weit einander anzupassen, daß Ihr diesen Quotienten auf seiner höchsten Stufe lebt. Damit dies gelingt, müßt Ihr jedoch bereit sein, zunächst einmal Euren Ist-Zustand festzustellen. Ich empfehle Euch wirklich, Euch damit auseinanderzusetzen, denn das Verstärken dieses Quotienten erhöht Euer Vergnügen, Eure Freude und letztlich auch die göttliche Ekstase, und zwar nicht nur hier sondern auch auf allen anderen Stufen.

8. Achtsamkeit in bezug auf den Quotienten des Geschäftslebens und der Pünktlichkeit

Geliebte Leser, atmet einmal tief durch und überlegt ganz ehrlich, auf welcher Höhe Ihr diesen Quotienten bei Euch einstufen könnt. Viele Lichtarbeiter sind derart mit den höheren Bereichen beschäftigt, daß sie nie Zeit für die alltäglichen Dinge finden. Das führt zu einer Kettenreaktion verschwendeter Energie und verschwendeter Zeit und stempelt Euch zu einem unverläßlichen Menschen. Bitte, betrachtet diesen Quotienten ganz genau, damit Ihr endlich damit beginnen könnt, Euer Leben in den Griff zu bekommen. Was uns am meisten zur Verzögerung, zum Hinausschieben verleitet, sind die Dinge, die mit Unangenehmem verbunden sind, wie beispielsweise zum Zahnarzt zu gehen, rechtzeitig die Steuer abzurechnen usw. Keiner von uns liebt diese Dinge und doch sind sie da. Je früher wir sie erledigen, desto schneller können wir sie aus dem Kopf entlassen. Findet heraus, wo in diesem Fall Euer Quotient angesiedelt ist und verbessert ihn entsprechend.

9. Der Quotient der beruflichen Integrität

Findet beim Betrachten Eurer persönlichen und weltlichen geschäftlichen Belange heraus, wie stark Eure Integrität ist. Dieser spezielle Quotient ist sowohl im privaten wie auch im beruflichen Bereich sehr wichtig. Ihr seid immer nur so gut wie Eure Arbeit, heißt es. Wenn wir, als Lichtarbeiter, nicht mit höchster Integrität arbeiten, verachten wir unsere innere Verbindung zu Gott und geben dazu auch noch der Menschheit ein schlechtes Beispiel. Dieser Quotient muß täglich beobachtet werden, weil er für uns selbst und für die Arbeit, die wir hier leisten müssen, so wichtig ist.

10. Der Quotient der Vitamin- und Mineralzufuhr

Um den physischen Körper in bester Form zu erhalten, bedarf es der regelmäßigen Zufuhr von Vitaminen und Mineralstoffen. Wißt Ihr welche Ihr braucht, seid aber zu bequem oder zu abgelenkt, um Euer Quantum einzunehmen? Der Mangel an Vitaminen und Mineralstoffen kann unseren Körper total aus dem Gleichgewicht bringen. Wenn Ihr nicht sicher seid, was Ihr nehmen sollt, laßt Euch von einem Experten auf diesem Gebiet beraten. Wenn Ihr jedoch wißt, was für Euch notwendig ist, um Euren Körper so stark und gesund wie möglich zu erhalten, aber unregelmäßig in der Einnahme seid, achtet verstärkt darauf. Versucht wirklich, diesen Quotienten auf die höchstmögliche Stufe zu bringen. Es ist sehr oft so, daß wir dem physischen Körper so gut wie keine Beachtung schenken. Diese Gedanken müssen wir umpolen und den Körper als Teil des Ganzen sehen und ihn entsprechend behandeln. Kommt dann noch entsprechende Nahrung, Bewegung und Entspannung hinzu, und gewöhnen wir uns daran viel Wasser zu trinken, so wird das unser gesamtes physisches Immunsystem aufbauen. Dazu gehört auch der folgende Quotient.

11. Der Quotient der ausreichenden Wasseraufnahme

Als Lichtarbeiter sollten wir versuchen, so viel Wasser wie möglich zu trinken. Das ist wesentlich für unser gesamtes Wohlbefinden und hilft uns, das System im Gleichgewicht und frei von Giftstoffen zu halten. Man vergißt das sehr leicht, speziell, wenn das Wetter kühler ist. In manchen Gegenden gibt es extreme Kälteperioden - das macht die Sache dann noch unangenehmer. Es stimmt zwar, daß in heißen und trockenen Klimazonen eine höhere Wasseraufnahme nötig ist, um Dehydration zu vermeiden, doch der Körper benötigt immer eine Menge Wasser, egal in welcher Klimazone man lebt. Findet heraus, wie stark dieser Quotient bei Euch ist. Einige von uns vergessen ständig, wie wichtig reines Wasser ist - das als kleiner Hinweis, endlich auf Euer Lieblings-Mineralwasser zu verzichten und Leitungswasser zu trinken.

12. Der Quotient der gesunden Nahrung

Dieser Punkt ist heikel. Es ist sehr einfach, ihn zu 100% im Mentalkörper zu haben, was jedoch nicht heißt, daß das auch im physischen Körper so ist, wo sich gesunde Ernährung ja bemerkbar machen muß. Werft einmal einen genauen Blick auf Eure Ernährung und findet heraus, ob die tatsächliche, physische Nahrung so ist, wie das, was Ihr vom Kopf her als ideal einstuft. Sollte sich herausstellen, daß Eure Gedanken bei weitem den effektiven Stand übertreffen, dann macht Euch nicht zu viele Vorwürfe. Beschließt lieber, jeden Tag diesen Quotienten ein bißchen anzuheben, bis Ihr Euch zuletzt im Bereich von 90% befindet. Die ungefährlicheren Abhängigkeiten können auf diese Weise einen Ersatz finden, wie z.B. Honig statt Zucker, frische Früchte statt der Nachspeise, eine leichte Nachspeise statt der üblichen Kalorienbombe etc. Setzt jedoch alles, was Ihr über gesunde Ernährung wißt, in Eurem täglichen Leben für Euren Körper ein. Das Wissen der ganzen Welt kann nicht helfen, wenn Ihr es nicht anwendet.

Wenn Ihr ernsthaft versucht, Eure Ernährung auf Vollwertkost umzustellen, ist es, speziell am Anfang, sehr hilfreich, aufzuschreiben, was man ißt. Man kann auch notieren, wie viel davon aus organischem bzw. aus nicht-organischem Anbau stammt, wie viel davon vorgefertigt oder frisch ist. Das wird Euch zeigen, wie groß oder klein Eure Fortschritte in bezug auf diesen Quotienten sind. Das Essen hat große Auswirkungen auf unser physisch / ätherisches, emotionales und sogar mentales Wohlbefinden. Es führt letztlich zu einem ruhigen und friedlichen inneren Umfeld, was seinerseits wieder die spirituelle Stufe beeinflußt. Beginnt also, ohne jeglichen Vorwurf gegen Euch selbst, Euren Quotienten der gesunden Ernährung so schnell und unkompliziert wie möglich auf den höchsten Stand zu bringen.

13. Der Quotient des körperlichen Trainings

Körperliche Fitneß und entsprechendes Training gehen mit gesunder Ernährung Hand in Hand. Manche Menschen lieben ihre Körperübungen, andere hassen sie. Es ist auch nicht so wichtig, einem geregelten Trainigsablauf zu folgen. Viel wichtiger ist, daß die Körperübungen, die Ihr durchführt, Euch entsprechen und daß Ihr sie gerne macht. Wenn Euch Euer Arbeitsbereich genügend Bewegung verschafft, habt Ihr wirklich Glück. Bei den meisten Berufen, die es heute gibt, sitzt man viel zu lange, was wiederum einen Bewegungsausgleich erforderlich macht. Dazu muß man allerdings nicht ins Fitness-Studio gehen oder sich eines daheim einrichten. Wenn Euch diese Art jedoch zusagt - wunderbar! Wenn aber nicht, dann laßt Euch etwas einfallen. Geht tanzen, geht spazieren, betreibt Sport, geht joggen oder geht mit Eurem Hund lange und ausführlich spazieren, auch Radfahren oder Reiten ist sehr zu empfehlen. Es gibt so viele verschiedene Arten den physischen Körper zu bewegen. Sucht Euch die aus, die Euch nach Art und Temperament am besten zusagt. Stretching oder Yoga sind sehr gut, um beweglich zu bleiben, wobei das Stretching sehr leicht bei den Arbeiten, die man im Hause zu tun hat, durchgeführt werden kann. Es gibt nicht nur eine Art, den Körper stark, beweglich und durchtrainiert zu erhalten. Seht, wo Euer Quotient liegt und bringt ihn in einen gesunden und guten Bereich.

14. Der Quotient der persönlichen Hygiene

Er gehört zu den Basis-Quotienten, soll hier aber trotzdem erwähnt werden. Es ist im Prinzip ganz einfach, die persönliche Hygiene aufrecht zu erhalten, und doch schaffen das einige Menschen nicht. Wer von den Lichtarbeitern in diesem Bereich an der Untergrenze liegt, tut dies wahrscheinlich nur, weil er die meiste Zeit auf Dinge außerhalb des Körpers konzentriert ist. Da dieses Buch sich mit der Integration aller Stufen des Seins beschäftigt, darf ich Euch daran erinnern, daß der Körper auf sehr konkrete Art mit der Welt interagiert. Eure persönliche Hygiene wirkt sich, wenn Ihr sie zu locker nehmt, auf eine wenig wünschenswerte Weise auf Eure spirituelle Arbeit aus. Geliebte Leser, räumt diesem Quotienten in Eurem Leben den entsprechenden Platz ein, so Ihr es noch nicht gemacht habt. Alle Körper sind mit dem Ganzen, das jeder von uns in sich trägt, verbunden. Dieser Quotient sollte auf den höchsten Standard gebracht werden.

15. Der Quotient der Umwelt, der irdischen Ordnung und der Harmonie

Wenn der Körper der Tempel unserer Seele und unseres Geistes ist, dann ist das Heim der Tempel unserer inkarnierten Form. Das vergißt man sehr oft, und läßt es zu, daß im eigenen Heim das Chaos herrscht. Ich würde

Euch empfehlen zu versuchen, Euer Heim zum Tempel werden zu lassen. Dazu gehört grundsätzlich Sauberkeit. Wer den Spruch "Sauberkeit ist nahe der Göttlichkeit" geprägt hat, hat den Nagel auf den Kopf getroffen. Ein sauberes Umfeld spiegelt göttliche Ordnung und Reinheit wider. Dann versucht, die Atmosphäre eines Tempels zu schaffen, so wie es Euch entspricht.

Wenn Ihr nicht allergisch gegen Räucherstäbchen oder Blumen seid, ist beides sehr zu empfehlen. Pflanzen manifestieren Schönheit, bedeuten aber auch gegenseitige Liebe, Erhalten und Ernähren. Egal, wie Ihr dabei vorgeht, reinigt zuerst Euer Umfeld so gut es Euch möglich ist, und laßt etwas von Euch selbst, Eurer Vision und Eurem Geschmack in die Gestaltung einfließen. Jedes Mal wenn Ihr heimkommt, sollt Ihr das Gefühl haben, in weit geöffnete Arme zu laufen. Eure Gäste werden das gleiche Gefühl haben. Das macht Spaß - auch ein Quotient, den man bearbeiten sollte - und ich rate Euch, in dieser Richtung zu arbeiten. Nichts von all den Dingen, die Ihr dabei verwendet, muß teuer sein. Meistens beschränkt sich diese Arbeit auf das Entfernen unnötiger Dinge, die Ihr nicht mehr brauchen könnt. Das soll Euch Spaß machen. Je höher Ihr auf der Skala dieses Quotienten steigt, desto besser werdet Ihr Euch fühlen, davon bin ich überzeugt.

16. Der Quotient der irdischen Ästhetik

Was vorher angesprochen wurde, deckt bereits diesen Quotienten ab. Was noch hinzuzufügen wäre, ist, daß man ihn auch im körperlichen Bereich bzw. in der Art, wie man sich präsentiert und kleidet, anwenden kann. Wir werden oft bequem oder schenken unserer Bekleidung keine Beachtung. Auch die Art, wie wir uns bewegen, wie wir sprechen, kurz, unsere gesamte persönliche Ästhetik interessiert uns wenig. Findet heraus, wie es bei diesem Quotienten um Euch steht. Ich denke, daß Ihr Freude daran haben werdet, ihn ein paar Grade höher zu bringen. Diese Tätigkeit zentriert und dient dazu, auf körperlicher Ebene zu vermitteln, was man spirituell empfindet.

17. Der Quotient des Zehnten

Wenn Ihr so weit seid, daß Ihr Eure unmittelbare Familie und Eure persönlichen Bedürfnisse finanziell abgedeckt habt, ist es gut, an eine Art des "Zehnten" zu denken. Das schafft einen Strom an Überfluß von Euch zum Universum und vermehrt wieder zurück. Es hilft auch, den Geist des Gebens zu fördern und ist für jeden von Euch gewählten Bereich des Dienens von Vorteil. Dafür ist gar nicht viel Geld vonnöten. Ihr braucht nicht tatsächlich den zehnten Teil Eures Einkommens einer Kirche oder Wohlfahrtsorganisation zukommen zu lassen. Egal, was und wieviel Ihr gebt, solange es von Herzen kommt wird es für Euch, und auch für den Empfänger Eurer Energie - in Form von Geld -, von Nutzen sein. Die meisten Lichtarbeiter engagieren sich für das eine oder andere. Ich würde Euch raten, Euch für das zu engagieren, was Euch am meisten am Herzen liegt. Wenn Ihr kein Geld spenden könnt, dann widmet ein bißchen von Eurer Zeit. Es ist der Energiefluß, der Austausch von Liebe und Unterstützung, in welcher Art auch immer, der von Bedeutung ist. Findet heraus, ob Ihr mit diesem Quotienten überhaupt schon in Berührung gekommen seid. Wenn nicht, beginnt mit wenig und seht, wie Ihr Euch dabei fühlt. Dies ist eine wunderbare Art, die Energien des Universums zu bewegen und sowohl anderen als auch sich selbst zu helfen.

18. Der Quotient der finanziellen Verantwortung

Dieser Quotient hat ebenfalls damit zu tun, daß Ihr Euch um Eure Angelegenheiten selbst kümmern sollt und müßt. Als Lichtarbeiter steht man in dieser Hinsicht gerne "darüber" und vergißt dabei die praktische Seite des Lebens. Die Energien des neuen Jahrtausends sind jedoch dazu da, ein Gleichgewicht in allen Aspekten unseres Lebens zu schaffen. Betrachtet diesen Bereich und setzt es Euch zum Ziel, im finanziellen Bereich einen genauso hohen Quotienten zu erreichen, wie in der esoterischen Richtung.

19. Der Quotient Eurer Aufstiegsmission

Je besser Ihr Eure eigene Aufstiegsmission kennt, desto leichter ist es für Euch, sie auf allen Ebenen zu verfolgen. Versucht, Euren genauen Standort in dieser Hinsicht herauszufinden. Es ist notwendig, dies so klar und übersichtlich wie möglich zu sehen, damit Ihr der wahren Mission und Berufung Eures Lebens uneingeschränkt folgen könnt. Ist dieser Quotient zu gering, so empfehle ich Euch, mein Buch *Deine Aufstiegs-Mission - Das Annehmen des eigenen Puzzle-Stücks* zu lesen. Es wird Euch Anregungen geben und Euch bei der Umsetzung behilflich sein. Vielleicht möchtet Ihr über besonders interessante Bereiche Buch führen und mit ihnen experimentieren. Stellt fest, wo Ihr Euch in diesen Bereichen befindet und schreibt jedes Detail auf. Es wird Euch wie Schuppen von den Augen fallen, wenn Ihr den Bereich berührt, der Euer wahres göttliches Schicksal ist. Ist dies der Fall, dann wird dieser Quotient sehr stark sein, da Ihr Eure wahre spirituelle Arbeit herausgefunden habt. Diese Erkenntnis wird ein starkes Gefühl von Frieden und Konzentriertheit mit sich bringen.

20. Der Quotient des Reichtums

Viele Lichtarbeiter haben Mühe damit, das Armuts-Bewußtsein, das aus ihren früheren Leben als Mönche, Nonnen, Eremiten und Asketen stammt, loszulassen. Ecclesiasticus drückt das so aus: "Alles ist im Wandel, für alles gibt es eine Zeit ... und den rechten Augenblick für alles unter diesem Himmel." Es mag einen Zeitpunkt gegeben haben, wo es gut und richtig war, mit nichts anderem, als den Kleidern, die man am Leibe trug, unterwegs zu sein - dieses Jahrtausend möchte jedoch Himmel und Erde miteinander verbinden und es ist dies eher eine Zeit des Überflusses als der Armut. Und wir sind dazu aufgerufen, den Reichtum des Himmels hier auf Erden zu manifestieren. Wo steht Ihr in dieser Hinsicht? Ist das Armuts-Bewußtsein immer noch dominierend in Eurem Leben? Sollte das der Fall sein, dann setzt Euch kleine Ziele und versucht Schritt für Schritt Eure Denkweise zu verändern, damit Ihr den Reichtum auf jeder Stufe Eures Seins, der physischen und der spirituellen akzeptieren könnt. Ich behaupte nicht, daß jeder von uns dieselbe Aufgabe hat und somit Geld und Güter manifestieren muß, um diesen Quotienten auf entsprechender

Höhe zu halten. Was ich meine ist, daß unsere Denkweise sich von der Armut zum Überfluß hin entwickeln, und daß es auf der physischen wie auf der spirituellen Ebene eine Offenheit und Akzeptanz gegenüber dem Überfluß geben soll. Ich würde Euch jedoch empfehlen, die Höhe dieses Quotienten nicht nach dem zu beurteilen, was Ihr verdient, sondern nach dem Ausmaß des Reichtum-Bewußtseins in Euch. Die Form folgt der Energie, und wenn Ihr den Gedanken an Reichtum in Euch tragt, werdet Ihr ihn unausweichlich für die Bereiche anziehen, wo er benötigt wird. Beschränkt jedoch nicht die Gebiete, auf welchen sich der Überfluß zeigen soll. Sie können physischer oder spiritueller Natur sein und das Bewußtsein muß auf jeder Ebene für den Fluß des Reichtums offen sein.

21. Der Quotient des Bewußtseins für den Garten und das Königreich der Pflanzen

Wenn Ihr Euch mit diesem Quotienten auseinandersetzt, beachtet Ihr dabei auch Eure Wahrnehmung des Königreiches der Naturwesen, und nicht nur das Königreich der Pflanzen allein? Diese beiden Reiche sind eins, und Ihr müßt daher Eure Achtung nicht nur dem Königreich der Pflanzen sondern gleicherweise auch den Naturwesen und Elementarwesen, die für das Pflanzenreich verantwortlich sind, erweisen. Dieser Quotient ist sehr wichtig, denn im neuen Jahrtausend werden die Evolutionslinien der Elementarwesen, der Engel und der Menschen miteinander verbunden. Mutter Erde und das Königreich der Pflanzen können nur dann gesunden, wenn wir mit diesen Wesen zusammenarbeiten. Findet heraus, wo Ihr in diesem Bereich steht und versucht, den Quotienten so hoch wie möglich zu bringen, da in dieser Hinsicht von den gemeinsamen Bemühungen der Menschheit so viel abhängt.

22. Der Quotient des sanften Umgangs mit dem Königreich der Tiere

Es ist eine spirituelle Tatsache, daß die Tiere unseren jüngeren Geschwister sind. Ihr Gefühlsleben ist stark ausgeprägt, wobei unsere Haustiere Emotionen und einen Funken des Geistes in sich haben. Wie geht Ihr mit diesem kostbaren Königreich um? Es muß uns bewußt werden, daß vom hochentwickelten Hund oder der Katze bis hin zum Löwen in der Wildnis, jedes Tier unserer Achtung und unserer Friedfertigkeit würdig ist. Wir können alle daran teilhaben, indem wir jetzt und hier Friedfertigkeit üben, jene unterstützen, die in diesem Bereich engagiert sind und durch Gebete und Affirmationen den sanften Umgang mit dem Königreich der Tiere fördern. Wir können uns bemühen, uns der Sensibilität unserer Tiere bewußt zu werden, und sie mehr als Familienmitglieder zu behandeln, statt sie als Schoßtier nur zu unserem Vergnügen zu halten. Findet heraus, wie es hier um Euer Bewußtsein steht und bringt diesen Quotienten so hoch wie möglich. Wir, die Menschen, dienen den Tieren als Sprachrohr. Preisen wir ihre Schönheit und fordern wir alle auf, ihnen in Sanftmut und Liebe zu begegnen.

23. Der Quotient der Mitarbeit und Aktivität innerhalb der Gesellschaft

Bei diesem Quotienten braucht es nicht viel, um ihn hoch zu erhalten. Wir alle können uns der Gesellschaft, in der wir leben, bewußt sein und uns für sie interessieren. Wir können das, indem wir unsere Tür für unseren Nachbarn geöffnet lassen, oder indem wir jemandem helfen, der schwer zu tragen hat. Vom Lächeln für einen alten Menschen, den wir auf der Straße treffen, bis hin zum Errichten eines Jugendzentrums für gefährdete Jugendliche ist alles enthalten. Wir müssen nur herausfinden, wo hier unsere Aufgabe liegt und erst dann feststellen, wie gut wir sie bewältigen. Dies ist wieder einer der sehr persönlichen Quotienten. Wenn Ihr wißt, was innerhalb eines Bereiches Eure eigentliche Aufgabe ist, dann führt sie nach bestem Wissen und Gewissen aus. Gelingt Euch das, dann könnt Ihr Euch bei diesem, wie auch bei jedem anderen Quotienten, 100% gutschreiben.

24. Der Meditationsquotient

Die Meditation spielt heute im Leben des Lichtarbeiters eine ebenso große Rolle wie früher. Der Unterschied ist nur, daß es immer mehr Initiaten und inkarnierten Aufgestiegenen Meistern gelingt, während des ganzen Tages eine meditative Stimmung beizubehalten. Auch werden die formalen Meditationsstrukturen immer mehr durch den ständigen Fluß inneren Verbundenseins und den täglichen meditativen Zustand ersetzt. Ich möchte Euch in diesem Zusammenhang gerne eine Beobachtung mitteilen, die ich gemacht habe. Ich habe festgestellt, daß es für manche besser ist, ihre Meditation spontan durchzuführen, statt sich auf bestimmte Zeiten festzulegen.

Es gibt jedoch - und auch hier über ich keinerlei Kritik - viele Lichtarbeiter, die diese Einstimmung zwar anstreben, denen es aber nicht gelingt, was bewirkt, daß ihr Meditiationsquotient darunter leidet. Das liegt einfach an der falschen Methode. Es gibt Menschen, für die bestimmte Zeiten formaler Meditation sehr wichtig sind. Sie sind sehr oft selbst Meister und imstande, in ihrer eigenen Sphäre der Monade oder mächtigen ICH BIN - Gegenwart zu verweilen, unabhängig davon, ob sie dabei einer bestimmten Meditationsart folgen. Ihre Persönlichkeit ist jedoch so ausgelegt, daß sie die lautlose Kommunikation, wie die traditionelle Meditation sie bietet, brauchen. Wenn sie versuchen dem auszuweichen, honorieren sie nicht das, was sie in dieser Inkarnation darstellen. Darum bitte ich Euch, geliebte Leser, seid absolut ehrlich mit Euch selbst, wenn Ihr den Meditationsquotienten bewertet. Wenn Ihr zu den Menschen gehört, die regelmäßige Meditationszeiten brauchen, und Ihr tut es nicht, dann setzt den Prozentsatz niedriger an, um Euch daran zu erinnern, was Ihr eigentlich tun solltet. Wenn Ihr jedoch findet, daß Ihr Euch dazu zwingt regelmäßig zu meditieren, bloß weil Ihr meint, das gehört sich so, dann seid auch diesbezüglich ehrlich. Gebt Euch auch hier weniger Prozentpunkte, damit Ihr Euch daran erinnert, wie es eigentlich für Euch am besten wäre. Wenn Ihr im Einklang mit Eurem persönlichen Tao meditiert, dann könnt Ihr Euch 100% geben, vorausgesetzt natürlich, daß Ihr Euer Tao auf der höchstmöglichen Stufe lebt.

25. Der Gebetsquotient

"Warum sich sorgen, wenn man beten kann." Dieser Ausspruch stammt aus den Trancedurchsagen des Universellen Geistes durch Edgar Cayce. Was ich dem noch hinzufügen möchte ist: "Warum nicht beten, wenn man schon die Möglichkeit dazu hat." Meiner Meinung nach ist das Gebet eines der mächtigsten Hilfsmittel für die Menschen überhaupt - sie können damit Himmel und Erde bewegen. Das Gebet fordert die göttliche Hierarchie der Meister und Engelwesen zum Handeln auf, und sie warten nur darauf, um Hilfe gebeten zu werden. Das Gebet bewegt die Energie und wir können durch die Intensität unseres Gebetes Veränderungen herbeiführen. Das Gebet ruft unsere mächtige ICH BIN - Gegenwart an und hilft, sie im Zentrum unseres Zwölfkörpersystems zu verankern.

Geliebte Leser, die Welt der Menschen bedarf immer des Gebetes und wir können daher nicht oft genug unsere Stimme im Gebet erheben. Ich spreche nicht davon, daß man klagen und jammern und versuchen soll, mit Gott zu handeln, ich spreche hier vom Gebet als göttlicher Anrufung und als Bitte um die göttliche Hilfe. Findet heraus, wie groß oder klein die Rolle ist, die das Gebet in Eurem Leben spielt. Wie oft betet Ihr für Euch selbst, für andere, für die Welt? Zieht all das in Erwägung und bestimmt dann Euren persönlichen Gebetsquotienten. Findet heraus, wo Ihr noch Gebetsenergien zuführen könntet und tut das. Beobachtet, wie Euer Gebetsquotient von Mal zu Mal stärker wird. Das Gebet, geliebte Leser, ist wirklich eines der besten Hilfsmittel für den Dienst an der Welt, das Gott uns geschenkt hat, und es ist auch zu jeder Tages- oder Nachtzeit verfügbar, egal, ob wir allein sind oder in einer Menschenmenge, ob wir uns in einem Ashram, einem Tempel oder in einem Supermarkt befinden. Verwendet diese höchst wertvolle Gabe und bringt Euren Quotienten auf 100%. Es kann nie genug Gebet geben!

26. Der Quotient der Aufstiegsaktivierung

Euren Aufstieg zu aktivieren ist ein ganz spezielles Kapitel! Es stimmt zwar, daß Ihr durch das einfache Einstimmen auf Eure mächtige ICH BIN - Gegenwart Euren Lichtkörper aktiviert, es gibt jedoch auch besondere Aktivierungs-Meditationen oder Übungen, die darauf ausgerichtet sind, diesen Prozeß zu beschleunigen. Ich würde Euch raten, die Übungen, die ich in meinen Büchern beschrieben habe oder die auf Kassette erhältlich sind, anzuwenden. Ihr könnt natürlich auch andere verwenden, die ausdrücklich für die Aktivierung des Lichtkörpers und der Liebeszentren konzipiert sind. Ihr könnt Euch auch eigene Übungen schaffen, indem Ihr Eure eigenen Anrufungen an das Licht verwendet. Es gibt jedoch keine bessere Art, den höchsten Licht- und Liebesquotienten zu erreichen, als ihn im Dienste der Nächstenliebe durch uns hindurchfließen zu lassen. Jetzt stellt sich die Frage: tut Ihr das oder nicht? Wenn ja, in welchem Ausmaß? Seid ehrlich und stellt Euren Quotienten fest. Erkennt, daß Ihr sehr viel zu Eurer eigenen Beschleunigung und Aktivierung beitragen, und daß Ihr diesen Prozeß nach Belieben schnell oder langsam durchlaufen könnt. Beschleunigt nie zu stark und überschreitet nie die Grenze dessen, was für Euch noch angenehm ist, denn das würde das Ziel völlig verfehlen. Seht jedoch, wo Ihr in diesem Bereich steht und richtet Eure Absicht darauf aus, Euch so schnell wie möglich, jedoch ohne Belastung oder Schwächung irgend eines Eurer Körper, vorwärts zu bewegen. Dieser Quotient steht Euch zur Verfügung, geliebte Leser. Bearbeitet ihn mit Eile, verbleibt jedoch im Tao.

27. Der Quotient der Anrufung der Namen Gottes

In der Anrufung der Namen Gottes liegt enorme Kraft. In der Kabbala allein gibt es 72 heilige Namen Gottes. Dazu kommen noch die zahllosen Namen Gottes im Bereich des Hinduismus, Buddhismus, der christlichen Religionen, der ägyptischen Religionen, des Islam, der Tradition der nordamerikanischen Indianer und der Tibeter, um nur einige zu nennen. Ihr findet darin auch eine riesige Auswahl an heiligen Namen für die Geistige Welt. Das Nennen dieser Namen ist eine wunderbare Übung auf Eurem spirituellen Weg und es gibt sogar einige Richtungen, die ausschließlich den Namen Gottes anrufen und sonst nichts. Immer wenn Euer Geist auf der Suche nach einer konstruktiven Aufgabe ist, füllt Kopf, Herz und Eure Stimme damit, die heiligen Namen Gottes anzurufen. Wenn Ihr den Prozentsatz Eures Quotienten bewertet, dann ratet nicht einfach, sondern geht davon aus, wie oft Ihr tatsächlich die Namen Gottes anruft, statt Euren Geist umherschweifen zu lassen oder Euch mit Gedanken des negativen Egos zu befassen.

28. Der Quotient der Stille

Der Quotient der Stille hat nichts mit den Zeiten der Meditation zu tun. Es passiert immer wieder, daß man sich zum Meditieren bereit macht und den Geist einfach nicht zur Ruhe bringen kann. Ich spreche hier in zweifacher Weise die Stille an. Zunächst meine ich damit die Fähigkeit, das Bewußtsein zur Ruhe zu bringen, und zwar mit oder ohne Meditation, damit die innere Stimme, der Klang Gottes, bzw. "der Klang der Stille" gehört werden kann. Des weiteren ist damit gemeint, daß Ihr damit aufhört, Tratsch und Klatsch zu verbreiten, zu kritisieren, Euch negativ zu äußern oder Euch mit leerem Geschwätz abzugeben. Wir kennen alle die Situationen, in denen es so einfach ist, über andere herzuziehen oder sie zu kritisieren und andererseits so schwierig, den Mund zu halten, speziell dann, wenn Freunde und/oder Bekannte an dem Getratsche beteiligt sind. Das, liebe Leser, zeigt den wahren Meister. Ein Meister kann in solchen Situationen schweigen und er trainiert diese Fähigkeit. Um die Höhe Eures Quotienten festzustellen, findet zuerst heraus, wie oft Ihr tatsächlich den Klang der Stille zu vernehmen imstande seid. Dann bewertet, wie gut es Euch gelingt, inmitten all des Geschwätzes um Euch herum den Mund zu halten. Dann verbindet beide Quotienten und seht, wo Ihr steht. Arbeitet daran, Euren Quotienten der Stille sehr hoch zu bringen. Das wird Euch ein wunderbares Gefühl des Friedens vermitteln und dazu beitragen, eine friedvolle und ruhige Atmosphäre um Euch zu verbreiten.

29. Der Quotient der Hingabe an Gott

Die Hingabe an Gott ist eine der wunderbarsten Arten, seine Energie auszurichten. Die Hingabe ist eine große Motivation, tätig zu werden. Ein Mensch, der Hingabe besitzt, wird versuchen, dies in seinen Handlungen auszudrücken. Da wir jetzt in das neue Jahrtausend eintreten, in welchem sich das Königreich Gottes auf Erden manifestieren soll, ist die Hingabe von großer Wichtigkeit. Im vorhergehenden Fische-Zeitalter, das wir gerade verlassen, hat sich die Hingabe mehr oder weniger auf einen einzelnen Vertreter Gottes ausgerichtet, was an der Verehrung von Jesus Christus zu erkennen ist. Jetzt sind wir dazu aufgefordert, Gott in *allem* zu ehren, ebenso wie den Christus in uns, den göttlichen Plan und die göttliche Absicht des siebten Goldenen Zeitalters. Die Hingabe ist ein wesentliches Element in unserer eigenen sowie in der Entwicklung der Menschheit. Wenn Ihr Gott ehrt, könnt Ihr auch den Meistern und Engeln, die Vertreter Gottes sind, die Ehre geben. Damit könnt Ihr auch den Lichtarbeiter neben Euch ehren, ebenso wie die gesamte Menschheit und alle Königreiche der Erde. Dieser Quotient muß auf einer sehr hohen Stufe sein, denn er steht für ein offenes Herz. Eine der großen Gefahren dieses Zeitalters liegt darin, daß ein riesiger Informationsfluß mit enormer Geschwindigkeit auf uns einströmt, und wir daher oft unser Herz schließen und nur mehr im Kopf sind. Die Hingabe ist dafür das richtige Heilmittel. Daher bitte ich Euch, geliebte Freunde, daß Ihr diesen Quotienten so hoch anhebt, wie es Euch bei Eurer persönlichen Strahlenkonfiguration möglich ist, und daß Ihr Euer Herz der Liebe öffnet!

30. Der Quotient der Liebe und des Dienstes an der Menschheit

Das bringt uns zur Liebe an der Menschheit. Die Liebe zu Gott zeigt sich letztlich daran, wie sehr wir die Menschheit lieben und Ihr dienen. Äußert sie sich nicht so, dann haben wir es mit einer Abstraktion der Liebe zu tun, und nicht ihrer Manifestation im Dienst. Findet heraus, inwieweit sich Eure Liebe zu Gott im menschlichen Bereich zeigt. Dieser Quotient ist einer der wichtigsten der sogenannten Nebenquotienten. Wird die Liebe zu Gott nicht auch in den aktiven Dienst an den Söhnen und Töchtern Gottes und letztendlich an allem, was auf diesem Planeten lebt, umgesetzt, kann sich das Goldene Zeitalter hier nicht manifestieren. Die Liebe muß sich im Dienst zeigen, damit Gottes Antlitz in jedem Mann, jeder Frau und jedem Kind auf der Erde zu sehen ist!

31. Der Quotient der Ausrichtung auf Gott

Am besten kann der vorher erwähnte Quotient und mit ihm alle anderen spirituellen Quotienten aktiviert werden, wenn man sich konstant auf Gott ausrichtet. Wie stark diese Ausrichtung ist, könnt Ihr nur selbst in der Stille Eures innersten Herzens und durch das aufrichtige Kontrollieren des Einsatzes Eurer Energien erfahren. Auch dieser Quotient ist wichtig, sogar sehr wichtig, denn es ist ja schließlich die Ausrichtung auf Gott, die wir alle entwickeln und verfolgen. Seid ganz ehrlich und hart mit Euch selbst, wenn Ihr den Prozentsatz herausfindet und versucht, ihn auf 100% zu bringen. Jeder Lichtarbeiter muß unbedingt auf seine mächtige ICH BIN - Gegenwart, die Hierarchie der Meister der Inneren Ebenen, die Königreiche der Engel und Elohime und auf unsere Brüder und Schwestern ausgerichtet sein, die aus den Tiefen des Alls gekommen sind, um uns bei unserem Aufstieg in das Licht zu helfen. Aber nichts davon ist möglich, meine geliebten Leser, wenn Ihr nicht zuerst auf Gott ausgerichtet seid.

32. Der Quotient der spirituellen Affirmation

Spirituelle Affirmationen haben ebenfalls zwei Funktionen, die man sich zuerst einmal einzeln und dann in ihrer Verbindung betrachten sollte, um herauszufinden, worin man wirklich gut ist und wo noch Arbeit geleistet werden muß. Betrachtet diesen Quotienten zunächst einmal in bezug auf die Anwendung von positiven spirituellen Affirmationen, und zwar zur Neuprogrammierung von Glaubensmustern des negativen Egos oder zur generellen Veränderung eines Lebensaspektes in positiver Hinsicht. Findet heraus, ob Ihr dieses wichtige Hilfsmittel regelmäßig verwendet. Wenn man sich angewöhnt hat, spirituelle Affirmationen regelmäßig zu verwenden, verändert das den Blickwinkel auf jede gegebene Situation. Dieser Quotient ist sehr wichtig und sollte vollkommen klar und exakt bewertet werden. Seid daher absolut ehrlich, wenn Ihr seine Stärke bestimmt. Die Macht der positiven Affirmation kann eine total verfahrene Situation in Freude verwandeln, sie wandelt die Dunkelheit zum Licht und den Einfluß des negativen Egos in den des Christus/Buddha-Geistes. Seid also fleißig, wenn Ihr diesen Quotienten bearbeitet.

Außerdem kann die spirituelle Affirmation als Meditationsthema verwendet werden, oder einfach dazu, den Geist zu beruhigen und Euch zu helfen, die positiven Aspekte des Lebens allgemein zu sehen. Findet heraus, ob Ihr diesen Quotient auch in dieser Hinsicht verwendet, denn er wirkt an sich bereits heilend und dient der Meditation und der Konzentration auf positive Gesichtspunkte.

Wenn Ihr jeden dieser Bereiche gründlich erforscht und für jeden den Quotienten gefunden habt, dann legt die Quotienten zusammen und seht, zu welchem Ergebnis Ihr kommt. Ich hoffe wirklich, daß Ihr seine Wichtigkeit honoriert und versucht, auf 100% zu kommen.

33. Der Quotient des spirituellen Visualisierens

Dieser Quotient ist dem der spirituellen Affirmation sehr ähnlich. Ein visueller Mensch wird sich eher zu dieser Art der Vorstellung hingezogen fühlen als jemand, der eher über das Gehör oder nur über den Verstand arbeitet. Der Vorteil bei diesem speziellen Quotienten ist, daß er den Menschen, der mit ihm arbeitet in den visualisierten Augenblick der positiven Vorstellung direkt hineinversetzt. Es entsteht dabei eine Spontaneität und Direktheit, die mit anderen Mitteln kaum so gut erreicht werden kann. Wenn Ihr mit diesem Quotienten arbeiten wollt, dann würde ich Euch empfehlen, ihn auf 100% zu bringen, da er wirklich sehr wirkungsvoll ist. Arbeitet so lange daran, bis Euer Geist auf Herausforderungen sofort mit positiven Bildern reagiert. Fühlt Ihr Euch zu diesem Quotienten nicht so stark hingezogen, würde ich Euch trotzdem bitten, ihn von Zeit zu Zeit, und sei es nur wegen seines Heilungs- und Manifestationspotentials, anzuwenden.

34. Der Quotient des Lesens spiritueller Bücher

Dieser Quotient ist nicht ganz einfach, da man, je nachdem, womit man sich gerade beschäftigt, natürlich auch ganz unterschiedliche Literatur liest. Es gibt immer wieder Zeiten, in denen man vollständig im Lesen spiritueller Bücher aufgeht. Zu anderen Zeiten wiederum ist es die Meditation und/oder der Dienst an den anderen Menschen, die Vorrang haben. Wenn Ihr mit diesem Quotienten arbeitet, müßt Ihr zuerst herausfinden, in welcher dieser beiden Phasen Ihr Euch gerade befindet und Euren Quotienten dann entsprechend einstufen. Es ist jedoch immer gut, wenn man ein gewisses Maß an spiritueller, motivierender oder auch bildender Lektüre als Begleitung auf dem eigenen spirituellen Pfad "zu sich nimmt". Die einzige Ausnahme ist, wenn Ihr die unmißverständliche innere Aufforderung erhaltet, eine Zeitlang überhaupt nichts zu lesen! Ist das der Fall, dann folgt dieser Anweisung, geht aber vorerst sicher, daß es nicht nur die Stimme der Faulheit ist, die Euch dazu auffordert. Einen Prozentsatz für diesen Quotienten zu finden, ist jedoch unmöglich, da Ihr Euch möglicherweise gerade in der Phase befindet, in welcher Ihr ein spirituelles Buch pro Woche verschlingt, oder eben in jener, wo nur ein spiritueller Gedanke pro Tag erträglich ist. Bleibt daher im Tao mit Euch selbst. Wenn Ihr in der Lesephase seid, seht dazu, daß Ihr Euch die Zeit nehmt, um all das zu lesen, was Euer Höheres Selbst oder die Monade Euch vorgeben!

35. Der Quotient des spirituellen Tagebuches

Einige von Euch fühlen sicher den Wunsch, die eigene spirituelle Reise genau aufzuzeichnen und darin alle Fortschritte und Einzelheiten Eures Initiationsprozesses zu vermerken. Andere wiederum werden lieber nur die Höhepunkte ihres spirituellen Weges notieren. So oder so, möchte ich Euch auf alle Fälle auffordern, schriftliche Aufzeichnungen zu machen, da sie die Abstraktionen und Ideen, mit denen Ihr arbeitet, konkreter werden lassen. Findet eine Art, die Euch entspricht und bewertet Euch auf dem Hintergrund Eures persönlichen Standards. Die Arbeit mit diesem und den anderen Quotienten dient dazu, Euch mit dem, was für Euch persönlich am besten ist, vertraut zu machen. Es hilft Euch auch, aufmerksam in bezug auf Eure Absicht zu bleiben, was wiederum dazu führt, daß Ihr nichts vollautomatisch oder nur in großen Abständen tut.

36. Der Quotient der spirituellen Führerschaft

Es braucht oft einigen Mut um mit der eigenen spirituellen Arbeit an die Öffentlichkeit zu gehen. Wenn das Eure Aufgabe ist, müßt Ihr so lange mit diesem Bereich arbeiten, bis Ihr Euch sicher und gut dabei fühlt. Wenn Ihr das Gefühl habt, daß Ihr in dieser Hinsicht eigentlich etwas tun solltet, aber Euch nicht dazu entschließen könnt, dann, meine ich, ist es an der Zeit, ernsthaft am Aufbau dieses Quotienten zu arbeiten. Nehmt dazu jedes Hilfsmittel in Anspruch und konzentriert Euch darauf, den

Quotienten, der Euch dabei helfen kann, aufzubauen. Bittet auch die Hierarchie der Meister der Inneren Ebenen, sowie Euer eigenes Höheres Selbst und die Monade, Euch behilflich zu sein. Die Geburt des neuen Jahrtausends bringt auch die Entstehung vieler neuer und dringend benötigter spiritueller Lehrer und Vorläufer mit sich. Wenn Ihr das Gefühl habt, zu ihnen zu gehören, dann tut alles, was Euch möglich ist, um dieser göttlichen Berufung zu folgen. Alle, die die sechste und höhere Initiationen bereits durchlaufen haben, sollten sich ernsthaft mit diesem Quotienten auseinandersetzen. Wenn Ihr den Aufstieg geschafft habt, solltet Ihr Eure Konzentration auf die spirituelle Führerschaft und den Dienst an der Welt ausrichten.

37. Der Quotient der spirituellen Interaktion und Gemeinschaft

Der spirituelle Weg ist sehr oft sehr persönlicher Natur, da jeder selbst dafür verantwortlich ist, sich zu reinigen, die eigenen Probleme in Angriff zu nehmen, sich vom negativen Ego zu befreien, bzw. sich mit dem eigenen Höheren Selbst, der Monade, den Meistern und Gott zu verbinden. Am geistigen Weg nehmen wir alle teil, da er die Reise ist, die jede Seele irgendwann einmal antritt. Interaktion und Gemeinschaft mit anderen Lichtarbeitern auf diesem Weg sind daher ein ebenso wichtiger Teil unserer Pilgerfahrt, wie die Zeiten der Meditation, in denen wir mit Gott in der Stille unseres Herzens kommunizieren, oder auch die Zeiten, in denen wir lernen, lesen, unser Tagebuch führen usw. Wenn wir uns zu sehr isolieren, besteht die Gefahr, daß wir komplett voneinander abgeschnitten werden. Es muß ein Gleichgewicht bestehen zwischen den Zeiten, die wir in persönlichem Gespräch mit Gott verbringen und jenen, die wir mit unseren Lichtarbeiter-Kollegen teilen. Lassen wir die Interaktion mit anderen nicht zu, engt das unser Leben stark ein und macht uns zu sehr selbstbezogen. Und es wird uns nicht einmal bewußt, da uns die Menschen fehlen, die uns als Spiegel dienen. Das führt dazu, daß wir viel zu introvertiert und engstirnig werden. Vergeßt nicht, geliebte Leser, daß Spiritualität Eins-Sein bedeutet. In der spirituellen Gemeinschaft werden Gedanken und Gefühle ausgetauscht und das Eins-Sein mit den Brüdern und Schwestern des Weges kann als Tatsache und nicht nur als Idee erfahren werden. Damit können wir auch mit den spirituellen Energien und Strömungen, die in uns fließen, in Liebe umgehen und sie frei nach außen, auf die anderen zuströmen lassen. In gleicher Weise erhalten wir die einzigartigen spirituellen Energien, so wie sie sich in unseren Brüdern und Schwestern manifestieren, sowohl als Schwingung wie auch als Austausch von Ideen, von Arbeit, von Einsichten und Visionen. Das neue Jahrtausend wird zu einem Großteil durch Gruppenarbeit initiiert. Das bezieht sich auf Gruppen der Inneren Ebenen, aber auch auf Gruppen, mit denen wir auf den äußeren Ebenen in Verbindung stehen. Findet heraus, wo Ihr bei diesem Quotienten steht. Ist der Prozentsatz sehr niedrig, dann haltet Ihr Euch von Eurer spirituellen Familie der äußeren Ebenen fern und damit sehr wahrscheinlich auch von der Arbeit, die Ihr als Mitglied der neuen Gruppe des Dienstes an der Welt eigentlich leisten solltet. Beginnt, mit verschiedenen spirituellen Gruppierungen zu experimentieren und öffnet Euch, wenn auch mit Vorsicht. Wenn Ihr Euch zu einer speziellen Gruppe von Initiaten oder zu einer besonderen Arbeit hingezogen fühlt, öffnet Euch ein bißchen weiter, behaltet aber zu jederzeit Euren persönlichen Schutzmantel bei. Dieser halb-durchlässige Mantel aus Licht sollte immer Teil Eurer psychologischen und spirituellen Haltung sein, egal wo Ihr Euch befindet oder wie die Situation auch sein mag. Darüber ist bereits gesprochen worden - es hat auch mit Eurem persönlichen Immunsystem zu tun. Haltet Euch immer daran, ob Ihr im Zentrum einer Stadt oder in der Wildnis seid, denn er dient immer und überall als grundsätzlicher Schutz. Ich spreche das hier nochmals an, um Euch die Wichtigkeit klar zu machen.

Wenn Ihr das Gefühl habt, spirituell Gleichgesinnte gefunden zu haben, dann teilt ihre Arbeit und ihre Gemeinschaft. Seit ewigen Zeiten haben sich Menschen zum Gebet und zum Feiern zusammengefunden. Sie haben miteinander den Namen Gottes gesungen oder spirituelle Feste miteinander gefeiert oder haben einfach in Freundschaft Zeit miteinander verbracht. Der Weg, den man gemeinsam geht, ist immer einfacher als der, den man allein bewältigen muß. Das Wassermann-Zeitalter ist ganz bestimmt kein Zeitalter der Isolation. Ich bitte Euch daher, Euch mit diesem ganz wichtigen Quotienten auseinanderzusetzen und ihn so weit zu erhöhen, bis er in Eurem Leben das richtige Gleichgewicht gefunden hat. Das ist vielleicht wichtiger, als Ihr es Euch vorstellen könnt. Freuen wir uns, daß wir einander zur Gesellschaft haben und daß wir Freunde sind und schaffen wir miteinander das Neue Zeitalter auf unserer Welt!

38. Der Quotient der spirituellen Verbindung

Die Gegenwart Gottes zu erfahren oder sich die Zeit zu nehmen, mit der Geistigen Welt in Verbindung zu treten, sollte für jeden Lichtarbeiter auf dem spirituellen Weg eine Selbstverständlichkeit sein. Leider gehen viel zu viele Lichtarbeiter so sehr in ihrem Dienst und ihrem persönlichen Weg auf, daß sie nicht mehr wissen, warum sie eigentlich diesen Weg begonnen haben. Wenn Ihr so sehr mit dem Erarbeiten Eures Weges befaßt seid, daß Ihr vergeßt, mit Gott zu kommunizieren, dann soll dieser Quotient dazu dienen, Euch wieder bewußt zu machen, warum Ihr Euch eigentlich auf diesem Weg befindet. Geliebte Leser, es ist unumgänglich notwendig, daß wir täglich, stündlich, ja in jedem Augenblick unseres Lebens, diese freudige, wunderbare, mit Licht und Liebe erfüllte Verbindung zum Geistigen aufrechterhalten. Dieser Quotient ist genaugenommen keiner der Nebenquotienten, er steht für die Wahrheit und die Freude in unserem Leben. Ich spreche ihn hier an, damit Ihr wirklich wieder daran denkt, in der heiligen Verbindung zu bleiben, selbst während Eures Dienstes oder der Arbeit an Eurem Weg. Seht zu, daß Ihr bei diesem Quotienten tatsächlich 100% erreicht. "Was bringt es, wenn wir die ganze Welt besitzen und dabei unsere Seele oder mächtige ICH BIN - Gegenwart verlieren?" Wenn wir schon unterwegs sind zu Gott, sollten wir auf unserem Weg Gott auch immer mit einbeziehen!

39. Gott in allem und jedem sehen – der Quotient der "heiligen Begegnung"

Seht Ihr wirklich Gott in jedem Menschen, jedem Ort und jedem Ausdruck der Materie, wenn Ihr Euer Alltagsleben führt? Denkt Ihr daran, daß Ihr die Fähigkeit besitzt eine Begegnung als "heilige Begegnung" zu erfahren, wenn ein Sohn, eine Tochter Gottes Euren Weg kreuzt? Wenn Ihr das tatsächlich immer tut, dann lebt Ihr diesen Quotienten in seiner höchsten Form. Wenn Ihr aber vergeßt, daß alles Leben Gott in seinen verschiedenen Erscheinungsformen ist, dann müßt Ihr ehrlich mit Euch selbst sein und Euch bewußt bemühen, ständig in diesem Zustand der Erkenntnis zu verbleiben. Ich verspreche Euch, daß die Freude, die Euch dann erfüllt, all die Mühe wert ist! Jeder Augenblick bietet die Gelegenheit Gott zu erfahren, und zwar innerhalb von Euch selbst und auch innerhalb aller anderen Menschen und Dinge.

40. Die Quotienten der Verankerung der höheren Körper

Wenn Ihr Eure Aktivierungs-Meditationen durchführt ist es wichtig, daß Ihr dabei Eure Absicht auf die Verankerung der höheren Körper ausrichtet. Es braucht nicht der Kernpunkt Eurer Meditation sein und es muß auch nicht regelmäßig durchgeführt werden. Solltet Ihr es jedoch nicht wenigstens ab und zu machen und es nicht in Eure Übung einbezogen haben, möchte ich Euch doch dringend empfehlen, es zu tun. Dasselbe sollte in bezug auf die höheren Chakren und die 12 DNA-Bündel geschehen. Jesus sagt: "Bittet, und es wird Euch gegeben." Und genau um diese Dinge, geliebte Leser, solltet Ihr bitten, damit es leichter für Euch wird, zu empfangen. Die Hierarchie der Meister der Inneren Ebenen kann in diesem, wie auch in jedem anderen Bereich, so viel mehr von Hilfe sein, wenn Ihr sie darum bittet. Ich schlage Euch vor, daß Ihr die Hierarchie der Meister der Inneren Ebenen anruft, wenn Ihr Eure höheren Körper, die höheren Chakren und die 12 DNA-Bündel verankern wollt. Wenn Ihr das mehr oder weniger regelmäßig zu einem Teil Eurer Meditationen und Aktivierungen macht, wird das diesen wunderbaren Vorgang beschleunigen und Euch umso schneller und einfacher in die höheren Aspekte des Selbst hineinbringen.

41. Integration und Reinigung der Seelenausdehnungen

Ich habe bereits darüber geschrieben, wie wichtig es ist, die Seelenausdehnungen zu reinigen und zu integrieren. Ich führe es hier nochmals an, um Euch daran zu erinnern, daß dies zur Arbeit des integrierten Aufstiegs dazugehört und Ihr es daher zu den Arbeitsquotienten zählen solltet. Ihr solltet es in einem ausgeglichenen Zustand durchführen, damit Euch die Reinigung, welcher sich die Seelenausdehnungen unterziehen, nicht überwältigt. Trotzdem solltet Ihr jedoch an der Reinigung, Klärung und Integration dieser so wichtigen Seelengruppe oder -familie, der wir alle angehören, aktiv beteiligt sein. Ich schlage Euch vor, daß Ihr gleichzeitig mit der Bitte um Integration und Klärung Eurer Seelenausdehnungen auch den Wunsch anfügt, daß dies zwar so schnell wie möglich, jedoch auch so sanft und einfach wie möglich geschehen soll. Damit bringt Ihr Euch selbst und Eure Seelenausdehnungen auf die beste Art durch den integrierten Aufstieg.

42. Der Antakarana-Entwicklungsquotient

Unsere persönliche Antakarana ist bekanntermaßen die Brücke, welche die Verbindung zur Monade herstellt. Auf einer höheren Stufe der Spirale gibt es eine planetare und sogar eine kosmische Antakarana, welche uns in Verbindung zum planetaren Ziel und Ganzen und schlußendlich zum kosmischen Ganzen bringt. Zwischen diesen Ebenen liegen noch die solaren, galaktischen, universalen und multiuniversalen Antakaranas. Jeder von uns ist dazu aufgerufen, an seiner eigenen Antakarana zu arbeiten. Wenn Ihr es durch alle Stufen bis zur Gottheit selbst bringt, so hilft das dem Aufbau der planetaren Gruppen-Antakarana auf allen ihren Ebenen. Was wir bei uns selbst aufbauen, hilft dem gesamten Planeten in seiner Entwicklung und durch unseren Beitrag werden wir zu Brückenbauern für die gesamte Menschheit. Auf diese Weise erfahren wir auch unsere eigene, persönliche Verbindung zum Planetaren Logos. Es wäre gut, wenn jeder von uns gleichzeitig alle Antakaranas bearbeiten würde, wobei die eigene natürlich zuerst kommt. Findet heraus, wo Ihr in dieser Hinsicht steht und versucht, diesen Quotienten auf den höchsten Stand zu bringen. Gleichzeitig sollt Ihr auch am Aufbau der Planeten-Antakarana teilhaben. Das gleiche gilt auch für alle weiteren Ebenen. Auf diese Weise verbindet Ihr Euch mit den Aspekten des jeweils höheren Ganzen und erbaut gleichzeitig eine starke Brücke zwischen Euch, als inkarnierter Form, und Eurer Monade. Dies ist ein Quotient, mit dem Ihr arbeiten könnt - und zwar auf der höchsten Stufe, die Euch möglich ist.

43. Der Quotient der Integration der sieben Strahlen

Ich habe in diesem Buch bereits sehr detailliert ausgeführt, warum die sieben Strahlen integriert werden müssen. Ich bitte Euch zu erkennen, daß die Integration selbst einen eigenen Quotienten darstellt, den Ihr täglich kontrollieren solltet. Vergeßt nie, daß die Qualität Eures Hauptstrahles immer durchscheinen wird - und das ist auch gut so. Ihr sollt nur darauf achten, daß auch die anderen Strahlen in Euch zu ihrem Recht kommen. Ihr werdet Euch sicher nicht in erster Linie auf sie konzentrieren, andererseits sollten sie jedoch auch nicht in Eurem Aurabereich in Vergessenheit geraten. Seid so ehrlich, wie möglich und gebt Euch Mühe, alle Strahlen in Eurem Energiefeld zu integrieren. Versucht, diesen Quotienten auf die höchste Stufe zu bringen, damit Ihr zum gegebenen Zeitpunkt wirklich alle Strahlenenergien, die Ihr braucht, vollständig zur Verfügung habt.

44. Der Quotient der Integration der Hierarchie

Ich bin überzeugt, geliebte Leser, daß dies ein Quotient ist, den Ihr alle auf der höchsten Stufe haben wollt. Er hat mit der Integration Eurer Arbeit in jene der Hierarchie der Aufgestiegenen Planetaren und Kosmischen Meister der Inneren Ebenen zu tun. Da dies der Weg ist, den wir uns alle bewußt ausgesucht haben, möchten wir natürlich auch, daß er so wirkungsvoll und direkt wie möglich innerhalb unseres Lebens erscheint. Je stärker wir mit der geliebten himmlischen Hierarchie verbunden sind, desto mehr kann sie uns bei unserer Arbeit hier auf Erden und auch bei unserem Dienst behilflich sein, was uns wiederum dazu veranlaßt, ihr bei ihrer göttlichen Arbeit und ihrer Missionen zu dienen. Dieser Energieaustausch bringt in gleichem Ausmaß Freude, Schutz, göttliche Liebe, göttliches Licht und göttliche Absicht. Wir sehen immer klarer und erkennen dadurch den Weg, der vor uns liegt und wissen dabei, daß jeder Schritt, den wir tun, unter ihrem Schutz steht. Wie ich früher bereits gesagt habe, wird die Hierarchie der Aufgestiegenen Planetaren und Kosmischen Meister, der Engel, Erzengel und Elohime immer stärker in unserem Leben präsent und für uns fühlbar. Es wird ein gegenseitiges Dienen stattfinden und damit den größeren Plan Gottes erfüllen. Ich bitte Euch von ganzem Herzen und aus tiefster Seele diesem Quotienten Priorität in Eurem Leben zu verschaffen. In diesem heiligen Prozeß werdet Ihr nichts von Eurem persönlichen Selbst oder Eurer Individualität aufgeben müssen. Ihr öffnet Euch dabei nur immer größeren Ausblicken der Seligkeit und der Verbindung mit Euren älteren Brüdern und Schwestern in Gott! Arbeitet tagtäglich und in jedem Augenblick mit diesem Quotienten und seid Euch dabei bewußt, daß Ihr durch das Zentrum Eurer mächtigen ICH BIN - Gegenwart, Eurer einmaligen Individualität, in Liebe, Licht, Kraft und Freude mit der strahlenden und wunderbaren Hierarchie der Aufgestiegenen Meister der Inneren Ebenen zusammenarbeitet, deren Freude es ist, eins zu sein mit Gott und IHM in Ewigkeit zu dienen.

45. Der Quotient des Anstrebens der Perfektion

Bei allem was wir tun, sollten wir stets versuchen, Perfektion zu erreichen. Das hilft uns dabei, unsere Arbeit in der höchsten Qualitätsstufe durchzuführen, derer wir fähig sind. Auch wird damit unser Geist darauf ausgerichtet, selbst bei kleinen Unternehmungen die Perfektion als Ziel zu haben, was automatisch dazu führt, daß daraus größere Unternehmungen werden. Wir können alles, vom Kleinsten bis zum Größten, mit dieser Einstellung angehen, so wie das auch die Meister tun, und damit immer den höchsten Standard aufrechterhalten. Wie Hermes/Thoth schon sagte: "Wie oben so unten". Was immer wir bei kleineren Dingen mit dem Gedanken an die Perfektion tun, wird uns dazu befähigen, diese Einstellung auch bei wichtigeren und umfassenderen spirituellen Dingen zu haben. Dieser Quotient ist einer der wichtigsten und mächtigsten in dieser Gruppe.

46. Der Höflichkeits- und Nachbarschafts-Quotient

Der Inhalt dieses Quotienten ist offensichtlich und alle von uns sollten ihn im Auge behalten. Vergeßt nicht, es sind oft die kleinen Liebenswürdigkeiten, die Gott auf dieser Erde zeigen. Überlegt, wo Ihr in diesem Bereich steht.

47. Der Quotient von Sein und Tun

Kontrolliert, ob Ihr Euch wirklich gestattet, zu "sein". Man muß nicht andauernd etwas "tun" oder erreichen, weder im Inneren noch im Äußeren. Oft sind es die Zeiten des bloßen Seins, die uns am weitesten vorwärts bringen. Wir brauchen nur zu "sein", denn aus diesem Zentrum entsteht alle Tätigkeit. Seht, wo Ihr hier steht, denn diese Fähigkeit müßt Ihr zur höchsten Stufe bringen. Wird "Sein" und "Tun" eins, dann verlaßt Ihr niemals wieder Euer Heim in Gott!

48. Der Quotient der sozialen Integration

Seid ehrlich und findet heraus, ob Ihr tatsächlich mit Euren Mitmenschen verkehrt, oder ob Ihr Euch eher abseits haltet, als quasi "göttlicher Sonderbeauftragter". Geliebte Leser, je mehr wir in unserer göttlichen und spirituellen Verbindung zu Gott und den Meistern aufgehen, desto mehr wird uns bewußt, wie sehr wir und der Rest der Menschheit sich ähnlich sind. Ich sage das nicht, um Eure Initiationsstufe oder die göttliche Einheit, die Ihr bereits erreicht habt, herabzuwürdigen. Ihr sollt sie vielmehr dort einsetzen, wo sie am meisten benötigt wird, nämlich in Eurem persönlichen und sozialen Umfeld. Wenn Euch andere für ein bißchen seltsam halten, lächelt und nehmt es als Kompliment. Ihr müßt Euch als eins mit der Menschheit sehen, denn nur so kann der Dienst umgesetzt werden. Schaut genau, ob Ihr nicht mit dem Gefühl besser zu sein, als die anderen, Euren Weg geht. Sollte das der Fall sein, realisiert, daß es sich dabei um die Stimme des negativen Egos handelt, die Euch das einflüstert und nehmt sie nicht zur Kenntnis. Die Einheit und das Einssein sind Attribute jeder Dimension, auch der des sozialen Umfeldes. Denkt daran: Jeder und alles ist Teil dessen, was wir Gott nennen!

49. Der Quotient der Zeit, die man für sich selbst verwendet

Zeit für sich selbst zu nehmen ist sehr wichtig. Zeit, die nur Euch selbst gehört, in der Ihr Euch entspannt oder etwas tut, was Euch Freude macht. Ob das nun ein Einkaufsbummel ist, ein genüßliches Bad nehmen oder spirituelle Bücher lesen - alles ist gut, so lange es etwas ist, das Euch persönlich Freude, Frieden oder Entspannung bringt. Das kann auch eine einsame Meditation oder einen Kinobesuch mit Freunden mit einschließen. Das Wesentliche dabei ist, daß Ihr es für Euch tut. Viele Lichtarbeiter ziehen diese Möglichkeit überhaupt nicht in Erwägung, noch viel weniger begreifen sie, daß es sich dabei um einen wichtigen Quotienten handelt, der in ihrem Leben integriert werden muß. Ich frage Euch in aller Liebe, ob Ihr bereits diese Facette des Seins auf Euren Weg mitnehmt. Wenn nicht, solltet Ihr ganz schnell damit beginnen. Wir alle brauchen Zeit für uns selbst. Findet heraus, wie hoch Euer Quotient in dieser Hinsicht ist. Um ihn in eine Euch entsprechende Höhe zu bringen, werdet Ihr wahrscheinlich etliches von dem, was Ihr bis jetzt als unumstößlich geglaubt habt, loslassen müssen. Wenn Ihr Zeit braucht, dann nehmt sie Euch eben und beginnt sofort damit, diesen Quotienten in Eurem Leben aufzubauen. Ich kann Euch versprechen, daß Ihr sehr glücklich sein werdet, wenn Ihr erst einmal Euer fehlerhaftes Denkschema ändert und es zulaßt, die Freude und grenzenlose Freiheit der eigenen Zeit zu genießen.

50. Der Quotient der Verantwortung gegenüber der irdischen Familie

Wenn Ihr Euch dazu entschlossen habt, an Eurer irdischen Familie mit-schöpferisch zu wirken, dann ist es gut, wenn Ihr den dazugehörigen Quotienten im Auge behaltet. Ihr seid Teil einer Gruppe, die auf vielerlei Art von Euch abhängig ist, und Ihr müßt die Verantwortung, die Ihr übernommen habt, auch tragen. Seht einmal, wie es hiermit bei Euch steht und wie hoch Euer Quotient ist. Seid jedoch ehrlich dabei. Dieser Quotient gehört zu den heiklen, die im Gleichgewicht gehalten werden müssen. Die Verantwortung zu tragen, die man der irdischen Familie gegenüber hat, ist äußerst wichtig, doch ebenso wichtig ist es, dabei eigene Grenzen zu schaffen und aufrechtzuerhalten. Wo dabei die Balance liegt, könnt nur Ihr selbst entscheiden. Gebt jedoch acht, daß Ihr nicht einen Teil zum Nachteil des anderen zu stark bewertet. Gleichgewicht ist im Leben jedes Menschen wichtig. Es gibt ein gewisses Maß an Verantwortung gegenüber unseren Eltern, Geschwistern, Cousins etc. Es gibt da jede Menge Variationen und manchmal scheint es richtig, in einer Beziehung weniger involviert zu sein, als das bei anderen Dingen der Fall ist. Das ist ein sehr, sehr persönlicher Bereich. Ich rate Euch daher, den Quotientenwert entsprechend Eurer eigenen Familiensituation anzusetzen und dann von dort weiterzugehen.

51. Der Quotient des Lernens

Unsere Erde entwickelt sich rasend schnell und wir müssen uns, um unsere spirituelle Arbeit leisten zu können, ein Basiswissen zulegen, das für die Kenntnis des Bereiches, in dem wir arbeiten, erforderlich ist. Wir sollten zumindest mit dem Sprachgebrauch in unserem Bereich vertraut sein, damit wir, um ein Beispiel zu geben, selbst wenn wir von Computerarbeit nichts verstehen, zumindest mit Leuten, die es tun, darüber reden können. Ein weiterer Aspekt hat mit der eher esoterischen, der medialen Arbeit zu tun. Je mehr Informationen wir in unseren Computern, in unserem Geist, in den Datenbänken speichern, desto bessere Datenquellen stellen wir der Hierarchie zur Verfügung. Es ist für sie viel einfacher, wissenschaftliche Dinge über einen Wissenschaftler als über einen Künstler zu vermitteln. Unsere Ausbildung sollte in unserem speziellen Arbeits- und Interessenbereich so gut wie möglich sein. Wenn die Meister uns Kenntnisse vermitteln, finden sie bereits im voraus aktivierte Gehirnzellen und Datenbänke vor, über die sie viel leichter kommunizieren können. Wir selbst können uns natürlich auch viel leichter und mit mehr Verständnis mit unseren Freunden, unserer Familie, den Klienten, Studenten, den Kollegen und der Welt im allgemeinen unterhalten.

52. Der Quotient der Liebesbeziehung

Wenn Ihr in einer Liebesbeziehung seid, dann findet heraus, wieviel Rücksichtnahme Ihr Eurem Partner entgegenbringt. Ich rede hier von allen Ebenen. Helft Ihr ihm bei seiner täglichen Arbeit, nehmt Ihr Euch Zeit, herauszufinden, was er physisch, emotional und mental benötigt und was seine spirituellen Bedürfnisse sind? Verbringt er zu viel Zeit alleine oder fordert Ihr ihn zu stark? Ihr müßt in einem solchen Fall wirklich alle Aspekte mit einbeziehen. Ich habe diesem Thema ein ganzes Buch gewidmet und würde Euch empfehlen, es zu lesen, damit Ihr wißt, wie viele Aspekte es innerhalb einer solchen Beziehung gibt. Betrachtet Euren Quotienten zunächst einmal allein und dann mit Eurem Partner / Gefährten. Das bietet für beide einen besseren Ausgangspunkt, um am höchsten gemeinsamen Quotienten in diesem Bereich zu arbeiten.

Ich wünsche Euch mit diesen Quotienten alles Gute, geliebte Brüder und Schwestern. Ich bin überzeugt, daß sie Euch auf Eurem Pfad des integrierten Aufstiegs schneller voranbringen werden.

7. Wie man die archetypischen Dualitäten des negativen Egos überwindet

In meiner Arbeit als spiritueller Psychotherapeut und spiritueller Lehrer habe ich bestimmte Modelle und Paradigmen zum Verständnis der spirituellen- und der Seelenpsychologie entwickelt. Die Geistige Welt hat mir ein vollkommen neuartiges Modell übermittelt, mit dessen Hilfe man ganz klar den Unterschied zwischen dem Denken des negativen Egos und dem Christus-Denken erkennen kann. Was man dabei verstehen muß ist, daß das negative Denken aus zwei Teilen besteht, die wie die Seiten einer Münze sind. Verfängt man sich in der einen Seite, bleibt es nicht aus, daß man auch in der anderen Seite hängen bleibt. Die einzige Möglichkeit, das Christusbewußtsein und wahren inneren Frieden zu finden liegt darin, daß man über das System hinausgeht. Im Esoterikbereich und im Gedankengut des Ostens nennt man das zu Recht das Transzendieren der Dualität. Ich beginne zunächst damit, daß ich Euch einige der archetypischen Dualitäten des negativen Egos aufzeige, welche jeder Lichtarbeiter bewältigen muß. Die zuerst genannte Qualität ist sozusagen die Oberseite des negativen Egos, darunter liegt die Unterseite und gegenüber ist die Qualität des Christusbewußtseins, als Heilmittel, angeführt.

Archetypische Dualitäten des negativen Egos und ihre Entsprechung im Christusbewußtsein

Dualität des negativen Egos	gegen	Haltung des Christusbewußtseins
Angriff Angst		bedingungslose Liebe
Wut Depression		Schutzmantel,Vorlieben, Erlebnisse als Lektion betrachten, nie aufgeben
Gewinnen Verlieren		gewinnen - gewinnen
Zurückweisen zurückgewiesen werden		akzeptieren, daß es nicht sein sollte, war nicht Gottes Wille, ich bin OK, Du bist OK
falscher Stolz schwache Selbsteinschätzung		Selbstvertrauen, bedingungslose Selbstliebe und Selbstwertschätzung
Einflußnahme Opfer		persönliche Kraft durch Liebe und nicht Verhaftet-Sein
Verhaftet-Sein Nicht Verhaftet-Sein		Haltung der Vorlieben

Selbstgerechtigkeit Selbstzweifel	Wissen und dabei den anderen ihren eigenen Glauben zugestehen
Niemanden brauchen Einsamkeit	Fähigkeit, allein zu sein, und trotzdem mit anderen kommunizieren zu können
Aggressivität Passivität	positives Verhalten
Sich Sorgen machen Sich nicht kümmern	Interesse und Fürsorge
Zu sehr auf sich selbst ausgerichtet zu sehr auf andere ausgerichtet	guter Ausgleich zwischen Selbst-Interesse und Selbstlosigkeit
soziopathisches Verhalten Schuldgefühle	guter Ausgleich zwischen Gewissen und Selbstvergebung
Überschwang depressiv	optimistisch
manisches Hochgefühl manische Depression	Ausgeglichenheit, andauerndes Gefühl der Freude
Arroganz Unsicherheit	Selbstbewußtsein gemäßigt durch bedingungslose Liebe
nachtragend sein sich ausnützen lassen	vergeben

sich zu sehr verwöhnen sich zu wenig verwöhnen	der Mittelweg: Mäßigkeit in allen Dingen
Angst vor Versagen Angst vor Erfolg	Streben nach Vollkommenheit, Fehler sind nicht so schlimm
kritisieren Verlegenheit	kritikfrei bleiben
ungeduldig zu lässig	geduldig
Schuldzuweisungen Schande	Selbstverantwortung, Schutzmantel
Haß besitzergreifende Liebe (wenn/dann)	bedingungslose Liebe und Vergebung
zu stark kontrollieren außer Kontrolle	Selbstkontrolle, nicht Kontrolle über andere
Betrüger Betrogener	vollkommen sicher in sich selbst, nicht der Situation verhaftet
andere verlassen verlassen werden	vollständig und ganz in sich selbst sein und Beziehungen von dieser Position aus leben
Eifersucht offene Beziehung	Engagement ohne Abhängigkeit vom anderen

zu unabhängig abhängig	unabhängig und doch auf andere ausgerichtet, Gruppenbewußtsein
sadistisch masochistisch	nicht daran glauben, daß man selbst leiden oder andere leiden lassen muß
überverantwortlich unverantwortlich	verantwortlich
zu verschlossen zu offen	entsprechende Grenzen
verletzend verletzt	unverwundbar, Schutzmantel, eigene Realität verursachen
zu selbstsüchtig zu selbstlos	Ausgleich zwischen selbstsüchtig und selbstlos
übermäßig vertrauensselig unsicher	ruhiges Vertrauen
Angriff Verteidigung	sich nicht verteidigen, harmlos sein
wünscht kein Feedback will bestätigt werden	wünscht Feedback von den entsprechenden Leuten
zu impulsiv unentschlossen	entsprechend entschlossen

diktatorisch "Herdenmensch"	besitzt und verwendet die eigene persönliche Kraft nur in Liebe
unsensibel hypersensibel	sensitiv, Ausrichtung auf das Göttliche
"Arbeitstier" genußsüchtig	Ausgleich zwischen Arbeit und Spiel
obsessiv zwanghaft unordentlich	gut organisiert jedoch ohne Perfektionismus
getrieben faul	arbeitet viel, jedoch in vernünftigem Rahmen
Antreiber Verzögerer	sucht nach Vollendung, jedoch nicht zwanghaft
bewegungsunfähig arbeitet nur reaktiv	agiert je nach Situation
falsches Sicherheitsgefühl verletzlich	Vertrauen, Glaube, Unverwundbarkeit, jedoch praktisch und realistisch
zu überschwenglich zu zurückhaltend	integrierter und ausgeglichener Ausdruck
emotionslos launenhaft	Beherrschung der Emotionen im Dienste der Überseele und Monade, Freude

gibt zu viel nimmt zu viel	Ausgleich zwischen Geben und Nehmen
einschüchternd zu scheu	eigene Kraft in Christus
zu zukunftsorientiert zu vergangenheitsbezogen	lebt im Jetzt, mit entsprechender Vergangenheit, denkt nur an die Zukunft bzw. Vergangenheit
zu starker Anspruch kein Anspruch	Anspruch, da wir Gottes Geschöpfe sind
Haltung der Besitzens (Gier) Haltung der Mittellosigkeit (Armut)	Haltung der Wohlhabenheit
zu ernsthaft zu leichtsinnig	Ausgleich zwischen Ernsthaftigkeit und leichtem Sinn
findet überall Fehler trifft keine Unterscheidung	findet überall Liebe, spirituelle Unterscheidungskraft
Rebell Konformist	vor allem sei deinem eigenen Gott-Selbst treu
penibel schlampig	organisiert

Felix Unger (Sauberkeitsfanatiker) Oscar Madison (Schmutzfink)	sauber, aber nicht fanatisch
"himmelhoch jauchzend, zu Tode betrübt"	ausgeglichen, andauernde Freude durch positives Denken
kann Fehler nicht zugeben ist an allem schuld	gibt Fehler, die ihm unterlaufen, auch zu
zu vertrauensselig zu mißtrauisch	vertraut, jedoch mit spirituellem Unterscheidungsvermögen
zu konzentriert zu zerstreut	Fähigkeit, je nach Situation den einzelnen Punkt oder das gesamte Spektrum zu sehen
zu herausfordernd ("frech") zu vorsichtig	positiv, jedoch mit spirituellem Unterscheidungsvermögen
zu strenge innere Eltern zu nachgiebige innere Eltern	strenge, aber liebevolle Eltern
zu sehr auf das Ziel ausgerichtet zu sehr auf den Weg ausgerichtet	Ausgleich zwischen Weg und Ziel
zu geschwätzig zu still	Ausgleich zwischen Reden und Schweigen
zu starr zu flexibel	Ausgleich zwischen Festigkeit und Flexibilität

zu diszipliniert außer Kontrolle	Ausgleich zwischen Disziplin und Lockerlassen
zu strukturiert zu fließend	Ausgleich zwischen Struktur und Fluß
zu starrköpfig zu nachgiebig	Ausgleich zwischen Durchsetzung und Nachgeben
zu unpersönlich zu zutraulich	Ausgleich zwischen Unpersönlichkeit und Zutraulichkeit
Glück Unglück	Gibt es nicht! Eigene Realität schaffen, Karma aus früheren Leben
zu senkrecht (spirituell nach innen ausgerichtet) zu waagerecht (beziehungsbezogen)	Ausgleich zwischen senkrecht und waagerecht
zu ausufernd zu eingeengt	entsprechender Ausgleich zwischen Ausweitung und Einengung
zu verklemmt zu "cool"	persönliche Kraft bei gleichzeitiger Hingabe an Gott
zu hart zu weich	stark, jedoch unter respektvoller Anerkennung der Naturgesetze
Sünden durch das Tun Sünden durch das Nicht-Tun	entsprechend reagieren, so wie es dem Willen Gottes entspricht

Zusammenfassung

Was ich Euch empfehle, geliebte Leser, ist, daß Ihr Euch Papier und Bleistift hernehmt und alle Dualitäten des negativen Egos und "Heilmittel" der Haltung des Christusbewußtseins durchgeht. Entscheidet selbst intuitiv, ob irgendeiner der oberen oder unteren Aspekte des negativen Egos die Entwicklung Eurer Persönlichkeit / Eures Charakters beeinflußt. Nehmt dabei eine Haltung bedingungsloser Liebe und Kritikfreiheit Euch gegenüber ein. Denkt daran, daß man durchaus Fehler machen darf. Was man in bezug auf den höchsten Standard des integrierten Aufstiegs dabei lernen muß, ist schonungslos ehrlich mit sich selbst zu sein. Schreibt auf, wo Ihr Eure Haltung verändern müßt. Dann führt genau Buch über diese Qualitäten und was man dagegen tun kann und bewertet Euch selbst täglich, vielleicht sogar zweimal pro Tag bezüglich des Erfolges in der Bewältigung der negativen Aspekte und der Erreichung einer Haltung, die dem Christusbewußtsein entspricht. Vielleicht schreibt Ihr Euch ein paar Affirmationen auf, die Euch dann helfen, die Dualitäten des negativen Egos, die Euch am meisten Mühe bereiten, zu bearbeiten.

Bittet auch Gott, die Aufgestiegenen Meister, Eure Engel, Euer Höheres Selbst und die Monade um Hilfe, damit Ihr diese Qualitäten durch Euer Verhalten verändern könnt. Gelobt Gott und Euch selbst, daß Ihr Euch bemühen werdet, einen makellosen Charakter zu entwickeln und schreibt dieses Gelöbnis auf. Bittet auch die Aufgestiegenen Meister Eurer Wahl, bei den noch vorhandenen Dualitäten des negativen Egos das Matrix-Entfernungs-Programm der Kernangst einzusetzen. Die Aufgestiegenen Meister werden dann buchstäblich dieses Unkraut aus Euch entfernen. Dies, zusammen mit Euren Notizen, den Affirmationen, den Gebeten, dem spirituellen Gelöbnis sowie der ständigen Ausrichtung auf das Christusbewußtsein wird den Erfolg bringen. Ruft auch den Heiligen Geist an, damit alle früheren Programme rückgängig gemacht werden, denn er ist Spezialist in diesem Bereich und kann negative Programmierungen und Fehler auflösen.

Dieses vielfältige Programm ist Gold wert. Es gibt keine besser genützte Zeit als die, die man zur eigenen Charakterbildung verwendet. Es scheint vielleicht attraktiver, mit den himmlischen Gefilden zu kommunizieren oder sich esoterischen Studien hinzugeben, ich meine aber, geliebte Leser, daß nur diese Arbeit Euch auf dem Weg des integrierten Aufstieges weiterbringt. Ohne Charakterbildung werden alle Aspekte Eures spirituellen Lebens früher oder später vom negativen Ego vergiftet. Natürlich ist fehlerhaftes Denken nur eine Illusion, und man braucht es nicht zu fürchten. Und doch ist es äußerst wichtig, daß die Entfernung des negativen Egos aus Eurem Bewußtsein Euer primäres Ziel darstellt, denn Ihr wißt ja, daß unsere Gedanken auf jeder Ebene unsere Realität erschaffen. Wenn Ihr mehr darüber wissen möchtet, lest meine Bücher *Seelenpsychologie, Wie man sich vom negativen Ego befreit, Deine Aufstiegs-Mission - Das Annehmen des eigenen Puzzle-Stücks* sowie *Aufstieg und Liebesbeziehungen*. Die ersten beiden der genannten Titel sind in diesem Zusammenhang die wichtigsten.

Es ist wichtig, daß Ihr Zeit und Energie dafür aufwendet, über die oberen und unteren Seiten des negativen Egos zu meditieren, damit Ihr so gut wie möglich verstehen lernt, wie das negative Ego vorgeht. Um die Denkweise des negativen Egos hinter Euch zu lassen, müßt Ihr beide Anteile, den oberen und den unteren, des negativen Egos überschreiten. In der Bibel heißt es: "Hochmut kommt vor dem Fall." Daher müßt Ihr lernen, beide Anteile aus Eurem Leben zu weisen. Das nennt man Transzendenz. Die meisten Menschen auf Erden bleiben im Wäsche-Schleudergang des negativen Egos stecken. Der Grund, warum sie da nicht heraus können ist der, daß ihnen niemand gesagt hat, wie das negative Ego bzw. das Christusbewußtsein denkt. So einfach ist das. Würde man dies in den Schulen und Kirchen unterrichten, könnte es jeder tun. Es ist überhaupt nicht schwierig, Ihr müßt nur Eure Gedanken in neue Bahnen lenken. Eure Emotionen sind von Eurem Denken abhängig, genauso wie Euer Verhalten und das, was Ihr in Eurem Leben an Euch zieht. Verändert Euer Denken und Ihr verändert Euer Leben. Die Bibel sagt: "Verändert Euch durch die Erneuerung Eures Geistes."

Die Vorgehensweise ist ganz einfach. Immer wenn ein Gedanke oder eine Emotion des negativen Egos in Euch aufsteigt, dann schickt sie weg und ersetzt sie durch die Haltung und das Gegenmittel des Christusbewußtseins. Wenn Ihr dem "Unkraut" kein Wasser bzw. keine Energie zuführt, verdorrt es innerhalb von drei Wochen. So lange braucht es nämlich, um eine neue Gewohnheit im Unterbewußtsein zu verankern. Wenn Ihr die Energie statt dessen der Einstellung des Christusbewußtseins zuführt, wird sie wachsen und gedeihen, und Ihr werdet in kurzer Zeit das Christus-Denken und -Fühlen in Euch spüren und damit inneren Frieden und Freude erfahren. Das Glücksgefühl, das Ihr sucht, liegt nicht außerhalb von Euch und es hat auch nicht mit einem anderen Menschen zu tun. Die Bibel sagt: "Der Geist Christi sei in Euch." Ich empfehle Euch daher, geliebte Leser, das Programm, das ich Euch gezeigt habe, mindestens 21 Tage lang durchzuführen. Ich versichere Euch, daß Ihr Eure Zeit energetisch nicht besser nutzen könnt. Ist Euer Mental- und Emotionalkörper entsprechend integriert, wird sich Euer spirituelles Wachstum stark beschleunigen und Ihr werdet überall erfolgreich sein. Auch Eure mediale Arbeit, wie immer sie sein mag, wird von wesentlich besserer Qualität sein. Genaugenommen wird jeder Aspekt Eures Lebens verbessert. Die Beziehung zu Euch selbst ist der Grundstein Eures Lebens. Nehmt Euch die Zeit, christusgemäße Grundmauern zu errichten, denn aus dieser spirituell integrierten Struktur kann nur Göttliches entstehen.

Ich habe dieses Kapitel mit voller Absicht so verständlich wie möglich geschrieben und versucht, die Quintessenz des Vorgangs begreiflich zu machen. Solltet Ihr mehr Informationen wünschen, so lest die ersten beiden Bücher, die ich angegeben habe, sowie das dritte aufgeführte Buch *Deine Aufstiegs-Mission*. Aufgrund der Verständlichkeit und der Hilfsmittel, die ich hier angegeben habe, ist die Durchführung sehr einfach, solange Ihr nur bereit seid, reinen Herzens dem wahren integrierten Aufstieg und der Gottes-Erkenntnis Eure Zeit zu widmen.

Geliebte Leser, die Kraft ist mit Euch - also tut das, was der Vater Euch aufgetragen hat und nutzt die Tiefe, Klarheit und Einfachheit der Durchführung, die diese Information Euch bietet. Die Bibel sagt: "Die Wahrheit macht Euch frei." Es ist an der Zeit, die Illusionen und Alpträume des negativen Egos abzulegen und zu erkennen, daß es das negative Ego und seine Täuschungen in Wahrheit gar nicht gibt - wir meinen es bloß. Das Gesetz des Geistes besagt, daß das, was Du denkst, Deine Realität ausmacht. Es ist an der Zeit, aus diesem negativen Traum zu erwachen und statt dessen in Gottes Traum von bedingungsloser Liebe, Vergebung, innerem Frieden, Gleichmut, Freude und Glückseligkeit zu leben.

8. Der integrierte Aufstieg und wie man eine entsprechende Beziehung zu den inneren Sinnen herstellt

Wenn man an die inneren Sinne denkt, denkt man zunächst einmal an die fünf äußeren Sinne, nämlich den Geruchssinn, den Geschmackssinn, den Tastsinn, das Sehen und das Hören. Die inneren Sinne bzw. die außersinnlichen Wahrnehmungen könnte man als Intuition, Hellsehen, Hellhören und Hellfühlen bezeichnen. Was viele Lichtarbeiter nicht wissen, ist, daß wir im ganzen achtunddreißig innere Sinne der Planetaren Aufgestiegenen Meister besitzen, was jedoch unsere inneren Sinne der Kosmischen Aufgestiegenen Meister noch nicht mit einschließt. Laßt mich zunächst mit den Sinnen der Planetaren Aufgestiegenen Meister beginnen.

So wie wir fünf äußere Sinne besitzen, gibt es in unserem Unterbewußtsein fünf innere Sinne, die den äußeren entsprechen. Was uns wieder auf das Prinzip

" ... wie innen so außen, wie oben so unten" zurückbringt.

Äußere Sicht	-	Hellsehen
Äußeres Hören	-	Hellhören
Äußere Berührung	-	Hellfühlen (innere Berührung)
Äußerer Geruchssinn	-	Innerer Geruchssinn
Äußerer Geschmack	-	Innerer Geschmack

Diese fünf inneren Sinne nehmen wir jede Nacht, wenn wir träumen, wahr. In unseren Träumen sehen, hören, tasten, riechen und schmecken wir, auch wenn unser physischer Körper tief schläft und unsere äußeren Sinne nicht in Tätigkeit sind. Oft erwachen wir und sind total verblüfft, wie lebensecht unser Traum war. Sehr oft handelt es sich dabei tatsächlich um reale Erfahrungen auf der inneren Ebene und sehr oft ist es ein

Symbol, um uns Einsichten zu bringen. Diese symbolische Transformation in einen gut verständlichen Traum geschieht dann, wenn die Erfahrung auf der Inneren Ebene sehr tiefgreifend ist und daher "vereinfacht" werden muß, damit das Gehirn sie begreifen kann. Es ist wichtig, daß wir verstehen, daß diese inneren Sinne im Bereich des Unterbewußten liegen, weil Menschen und / oder auch Medien, die diese Sinne bewußt im Wachzustand entwickelt haben, oft nicht einmal an Gott glauben. Das ist schwer zu glauben, aber dennoch wahr. Das ist auch der Grund, warum es Gruppen von Menschen gibt, die eher mit dem befaßt sind, was ich als niedere Medialität bezeichne, als mit der höheren Medialität. Höhere Medialität ist es dann, wenn diese fünf Sinne im Dienste der Monade, der Überseele und der Aufgestiegenen Meister eingesetzt werden. Bloß weil jemand diese inneren Sinne besitzt, muß er nicht im geringsten spirituell oder psychologisch entwickelt sein. Ich darf Euch daran erinnern, daß Kinder sehr oft "eingebildete" Spielkameraden oder Leute sehen und hören. Auch Schizophrene hören oft Stimmen und sehen Wesen auf der inneren Ebene. In einem solchen Fall hat jedoch das negative Ego so stark von der Person Besitz ergriffen, daß sie nur niedere Astralenergien und Wesenheiten anziehen kann.

In diesem Kapitel möchte ich meinen lieben Lesern ein intensiveres Verständnis des Themas der außersinnlichen Wahrnehmungen vermitteln, und zwar so, wie die Kosmischen und die Planetaren Aufgestiegenen Meister es betrachten. Auch möchte ich zeigen, welch enorm große Rolle die eigene psychologische Entwicklung in bezug auf das Erkennen der inneren Sinne spielt. Ich möchte mit einer Tabelle beginnen, die ich bereits in meinem ersten Buch, *Das komplette Aufstiegshandbuch,* vorgestellt habe. Diese Tabelle wurde von Djwhal Khul über Alice Bailey durchgegeben und im "Alice Bailey-Material", einer Reihe von Büchern, die in etwa zwanzig Bänden Lehren der Aufgestiegenen Meister enthalten, veröffentlicht. Diese Bücher waren die zweite Veröffentlichung von den Lehren der Aufgestiegenen Meister, die erste war von Madam Blavatsky herausgegeben worden. Djwhal Khul spricht darin von einer dritten Veröffentlichung solcher Lehren um die Jahrhundertwende - er selbst und die anderen Aufgestiegenen Meister würden daran beteiligt sein. Meine 16-bändige Ausgabe über den Aufstieg und die Lehren der Aufgestiegenen Meister ist das, was er vorhergesagt hat. Es war mir in Demut eine große Ehre, der Spirituellen Hierarchie und den Aufgestiegenen Heerscharen in dieser Weise zu dienen. Bis jetzt sind sechzehn Bände erschienen und ich habe die Absicht, in den nächsten fünf Jahren die gesamten dreißig Bände fertigzustellen. Ich spreche hier insbesondere von der theosophischen Richtung. Es gibt jedoch noch eine andere Richtung, die mit der theosophischen in Verbindung steht. Ich meine damit die ICH BIN - Reden und Lehren von Saint Germain, durchgegeben von Godfré Ray King, die ich Euch auch sehr empfehlen möchte. Meine Anerkennung gilt auch Janet McClure und ihren Durchgaben von Djwhal Khul und Vywamus. Vor ihrem Ableben hat Janet einige wunderbare Bücher über hierarchische Lehren geschrieben.

Zurück zum Thema: Die folgende Tabelle zeigt die achtunddreißig inneren Sinne, die jeder Mensch besitzt. Ich habe auch noch die Sinne der Monaden- und Logoischen-Ebene hinzugefügt, die im Buch *Das komplette Aufstiegshandbuch* noch nicht enthalten waren.

Die planetaren Sinne und die Übersinne

Logoische Sinne

Synthese	Logoische Ebene
Das Sehen mit dem Auge Gottes	
Das Verständnis des göttlichen Planes	
Volle Einstimmung auf den Logos des Planeten	
Logoische Erkenntnis	
Logoisches Verständnis	

Monadische Sinne

Synthese	Monadische Ebene
Monadisches Gruppenbewußtsein	
Volle monadische Verschmelzung	
Monadisches Verständnis	
Monadische Sicht	
Monadische Erkenntnis	

Atmische Sinne

Alles Wissen Perfektion Realisation Aktiver Dienst Schönheit	Atmische Ebene

Buddhische Sinne

Idealismus Intuition Göttliche Vorsehung Heilung Verständnis	Buddhische Ebene

Höhere Mental-Sinne

Spirituelle Telepathie Antwort auf Gruppenschwingungen Spirituelles Gespür	Höhere Mentalebene

Niederen Mental-Sinne

Unterscheidungsfähigkeit Erhöhte Hellsichtigkeit Planetare Psychometrie Erhöhte Hellhörigkeit	Niedere Mentalebene

Astrale Sinne

Emotionaler Idealismus Imagination Hellsichtigkeit Psychometrie Hellhörigkeit	Physisch-ätherische Ebene

Physische Sinne

Riechen Tasten Sehen Fühlen Hören	Physische Ebene

Physische Sinne

Auf dieser Tabelle sind die inneren Sinne zu sehen, die jeder Mensch potentiell in sich trägt und sie zeigt die Ebene, auf welcher diese Sinne angesiedelt sind. Beginnen wir am unteren Ende der Tabelle mit der physischen Ebene. Hier sehen wir, wie ich bereits gesagt habe, die äußeren fünf Sinne, die wir alle kennen. Sogar auf dieser Ebene kommt es vor, daß Menschen einen Sinn stärker entwickelt haben als andere. So hören manche Menschen wesentlich besser als andere. Das gleiche gilt für den Geruchs- oder den Geschmackssinn. Bei den inneren Sinnen ist es ähnlich, die Unterschiede sind jedoch viel stärker.

Astrale Sinne

Zu den astralen Sinnen gehören emotionaler Idealismus, Imagination, Hellsichtigkeit, Psychometrie und Hellhörigkeit. Wenn wir uns mit außersinnlichen Wahrnehmungen beschäftigen, müssen wir wissen, daß sich die Hellsichtigkeit oder innere Sicht mit Hilfe dieses Sinnes, auf die Astraleben beschränkt. Das gleiche gilt für die Hellhörigkeit und die Psychometrie. Psychometrie ist die Fähigkeit, über einen Gegenstand Informationen über dessen Besitzer zu erhalten, indem man, wenn man so sagen will, den psychischen oder metaphysischen Fäden folgt.

Es gibt die Hellsichtigkeit auf jeder der sieben Ebenen des Seins und noch weiter bis in die kosmischen Dimensionen Gottes. Das gleiche gilt für das Hellhören, das Hellfühlen und den inneren Geschmacks- und Geruchssinn. Das ist sehr wichtig zu wissen, denn viele Menschen, die hellsichtig oder hellhörig Botschaften vermitteln, tun das lediglich mit Hilfe ihrer astralen Sinneswahrnehmung. Ein Aufgestiegener Meister arbeitet überhaupt nicht auf dieser Realitätstufe. Lichtarbeiter unterscheiden oft viel zu wenig im spirituellen Bereich um feststellen zu können, auf welcher Ebene das Medium arbeitet. In vielen Fällen ist der Klient weiter entwickelt als das Medium oder die Wesenheit, die die Durchgaben gibt. Jemand, der hellsichtig oder hellhörend ist, sollte nie seine Kraft vergessen und von den eigenen Fähigkeiten hingerissen sein, wie das sehr oft bei Lichtarbeitern der Fall ist. Sie sind von dieser psychischen Ebene derart fasziniert, daß sie darüber ganz ihren spirituellen Weg vergessen, und sie wenden oft sehr viel Kraft auf, um medial zu arbeiten. Gibt man ihnen eine Information direkt, von einem Bewußtsein zum anderen, dann haben sie Zweifel - sagt man ihnen jedoch, dies sei eine mediale Durchgabe gewesen bzw. formuliert man die Aussage wie eine Botschaft, dann glauben sie ganz automatisch, daß sie stimmen muß. Ich bin überzeugt, liebe Leser, daß Ihr wißt, wovon ich hier spreche. Es sind derart viele "mediale" Bücher auf dem Markt, die vor Ungenauigkeiten und Unwahrheiten nur so strotzen - man möchte es nicht für möglich halten! Ich sehe Lichtarbeiter, die solche Bücher kaufen und sie, ohne den geringsten Zweifel, mit Haut und Haar verschlingen, nur weil der Autor behauptet, sie seien ihm von einem Wesen aus der Geistigen Welt oder einem Außerirdischen durchgegeben worden. Ich werde dieses Thema später nochmals ansprechen, ich wollte Euch jetzt nur einmal darauf aufmerksam machen.

Ein weiterer interessanter Punkt zu diesem Thema ist die Tatsache, daß Kinder sehr oft hellsichtig oder hellhörend sind. Wenn man ihr Alter und ihre mentale Entwicklung bedenkt, können diese Phänomene nur von der Astralebene stammen - es kommt jedoch vereinzelt vor, daß Kinder auch

Zugang zu höheren Ebenen haben. Interessant ist, daß Kinder sehr oft viel klarer in ihren Aussagen sind, als Erwachsene. Je älter man wird und je mehr sich der Emotional- und der Mentalkörper entwickelt, desto mehr werden die Durchgaben durch das Bewußtsein und die Persönlichkeit beeinflußt. Das ist der Grund, warum so viele Erwachsene den Großteil ihrer inneren Wahrnehmungsfähigkeit, die sie als Kind noch hatten, verlieren. Kinder haben noch eine gewisse Unbefangenheit, die der Erwachsene durch seine Lebenserfahrung und die Schwierigkeit dieser speziellen mystischen Schule verliert. Liebe Leser, seid etwas kritischer - spirituell kritischer - , was diesen Bereich der psychischen Entwicklung und der medialen Durchgaben angeht. Was ich Euch hier mitgeteilt habe, ist eigentlich nur die Spitze des Eisberges. Ich möchte die hier angesprochenen Fähigkeiten überhaupt nicht schlechtmachen, denn sie sind wunderbare spirituelle Sinne. Man muß jedoch sehr genau schauen, auf welcher Stufe man sich befindet und auch erkennen, wie stark die eigene psychologische und spirituelle Entwicklung diesen Prozeß beeinflußt, wenn nicht sogar stört.

Oft sind Menschen, die mit dieser Art der inneren Sinne arbeiten, auf die rechte Hirnhälfte bezogen, sie reagieren aus dem Unterbewußtsein, gehören dem vierten Strahl an, sind künstlerisch begabt, mystisch und emotional. Was ich damit sagen will ist, daß diese psychischen Sinne überhaupt kein Hinweis auf eine hohe Stufe psychologischer oder spiritueller Entwicklung sind. Es mag schon sein, daß solch ein Mensch innere Stimmen hört - das kann er aber auch, wenn sein Bewußtsein der linken Gehirnhälfte total unterentwickelt ist, wenn ihn sein Unterbewußtsein antreibt und ihn der Emotionalkörper und die Begierden des niederen Selbst tyrannisieren. Selbst wenn all dies der Fall ist, kann der Mensch Durchgaben erhalten und Dinge auf den Inneren Ebenen sehen. Dabei erhebt sich die Frage, welche Auswirkung diese psychologische Unklarheit und spirituelle Unreife auf den Prozeß des Durchgebens und der Hellsichtigkeit hat. Sie werden dadurch verzerrt und das, was man für wahre Hellhörigkeit und Hellsichtigkeit hält, ist es nicht. Alles Hellsehen, alles Hellhören, egal von welcher Stufe es kommt oder welche Initiationsstufe Ihr selbst erreicht habt, wird durch Eure Persönlichkeit, Euer Unterbewußtsein, Euren Mentalkörper, Euren Emotionalkörper und Euer Glaubenssystem gefiltert, um nur einige der vielen hundert Filter aufzuzählen, die durchlaufen werden müssen. Jeder Lichtarbeiter muß das recht verstehen. Das sei nur als kurze Eingangsinformation gedacht, ins Detail gehe ich dann später. Ich muß dazu sagen, daß einige der künstlerisch begabten Menschen des vierten Strahles zu den besten Medien überhaupt zählen. Aber auch bei ihnen, so wie bei allen anderen, kommt es auf die psychologische Klarheit, die spirituelle Reife, die Ausgeglichenheit und Integration bei ihrer Arbeit an.

Der emotionale Idealismus hat mit der Fähigkeit, Ideale zu formulieren zu tun, ich rede jedoch hier davon, was geschieht, wenn dieser besondere Sinn von der Astralebene kommt. Nehmen wir an, daß ein junges Mädchen, welches davon träumt, zu heiraten und Kinder zu haben, solch einen emotionalen Idealismus zeigt. Sie könnte dabei auch noch die Imagination ihrer anderen astralen Sinne dazu verwenden, sich in Tagträumen ihr weiteres Leben auszumalen. Diese Art der Imagination ist sehr eng mit dem Emotionalkörper und dem Körper der Begierden verbunden. Hier wäre es wichtig, die inneren Sinne eher von den Wünschen des Höheren Selbst her zu nutzen, als vom niederen Selbst.

Niedere Mental-Sinne

Die niederen Mental-Sinne sind Unterscheidungsfähigkeit, erhöhte Hellsichtigkeit, planetare Psychometrie und erhöhte Hellhörigkeit. Unterscheidungsfähigkeit ist ein Sinn, den wir alle verstehen können, es ist jedoch notwendig zu begreifen, daß es sich hierbei um die Unterscheidung auf der konkreten Ebene des Geistes handelt, und nicht um die spirituelle Unterscheidungsfähigkeit, die ich vorhin angesprochen habe. Ein Beispiel dafür wäre der Wissenschaftler, der zwar auf seinem Gebiet sehr gut unterscheiden kann, sich aber den Realitäten der eigenen Seele nicht geöffnet hat.

Die erhöhte Hellsichtigkeit befindet sich im Bereich der niederen Mentalebene und nicht höher. Planetare Psychometrie bedeutet, daß man diese Fähigkeit auf planetarer Ebene auf der niederen Mentalebene verwenden kann. Die erhöhte Hellhörigkeit verwendet das innere Gehör auf der niederen Mentalebene und nicht höher. Jemand mit dieser Fähigkeit könnte Wesenheiten der niederen Mentalebene durchgeben.

Höhere Mental-Sinne

Die Sinne auf der höheren mentalen Ebene sind spirituelle Telepathie, Antwort auf Gruppenschwingungen, spirituelles Gespür und höhere Hellsichtigkeit. Spirituelle Telepathie ist die Fähigkeit, Gedankenströme zu empfangen und weiterzugeben. Alle Lichtarbeiter tun das - mehr oder minder. Mystiker arbeiten mehr mit Hellhören und Menschen, deren Interesse eher im Okkulten liegt, arbeiten eher mit der spirituellen Telepathie. Wir alle kennen die Situation, daß wir an jemanden denken und er ruft uns an oder wir begegnen ihm plötzlich. Diese Fähigkeit kann zu einem sehr hohen Grad entwickelt werden - das automatische Schreiben ist ein gutes Beispiel dafür. Doch man muß wieder sehr darauf achten, von welcher Ebene die Informationen kommen. Das ist der Grund, warum die Meister wünschen, daß die Menschen die Finger vom Ouija-Brett lassen!

Bei der Antwort auf Gruppenschwingungen geht es um die Einstimmung auf die eigene Gruppe hier auf Erden und/oder auf die Gruppenschwingung der Spirituellen Hierarchie insgesamt. Der Kernpunkt des Neuen Zeitalters ist das Gruppenbewußtsein. Das Ideal ist, sowohl die eigene, individuelle Identität beizubehalten und gleichzeitig den Kontakt zur eigenen Gruppenidentität zu wahren. Ein Beispiel dafür wäre unsere Gruppenidentität als Söhne und Töchter Gottes. Ein weiteres Beispiel ist die Gruppenidentität als Teil der Hierarchie oder die Zugehörigkeit zu einem bestimmten Ashram innerhalb der Hierarchie. Das spirituelle Gespür befindet sich hier auf einer höheren Ebene als zuvor. Auch Hellsichtigkeit und / oder Hellhörigkeit sind auf einer höheren Ebene angesiedelt, befinden sich jedoch immer noch im höheren mentalen Bereich.

Buddhische Sinne

Die Sinne auf der buddhischen Ebene sind Idealismus, Intuition, göttliche Vorsehung, Heilung und Verständnis. Diese Stufe des Idealismus ist wesentlich höher als die Stufe des emotionalen Idealismus, sie befindet sich im reinen Gedankenbereich auf der buddhischen Ebene. Diese Art des Idealismus beinhaltet die Fähigkeit, Gottes Plan auf dieser Ebene zu verstehen und zu begreifen. Dies ist die Ebene, die man als reines Wissen jenseits des rationalen Denkens bezeichnen könnte. Dazu gehört klares Sehen, intuitives Begreifen, das Wissen um die Absicht der Aufgestiegenen Meister und das Verstehen des göttlichen Planes, so wie er sich auf dieser Ebene zeigt. Dazu gehört auch noch, die Vorsehung des Neuen Zeitalters und den darauffolgenden Schritt klar im Bewußtsein zu behalten. Die göttliche Vorsehung erfordert eine subtilere Art der Vision, des Sehens und der Kommunikation mit den Meistern.

Der innere Sinn des Heilens beinhaltet das Heilen mit Licht im Sinne der Inneren Ebenen oder durch das Auflegen der Hände unter Verwendung der reinen Strahlung Gottes. Normalerweise sehen Lichtarbeiter diesen Sinn des Verständnisses gar nicht als inneren Sinn an, und doch ist er es und dazuhin noch ein ganz wunderbarer. So kann es zum Beispiel Menschen geben, die Informationen medial durchgeben und überhaupt nicht in der Lage sind, zu verstehen, was sie eigentlich durchgeben. Auch wenn man ein spirituelles Buch liest, gibt es Lichtarbeiter, die keine Ahnung haben, um was es dabei eigentlich geht und andere wiederum verstehen es ohne Probleme. Was Ihr daraus erkennen könnt, liebe Leser, ist, daß es in Wahrheit Sinne gibt, die viel weiter fortgeschritten sind, als das Hellsehen oder Hellhören. Viele Lichtarbeiter sind voll Selbstzweifel, weil sie nicht hellsichtig oder nicht imstande sind, hellhörig Botschaften zu vermitteln. Dabei ist es vielleicht einfach nicht Eure Aufgabe, diese Art von Arbeit zu leisten und Ihr erreicht mit Eurer Art eine viel höhere Ebene, als manch ein Hellsichtiger oder Hellhöriger.

Einer meiner Freunde war mit einer Frau verheiratet, die zwölf Jahre lang als Medium Durchgaben der Aufgestiegenen Meister weitergegeben hatte. Mein Freund konnte nicht hellhörig arbeiten, war aber sehr gut in Telepathie und hatte sehr hochentwickelte innere Sinne. Ich sah mir die Sache einmal genauer an und stellte fest, daß er aus dem A-Netzwerk heraus arbeitete, während seine Frau dies aus dem B-Netzwerk tat. Das ist keine Kritik und auch kein vom negativen Ego hervorgerufener Vergleich. Es ist vielmehr eine wichtige spirituelle Unterscheidung und beweist, daß die Dinge oft nicht so sind wie sie scheinen. Hellsichtige und hellhörige Medien sind oft nicht so hoch entwickelt, was ihre Sinne auf der buddhischen-, atmischen-, monadischen- und der logoischen Ebene angeht. Einige der Sinne, die ich hier anspreche, sind viel höher entwickelte außersinnliche Hilfsmittel als die Fähigkeiten zur außersinnlichen Wahrnehmung, an die wir normalerweise denken. Einer der stärksten Einflußfaktoren in dieser Hinsicht ist die Stufe der psychologischen Klarheit, die der Mensch erreicht hat. Ist diese Klarheit zu gering, sind alle Durchgaben verzerrt und gestört. Liebe Leser, prägt Euch diesen letzten Satz unauslöschlich in Eurem Gedächtnis ein. Er ist so wichtig, daß ich ihn nochmals wiederhole: Ist die psychologische Klarheit eines Mediums nicht entsprechend entwickelt, sind alle Durchgaben verzerrt und gestört. Dabei wird noch nicht einmal angesprochen, ob die Medien ihre höheren Sinne entwickelt haben, was wiederum ein wichtiger Faktor ist. Ihr seht, liebe Leser, warum es unsinnig ist, äußerliche Hellsichtige und Hellhörige zu fördern und sich selbst schlecht zu machen, weil man diese Fähigkeiten nicht besitzt. Dabei sind es lediglich 5% aller Lichtarbeiter, die sie besitzen. Wenn Ihr jedoch die psychologische Klarheit und Eure höheren Sinne, von denen ich fünfzehn noch nicht einmal angesprochen habe, entwickelt habt, arbeitet Ihr auf einer tausendmal höheren Ebene, als die Leute, die mit Hellsehen und Hellhören arbeiten. Noch einmal: Ich möchte niemanden damit schlechtmachen. Ich bringe nur das Schwert der spirituellen Unterscheidungsfähigkeit in dieses Thema ein, bei dem Lichtarbeiter meist sehr naiv reagieren. Ich spreche auch deshalb darüber, damit Hellsichtige und Hellhörige dazu angehalten werden, sich psychologisch und in bezug auf ihre inneren Sinne zu entwickeln, und sich nicht zu stark auf nur einige dieser Sinne zu konzentrieren. Auch sollten sie erkennen lernen, wie stark die Beziehung zum eigenem Selbst diesen Prozeß beeinflußt und einfärbt. Diese Menschen selbst erkennen das oft nicht - noch ein Grund, warum ich dieses Buch schreibe.

Die mediale Arbeit mit Hellsehen und Hellhören ist wunderbar und ich möchte Euch allen empfehlen, diese Fähigkeiten und/oder Sinne zu entwickeln, wenn Euch das bestimmt ist. Ich kritisiere die mediale Arbeit nicht, weil ich denke, daß sie für Lichtarbeiter eine der wichtigsten Fähigkeiten ist, um sich weiter zu entwickeln. Manche werden das hellhörig als Stimm-Medium tun, andere werden mit Telepathie arbeiten, andere wieder mit automatischem Schreiben, mit Musik, Dichtkunst, Malerei, Tanz, oder energetisch mit Heilen oder durch die Liebe. Findet heraus, welches Euer Puzzle-Stück ist, so wie Gott es haben will und versucht nicht, die Aufgabe eines anderen Menschen zu erfüllen.

Hellsehen und Hellhören sind wunderbare Fähigkeiten, ebenso wunderbar wie alle achtunddreißig inneren Sinne, die wir besitzen. Alle inneren Sinne laufen durch unsere psychologische und spirituelle Entwicklung. Der wichtigste Grund für dieses Kapitel ist, daß ich den Lichtarbeitern klar machen will, daß es Filter gibt, durch welche alle medialen Durchgaben, die Hellsichtigkeit und die inneren Sinne hindurch müssen, bevor sie weitergegeben werden. Ich spreche das immer wieder an, weil ich einen derartigen Mangel an Verständnis für diese Situation im Bereich der New Age Bewegung miterlebt habe. Manche Medien werden sehr selbstgerecht bei dem, was sie channeln und bemerken dabei gar nicht, wie stark ihre Durchgaben und auch ihre medialen Fähigkeiten von ihrer Persönlichkeit und anderen Faktoren eingefärbt sind. Selbst die besten Medien der Welt müssen ihre Durchgaben durch viele Filterlagen hindurchbringen. Da dies ein so wichtiges Thema ist, möchte ich kurzfristig die inneren Sinne verlassen und Euch statt dessen über die diversen Filter erzählen, die die Durchgaben beeinflussen.

Die Filter beim Channelingprozeß und bei den medialen Durchgaben

Die Anzahl der Filter, die bei diesem Prozeß durchlaufen werden müssen, ist sehr groß. Das was ich Euch jetzt erklären werde, ist einer der Hauptgründe, warum ich dieses Buch überhaupt geschrieben habe. Ich habe das Fehlen der entsprechenden Integration beim Aufstiegsprozeß erkannt und auch gesehen, welchen Schaden dies in der New Age - Bewegung angerichtet hat. Diese in Liebe gemachten Beobachtungen haben mich, unter Anleitung der Meister, veranlaßt, dieses Buch zu schreiben.
Als erstes Beispiel möchte ich Euch ein Medium vorstellen, das Machtthemen zu bearbeiten hat und eher dominierend ist. Was bei den Durchgaben geschieht ist, daß sie, selbst wenn sie direkt von einem der Aufgestiegenen Meister kommen, diktatorisch und befehlshaberisch wirken. Vielleicht ist dieser Gedankengang für Lichtarbeiter nicht so leicht nachzuvollziehen, aber ich kann Euch garantieren, daß genau das geschieht. Der Klient wird den Eindruck haben, daß der Aufgestiegene Meister, dessen Botschaft er übermittelt bekommt, recht hart ist - dabei wirkt das nur so, weil die Botschaft das derart gestaltete psychologische Programm des Mediums durchläuft.

Ist das Medium sanft und scheu, dann werden die Botschaften der Aufgestiegenen Meister in dieser extrem sanften, weichen Art durchkommen. Die Botschaften werden auch vom Glaubenssystem des Mediums eingefärbt. Das Medium empfindet das als Bestätigung, was ihm von der eigenen Glaubensrichtung gegeben wird, dabei nimmt die Durchgabe nur die Färbung der Glaubensstruktur an. Nehmen wir an, jemand, der als Medium für die Aufgestiegenen Meister arbeitet, ist überzeugt davon, daß es gewaltige Erdveränderungen und Naturkatastrophen geben wird, die das Ende des Planeten bedeuten. Selbst wenn das gar nicht stimmt, ist diese Person durchaus imstande Botschaften der Aufgestiegenen Meister (die übrigens nicht unbedingt von den Aufgestiegenen Meistern stammen müssen) zu diesem Thema zu bringen. Die Person meint es dabei ganz sicher gut und hat reine Motive, was sie nicht mitbekommt ist, daß das, was sie glaubt, den Vorgang beeinflußt. Oft vermittelt ein Medium ein altes Gedankenmuster, das zwar früher Gültigkeit besaß, aber nicht mehr aktuell ist. Das geschieht recht oft in Bewegungen, die sich mit dem Ashtar-Kommando befassen und bei denen öfters Erdveränderungen vorhergesagt werden. Ich bringe hier keine Kritik an, ich sage das nur im Geiste der spirituellen Unterscheidung.

Ein weiterer Filter sind die eigenen Datenbänke, durch die eine mediale Botschaft hindurch muß. Die Meister können keine Informationen übermitteln, die es nicht in irgendeiner Form bereits im Unterbewußtsein dieses oder eines früheren Lebens gibt. Der Zugang zu den Datenbänken der vergangenen Leben ist auch viel schwieriger als zu denen dieses Lebens. Wenn Ihr Euch bewußt noch nie mit Astrologie auseinandergesetzt habt, dann könnt Ihr mit sehr hoher Wahrscheinlichkeit, keine Durchgaben, die dieses Thema betreffen, übermitteln. Seht Ihr nun, liebe Leser, wie sehr diese Dinge den Durchgaben-Prozeß behindern und wie gefährlich es wäre, Durchgaben zu vertrauen, die nur von außen gegeben werden? Ich habe nichts gegen Lichtarbeiter, die mit solchen Durchgaben arbeiten - ich denke, sie können sogar sehr nützlich sein, solange die Lichtarbeiter verstehen, wie das Channeling und die medialen Durchgaben funktionieren. Um ein weiteres Beispiel zu geben: Ist ein Medium sehr kindlich und ohne Selbstvertrauen, dann wird es Wesenheiten anziehen, die väterlich und kritisch sind. So ist das Gesetz der Energie.

Ein weiterer Filter ist das Chakra / die Chakren, die dem Medium am meisten bedeuten. Ist das Medium ein Herzchakra-Typ, dann kommen die Durchgaben durch das Herzchakra und werden sich liebevoll, aber von geringem Informationswert zeigen. Ist das Medium ein Typ des dritten Chakras, dann könnten sich die Durchgaben als machtvoll erweisen. Ist das Medium auf das Halschakra konzentriert, werden die Durchgaben sehr kommunikativ sein. Und ist es auf das dritte Auge ausgerichtet, sind die Durchgaben von hohem Informationswert. Alles klar, liebe Leser?

Ein weiterer Filter ist durch die Strahlen gegeben. Sind Seele und Monade des Mediums auf dem ersten Strahl, werden seine Durchgaben der Aufgestiegenen Meister machtvoll, vielleicht sogar politisch wirken. Sind sie auf dem zweiten Strahl angesiedelt, kommen eher Durchgaben spiritueller und erzieherischer Natur. Durchgaben über den vierten Strahl sind poetisch und künstlerisch und streben nach Harmonie. Durchgaben des fünften Strahles sind wissenschaftlich eingefärbt, die des sechsten Strahles voller Hingabe. Seht Ihr jetzt, liebe Leser, wie sehr Durchgaben durch die psychologische und spirituelle Struktur des Mediums beeinflußt werden?

Alle Channelings und Durchgaben reflektieren auch den philosophischen Hintergrund des Mediums, selbst wenn es Botschaften der Aufgestiegenen Meister weitergibt, die vielleicht an etwas ganz anderes glauben. Channeling und psychische Informationen kommen über Energie-Impulse, die von der Monade, der Überseele, der Persönlichkeit, dem Geist, den Emotionen und dem Unterbewußtsein des Mediums interpretiert werden müssen. Den meisten Medien ist das überhaupt nicht klar. Sie meinen, daß ihnen Dinge direkt übermittelt werden, daß dabei so viele Filter mit im Spiel sind, wissen sie einfach nicht. Ich will gar nicht behaupten, daß alle Medien so sind, aber sehr viele sind so, und ich habe dieses Buch geschrieben, um das Thema "Filter" wirklich klar zu machen, weil die einschlägigen Bücher nichts darüber sagen.

Ein weiterer Filter mit großer Auswirkung auf die Durchgaben sind die Archetypen, auf die das Medium ausgerichtet ist. Nehmen wir an, bei einem Medium sei dies der Archetypus des Lehrers oder des Weisen. Da dieser Archetypus zu stark belastet ist, wird sich das Medium vielleicht versucht fühlen, Fragen zu beantworten, die es eigentlich gar nicht beantworten kann. Das kann zum "Ich-weiß-alles-Syndrom" führen! Ein weiteres Beispiel wäre die Überbewertung des Archtypus des Kriegers. Dann kommen bei den Durchgaben Sätze wie "... stürzen Sie sich ins Kampfgetümmel, ohne Rücksicht auf Verluste". Das wiederum könnte dazu führen, daß der Klient aus seinem Tao gestoßen wird, was unnötige Härten und karmische Nachwirkungen mit sich bringt. Das, liebe Leser, waren nur zwei Beispiele aus den Tausenden von Möglichkeiten, die es gibt, wenn die zwölf Haupt-Archetypen nicht entsprechend integriert sind.

Ein weiteres Beispiel für einen Filter ist, ob sich das Medium als eher männlich oder eher weiblich betrachtet. Die beiden Aspekte sollten ausgeglichen sein, das ist klar. Ist das Medium weiblich betont, dann werden die Durchgaben in dieser Art gegeben werden, ist es eher männlich, dann werden auch die Durchgaben so sein.

Ist ein Medium ein religiöser Mensch, dann werden auch die Durchgaben in dieser Art vermittelt. Die Art, wie Durchgaben gemacht werden, könnte man mit den Seiten eines Prismas vergleichen. Die meisten Menschen benützen für die Durchgaben nur einen einzigen oder ganz wenige Aspekte des gesamten Prismas. Das schafft noch kein Problem - das entsteht erst, wenn das Medium der Meinung ist, daß es das volle Prisma für die Durchgaben nutzt. Ich mag das Channeling und ich mag die psychischen Sinne. Ich möchte jedoch, daß den Lichtarbeitern klar wird, daß es Filter gibt, die diesen Prozeß beeinflussen. Keine Kritik, wohlgemerkt, nur ein klares Verständnis der Abläufe. Um ein wirklich gutes Medium zu sein, muß man zunächst den integrierten Aufstieg durchlaufen. Ist das geschehen, werden die Durchgaben viel klarer sein und nicht so stark eingefärbt durch das eigene Programm. Es gibt auf der ganzen Welt kein Medium, dessen Durchgaben nicht ein bißchen verzerrt wären. Was Ihr versuchen sollt zu erreichen ist, ein Medium in der Art der Aufgestiegenen Meister zu sein, egal, welche Form der Medialität die Eure ist.

Ein weiterer Störfaktor kann sein, wenn das Medium nicht seine wahre Aufgabe lebt. Es versucht beispielsweise sich seinen Lebensunterhalt als Channeling-Medium zu verdienen, dabei wäre es seine Aufgabe, Krankenschwester zu sein. Der Glanz, den ein Medium umgibt, hat es von seinem Weg abgelenkt - was selbstverständlich Auswirkungen auf die Qualität der Durchgaben hat.

Der wichtigste Störfaktor ist jedoch das Ausmaß des Einflusses des eigenen negativen Egos auf das Medium. Das ist ein Faktum, das nur ganz, ganz wenige verstehen, und doch hat es enorme Auswirkungen auf die medialen Durchgaben, wie auch auf alles andere im Leben. Wenn jemand noch sehr stark seinem negativen Ego untersteht, dann kann sich das bei der medialen Arbeit als Selbstüberschätzung, Machthunger, Ruhmgier, Geldgier und als dauernder Wunsch nach Bestätigung äußern. Außerdem wird so ein Medium dem Klienten meist nur Dinge sagen, die dieser gerne hören möchte und es wird die Aufgestiegenen Meister dazu mißbrauchen, seine eigenen Glaubensgrundsätze zu unterstützen. Was innerhalb Eurer Persönlichkeit, in Euren Datenbänken und Eurer charakterlichen Entwicklung Schwächen aufweist, wird sich auch in Euren Durchgaben als Schwäche zeigen. Das ist keine Kritik, nur eine realistische Aussage, um Euch zu zeigen, wie eng die mediale Arbeit mit der Entwicklung des eigenen Bewußtseins verknüpft ist.

Ein weiterer, sehr interessanter Filter, der mir in der New Age - Bewegung aufgefallen ist, ist das Verhaftetsein in der Vergangenheit. Nehmen wir an, jemand verehrt Edgar Cayce und ist der Meinung, daß seine Durchgaben das einzig Wahre sind - wenn dieser Mensch medial arbeitet, dann wird sein Bewußtsein im Zeitraum der 40er-Jahre verhaftet sein und seine Durchgaben werden das widerspiegeln. Dasselbe gilt für die Bücher von Alice Bailey, die ICH BIN - Reden von Saint Germain oder sonst einen philosophischen Hintergrund, den sich jemand aneignet. Damit will ich in keinster Weise Kritik an Edgar Cayce, Alice Bailey oder den ICH BIN - Reden üben, denn alle drei sind mir lieb und wert. Es ist nur wichtig, daß man offen bleibt und sich Neuem nicht verschließt. Alles entwickelt und verändert sich, das darf man nicht übersehen. Diese Werke, die in der Vergangenheit geschrieben wurden, sind ausgezeichnet und auch heute noch sehr wertvoll. Ideal wäre, das Beste aus der Vergangenheit zu nehmen, es in die Gegenwart zu bringen und offen zu bleiben für alle neuen Informationen, die Edgar Cayce, Djwhal Khul und Saint Germain weiterhin vermitteln. Meistens ist es jedoch so, daß die Menschen in den Aussagen von 1940 steckenbleiben und sich daher weder für gegenwärtige noch für zukünftige Versionen öffnen.

Des weiteren können Durchgaben durch das Unterbewußtsein und die Subcharaktere des Mediums beeinflußt werden. So ist jemand restlos davon überzeugt, daß er Durchgaben der Aufgestiegenen Meister oder eines höheren Wesens weitergibt, dabei reagiert er nur auf Informationen einer seiner Subcharaktere. Das kommt viel häufiger vor, als man meinen sollte. Auch kann geschehen, daß ein Medium tatsächlich Botschaften eines Aufgestiegenen Meisters vermittelt, dann jedoch plötzlich den Kontakt verliert und nur noch das weitergibt, was seiner Vorstellung nach ein Aufgestiegener Meister sagen müßte, ohne daß dies jedoch die Botschaft des Aufgestiegenen Meisters ist. All das findet statt, ohne daß das Medium es bemerkt. Das funktioniert wie ein Theaterstück - es werden Durchgaben gemacht, sie klingen wunderbar, aber sie entsprechen nicht der Realität. Theater spielen ist schon in Ordnung, nur, wenn jemand behauptet, Durchgaben zu machen, dann sollte er das auch wirklich tun. Dann gibt es noch den Filter des Integritätsfaktors. Oft wird einem Medium eine Frage gestellt, die früher schon einmal gestellt worden ist. Das Medium gibt die Antwort aus dem eigenen Bewußtsein ohne dies dem Klienten zu sagen. Das ist nicht in Ordnung. uch durch die negativen außerirdischen Implantate und negativen Elementale, die nicht entfernt worden sind, können Störungen im Channelingprozeß entstehen, die sich meist durch Störgeräusche und Unterbrechungen in der Einstimmung bemerkbar machen. Dadurch wird der Empfang unklar und der Informationsfluß unterbrochen.

Ein weiterer negativer Faktor sind die Störungen durch Astralwesenheiten. Sie stellen sich oft als Aufgestiegene Meister vor, nur um Aufmerksamkeit zu erregen. Das kann bei Menschen, die sehr stark unter dem Einfluß ihres Emotionalkörpers, der Astralbegierden, des Inneren Kindes und/oder des negativen Egos stehen, eindeutig zu einer Gefahr werden. Auf der Astralebene können diese Wesenheiten wundersame und zauberhafte Situationen entstehen lassen. In der New Age - Bewegung gibt es viele Medien, die das Channeling als etwas Besonderes und Wunderbares verkaufen, was zwar überhaupt nicht im Sinne der Aufgestiegenen Meister ist, jedoch von unerfahrenen Lichtarbeitern mit großer Begeisterung aufgenommen wird.

Eine weitere Möglichkeit, die das negative Ego verwendet, um Medien in die Irre zu führen, ist das Thema der Kontrolle. Diese Arbeit wird dann dazu verwendet, um Menschen zu kontrollieren und um sich Gefolgsleute heranzuziehen. Wenn jemand sehr konservativ in seinen Ansichten und Moralvorstellungen ist, wird sich das in der Art seiner Durchgaben zeigen. Selbst etwas so Einfaches, wie die Tatsache, daß ein Medium ein

Mann oder eine Frau ist, verändert die Durchgaben. Auch kommt immer wieder der Bildungshintergrund, der Beruf, die politischen Ansichten oder der soziale Status durch. Das selbe gilt für Bedürfnisse, Wünsche, Hoffnungen, Träume und Motive.

Was die Durchgaben auch noch sehr stark beeinflußt, ist die Initiationsstufe des Mediums. Je höher diese Stufe ist, desto höher ist die Schwingungsebene, auf der Du arbeitest. Die Initiationsstufe hilft Dir jedoch gar nicht, wenn Du nicht Deine psychologischen Hausaufgaben gemacht hast - dann werden Deine Durchgaben und Deine mediale Arbeit trotzdem verzerrt und vergiftet sein. Die Initiationen sagen nur etwas darüber aus, wieviel Licht Du in dir trägst, jedoch nichts über die psychologische Klarheit. Die schlechteste mediale Arbeit, die ich jemals miterlebt habe, wurde von Initiaten der siebten oder einer noch höheren Stufe durchgeführt. Das ist vielleicht kaum zu glauben, es ist jedoch die reine Wahrheit. Auch ich war anfangs entsetzt und wollte meinen Augen nicht trauen, jetzt weiß ich aber, daß dies sehr oft geschieht. Deshalb schreibe ich dieses Buch. Viel zu viele Lichtarbeiter konzentrieren alle ihre Energien auf die spirituelle Ebene und vergessen dabei die psychologische Ebene. Dadurch geraten sie aus dem Gleichgewicht, was wiederum dazu führt, daß ihre spirituelle Arbeit verzerrt und vergiftet wird. Tragischerweise merken sie es nicht einmal!

Was Lichtarbeiter noch erkennen müssen ist, daß die Fähigkeit, einen Aufgestiegenen Meister zu channeln noch lange nicht bedeutet, daß man das, was man weitergibt, selbst auch lebt. Es bedeutet auch nicht, daß der Mentalkörper oder der Emotionalkörper auf die Meister eingestimmt ist. Auch diese Tatsache ist schwer zu begreifen, ich kenne jedoch viele Medien und Initiaten höherer Stufen, wo genau dies der Fall ist. Die psychische und psychologische Energie, die vom Klienten auf das Medium zuströmt, kann ebenfalls ein Störfaktor sein. Nehmen wir einmal an, der Klient ist jemand, der nicht glaubt. Das kann den Energiestrom während der Durchgaben sehr stark beeinflussen. Ähnlich ist es, wenn das Medium für eine Gruppe von Leuten arbeitet, die sich in einem sehr niederen Bewußtseinszustand befinden. Das erschwert die Arbeit des Mediums sehr. Hat der Klient oder die Gruppe einen sehr hohen Bewußtseinszustand, erleichtert das die Arbeit des Mediums.

Was gerade im Leben des Klienten vor sich geht, beeinflußt ebenfalls sehr stark die medialen Durchgaben. Herrscht großes Durcheinander, so kann das sehr stark ablenken und die Einstimmung abbrechen. So etwas kann passieren, wenn der Klient kurz vorher einen Streit mit seinem Ehepartner hatte, oder wenn jemand, der ihm nahe steht, ins Krankenhaus gebracht wurde, oder wenn das geliebte Haustier krank ist etc. Das beeinflußt und färbt die medialen Durchgaben ein.

Des weiteren ist es auch wichtig, daß das Medium seinen Mental-, den Emotional- und den physischen Körper beherrscht und sich konzentrieren kann. Einige können das besser, andere wieder weniger gut. Fehlt die Beherrschung oder ist die Konzentrationsfähigkeit nicht stark genug, bringt das Unterbrechungen bei der Einstimmung mit sich, was wiederum unbewußt zur Beeinflussung der Persönlichkeit des Mediums bzw. des Umfeldes führt.

Ein weiterer Faktor bei medialen Durchgaben ist das astrologische Horoskop des Mediums. Bestimmte Konstellationen, selbst der Vollmond, können, ebenso wie das Sonnenzeichen des Mediums, die Durchgaben beeinflussen. Ich hoffe, liebe Leser, daß Ihr jetzt verstehen könnt, daß mediales Arbeiten meist von einem sehr eingeengten Gesichtspunkt her erfolgt.

Auf der Astralebene sind die Täuschungen beheimatet, die uns alles viel größer, besser und schöner vorkommen lassen. Auf der ätherischen Ebene nennt man diese Täuschungen Maya. Alles, was an diesen Täuschungen oder Maya in uns enthalten ist, wird sich in unseren Durchgaben widerspiegeln. Ihr könnt Durchgaben nicht getrennt von Euch selbst geben! Ein Medium kann durchaus dazu imstande sein, Botschaften zu übermitteln - aber letztendlich wird die Botschaft immer etwas von dem, was das Medium ausmacht, vermitteln. Um das in Ordnung zu bringen, müßt Ihr Eure Hausaufgaben machen, das heißt, so gut Euch das möglich ist, Euch von Täuschungen, Maya und Illusionen freimachen, Euch zu integrieren und die höheren Initiationsstufen zu erreichen. Wenn Ihr das tut, werden Eure Durchgaben, unabhängig von der Technik, die Ihr verwendet, viel klarer und reiner sein.

Der nächste Störfaktor bezieht sich auf die Entwicklungsstufe der Wesenheit, deren Botschaften das Medium durchgibt. Es kann sich dabei um Wesenheiten von der Astralebene, der Mentalebene, der budhhischen Ebene, der atmischen Ebene, der Monaden-Ebene oder auch um eine aufgestiegene Wesenheit handeln. Ich kenne Tausende von Menschen, die bereits die siebte Initiation durchlaufen haben und die, meiner Meinung nach, ausgesprochen verwirrt sind. Viele von ihnen unterliegen ihrem Emotionalkörper, dem negativen Ego, den Begierden des niederen Selbst, dem Inneren Kind oder dem Unterbewußtsein. Ich kritisiere nicht, ich sage nur die Wahrheit. Sie haben sich zwar spirituell, nicht jedoch psychologisch weiterentwickelt. So könnte ein Medium durchaus eine aufgestiegene Wesenheit hereinbekommen, wäre jedoch unter Umständen sehr überrascht, WAS es da als Übermittler der Botschaft "eingefangen" hat! Daß jemand ein Aufgestiegener Meister ist, bedeutet noch lange nicht, daß er in allen Bereichen entwickelt ist. Auch hier muß man spirituell sehr genau unterscheiden. Ihr könnt unter Umständen viel, viel weiter entwickelt sein, als die Wesenheit, die Euch Ratschläge gibt. Seltsam bei der New Age - Bewegung ist, daß viele Lichtarbeiter alles kritiklos glauben, was man ihnen als Botschaft aus dem Jenseits verkauft, so als würde das gewährleisten, daß die Durchgaben auch der Wahrheit entsprechen. Würde man ihnen die gleiche Information als die Idee oder den Gedankengang des Mediums vorstellen, würden sie sie wahrscheinlich ablehnen. Das ist der "Glanz", die falsche Pracht der medialen Arbeit.

Ich habe vorher kurz die A, B, und C-Meister-Netzwerke angesprochen - auch dies ist etwas sehr Interessantes in bezug auf mediale Durchgaben. Selbst wenn jemand Durchgaben Aufgestiegener Meister weitergibt, kann dies über unterschiedliche Netzwerke geschehen. Das C-Netzwerk ist dabei das niedrigste, das A-Netzwerk das höchste auf planetarer Ebene. Es gibt noch höhere, wenn wir in die kosmischen Bereiche vordringen. Dadurch wird klar, daß die meisten Lichtarbeiter keine Ahnung von der Höhe des Netzwerkes haben, wenn ein Medium davon spricht, daß es Durchgaben der Aufgestiegenen Meister gibt.

Was man auch unbedingt verstehen muß, ist die Tatsache, daß keine Information von den Aufgestiegenen Meistern oder sonst woher gegeben wird, wenn man nicht vorher die entsprechende Frage stellt. Es gibt viele ausgezeichnete Medien, die jedoch nicht das entsprechende Bewußtsein besitzen, um die Fragen zu stellen, die nötig wären, um ihre Fähigkeiten voll zu nutzen. Das mag einige meiner Leser verblüffen - ich kann Euch jedoch gar nicht sagen, wie viele Leute ich kenne, die dieser Kategorie angehören. Sie besitzen zwar die Fähigkeit, mit den Aufgestiegenen Meistern zu kommunizieren, sprechen jedoch nicht persönlich mit ihnen und fragen sie auch nicht gezielt nach Informationen. Ein Mensch kann das beste Medium der Welt sein, wenn er jedoch nicht die richtigen Fragen stellt, kommen keine Informationen durch. Die rechten Fragen zu stellen, ist eine Gabe für sich. Der Grund, warum ich in meinen Büchern diesen Informationsstandard beibehalten kann, ist, daß ich weiß, was ich fragen muß, um an Informationen zu gelangen, die normalerweise nicht erhältlich sind.

Ein weiterer wesentlicher Punkt ist, daß nicht allein die Klienten ihre Konzentration und Hingabe auf den äußeren Kontakt und die Wesenheit ausrichten, sondern daß auch das Medium praktisch die Aufgestiegenen Meister der Inneren Ebenen "anbetet". Das ist nicht gut und ganz sicher nicht das, was die Aufgestiegenen Meister wünschen. Sie erwarten Liebe und Respekt, möchten aber ihrerseits auch Euch Liebe und Respekt entgegenbringen. Sie verhalten sich vielleicht wie ein älterer Bruder, eine ältere Schwester, es ist aber trotzdem eine Beziehung zwischen Gleichrangigen. Sie möchten weder als Gurus, noch als Väter oder Mütter betrachtet werden. Es wird sicher immer wieder Zeiten geben, wo Ihr mit ihren Ratschlägen nicht konform geht. So mag ein Meister vielleicht vorschlagen, daß Ihr nach Illinois übersiedelt, um dort ein Zentrum aufzubauen. Ihr wollt aber nicht nach Illinois gehen, Oregon wäre Euch viel sympathischer. Dann ist es nicht nur Euer Recht, sondern im Hinblick auf Eure psychologische und spirituelle Gesundheit sogar Eure Pflicht, das mit den Meistern zu besprechen.

Wir auf der Erde sind selbst Söhne und Töchter Gottes und viele von uns sind auch Meister. Ich persönlich empfinde die Ratschläge der Meister als äußerst exakt, doch ich bespreche sie immer mit ihnen, was sehr oft zu größerer Klarheit, mehr Information oder sogar zu neuen Ideen führt, die sicher nicht zum Vorschein gekommen wären, hätte ich nicht dank meiner persönlichen Kraft und Liebe die Meister als Gleichberechtigte angesprochen. Das ist es, was sie sich wünschen. Wir sind auch Mitglieder der Spirituellen Hierarchie und Teil ihrer Veräußerlichung. Es gibt eigentlich keinen Unterschied zwischen ihnen und uns, außer der Tatsache, daß wir uns noch in physischen Körpern befinden und sie nicht. Ihr wärt doch auch nicht bereit, Eure Kraft und Hingabe irgendeinem spirituellen Lehrer, Seminarleiter, Psychologen, Berater, Medium oder Philosophen zu geben, warum also wollt Ihr das für die Aufgestiegenen Meister tun? Respekt ja, Verständnis für ihr größeres Wissen ja, doch gebt nicht Eure Kraft und Hingabe an sie weiter. Gott wünscht, daß Ihr Eure eigene Kraft selbst besitzt und aus dieser Kraft und Liebe mit ihm kommuniziert, und nicht aus einer Position der Schwäche. Wie es in dem Buch *Ein Kurs in Wundern* heißt: "Ehrfurcht vor Brüdern und Schwestern ist nicht richtig, Ehrfurcht ist nur für Gott da. Respekt ist die Qualität, die wir all unseren Brüdern und Schwestern, egal auf welcher Ebene sie sich befinden, zukommen lassen sollen. Wir alle sind Söhne und Töchter Gottes - Gott besitzt einen einzigen Sohn, an dessen Qualität wir alle teilhaben."

Die Entwicklungsstufe der Monade und des Höheren Selbst des Mediums wird ebenfalls nur in den seltensten Fällen von den Lichtarbeitern beachtet. Was sie einfach nicht durchschauen ist, daß jedes Höhere Selbst, jede Monade, sich anders entwickelt und daher auf einer anderen Entwicklungsstufe befindet. Die Entwicklung des Höheren Selbst und der Überseele wird von allen eigenen früheren Leben und denen der elf Seelenausdehnungen bestimmt. Die Entwicklung der Monade ist von den früheren Leben aller 144 Seelenausdehnungen abhängig. Wenn wir davon ausgehen, daß jede Seelenausdehnung bis zu zweihundert vergangene Leben haben kann, wird es klar, daß Monade und Überseele sehr unterschiedlich sein können. Manche sind eben nicht so weit entwickelt, und das zeigt sich an der Qualität der Information, die durch das Medium weitergeleitet wird.

Ein weiterer und recht beängstigender Faktor ist die Tatsache, daß sich einige Medien derart stark mit dem Aufgestiegenen Meister, dessen Botschaften sie weiterleiten, identifizieren, daß sie tatsächlich meinen, selbst dieser Meister zu sein. Das klingt seltsam, nicht wahr, und doch habe ich es immer wieder erlebt. Diese Vorspiegelung wunderbarer, wenn auch falscher, Tatsachen kann das Medium auch dazu bringen, sich im Ruhm des Meisters zu sonnen und zu meinen, die Gattin eines der Aufgestiegenen Meister zu sein. Es kommt auch vor, daß ein Medium, welches Botschaften einer kosmischen Wesenheit, wie z.B. Melchizedek oder Mahatma, übermittelt, meint, selbst auf derselben hohen Initiationsstufe zu sein. Das ist natürlich reine Einbildung, denn niemand, der auf diesem Planeten lebt (ausgenommen Sai Baba), kann jemals auch

nur auf Lichtjahre an die Entwicklungsstufe von Melchizedek oder, noch extremer, an die des Mahatma herankommen. In all dem zeigt sich die Täuschung des Größenwahns.
Ein weiterer psychologischer "Störfall" äußert sich so, daß das Medium, auf hellhörigem oder telepathischem Wege, sich derart mit dem spirituellen Lehrer identifiziert, daß es selbst im "Wachzustand", also wenn es keine Botschaften durchgibt, so spricht, wie das kosmische Wesen. Das Medium vermittelt während seiner Arbeit vielleicht Lehren von Metatron und präsentiert sich den Menschen, auch wenn es nicht arbeitet, als sehr väterlich. Es kann schon sein, daß die Worte, die das Medium spricht, wunderbar sind, es befindet sich jedoch auf einem gewaltigen Egotrip, indem es den anderen Menschen gegenüber eine Vater/Sohn- bzw. Vater/Tochter-Beziehung aufrechterhält und sich damit über alle anderen stellt. Wenn Lichtarbeiter hier nicht genau unterscheiden, unterstützen sie dies noch, indem sie ihre Verehrung und Hingabe investieren. Das ist ein ganz typisches Beispiel für den nicht-integrierten Aufstieg und kommt häufiger vor, als die meisten Menschen ahnen. Das gleiche kann mit einer Mutter-Gottheit geschehen. Kontrolliert immer Eure eigenen Motive und vor allem die der Leute, die sich in solch einer Art präsentieren. Meiner Meinung nach ist in solchen Fällen zu 98% das negative Ego im Spiel, wobei es natürlich ab und an Ausnahmen gibt. Hier wäre Sai Baba wieder ein Beispiel. Sai Baba ist ein universeller Avatar und hat dreimal so viel Lichtkapazität wie Lord Maitreya, der planetare Christus. Dadurch kann er eine Guru-Jünger-Beziehung schaffen, die spirituell 100% rein ist. Als Guru versucht er auch seinen Jüngern Kraft zu geben und sie immer daran zu erinnern, daß auch sie Gott sind.
Ein weiteres archetypisches Muster, das mir immer wieder bei bestimmten Medien auffällt ist, daß sie zwar, wenn sie vor Menschen stehen, lehren oder Sitzungen geben, mit großer Meisterschaft agieren, daß sie jedoch in ihrem Alltagsleben stark dem Inneren Kind folgen. Das passiert immer und immer wieder. Der Grund dafür ist, daß sie in ihrem Unterbewußtsein und den Sinnen, und spirituell im Überbewußtsein, mehr entwickelt sind, als im Bewußtsein. Das hat intrapsychisch mit mangelnder Entwicklung der Elternfunktion zu tun. Ich teile Euch das mit, nicht um Euch zu kritisieren, sondern um alle Medien daran zu erinnern, daß ihr Inneres Kind entsprechend erzogen werden muß. Wenn das Innere Kind und damit der Emotionalkörper zu stark die Kontrolle übernimmt, dann richtet das die mediale Arbeit zugrunde.

Das ist auch für jene Medien wichtig zu wissen, die telepathisch oder über externe Kontakte arbeiten. Die Tatsache, daß jemand bei seiner Arbeit große Weisheit oder tiefschürfende Informationen übermitteln kann, bedeutet nicht, daß seine Persönlichkeit und sein Leben miteinander im Einklang sind. Dieses Phänomen gibt es nicht nur bei Medien, es ist auch bei spirituellen Lehrern, Schauspielern, Profi-Athleten etc. zu finden. Es passiert Menschen im allgemeinen und natürlich auch Lichtarbeitern immer wieder, daß sie eine hoch entwickelte Fähigkeit auf alle Stufen ihres Seins projizieren und doch entspricht dies in den seltensten Fällen der Wahrheit. Es stimmt nur dann, wenn der Mensch wirklich den integrierten Aufstieg erlangt hat - und es gibt nicht viele Lichtarbeiter, die das haben. Es ist verblüffend, wenn man sieht, wie meisterlich jemand sich den Menschen und auf der Bühne präsentiert, und welche Kindchen- und Opferrolle er in seinem persönlichen Leben einnimmt.

Ich weiß, liebe Leser, daß Ihr alle Leute kennt, die in dieses archetypische Muster hineinfallen, das sich eher bei den Mystikern und Okkultisten zeigt. Ideal wäre es, diese beiden Aspekte des Selbst zu verbinden und zu integrieren. Die Welt braucht nämlich weniger Medien, dafür aber mehr spirituelle Berater, die die Arbeitsebene, die ich in meinem Buch *Seelenpsychologie* und *Wie man sich vom negativen Ego befreit* ansprechen, auch wirklich verstehen.

Ein weiterer Störfaktor ist die Täuschung, die Maya und die Illusion auf planetarer Ebene, im Gegensatz zu diesen Phänomenen auf der persönlichen Ebene. Die Menschen in der Stadt leben konstant in einer Smogwolke, und ebenso leben alle Menschen hier auf Erden in einer Wolke planetaren psychischen Smogs. Dieser planetare Smog äußert sich auf der Astralebene als planetare Verblendung oder Täuschung, auf der Mentalebene zeigt er sich als planetare Illusion und auf der Ätherebene als planetare Maya. Wenn man den Planeten hellsichtig betrachtet, so umgibt ihn nicht nur physische sondern ebenso psychische Verschmutzung. Wenn man mit Durchgaben arbeitet, beeinflußt und verschmutzt dieser Smog die mediale Arbeit und verursacht Störungen. Diese Lektion müssen wir alle lernen und das einzige, was man dagegen tun kann, ist, daß man so klar zu sein versucht, wie dies nur möglich ist und daß man nach Möglichkeit nur als Meister und nie als Opfer agiert. Dieser Filter steht im Zusammenhang mit Carl Jungs Konzept des kollektiven Unbewußten und dem Konzept des Massenbewußtseins, wie es die New Age - Bewegung kennt. Die Frage ist, wie stark wir in unseren Gedanken, Worten, Taten und in der medialen Arbeit von diesem Massenbewußtsein beeinflußt werden.

Ein weiterer planetarer Einfluß ist der Erdstrahl, der einen Ausrichtungspunkt für die gesamte Menschheit darstellt. Zudem leben wir in einem Sonnensystem des zweiten Strahles, was wiederum auf jeden Menschen auf diesem Planeten seine Auswirkung hat. Außerdem schafft die heftige Aktivität des Photonengürtels in den Jahren 1997 bis 2000 große statische Interferenzen, speziell bei der medialen Arbeit. Sonnenflecken und Protuberanzen schleudern gewaltige elektromagnetische Ströme in den Raum, was die mediale Arbeit stark beeinflußt. Der Beginn des neuen Jahrtausends und des Wassermann-Zeitalters bewirkt, ebenso wie das Ende des Maya-Kalenders, starke kosmische und spirituelle Strömungen, die manche Lichtarbeiter effektiv tagelang außer Gefecht setzen. Lichtarbeiter, die medial arbeiten, sind diesbezüglich sehr empfindlich und daher stark davon beeinflußt. Medien sind diesbezüglich oft übersensibel, was große Auswirkungen auf ihre Arbeit hat.

Ein weiterer Einflußfaktor ist der Biorhythmus. Jeder Mensch hat bekanntlich seinen eigenen, einmaligen Biorhythmus: der eine ist ein Morgen-, der andere ein Abendmensch, der eine hält gerne ein Mittagsschläfchen, der andere kann sich das überhaupt nicht vorstellen. Die Menschen haben ihr Energiehoch und ihr Energietief. Gibt nun ein Medium seine Durchgaben zum Zeitpunkt eines Tiefs in seinem Biorhythmus, was meint Ihr, wird wohl die Auswirkung auf die Informationen sein, die es vermittelt? Dabei spreche ich hier noch gar nicht die Ermüdungs- oder Schwächezustände an, die jeder menschliche Körper durchmacht, wenn er eine Lektion in puncto Gesundheit zu lernen hat. Ganz zu schweigen von den emotionalen Lektionen oder dem Geschwätz, den "Selbstgesprächen", wie ich sie nenne, die konstant in unserem Kopf stattfinden. Bei Frauen spielt auch noch die Menstruation eine große Rolle. Der Hormonanstieg verursacht Hypersensibilität und schafft ein starkes Unruhegefühl, sagt man mir. Wolltet Ihr tatsächlich zu solch einem Zeitpunkt Durchgaben für Euch erhalten?

Die gesamte psychische und/oder astrale Welt, die uns umgibt, stellt ebenfalls einen Störfaktor dar. Wenn das Medium und der Klient diese Stufe noch nicht spirituell überwunden haben, besteht die große Gefahr, daß Durchgaben Verschmutzungen und Störungen durch niedere Wesenheiten enthalten. Wenn das Medium nicht psychologisch ausgebildet ist (und meist ist es das nicht), wie kann es dann persönliche Fragen, die aus diesem Bereich stammen, entsprechend beantworten? Das gleiche gilt für den esoterischen Bereich. Wenn das Medium nie etwas mit dem Aufstieg, den Lehren der Aufgestiegenen Meister, den Initiationen, den Strahlen, dem Lichtquotienten und der Verankerung der Chakren zu tun gehabt hat, wie kann es dann Fragen beantworten, die diese Themen berühren? Ihr werdet verstehen, liebe Leser, daß entsprechende Antworten nur dann gegeben werden können, wenn eine entsprechende Vorbildung vorliegt. Auch ist mir immer wieder begegnet, daß viele Medien Krankheitsbilder im Bereich ihrer Zusammensetzung und ihrer psychologischen Struktur aufweisen, wie zum Beispiel die geteilte Persönlichkeit, sozusagen ein Dr. Jekyll/Mr. Hyde-Syndrom. Solch ein Mensch könnte zu bestimmten Tageszeiten durchaus phantastische mediale Arbeit leisten, würde jedoch sein Auslösemechanismus in Gang gesetzt, wäre diese Arbeit vollständig verzerrt und nicht zu gebrauchen. Das ist nur ein Beispiel für die unzähligen Formen von psychischen Krankheitsbildern, die potentiell in der Psyche der Erdenmenschen vorhanden sind.

Was manchen Medien Schwierigkeiten in ihrer Arbeit bereitet, ist der Zeitpunkt der Dämmerung, also zwischen dem Tageslicht und der effektiven Dunkelheit. Ich habe keine Ahnung, warum dies so ist, doch es scheint zu diesem Zeitpunkt schwieriger zu sein, die Verbindung aufrechtzuerhalten. Ähnlich ist es bei der medialen Arbeit in einer Großstadt. Es gibt dort große Mengen elektromagnetischer Energie, wie sie in der freien Natur nie anzutreffen sind. Es gibt sogar oft elektromagnetische Störfelder im eigenen Heim, die durch verschiedene Geräte hervorgerufen werden. Oft sind es bloß negative Energiespiralen, die bereinigt werden müssen. Mit all diesen Störfaktoren um uns ist es unumgänglich notwendig, ein Meister zu werden, damit unser Bewußtsein ständig im Licht verbleiben und durch die genannten Dinge immer weniger beeinflußt werden kann. Auch die vergangenen Leben eines Mediums können sich störend auf die Durchgaben auswirken. Edgar Cayce konnte vieles von seiner Arbeit nur darum tun, weil er Erfahrungen aus früheren Leben mitbrachte. Wir, als Lichtarbeiter, können zu einem bestimmten Zeitpunkt mit der Aufarbeitung eines eigenen vergangenen Lebens oder des vergangenen Lebens einer unserer

Seelenausdehnungen befaßt sein, was dann unsere Durchgaben sehr stark einfärbt, wie z.B., wenn man gerade ein früheres Leben in Ägypten bearbeitet. Wenn es sich dabei jedoch um das traumatische Erlebnis eines gewaltsamen Todes handelt, werden dabei starke Emotionen und körperliche Beschwerden freigesetzt, die sich dann sehr stark in den Durchgaben widerspiegeln. Auch das numerologische "Horoskop" kann von Einfluß sein. Wenn man ernsthaft mit der Numerologie arbeitet und sie nicht nur als ein Partyspielchen betrachtet, werden Tendenzen und Einflüsse klargelegt, auf die man sich dann konzentrieren muß. Diese Einflüsse sind allerdings nicht so stark wie die astrologischen oder die Strahlenstruktur, machen sich aber doch bemerkbar.

Der letzte Filter, den ich hier ansprechen möchte und der von großem Einfluß ist, ist die Stufe der unterbewußten Klarheit. Man könnte genau so gut hier von der bewußten Klarheit reden. Wie ich schon früher gesagt habe, sind die Emotionen und Glaubenssätze des Unterbewußtseins sehr oft nicht gleich mit denen des Bewußtseins. Diese Unterschiede zwischen der unterbewußten, der bewußten und sogar der überbewußten und spirituellen Ebene verzerren die Durchgaben sehr stark und trüben sie. Je klarer man selbst auf der bewußten, der unterbewußten und der überbewußten Ebene ist, desto besser wird die mediale Arbeit sein.

Zusammenfassung

Zusammenfassend möchte ich zunächst einmal sagen, daß ich das Channeling und die intuitiven Durchgaben sehr schätze. Alle meine Bücher sind so entstanden und jedes einzelne Kapitel jedes Buches ist unverändert wiedergegeben. Das kann nur deshalb so sein, weil ich sie als Durchgaben erhalte. Alle Bücher, die ich in den vergangenen zwanzig Jahren gelesen habe, basieren ausschließlich auf medialen Durchgaben. Meiner Meinung nach ist die Entwicklung dieser Fähigkeit eine der wichtigsten spirituellen Übungen auf dem spirituellen Weg. Ich glaube, daß es sehr wertvoll ist, wenn man zu einem Medium geht, das sich mit Durchgaben von der Ebene der Aufgestiegenen Meister befaßt, und ich empfehle Euch sehr, solche Dienste zu nutzen. Ich biete solche Sitzungen in der Melchizedek-Synthesis-Light-Academy an.

Es gibt also kaum jemanden, der mehr an dieser Arbeit interessiert wäre oder sie mehr schätzen würde als ich. Durch meine umfassende spirituelle und psychologische Ausbildung bin ich jedoch in der Lage, zu sehen, wie diese Dinge tatsächlich ablaufen. Und ich weiß auch, wie unsäglich naiv und ohne jegliche spirituelle Kritikfähigkeit viele Lichtarbeiter in bezug auf sich selbst und auf Medien sind. Deshalb habe ich hier aufgezeigt, welche Einflüsse die Informationen einfärben, die durch einen Menschen durchgegeben werden. Bitte, fahrt mit Eurer medialen Arbeit fort, in welcher Richtung sie auch sei. Entwickelt Eure psychischen Fähigkeiten und inneren Sinne auf allen Euren Inneren Ebenen. Geht auch weiterhin zu Medien und spirituellen Telepathen. Ich bin jedoch überzeugt, daß Ihr jetzt viel besser in der Lage seid, den Ablauf der Durchgaben zu erkennen und auch spirituell zu unterscheiden, so daß Ihr dabei nicht mehr Eure Energie in eine schöngefärbte Projektion dieses Themas hineingebt.

Der Zweck dieses Kapitels war es, die Täuschung, der viele Lichtarbeiter unterliegen, zu zerstören und wahre spirituelle Unterscheidungsfähigkeit in bezug auf dieses Thema zu bringen. Die hier gegebene Information ist sowohl für Lichtarbeiter, die zu einem Medium gehen, als auch für solche, die selbst Botschaften durchgeben, und natürlich auch für alle ausgebildeten Medien gedacht. Ausgebildete Medien müssen unbedingt über alle psychologischen und spirituellen Störfaktoren informiert sein, damit sie ein volles Verständnis für den Ablauf ihrer Arbeit haben und nicht ein Opfer von Täuschungen werden. Ich behaupte nicht, daß viele von Euch in diese Gruppe hineinfallen, ich meine lediglich, daß man die hier genannten Punkte wirklich gut beachten und versuchen sollte, ein "vollintegrierter Aufgestiegener Meister und gleichzeitig Medium" zu werden. Ich hoffe, daß meine bescheidenen Ansätze Licht und Klarheit in dieses verwirrende und oft sehr mißverstandene Thema gebracht haben.

Atmische Sinne

Kehren wir nun zu der Liste zurück, mit welcher ich dieses Kapitel begonnen habe. Wir haben bereits über die physischen, die astralen, die niederen mentalen, die höheren mentalen und die buddhischen Sinne gesprochen. Als nächstes betrachten wir die fünf atmischen Sinne. Auf der atmischen Ebene sind das die folgenden: Alles Wissen, Perfektion,

Realisation, aktiver Dienst und Schönheit. Beginnen wir gleich mit der Schönheit. Dieser innere Sinn hat mit dem feinstofflichen Sinn oder der Manifestation der Schönheit zu tun; der Schönheit, welche die Essenz Gottes in sich trägt. Jesus Christus hat in seinem Dienst diesen Sinn verkörpert. Das gleiche könnte man von Quan Yin und Lord Buddha sagen. Man konnte das an der Art, wie sie sich bewegten, in ihrer Haltung und ihrer Präsenz erkennen. Der innere Sinn des aktiven Dienstes hat damit zu tun, wie man Gottes Präsenz im täglichen Leben praktiziert und darstellt. Der Sinn der Realisation auf der atmischen Ebene beinhaltet das volle Verschmelzen mit der Monade oder ICH BIN - Gegenwart. Ebenso gehört dazu, daß der einzelne Mensch zur Gänze seine Einheit mit Allem erkennt und dies als Realität auf allen Seinsebenen fühlt, intuitiv erfaßt, weiß und demonstriert. Auf diese Weise kann ein Meister von sich sagen: „Ich habe mich als Wesen erkannt."

Der nächste Sinn ist die Perfektion und hat mit Gottes relativer Perfektion, die ein sehr hoher Seinszustand ist, zu tun. Die Perfektion auf dieser Stufe beinhaltet alle Qualitäten, nach denen ein Lichtarbeiter auf seinem Weg zur Vollendung strebt. Es ist das Streben nach einem fehlerfreien Charakter mit allen Christus/Buddha-Attributen, und nach einem Geisteszustand, der die meisten Qualitäten des negativen Ego überwinden kann. Alles Wissen auf der atmischen Ebene entspricht der Fähigkeit, in alles verfügbare Wissen dieser Stufe hineinzugehen und die Wahrheit hinter jeglicher Situation zu erkennen. Dies ist ein wahrer Wissensquell, und zwar sowohl auf den höheren und/oder Inneren Ebenen, als auch in bezug auf Gott und viele Einzelheiten und Funktionen des Kosmos. Es ist die Kenntnis dessen, was sich als Quintessenz der Manifestation darstellt. Es ist der Sinn und die Fähigkeit, die wahre Motivation hinter allen Dingen zu erkennen.

Monadische Sinne

Die fünf monadischen Sinne sind: monadisches Gruppenbewußtsein, volle monadische Verschmelzung, monadisches Verständnis, monadische Sicht und monadische Erkenntnis. Das monadische Gruppenbewußtsein vermittelt ein stärkeres Gefühl der Einheit mit den 11 anderen Seelenausdehnungen der eigenen Überseele und den 144 Seelenausdehnungen der Monade. Auch vermittelt es stärker die Einheit mit der Spirituellen Hierarchie und der neuen Gruppe der Weltendiener hier auf Erden. Das volle monadische Verschmelzen läßt einen das Erreichen des eigenen Aufstiegs, also das Verschmelzen mit der Monade, gewahr werden. Das monadische Verständnis befähigt dazu, Dinge vom Bewußtsein der Monade und nicht nur vom Höheren Selbst aus zu verstehen. Mit der monadischen Sicht ist man imstande, durch die Augen der Monade zu sehen, und nicht mehr durch die Augen der Persönlichkeit, der Überseele, des negativen Ego oder der niederen Begierden. Unter monadischer Erkenntnis versteht man das Gefühl, die Intuition und das Wissen um die Tatsache, daß man als mächtige ICH BIN - Gegenwart in einem physischen Körper hier auf Erden lebt.

Logoische Sinne

Die sechs logoischen Sinne sind: Synthese, das Sehen mit dem Auge Gottes, das Verständnis des göttlichen Planes, die volle Einstimmung auf den Logos des Planeten, sowie logoische Erkenntnis und logoisches Verständnis.

Synthese bedeutet, daß man imstande ist, mit dem gesamten Spektrum zu arbeiten, statt nur einen Teil davon zu verwenden. Der Sinn der Synthese paßt für jede Ebene, denn das liegt in der Natur der Synthese. Je höher man die gewundene Treppe der Evolution emporsteigt, desto mehr bekommt man die Fähigkeit, die Synthese in sich aufzunehmen, und desto wichtiger wird es auch, daß man dies tut. Ist die monadische Ebene erreicht, muß die Synthese auf der logoischen Ebene durchgeführt werden; sie muß in ihrer Gänze erfüllt und gelebt werden, da man dann zum planetaren Logos gehört. Auf der kosmischen Ebene muß die Synthese zu einem Teil der Quintessenz des eigenen Seins werden, so daß sie in allem, was man tut und was man ist, zum Vorschein kommt. Je höher und je intensiver man die Treppe der kosmischen Evolution emporstrebt, desto stärker repräsentiert man diese Synthese Gottes, die in der Essenz des Individuums ihren Ausgangspunkt hat. Auf der kosmischen Ebene muß alles aus der Wahrheit der Synthese heraus betrachtet werden.

Mit dem Auge Gottes zu sehen hat mit planetarer Sicht zu tun, die sich auch in die solaren und kosmischen Bereiche ausdehnt. Das Verständnis des göttlichen Planes bedeutet, daß man den göttlichen Plan von Lord Buddha, dem planetaren Logos, begreift, so wie er ihn auf allen Ebenen unseres Planetensystems verwirklicht sehen möchte. Die gänzliche Einstimmung auf den Logos bedeutet nicht nur, daß wir unsere sieben Initiationsstufen vervollständigt haben, sondern dazuhin die Verschmelzung mit der Monade auf der 99%-Ebene und mit Lord Buddha, dem planetaren Logos, dem Leiter und hauptsächlichen Begleiter aller planetaren Entwicklung. Die Erkenntnis des Logos hat mit dem Sinn der vollen Erkenntnis der siebten Stufe des Bewußtseins zu tun, und mit der Befreiung vom Rad der Wiedergeburt. Das Verständnis des Logos befindet sich auf einer wesentlich höheren Verständnisstufe als die, die wir vorher angesprochen haben. Es handelt sich dabei um eine Stufe, auf welcher alle sieben Ebenen des Bewußtseins enthalten sind und zusätzlich noch eine Verständnisstufe, auf der dem Initiaten die planetare Meisterschaft verliehen wird.

Kosmische Sinne

Die elf kosmischen Sinne sind: kosmische Synthese, kosmisches Wissen, kosmische Vollendung, kosmische Erkenntnis, kosmischer Dienst, kosmische Schönheit, kosmischer Idealismus, kosmische Vision, kosmisches Verständnis, kosmisches Heilen, kosmische Intuition. Diese elf Sinne entsprechen auf kosmischer Ebene den achtunddreißig planetaren Sinnen, die ich in diesem Kapitel beschrieben habe. Ihre Bedeutung kann am besten in den Worten von Hermes wiedergegeben werden: "Wie innen so außen, wie oben so unten." Die planetaren Sinne entsprechen dem ersten Zentimeter auf einem Lineal, das zehn Zentimeter lang ist. Die restlichen neun Zentimeter werden vom kosmischen Aufstieg und den kosmischen Ebenen des Bewußtseins eingenommen. Die planetaren Sinne wurden im Verlauf der ersten sieben Initiationsstufen entwickelt, die kosmischen Sinne entstehen beim Durchlaufen der 352 Initiationsstufen der kosmischen Skala. Man kann diese kosmischen Sinne erst dann zur Gänze ausloten, wenn man sie beim Initiationsprozeß als kosmische Ebenen wahrgenommen hat.

Schlußwort

Liebe Leser, wir haben nun die achtunddreißig planetaren und die elf kosmischen inneren Sinne betrachtet. Wie Ihr sehen könnt, hat Gott in uns Mittel zur außersinnlichen Wahrnehmung in einem Ausmaß installiert, wie wir das früher niemals erkannt hätten. Einige dieser höheren Sinne auf der buddhischen-, der atmischen, der monadischen- und der logoischen Ebene sind viel feiner, als die außersinnliche Wahrnehmung, von der normalerweise die Rede ist. Jene von Euch, die nicht hellhörend oder hellsichtig Durchgaben empfangen können, sollen bitte niemals vergessen, daß sie vielleicht eine Menge dieser anderen spirituellen Sinne besitzen, die das hellsichtige oder hellhörende Medium möglicherweise nicht hat. Einige dieser Sinne sind bei Mystikern zu finden, andere wiederum hat Gott jenen geschenkt, die sich mit dem Okkulten beschäftigen. Viele Lichtarbeiter wären gerne als Medien oder Hellsichtige tätig, und doch liegt ihr Aufgabengebiet vielleicht ganz wo anders. Ich möchte, daß Ihr erkennt, daß Ihr möglicherweise bereits ebenso wichtige innere Sinne besitzt, die Ihr bisher einfach noch nicht zur Kenntnis genommen habt, weil sie Euch auch bis jetzt noch niemand in klar verständlicher Form vorgestellt hat.

Mystiker brauchen Okkultisten und umgekehrt. Telepathen brauchen Psychologen und umgekehrt. Menschen, deren rechte Hirnhälfte betont ist, brauchen Menschen, deren linke Gehirnhälfte betont ist - und umgekehrt. Intuitiv emotionale Menschen brauchen intuitiv mentale Menschen - und umgekehrt. Viele der inneren Sinne gehören eher den okkulten an, andere wiederum sind eher mystisch in ihrer Form. Okkultisten wären oft gerne Mystiker, diese jedoch wären eigentlich viel lieber Okkultisten, weil sie sich deren Intuition, Telepathie, psychologische Klarheit, die gedanklichen Fähigkeiten und inneren Sinne wünschen. Ob Mystiker oder Okkultist, keiner ihrer Sinne ist besser als der des anderen, nur verschieden.

Die Okkultisten sind sich bis jetzt nie der höheren inneren Sinne gewahr gewesen, die sie anzapfen, deshalb habe ich dieses Kapitel geschrieben. Okkultisten berühren oft sehr viel höhere Ebenen als Mystiker, die mediale Arbeit leisten. Das mag viele meiner Leser überraschen, es ist jedoch so. Es ist jetzt an der Zeit für jeden Lichtarbeiter, egal auf welche Art er arbeitet, das volle Spektrum der Sinnesorgane, die Gott uns geschenkt hat, zu erkennen und zu integrieren. Die Mystiker sind ihrer Natur nach eher weiblich, während die Okkultisten eher männlich reagieren. Deshalb gibt es ganz bestimmte Sinne, die eben nur der einen - oder anderen - Gruppe zugänglich sind. Die Mystiker sind sich der inneren Sinne, die sie verwenden, oft viel bewußter als die Okkultisten und ich hoffe sehr, daß dieses Kapitel speziell für die letzteren wertvolle Einsichten bringen wird. Ideal wäre es, mystische und okkulte Fähigkeiten in sich zu verbinden, was wiederum als "integrierter Aufstieg" bezeichnet wird.

Was ich zum Abschluß dieses Kapitels nochmals ansprechen möchte ist, daß die Basis für alle höheren Sinne die eigene psychologische Klarheit und die Stufe des integrierten Aufstiegs, die man erreicht hat, ist. Hat man den integrierten Aufstieg und das Bewußtsein des vollen Spektrums nicht erreicht, dann werden alle inneren Sinne, ob mystisch oder okkult, verzerrt, und in Extremfällen sogar verschmutzt und verdorben. Ich habe mich in diesem Kapitel sehr stark auf das Channeling und die mediale Arbeit konzentriert und alle Störfaktoren aufgezeigt, die diese Arbeit behindern können. Ich habe das mit voller Absicht getan, da es sehr notwendig war und immer noch ist. Ich wiederhole jedoch nochmals, daß es nicht nur die mystischen inneren Sinne sind, die durch den Mangel an psychologischer Klarheit und den fehlenden integrierten Aufstieg verdorben werden, sondern alle achtunddreißig inneren Sinne! Keine Kritik, wohlgemerkt, nur die in Liebe vermittelte spirituelle Wahrheit.

Die einzige wirklich wichtige Beziehung, die es in Eurem Leben gibt, ist *nicht* die zu Gott, den Kosmischen Meistern, den Aufgestiegenen Planetaren Meistern, den Engeln, den Außerirdischen, zu Eurer mächtigen ICH BIN - Gegenwart, dem Höheren Selbst und / oder der Überseele, oder zu Eurem Ehemann, Eurer Ehefrau, Eurem Kind, Euren Freunden, der Familie, dem spirituellen Lehrer oder Guru, nein, es ist die Beziehung zu Euch selbst. Wenn Ihr nicht mit Euch selbst im Reinen seid, kann keine Beziehung in Eurem Leben funktionieren. Das, liebe Leser, ist der goldene Schlüssel und das Geheimrezept für den Erfolg. Stimmt die Beziehung zu Euch selbst, stimmt auch jede andere Beziehung in Eurem Leben. Dann entwickelt Ihr die Gabe des Königs Midas - und alles, was Ihr berührt, sagt oder tut, wird sich in Gold verwandeln.

Dieses ganze Kapitel hat dazu gedient, Euch zu zeigen, wie sehr die falsche Beziehung zu Euch selbst die mediale Arbeit, das Channeln und den Zugang zu Informationen und Wissen stören und verfälschen kann. Ich hoffe, in aller Bescheidenheit, daß ich in Liebe und Stärke diesen Punkt klarlegen konnte, damit Ihr in der Lage seid, inneren Frieden, Glück, Freude, Erfolg, Selbsterkenntnis, Gottes-Erkenntnis und den integrierten Aufstieg für Euch zu erreichen.

9. Was Channeling, Hellhören und Hellsehen im nicht-integrierten Zustand gefährlich macht

"... und sie werden Euch nahekommen"

Die Fähigkeit, sich mit den Frequenzen der höheren Dimensionen zu verbinden und über sie Botschaften und Lehren der Hierarchie der Meister der Inneren Ebenen zu empfangen, verbreitet sich immer stärker. Immer mehr Menschen entdecken ihre Begabung, die Weisheit, welche die Meister der Menschheit als Hilfestellung zu ihrer Entwicklung vermitteln, zu hören oder zu fühlen. Durch die Entwicklung der Intuition, des Dritten Auges und des Kronenchakras können wir uns auf diese Helfer in den himmlischen Bereichen einstimmen. Viele Aufgestiegene Meister der Inneren Ebenen, Engel und Erzengel, sowie positive Außerirdische, die uns durch das Licht ihrer weitaus größeren Weisheit behilflich sein wollen, berühren den Geist und das Herz aller jener, die offen sind, diese Botschaften der Liebe zu hören, zu sehen oder intuitiv zu empfangen. Das ist vielen von uns schon sehr zugute gekommen und hat Lichtarbeitern geholfen, Bereiche zu verstehen und zu berühren, die vorher unerreichbar waren. Früher waren die Lehren der Meister vom Geheimnis umgeben und wurden, in der Klausur geheimer mystischer Schulen, nur ausgewählten Initiaten zuteil. Heute sind diese Informationen in unzähligen Auflagen in den Esoterikbuchhandlungen zu finden und die Lichtarbeiter sind, mehr oder minder, selbst imstande, solche Botschaften zu empfangen, selbst wenn dies unbewußt geschieht.

In dieser starken Beschleunigung im Bereich der Kommunikation liegt jedoch auch eine große Gefahr, die den Meistern entsprechend Sorge bereitet und die ich deshalb in ihrem Auftrag hier ansprechen muß. Erstens fehlt es den meisten von uns an Wissen, was den Ablauf der medialen Durchgaben angeht und zweitens können die wenigsten von uns bewußt unterscheiden, was offensichtlich mit Punkt eins Hand in

Hand geht. Das Channeling, ebenso wie das hellhörige, hellsichtige oder telepathische Durchgeben von Botschaften ist ein viel komplexerer Vorgang, als wir meinen. Es stimmt, daß die Meister und die himmlische Hierarchie diesen Kommunikationsprozeß fortsetzen möchten, es stimmt aber auch, daß sie in diesem Zusammenhang etliche Dinge geklärt haben wollen. Ich werde daher Euch, liebe Leser, das mitteilen, was mir mitgeteilt wurde und Euch dann bitten, Eure Entscheidung gemeinsam mit Eurem Höheren Selbst und Eurer mächtigen ICH BIN - Gegenwart zu treffen, denn genau dort liegt Eure wahre Verbindung zu Gott!

Filter und Einfärbungen, die sich auf das einzelne Medium auswirken

Was Euch klar sein muß, ist, daß jede Durchsage auf ihrem Weg zum und durch das Medium einem Filterungsprozeß unterliegt. Je klarer und integrierter das Medium ist, desto klarer und genauer sind die Durchgaben. Darum ist es so wichtig, daß wir unseren Initiationsweg so integriert wie möglich durchführen. Je mehr wir unser negatives Ego und alles, was damit zusammenhängt, beiseite lassen, je stärker wir uns auf das Christusbewußtsein konzentrieren, desto stärker schwingt jede unserer Zellen in Harmonie mit Gott und desto klarer können wir das weitergeben, was die Meister uns mitzuteilen wünschen. Bevor wir den hierzu erforderlichen Prozeß der Reinigung und Integration näher betrachten, müssen wir zuerst verstehen, daß die Durchgaben immer in irgendeiner Art persönlich eingefärbt sind, ganz egal, wie klar das Medium ist. Das spielt auch keine Rolle, man muß es nur wissen. Jeder von uns ist einzigartig und besteht aus einer ganz bestimmten Strahlen- und astrologischen Konfiguration, besitzt eine einmalige Aufstiegsgeschichte, trägt die Spuren seines Umfeldes, hat Chakren, mit denen er vorwiegend arbeitet etc. Wir alle haben unsere spezielle Farbe und unseren speziellen Klang, der hellsichtig und hellhörig aufgenommen werden kann. Durch unsere Monade, Überseele, Seelenfamilie, die Seele selbst und die vielen, vielen Leben, die wir bereits hinter uns gebracht haben, sind wir die, die wir sind. Das ist unsere Individualität, die wir auch nie verleugnen sollten - abgesehen davon könnten wir es gar nicht! Uns muß nur klar sein, daß diese Faktoren unweigerlich zu einer Einfärbung unserer Durchgaben führen. Sie tragen unseren persönlichen Stempel und müssen alle die genannten persönlichen Merkmale und die vier niederen Körper durchlaufen. Ihr müßt verstehen, liebe Leser, daß das Channeling und die intuitive Arbeit auch über unseren Mental- und Emotionalkörper läuft, die den Fokus darstellen, durch den wir unsere Welt betrachten. Gleicherweise durchläuft unsere Botschaft noch unser Glaubenssystem sowie den ätherischen und den physischen Körper. Ist die Botschaft dann so weit, daß sie weitergegeben werden kann, trägt sie unvermeidbar die Spuren dessen, was wir sind. Wir sind jedoch in der glücklichen Lage, daß es heutzutage auf unserer Welt einige hochintegrierte Initiaten gibt, die Botschaften mit sehr hoher Genauigkeit weitergeben können, wobei natürlich auch hier ihre eigene spezifische Persönlichkeit spürbar wird. Vergeßt jedoch nicht, daß Menschen mit einem derart hohen Klarheitsgrad außerordentlich ausgeglichen und in sich integriert sind und daß die Botschaften dadurch eher mehr an Reinheit und Liebenswürdigkeit gewinnen. Ohne die Offenbarungen und Ratschläge der Meister zu verändern, vermitteln sie sie nur in der ihnen eigenen Art und ihrem eigenen Klang. Die Resonanz solch eines klaren Mediums ist in vollkommener Harmonie mit der des himmlischen Wesens, dessen Botschaft es vermittelt. Diese besonderen Menschen sind jedoch nicht leicht zu finden und wir müssen sehr vorsichtig und aufmerksam sein und sehr gut unterscheiden lernen, wenn wir nach ihnen suchen.

Wenn Ihr das große Glück habt, ein Medium dieser Qualität zu finden, dürft Ihr trotzdem nicht vergessen, daß seine Arbeit seine ganz spezifische und typische Handschrift trägt. Das ist darum so wichtig zu wissen, weil man selbst oft mit dem einem Medium wesentlich besser harmoniert, als mit dem anderen. Selbst wenn es zwei Medien der gleichen hohen Qualität gäbe, würde trotzdem das eine mehr Eurer persönlichen Resonanz entsprechen als das andere. Es ist dabei sehr wahrscheinlich, daß Ihr eine ähnliche Aufstiegsgeschichte habt, bzw. daß sich Eure Aufgaben hier auf Erden ähneln oder ineinander übergreifen. Wenn Ihr klar genug seid, um zu fragen und auch das Medium klar ist, dann werdet Ihr wahrlich die Stimme Eures Herrn hören! Ihr müßt wirklich zu jeder Zeit so genau wie möglich unterscheiden. Heutzutage, wo es von Medien nur so wimmelt, liegt es an uns, bei jedem Medium, das wir in Anspruch nehmen, Klarheit, Reinheit, Motiv, Absicht und Integrationsstufe festzustellen. Das bezieht sich gleicherweise auf alles Geschriebene, das den Anspruch erhebt, eine Durchgabe aus der Geistigen Welt zu sein. Es muß für Euch zu einer absoluten Priorität werden, nur Medien der höchsten Qualität in Euer Energiefeld eintreten zu lassen. Gleichzeitig gilt natürlich auch, daß Ihr selbst ein umso besseres Medium sein werdet, je ausgeglichener, gereinigter und integrierter alle Initiationsebenen und die acht größeren Quotienten bei Euch sind.

Reine Durchgaben

Bevor wir nun die Fallstricke und Gefahrenquellen in bezug auf mediale Durchgaben näher betrachten, laßt mich Euch zuerst ein "Qualitäts-Medium" vorstellen. So ein Mensch würde niemals versuchen, Euch etwas zu befehlen. Die Wahrheit würde, genau so wie sie durchgegeben wurde, klar und deutlich formuliert. Alle Ratschläge würden Euch als Empfehlung, niemals als Befehl, nahegebracht. Niemand besitzt das Recht, einen anderen Menschen zu kontrollieren, daher würde ein wahres Medium, das wahrhaftig mit Gott und den Meistern verbunden ist, nicht im geringsten Einfluß auf Eure persönliche Entscheidungsfreiheit nehmen, es würde Euch vielmehr das Gefühl bedingungsloser Liebe und Unterstützung vermitteln. Das heißt nicht, daß es nicht die Wahrheit entsprechend seiner Auffassung weitergeben und daraus resultierende Ratschläge anbieten würde. Das wäre aber auch schon alles. Wäre da nur der kleinste Ansatz, Euren freien Willen zu beeinflussen, sollte das für Euch bereits ein Warnsignal sein, daß es sich hier nicht um ein Qualitäts-Medium handelt und Ihr solltet Euch seinem Einfluß entziehen.

Ein reines Medium ist ein Mensch von hoher Integrität. Er versucht, sich Gott und den Meistern anzunähern und innerhalb des eigenen Lebens die hohen Prinzipien zu vertreten. Damit kann er den hohen Standard der Frequenz, der Klarheit und Reinheit bewahren, der notwendig ist, um die Wahrheit so zu sehen, zu hören und zu fühlen, wie sie dargeboten wird. Er ist die klare Flöte, auf welcher Krishna seine Melodien spielt. Jemand, der klar und mit seinem eigenen Höheren Selbst verbunden ist, würde Euch seine mediale Arbeit niemals aufdrängen. Er würde niemals Eure Privatsphäre verletzen, indem er in Eurer Aura herumschnüffelt und dann Ratschläge gibt, um die ihn keiner gebeten hat. In ganz seltenen Fällen gibt es hier Ausnahmen, nämlich dann, wenn ein lieber Freund oder jemand, der einem sehr nahe steht eine Gefahr spürt oder eine Erkenntnis hat, die Euch wirklich nutzen könnte. Doch selbst hier sollte mit äußerstem Respekt vorgegangen werden. Im allgemeinen ist es so, daß ein Qualitäts-Medium wartet, bis es um seine Durchgabe bzw. seinen Rat gebeten wird und es würde niemals einfach bei Euch "eindringen" um psychischen Unrat zu suchen, den es Euch dann ins Gesicht werfen kann. Das klingt vielleicht überspitzt - ich kann Euch jedoch sagen, daß mir das selbst schon einige Male passiert ist. Das ist sehr unangenehm, etwa so, wie wenn man nach Hause kommt und da ist auf einmal jemand, den man nicht kennt, und der einem sagt, was seiner Meinung nach im Haushalt alles schiefläuft und was man gefälligst dagegen tun soll. Es handelt sich dabei nicht um einen Gast, sondern um einen Fremden, der keine Ahnung hat, was man selbst eigentlich vorhat, jedoch die Frechheit besitzt, einem Vorschriften zu machen! So jemand, liebe Leser, ist kein klares Medium. Wenn Ihr Eurer Intuition vertraut und Euch nicht einfach von jemandem, der seine medialen Fähigkeiten versierter anwendet als Ihr, beeindrucken laßt, werdet Ihr herausfinden, daß Ihr sehr wohl zwischen den verschiedenen Qualitätsstufen unterscheiden könnt, und zwar was das Medium und auch die Durchgaben angeht. Ein klares Medium arbeitet für Gott und die Meister. Es arbeitet zum Wohle der Menschheit, das heißt, in diesem speziellen Fall für Euch! Es hat keinen anderen Daseinszweck als zu dienen. Das bedeutet nicht, daß das Medium gratis arbeiten muß. Manche tun es, die meisten jedoch nicht. Sie haben viele Leben dazu verwendet, ihre Fähigkeiten auszubilden. Wenn wir kein Problem damit haben, einen Mechaniker, Computerexperten oder Arzt für seine Arbeit zu bezahlen, die er in einer oder zwei Lebenszeiten erlernt hat, warum sollten wir dann ein Problem bei einem Medium haben? Sicher nicht. Wenn das Honorar, das sie verlangen fair ist, dürfte das doch kein Problem sein. Das wichtigste bei einem Medium ist, daß es auf das Sein ausgerichtet ist, daß es bedingungslose Liebe ausstrahlt, daß es dienen will und daß es integriert und psychologisch klar ist. Es muß für diese Arbeit kein "gelernter" Psychologe sein, es braucht nicht einmal auf der gleichen Stufe der Initiation zu sein wie Ihr. Es hat eine besondere Fähigkeit, nämlich die Gabe, mit der es arbeitet - dazu ist es hier und das ist sein Bereich des Dienens.

Erkennt sie an ihrem Licht und ihrer Liebe, an der Art, wie sie die Weisheit vermitteln, an ihrem Mitgefühl und ihrer ausgeglichenen Integrität und Integration. Sie können Euch vieles bieten. Vergeßt jedoch nicht, daß selbst das beste Medium den Durchgaben den eigenen Stempel aufdrückt, was auch ganz in Ordnung ist. Seid jedoch sehr aufmerksam, was die Motivation angeht und seid zurückhaltend, so lange Ihr die Motivation nicht kennt. Sind sie hier, um Euch, Gott und den Meistern zu dienen, oder um sich selbst ins Rampenlicht zu stellen? Sind sie hier, um

Euch zu kontrollieren, oder um Euch zu helfen, Kontrolle über Euer eigenes Leben zu erlangen? Das sind die Dinge, auf welche Ihr achten müßt, geliebte Leser. Wenn Ihr die Antworten darauf kennt, wißt Ihr, auf welcher Stufe sich der Mensch befindet, dem Ihr Zutritt zu Eurem Energiefeld gewährt. Sucht Rat nur bei denen, die rein und weise und liebevoll sind, denn nur dann kann ihr Rat Euch helfen, Euer höchstes Potential zu erreichen! Wenn Ihr nach einem klaren Medium sucht bzw. selbst ein solches Medium werden wollt, ist das einzig Wichtige dabei die Arbeit, die geleistet wird, und nicht die Persönlichkeit. Die Botschaft, die durch- gegeben wird, ist von Bedeutung, und nicht das Ego der Person, die diese Botschaft übermittelt. Es ist ganz egal, ob die Botschaft mündlich, schriftlich, hellsichtig, hellhörig, telepathisch oder intuitiv übermittelt wird, der Inhalt ist wichtig, sonst nichts! Und dieser Inhalt muß entweder für den Menschen, der ratsuchend zum Medium gekommen ist, oder in bezug auf das größere Spektrum planetarer und kosmischer Erleuchtung von Bedeutung sein. Gottes strahlende Präsenz muß neben den Informationen der Aufgestiegenen Meister, der Engel oder der Brüder und Schwestern aus dem All immer spürbar sein.

Wenn Ihr das Gefühl habt, daß Ihr Euch bei dieser Arbeit selbst stärker in den Vordergrund stellt, als die eigentliche Durchgabe, dann habt Ihr in bezug auf Reinigung und psychologische Anpassung noch viel Arbeit vor Euch. Habt Ihr dieses Gefühl bei einem Medium, das Ihr konsultiert, dann sucht Euch ein anderes. Jedes Channeling, jede mediale Durchgabe, die vom Selbstwertgefühl des Mediums zeugt, kann nur durch das Selbst oder die Persönlichkeit des Mediums gestört sein. Reines Channeling hat aber gar nichts mit Persönlichkeit zu tun, es sei denn sie dient dazu, dem Klienten zu helfen, seine eigene Persönlichkeit mit seinem spirituellen Selbst besser zu integrieren. Ist dies nicht das Ziel, dann ist es nicht das richtige Medium für Euch. Bei jedem Menschen, den Ihr in solchen Dingen um Rat bittet, muß ein Gefühl bedingungsloser Liebe, Mitgefühl, Einheit, Reinheit und Heiligkeit spürbar sein. Wenn Ihr das Channeling lernt, oder wenn sich in Euch die hellhörigen, hellsichtigen und intuitiven Sinne öffnen, müßt ihr bezüglich Eurer Reinheit besonders wachsam sein. Die Gaben, welche die Meister hier überbringen, sind ganz sicher nicht dazu gedacht, zum Ruhme eines Menschen beizutragen, ganz egal, wie hoch die Initiationsebene ist, von welcher dieser Mensch aus arbeitet. Es ist sogar so, daß ein Mensch, der eine sehr hohe Stufe der integrierten Initiation und des integrierten Aufstiegs erreicht hat, sich überhaupt nicht mehr auf sich selbst konzentriert. Je weniger man sich bei der medialen Arbeit auf sich selbst ausrichtet, desto größer ist die Konzentration auf Gott und Seine / Ihre göttliche Gnade! Liebe Leser, ich bitte Euch recht herzlich, das gut zu überlegen und Eurer Intuition zu folgen. Channeling hat nichts mit Persönlichkeit zu tun, aber alles mit der Wahrheit und mit Gott!

Der unerwünschte Astralgürtel

Betrachten wir einmal einige der Fallen, in die wir stolpern können, wenn wir nicht integriert sind und unausgeglichen unseren Weg vorwärts stürmen. Je mehr wir über diese Gefahren wissen, desto eher können wir sie vermeiden und die notwendige Klarheit erwerben, um die Anpassungen vorzunehmen, die uns dann dazu befähigen, jeden Aspekt und jede Ebene von Gottes Königreich als ausgeglichene, integrierte ganze Menschen sicher und komplett zu erforschen. Wir wissen dann auch, was wir bei anderen Menschen, die die notwendige Vorarbeit noch nicht geleistet haben, vermeiden müssen, und wir werden auch klug genug sein, sie nicht um Rat zu bitten. Wir lernen dabei auch, die Illusionen, die Täuschungen und die Manipulationen von Menschen zu erkennen, die es möglicherweise nicht nur gut mit uns meinen. Wir werden lernen, wahrlich integrierte Aufgestiegene Meister zu sein und, wenn wir so weit sind, unsere inneren Sinne einzusetzen, dies auch mit der Klarheit des Geistes zu tun. Wir wissen alle, daß im astralen Bereich sehr viel vor sich geht, was sich, evolutionsmäßig betrachtet, auf einer sehr niederen Stufe befindet. Damit ist keine Kritik an jenen gemeint, die ihre Lektionen auf den unteren Regionen lernen, es ist nur wichtig zu wissen, daß in diesen Bereichen sehr viel los ist. Dies ist der Bereich, den ein ungelerntes Medium unabsichtlich in sein Energiefeld eintreten läßt, ohne dies selbst überhaupt zu merken. Es ist ganz wichtig, daß wir selbst nicht zu dieser Gruppe gehören. So wie wir auf der physischen Ebene niemals nur automatisch reagieren sollten, ist es auch hier unbedingt notwendig, wachsam zu sein und uns, wenn wir uns in die Inneren Ebenen begeben, nur auf das absolut Höchste zu konzentrieren.

Wie Ihr wißt, hat der Astralbereich mit Begierden und starken Emotionen zu tun und es gibt leider viele Astralwesenheiten, die sich wortwörtlich von den Emotionalkörpern anderer ernähren. Das ist gar nicht so unterschiedlich zum Menschen, der versucht, in einem anderen Menschen das Astralelement über Gebühr anzuregen, um dann die daraus entstehende Stimulation für sich selbst zu nutzen, sich sozusagen davon zu ernähren. In vielen Fällen gelingt es ihm sogar, die "Mitarbeit" des Betroffenen zum "Wühlen in den Gefühlen" zu erlangen. Ein deutliches Beispiel dafür ist die "Massenhysterie", bei welcher viele Astralkörper einander aufhetzen - der Emotionalkörper übernimmt dabei vollständig die Kontrolle und Gedanken und Geist sind ausgeschaltet. In solchen Situationen sind Menschen vollkommen unempfindlich gegen Schmerzen, da sie ausschließlich auf ihren Emotionalkörper ausgerichtet sind. Sie empfinden nicht einmal, wenn man sie auf den Kopf oder in den Solarplexus schlägt - die dazugehörigen Schmerzen kommen erst später. Es handelt sich hierbei zwar um Extremfälle, die uns jedoch nicht unbekannt sind - jeder von uns hat dieses Phänomen bereits im Fernsehen, in den Nachrichten, gesehen, oder kennt es aus eigener Anschauung.

Wenn wir uns dieses Beispiel hernehmen und erkennen, daß es genau diese Emotionen sind, die die Astralebene ausmachen, dann verstehen wir hoffentlich auch, daß wir sehr auf der Hut sein müssen, wenn wir uns den Inneren Ebenen öffnen. Zu Eurer Information: Die Astralebene als solche ist bei weitem nicht mehr so dunkel und unentwickelt, wie sie es zu einem früheren Zeitpunkt in der Menschheitsgeschichte war. Die menschliche Rasse selbst hat sich bereits weit vom "Wilden" wegentwickelt und ist in höhere Bereiche innerhalb des Astralen vorgedrungen. Diese Sphären können jedoch trotzdem von ungezähmten Astralenergien, Elementalen und Negativitäten erfüllt sein. Auch sollte man in diesen Bereichen genau die gleiche Vorsicht walten lassen, wie dies früher notwendig war. Ich gebe Euch diese Information nur, um Euch zu zeigen, daß alle Ebenen innerhalb der planetaren Sphäre aufgrund der größeren Lichteinstrahlung und der stärkeren spirituellen Stimulation, die in alle Bereiche der Atmosphäre eindringt, angehoben werden. Da dies der Fall ist, produziert die Astralebene jedoch auch oft eine wesentlich subtilere Art der Täuschung und Verführung, als das früher in der Menschheitsgeschichte der Fall war, und muß daher auch viel genauer beobachtet und einer stärkeren Differenzierung unterzogen werden. Niedere Elementale können einem durchaus begegnen, das stimmt. Es ist aber auch so, daß die meisten Medien in spiritueller Absicht handeln und ganz sicher nicht bewußt solch einer übelwollenden Wesenheit Zugang gewähren. Betritt man diese Bereiche jedoch ungeschützt oder mit großen Löchern in der Aura, dann haben diese Wesenheiten leichtes Spiel. Das ist immer noch ein Problem und ich möchte daher allen, die sich ernsthaft mit dem Aufstieg und den Einweihungen befassen, raten, sich aller negativen Elementale, Implantate und Energien zu entledigen.

Ich möchte jedoch Eure Aufmerksamkeit auf etwas lenken, was nicht so offensichtlich ist, jedoch manch einen, sonst durchaus aufrichtigen Lichtarbeiter, in den Klauen der Illusion hält. Ich spreche von den Täuschungen, die von und durch jemanden kommen, der, bewußt oder unbewußt, Ruhm, Anerkennung, Berühmtheit, Macht, ja sogar spirituelles Prestige für sich sucht. Hier, liebe Leser, sind wir am leichtesten zu treffen, denn oft haben wir keine Verbindung zu diesen Anteilen unserer niederen Natur, die unser Ego beherrschen und daher, was unsere wahren spirituellen Motivationen und Intentionen angeht, Blockaden schaffen! Gleiches zieht Gleiches an - das ist ein kosmisches Gesetz. Es gibt unzählige, ganz verschiedene Arten und Möglichkeiten im Astral- oder Begierdenbereich, der jeden einzelnen von uns und auch unseren Planeten umgibt. Die einzige Möglichkeit, diesen Täuschungsmanövern, wie ich sie ab jetzt nennen werde, zu entgehen, ist, sie aus unserem Aurafeld zu entfernen. Auf diese Weise können diese negativen Einflüsse keine Resonanz in uns finden und haben damit keine Möglichkeit, uns zu beeinflussen. Darum geht es beim integrierten Aufstieg. Es muß einfach eine Ebene gereinigt und entsprechend bearbeitet werden, damit wir nicht ohne Licht sind, wenn der Bräutigam kommt, wie es in der Bibel heißt. Dann gibt es auch keinerlei Täuschungswunsch in uns, an dem sich die Kräfte der Täuschung festhalten können. Leider sind sehr viele Menschen nicht dieser Ansicht, was besonders bei den ehrlichsten und wohlmeinendsten Medien und Schülern ins Auge sticht. Das negative Ego findet es sehr gut der/die Beste oder am weitesten Fortgeschrittene zu sein und "Siddhas" (yogische Kräfte) zu besitzen - eine klare Einladung an alle Arten der Täuschung und Illusion.

Wenn wir diese Schwäche in uns haben, werden wir uns immer wieder zu Medien hingezogen fühlen, die in dieser Hinsicht noch sehr viel an sich arbeiten müssen. Was wir von ihnen wünschen, ist Nahrung für unser negatives Ego - und sie werden sie uns liefern, verlaßt Euch darauf! Das geschieht ganz sicher nicht mit Absicht, sie färben bloß die Aussagen mit ihren eigenen Wünschen, die sie mit den unseren gekoppelt haben, ein. Das Ergebnis ist zwar sehr interessant, jedoch äußerst ungenau.

Wenn sich der Astralkörper mit den erhaltenen Informationen identifiziert, statt sie dazu zu verwenden, Ruhe zu finden und Täuschungen abzulegen, dann schaukelt sich die Situation hoch und er wird die medialen Durchgaben, ebenso wie Hellsichtigkeit und Hellhörigkeit, fälschlicherweise viel zu stark bewundern. Wir müssen hier sehr wachsam und vorsichtig sein und als erstes versuchen, den Astralkörper durch Meditation und Reinigung zu beruhigen. Wir müssen einfach wissen, daß Gott und die Meister nichts weniger im Sinne haben, als die Persönlichkeit, das negative Ego oder das niedere Selbst irgendeines Menschen, einschließlich unserer spirituellen Lehrer, zu verherrlichen. Vergeßt nie die Worte unseres geliebten Meisters Jesus: "Die ersten werden die letzten sein und die letzten werden die ersten sein." Wenn Ihr diese Worte der Weisheit in Eurem Inneren bewahrt, werdet Ihr wissen, wovor Ihr Euch hüten müßt, wenn Ihr Rat von den Inneren Ebenen suchen oder geben wollt.

Als Abschluß dieses Teiles über die Astralebene möchte ich Euch noch eine wichtige Information geben. Wie auf der Erde, wo man ein Kostüm und eine Maske tragen oder sich gefälschte Zeugnisse oder Kreditkarten zulegen kann, gibt es auf der Astralebene Wesen, die sich, um Euch an der Nase herumzuführen, als der eine oder andere Meister verkleiden. Ihr braucht Euch jedoch nicht zu fürchten, denn die Sinne sind bei der Arbeit auf diesen Ebenen viel schärfer und Ihr werdet sie an ihrem Wesen, nicht an ihrer Form, erkennen! Wenn irgend jemand zu Euch kommt und versucht, das niedere Selbst oder das negative Ego zu verherrlichen, dann seid Euch bewußt, daß es sich um einen Täuschungsversuch handelt. Kein wahrer Meister würde dies jemals tun, da es nur ihre Absicht ist, Euch immer weiter in das Herz und das Licht Gottes hineinzuführen, damit Ihr die Göttlichkeit in Euch verherrlichen könnt anstelle des negativen Egos. Die wahren Meister werden Euch jedoch auch in dem, was Ihr in dieser Inkarnation darstellt, unterstützen, weil sie jede Stufe Eurer Entwicklung anerkennen und ehren. Auch das ist eine der Feinheiten, die viele gar nicht mitbekommen. Die Meister sehen uns als Ganzes und anerkennen uns auf jeder Stufe als das, was wir sind. Ich meine hier nicht so sehr die Anerkennung der verschiedenen Körper einschließlich des Emotionalkörpers, sondern die Verherrlichung des getrennten Selbst statt des "göttlichen Ganzen". Manchmal ist es so - und ich habe das selbst erlebt -, daß ein wahrer Meister zusieht und abwartet, wie Ihr auf die Aussagen eines falschen Meisters reagiert und ob Ihr auf die Verherrlichung des getrennten Selbst hereinfallt. Das ist für sie sehr aufschlußreich. Die wahren Meister werden Euch für Eure Fehler nie kritisieren, sie sehen dann nur deutlich, welche Arbeit Ihr noch vor Euch habt. Wenn Ihr jemals im Zweifel seid, ruft sie dreimal im Namen Christi an. Ein falscher Meister kann dann seine Identität nicht verleugnen und muß sich Euch zeigen, wie er ist.

Da die Astralwelt dem Emotions- und Herzzentrum sehr nahe steht, ist es am leichtesten, die Fallen und Täuschungen zu umgehen, wenn man auf das eigene Herz konzentriert bleibt. Richtet Euer Herz auf das Herz Gottes aus. Richtet das Zentrum Eurer Gefühle auf göttliche und bedingungslose Liebe, Mitgefühl und Erbarmen aus. Diese Energien bringen Euch zum höheren Aspekt der Astralwelt, der nächsten Stufe, die auf der buddhischen Ebene zu finden ist. Dies ist alles recht einfach, da es im Prinzip nur auf Selbstlosigkeit, Egolosigkeit, Liebe und Mitgefühl beruht und, wie ich Euch bereits gesagt habe, nicht das fühlende Selbst verletzt. Es erhebt es vielmehr in Bereiche der Zugehörigkeit und der Liebe, die nichts, aber schon gar nichts, mit den Täuschungsmanövern des negativen Egos zu tun hat. Wenn Ihr dem Rat des geliebten Meisters Jesus, der seine Kraft mit der von Lord Maitreya verbunden hat, folgt, und " ... zuerst den Balken aus Eurem eigenen Auge entfernt", dann verspreche ich Euch, daß Ihr " ... klar genug sehen werdet, um den Splitter aus dem Auge Eures Bruders / Eurer Schwester entfernen zu können!" Arbeitet daran, Euer Astralfeld so weit zu reinigen, daß die göttlichen Attribute des Gefühles darin ihren Wohnsitz haben, denn dann werdet Ihr wirklich die Unterschiede erkennen, wenn Ihr selbst als Medium arbeiten sollt oder Euch an ein Medium um Rat wendet. Das wird Euch dann die Möglichkeit geben, uneingeschränkt und in großer Klarheit den Astralbereich zu überqueren, was Euch selbst und allen, die Eure Dienste in Anspruch nehmen, sehr dienlich sein wird. Das ist Euer Zeichen des integrierten Aufstiegs und die Befreiung von allen astralen Mißgeschicken.

Beeinflussende Durchgaben

Wer mediale Durchgaben macht und sich dabei in einem nicht-integrierten Zustand befindet, kann sich sehr leicht selbst, aber auch seinen Klienten, Freund oder Schüler täuschen, indem er seine Durchgaben unbewußt einfärbt. Das kann sogar so weit gehen, daß diese Durchgaben in den Bereich der Manipulation fallen. Es gibt viele Grade - und viele Arten - dieser Durchgaben und wir müssen uns vor ihnen allen in acht nehmen. In den meisten Fällen hat das Medium keine Ahnung, daß so etwas passiert. Es ist ganz wichtig, daß Ihr das wißt, denn wenn sich im Laufe Eurer Entwicklung psychische, mediale, hellhörige, hellsichtige, intuitive und telepathische Fähigkeiten zeigen, wollt Ihr doch sicher so rein und klar arbeiten, wie dies nur möglich ist. Das erfordert eine sehr gründliche Reinigung des Unterbewußtseins und die Schaffung eines Körpers, der nichts Geringerem dienen will, als der höchsten Wahrheit und dem Besten aller. Das läuft sehr subtil ab, weil, wie ich bereits angedeutet habe, das Bewußtsein im allgemeinen in diesem Vorgang nicht involviert ist. Die größte Sicherheit bietet in diesem Falle der integrierte Aufstieg und die integrierte Initiation. Außerdem ist sehr zu empfehlen, jede Sitzung mit einem Gebet zur eigenen mächtigen ICH BIN - Gegenwart und zu Gott und den Meistern zu beginnen, damit Ihr, als Medium, nur die reine Wahrheit sprecht, bzw. als Klient nur die reine Wahrheit zu hören bekommt. Es wäre in jedem Fall das Beste, die Sitzung mit einem Gebet zu Gott, dem Allmächtigen, zu beginnen, denn damit gebt Ihr Eure Absicht klar und stellt die Frequenz ein, auf welcher nur Höchstes und Reinstes hereinkommen kann. Dann liegt es nur mehr an Euch, liebe Leser, die nötigen Unterscheidungen zu treffen. Das Unterscheiden ist Euer wertvollstes Hilfsmittel und Ihr solltet es daher auf jeder Stufe Eures Weges einsetzen. Aber später mehr davon.

Die Durchgaben-Manipulation erfolgt auf zweierlei Arten. Meistens ist sie auf Seiten des Mediums feststellbar und tritt dann auf, wenn es um ein verborgenes Selbstmotiv oder -interesse geht. Dann werden die Durchgaben so gedreht und gewendet oder sogar so ungenau wiedergegeben, daß diese Interessen abgedeckt sind. In einem solchen Fall sind das Unterbewußtsein, das negative Ego, das Innere Kind und das Astralelement sehr aktiv. Um diesem niederen Ziel zu entsprechen, wird die Botschaft daher mehr oder minder stark verzerrt. Es kann durchaus sein, daß der Meister versucht, klare Ratschläge und Informationen herüberzubringen, das Medium jedoch die Botschaft einfärbt, um den eigenen verborgenen Interessen zu dienen. Diese Art der Manipulation kann dazu führen, daß das negative Ego des Klienten angesprochen wird, was wiederum den Effekt hat, daß das Medium in der Wertschätzung des Klienten steigt, weil es ganz genau das als Durchgabe bringt, was dessen negatives Ego zu hören wünscht, wobei auch ein bißchen Schmeichelei und Täuschung mit im Spiel ist. In beiden Fällen wird keine korrekte und genaue Aussage gemacht, die der Seele auf ihrem Entwicklungsweg weiterhelfen könnte. Die subtile und dennoch trügerische Art der Durchgaben müssen wir einfach kennenlernen, damit wir selbst, sei es als Vermittler oder als Empfänger von Botschaften, klar und ungestört agieren können. Wenn wir es zulassen, daß uns Durchgaben so oder so manipulieren, werden wir, statt auf unseren höheren Pfad zuzugehen, davon abgelenkt, was wirklich tragisch ist!

Kontrolliert mit Hilfe Eurer eigenen Intuition, ob nicht jemand, den Ihr wegen eines spirituellen oder psychologischen Rates aufsucht, ganz versteckt sein eigenes Süppchen kocht. In so einem Fall würde ich Euch empfehlen, sofort jeden Kontakt mit dieser Person abzubrechen, selbst wenn Euch die Durchgaben im Moment nicht zu betreffen scheinen. So ein Mensch kann beispielsweise nur um seine persönliche Macht zu erweitern, dies eben nicht aus sich selbst heraus, sondern mit Hilfe von Ruhm, öffentlicher Anerkennung, Geld, Selbstwertgefühl etc. tun, indem er Euch Dinge sagt, die Euch gefallen, damit Ihr mit ihm zufrieden seid und ihm Eure Hochachtung schenkt. Das kann beispielsweise dadurch geschehen, daß man Euch sagt, daß Ihr bereits eine bestimmte Stufe der Initiation erreicht habt. Das zu hören, freut Euch natürlich: Ihr seid zufrieden mit Euch und noch zufriedener mit der Person, die Euch diese Information gegeben hat! Diese sagt Euch dann vielleicht außerdem, daß es für Eure Entwicklung notwendig ist, in der einen oder anderen Art mit ihr in Kontakt zu bleiben, und wenn es nur durch regelmäßige Konsultationen ist. Das gibt ihr das Gefühl wichtig zu sein. Es kann dabei, muß aber nicht unbedingt, auch um Geld gehen. Manchmal ist das niedere Selbst ganz wild darauf, große Summen Geldes von seinen Schülern oder Gefolgsleuten zu erhalten. Manchmal geht es jedoch nur um den Ruhm und die Ehre, überhaupt Leute zu haben, die einem folgen. Oft ist es beides gemeinsam, muß aber nicht unbedingt immer so sein. Was wir in bezug auf manipulierende Durchgaben ebenfalls noch näher betrachten werden, ist ihr Zusammenhang mit spirituellen oder psychologischen

Lehrern, die nicht als Medium arbeiten. Sie bauen sich ihr Selbstwertgefühl durch die Anzahl ihrer Schüler auf. Immer, wenn das niedere oder trennende Selbst zum eigenen Wohle Dinge manipuliert, sind die Aussagen nie genau.
Wenn es versteckte eigene Ziele gibt, haben sie nie etwas mit dem Höchsten und Besten und auch nichts mit Gott zu tun, sondern erfüllen die Machtwünsche eines Menschen, der nicht Macht über sich selbst, sondern über andere haben möchte. Seid da sehr, sehr vorsichtig! Denkt daran, liebe Freunde, daß Gott und die Meister jederzeit für Euch persönlich erreichbar sind. Wenn Ihr im Zweifel seid, geht nach innen. Von dort kommen, früher oder später, alle wahren und dauernden Antworten, und dort werdet Ihr auch ganz sicher auf Gott treffen. Die Meister weisen Euch den Weg und beraten Euch. Sie geben Euch niemals Befehle! In den seltenen Fällen, wo sie mit Nachdruck zu Euch sprechen, kommen die Durchgaben direkt durch Euch selbst. Und auch hier raten sie Euch nur, wenn auch nachdrücklich, sie geben Euch niemals einen Befehl! In Extremsituationen hört Ihr direkt von ihnen, sei es in einer Vision, durch einen lebhaften Traum oder durch Eure inneren Sinne. Sie werden nie den freien Willen des Menschen beschneiden und wollen das auch gar nicht. So ist das Gesetz!
Sollte Euch ein Medium jemals "befehlen", Euch so oder so zu verhalten, dann erkennt, daß die Durchgaben weit über das normale, immer zu erwartende Maß hinaus eingefärbt sind. Der freie Wille ist ein Recht des Menschen, das ihm nicht genommen werden darf. Laßt niemals zu, liebe Leser, daß jemand es auch nur versucht, ganz egal, wen das Medium als den Durchgeber der Botschaft bezeichnet. Es handelt sich hier um ein von Gott gegebenes Recht, das kein Meister jemals beschneiden würde. Wenn eine Einmischung in dieses Recht vorliegt, kommt sie ganz sicher nicht von einem wahren Meister! Wenn ein Medium in einem nicht-integrierten Zustand seine Durchgaben gibt und sein eigenes negative Ego bestätigt sehen will, werdet Ihr merken, daß die Ratschläge immer stärker die Form von Befehlen annehmen. Seid Ihr selbst das Medium und es fällt Euch so etwas bei Euren Durchgaben auf, dann hört auf. Führt erneut Eure Grundreinigung durch und seht zu, daß Ihr dieses Zerstörungsmuster Eures negativen Egos loswerdet. Was ich hier sage, gilt für das Medium und den Klienten. Ganz egal, was wir im Moment tun, wir müssen alle danach streben, so ausgeglichen, klar und integriert wie möglich zu sein. Die einzige Kontrolle, die hierbei ausgeübt werden darf, ist die über unser Bewußtsein und den Willen im Dienste unseres Höheren Selbst und der

mächtigen ICH BIN - Gegenwart, um das negative Ego zu bezwingen und das Christus/Buddha-Denken erneut zu bestätigen. Jemandes anderen freien Willen kontrollieren und steuern zu wollen, ist Betrug am Göttlichen!
Ich werdet dann wissen, daß Ihr manipulative Durchgaben erhaltet bzw. weitergebt, wenn sich ein Gefühl der Frustration in Euch breit macht. Persönliche Frustration und negative Gefühle sind immer ein sicheres Zeichen dafür, daß das negative Ego involviert ist. Wenn sich die Frustration und die negativen Emotionen in Negativität oder Ärger äußern, dann ist es ganz klar, daß die Durchgaben nicht mehr entsprechen. Alles, was von Gott und den Meistern kommt, bringt bedingungslose Liebe und Losgelöstheit mit sich. Wo sich negative Emotionen zeigen, liebe Freunde, dort ist man verhaftet! Seid offen, damit Ihr selbst zum Medium werdet und auf die kleine, leise Stimme in Euch zu hören lernt, denn sie ist der reinste und sicherste Weg zur Quelle. Jeder von uns muß, so oder so, diese innere Reise zu Gott antreten. Da dies so ist, möchte ich Euch auch empfehlen, für jene offen zu sein, die Eurer Meinung nach ein reines Medium sind, denn ihre Gaben sind von größtem Wert, besonders in der heutigen Zeit. Es ist grundsätzlich so, daß jeder, wenn er nicht wirklich integriert ist, sich durch seine eigenen inneren Durchgaben manipulieren kann. Also kommt alles wieder auf das Gleichgewicht, die Klarheit und die Integration zurück!
Wenn Ihr die höchste Wahrheit vermitteln wollt, dann sagt das auch, im Inneren wie im Äußeren. Sagt es zu Gott in Euch, ebenso wie zu Gott im Inneren des Mediums, das für Euch arbeitet. Wir alle repräsentieren einen Teil des Puzzles und haben, auch als Medien, Gaben, die einmalig und ganz speziell sind. Es wäre ein großer Fehler, wenn wir uns aus Angst vor einer etwaigen Manipulation von dieser Weisheit und der Vision, die wir einander geben können, abtrennen ließen. Ich bitte Euch nur, daß Ihr Euch vor der Manipulation des negativen Egos hütet und die Warnsignale beachtet. Diese Signale sind für alle Situationen dieselben, ob es sich nun um die mediale Arbeit oder um sonst etwas handelt. Ist die Konzentration auf das eigene Selbst ausgerichtet, ist Ärger oder Verurteilung zu spüren; ist Schuldzuweisung, Scham und Angst involviert, dann handelt es sich um Manipulation. Ist es jedoch die Wahrheit, dann erstrahlt sie im Glanze der bedingungslosen Liebe und des Lichtes, sie verurteilt nicht und zeigt auch keinen anderen Aspekt des negativen Egos oder des niederen Selbst, sondern ist ein reines Stück des kosmischen Puzzles Gottes, das von einem Menschen weitergegeben wird, der die Gabe dazu hat. Wenn das

Channeling in Reinheit und ohne die Manipulation des Selbst durchgeführt wird, dann ist es, ebenso wie die anderen höheren Sinne, einfach ein weiterer Schritt dazu, daß das Königreich Gottes auf Erden Wirklichkeit werde!
Ich hoffe, daß ich das Thema manipulierende Durchgaben ausreichend behandelt habe und Ihr in dieser Hinsicht entsprechend vorsichtig sein werdet. Ich möchte jetzt damit aufhören, damit Ihr nicht zum "ungläubigen Thomas" werdet oder gar das Kind mit dem Bade ausschüttet! Wir sind alle schlau genug um zu erkennen, ob uns jemand manipuliert oder nicht. Wir müssen dabei nur ehrlich sein. Die wichtigsten Hinweise zum Erkennen von Manipulation habe ich gegeben, damit müßtet Ihr schon etwas anfangen können. Zwei Dinge möchte ich jedoch nochmals ansprechen: Das erste ist, daß diese Hinweise auf Manipulation sowohl für Botschaften gelten, die Ihr selbst empfangt und weitergebt, als auch für solche, die für Euch von einem Medium durchgegeben werden. Ob es sich um den Körper handelt, den es bewohnt, oder einen anderen, ist für das negative Ego Jacke wie Hose - es findet in beiden Fällen großen Spaß daran, zu manipulieren. Das zweite ist der enorm große Wert, den reine, ausgeglichene und klare Durchgaben für den Menschen haben. Kommen die Durchgaben aus der Geistigen Welt und nicht aus dem Bereich der Manipulation, dann sind sie ein wunderbarer Ausflug in das Gruppenbewußtsein. Das neue Jahrtausend bringt viele Medien mit sich, die seine goldenen Einsichten und Erkenntnisse weitergeben können.

Gedankenformen der Gruppe

Es besteht überhaupt kein Zweifel, daß wir, als Rasse im allgemeinen und als Lichtarbeiter im besonderen, immer stärker telepathische Fähigkeiten entwickeln. Das zeigt sich auf unterschiedlichste Art. Zunächst ermöglicht uns diese Fähigkeit eine tiefere und reinere Verbindung zur Hierarchie der Aufgestiegenen Meister der Inneren Ebenen. Außerdem schafft sie eine bessere Kommunikation mit den anderen Lichtarbeitern und richtet uns in unserer Arbeit und Mission aufeinander aus, selbst wenn wir das bewußt gar nicht bemerken. Wir bekommen dazuhin noch ein besseres Verständnis in bezug auf das Herz der Menschheit, was uns wiederum die verschiedenen Stufen erfahren läßt, von welchen aus die menschliche

Rasse funktioniert. Der eigentliche Zweck dieser Fähigkeit liegt darin, unseren Brüdern und Schwestern in ihrer Not besser beistehen zu können. Die Gefahr liegt darin, daß alles sehr stark von astralem und mentalem Schmutz durchzogen ist und wir daher eines sehr starken Willens und auch großen Schutzes bedürfen, um uns gegen die negativen Einflüsse der menschlichen Rasse zu wehren.

Die telepathischen Fähigkeiten bringen uns auch in Verbindung mit den Mitgliedern der Planeten-Konföderation, damit wir die Hilfe und Weisheit, die diese unglaublichen Wesen uns aus ihrer einmaligen Perspektive anbieten, annehmen können. Außerdem können wir uns mit Hilfe dieser Fähigkeit auf unser Höheres Selbst, die Monade und das Herz Gottes einstimmen. Wir werden immer offener für die verschiedenen Schwingungen des Allerhöchsten und werden auch der großen Vision und des göttlichen Planes gewahr. Dann können wir mit Gott zusammen - arbeiten und helfen, das neue Jahrtausend auf der Erde zu verankern. Daraus könnt Ihr ersehen, daß im Augenblick sehr viel geschieht und daß viele Bewußtseinsebenen durch den Anstieg der telepathischen Fähigkeiten erreichbar geworden sind. Wir müssen jedoch sehr fleißig daran arbeiten, das Gleichgewicht zwischen unserer Arbeit an der Maximierung unserer spirituellen Mission einerseits und der Vorsicht gegenüber den Gefahren, die daraus entstehen können andererseits, aufrechtzuerhalten. Wir haben jetzt verstärkt die Möglichkeit, verschiedene Energiequellen anzuzapfen, von den Bereichen der niederen Astralregionen bis zum Herzen Gottes selbst. Daher müssen wir lernen, genau zu unterscheiden, von welcher Schwingungsebene eine Botschaft stammt, um entsprechend damit umzugehen.

Wir möchten uns alle auf unser Höheres Selbst, unsere mächtige ICH BIN - Gegenwart, die Gruppe der Kosmischen Aufgestiegenen Meister der Inneren Ebenen und auf Gott einstimmen, das ist klar. Einige von uns werden auch dazu aufgerufen sein, anderen zu dienen und zu helfen, um damit die eigenen niederen Tendenzen und Unausgeglichenheiten zu überwinden. Liebe Leser, wir müssen immer den Mantel des göttlichen Schutzes und der Unterscheidungsfähigkeit um uns tragen, denn dann können wir wirklich diese Fähigkeit dazu verwenden, uns selbst, unsere Brüder und Schwestern der verschiedenen Königreiche der Evolution und den gesamten Planeten zu heilen. Ich kann nur immer wieder sagen: Je integrierter und ausgeglichener wir den integrierten Aufstieg angehen, desto klarer verständlich werden uns die verschiedenen Schwingungen sein und wir werden ganz genau wissen, von welcher Sphäre sie stammen und was wir tun müssen, um sie ihrerseits ins Gleichgewicht zu bringen. Klarheit ist das Wichtigste, damit unsere innere Sicht nicht durch die vielen Ablenkungen und Täuschungen getrübt wird, die uns beim Zugriff auf die verschiedenen ätherischen, astralen und mentalen Gedankenformen der Menschheit begegnen. Wir müssen auch eine perfekte Antakarana aufbauen, um einen direkten Draht zu Gott zu haben und imstande zu sein, frei und klar und zu jeder Zeit die heiteren Gefilde unserer mächtigen ICH BIN - Gegenwart und das Herz Gottes in der Großen Zentralsonne zu erreichen. Dort erhalten wir die Nahrung, die Ruhe und die Führung, die wir benötigen, um vorwärts zu gehen und unsere Arbeit zu tun.

Betrachten wir nun einige der Störfaktoren, die sich als Nebenprodukt unserer wachsenden telepathischen Fähigkeiten zeigen können, vergeßt jedoch nicht, daß wir all diese Klippen ganz leicht umschiffen können, wenn wir integriert, ausgeglichen und klar in uns selbst sind. Es ist dann unser eigenes integriertes Licht und unsere Liebe, die diese möglichen Krisenzonen erhellen und uns zu dem machen, was wir ja sein sollten, nämlich zu Dienern im wahrsten Sinne des Wortes. Je klarer wir in unserer Vision der Wahrheit und Gottes sind, desto leichter werden wir Verzerrungen der Wahrheit und Illusionen erkennen. Wenn wir uns auf die Menschheit einstimmen und uns der verschiedenen Energiefrequenzen, die um uns sind, stärker bewußt werden, nehmen wir die Energie der gesamten Menschheit und natürlich auch der Menschen, die in unserer Nähe sind, wahr. Das heißt, daß wir Ihr Aurafeld erspüren, in dem sich astraler und mentaler Schmutz und Nebel befinden, aber auch Hoffnungen, Träume, Begierden, Vorstellungen und Ängste zu finden sind. Und all das geschieht auf einer Stufe, die bewußt nicht unmittelbar erfaßt werden kann. Als erstes müssen wir sozusagen unser Schutzschild hochfahren, was jedoch nicht heißt, daß wir uns in eine Verteidigungsposition begeben müssen. Wir sollten vielmehr so viel an Kraft, Licht und Liebe in unser Energiefeld aufnehmen, wie wir nur können und versuchen, diese Präsenz von einem Augenblick zum anderen zu leben. Sind wir erst einmal in dieser göttlichen Schutzaura verwurzelt, werden wir die verschiedenen Schwingungsbreiten sehr viel besser beobachten können. Wir werden dann die Verwirrung der Welt zwar registrieren, uns jedoch nicht davon überwältigen lassen.

Das ist ein großer Unterschied, liebe Leser. Als Beobachter, der die Heiligkeit seines eigenen Gott-Selbst lebt, könnt Ihr die Gedankenformen der Menschheit und des Einzelnen sehen, hören, fühlen und intuitiv erfassen und mithelfen, sie zu verbessern. Wenn Ihr jedoch nur automatisch reagiert und nicht durch Euer eigenes Licht, Eure Liebe und Kraft geschützt seid, dann werdet Ihr dem glauben, was die Massen denken und diese Gedanken selbst übernehmen. Als Ergebnis seid Ihr dann reizbar, ängstlich, wütend ... ohne daß Ihr wißt, warum das so ist. Dabei besteht überhaupt kein Grund dafür, Ihr habt Euch bloß kritiklos dem Nebel der Massen geöffnet. Um der Menschheit zu helfen, aus der Massenverwirrung herauszufinden, und allen jenen, die dazu imstande sind, beizustehen, den Übergang ins neue Jahrtausend zu schaffen, müßt Ihr Euch von der Gruppendenkweise der Menschheit lossagen. Ihr müßt die Reinigung durchführen, über die ich schon so oft gesprochen habe, so daß nur Höchstes und Reinstes Euch erreichen kann. Da die meisten Menschen aus dem Bewußtsein des negativen Egos heraus arbeiten, müßt Ihr dafür sorgen, daß Euer Quotient der Reinigung des negativen Egos und Euer Quotient des Christusbewußtseins ständig bearbeitet wird. Nur dann könnt Ihr durch den Nebel, der unsere Welt umgibt, hindurchgehen und klar und wahr im Lichte Gottes die Dinge sehen. Bitte, arbeitet regelmäßig und eifrig an den acht Hauptquotienten, die am Anfang dieses Buches beschrieben wurden.

Seid immer zentriert, bewußt und aufmerksam bezüglich dem, was das "Eure" ist und was nicht. Es gibt, wie gesagt, so viele Gedankenformen, die auf der Realität basieren bzw. in einer möglichen Realität, in Ängsten, Träumen, Wünschen etc. ihren Ursprung haben, daß es ganz leicht ist, sich zu verirren, wenn man nicht entsprechend wachsam ist. Denkt daran, daß Ihr ein Sohn, eine Tochter Gottes seid und fragt Euch, wenn ein bestimmtes Angstgefühl, ein Gedanke, eine Sorge oder eine Begierde in Euer Bewußtsein oder Eure Aura treten, ob sie überhaupt etwas mit Euch zu tun haben. Sehr wahrscheinlich werdet Ihr herausfinden, daß dieses Gefühl gar nicht zu Euch gehört, und auch keines von den Dingen ist, die Ihr aufarbeiten müßt. Es ist einfach der Spiralnebel der Massenverwirrung, der sich in Euren geheiligten Raum eingeschlichen hat. Es ist Eure vordringlichste Aufgabe Euren inneren Raum für Euch zu bewahren. Um dies tun zu können, müßt Ihr ihn jedoch zuerst ausräumen. Und doch ist es so, daß Ihr trotzdem immer wieder auf Gedankenformen anderer Menschen stoßt, es sei denn, Ihr lebt auf dem Lande, weit weg von der

Unruhe des Stadtlebens und anderer äußerer Stimulationsfaktoren. Lernt zu unterscheiden und werft alles hinaus, was nicht der höchsten Frequenz entspricht.
Für diejenigen unter uns, die auf den Inneren Ebenen arbeiten, wird das noch wichtiger und in seiner Art auch subtiler. Wenn wir uns auf die Lichtarbeiter einstellen, die mit uns arbeiten, bekommen wir auch Einblick in ihre Gedankenwelt. Es ist natürlich unser Ziel, unser Höheres Selbst und die Monade mit der ihren übereinzustimmen. Da wir in der Verkörperung sind und mit der Sphäre der vier niederen Welten arbeiten, ist es sehr wahrscheinlich, daß wir mit ihren Auraemanationen auf der emotionalen und mentalen Stufe ihres Seins in Kontakt kommen. Das entspricht durchaus dem göttlichen Plan, da es oft von Nutzen ist, wenn man bezüglich bestimmter Projekte, die man miteinander ausführen soll, in einem direkten Kontakt von Geist zu Geist steht. Wir möchten jedoch nicht schutzlos ihren persönlichen Dramen, Themen und selbstgeschaffenen Gedankenformen ausgesetzt sein.

In solchen Fällen bitte ich immer Melchizedek, Metatron und den Mahatma, eine ätherische Schutzwand gegen alle niederen Energien zu errichten, welche durch einen der Lichtarbeiter, mit denen ich arbeite, kommen könnten. Diese Wand besteht aus einer halbdurchlässigen Substanz und ist so gebaut, daß auf jeder beliebigen Stufe nur das Allerbeste hindurchströmen kann. Ist diese Wand errichtet, so dient sie allen Beteiligten als Schutz und sorgt dafür, daß der Energieaustausch immer auf der höchsten Stufe erfolgt. Es ist eine gute Idee, wenn Ihr das für Eure Arbeit erbittet, selbst dann, wenn Ihr nur füreinander arbeitet, so daß nicht jemand irrtümlich die Lektionen, die einem anderen zur Lehre dienen sollen, weitergibt oder selbst annimmt. Lord Melchizedek, der Mahatma und Lord Metatron werden dies gerne für Euch tun, wenn Ihr sie anruft und darum bittet. Ich möchte Euch wirklich dazu raten, da es ein wunderbares Schutzmittel ist und dazu hilft, daß jede Kommunikation auf dem höchsten und reinsten Standard verbleibt. Bittet darum, daß dieser Schutz ständig um Euch sei und nicht nur in bestimmten Situationen.

Die Arbeit, die wir als Lichtarbeiter auf telepathischem Wege gemeinsam leisten können, ist sehr groß. Wie Ihr ja alle wißt, sind Gedanken Dinge. Wenn also eine bestimmte Gedankenform auf eine Gruppenformation zum Besten des göttlichen Planes ausgerichtet wird, kann das auf tausenderlei Art zu dessen Manifestation führen. Da es das Ziel des Wassermann-Zeitalters ist, den Himmel auf die Erde zu bringen und unsere Werke Realität werden zu lassen, werden wir auch ein gewisses Maß an Arbeit auf der physischen Ebene leisten müssen. Das ist Teil der Aufgabe, das Materielle zu vergeistigen. Wenn man sich dazu gesamthaft mental bemüht und Gedankenformen aufbaut, so ist dies wesentlich schneller als der mühsame Prozeß ausschließlich äußerer Kommunikation. Jetzt ist die Zeit des Erwachens der Gnade und der Fähigkeiten - wir sollten sie wirklich bis zum äußersten nutzen. So wie ich Euch die Zusammenarbeit in bezug auf den Aufstieg vorgeschlagen habe, möchte ich Euch, wenn es um Projekte geht, empfehlen, Euch mit anderen zur Bearbeitung eines gemeinsamen Puzzle-Stückes zusammenzuschließen. Damit könnt Ihr Euch auf jene, mit denen Ihr zusammenarbeitet, besser einstimmen und somit zu festgelegten und besonderen Zeitpunkten eine äußere Manifestation entstehen lassen. Beginnt damit, daß Ihr eine telepathische Verbindung herstellt. Bittet darum, daß Eure Ideen von Eurer eigenen Monade in den eigenen Geist und anschließend in den Gruppengeist und wieder zurück fließen. Definiert damit ganz exakt Euer Ziel und bittet darum, daß alle Einsichten, die Kommunikation und die Gedankenformen ausschließlich dazu da sein mögen, Gottes Plan zu verwirklichen. Und dann seht, was passiert. Ich kann Euch garantieren, daß Euch der Erfolg, den Ihr durch Eure gezielte, bewußte und geschützte Arbeit an Eurem Projekt haben werdet, mit großem Erstaunen und großer Freude erfüllen wird. Denkt daran: "Nur das, was ein Mann / eine Frau / Gott in den Gedanken trägt, kann in die Tat umgesetzt werden!" Die Kraft, die bei dieser Art der Arbeit entwickelt wird, kann das Königreich Gottes auf die Erde bringen, und Euch gleichzeitig dabei helfen, als bewußte Mit-Schöpfer Gottes, eine aktive Rolle bei der Verwirklichung des größeren Planes zu spielen.

Wenn wir uns mit den Gedankenformen auseinandersetzen, ist es vordringlich, daß niemand die dafür erforderlichen Kräfte dazu verwendet, andere zu kontrollieren oder zu beeinflussen. Das gilt für alle, die an einem gemeinsamen Projekt arbeiten, für andere Lichtarbeiter und für die Menschheit im allgemeinen. Die innere Gedankenwelt jedes Menschen ist ein heiliger Bereich, und niemand hat das Recht, durch irgendeine Art der Manipulation dort einzudringen! In der Außenwelt gibt es viele skrupellose Wissenschaftler, die im Auftrage noch skrupelloserer Regierungen, mit der Kontrolle über den Geist und die

Gedanken der Menschen experimentieren. Man verwendet dazu künstliche Hilfsmittel, wie bewußtseinsverändernde Drogen, Gehirnstimulation und Programmierung. Und das, liebe Leser, ist nur die Spitze des Eisbergs. Die Kraft des Geistes ist sehr groß, was sowohl die vom negativen Ego Angeleiteten als auch die vom Christusbewußtsein Geführten erkannt haben. Es ist sehr wichtig, daß wir in unserer eigenen Lebenssphäre integriert und in unserem Christusbewußtsein zentriert sind, damit uns mit der Zeit keine Gedankenmanipulation mehr etwas anhaben kann. Was uns die Massenmedien, also Fernsehen, Radio, Zeitschriften, Plakate etc. vermitteln, sind in Wahrheit nur Versuche, unsere eigenen Gedankengänge mit Visionen, die nicht die unseren sind, zu überlagern. Wir müssen uns immer unseres Zieles klar bewußt sein und wir müssen lernen, wie wir Dinge, die nicht unserem Besten dienen, abweisen, und seien sie noch so überzeugend präsentiert. Das gilt für sämtliche Bereiche des Lebens und für jede Aktivität, die Ihr Euch nur vorstellen könnt.

Unser geliebter Meister Djwhal Khul zeigt uns in seinen Durchgaben durch Alice A. Bailey den besten Weg dazu: "Haltet den Geist beständig im Lichte!" Mit diesen wenigen Worten wird das Geheimnis der Gedanken-Projektionen enthüllt! Diese Worte sind nicht nur so dahingesagt, und sie sollten auch nicht nur als Poesie betrachtet werden. Sie enthalten eine Formel, die uns, wenn wir sie voll Wachsamkeit immer wieder anwenden, gegen die abertausend Gedankenformen schützt, welche täglich auf uns einstürmen. Sie hilft uns auch, uns frei im Bereich des Geistes zu bewegen und das zu tun, wozu wir hierher gekommen sind. Deshalb betone ich immer und immer wieder wie wichtig der integrierte Aufstieg ist. Darin enthalten sein muß die volle Integration des psychologischen Selbst, denn dort können wir von unseren eigenen niederen Aspekten und denen anderer Menschen am leichtesten verletzt werden, wenn wir nicht die nötigen Vorarbeiten geleistet haben. Ich bitte Euch, liebe Leser, diese Arbeit wirklich durchzuführen, damit man von Euch sagen kann, daß Ihr Menschen seid, die zu jeder Zeit das Christusbewußtsein leben und unangefochten den Sumpf der Gedankenformen durchschreiten. Damit seid Ihr ein integrierter Meister im Dienste Gottes und des göttlichen Planes.

Niedriger Psychismus

Darunter versteht man die alleinige Öffnung zum Astralbereich und das Anziehen von Informationen, die korrekt sein können, jedoch bei weitem nicht korrekt sein müssen. Die Informationen sind immer unterhalb der Schwelle zum Höheren Selbst und sogar der des Mentalbereiches, weshalb es sich dabei immer um unklare Eindrücke handelt, die der emotionalen Verwirrung entsprungen sind. Einige dieser Durchgaben können einen gewissen Genauigkeitsgrad besitzen, besonders dann, wenn ein enges emotionales Band zwischen zwei Menschen besteht, wie z.B. bei Eltern und Kindern oder Liebenden. Ist einer davon in Gefahr oder in einer unangenehmen Situation, wird der andere das spüren. Für die noch wenig entwickelte Masse wird es sich als Gefühl im Solarplexus äußern. Initiaten sollten jedoch ihre Schwingung auf die Frequenz des Herzens, des Herz/Geistes, der Überseele und letztlich der mächtigen ICH BIN - Gegenwart anheben. Es hängt immer davon ab, auf welcher Entwicklungsstufe man sich befindet. Das Zentrum des niedrigen Psychismus befindet sich im Solarplexus und reagiert mehr oder minder instinktiv. Diese Art von Wahrnehmung hat man auch schon bei Tieren beobachtet. Ein geliebtes tierisches "Familienmitglied" kann fühlen, wenn seine menschliche "Mutter / Vater" oder seine "Geschwister" in Gefahr sind. Es gibt viele diesbezügliche Berichte, die zeigen, daß das Tier auf dieses Gefühl reagiert und somit des öfteren das Leben der betroffenen Personen gerettet wurde. Was das Tier selbst betrifft, so ist dies ein starker Hinweis auf den großen Entwicklungsschritt, den es gemacht hat, denn durch sein Handeln beweist es große Liebe, Treue und Verbundenheit.

Wenn wir, als Lichtarbeiter, aus dem Solarplexus oder aus unserem Instinkt heraus handeln, ist das jedoch etwas anderes, denn wir sollten in der Welt des Fühlens über das Herzchakra miteinander verbunden sein, welches auf der spirituellen und tieferen Bedeutung der Liebe beruht. Was nicht bedeutet, daß wir nicht unsere Emotionen einsetzen sollen, weil wir, wie ich bereits früher festgestellt habe, *alle* Ebenen unseres Seins honorieren sollten. Was ich sagen will, ist, daß die tiefste Verbundenheit aus unserem Herzzentrum stammen soll, welches hoffentlich auch gleichzeitig unsere emotionale Operationsbasis darstellt. Das bringt uns in den Bereich der Intuition, in welchem wir als Lichtarbeiter operieren, und hilft uns, die ständig lauernde Verwirrung zu vermeiden, die beim niedrigen Psychismus so oft zu finden ist. Wenn ich Euch die Gefahren der nicht-integrierten Arbeit mit der Hellsichtigkeit, Hellhörigkeit und dem Channeling aufzeige, muß auch der genannte Bereich berücksichtigt werden, da er ja sozusagen ein Nebenprodukt der fragmentierten Integration darstellt. Wenn nicht alle Chakren, Zentren, Initiationen und die acht Hauptquotienten ausgerichtet und ausgeglichen sind, kann man sehr leicht von einem Zentrum aus operieren, das nicht der eigenen Entwicklungsstufe entspricht und das ist natürlich nicht gut. Es ist auch die hauptsächliche Gefahr, die in diesem Bereich droht. Dieser Sinn stammt aus dem Solarplexus, was bedeutet, daß der Mensch seine anderen Zentren und Initiationsstufen nicht integriert hat. Das läßt ihn für die verschiedensten emotionalen Eindrücke offen sein, welche er, würde er seine Arbeit entsprechend integriert, also mit dem Herz- und dem Kopfzentrum am richtigen Platz tun, niemals so ohne weiteres in sich eindringen ließe. Der Solarplexus und die rein animalischen Instinkte können nicht unterscheiden, was Wahrheit und was Erfindung, was Liebe und was Angst ist. Das einzige was sie können, ist aus den niedrigsten instinktiven Emotionen heraus zu reagieren, was sehr oft mit Ängsten verbunden ist, die keinen Realitätsbezug haben, jedoch als solcher erfahren werden und die entsprechenden Reaktionen auslösen. Oft glaubt der Mensch so stark an diese Eindrücke, daß die Gedanken- / Gefühlswelt einen Weg findet, sie zu manifestieren.

Zur Illustration die folgende Geschichte: Ein Mann hatte eine Konsultation bei einem Medium, das eine angsterregende Botschaft übermittelte, welche ausschließlich durch das Anzapfen der Urängste des Klienten zustandegekommen war. Der Klient war beeindruckt, denn die in der Botschaft angesprochene Furcht verfolgte ihn tatsächlich Tag und Nacht und daß das Medium davon gesprochen hatte, war für ihn der schlagende Beweis ihrer Richtigkeit. Es handelte sich dabei darum, daß er noch vor Erreichung eines bestimmten Geburtstages sterben würde. Aus welchen Gründen auch immer war er der Meinung, daß er es nicht verdiene länger zu leben. Als sich der Astralkörper des Mediums und der des Klienten innerhalb dieser möglichen Realität verbanden, wurde im Klienten etwas ausgelöst, was ihn die Situation als Wirklichkeit anerkennen ließ. Dabei hatte die Situation überhaupt keinen realen Hintergrund, sie war nur auf Furcht begründet. Jahrelang lebte und nährte der Mann seine Angst und Krankheitssymptome erschienen, als das Jahr des vorhergesagten Todes näher rückte. Es war großes Glück, daß seine Gattin rein überhaupt nichts von dem "spirituellen Geschwafel" hielt und sich auch weigerte, die

Ängste zu schüren, obwohl der Mann es ganz wunderbar schaffte, das eigene Unterbewußtsein damit zu füllen und mit dem näherkommenden Sterbetag auch immer schwächer zu werden. Seine Gattin hatte jedoch andere Vorstellungen! Sie sorgte für Ablenkung, und zwar so, daß damit die ganze Nacht vor dem angeblichen Ableben ihres Mannes ausgefüllt war. Es ging dabei um ein - erfundenes - Eheproblem ihrer Tochter. Als die vorhergesagte Todesstunde kam, und verging, erfüllte den Mann ein Gefühl der Freiheit und der Freude, wie er es zehn Jahre lang nach der Vorhersage des Mediums nicht mehr gekannt hatte. Seine Gesundheit verbesserte sich zusehends und von dem Zeitpunkt an führte er ein normales und freies Leben.

Man kann nicht leugnen, daß die Worte, die niemals hätten gesagt werden dürfen, großes Unheil im Leben des Klienten angerichtet haben. So viele verschwendete, freudlose Jahre! Dies, liebe Leser, ist für mich einer der beunruhigendsten Fälle an Autosuggestion und niedrigem Psychismus, der mir jemals untergekommen ist. Die Geschichte geht zurück in meine Jugendzeit, als ich noch nicht so genau wußte, was alles geschehen kann. Ich kann mich aber noch sehr gut an die Qual erinnern, in welcher der Mann zehn Jahre lang gelebt hatte, und an die Erlösung, als er unbeschadet den Rachen des Todes verlassen konnte. Es hinterließ mir einen unauslöschlichen Eindruck und ist ein sehr gutes Beispiel dafür, welche Gefahren drohen können, wenn man die Zusammenhänge in bezug auf die Geistige Welt nur teilweise versteht und seinen Aufstieg fragmentiert vornimmt. Es beweist auch, daß wir als Lichtarbeiter die Verantwortung haben, wirklich unser Bestes zu geben. Unsere Aufgabe ist es, den Menschen zu helfen, und wenn wir nicht 100% sicher sind, ihnen die richtige Richtung weisen zu können, besser zu schweigen. Wenn wir die verschiedenen Aspekte unserer eigenen Initiationen und höheren Quotienten noch nicht ganz in unser Sein integriert haben, sollten wir dafür sorgen, daß dies geschieht. Wie unser geliebter Paramahansa Yogananda sagt: "Der Weg zu Gott ist kein Zirkus." Der Bereich des niedrigen Psychismus kann jedoch sehr wohl ein Zirkus sein, mit Löwen, Tigern und Bären und allem anderen, was der menschliche Geist erfinden kann - ein Bereich, den man auf alle Fälle vermeiden sollte.

Liebe Leser, es ist auch recht einfach, diesen Bereich zu vermeiden, und zwar indem man auf das Herz, die Gedanken und den Geist konzentriert ist. Wenn Ihr aus diesen Zentren heraus arbeitet, dann arbeitet Ihr von dem Ort aus, in dem die Wahrheit lebt. Es gibt ein Auge im Bereich des erwachten Herzens und ein Herz im erwachten inneren Auge. Wenn Ihr Euch also auf das Herz konzentriert, dann werdet Ihr über die psychische Verwirrung und die Verstrickung der Emotionen hinaus sehen können und Ihr werdet imstande sein, das Echte vom Erfundenen zu unterscheiden und damit die Menschen in die Richtung führen können, die für sie am besten ist. Solltet Ihr jemals das Gefühl drohenden Unheils haben, überprüft es mit Eurem Herzen oder Eurem höheren intuitiven Körper. Das Herz wird die Situation durch das erwachte innere Auge betrachten. Bringt das Gefühl bis zur Überseele und der Monade und seht, was Euch Eure eigene Gottes-Quelle dazu zu sagen hat. Sprecht mit den Meistern, aber laßt niemals eine negative Botschaft anderen Menschen gegenüber verlauten. "Alle Prophezeiungen, ob persönlicher oder planetarer Art, werden uns gegeben, damit wir sie verändern!" Es herrscht so große Verwirrung bezüglich des Neuen Zeitalters im allgemeinen und der Rolle, die jeder einzelne von uns im neuen Jahrtausend zu spielen hat, daß eine zusätzliche Belastung, wie die oben genannte, vollkommen überflüssig ist.

Die vielen, vielen Prophezeiungen!

Die Wahrheit ist, daß wir tatsächlich in einer Zeit der Massentransformation und der Veränderung leben. Wir alle erfahren es und der Planet zeigt es. Wie sich das jedoch letztendlich darstellen wird, ist nicht sicher. Seit uralten Zeiten gibt es zwar Hinweise, wie es sich zeigen könnte, wahrscheinlich ist jedoch eine Realität, die sich täglich mit uns verändert. Wir sind die Manifestationen der Prophezeiungen, liebe Leser, und wie sich die Transformation letztendlich äußern wird, liegt daran, welchen Weg wir als einzelne und als Kollektiv einschlagen.

Es gibt im Augenblick eine Verschiebung und wir alle haben daran teil. Es ist ein großer Schritt, der uns in das siebte Goldene Zeitalter bringt, und er erfordert jede einzelne Stufe unserer vielen Körper und auch die vielen Körper, welche die verschiedenen Bereiche der Welt beinhalten. Diese Verschiebung konnte man bereits vor Jahrhunderten voraussehen, sie war mathematisch berechenbar, astrologisch feststellbar und auch im okkulten Bereich zu erkennen. Den Weisen und Propheten vergangener Zeiten war das Kommen dieses neuen Jahrtausends nichts Neues, ebenso wenig wie die voraussichtlichen Probleme, Verschiebungen und Neukonfigurationen, die es mit sich bringt. Wenn wir die alten Schriften betrachten, finden wir vieles, das uns über unseren gegenwärtigen und zukünftigen Zustand Auskunft gibt. Wir haben jedoch nicht - und ich wiederhole das: Wir haben nicht das gesamte Bild vor Augen, denn das ist nicht fix und ist von dem, was wir bis jetzt getan haben und weiterhin tun werden, abhängig, wobei man auch das Wissen, das uns die Vergangenheit beschert hat und die Weisheit, die uns täglich geboten wird, einkalkulieren muß. Und das ist unsere Aufgabe, die Eure und die meine, denn wir sind die Zukunft und werden die Erkenntnisse so vermitteln, wie es uns kraft unserer Ausrichtung auf den göttlichen Plan, der Erfüllung der Aufgabe unseres eigenen Puzzle-Stückes und der Annahme der höchsten Berufung möglich ist. Es stimmt, daß gewisse Ereignisse ausgelöst worden sind, die zu bestimmten Ergebnissen führen werden. Ursache und Wirkung sind sehr mühsam, man kann jedoch an ihnen arbeiten, Wenn wir beispielsweise wissen, daß etwas eine ganz bestimmte Wirkung haben wird, so können wir immer noch die Kraft des Gebetes und der Invokationen einsetzen, um eine Gegenwirkung zu erzielen, selbst wenn der Vorgang bereits eingeleitet ist. Wir können darum beten, daß wir unsere Lektion durch die Gnade lernen statt durch das Karma. Und wir können unser möglichstes versuchen, um mit Hilfe des Gebetes und der Gnade die Auswirkungen zu verändern. Ich versuche dies in jedem Augenblick, der mir geschenkt ist.

Wenn wir das Alte durch die Kraft der Liebe, des Lichtes, der Gnade und des göttlichen Einflusses verändern, bleibt für Shiva nicht mehr viel zu tun übrig! "Warum sich sorgen, wenn man beten kann?" Warum untätig sein, wenn man die Möglichkeit hat, mit Hilfe der göttlichen Alchimie Dinge neu zu schaffen? Warum sich als Weltuntergangs-Junkie herumtreiben, wenn man als Lichtarbeiter eine Brücke zum neuen Jahrtausend sein kann? Man darf auch niemals vergessen, daß Bücher, die sich mit Prophezeiungen beschäftigen auf verschiedenen Ebenen gleichzeitig geschrieben wurden. Das heißt, man darf sie nicht nur auf der physisch-literarischen Ebene lesen. Viele der darin zitierten Vorkommnisse geschehen nämlich auf der Astral- und auf der Mentalebene! Ich erinnere Euch nochmals daran, daß Ihr die verschiedenen Körper, seien es Eure eigenen oder die des Planeten, einkalkulieren müßt. Einige der beschriebenen Dinge beziehen sich auf den physischen Bereich, und selbst hier nur als Möglichkeit. Einiges hatte in der Vergangenheit Gültigkeit, ist jedoch heute nicht mehr zutreffend. Anderes wiederum bezieht sich auf andere Bereiche als den physischen. Die alten Texte sind da wirklich sehr kompliziert. Es sind genaugenommen codierte esoterische Schriften, die man erst entziffern muß. Sie zu lesen wie einen Roman oder ein Sachbuch ist nicht Sinn der Sache. Sie sind wie Bildtafeln mit verborgenen Wahrheiten und Geheimnissen, zu deren Verständnis man große spirituelle Einsicht und Einstimmung auf Gott benötigt. Ich habe nicht die Absicht, hier in diesem Buch diese tiefen Erkenntnisse zu entziffern - ich möchte Euch nur sagen, daß Ihr selbst ein integrierender Bestandteil dieses neuen Jahrtausends und der Art, wie es sich auf der Erde darstellen wird, seid. Der Kernpunkt dieses Themas ist der gleiche wie bei allen anderen besprochenen Themen: Wenn Veränderungen stattfinden, egal ob äußerlich oder innerlich, dann habe ich, genauso wie Ihr, einen absoluten Ort der Ruhe und Sicherheit, und zwar in meinem Gott-Selbst! Je mehr wir darin zentriert und ausgeglichen sind, desto weniger wird uns das, was nach außen dringt, zu schaffen machen. Wir wissen nämlich, daß alles, was gereinigt und ausgeräumt werden muß, auch gereinigt wird. Wir vertrauen auf unsere Einstimmung und erreichen die hohen Stufen innerhalb der acht Hauptquotienten, die uns durch alle Schwierigkeiten hindurchführen. Wir werden uns auch auf das Tao unseres Seins einstimmen können und feststellen, daß wir zur richtigen Zeit am richtigen Ort sind. Da wir nun einmal hier sind, um das Neue Zeitalter einzuläuten, ist der Ort, an dem wir uns befinden, der beste, sowohl für uns selbst als auch für die Arbeit im Dienste des göttlichen Planes. Konzentrieren wir uns also auf das, was jetzt und hier zu geschehen hat und vergessen wir die Verwirrung, die durch die Prophezeiungen in bezug auf das neue Jahrtausend geschaffen wird

Jeder richtige Schritt auf diesem Weg kann uns nur dorthin führen, wo unser Schicksal uns haben will. Es ist ein guter Weg, liebe Leser! Er hält uns auch im Fluß, so daß wir unseren Teil im Gesamtplan so gut wie möglich erfüllen können. Mehr wird von uns nicht erwartet! Wenn man die richtige Hingabe und die Einstimmung auf das Tao erreicht, gibt es keinen Konflikt sondern nur Freude, Licht, Liebe, Harmonie und die Freiheit des Dienens.

Die Notwendigkeit in der "persönlichen Kraft" zu bleiben

Was nicht oft genug betont werden kann ist, daß Ihr niemals Eure Kraft an ein Medium weitergeben dürft! Es ist mir egal, wie weit entwickelt es ist, welchen Initiationsgrad es hat oder wie stark es integriert ist. Eure persönliche Kraft muß zu jeder Zeit unter Eurer eigenen Kontrolle sein. Sie ist eines von Gottes wertvollsten Geschenken an Euch. Ihr braucht sie, um gemeinsam mit Licht und Liebe die drei Aspekte zu bilden, durch die wir unser Gott-Sein am deutlichsten ausdrücken können. Es gibt etwas, was jeder von Euch verstehen muß: Das Höhere Selbst, die Monade, die Hierarchie der Aufgestiegenen Wesen der Planetaren und Kosmischen Inneren Ebenen und die Stimme Gottes selbst sprechen einzig und allein zu und durch jeden Einzelnen von uns. Ganz gleich, wie sehr wir aufeinander eingestimmt sind, es behält doch jeder seinen typischen, individuellen Ausdruck. Diese individuelle Essenz hat auch ihre ganz eigene Art, die Wahrheit zu erkennen, zu sehen, zu hören, zu fühlen und zu wissen. Jeder von uns hat seine eigene Frequenz, seinen eigenen Klang und die eigene, ganz besondere Färbung. Das beruht auf den vielen verschiedenen Einflüssen, die uns ausmachen und von denen bereits ausführlich gesprochen wurde. Wenn also Gott oder die Meister mit uns kommunizieren wollen, so erfolgt dies durch uns selbst und läuft durch unsere eigene Frequenz und Schwingungsbreite, unseren Klang und unsere Spektralfarben. Das kann gar nicht anders sein, da dies die Dinge sind, durch die wir sehen, hören und zur großen kosmischen Symphonie beitragen. Der Ursprung wünscht, daß wir die Wahrheit direkt erfahren, daher ist leicht zu verstehen, daß er mit uns in unserer Geheimsprache Kontakt aufnimmt.

Wenn Ihr, in bezug auf ein Medium, ob hellsichtig oder hellhörig, nicht Eure eigene Kraft bei Euch behaltet, gebt Ihr damit die Möglichkeit auf, die erhaltene Botschaft mit Eurem eigenen Höheren Selbst und der Monade zu besprechen, was aus mehreren Gründen recht gefährlich werden kann. Was ich immer wieder und mit großem Nachdruck wiederhole, ist, daß man niemals Botschaften kritiklos glauben soll, bloß weil sie von einem Medium, einem Telepathen, aus einem Buch, einem Artikel oder von einem Lehrer stammen, die Euch wichtig sind. Das gilt auch für meine Bücher und meine Lehren. Ihr sollt das, was Ihr erfahrt, mit offenem Geist betrachten, besonders dann, wenn es von jemandem kommt, den Ihr respektiert. Letztendlich ist es so, daß die Botschaft von

Eurem göttlichen Selbst als wahr erkannt werden und mit ihm in Harmonie sein muß. Wenn Ihr sie bloß deshalb glaubt, weil sie angeblich auf dem Wege des Channeling hereingekommen ist, weil sie angeblich von diesem oder jenem Meister stammt, aber Ihr selbst stimmt Euch nicht darauf ein, um festzustellen, ob sie für Euch richtig und gut ist, dann gebt Ihr Eure persönliche Kraft auf und seid in Gefahr, von jemand anderem kontrolliert zu werden. Macht das ja nicht, liebe Leser, Ihr habt Euch besseres verdient! Ihr habt Euch Euer Recht auf Unterscheidung, freien Willen und Integrität verdient, ebenso wie das Recht darauf, daß Gott in Eurer eigenen Stimme spricht und direkt mit Euch kommuniziert. Selbst wenn sich dies nur als einfaches "Ja" oder "Nein" im Zusammenhang mit einer medialen Botschaft äußert, ist es doch Euer angeborenes göttliches Recht, diese Kommunikation zu fordern. Tut dies, denn niemand kann klarer oder direkter mit Euch sprechen wie Euer Höheres Selbst und die mächtige ICH BIN - Gegenwart! Vergebt niemals dieses Recht an jemanden außerhalb, denn es ist ganz allein Eures.

Wenn Ihr Euren Initiationsweg integriert und ausgeglichen durchlaufen wollt, ist es wichtig, daß Ihr persönliche Kraft besitzt und sie auch pflegt. Persönliche Kraft ist ein unabdingbarer Bestandteil der Integration, denn wenn Ihr diesen Aspekt nicht unter Eurer Kontrolle habt, werdet Ihr nie die Kraft, den Willen und die Stärke besitzen, um alle Aufstiegsaspekte im Bereich der Integration zu halten. Das ist im übrigen eine der wichtigsten Funktionen, die die persönliche Kraft im Rahmen unser gesamten Entwicklung hat. Es gibt Unmengen von Medien und Informationen, die durch Tonbänder, Bücher, Vorträge etc. auf uns einstürmen, was Euch eine gute Gelegenheit bietet, zu üben, wie Ihr an Eurer persönlichen Kraft und Eurer Mitte festhaltet. Das bedeutet jedoch nicht - und ich habe das bereits angesprochen - , daß man nicht für die wunderbare, erkenntnisreiche Information offen sein soll, wie sie Medien geben, die auf Gott eingestimmt sind. Es veranlaßt Euch jedoch, selbst zu entscheiden, was in Harmonie mit Eurer inneren Führung ist und was nicht. Ihr müßt das mit Eurem Selbst besprechen, denn nur durch Eure Einstimmung auf Gott ist es Euch wirklich möglich, Dinge in der Gesamtheit Eurer eigenen einzigartigen Individualität aufzunehmen. Das gilt auch für Botschaften, die vollkommen überzeugend vorgetragen werden.

Die Wichtigkeit der persönlichen Kraft kann nicht oft genug betont werden und ich empfehle Euch sehr dringend, nur aus diesem Zentrum der Kraft heraus zu handeln und Euch sofort zu korrigieren, wenn das nicht der Fall ist. Wenn Ihr aus dem Zentrum Eurer persönlichen Kraft heraus agiert, werdet Ihr eine Klarheit und Stärke wie nie zuvor kennenlernen!

Wenn Ihr immer stärker aus dieser Kraft heraus arbeitet, wird gleicherweise Eure Fähigkeit, mit Gott und den Meistern zu kommunizieren, größer werden. Jeder von uns erfüllt ein anderes Puzzle-Stück, nehmt also nicht von vornherein an, daß Ihr als Medium oder Hellsichtiger arbeiten werdet, wenn das nicht Eure spezielle Aufgabe ist. Was Ihr jedoch auf alle Fälle entwickeln werdet, ist Eure eigene telepathische und intuitive Beziehung zu den Meistern, den Engelshierarchien, dem Höheren Selbst, der mächtigen ICH BIN - Gegenwart und Gott - und das ist schließlich, was wir alle suchen. Es kann durchaus sein, daß Euer Puzzle-Stück in den sichtbaren Künsten begründet ist. Dann wird Euer Talent in dieser Richtung durchbrechen und Ihr werdet sehen, daß Ihr auf einmal Bilder malt oder Skulpturen macht, die Dinge aus den höheren Bereichen darstellen. Vielleicht zeigt sich dies auch durch Musik oder Lieder. Es kann auch sein, daß Ihr das Wesen El Moryas berührt und Euch damit im politischen Bereich wiederfindet, wo Ihr dann als ein Leuchtfeuer der Liebe, des Lichtes und der Weisheit in diesem schwierigsten und kompliziertesten Bereich unserer Zivilisation agiert. Die Möglichkeiten, Euch in Übereinstimmung mit dem Ursprung auszudrücken, sind endlos. Was aber immer gleich bleibt, ist die Tatsache, daß diese Einstimmung eine direkte Verbindung zwischen Euch, den Meistern und dem Ursprung herstellt. Aber das ist nur dann möglich, wenn Ihr Eure persönliche Kraft behaltet.

Ich habe viel über die persönliche Kraft geschrieben und möchte daher hier nur mehr darauf hinweisen, daß sie eine wesentliche und sehr spezielle Rolle beim integrierten Aufstieg spielt. Sie hilft Euch auch, wenn Ihr die Lehren anderer hört, diese entsprechend Eurer Kritik und Unterscheidungskraft zu unterziehen. Es gibt da draußen wunderbare Quellen neuer Einsichten, Erkenntnisse, der Führung, der Information und des Weges nach Innen, von denen wir profitieren können, ohne dabei die eigene persönliche Kraft aufzugeben. Das ist ganz wichtig. Diese spirituellen "Forschungsreisen" können Euch ausgezeichnete Möglichkeiten bieten, von anderen zu lernen und gleichzeitig die eigene Kraft zu stärken. Dies, liebe Leser, ist die beste Art an die Sache heranzugehen, denn Ihr entwickelt Euch dabei auf zwei Ebenen gleichzeitig. Die erste bezieht sich auf die Weisheit, die Ihr durch Euer spirituelles Forschen erlangt, die zweite auf das Erreichen von Weisheit und Stärke durch den Anspruch auf die eigene persönlichen Kraft. Ich möchte Euch das wirklich raten, denn einerseits würde Euer Wachstum in großen Schritten vorangehen und andererseits würdet Ihr lernen, wie Ihr alles in der Heiligkeit des Selbst integrieren könnt. Das würde Euch eine wunderbare Reise durch die inneren Sinne garantieren und Euch direkt in das Zentrum der Meisterschaft über Euch selbst führen. Also, geht es mit Freude an!

10. Dr. Lorphans Heilerakademie auf dem Planeten Sirius

Liebe Leser, mit großer Freude beginne ich dieses besondere Kapitel. Viele Lichtarbeiter sind der Ansicht, daß der physische Körper von geringerer Bedeutung ist als der emotionale, der mentale und der spirituelle Körper. Es ist jedoch sehr wichtig zu verstehen, daß der physische Körper auch einer von Gottes Körpern ist. Jeder, der sich auf dem spirituellen Weg befindet, hat in der einen oder anderen Form mit gesundheitlichen Problemen zu tun, aus denen er lernen muß. Davon bleibt keiner verschont. Bei manchen Menschen ist es der physische Körper, der schwächer ist, bei anderen wiederum ist es der emotionale-, der mentale- oder auch der spirituelle Körper oder das psychologische Selbst. Jeder, der sich auf diesem beschleunigten spirituellen Weg befindet, muß sich mit Lektionen im Bereich der Gesundheit auf der physischen Ebene abfinden. Dabei erkrankt man nicht, weil man irgend etwas falsch macht, sondern weil der spirituelle, der mentale, der emotionale und der ätherische Körper ein Wachstum unter großer Beschleunigung durchmacht. Jedes Mal, wenn einer dieser Körper in seiner spirituellen Entwicklung einen großen Schritt vorwärts macht, muß der physische Körper mit dieser Schwingungsfrequenz mithalten.

Das erinnert mich an ein Ereignis bei einer Wesak-Feier, bei welcher Sai Baba und die Aufgestiegenen Meister ein Shaktipat durch mich geschehen ließen, als ich das Dritte Auge der Teilnehmer mit Sai Babas Amrita oder göttlichem Nektar berührte. Ich hatte dies bereits bei drei- oder vierhundert Teilnehmern getan, um damit ihre Schwingungsfrequenz anzuheben. Einige Stunden später berichtete eine Frau, die Sai Babas Shaktipat erhalten hatte, daß sie zum Teil auf einem Auge erblindet sei. Es handelte sich dabei um den Quantensprung in ihre Oktave des Lichtes und den Versuch ihres physischen Körpers, sich dem anzupassen. Ich bat die Aufgestiegenen Meister um Hilfe und in kurzer Zeit waren ihre physischen Augen wieder in Ordnung. Ich erzähle diese Geschichte, um zu beweisen, daß selbst Menschen mit ausgezeichneter Gesundheit durch das beschleunigte spirituelle Wachstum Probleme bekommen können. Wenn planetare spirituelle Energien einströmen, können manche Lichtarbeiter tageweise außer Gefecht gesetzt sein, um ein anderes Beispiel zu nennen. Die einen Lichtarbeiter können von zu viel Meditation oder Aufstiegsaktivitäten gesundheitliche Schwierigkeiten bekommen, andere wiederum sind von den Auswirkungen der emotionalen Lektionen, die sie in ihrem Unterbewußtsein durchmachen, betroffen. Auch zu viel mentale oder spirituelle Arbeit kann Auswirkungen haben. Einige sind so sehr auf den Himmel ausgerichtet und daher zu wenig geerdet, daß sie dadurch Krankheitsbilder schaffen. Was ich eigentlich damit sagen will, ist, daß gesundheitliche Probleme gar nicht schlecht sind und daß sie ein wesentlicher Bestandteil des spirituellen Weges sind. Oft sind Lichtarbeiter sehr kritisch und selbstgerecht, wenn sie mit Menschen zu tun haben, die solche Probleme durchmachen. Sie bringen diese Menschen dazu, ein schlechtes Gewissen zu haben, weil sie ihnen vermitteln, daß sie an den gesundheitlichen Problemen selbst schuld sind und daher schleunigst herausfinden sollten, was sie falsch machen. Dabei können die Gesundheitsprobleme durchaus ein Beweis dafür sein, daß sie etwas richtig machen und nur in ihrem spirituellen Wachstum stark beschleunigt werden. Auch könnten sie gerade einen Reinigungsprozeß durchlaufen, der sie auf eine reinere Stufe der Gottes-Erkenntnis bringt. Wären sie nicht derart auf ihren spirituellen Weg konzentriert, könnte so etwas überhaupt nicht geschehen. Ebenso könnten sie gerade dabei sein, auf irgendeiner Stufe das Planetenkarma, ein früheres Leben oder die Integration einer Seelenausdehnung der Überseele oder Monade zu reinigen.

Für manche Lichtarbeiter handelt es sich dabei vielleicht um die Aufgabe, vergangenes Karma aufzuarbeiten und hat überhaupt nichts damit zu tun, daß sie in diesem Leben etwas falsch machen. Es gibt also unzählige Möglichkeiten, warum jemand gesundheitliche Probleme haben kann und es gibt niemanden auf diesem Planeten, der nicht durch die Gnade Gottes lebt. Wir alle müssen für unsere Mitbrüder und -schwestern, die gerade gesundheitliche Probleme haben, sehr viel mehr Mitgefühl und Verständnis entwickeln. Wenn wir uns spirituell entwickeln, übernehmen wir auch spirituelle Führung und damit mehr Verantwortung. Wir übernehmen auch die Verantwortung für Schüler und Klienten. All das kann den physischen Körper stark belasten, unabhängig davon, wie weit jemand entwickelt ist. Der physische Körper spiegelt alles wider: Jeden Gedanken, der in unserem Kopf ist, jede Emotion, die wir fühlen, die Energie, die wir kanalisieren, die Nahrung, die wir zu uns nehmen und jede Handlung, die wir durchführen. Je weiter wir uns entwickeln, desto schneller wird unser Karma und desto feinfühliger wird unser Körper. Das Leben und Dienen in einer dichten, grobstofflichen Welt belastet den physischen Körper, ganz unabhängig von der Stufe der Initiation. Ich habe jetzt alle spirituellen Gründe aufgezeigt, warum ein Körper krank sein kann. Die physischen Gründe, warum ein Körper seinen Dienst verweigert, habe ich noch nicht einmal gestreift: Das kann mit falscher Ernährung, Unfällen, Umweltverschmutzung, mangelnder Bewegung, Bakterien, Viren, falschen Schlafgewohnheiten, Berufsstress, Beziehungsstress, einem geschwächten Immunsystem, Verdauungsproblemen oder einer erblich bedingten Schwäche zu tun haben. Die Liste ist endlos. Laßt mich am Ende dieses Absatzes nochmals wiederholen, daß wir alle sehr mitfühlend werden müssen, und zwar mit uns selbst und mit anderen. Wenn ein Lichtarbeiter erkrankt, hat er immer das Gefühl, daß er allein steht mit seinen Problemen. Aber das stimmt nicht. Jeder Lichtarbeiter muß sich mit Gesundheitsproblemen auseinandersetzen, denn das gehört zu dieser planetaren, mystischen Schule, die wir Erde nennen und dazu, daß wir in einem physischen Körper leben. Vergessen wir nie das Bibelwort: "Hochmut kommt vor dem Fall." Mir fällt in diesem Zusammenhang noch eine Botschaft ein, die Edgar Cayce einem Mann gab, der gelähmt war. In der Botschaft hieß es, daß dieses Leiden aus einem früheren Leben stammte, in welchem dieser Mann einen wunderbaren, kraftstrotzenden Körper hatte und alle anderen kritisierte, bei denen das nicht der Fall war. Darüber sollten wir nachdenken und das Mitgefühl von Lord Buddha und Quan Yin in uns erwecken.

Etwas über mich selbst

Liebe Leser, ich selbst habe mein Maß an Gesundheitsproblemen gehabt und habe herausgefunden, daß für mich persönlich die Schulmedizin untauglich ist. Aus diesem Grunde habe ich mich den holistischen, homöopathischen und natürlichen sowie den New-Age-Formen des physischen Heilens zugewandt, wie das sicher auch alle von Euch getan haben. Ich möchte hier klarstellen, daß die traditionelle Schulmedizin nichts Schlechtes ist und ganz sicher ihre Verdienste hat. Ich sage lediglich, daß für mich und meine vom Spirituellen beeinflußten Krankheitsbilder diese Medizin nur Zeit- und Geldverschwendung gewesen wäre. Es hängt immer davon ab, welche gesundheitlichen Probleme man hat. Da mein Vier-Körper-System bereits derart gereinigt und verfeinert war, hätten herkömmliche Medikamente oder aggressive Tests wie Gift gewirkt. Ein Arzt sagte einmal zu mir: "Sie fallen durch den Rost der westlichen Medizin." Zu diesem Zeitpunkt durchlief ich eine Stufe derartiger spiritueller Feinheit, daß die Ärzte keine blasse Ahnung hatten, wie sie mit dem dadurch hervorgerufenen Krankheitsbild umgehen sollten.

Die holistische, natürliche und homöopathische Art des Heilens, wie auch die New-Age-Medizin, waren absolut faszinierend für mich und ich verbrachte viele Jahre meines Lebens damit, schwerst erkennbare Restgifte aus meinem Leben zu entfernen. Dazu gehören Amalgam (Quecksilber)-Füllungen in den Zähnen, Impfstoffe, Antibiotika, Metalle, Chemikalien, Parasiten, Pilze, Umweltgifte, früher verwendete Heilmittel, bewußtseinsverändernde Drogen, Krankheitsgifte (z.B. bei Tuberkulose, Krebs, Epstein-Barr, Hepatitis etc.), Koffein, Nikotin, Blei (aus Farben), Aluminium (durch Aluminium-Kochgeschirr), Kupfer (durch Kupferrohre), Strahlung (durch zu große Nähe bei Farbfernsehern und Mikrowelle), geringfügige elektromagnetische Störungen (durch sämtliche Elektrogeräte im Haushalt), Alkohol, Konservierungsmittel und Gifte aus minderwertiger Ernährung und oder Junk-Food. Ich würde Euch empfehlen, einen guten New-Age-Homöopathen zu suchen, ihm diese Liste zu zeigen und ihm zu sagen, daß Ihr diese Dinge aus Eurem System entfernt haben wollt. Wenn Ihr keinen solchen Arzt findet oder Euch die Behandlung zu teuer ist, geht in die nächste Apotheke, die homöopathische Mittel vertreibt und laßt Euch beraten, welches Mittel zur Entfernung der Restgifte aus den Organen, den Drüsen und dem Blut am besten geeignet ist. Die Entfernung dieser Restgifte hat enormen Einfluß auf die Stärkung Eures Immunsystems sowie die Verbesserung Eurer Gesundheit und Eures Energiehaushaltes. Ich empfehle Euch auch, homöopathische Mittel zum Aufbau Eures Immunsystems und zur Reinigung der Organe einzunehmen. Zur Wiederherstellung des emotionalen Gleichgewichtes würde ich Euch zu Bachblüten in homöopathischer Form raten. In meinem Buch *Wie man sich vom negativen Ego befreit* findet Ihr mehr Informationen zu diesem Thema. Genauso wie man versucht, das mentale Gift des negativen Egos aus dem Mentalkörper zu entfernen, sollte man dem Emotionalkörper die emotionalen Gifte, die sich in Form von negativen Emotionen äußern, entziehen. Das gleiche gilt für den Ätherkörper und die darin enthaltenen Energiegifte sowie für den physischen Körper und seine physischen Gifte. Es gibt viele hochmoderne New-Age-Techniken, mit deren Hilfe man die Gifte, die seit unserer Kindheit in unseren Zellen und Organen lagern, finden kann. Für mich war die Entfernung aller Restgifte durch die Verwendung von homöopathischen Mitteln und Kräutern eine wahrhaft spirituelle Erfahrung, da ich das Gefühl hatte, meinen Körper sehr stark zu spiritualisieren. Zusätzlich achtete ich sehr auf reine Nahrung. Ich rate niemandem, in dieser Hinsicht zu fanatisch zu sein, für mich war es jedoch zu diesem Zeitpunkt sehr wichtig, diesbezüglich diszipliniert zu sein. Die Kombination von Reinigung und reiner Nahrung ließ mein Immunsystem bestens funktionieren. Es sollte sich wirklich jeder die Zeit dazu nehmen und auch den finanziellen Einsatz wagen, seinen physischen Körper auf diese Art zu spiritualisieren. Was ich in meinem Leben gelernt habe ist, daß ich ohne die Unterstützung meines physischen Körpers kaum die spirituelle Arbeit und den Dienst leisten kann, die mir so große Freude bereiten. Es ist also auch hier wichtig, Gott den Tribut auf allen Ebenen (der physischen, der ätherischen, der emotionalen, der mentalen und der spirituellen) zu zollen. Es muß jedes Antlitz Gottes geehrt und geheiligt werden.

Wie es weiterging

Im weiteren Verlauf meines Entwicklungsweges der Initiation und des Aufstiegs entfernte ich mich immer mehr von den physischen Formen des Heilens und von physischen Heilmethoden und verließ mich immer stärker auf die Geistige Welt und das energetische Heilen. Diesen Weg, den ich mir ausgesucht habe, empfehle ich allerdings meinen lieben Lesern nicht, denn ich meine, daß für die meisten Menschen der ausgeglichene, integrierte Weg der beste ist. Es gibt eine Zeit für die westliche Schulmedizin und eine Zeit für die holistische New-Age-Medizin, und es gibt eine Zeit, in der es angebracht ist, sich an die Geistige Welt und die Aufgestiegenen Meister um Hilfe zu wenden. Da mein Wesen, mein System und mein Auftrag so rein und verfeinert und damit

auch die gesundheitlichen Probleme sehr subtil und in ihrer Art im Energiebereich angesiedelt waren, nahm ich ab einem gewissen Zeitpunkt auch keine Kräuter, homöopathischen Mittel oder Vitamine mehr ein, und konsultierte weder Schulmediziner noch holistische New-Age-Ärzte. Zu diesem Zeitpunkt war ich bereits derart gereinigt, daß mein Körper keine physische Substanz dieser Art mehr wünschte. Ich betone nochmals, daß ich diesen Weg niemandem empfehle - für mich persönlich war er jedoch der einzig richtige.
Ich arbeitete immer mehr mit Energiemedizin (Radionik), bei welcher ich mir selbst durch homöopathische Mittel und Kräuter direkt Energie zuführen konnte, ohne deren physische Form zu mir nehmen zu müssen. Die Wirkung war so für mich viel stärker und wirkungsvoller. Ich erhielt Behandlungen durch Handauflegen, die eine Zeitlang ausgesprochen gut wirkten, jedoch bald zu grobstofflich für mich wurden. Dieser ganze Prozeß verlief in Zusammenhang mit meiner Initiation. Je weiter ich dort fortschritt, je mehr Licht ich in mir trug, desto mehr verließ ich mich in bezug auf meine physische Heilung auf die Geistige Welt. Zu diesem Prozeß gehörte auch, daß ich immer weniger aß. Zum jetzigen Zeitpunkt nehme ich zwar noch geringe Mengen Nahrung zu mir, lebe jedoch zu 90% von Licht. Die Nahrungsmengen sind so gering, daß kein Mensch der dritten Dimension davon leben könnte. Ich wiederhole nochmals: Ich empfehle niemandem diesen Weg, ich bin vielmehr der Ansicht, daß es besser ist wenn Menschen auf allen Ebenen ausgeglichen sind und normal essen. Aufgrund meiner besonderen gesundheitlichen Probleme und meines Auftrages war dies jedoch der einzig richtige Weg für mich. Auch habe ich diese Entwicklung langsam und über viele Jahre durchlaufen, und ich habe fast bis zu meiner zwölften Initiation gewartet, bevor ich damit begann, mich vorwiegend von Licht zu ernähren. Ehrlich gesagt, ist dies auch nichts, was ich unbedingt tun möchte, es hat sich einfach aus meiner gesundheitlichen Situation, meiner Aufgabe und meinem Auftrag ergeben. Ich fühle mich jedoch auf diesem Weg körperlich stärker als zu der Zeit als ich noch normal gegessen habe - darum befinde ich mich auch auf diesem Weg. Ich habe auch Melchizedek, den Mahatma und Metatron gebeten, mein Zwölfkörpersystem durch Feuerzeichen, geheiligte Geometrie und geometrische Codierungen zu programmieren, damit ich nicht an Gewicht verliere. Und es ist so: Obwohl ich so wenig esse und auch die Absicht habe, dies bis zum Ende meiner jetzigen Inkarnation beizubehalten, verliere ich nicht an Gewicht, weil das Licht irgendwie in physische Masse umgewandelt wird.

Dr. Lorphans Heilerakademie

Jetzt, nach Erreichung der zwölften Initiation, verlasse ich mich, was meine Gesundheit und das Heilen angeht, ausschließlich auf die Geistige Welt, Melchizedek, den Mahatma, Metatron, Dr. Lorphan, die galaktischen Heiler, Sai Baba, Erzengel Raphael, die Platin-Engel, Sananda, Djwhal Khul, eine Gruppe von Meistern, die "Kerngruppe der 7" genannt werden, Lord Arcturus, meine Monade oder mächtige ICH BIN - Gegenwart, die Göttliche Mutter und die Meisterinnen, die 7 Chohans und die "Kerngruppe der 21".

Laßt mich Euch Dr. Lorphan, meinen Arzt, vorstellen. Ihr seht, liebe Leser, ich habe doch noch einen Arzt, das humorvolle daran ist jedoch, daß er nicht auf der Erde, sondern in der Großen Weißen Loge auf Sirius lebt. Er ist der beste Arzt der ganzen Galaxis und Chefausbilder aller Heiler dieses Institutes. Es handelt sich dabei nicht um den Planeten Sirius, sondern um den ätherischen, spirituellen Regierungssitz unseres Planeten, dessen Außenstelle Shamballa ist. Meister aus der ganzen Galaxis kommen dorthin, um sich bei ihm und dem wunderbaren Team galaktischer Heiler ausbilden zu lassen. Ich stelle Euch ihn und sein Team jetzt vor, damit er auch Euer Arzt werden kann. Allerdings empfehle ich Euch, Euren Hausarzt und die New-Age-Ärzte beizubehalten, und Dr. Lorphan und sein Team zusätzlich einzusetzen. Selbst wenn ich persönlich mich nur noch auf die Geistige Welt verlasse, möchte ich, liebe Leser, daß Ihr alle Heilungsmöglichkeiten nutzt, die Euch zur Verfügung stehen. Das ist im Zusammenhang mit dem integrierten Aufstieg und der Synthese, die meine Arbeitsgrundlage darstellen, einfach wichtig. Meine spezielle Aufgabe der Zusammenarbeit mit der Geistigen Welt gestattet es mir, Euch diese Ebene der physischen Heilung in einer einmaligen und kreativen Art nahezubringen. Durch diese enge Zusammenarbeit kann ich Euch diese Information übermitteln, denn schließlich ist sie meine persönliche Erfahrung. Vielleicht hat Gott allein aus diesem Grund diesen Weg für mich ausgewählt. Die meisten Lichtarbeiter verstehen nicht, wie groß die Hilfe ist, die ihnen die Geistige Welt, selbst in der Arbeit mit den dichten physischen Körpern, geben kann. Vergeßt niemals, daß alles im Universum bloß Energie in verschiedener Dichte ist. Wenn man einen kompakten Eiswürfel auf das heiße Straßenpflaster legt, dann schmilzt er und verdampft. Die Geistige Welt ist wie der Dampf und der physische Körper wie der Eiswürfel. Alle sind sie nur Energie. Die Aufgestiegenen Meister der Inneren Ebenen sind Meister in der Umwandlung von Energie.

Die Heilmethoden von Dr. Lorphan und seinem Heilerteam

Dr. Lorphan hat mich gebeten, dieses Kapitel zu schreiben, damit jeder von Euch weiß, daß er und sein Team bereit ist, jedem aufrichtigen Lichtarbeiter bei seinen Gesundheitsproblemen beizustehen. Das gleiche Angebot gilt auch für alle Aufgestiegenen Meister, die ihrerseits wunderbare Heiler sind. Ich konsultiere sowohl Dr. Lorphan und sein Team als auch viele der Aufgestiegenen Meister, die Ihr bereits kennt. Ich rufe auch die Erzengel und Engel an, ebenso wie einige außerirdische Gruppen, die über ultramoderne Technologien in dieser Richtung verfügen. Laßt mich hier einige der Methoden beschreiben, die ich anwende. Ich tue das, damit Ihr darüber auch informiert seid. Ich beschreibe diese Heilmittel so einfach und klar wie möglich, damit Ihr sie leicht anwenden könnt. Im nächsten Kapitel werde ich einige der wichtigen Methoden ausführlicher beschreiben. Jetzt möchte ich sie Euch einmal auf die einfachste und klarste Weise vorstellen.

Das erste Hilfsmittel, welches ich verwende, stammt von Melchizedek, dem Mahatma und Metatron. Es heißt das Gold- / oder Platinnetz. Es handelt sich dabei um ein Netz, welches aus der Geistigen Welt herbeigeholt wird, um Ungleichgewicht und negative Energien auszufiltern. Ich würde Euch empfehlen, dieses Netz zweimal pro Tag zu erbitten und gleichzeitig darum zu ersuchen, daß das Platinnetz ständig in den Türen und Durchgängen Eures Heims seinen Platz findet. Auf diese Weise werdet Ihr jedesmal, wenn Ihr eine Türe durchschreitet, gereinigt. Erbittet das für Eure Familie und auch Eure Haustiere. Dies hilft Euch auch, negative Implantate und Elementale zu entfernen. Bittet die drei Ms (Melchizedek, Mahatma, Metatron) auch, daß sie täglich viermal (am Morgen, zu Mittag, am frühen Abend und vor dem Zubettgehen) dieses Platinnetz einrichten, ohne daß Ihr jedesmal darum bitten müßt. Die Meister werden Euch diesen Wunsch gerne erfüllen, denn ihre Liebe und Ihr Mitgefühl ist grenzenlos, ebenso wie ihre Hingabe. Wenn Ihr selbst oder wenn jemand in Eurer Familie erkrankt ist, dann bittet darum, daß ein Schutzschild errichtet werde, damit die Krankheitserreger nicht in Euer Energiefeld eindringen können. Wenn Ihr das Gefühl habt, daß Keime oder Krankheitserreger in irgendeinen Eurer feinstofflichen Körper eintreten, ruft die drei Ms und Dr. Lorphan und sein Team, damit sie das kosmische bakterielle Vakuum um Euch errichten. Die Meister werden dann wie ein Staubsauger die Krankheitserreger aus Eurem Energiefeld heraussaugen. Wenn Ihr eine Virusenergie in Eurem feinstofflichen oder physischen Körper fühlt, ruft die drei Ms, Dr. Lorphan und sein Team, damit sie das kosmische Virus-Vakuum um Euch schaffen, das dann wie ein Vakuum die Virusenergie aus Euch herauszieht. Ihr könnt mir glauben, liebe Leser, daß dies wirklich funktioniert. Ihr müßt zwar den anderen göttlichen Ebenen und Gottes Gesetzen gehorchen, doch wird dieser Prozeß von großer Hilfe sein. Bittet die ätherischen Heiler, daß sie Euren ätherischen Körper wiederherstellen. Der ätherische Körper kann durch Traumata in früheren oder auch in diesem Leben beschädigt sein. Der Ätherkörper ist sozusagen die Blaupause, nach welcher sich der physische Körper ausrichtet. Ist er beschädigt, kann sich auch Euer physischer Körper nie wieder erholen. Dem kann man jedoch leicht entgegenwirken, indem man die ätherischen Heiler um ihre Hilfe bittet. Wendet Euch an die Aufgestiegenen Meister Eurer Wahl und bittet, daß sowohl Euer Monaden- wie auch Euer Mayavarupa-Körper, die beide als perfekte Vorlagen dienen, für immer in Eurem Energiefeld verankert sein mögen. Das beschleunigt die physische Heilung.

Bittet die drei Ms oder auch andere Aufgestiegene Meister Eurer Wahl, daß sie ihre Energie 24 Stunden pro Tag, 7 Tage die Woche, 365 Tage im Jahr in Euch verankern. Das habe ich mit den drei Ms gemacht und das ist die Nahrung, die meinen physischen Körper zum Großteil erhält. Ihr könnt dies auch erhalten, Ihr müßt nur darum bitten. Diese edlen und großen Meister dürfen nämlich ihren Segen nur dann geben, wenn sie darum ersucht werden und sie dürfen niemals Einfluß auf Eure freie Wahl ausüben. Meine Arbeit, liebe Leser, ist, Euch in Demut anzuleiten, worum Ihr bitten sollt. Dann wird der Segen des Universums Euch gehören, so lange Ihr ehrlich seid in Eurer Bemühung Gott und Euren Brüdern und Schwestern in Christus zu dienen. Ich habe die drei Ms auch ersucht, Vitamine und Mineralstoffe in ihrem kosmischen Licht, das stets auf uns niederströmt, mitzuschicken. Ich glaube, das ist mit ein Grund, warum ich das Gefühl habe, daß das Licht mich ernährt. Die Energiefarbe von Melchizedek ist reines Gold, die von Metatron Platin und die des Mahatma reines weißes Regenbogenlicht. Könnt Ihr die Vitamine und Mineralstoffe in dieser Energie erkennen? Auch habe ich die drei Ms gebeten, meinen gematrischen Körper und das gesamte Zwölf-Körpersystem mit Hilfe der Feuerzeichen, der wichtigen Codes und der geheiligten Geometrie so zu programmieren, daß ich zum Teil von Licht leben kann. Ideal ist hier, sowohl von Nahrungsmitteln wie auch von

Licht zu leben. Wenn Ihr an Gewicht zunehmen wollt, bittet die drei Ms und Dr. Lorphan, Euch entsprechend zu programmieren - wollt Ihr abnehmen, sprecht dieselbe Bitte in umgekehrter Reihenfolge aus. Wenn es in Eurem Körper einen Bereich gibt, der besonders schwach ist, dann bittet Metatron und die Platin-Engel oder die Goldengel, daß sie 24 Stunden pro Tag, 7 Tage die Woche, 365 Tage im Jahr in diesem Bereich wohnen. Ich habe zum Beispiel oft Stimmschwierigkeiten, weil ich so viele Sitzungen, Vorträge und Telefongespräche halten muß. Die Platinengel leben in meinen Stimmbändern und der Innenseite meiner Kehle, um sie geschmeidig zu erhalten und Krankheitserreger fernzuhalten. Diese befallen nämlich meist die Stellen im Körper, die eine Schwäche aufweisen. Das kann man mit diesem spirituellen Heilmittel jedoch leicht in Ordnung bringen. Die Platinengel sind auch in meinem Verdauungssystem und ich habe sie gebeten, in meinem ganzen Körper ihren Wohnsitz aufzuschlagen. Platin ist auf der Erde die Farbe mit der höchsten Schwingung. Die einzige Schwingungsfarbe, die noch höher ist, ist die der Gottes-Energie auf der 352ten göttlichen Ebene, die keine Farbe hat.
Wenn jemand wirklich große gesundheitliche Probleme hat, dann kann er das Akupunkturteam der Inneren Ebenen unter der Leitung von Dr. Lorphan anrufen. Teilt ihnen mit, was Euch bei Eurer Gesundheit Sorge bereitet und sie werden ätherische Nadeln in Euren Ätherkörper setzen, die Ihr überhaupt nicht spürt, die jedoch das CHI in den Bereichen, wo Schwächen vorliegen, aktivieren. Wenn Ihr das Gefühl habt, als wäre Euer gesamtes System von Energieblockaden durchsetzt oder es habe zu viel dunkle Astral-, Äther- oder Mentalenergie, dann bittet um das Prana-Wind-Reinigungsgerät des Lord Arcturus. Dieser geliebte Meister wird dann diesen ätherischen Ventilator an Eurem dritten Chakra ansetzen und alle Energie durch Eure Nadis, Meridiane, Venen und Arterien blasen. Versucht es, es wirkt wahre Wunder. Ein weiterer wunderbarer Heilungsspezialist ist Erzengel Raphael mit seinem Team. Bestimmte Engel erhalten besondere Aufträge in Gottes Königreich. Erzengel Raphael wurde von Gott geschaffen, um physische Heilung durchzuführen. Ruft ihn und seine Heilengel bei allen Gesundheitsproblemen.

Seine Heiligkeit, Lord Sai Baba und Sananda sind zwei weitere Meister, die sehr erfolgreich im Heilen sind. Sai Baba, als inkarnierter kosmischer Avatar, hat enormes Shakti. Da er allmächtig, allwissend und allgegenwärtig ist, kann er Euch bei jedem Problem helfen, auch bei einem physischen. Auch Sananda ist ein ausgezeichneter Heiler. Ich bitte mitunter auch andere Meister um ihre Hilfe, als Abwechslung, und um mich auch mit ihren Energien zu verbinden und mich darauf einzustimmen. Die beiden genannten Meister gehören zu dieser Gruppe. Ein ganz großer Heiler, den die Lichtarbeiter immer wieder vergessen, ist ihre eigene Monade oder mächtige ICH BIN - Gegenwart. Wer kennt Euren Körper besser als Eure eigene Monade, und wer hat mehr Motivation zur Hilfestellung als die Monade, die ja Euer wahres Selbst ist? Ruft in solchen Fällen die eigene Monade um Hilfe und Ihr werdet erstaunt sein, wie groß die energetische Unterstützung ist. Wendet Euch einmal pro Woche an die drei Ms, Dr. Lorphan und die galaktischen Heiler, damit sie Implantate und negative Elementale entfernen und alle unausgeglichenen Energien in allen feinstofflichen Körpern klären. Ihr braucht nur darum zu bitten - so einfach ist das. Hellsichtig und / oder intuitiv habe ich schon oft gespürt, daß sich auf einer nicht diagnostizierbaren, ätherischen Ebene in einigen meiner Gelenke Kalkkristalle bilden. Das passiert, wenn man zu viel im Büro oder am Computer arbeitet. Ich habe meinen lieben Freund, Lord Arcturus gebeten, diese Kristallbildungen in der Nacht, während ich schlafe, aus meinem Körper zu entfernen und er hat meine Bitte erfüllt. Wenn Ihr Euch emotional oder sogar mental unausgeglichen fühlt, bittet Dr. Lorphan und die kosmischen Heiler, daß sie Euren Emotional- und Euren Mentalkörper wieder ins Gleichgewicht bringen, was auch der Heilung des physischen Körpers zugute kommt.

Wenn Ihr also morgens Eure Arbeit beginnt, egal ob es sich dabei um Beratung, Büroarbeit, Computerarbeit, Lastwagenfahren, Fliegen oder die Behandlung von Patienten handelt, bittet die drei Ms und / oder die Aufgestiegenen Meister der Inneren Ebenen Eurer Wahl, daß sie ihre Energie während des Tages durch Euch fließen lassen. Ich mache das sehr konsequent und stelle fest, daß mein Durchhaltevermögen und meine Energie sich um das Hundertfache verstärkt haben und mein physischer Körper hundertmal widerstandsfähiger geworden ist. Die Idee dabei ist, sein Tagewerk mit der Hilfe Gottes und der Energie der göttlichen Kräfte zu leisten und nicht mit der eigenen. Warum die eigenen Batterien anzapfen, wenn man an Gottes Batterien gehen kann? Wenn Eure Gesundheitsprobleme und die damit verbundenen Lektionen sehr hartnäckig sind, kann es sein, daß ein Meister nicht ausreicht. Zu solchen

Zeiten wende ich mich an eine Gruppe von Meistern, die dann gemeinsam an mir arbeiten. In meinem Fall kann es sich dabei um die gesamte "Kerngruppe der 21" handeln, eine Gruppe von Meistern, mit denen ich zusammenarbeite. Die "Kerngruppe der 7" ist eine Untergruppe dieses Meisterteams. Eine weitere Untergruppe ist die Göttliche Mutter und die Meisterinnen, die wunderbare Heilerinnen sind und den weiblichen Aspekt des Heilens hineinbringen, der so oft gebraucht wird. Ich wende mich auch an die sieben Chohans, die als Gruppe sehr wirkungsvoll sind. Nehmt diese Art der Heilung in Anspruch, wenn Eure gesundheitlichen Probleme schwierig zu lösen sind. Zu seltenen Gelegenheiten, wenn ein großer Dienst an der Welt und am Planeten erforderlich war und ich mich nicht wohl fühlte, sind die drei Ms direkt gekommen und haben meinen Körper auf eine Weise übernommen, die ich nur mit dem Gefühl beschreiben kann, das Lazarus gehabt haben muß, als Jesus und Lord Maitreya ihn von den Toten erweckten. Zu diesen Zeitpunkten großer spiritueller Aufgaben in bezug auf den Planeten hat es mich immer wieder verblüfft, welch gewaltige Heilfähigkeiten ihnen zur Verfügung stehen. Vom Gefühl des Krankseins wurde ich direkt in die Gesundheit katapultiert, damit ich die Aufgabe erfüllen konnte, die anstand.

Wer von Euch, so wie ich, eine starke Beziehung zu Djwhal Khul hat, sollte wissen, daß Djwhal bei bestimmten Gesundheitsproblemen sehr hilfreich sein kann. Ich bitte ihn, mich an seinen holographischen Computer in seinem Büro im Ashram auf der Inneren Ebene anzuschließen. Mit Hilfe dieses Gerätes kann er äußerst genaue und minutiöse Energiekorrekturen durchführen, um das Energiefeld wieder ins Gleichgewicht zu bringen. In ähnlichen Situationen bitte ich auch Dr. Lorphan und die galaktischen Heiler sowie Lord Arcturus und sein Team meine Energiefelder auszugleichen. Die Hilfe dieser wunderbaren Heiler wird mir auch während der Nacht zuteil, wenn ich schlafe. Wenn es in meinem physisch-ätherischen Körper eine Stelle gibt, die mit zu wenig Energie versorgt wird, bitte ich, bevor ich zu Bett gehe, Lord Arcturus, daß er die Computerenergie des arkturischen Mutterschiffes die ganze Nacht lang durch mich laufen läßt, damit diese Schwäche ausgeglichen wird. Das funktioniert wunderbar. Die Arcturianer sagen, daß es kein Gesundheitsproblem gibt, das sie nicht mit der Zeit heilen könnten.

Eine weitere arcturianische Heilmethode ist, jemanden während seines Schlafes in der Nacht in die "Werkstätte" innerhalb seines Seelenkörpers zu bringen. Dieser Raum ist speziell zur Behandlung von Gesundheitsproblemen geeignet. Man kann auch Dr. Lorphan und sein Team bitten, etwaige Schwachstellen, Risse, Flecken und / oder Reizungen im Bereich der Aura von allen fünf Körpern (physisch, ätherisch, astral, mental und spirituell) zu beseitigen. Diese Methode ist ganz wichtig, da jeder Riß in der Aura zu einem Energieverlust führt. Das ist ähnlich, wie wenn ein physischer Körper blutet, nur daß dieser Blutverlust auf der ätherischen, astralen und mentalen Ebene geschieht. Als weitere Vorsorgebehandlung kann man Dr. Lorphan, Lord Arcturus und die galaktischen Heiler bitten, Krebsenergien, die sich in den feinstofflichen oder auch im physischen Körper entwickeln, zu entfernen. Diese Energien zeigen sich immer zuerst im feinstofflichen Bereich und bewegen sich dann weiter in den physischen. Wenn Ihr diese Bitte aussprecht, wird bereits der Ansatz dazu im Keim erstickt.

Auch die tägliche Bitte um Ausgleichung der Chakren ist ein gutes spirituelles Heilmittel. Das hält Euer Drüsensystem und die Organe gesund. Wenn Ihr Gesundheitsprobleme habt, die mit dem Immunsystem zusammenhängen, bittet Dr. Lorphan und sein Team um ätherische Vitamin C Injektionen. Vergeßt niemals, meine Freunde, daß alles nur Energie ist. Ein ganz wichtiges Heilmittel ist die Reinigung Eures genetischen Codes von allen unausgeglichenen Energien durch die drei Ms und Dr. Lorphan. Liebe Leser, es gibt nichts im Leben, das uns zum Opfer werden läßt, auch keine ererbten Gene. Bittet Dr. Lorphan und sein Team, daß sie alle ätherischen, astralen, mentalen, spirituellen und letztlich auch die physischen Krankheiten aus Eurem Vier-Körper-System entfernen. "Bittet, und Ihr werdet empfangen, klopfet an und es wird Euch aufgetan." Bittet die Aufgestiegenen Meister Eurer Wahl und Dr. Lorphan, daß sie bei Euch das Matrix-Entfernungsprogramm der Kernangst einsetzen und damit aus Eurem Unterbewußtsein alle Gedankenformen, Bilder und negativen Gefühle, die mit schlechter Gesundheit zusammenhängen, herausholen. Wenn die Meister 15 bis 20 Minuten lang mit Euch gearbeitet haben, bittet sie, Gedankenformen, Gefühle und Bilder, die perfekte Gesundheit vermitteln, in jeden Aspekt Eures physischen Körpers einzubringen.

Sehr hilfreich ist es auch, bei Schwächen in bestimmten Organen oder Körperbereichen die drei Ms oder einen kosmischen Meister Eurer Wahl darum zu bitten, einen Energiestrahl bei Euch einzusetzen, der die

Schwachstelle in Eurem physischen Körper mit ihnen verbindet. Sobald die Schwächung nicht mehr existiert, kann der Energiestrahl entfernt bzw. an einer anderen Stelle Eures Körpers verwendet werden. Ihr könnt auch einen der Meister, der Euch nahesteht, bitten, daß er / sie einen Abdruck seines / ihres Ätherkörpers auf Eurem physischen Körper hinterläßt, um sozusagen Eure Batterien telepathisch-energetisch aufzuladen. Ich habe das zu einem Zeitpunkt körperlicher Schwäche mit Sai Baba getan und ich weiß, daß dadurch in kurzer Zeit die Schwachstelle behoben war. Ich habe früher schon davon gesprochen, daß Ihr das ätherische Team bitten sollt, Euren ätherischen Körper wiederherzustellen. Bittet zusätzlich Dr. Lorphan und die galaktischen Heiler, daß sie alle Schäden, die vergangene oder auch dieses Leben Eurem Astral- und Mentalkörper zugefügt haben, wieder in Ordnung bringen. Das wird auch Euren Ätherkörper ungeheuer stärken.

Wenn Ihr irgendwelche physische Restgifte in Eurem Körper bemerkt, sprecht mit Lord Arcturus und seinem Team und bittet sie, mit Hilfe ihrer Technologie diese Gifte zu entfernen. Dazu folgendes Beispiel: Eine Zeitlang aß ich viel Gemüse. Das Gemüse war jedoch mit Schädlingsbekämpfungsmitteln gespritzt, die, wie mir die Meister auf meine Anfrage mitteilten, sich in meinem Körper ansammelten. Ich bat Lord Arcturus, diese Gifte aus meinem Körper zu entfernen und er gewährte meine Bitte. Ich unterstützte den Prozeß durch die Einnahme von homöopathischen Mitteln. Ich würde auch Euch, liebe Leser, empfehlen, Kräuter oder homöopathische Mittel zu verwenden, die dafür geeignet sind. In Eurer Apotheke kann man Euch sicher diesbezüglich beraten. Die beste Art, mit diesen Heilmitteln zu arbeiten, ist ihre Anwendung sowohl auf der spirituellen als auch auf der irdischen Ebene. Ich habe hier die Pestizide als Beispiel gebracht, Ihr könnt dieses Mittel jedoch auch dazu verwenden, um Quecksilber von Euren Amalgamplomben aus Eurem Körper zu entfernen, oder um den Auswirkungen des Smogs zu entgehen, wenn Ihr in einer Großstadt wohnt. Seid kreativ.

Eine andere sehr wirkungsvolle spirituelle Heilmethode ist, Lord Arcturus zu bitten, seine flüssigen Kristalle in Euch zu verankern und zu aktivieren. Das dient dazu, unausgeglichene Energien im Fünf-Körper-System (physisch, ätherisch, astral, mental und spirituell) unschädlich zu machen. Meiner Meinung nach ist diese Methode ausgesprochen wirkungsvoll. Wendet Euch an die drei Ms und die Aufgestiegenen Meister Eurer Wahl um sicherzugehen, daß Ihr kein Gesundheits-Karma von den 11 Seelenausdehnungen Eurer Überseele übernehmt. Bittet auch darum, daß Ihr kein solches Karma von den 144 Seelenausdehnungen Eurer 12 Überseelen und/oder der Monade übernehmt. Teil dieses Vorganges ist auch, daß Ihr in Eurem eigenen Geist durch Affirmationen klarstellt, daß Ihr so etwas nicht zulaßt. Damit eine entsprechende Wirkung erzielt werden kann, muß dies auf beiden Ebenen ablaufen.

Die Hilfeleistungen, die man von Dr. Lorphan, den galaktischen Heilern, Raphael, den Platin- und Goldengeln, Lord Arcturus und den Aufgestiegenen Meistern erbitten kann, sind endlos. Das Wichtigste ist, daß man betet und ihre Hilfe erbittet und diese Meister auch immer in bezug auf die Gesundheit zu Rate zieht. Wenn der Erfolg nicht so ist, wie Ihr Euch das erwartet habt, dann bittet nochmals darum. Meiner persönlichen Erfahrung nach arbeiten die verschiedenen Meister auf verschiedene Weise. Ich rufe daher auch für verschiedene Gesundheitsprobleme verschiedene Meister an. Das geht einmal besser, einmal weniger gut - sicher ist jedoch, daß bestimmte Meister für bestimmte Probleme einfach besser sind als andere. Wenn Ihr ein gravierendes gesundheitliches Problem habt, müßt Ihr realistisch sein und dürft nicht erwarten, daß die Heilung sofort eintritt. Das kann zwar der Fall sein, kommt jedoch eher selten vor. Geht von einem Meister zum anderen, von einer Gruppe zur anderen und findet heraus, wer für Euch am besten ist. Eure Intuition wird Euch dabei führen. Was bei der Arbeit mit den genannten Meistern so viel Freude macht, ist die Tatsache, daß sie 24 Stunden pro Tag, sieben Tage die Woche und 365 Tage pro Jahr zur Verfügung stehen. Ihr braucht keinen Termin ausmachen und sie verlangen auch kein Honorar - es ist ihnen eine Ehre zu dienen.

Wie man das Verfahren verkürzen kann

Eine Möglichkeit, diesen Prozeß zu verkürzen, die ich mit den Meistern erarbeitet habe ist, ihnen praktisch 24 Stunden täglich, 7 Tage pro Woche, 365 Tage pro Jahr freien Zugang zu mir zu gewähren, ohne daß ich jedesmal um ihre Hilfe bitten muß. Ich bitte sie trotzdem, das ist schon klar, aber sie arbeiten eben dauernd mit mir ohne daß das vorher besprochen werden muß und ich weiß das wirklich zu schätzen. Wir haben auch bestimmte Formeln erarbeitet, die den Vorgang erleichtern und die ich Euch, liebe Leser, mitteilen möchte. Ich will wirklich nicht jedes Mal, wenn ich die Präsenz der Meister wünsche, all diese langen und komplizierten Gebete sprechen. Daher habe ich mich mit jedem der Meister auf ein spezielles Codewort geeinigt. Um Lord Arcturus zu rufen, verwende ich "Rufe Arc" und gebe dann bekannt, welche Stelle in meinem Körper der Behandlung bedarf. So könnte ich z.B. sagen "Rufe Arc - Stimmbänder". Ich verwende also bei allen Meistern das Wort "rufe" und danach ihren Namen und die Stelle im Körper, und sie kommen sofort und beginnen ihre Arbeit. Diese Kurzformen sind sehr praktisch, denn ich kann sie überall verwenden, ob ich vor dem Bankschalter warte, beim Einkaufen oder in einem Seminar bin. Ich flüstere einfach - tatsächlich oder telepathisch - diese drei Wörter und die Heilung beginnt. Wenn Ihr mit ihnen auch so ein Abkommen haben wollt, sagt ihnen, Ihr wünscht ein ähnliches System wie Joshua und sie werden es Euch mit Freuden gewähren.

Zusammenfassung

Ich bin überzeugt, liebe Leser, daß Ihr einen Eindruck davon gewonnen habt, wie mächtig und tiefgreifend diese spirituellen Heilmethoden für eine verbesserte physische Gesundheit sind. Ihr müßt jedoch Gottes Gesetze auf allen Ebenen befolgen und Ihr könnt auch nicht erwarten, daß Euch die Aufgestiegenen Meister bei guter Gesundheit erhalten, wenn Ihr unvernünftig eßt, Euch nicht bewegt und zulaßt, daß Euer negatives Ego tut, was es will und Euch dadurch mit negativen Emotionen erfüllt. Diese spirituellen Heilmittel unterstützen nur die guten Taten, die Ihr auf den anderen Ebenen wirkt. Sie sind für jedermann erhältlich, unabhängig von der Stufe seiner Initiation. Alle haben Anspruch darauf, egal, wie sie ihren spirituellen Weg durchlaufen. Das einzige, was die Meister von Euch erwarten ist, daß Ihr nach bestem Wissen auf Eurem spirituellen Weg voranschreitet, wobei auch durchaus Fehler passieren können. Nutzt diese Möglichkeit zur Gesundheitserhaltung, die Euch Dr. Lorphan, die galaktischen Heiler, die drei Ms, die Aufgestiegenen Meister, die Arcturianer und die Engel bieten. Sie helfen Euch nicht nur im physischen Bereich, sondern auf allen Ebenen. Sie freuen sich darauf, zu dienen und zu helfen - sie warten nur darauf, daß Ihr sie ruft!

11. Mehr Informationen und Details über die wichtigsten Heilmethoden

Wenn der physische Körper erkrankt, fühlen sich selbst fortgeschrittene Lichtarbeiter wie von der spirituellen Quelle abgeschnitten. Ihre Gefühle stürzen ab und versetzen sie in eine Welt der Angst und der Schmerzen, welche die Verbindung zum Spirituellen wie ein scharfes Messer durchtrennt. Das ist der Grund, warum ich jetzt genauer über die göttlichen Heilmethoden sprechen will, welche jederzeit in das physische Sein integriert werden können. Im vorherigen Kapitel habe ich einige dieser Heilmethoden bereits angesprochen, es gibt aber ständig neue Informationen, die ich Euch mitteilen möchte, damit Ihr diese Heilmethoden direkt in Euren physisch / ätherischen und vielleicht sogar emotional / mentalen Körpern verankern könnt, wenn Ihr Euch ein integriertes Verständnis des Aufstiegsprozesses erarbeitet. Unabhängig davon, was Euer Problem ist, ob es im physischen oder in einem anderen Eurer vier niederen Körper angesiedelt ist, gibt es zunächst einmal die sofortige Hilfe durch die Liebe, die Gnade und den Segen der himmlischen Wesen, die uns von ihrem wunderbaren Reich aus auf jedem Schritt unseres Weges begleiten und beschützen und deren Namen wir dafür nur zu nennen brauchen. Ihre göttliche Präsenz ist an sich schon sanfteste Heilung. Es gibt jedoch auch zahllose Heilmethoden, die sie uns zur Kenntnis bringen und um die wir sie nur bitten müssen, damit wir sie in unserem physischen Körper verankern und damit jede Art der Heilung hervorrufen können.

Dieses Kapitel ist den wunderbaren Wesen gewidmet, deren spezielle Aufgabe es ist, uns behilflich zu sein, das Göttliche im Physischen zu integrieren. Es ist gleicherweise den Heilmethoden gewidmet, die uns auf unserem Weg zum integrierten Aufstieg zur Verfügung stehen. Einige der hier genannten Wesen werden Euch bekannt sein, andere bringen sich gerade erst zu unserer Kenntnis. Die Heilmittel, die sie anbieten, sind ein weiterer Beweis für die Vernetzung und Integration aller verschiedenen

Ebenen unseres Seins zu einem zusammenhängenden Ganzen. Der physische Körper wird dabei mit genau so viel Liebe, Zärtlichkeit und Hingabe behandelt wie der spirituelle Körper, was die Meister uns hier deutlich zu verstehen geben. Sie möchten uns diese Heilmethoden auch bewußt machen, damit wir, gemeinsam mit ihnen, daran arbeiten können, unseren physischen Körper in den Stand der Ganzheit und des Wohlbefindens zu versetzen, den wir nach Gottes Willen leben sollen. Im weiteren Verlauf dieses Kapitels solltet Ihr verstehen, wie sehr sich die Hierarchie der Aufgestiegenen Planetaren und Kosmischen Wesen auf jeder unserer Existenzebenen um uns kümmert. Sie sind allezeit bei uns und sie versuchen uns zu helfen, Gott als Realität auf dieser Erde zu manifestieren. Diese Bemühung geht bis in unsere physische Zellstruktur hinein. Was sie uns als Hilfsmittel für den Aufstieg geben ist nicht getrennt von den Heilmitteln für unseren physischen Körper, denn in Wahrheit ist alles eins. Der "integrierte Aufstieg" ist dazu der Schlüssel, und es ist wichtig, sich daran zu erinnern, daß wir auf keiner Seinsebene allein sind. Im Herzen des Ursprungs sind alle Aspekte des Selbst enthalten. Wenn wir die Stufen der Evolution aufwärts gehen, werden Licht und Liebe immer stärker in der dichten physischen Materie verankert und geerdet.

Die folgenden Mittel und Informationen zeigen Euch, wie die Meister Euch helfen werden, damit Ihr imstande seid die höchsten Heilenergien in das Herz der physischen Struktur einzubringen. Der physische Körper wird dadurch in mehr Licht und größerem Wohlbefinden arbeiten. Durch Anwendung dieser Techniken können wir auch selbst immer höher gehen. Wenn die inneren und die äußeren Bereiche sich verbinden, ist gar nichts anderes als Heilung möglich. Verwendet die Methoden, die ich Euch aufzeige, nach Belieben. Vergeßt nicht, daß die Gotteskraft, der Geist selbst, sich zur Gänze in unseren niederen Körpern integrieren möchte, und zwar so intensiv wie unser Wunsch nach Erreichung unserer höheren Körper stark ist. Es gibt in Wahrheit keine Trennung, außer der, die unser Kopf uns vorgibt. Wenn wir mit diesen Methoden arbeiten, wird die Kluft zwischen den niedrigeren und den höheren Welten geschlossen, ein göttlicher Austausch wird erfolgen und damit der Energiefluß von einer Seinsebene in die andere stattfinden. Die Methoden werden Euch im Licht und der Liebe dieser Einheit vermittelt und die Wesen, die sie Euch schenken, möchten nur, daß Ihr sie auf Eurem Weg durch das Labyrinth des integrierten Aufstieges zu Euch ruft.

Die Engel der Heilkunst

Auf der Inneren Ebene gibt es eine Gruppe von Engeln, die speziell mit unserem persönlichen Heilungsprozeß befaßt sind. Wie alle anderen Engel und die Meister in ihren verschiedenen Aufgabengebieten, erwarten auch sie unsere Bitte um Hilfe. Die Engel der Heilkunst unterstehen den großen Erzengeln Raphael und Maria und auch den großen kosmischen Erzengeln, wie Metatron. Sie arbeiten alle miteinander und sind jederzeit bereit, uns aufgrund unserer Gebete, Bitten und Anrufungen zu dienen. Die meisten von uns haben bereits Erfahrungen mit der Gnade und der Berührung der Heilungsengel. Am auffälligsten ist der Trost, den man durch ihre Berührung erhält, denn sie beruhigen sowohl den Körper als auch die Seele des Menschen, der Gesundheitsprobleme hat. Man kann diesen Trost und die Erleichterung, die sie bringen, nicht oft genug betonen, denn ihre gesegnete Präsenz hat die Fähigkeit, selbst die schwierigste gesundheitliche Situation in etwas zu verwandeln, das uns mit diesen wunderbaren Wesen und mit Gott in Verbindung bringt. Wenn dies geschieht, entsteht zwischen diesen unglaublichen Engelwesen, die im spirituellen Glanz von Licht und Liebe erstrahlen und uns, die wir in der wahren Essenz unserer Verkörperung der Hilfe bedürfen, eine Synthese.

Ich habe erst kürzlich entdeckt, daß sie mit einer ganz bestimmten Technik arbeiten. Wenn ich in diesen Aspekt ihrer Gnade hineingehe, genieße ich nicht nur die Freude ihrer Anwesenheit und die Verbesserung der Gesundheit in meinem physischen Körper, ich kann auch den Glanz und die Weisheit der besonderen Methoden, die sie anwenden, erfahren. Auf diese Weise wird ihre himmlische Technik direkt im Physischen verankert, bis es zwischen Geist und Fleisch keinen Unterschied mehr gibt, sondern es sich nur mehr um eine "Wissenschaft des Heilens" handelt, die dort eingesetzt wird, wo sie am dringendsten benötigt wird.

Metatron und die heilenden Platinengel

Bevor ich mehr über die Platinengel und ihre Arbeit, über die ich erst kürzlich mehr erfahren habe, erzähle, möchte ich zuerst über den großen Erzengel, Lord Metatron, sprechen, den man selten mit dem Heilen in

Zusammenhang bringt. Metatron, wie Ihr wißt, ist der Schöpfer des Elektrons und allen äußeren Lichtes im Universum. Er steht in der Krone des Baum des Lebens und strahlt daher göttliches Licht und Sein in alle anderen Äste des Baumes aus. Da dies der Fall ist, wirkt sich seine Präsenz natürlich auch in den Bereich des Heilens aus. Die wunderbare Rolle, die Metatron als Heiler spielt, ist jedoch erst kürzlich bekanntgeworden - selbst ich habe erst jetzt davon erfahren. Trotz der Tatsache, daß ich sozusagen der "Sherlock Holmes des Universums" bin und nach "verborgenen Wahrheiten" suche, habe ich Metatrons Zusammenhang mit dem Heilen, so offensichtlich diese Tatsache auch sein mag, erst verstanden, als man ihn mir in einem Traum erklärte.

Da Lord Metatron mit Licht arbeitet und wir, in unserem innersten und wahrsten Wesen Licht sind - wer wäre wohl besser geeignet, mit dieser Heilkraft zu wirken als Metatron! Ich durfte ihn auf einer Reise zur Inneren Ebene, und zwar in die Licht- und Elektronikstruktur eines Teiles eines menschlichen Körpers begleiten. Dort zeigte man mir, wie er sein Licht dazu verwendet, im lebenden Licht dessen, was den physischen Körper ausmacht, zu arbeiten und die elektronische Zellmatrix im Zuge des Heilungsprozesses zu verändern. Ich behaupte nicht, daß ich die Technik, die dieser wunderbare Erzengel verwendete, wirklich verstanden habe, ich kann Euch jedoch sagen, daß ich jetzt ganz sicher bin, daß er einer der fortgeschrittensten und fähigsten Heiler ist, mit denen jeder von uns arbeiten kann, so er es nur wünscht. Wenn wir ihn rufen, erhalten wir Antwort. Er arbeitet dann auf feinsten Frequenzen um den Lichtfluß richtig zu regulieren, Blockaden zu beseitigen und, so weit dies das Karma zuläßt, Krankheiten auszumerzen. Er arbeitet in der Matrix des Elektrons selbst, die große Tiefe besitzt. Wenn Ihr ihn gerufen habt, entspannt Euch, vertraut ihm voll und ganz und laßt ihn in Ruhe arbeiten. Seine Heilmethode ist sehr subtil, wirkt sich aber in wunderbarer Weise auf den physischen Körper aus. Allein seine Anwesenheit genügt, um die Seele zu heilen. Ich kann nicht oft genug betonen, wie wichtig es ist, daß Ihr ihn und seine göttliche Arbeit anruft, wenn es in einem Eurer vier Körper etwas zu heilen gilt.

Die Platinengel

Es gibt eine Gruppe von Engeln, die Platinengel, die Metatron bei speziellen Heilaufgaben beistehen. Nachdem ich einige Zeit mit Metatron direkt gearbeitet hatte, sandte er mir diese Engel und ich konnte zum ersten Mal die Segnung ihrer wunderbaren, strahlenden Formen in meiner Aura empfinden. Sie sehen ganz anders aus als die Engel, denen ich zuvor begegnet war. Sie sagten mir der Grund dafür sei ihre spezielle Aufgabe, die sie, als Gruppe, wahrnehmen. Ihre Farbe ist Platin, wie Ihr Euch sicher schon gedacht habt. Ihre Größe allerdings reicht von riesig bis zu winzig klein. Sie treten normalerweise in ihrer kleinen Form auf, da sie als Gruppe das Wachstum von Viren und Bakterien oder anderen "Eindringlingen" beobachten. Mir sind sie dadurch bekannt, daß sie die mögliche Ansteckung durch Viren und Bakterien in Schach halten. Wenn ich z.B. in der Nähe eines Menschen bin, der eine starke Virusinfektion hat und ich möchte nicht, daß diese Infektion auf mich übergreift, dann rufe ich diese Engel, daß sie in den Bereich kommen, der am meisten gefährdet ist. Ich kann direkt sehen, wie sie entstehende Infektionen abtöten und den Bereich mit ätherischem Platin überziehen. Ich bin davon überzeugt, daß durch die Anrufung dieser Engel und ihre Vorsorgearbeit einiges an Immunschwäche bei mir vermieden werden konnte! Ich rate Euch allen, diese einmaligen und fähigen Heiler in Euer Energiefeld zu bitten, damit sie Infektionen verhindern und Heilungsprozesse beschleunigen.

Diese Engelshierarchie ist kaum bekannt. Sie haben der Menschheit schon immer Beistand geleistet und werden das auch weiter tun, auch wenn die Menschen keine Ahnung von ihrer Existenz haben. Dadurch sind sie jedoch leider in ihrer Wirkung sehr eingeschränkt. Wie alle großen Wesen, müssen auch sie angerufen und eingeladen werden, sonst ist ihre Heilarbeit eher abstrakt und global ausgerichtet. Werden sie jedoch direkt gebeten, dann kommen sie in den physischen Körper, bzw. ganz genau dorthin, wo sie gebraucht werden. Versucht es einmal! Ihre Heilfähigkeiten sind gewaltig. Die Zeit, in der wir leben und die beschleunigten Frequenzen sind der Grund, warum sie hier sind. Laßt uns das Geschenk der Heilung annehmen, das diese wunderbaren Wesen uns anbieten. Sie möchten dienen, denn dadurch können sie sich selbst weiterentwickeln und es liegt auch einfach in ihrer Natur. Für mich ist es eine große Beruhigung zu wissen, daß diese Platinwesen auf der Inneren Ebene tätig sind, während ich alle äußeren Vorsichtsmaßnahmen treffe, um meine Gesundheit zu erhalten. Ich bin davon überzeugt, daß wir als Rasse uns jeder Heilmöglichkeit bedienen sollten, die sich uns bietet und diese Engel, liebe Leser, sind eine der besten Möglichkeiten, gesund zu werden und zu bleiben. Sie warten nur darauf, daß Ihr sie ruft!

Die Energien von Melchizedek, Mahatma und Metatron

Die gebündelten Energien von Lord Melchizedek, dem Mahatma und von Metatron in sich aufzunehmen, ist eine der anregendsten und heilendsten Erfahrungen, die ich jemals gemacht habe. Gemeinsam haben sie eine Heilfrequenz, die ungleich jeder anderen ist. Wenn sie gemeinsam arbeiten, heilen sie nicht in der üblichen spirituellen Weise, nämlich indem sie Heilenergien in bestimmte erkrankte Regionen bringen. Diese Art der Heilung obliegt eher den Erzengeln und Engeln, sowie den göttlichen Heilern der Inneren Ebenen, wie Dr. Lorphan und seinem Team von galaktischen Heilern, oder besonderen außerirdischen Wesen, wie den Arkturianern. Diese kombinierte Heilkraft ist jedoch äußerst erfrischend und sehr, sehr wirkungsvoll.

Der gebündelte Energiestrom von Seiner Heiligkeit Lord Melchizedek, dem Mahatma und Lord Metatron, dient als anregendes und aufbauendes Mittel, um den eigenen Energiefluß in so gute und heilsame Bahnen wie möglich zu lenken. Diese hohen Frequenzen erheben Euch sozusagen über Eure physischen Schmerzen, so daß Ihr an den disharmonischen Energien Eurer vier niederen Körper vorbei direkt in den beschleunigten Frequenzbereich kommt. Der Empfänger dieser kosmischen Schwingungen kann damit seine Arbeit tun, ohne daß er von den dichteren Frequenzen behindert wird, die uns normalerweise langsamer werden und in die dichteren Bereiche innerhalb von uns selbst absinken lassen. Wendet Euch an sie als die kosmische Dreifaltigkeit von Heilern und bittet sie, daß sie ihre gebündelten Energien durch Euch laufen lassen, wenn Ihr Eure tägliche Arbeit und Euren Dienst erfüllt. Ihr werdet Euch unbeschreiblich gut fühlen. Diese Energie verändert allein durch ihre Art die verschiedensten Übel und beschleunigt gleichzeitig Euren Aufstieg, das heißt Euren spirituellen Prozeß.

Das Platin-Netz

Eine ganz besondere Technik, welche Melchizedek, der Mahatma und Lord Metatron verwenden, um uns bei unserer Reinigung und Heilung zu helfen, ist das Platin-Netz. Wenn dieses Netz installiert ist, kann es große Flächen heilen und reinigen. Es kann daher für die verschiedenen Körper eines Menschen eingesetzt werden, aber auch für sein Heim. Mit Hilfe dieses Netzes kann durch die Kombination der Energien dieser großen Wesen ein direkteres Heilen erreicht werden, als wenn man nur die Energien jedes einzelnen von ihnen in sich aufnimmt, obwohl dies natürlich ebenfalls eine sehr wirkungsvolle Methode ist. Das Platin-Netz hat, ebenso wie die Platinengel, die Fähigkeit, alle Arten von Viren und Bakterien abzutöten und die ätherischen, mentalen, astralen und sogar spirituellen Bereiche von Blockaden zu befreien. Ich bitte oft um den Aufbau des Platin-Netzes für die Melchizedek-Synthesis-Light-Academy, den Ashram und mein Zuhause. Mit seiner Hilfe bleibt die Atmosphäre dauerhaft gereinigt. Auf der physischen Ebene verbrenne ich dazu Weihrauch in guter Qualität, ich verwende ein Weihrauchfaß und mein Radionikgerät, um laufend den psychischen, psychologischen, physischen und ätherischen Bereich zu reinigen. Eine neue Entdeckung bezüglich des Platin-Netzes hat aufgezeigt, daß es auf all diesen Ebenen funktioniert und auch die höheren spirituellen Körper durchdringt, um auch dort eine Angleichung durchzuführen. Es ist eine sehr fortschrittliche und enorm wirkungsvolle Methode.

Ich würde Euch das Platin-Netz sowohl für die Gesundheit des Einzelnen als auch die der Gruppe empfehlen. Wenn Ihr in einem Büro oder sonst innerhalb einer Gruppe tätig seid, bittet, daß dieses Netz dreimal pro Tag über Euer Umfeld gelegt wird und ersucht, daß man auch eines bei allen Türen Eures Heimes spannt. Damit erhalten Eure Gäste eine völlig unerwartete spirituelle Reinigung und Heilung. Die Verwendung des Platin-Netzes ist, wie wenn man täglich seine Vitamin-Tabletten einnimmt, nur die Ebene ist feiner und umfassender. Warum probiert Ihr es nicht aus und seht, wie Ihr Euch fühlt? Es ist wirklich ein wunderbares Geschenk der heilenden Gnade von Melchizedek, Mahatma und Metatron. Es ist eine der weniger bekannten Methoden der Inneren Ebenen zur Heilung und Stärkung des Wohlbefindens, die ich kennengelernt habe und jetzt auch Euch mit großer Freude mitteile.

Der Viren-Staubsauger

Der Name dieser Heilmethode der Inneren Ebene ist vielleicht nicht so schön und berührend wie andere, die Euch auf Eurem spirituellen Pilgerpfad begegnen. Die Wirkung ist jedoch ausgezeichnet und die Methode selbst ist eine der besten zum Aufsaugen von Viren. Viele Menschen führen in ihrer Aura erkennbare oder nicht erkennbare Viren mit sich und wir alle sind ihnen täglich ausgesetzt. Je ausgeglichener und gesünder unsere physische und psychologische Nahrung ist, desto weniger bieten wir solchen Viren die Gelegenheit, in unser Energiefeld einzutreten. Und doch sind die Lichtarbeiter auf allen Stufen ihrer Entwicklung mit Gesundheitsproblemen und / oder Reinigungsprozessen konfrontiert. Je besser wir auf der jeweiligen Stufe geschützt sind, desto weniger besteht die Gefahr, daß wir uns "anstecken" - sei es bei jemand anderem oder bei unserem eigenen Reinigungsprozeß. Um sich dieser Krankheitserreger zu erwehren gibt es keine bessere Methode als den Viren-Staubsauger! Bittet darum, daß die Meister mit Hilfe dieser Methode die Viren heraussaugen, die sich in Euch ansammeln. Wenn Ihr Euch erschöpft und müde fühlt oder in die Nähe eines Menschen gehen müßt oder auch in seiner Nähe wart, der Halsweh, eine Erkältung oder eine Virusinfektion hat, seid Ihr für Viren anfällig. Die Meister werden Euch gerne dabei helfen, Euch dieser Energie zu entziehen, indem sie sie mit Hilfe dieser Methode aus Euch heraussaugen. Anschließend verwandeln sie diese Energie in eine positivere Form, die ihrerseits Euer Energiefeld reinigt und damit das Unwohlsein in Wohlbefinden verwandelt.

Wenn Ihr bereits eine Erkältung, Grippe oder Virusinfektion habt, ist es dennoch nicht zu spät, denn diese Methode funktioniert gleicherweise bei aktiven und nicht aktiven Viren. Nehmt Euch Zeit zum Ausruhen und Entspannen. Stellt Euch diesen Viren-Staubsauger vor, wie er alle Viren aus Eurem Energiefeld aufsaugt. Ruft die Erzengel und Engel der Heilung zu Hilfe. Gebt Eurem physischen Körper die Ruhe, die Flüssigkeit, die Vitamine, die Mineralstoffe, die homöopathischen Mittel und Kräuter, die er Eurer Meinung nach braucht und bittet, daß zusätzlich dazu noch der Viren-Staubsauger eingesetzt wird. Es ist gut und richtig, alle möglichen Heilmittel, Techniken und Methoden zu verwenden, die Euch gut tun - vergeßt aber trotzdem nicht die Verwendung dieses ätherischen Staubsaugers. Ich verwende ihn zur Vorsorge wenn ich mit Leuten zu tun habe, die Virenenergie in sich tragen. Ich kann seine Wirkung direkt spüren und weiß, daß ich vor Viren 100% geschützt bin. Ein Experiment mit dieser Methode zahlt sich sicher aus!

Dr. Lorphan

Bis vor kurzer Zeit hat Dr. Lorphan anonym gearbeitet und seine Heilkunst wurde durch die Heiler, die er selbst ausgebildet hat, weitergegeben. Diese Heiler kommen aus der ganzen Galaxie und gehören zu den besten, die auf den Inneren Ebenen den Menschen zu Hilfe kommen. Erst vor kurzem hat sich Dr. Lorphan zu erkennen gegeben und damit allen, die göttlicher Heilung bedürfen die Möglichkeit eröffnet, ihn direkt anzusprechen. In seiner Liebe, seiner Barmherzigkeit und seinen wissenschaftlichen Kenntnissen und Fähigkeiten, hat er mich gebeten, eines seiner Medien zu sein, damit ihn immer mehr Menschen kennenlernen und sich seiner Heilertalente und Methoden bedienen können. Ich kann eigentlich nicht genau sagen, wie seine Methode ist. Ich weiß nur, daß er in Bereichen arbeitet, die für die Wissenschaftler und die Ärzte der Erde noch ein Buch mit sieben Siegeln sind. Er verwendet Methoden, von denen unsere Ärzte nicht einmal zu träumen wagen. Diese Methoden haben mit Licht zu tun und wirken durch die Regulierung und Einstellung von Schwingungen, so daß ein Umfeld geschaffen werden kann, das letztendlich zur gewünschten Heilung führt. Er, wie auch alle anderen Meister und Engel, arbeitet innerhalb unseres Karmafeldes der Flexibilität, und er kommt nur dann, wenn man ihn darum bittet. Er versichert mir jedoch immer wieder, daß es innerhalb der Grenzen des Karmas viel mehr Spielraum gibt, als man annehmen sollte und er und seine Heiler daher voller Freude auf unsere Anrufungen warten.

Genauso wie es bekanntlich innerhalb der Hierarchie die unterschiedlichsten Positionen gibt, wie z.B. die der sieben Chohans, die ja selbst innerhalb verschiedener spiritueller Abteilungen tätig sind, gibt es auch eine spezielle Abteilung für das Heilen. Dr. Lorphan ist der Vorstand dieser Abteilung und ihrer vielen Nebenbereiche. Einige seiner "Studenten", die selbst Heilmeister sind, spezialisieren sich auf das Heilen durch Klänge. Andere wiederum arbeiten mehr mit dem Licht und wieder andere verwenden spirituelle und ätherische Akupunktur. Eine Gruppe wirkt als Zahnärzte, eine andere ist mit dem inneren und äußeren Sehen befaßt. Sie sind somit das Vorbild für alle Heiler und Ärzte auf der Erde! Allen, die ihre Hilfe erbitten, wird Heilung in einem sehr großen, ja sogar wunderbaren Ausmaß gewährt. Dr. Lorphan und sein Team arbeiten üblicherweise direkt mit den Menschen, die Hilfe erbitten. Er und seine Heiler setzen ihre überlegenen und göttlichen Heilmethoden zur Heilung von Krankheiten ein, wo immer sie sich auch zeigen mögen und die Intensität einer Krankheit ist dabei überhaupt kein Hindernis. Der Direktor und die Heiler der großen Weißen Loge auf Sirius werden auch in keiner Weise durch Krankheiten, die sich im menschlichen Körper zeigen, in ihrer Arbeit gestört. Auch sie haben Zugang zu allen Stufen und zu allen Körpern, auf denen sich ein Krankheitsbild zeigt. Da ihre Reichweite galaktischer Natur ist, bearbeiten sie die Ursache der Krankheit und damit alle verschiedenen Körper gleichzeitig. Sie überwachen auch die Arbeit der Heiler auf der physischen Ebene, die sich in der dritten, vierten oder fünften Dimension bewegen. Wenn sie darum gebeten werden, können diese Heiler sowohl einen Chirurgen bei seiner Arbeit kontrollieren, wie auch einen Auraheiler, und sie sind gerne dazu bereit. Ich meine, daß Dr. Lorphan und seinem Team in ihrer Hilfe, ihrer Heilkraft und ihrer Fürsorge keine Grenzen gesetzt sind. Dr. Lorphan hat mir mitgeteilt, daß es gerade jetzt für alle, die göttliche Heilung in ihrem Leben integrieren wollen, eine gute Zeit ist, ihn und sein Team ohne Zögern anzusprechen. Sie treten aus den großen Hallen des Sirius heraus, um allen, die es wünschen, Heilung und Unterstützung anzubieten und sie bitten mich, Euch dazu aufzufordern, sie zu rufen. Liebe Leser, als einer, der von den wunderbaren heilenden Händen von Dr. Lorphan berührt und gesegnet worden ist, ist es mir eine große Freude, in seinem Namen diese Bitte an Euch weiterzugeben.

Lord Arcturus und die arkturianische Technologie

Ich habe im vorhergehenden Kapitel von den Heilmethoden gesprochen, die Lord Arcturus und die Arcturianer so liebevoll der Menschheit zur Verfügung stellen. Ich will diese Methoden hier nochmals ansprechen und sie näher beschreiben. Auf dem Mutterschiff, auf welchem Lord Arcturus mit einer großen Anzahl von Arcturianern weilt, gibt es Heilmittel, die der Menschheit auf ihren Wunsch hin zur Verfügung gestellt werden. Die

Arcturianer sind eine sehr weit entwickelte außerirdische Zivilisation und sie arbeiten daran, uns auf der Erde zu stärken und spirituell, mental, emotional sowie ätherisch / physisch zu helfen. Die wichtigste Methode ist dabei die Heilung des physischen Körpers, obwohl sie natürlich eigentlich alle unsere Körper betrifft.

Wenn wir uns mit dem physisch / ätherischen Bereich befassen, so gibt es hierfür Geräte zur Diagnose, die selbst dem brillantesten Geist moderner medizinischer Forschung bei weitem überlegen sind. Mit Hilfe dieser Geräte kann der Ätherkörper eines jeden von uns auf ihr Schiff gebracht werden und wird dort auf Krankheiten untersucht, damit eine exakte Diagnose erstellt werden kann. Sie arbeiten vorwiegend mit holographischen Bildern, was bedeutet, daß dieser Vorgang völlig schmerzlos ist. Sie arbeiten auch sehr viel mit dem Ätherkörper, der zwar, wie auch der physische Körper, alle Verhaltensmuster, Blaupausen und den Gesundheitszustand enthält, jedoch nicht mit dem Nervensystem verbunden ist, das uns die Gefühle von Schmerz und Unbehagen vermittelt. Ist die Diagnose am Ätherkörper erstellt, wird er wieder in den Körper zurückgebracht. All das geschieht während des Schlafes oder der Meditation.

Während der Zeit, in der sich der Körper auf dem arkturianischen Raumschiff befindet, werden gemäß einer bestimmten holographischen Diagnose innerhalb des Ätherkörpers Feineinstimmungen vorgenommen und der entsprechende Heilungsprozeß ausgelöst. Im Anschluß wird dieser Körper wieder mit dem physischen Bereich verbunden, wodurch die Heilströme direkt in den dichten physischen Körper eindringen können. Für die Arcturianer ist dies ein simpler Vorgang, für uns jedoch eine hochentwickelte Technik. Sie werden für die meisten von uns, die um ihre Hilfe bitten, diesen Heilungsprozeß einleiten - wir müssen ihn danach in unser physisches Leben und den Körper integrieren, und zwar nicht so sehr durch die genaue Kenntnis des Vorganges, sondern durch das Vertrauen in ihre Arbeit und die Bereitschaft, die Ursache unseres Unwohlseins zu entfernen. Der Grund dafür ist, daß sie wünschen, daß wir auf allen Ebenen geheilt und zu den Lichtwesen werden, die wir unserer Bestimmung und unserer Fähigkeit nach sind. Ihre physische Hilfe ist jedoch für alle da.

Manchmal bewirken sie auch eine sofortige und augenscheinlich wunderbare Heilung, wenn sie das Gefühl haben, daß wir durch diese Gnade lernen und uns weiterentwickeln können. Doch ganz gleich, wie sie mit Eurer Krankheit umgehen - ruft sie und Ihr erhaltet ihre Unterstützung! Da die Arcturianer von der spirituellen Ebene aus arbeiten, können sie auch die Heilung des emotionalen, des mentalen und des psychologischen Körpers unterstützen. Sie tun dies, indem sie eine Neuanpassung dieser Körper vornehmen, uns durch einen Traum oder eine plötzliche Einsicht den eigentlichen Grund der Schwierigkeit erkennen lassen oder indem sie während unseres Schlafes unseren Astral- oder Mentalkörper an Bord ihres Schiffes bringen und modernste Radionikgeräte einsetzen, um in diesen Körpern die benötigten harmonischen Frequenzen wieder herzustellen. Sie arbeiten damit, daß sie den Licht- und Liebesquotienten der höheren oder spirituellen Körper beschleunigen. Die Arcturianer sind selbst unglaublich spirituelle Wesen, und sie kommen nur deshalb in so engen Kontakt mit uns, weil sie uns auf jede nur mögliche Art heilen und vorwärts bringen wollen. Zögert nicht, sie für jeden Bereich, der Euch Schwierigkeiten macht, zu rufen, denn sie tun nichts lieber, als zu dienen!

Djwhal Khuls holographischer Computer

Da ich bereits sehr viel über die Anwendung dieses Gerätes zur Heilung geschrieben habe, möchte ich das hier nicht wiederholen. Interessant ist jedoch, daß das holographische Bild, wenn es auf den höheren Dimensionen verwendet wird, wie ein Röntgen- oder Radionikgerät funktioniert, allerdings auf einer wesentlich höheren Schwingungsebene. Das holographische Bild zeigt auch die "Gesamtheit" auf, wenn damit unsere Zell-Grundstruktur abgetastet wird. Ich weiß nicht genau, wie das funktioniert, es muß jedoch sein, als würde man durch das Betrachten einer einzigen DNA-Probe einen Überblick über die Gesamtstruktur der Person erhalten. Das Wort "holo-graphisch" enthält ja das Grundwort "gesamt-...". Ich verstehe den Vorgang zwar nicht zur Gänze, weiß aber, daß das Klonen auf diesem Prinzip beruht, da auch dort ein einziger Teil die Basis für das "Ganze" ist. Hätte man ein Röntgengerät dieser Qualität, würde es nicht nur eine einzelne Schwierigkeit, sondern Blockaden zeigen, die das gesamte Wesen betreffen. Das holographische Bild der höheren Dimensionen überträgt ebenfalls die Heilung direkt auf den Teil, den es repräsentiert. Ich sage Euch das, um klar zu machen, warum ich immer darauf bestanden habe, Meister Djwhal Khul zu rufen, um die Heilung zu erhalten, die mit Hilfe dieser Mittel herbeigeführt wird. Ähnlich wie die arcturianische Technologie, wirkt sich dieser Computer ebenfalls gleichzeitig auf alle vier Körper aus. Wie Ihr wißt, sind alle vier niederen Körper direkt miteinander verbunden oder integriert. Damit eine andauernde und wahre Heilung erfolgen kann, müssen alle diese Körper gleichzeitig gereinigt, aufeinander abgestimmt und letztlich geheilt werden. In Fällen, wo starkes körperliches Unwohlsein oder eine Krankheit den physischen Körper befallen haben, ist es nicht ungewöhnlich, daß einer der vorher erwähnten Meisterheiler direkt den ätherisch / physischen Körper behandelt, um eine sofortige Linderung herbeizuführen. Das Ziel ist jedoch, alle Körper so übereinzustimmen, daß der Mensch in seinem tiefsten Innersten erkannt und ausgeglichen werden kann. Dadurch wird ein Heilungsprozeß ausgelöst, der letztlich alle vier Körper mit einbezieht und sie mit Seele und Geist übereinstimmt. Ich bitte Euch daher nochmals, unseren geliebten Meister Djwhal Khul zu rufen und ihn um seine Hilfe bei Eurer Heilung zu ersuchen. Bittet um die Behandlung mit dem holographischen Computer und gebt genau Bescheid, welche Art der Heilung Ihr benötigt.

Bittet generell um Hilfe

Da sie spirituelle und integrierte Meister sind, arbeiten alle diese Heiler gesamthaft mit Euch, sind jedoch froh, wenn Ihr in bezug auf Eure Gesundheitsprobleme so genau wie möglich Auskunft geben könnt. Das ist in dreifacher Weise von Vorteil. Zunächst bietet ihnen das einen Ansatzpunkt für die Heilungsarbeit. Des weiteren gibt es ihnen einen Hinweis darauf, was Ihr im Moment am meisten benötigt - und das wiederum zeigt, worauf Ihr Euch konzentrieren müßt und was generell der Heilung bedarf. Dieser momentane Bedarf gestattet ihnen auch den Zugang zum Gesamtbild Eures Vierkörper-Systems. Und drittens sind sie spezielle Heiler der Inneren Ebenen - Spezialisten, wenn Ihr wollt - , so wie es eben auch auf der irdischen Ebene Fachärzte gibt. So geht man zum Beispiel zu einem praktischen Arzt oder zu einem Herzspezialisten, der einen dann seinerseits an einen Facharzt für Drüsenerkrankungen überweist. Genau so läuft das auch bei der Heilung auf den Inneren Ebenen ab. So könnte beispielsweise Djwhal Khuls holographischer Computer eine Störung feststellen, auf die einer der "Fachärzte" aus Dr. Lorphans Team in der Großen Loge von Sirius spezialisiert ist. Djwhal wird dann selbst Dr. Lorphan konsultieren und diesen Spezialisten anfordern. Wenn sie finden, daß dies das Beste für Euch ist, könnt Ihr sicher sein, daß ein entsprechendes Spezialistengremium zu Eurer Heilung entsandt wird. Vergeßt nicht, daß es auf den Inneren Ebenen keine Konkurrenz gibt, denn keiner der Heiler dieser hohen Bereiche verlangt ein Honorar oder versucht, sich ein Image aufzubauen etc. Ihre einzige Sorge gilt unserem Wohlergehen; um dies zu erreichen, arbeiten sie als Gruppe, selbst wenn sie ursprünglich aus unterschiedlichen Disziplinen stammen. Es liegt jedoch an uns, diese wunderbaren Heiler zu rufen, damit dieser Strom aus Licht / Liebe von den Inneren Ebenen in die äußere Form fließen kann. Wir müssen dazu den ersten Schritt tun und sie bitten.

Es ist interessant, daß wir uns einer Gruppe von Heilern mehr zugetan fühlen werden, als einer anderen. Das hängt damit zusammen, daß unsere Schwingung mit bestimmten Wesen besser harmoniert, als mit anderen. Viele von uns haben eine große Nähe zu den Engelshierarchien und werden daher sehr wahrscheinlich in erster Linie sie zu Hilfe rufen. Andere wiederum fühlen sich einem bestimmten Meister stark verbunden und werden daher ihn, oder die Gruppe, deren Schwingung mit der seinen am besten harmoniert, anrufen. Es ist immer gut, diesen Eindrücken zu folgen. Es ist auch gut zu wissen, daß alles auf den höheren Bereichen miteinander verbunden ist und wir letztlich zu jenen geführt werden, die zu dem gegebenen Zeitpunkt am besten für uns sind.

Etwas über die Meister

Was nochmals ganz klar gesagt werden muß, ist, daß jeder der sieben Meister oder Chohans der sieben Strahlen selbst ein Heiler ist. Vielleicht sind sie keine Spezialisten und es gibt auch innerhalb ihres bestimmten Strahles immer eine Gruppe, die sich direkter mit dem Heilen auseinandersetzt, als sie selbst dies tun, da sie in so vielen Dingen involviert sind. Ruft jedoch trotzdem die Heilschwingung Eures eigenen gesegneten Meisters an, denn sie kann und wird Euch sehr behilflich sein. Vergeßt auch nicht, daß Sananda - besser bekannt in seiner Inkarnation als Jesus - ein Meisterheiler ist. Er ist nach wie vor in diesem Bereich tätig, warum wendet Ihr Euch also nicht an unseren geliebten Meister Jesus/Sananda? Seine Hilfe wird Euch sofort zuteil. Sai Baba, der als inkarnierter Kosmischer Christus unseren Planeten mit Segen erfüllt, ist in erster Linie ein göttlicher Heiler. Man kann von seinen Wunderheilungen in Büchern lesen und sie über Tonbänder und Videos oder direkt von seinen Schülern erfahren. Ich bitte Euch daher recht herzlich, Sai Baba nicht zu vergessen, wenn Ihr Heilung erbittet. Es kommt, wie hier in seinem Fall, manchmal vor, daß Menschen mit der wunderbarsten Gaben direkt in unserer Mitte, hier auf der Erde zu finden sind! Ich habe meine eigene wunderbare Heilung genau beschrieben und Seiner Heiligkeit Lord Sai Baba ein eigenes Buch gewidmet. Er ist einer der besten Heiler, die ich je kennengelernt habe und es ist ein Segen für uns alle, daß er unter uns weilt. Bittet ihn um seine Hilfe und ich bin überzeugt, daß Ihr froh sein werdet, ihn gerufen zu haben!

Weitere Heilmittel

Es gibt jede Menge Heilmittel, die wir hier auf der physischen Ebene verwenden und die uns ebenfalls in einem feineren Energiefeld der Inneren Ebenen zur Verfügung stehen. Meist ist ein bestimmter Meisterheiler für diese verschiedenen Mittel zuständig, der auch gleichzeitig ihren Einsatz bei der Behandlung des ätherischen Körpers überwacht. Wenn Ihr Euch unsicher seid, wer auf den Inneren Ebenen der eigentliche "Fachmann" in bezug auf eines oder mehrere dieser Mittel ist, dann sprecht mit Dr. Lorphan und seinem Team. Ihr könnt sicher sein, daß dann der richtige Heiler und das richtige Heilmittel eingesetzt werden. Kristallheilen ist eine Methode, die immer beliebter wird. Gleichzeitig erhalten wir auch immer mehr Zugang zu Kristallen der Inneren Ebenen. Je nachdem, was erforderlich ist, wird Euer Heiler der Inneren Ebene einen Kristall auswählen, der den Heilungsprozeß auf jeder der Ebenen fördern wird, die Ihr in Eurer Bitte um Heilung angesprochen habt.

Wenn Ihr beispielsweise besonders die Heilung des physischen Körpers wünscht, wird der verwendete Kristall in den meisten Fällen im Ätherkörper verankert. Da der physische und der ätherische Körper so eng miteinander verbunden sind, ist dies der direkteste Zugang zum physischen Körper. Wenn man eine Heilung in dieser Form haben möchte, ist es am besten, eine bequeme Haltung einzunehmen oder sich hinzulegen, da dies in diesem Fall am wohltuendsten wäre. Das geht natürlich nur dann, wenn die Krankheit Euch nicht daran hindert und das Liegen keine unnötige Belastung darstellt. Ruhig und still zu sein ist immer gut. Wenn Ihr beruhigende spirituelle Musik wünscht, kann dies die hier erforderliche Entspannung unterstützen - Ihr könnt jedoch auch dem Gesang der Vögel, dem Rauschen der Wellen oder dem wunderbaren Klang der Stille selbst lauschen. Bittet Dr. Lorphan und seine Spezialisten der Inneren Ebenen um die Art der Heilung, die Ihr am meisten benötigt. Oder ruft das Königreich der Engel oder den Meister Eurer Wahl, wenn Euch das lieber ist - es wird Euch auf alle Fälle die "richtige" Wesenheit zugeführt werden. Wenn Ihr jene ruft, zu denen Ihr Euch am meisten hingezogen fühlt, könntet Ihr ihrer Unterstützung bei Eurer Heilung gewiß sein. Sagt ihnen jedoch genau, was Ihr braucht, denn dann können sie sich sofort auf Euer Problem einstellen und gleichzeitig Euer Bewußtsein auf die Stelle, die behandelt werden soll, ausrichten. Auf diese Weise könnt Ihr bewußt an der Aktivierung der Kristalle und an der Heilung, die durch sie erfolgt, teilhaben.

Ein bemerkenswerter Aspekt dieser Kristallheilung ist, daß bestimmte Kristalle, sobald sie aktiviert sind, die Zellaktivität stimulieren, den Energiefluß fördern und generell stimulierend wirken. Nehmen wir an, ein ätherischer Kristall wird in der Schilddrüse eines Menschen, der an einer Unterfunktion der Schilddrüse leidet, eingesetzt. Die Strahlung dieses Kristalls würde die Energien anregen und beschleunigen, so daß eine Normalfunktion möglich ist. Bei einer Überfunktion der Schilddrüse wirken die Kristallenergien beruhigend und ausgleichend. In beiden Fällen würden Kristalle, die die Schilddrüse beeinflussen, in die ätherische Schilddrüse eingesetzt - ihre Wirkung wäre jedoch gegensätzlich. Der eine regt an und aktiviert, der andere beruhigt. Wenn man eine Ahnung hat, welche Art von Arbeit durchgeführt wird, kann man den Prozeß durch Visualisieren unterstützen. Am wichtigsten ist jedoch, daß man weiß, welche Anrufungen man verwenden soll - sowohl für die Heiler als auch für die Heilmittel.

Heilende Kristalle gibt es für vielerlei Anwendungen und es gibt sie, in der einen oder anderen Form, in allen verschiedenen Bereichen der 352 Ebenen des Kosmos. Da wir uns hier mit Heilung beschäftigen, wollen wir uns jedoch weitestgehend mit den vier niederen Körpern beschäftigen. Es muß Euch jedoch bewußt sein, daß aufgrund der Vernetzung der verschiedenen Ebenen und Körper, diese auch in unserer Abhandlung über das Heilen auftauchen werden. Wir werden uns jedoch trotzdem in erster Linie mit jenen beschäftigen, die unser tägliches Leben betreffen und derer wir in diesem Zusammenhang gewahr werden. Der emotionale (fühlende oder astrale) Körper nahezu der gesamten Bevölkerung benötigt Heilung. Die meisten Menschen verdrängen dies, es sei denn, es bereitet ihnen so große Schwierigkeiten, daß sie Beratung oder psychiatrische Hilfe suchen; wenn sie entsprechend spirituell eingestimmt sind, haben sie vielleicht bereits von sich aus entweder einen spirituellen Berater aufgesucht, arbeiten bewußt an der Beruhigung und Beherrschung ihres Emotionalkörpers oder erbitten Heilmethoden wie wir sie gerade besprechen. Wenn Ihr dieses Buch lest, bin ich eigentlich der Annahme, daß Ihr jedes Euch nur mögliche Mittel nutzt, um diesen speziellen Körper auszugleichen und innerhalb Eures Vier-Körper-Systems entsprechend anzupassen. Die Verwendung von Heilkristallen der Inneren Ebenen in diesem Zusammenhang ist sehr hilfreich. Was ich als nächstes beschreiben werde, kann ebenso für den Mentalkörper wie für den Verstand verwendet werden.

Setzt Euch bequem hin - das ist hier genau so wichtig wie bei jeder anderen Heilarbeit. Eine meditative Haltung ist von großer Hilfe, wenn der Emotional- oder der Mentalkörper behandelt wird. Solltet Ihr Euch im Liegen besser entspannen können, dann tut das. Bittet darum, daß die Heilkristalle in Eurem Emotional- / Astral- oder in Eurem Mentalkörper eingesetzt werden. Sie könnten auch gleichzeitig in beiden Körpern aktiviert werden, da sie sehr oft als Einheit funktionieren. Wenn sich jemand emotional stark aus dem Gleichgewicht empfindet, dann spürt er das sehr oft auch im mentalen Bereich. Es liegt jedoch an Euch, wie Ihr behandelt werden wollt. Es kann durchaus sein, daß die Wurzel Eures Mißbehagens klar im emotionalen Bereich liegt. Sagt das Euren inneren Heilern und bittet um eine spezielle Heilung oder um konzertierte Heilmethoden, bei denen die Kristalle ausschließlich auf Euren Emotionalkörper ausgerichtet sein sollen. Sie werden Euren Wunsch sicher erfüllen.

Was die Emotionen betrifft, so haben die Frequenzen der verwendeten Kristalle sehr oft eine beruhigende Wirkung. Die Schwierigkeiten des Astralkörpers entstehen zu nahezu 100% aufgrund einer zu starken Stimulierung. Jede der Frequenzen hat ihre eigene Farbe und ihren eigenen Klang. Die Klänge und Farben der Kristalle, welche im Bereich des Emotional- / Astralkörpers verwendet werden verändern sich je nach Person und Bedürfnis, haben jedoch immer eine beruhigende Farbe, oft Blau- oder Grüntöne. Sollte jedoch mehr Selbstliebe erforderlich sein, wird die Farbe der Kristalle in Rosatönen erscheinen. Ihr könnt darum bitten, daß man Euch die Farbe der Kristalle, mit denen Euer Heiler arbeitet, zeigt, damit Ihr sie dann visualisieren könnt. Ihr könnt auch darum ersuchen, daß man Euch den Klang des Kristalls hören läßt. Es gibt mehr Leute, die Farben sehen, als solche, die Klänge hören können; sollte Eure Hellhörigkeit jedoch bereits gut ausgebildet sei, kann man Euch auch den Klang Eures Heilkristalls zum Geschenk machen! Wenn man es mit dem Mentalbereich und dem Mentalkörper zu tun hat, werden die Kristalle auf einen bestimmten Bereich ausgerichtet. So könnten sie dazu verwendet werden, den Geist zu beruhigen und um in ähnlicher Weise zu arbeiten, wie die Kristalle, die für den Gefühlskörper verwendet werden. Sie können auch dazu dienen, die Gehirntätigkeit anzuregen, um Euch in konkreterer Weise für neue Weisheiten zu öffnen. Sie können bestimmte Funktionen des Geistes aktivieren und stimulieren, wie z.B. die Funktion der rechten oder Yin-Hälfte bzw. der linken oder Yang-Hälfte des Gehirns. Es können auch mehrere Kristalle eingesetzt werden, welche dann bestimmte Geistesbereiche stimulieren und andere wiederum beruhigen. Ich wiederhole es nochmals: seid bei Eurer Bitte so genau wie möglich, vergeßt jedoch dabei nicht, daß Ihr in den Händen eines Spezialisten der Inneren Ebenen seid, der letztlich entscheidet, was nötig ist, um in Euren vier niederen Körpern ein Maximum an Gleichgewicht, Gesundheit und Harmonie zu schaffen.

Die Anwendung der Heilkristalle der Inneren Ebenen hat eine sehr breite Streuung und ihre Wirkung ist unglaublich. Sie werden manchmal für eine bestimmte Zeitspanne eingesetzt, damit der Patient für diesen Zeitraum ohne Unterbrechung in den Genuß der Heilung gelangt. Ich würde Euch wirklich empfehlen, diesen wunderbaren Heilungsvorgang zu erbitten, wenn Ihr Euch an Eure inneren Ärzte wendet. Wenn Ihr bereits mit Kristallen der dritten Dimension arbeitet bzw. damit gearbeitet habt, macht Euch das besonders geeignet für diese Art der Heilung. Ihr könnt auch darum bitten, daß die Kristalle der Inneren Ebenen mit denen der äußeren Ebenen Hand in Hand arbeiten. Ersucht darum, daß eine harmonische Verbindung zwischen den beiden hergestellt wird, denn damit verstärken sie sich gegenseitig. Meiner Meinung nach ist dies ein äußerst wirksames Heilmittel und eine Art der Heilung, die gleichzeitig eine wunderschöne und harmonische Meditation bewirkt.

Heilung durch Einstimmung

Wir haben vorher darüber gesprochen, daß Ihr Lord Arcturus bitten könnt, Euch in Eurer Ätherform auf das große arcturianische Raumschiff zu bringen, damit Ihr dort mit Hilfe der fortgeschrittenen arcturianischen Technik geheilt werdet. In ähnlicher Weise gibt es auch auf der Erde verschiedene heilige und mystische Punkte, die starke Auswirkung auf den Heilungsprozeß haben. Einige davon befinden sich in der Großen Pyramide von Gizeh und in weiteren kleineren Pyramiden Ägyptens, sowie innerhalb der Sphinx. Dann gibt es natürlich den heiligen Fluß von Lourdes in Frankreich und noch andere heilige Stätten, die die Jungfrau Maria mit ihrer Heilkraft gesegnet hat. Außerdem gibt es in Indien den Kraftkreis, in welchem sich Lord Sai Baba aufhält und der früher als das Dorf Puttaparti bekannt war. Dann gibt es die Kraftspirale auf Bimini, Calvery, die zu Atlantis gehört und verschiedene heilige Stätten in Jerusalem, dem Berg Sinai, in Glastonberry und dem Gipfel von Mount Shasta, um nur einige zu nennen. Es ist natürlich von großem Vorteil und sehr heilend, wenn man diese heiligen Kraftwirbel, Kreuzungspunkte, Tempel usw. persönlich besucht, es kann aber auch durch eine ätherische Reise und der Berührung dieser heilenden Stätten sehr viel erreicht werden.
Ich spreche hier vom Aufbau einer solch starken Verbindung zu einem der Heilpunkte unserer Erde, daß unser Ätherkörper sich frei dorthin bewegen kann. Wir bringen dies sehr oft mit dem Besuch anderer Dimensionen, Planeten oder Sternensysteme in Verbindung. Ich spreche hier jedoch von der ätherischen Form der Bilokation, die uns zu Plätzen auf der Erde führen kann, die wir vielleicht gerne in unserer physischen Form besuchen würden, dazu aber im Augenblick keine Möglichkeit haben. Wir können jedoch in unserer Ätherform dorthin gehen und Heilung erlangen.

Wenn es einen Ort gibt, dem Ihr Euch besonders verbunden fühlt, dann verstärkt diese Verbindung und geht in Eurer Meditation dorthin. Erbittet die Führung eines Meisters oder eines Engelwesens sowie die eines Meisterheilers, der mit den Kräften, die im Zusammenhang mit diesem Ort stehen, arbeitet. Entspannt Euch und stimmt Euch ein. Bittet den Meisterheiler, der mit den Kräften des von Euch gewählten Ortes arbeitet, daß er sich mit Euren Bedürfnissen vertraut macht. Vergeßt nie, daß der Ätherkörper ein Spiegelbild des physischen Körpers ist, und umgekehrt. Bittet, daß so viel Heilung wie nur möglich in Eure ätherische Form integriert werde, und daß sich diese Heilung dann auch zur Gänze in Eurem physischen Körper zeigen möge. Genießt die Freude, die der Besuch der heiligen Stätten mit sich bringt und versucht, immer mehr Heilung zu erfahren. Das kann auch den Einsatz des Emotional- und des Mentalkörpers erfordern, muß aber nicht. Je mehr Ihr von Euch selbst jedoch in diesen Prozeß der Einstimmung einbringt, desto besser ist es für Euch. Ich schlage daher vor, den Geist nicht nur für die Formulierung der Bitten einzusetzen, sondern ihn auf Eure Reise mitzunehmen. Dasselbe gilt für den Gefühlskörper. Damit werden die Erfahrungen, die Ihr macht, nicht nur tiefer in Euch eingeprägt, sondern der Heilstrom kann dadurch direkt die Aura und das Energiefeld des Emotional- und des Mentalkörpers erreichen. Versucht das einmal - es ist das Flugticket und das Motel allemal wert!

Das Programm zur Ausgleichung des Netzes

Dieses Programm ist eine Form der Heilung und Ausgleichung, die ganz erstaunlich ist. Ihr wißt, daß sowohl unser Planet wie auch jeder einzelne von uns ein netzähnliches Muster in sich trägt, welches, unter anderem, auch den Energiefluß verankert. Wenn ein spezielles Netz perfekt ausgerichtet ist, fließt auch die Energie perfekt und schafft damit Harmonie und Gleichgewicht. Ist das Netz fehlerhaft ausgerichtet, führt dies zu leichter bis zu massiver Unausgeglichenheit. Die Anrufung des Ausgleichungsstrahles für dieses Netz löst automatisch das Ausgleich-programm aus. Ist dies der Fall, wird die Netz-Grundstruktur so lange verschoben, bis sie den maximalen Ausgleichungspunkt erreicht hat. Je exakter die Ausgleichung, desto größer ist die Harmonie, weil die Energien dieses bestimmten Bereiches vollkommen aufeinander abgestimmt werden, was wiederum dazu führt, daß alle disharmonischen Energiemuster ausgemerzt werden und das Energiefeld nur noch Gesundheit ausstrahlt. Es werden dabei alle hinderlichen Muster ausgeschieden und durch eine perfekte Netzausgleichung ersetzt. Dieses Programm ist gleichzeitig ein Prozeß. Die Wirkung tritt zwar nicht sofort ein, ist jedoch ganz wunderbar, sobald die Ausgleichung erfolgt. Dieses Programm kann in unterschiedlicher Stärke und auf verschiedenen Ebenen, spezifisch oder auch allgemein, eingesetzt werden. Wenn jemand die Heilfrequenzen in einem kleinen Bereich, wie beispielsweise im Auge, anwenden will, dann kann er die Netzwerke aktivieren, die direkt mit diesem Bereich zu tun haben. Ihr müßt nur die Bitte aussprechen und Euch ca. fünfzehn Minuten Zeit nehmen, damit der Prozeß der Neustrukturierung eingeleitet werden kann. Am Anfang solltet Ihr das mehrmals am Tag tun (mehr als zweimal), dann nur noch zweimal pro Tag, und zwar in maximal halbstündigen Sitzungen. Mehr davon ist nicht unbedingt besser, da dies ein sehr subtiler und hoch wissenschaftlicher Vorgang ist, der seine Zeit braucht.

Wie Ihr wißt, ist der physische Körper das Ergebnis höherer subtilerer Ursachen und ist daher der letzte, der die Wirkung spürt und geheilt wird. Laßt Euch Zeit. Bittet darum, daß das Netzwerk in der richtigen Art ausgerichtet wird und überlaßt alles andere den Meisterheilern. Eure Bitte wird sofort gewährt, das Ergebnis zeigt sich jedoch zuerst auf der emotionalen und mentalen, dann auf der ätherischen und zuletzt auf der physischen Ebene. Deshalb bezeichnet man diesen Vorgang als "Programm". Er ist ein Prozeß, dem Ihr Euch überlaßt und darauf vertraut, daß das Ergebnis zur richtigen Zeit auf der physischen Ebene spürbar wird. Dieses Programm zur Netz-Ausgleichung hat noch weit größere Anwendungsmöglichkeiten. Es kann als generelles Reinigungsmittel für alle vier niederen Körper oder sogar das Zwölf-Körper-System verwendet werden, so daß alle psychischen und feinstofflichen Energien harmonisch und ausgeglichen fließen können. Hier wirkt dieses Programm ähnlich wie eine axiatonale Angleichung. Man kann das Programm auch zur direkten Ausgleichung des mentalen oder des emotionalen Körpers einsetzen. Wenn dieser Bereich Euch Schwierigkeiten bereitet, müßt Ihr darum bitten, daß das Ausgleichungs-Netz Euer gesamtes emotionales Energiefeld umspannt. Da die meisten Menschen laufend mit emotionalen Schwierigkeiten zu kämpfen haben, würde ich empfehlen, daß jeder, auf den dies zutrifft, dieses Programm anwendet. Wie bereits vorher angesprochen, ist auch in diesem Fall weniger mehr, da die Anpassungen, die durch diesen Prozeß in die Wege geleitet werden sehr spezifisch sind. Der Vorgang sollte jedoch täglich fünf bis zehn Minuten lang durchgeführt werden. Stellt Euch vor, wie alle unpassenden emotionalen Energien hinausgedrängt werden. Das geschieht durch die langsame und genaue Anpassung des Emotionalbereiches, dessen Atmosphäre dann als Spiegelbild der Christus-Liebe und der göttlichen Gefühle fließen kann. Laßt die Zeit, die Ihr dafür aufwendet, entspannend und erholsam für Euch sein und denkt daran, daß Ihr durch die Anrufung dieses Programmes auch zur vollen Integration und Beschleunigung Eures Aufstiegsprozesses beitragt. In gleicher Weise könnt Ihr auch beim Mentalkörper vorgehen. Ihr könnt daran arbeiten, den physischen Körper gesamthaft anzupassen und auszugleichen, oder Ihr könnt mit einzelnen Organen, wie dem Auge, oder mit Bereichen, wie dem Brustbereich arbeiten. Ihr könnt das Programm dazu verwenden, die Energien auf jede beliebige Art anzugleichen. Diese Technik wurde erst kürzlich von den Meistern entwickelt und Meister Hilarion, Erzengel Metatron, Vywamus und Saint Germain sind, genauso wie Meister Djwhal Khul an diesem Programm beteiligt. Sprecht mit ihnen und bittet besonders Hilarion und Metatron um ihre Hilfe.

Was sie in bezug auf dieses Programm mitteilen möchten, ist, daß es immer besser und genauer wird, je länger man damit arbeitet. Sie möchten auch, daß jeder Mensch es für den Emotionalkörper verwendet, da wir uns jetzt einem integrierteren Aufstieg stellen müssen, als das zuvor der Fall war. Außerdem sind sie der Meinung, daß wir, als Rasse insgesamt, mit unseren Emotionalkörpern am weitesten hinten liegen und daher dringend der Anpassung und entsprechenden Ausgleichung bedürfen. Ich leite daher ihre Bitte an Euch weiter, so oft wie möglich dieses Programm in jedem Bereich Eures Lebens anzuwenden.

Geometrische Proben und neue Muster

Eine neue Heiltechnik, die mir die Meister erst kürzlich zukommen ließen, beruhte ursprünglich auf der Neuformierung geometrischer Muster. Ich weiß nicht genau, wie das funktioniert, ich kann mir nur vorstellen, daß dabei auf ätherischen geometrischen Proben bestimmte Muster für Erkrankungen zu sehen sind. Dann setzt der Meisterheiler die "richtige" geometrische Zusammensetzung ein, damit im Ätherbereich die erkrankte Zellstruktur korrigiert wird. Das wird normalerweise als Vorsorgemaßnahme eingesetzt, bei welcher die erkrankte Zellmatrix noch im Ätherbereich erkannt und ausgemerzt werden kann, bevor sie sich im physischen Bereich manifestiert.

Der Klang der Erzengel

Jeder der Erzengel hat im Bereich seiner Aura auch einen bestimmten Klang. Durch Konzentration des Willens kann er diesen Klang verstärken und in eine bestimmte Richtung lenken, bis er das elektromagnetische Feld eines Menschen komplett umgibt. Obwohl einige Erzengel, darunter Mutter Maria und Raphael, auf das Heilen spezialisiert sind, ist eigentlich jeder der Erzengel ein fähiger und göttlicher Heiler.

Wenn Ihr physischen, ätherischen, emotionalen oder mentalen Belastungen ausgesetzt seid, ruft die Erzengel und bittet sie, Euch an der Gnade ihres göttlichen Klanges teilhaben zu lassen. Die Klänge, die ihnen entströmen, werden Euch genau die Frequenzen zukommen lassen, welche Ihr braucht und damit auf der Inneren Ebene eine Klangspirale schaffen, die den Heilungsprozeß anregt. Es ist gleichgültig, welchen Erzengel Ihr dazu anruft. Am besten ist es, generell die Hilfe der Erzengel zur Heilung durch Klänge anzurufen. Es wird dann derjenige Erzengel darauf reagieren, dessen Ausstrahlung und Frequenz Euren Schwierigkeiten am besten entspricht. Was dieser Prozeß sofort und auf ganz wunderbare Weise spüren läßt, ist die friedvolle Atmosphäre, die ihre Präsenz hervorruft.

Zusammenfassung

Auf den Inneren Ebenen gibt es sehr viele unterschiedliche Heilmethoden. Einige Menschen reagieren sehr gut auf diese Methoden, andere wiederum werden andere Heilmittel, Methoden oder Prozesse vorziehen. Das ist ganz natürlich. Im Bereich der Schulmedizin und des konventionellen Heilens ist es nicht anders. Wie Hermes es so exakt ausdrückt: "Wie innen, so außen, wie oben so unten." Ich möchte Euch nur dazu anregen, die in diesem und den vorherigen Kapiteln besprochenen Heilmethoden auszuprobieren und zu sehen, wie es Euch dabei geht, wenn Ihr einen besonderen Prozeß durchlauft, eine Anrufung durchführt oder einen, im wahrsten Sinn des Wortes, metaphysischen Arzt konsultiert. Vielleicht stellt Ihr fest, daß die Anrufung der Erzengel ein derartiges Gefühl des Friedens und der Ruhe schafft, daß Eure Sorgen und Probleme von Euch abfallen. Der einzige Weg, die Wirkung kennenzulernen ist, der Ursache nachzugehen, was geschieht, wenn man diese Heilmethoden praktisch umsetzt. Ich hoffe wirklich sehr, daß Ihr es tut, denn ich persönlich habe einige der göttlichen Auswirkungen als ausgesprochen erstaunlich, stärkend und zutiefst heilend empfunden!

12. Schattenmeister, Kulte und nicht-integrierte Aufstiegsgruppen

Grautöne

Normalerweise bedeutet der Ausdruck "im Lichte" die Zugehörigkeit zu Gott, zum Geist, zum Ursprung. Alles, was sich dagegen "im Dunkeln" aufhält, steht im Gegensatz zum höheren Willen Gottes, zum Geist, zum Ursprung. Wenn wir von der Großen Weißen Loge oder der Großen Weißen Bruderschaft sprechen, meinen wir jene, die sich im Einklang mit dem göttlichen Plan, der Liebe und der Absicht des Allerhöchsten befinden. Die Schwarze Loge dagegen besteht aus jenen, die im Gegensatz zum göttlichen Plan, der Liebe und der Absicht des Allerhöchsten agieren. Zwischen diesen beiden Extremen gibt es verschiedene Grautöne.

Früher hat man einzelne Menschen, Gruppen oder Okkultisten danach eingestuft, ob sie sich auf dem Weg des Lichtes oder der Dunkelheit befinden, ob sie weiße Magie anwenden oder sich der schwarzen Kunst verschrieben haben. Es gibt diese beiden Extreme natürlich, man muß jedoch in dieser Zeit der höheren Energien und rascheren Transformation auch die dritte Kategorie ansprechen, in welcher Schattierungen vom hellsten bis zum dunkelsten Grau ihren Platz haben. Das ist der Bereich der "Schattenmeister", die weder mit dem Plan Gottes oder des Lichtes, noch mit den Mächten der Dunkelheit, die gegen die Kräfte der Evolution arbeiten, vollständig im Einklang sind. Es ist jener Bereich, der die verschiedenen Spektren und Frequenzen der Grauzone in sich trägt und daher für Lichtarbeiter so verwirrend ist. Er entsteht aus der fehlenden Integration und verursacht, daß die Mehrheit der verwirrten Lichtarbeiter vom Wege des Guten abkommt. Was diesen Bereich so gefährlich macht ist die Tatsache, daß er und auch die Lehrer, die ihn vermitteln, sehr oft viel Licht in sich enthalten. Je mehr Licht in ihnen ist, desto weniger kann man die Verzerrungen sehen. Je weniger Licht, je dunkler das Grau sich zeigt, desto leichter ist zu erkennen, was an den Lehren falsch ist. In jedem

Falle ist aber immer genügend Licht vorhanden, um Lichtsuchende und Lichtarbeiter anzuziehen, und doch ist auch genügend Dunkelheit enthalten, um sie von dem, was sie in Wahrheit suchen, abzulenken - nämlich vom reinen, klaren Licht und der Liebe des Allerhöchsten. Es ist daher sehr wichtig, daß Ihr Euch mit diesem Bereich vertraut macht und seine Zeichen, und seien sie noch so unauffällig, erkennt, damit Ihr nicht jemandem in die Hände fallt, der sich in den Schatten der Grauzone bewegt.

Die Versuchung des Lichtes

Ihr müßt verstehen, daß jeder Lehrer, der Euch überzeugen und Euch zum Schüler seiner speziellen Lehre machen will, zunächst nur das vermittelt, was wahrlich des Lichtes ist. Er wird Euch Wahrheiten Gottes weitergeben, die Ihr als richtig und in Übereinstimmung mit der höheren Absicht erkennt. Die Grautöne läßt er zu diesem Zeitpunkt weg, da er bewußt oder unbewußt weiß, daß dann keine Lichtarbeiter mehr zu ihm kommen. Deshalb beginnt er seine Unterweisung im Licht und in der Wahrheit. Das zieht Euch an, denn es entspricht Eurem Höheren Selbst. Ganz egal, wie klar ein Lehrer, seine Lehre oder sein Weg auch aussieht, müßt Ihr doch immer Eure persönliche Kraft und Eure Entscheidungsfähigkeit behalten und niemals automatisch reagieren. Ich sage das nicht, um Euch zu erschrecken oder Euch in irgendeiner Art von der Erforschung der verschiedenen spirituellen Wege abzuhalten. Es gibt viele wunderbare Lehrer, und es gibt Lehren, Wege, Gruppen und Ausbildungszentren, die absolut integer und 100% dem Lichte hingegeben sind. Ich möchte Euch in diesem Kapitel nur Hinweise darauf geben, wie Ihr für Euch selbst feststellen könnt, was reines Licht ist oder sich bemüht, es zu sein, und was Grauzonen enthält und damit versuchen wird, Euch zu manipulieren und zu kontrollieren.

Wenn Euch eine Lehre oder deren Vermittler durch das Licht anspricht, dann geht freudig vorwärts und erforscht dieses Licht. Es besteht die große Chance, daß er tatsächlich mit dem Ursprung verbunden ist und Euch viel bieten kann. Ich selbst habe das mit verschiedenen Lehren und auch mit Büchern getan, und ich habe darüber auch in meinen eigenen Büchern berichtet. Ich bin allerdings auch solchen begegnet, die nach einiger Zeit leichte Verzerrungen in ihrer Lehre gezeigt haben. Die Meister bezeichnen genau diese Lehrer und Gruppen als "Schattenmeister", weil sie in ihrer Aura gleicherweise Licht und Dunkelheit zeigen. Oft beruhen ihre Lehren auf einer Art Wahrheit, lassen jedoch, da das negative Ego des Lehrers seine Motive bestimmt, nach einiger Zeit Verzerrungen erkennen. Wer von uns kennt nicht den Spruch: "Teilwahrheiten sind gefährlich." Unabhängig davon, wie hell das Licht eines anderen Menschen scheinen mag, ist es für Euch doch am wichtigsten, das eigene Licht zu pflegen. Und unabhängig davon, wie sehr von Liebe erfüllt ein anderer Mensch sein mag, ist es unsere vordringlichste Aufgabe, unser Herzchakra mit dem Herzen Gottes zu verbinden und dadurch diese Liebe zu zeigen. Die Kraft eines Lehrers kann sehr groß sein, es ist jedoch die eigene Kraft, die Ihr entwickeln und erhalten müßt. Dann kann Euch keine Lehre, die zwar im Licht begonnen hat, später jedoch ihre Schattenseiten zeigt, etwas anhaben. So lange Ihr im Selbst ruht, auf welcher Stufe dies auch sein mag, kann niemand außer Ihr selbst, Euer Höheres Selbst und Eure mächtige ICH BIN - Gegenwart Eure Handlungen und Eure Einstimmung beeinflussen. Deshalb sind auch Integration und Synthese die wahren Lehren des neuen Jahrtausends. Wenn Ihr integriert und ganz im Selbst seid, seid in Eurem eigenen Licht der Unterscheidungsfähigkeit und nirgends sonst.

Die Schattenmeister werden Euch immer wieder mit dem Teil ihrer selbst und ihrer Lehre in Versuchung führen, der vom Lichte erhellt ist, und zwar aus zwei ganz klaren Gründen. Zunächst einmal wissen sie genau, daß Ihr keinerlei Interesse an ihnen hättet, wenn sie Euch nicht zuerst den heiligen Anteil, der Ihr Wesen ausmacht, zeigen würden. Kämen sie mit allen Vernebelungen und Dunkelstellen, würde kein ehrlicher Lichtarbeiter mit ihnen etwas zu tun haben wollen. Des weiteren möchten viele von ihnen auf der bewußten Ebene sehr wohl mit dem Licht verbunden sein. Sie sind das Opfer ihrer eigenen Fragmentation und der Manipulationskunst ihres eigenen negativen Egos. Das bedeutet, daß die Mehrzahl der Lehrer, die innerhalb der hellen oder auch der dunkleren Grautöne arbeiten, dies unbewußt tun. Sie wünschen Eure Wertschätzung. Sie sind vom Weg abgekommen und haben sich vom negativen Ego und seiner abgetrennten Motivation und Manipulation verführen lassen. Sie brauchen und suchen Eure Unterstützung, damit ihre eigene schwache Energie aufgebaut wird und sie wieder das Gefühl haben, etwas wert zu sein. Die meisten Menschen dieser Art, die ich kennengelernt habe, wären entsetzt, könnten sie sich selbst sehen. Dies ist so, weil die meisten wirklich nicht bewußt, sondern unterbewußt und unbewußt es zugelassen haben, daß durch Unklarheit und negatives Ego die Nebelwolken der Illusion und der Irrungen in Ihr Energiefeld eingedrungen sind. Manche dieser Lehrer sind brillant und voll Charisma, wenn sie ihren speziellen Bereich vermitteln, betrachtet man sie jedoch klar durch die Augen Gottes, dann sieht man, daß sie nicht vollständig aus ihrem Höheren Selbst und der mächtigen ICH BIN - Gegenwart heraus arbeiten. Sie mögen ausgezeichnete Psychologen sein oder einen Teilaspekt der Wahrheit ganz wunderbar vermitteln - und doch, sie beten im Endeffekt nur die Götzen Macht, Ruhm, Geld, Sex, Eitelkeit und Selbstinteresse an. Sobald Ihr herausgefunden habt, wer sie wirklich sind und was ihre Lehren eigentlich vermitteln, könnt Ihr sie einfach verlassen. Ihr braucht sie nicht - es ist vielmehr so, daß sie Euch brauchen. Je integrierter Ihr selbst werdet desto weniger seid Ihr von der Bewunderung anderer abhängig, wenn Ihr Eurer eigenen wahren spirituellen Arbeit nachgeht. Es wird Euch daher immer leichter fallen, sei es im Inneren oder auch nach außen "Nein, danke" zu sagen und Eures Weges zu ziehen. Je stärker es Euch bewußt wird, daß es Schattenmeister gibt, desto leichter wird es für Euch sein, sie auch zu erkennen. Dann könnt Ihr Euch abwenden und, gemeinsam mit Eurer spirituellen Familie und jenen, die mit Euch das reine und klare Licht Eures eigenen, schönen Gott-Selbst teilen, auf Eurem Weg weitergehen.

Der Durchgaben-Mix

Was bei den Schattenmeistern, ihren Lehren und ihren Gruppen so gefährlich ist, sind ihre "vermischten" Durchgaben. Sie übermitteln Halbwahrheiten, Verzerrungen der Wahrheit und sogar die reine Wahrheit, welche sie jedoch für ihre selbstsüchtigen Zwecke einsetzen. Damit verwirren sie ihre Studenten so stark, daß sie nicht einmal mehr ihrem inneren Wissen vertrauen. Diese Mixtur aus Wahrheit, Liebe, Einsichten und falschen Versprechungen bringt die Studenten in einen Zustand der Abhängigkeit. Bei Kulten geht das total ins Extrem, es kann jedoch auch bei weniger engen Gruppenverbänden oder sogar bei Einzelpersonen passieren, die Rat für ihre Lebenslage direkt bei einem Schattenmeister suchen. Das Szenario ist zwar unterschiedlich, das

Ergebnis jedoch immer das gleiche: der Mensch erhält eine bunte Mischung an Durchgaben, die ihn voll Verwirrung zurücklassen und die er dann wieder ins rechte Lot bringen muß. Wären Licht und Dunkelheit nicht miteinander vermischt um diese verschiedenen Grautöne zu schaffen, dann gäbe es auch nicht diese um sich greifende Verwirrung. Da jedoch in allen diesen Lehren immer genug Licht und genug Wahrheit enthalten ist, wird jeder Student, der noch nicht 100% klar und voll integriert und in seiner eigenen Kraft verankert ist, notgedrungen und zumindest auf Zeit in diesen Sumpf hineingezogen. Wenn ihm Zweifel kommen, so kann er immer das Gute, Schöne und Wahre, das in diesen Botschaften der Schattenlehrer ja aufscheint, betrachten. Das rechtfertigt dann für ihn seine Verbindung zu diesem Lehrer, der Lehre oder Gruppe, und er kann damit weitermachen.

Die wahren Schattenmeister, die vom negativen Ego beherrscht werden und so offen für die Mächte der Dunkelheit sind, daß sie eine intensive und tiefe Grauzone herstellen können, sind auch Meister im Durchgaben-Mix. Das kommt daher, weil sie nicht nur ein bißchen verwirrt sind und aus dem Unterbewußten heraus arbeiten, sondern weil sie sich ganz bewußt und willentlich den unreinen Motiven hingeben. Ist dies einmal geschehen, werden sie sozusagen Himmel und Hölle in Bewegung setzen, um ihre Studenten, ihre "Gefolgsleute" bei sich zu behalten. Die vermischten Durchgaben sind dabei Ihr stärkstes Hilfsmittel, da sie damit Studenten anziehen und die, welche ihnen bereits folgen, festhalten können. Die extremste Richtung geht dabei so weit, daß sie von den Studenten verlangt, daß sie Ihr physisches Leben für ihre Überzeugung opfern. Sie müssen tatsächlich sterben, um die total negative Richtung ihres Lehrers zu honorieren. Wie gesagt handelt es sich hierbei um Extremfälle, die auch durch die Medien gegangen sind. Solch ein Befehl wird mit der Wahrheit vermischt, das heißt, man sagt ihnen, daß sie nur ihren Körper verlassen und daß ihr feinstofflicher Körper auf der Inneren Ebene weiterlebt. Die meisten von Euch hätten in so einem Fall die Entscheidungskraft "nein" zu sagen und diese Situation zu verlassen. Es muß Euch natürlich auch klar sein, daß vor einem solchen Befehl unzählige andere Botschaften in den verschiedensten Grautönen durchgegeben worden sind. Wahrheiten und Unwahrheiten sind so klug miteinander vernetzt, daß die Studenten kaum eine Möglichkeit haben, das Licht von der Dunkelheit zu unterscheiden und ihre Hingabe an das Höchste verlangt, daß sie alles aufgeben, selbst ihr physisches Leben. In den extremsten Fällen, wie wir sie von verschiedenen modernen Kulten kennen, ist kein Opfer zu groß, wenn damit nur ein Körnchen Wahrheit gefunden werden kann. Die weniger extremen Fälle sind natürlich viel häufiger und wir finden darin feinere Grauschattierungen und weniger deutliche vermischte Durchgaben. Trotzdem haben auch diese Durchgaben sehr viel Macht und verwirren den Studenten, so daß er sich selbst und Gott irgendwie entfremdet wird. Er kann natürlich Gott nicht wirklich entfremdet werden, denn Gott umfaßt alles, das ewige Ganze. Man kann sich jedoch ganz bewußt von der persönlichen Einstimmung auf dieses Ganze oder auf Gott distanzieren, und genau dann passiert es, daß die Schattenmeister Macht gewinnen und die Kontrolle übernehmen.

Wenn jemand bis zu einem gewissen Grad von seinem negativen Ego gelenkt wird bedeutet das noch nicht, daß er ein Schattenmeister ist. Zum Schattenmeister wird er dann, wenn er sozusagen den nächsten Schritt in die falsche Richtung macht und beginnt, Menschen zu seinem eigenen Vorteil negativ zu manipulieren. Damit bringt er diese Menschen vom Weg zu Gott ab. Ich wiederhole nochmals, daß es sich bei diesen Lehrern sehr oft um Leute handelt, die große Anziehungskraft besitzen, die charismatisch sind und deren spirituelle oder psychologische Lehren durchaus brillant sein können. Damit können Lichtarbeiter am leichtesten eingefangen werden. Sie sind allerdings auch oft von den medialen Fähigkeiten, dem "magischen" psychologischen Einfühlungsvermögen und der nahezu hypnotischen Ausstrahlung des Lehrers fasziniert. Manchmal ist es sogar so, daß die Schattenmeister tiefe spirituelle Lehren, selbst die der Aufgestiegenen Meister und uralte Weisheiten vermitteln, um Lichtarbeiter, deren Unterscheidungsfähigkeit noch schwach ist und die man daher leicht beeindrucken kann, in ihre Fänge zu bekommen. Manchmal agieren die Schattenmeister sehr dezent und halten sich bedeckt - das ist die gefährlichste Art von allen. Sie haben tiefes spirituelles Wissen und psychologische und sogar spirituelle Fähigkeiten. Wenn Ihr jedoch genau hinseht und genau hinhört, dann wird Euch klar, daß sie in ihrem tiefsten Inneren falschen Göttern und Idolen dienen. Dabei können sie durchaus Initiaten der höchsten Grade sein und sich als die Repräsentanten großer spiritueller Meister, Gurus, Yogis und selbst der Aufgestiegenen Meister darstellen. Das macht es am Anfang so schwierig, den Unterschied zu sehen, denn ursprünglich zeigen sie viel Licht und Wahrheit. Liebe Leser, laßt Euch nicht täuschen von den Wölfen im Schafspelz!

Selbsterhöhung

Wenn die Entfremdung des Lernenden von sich selbst und von Gott stattgefunden hat, versucht der Student, es seinem Lehrer gleich zu tun. Unglücklicherweise handelt es sich in diesem Fall um einen Schattenmeister, mit dem er sich verbinden will. Als solcher versucht dieser Meister sich selbst zu erhöhen, statt die Verherrlichung Gottes und die Befreiung des Studenten anzustreben. Das ist das Hauptthema, das sich bei allen Graden der Schattenmeister und bei allen, die Grautöne vermitteln, durchzieht. Ich muß nochmals darauf hinweisen, daß hierbei der Schattenmeister und der Lernende bereits eine sehr hohe Initiationsstufe und einen großen Berühmtheits- und Bekanntheitsgrad erreicht haben können. Das ist eine Tatsache, die gerne übersehen wird. Wir alle müssen jederzeit darauf achten, daß wir nur Gottes Dienst erfüllen und die höchsten, reinsten und klarsten Frequenzen verkörpern. Jeder von uns kann zu jedem Zeitpunkt ein Opfer des eigenen negativen Egos werden und Schwäche zeigen. Deshalb sind die acht Quotienten, die ich zu Beginn des Buches angesprochen habe, so wichtig. Wir müssen immer das Christusbewußtsein manifestieren und Liebe, Licht und totale Kontrolle über das negative Ego haben. Wir müssen stets daran denken, daß der wahre Weg der Göttlichkeit nichts, aber auch gar nichts mit der Verherrlichung des eigenen Selbst zu tun hat, sondern daß darin Gott verherrlicht und in jedem von uns manifestiert werden soll. Solltet Ihr jemals bemerken, daß Euer eigenes Selbst, Euer niederes Selbst, Verherrlichung, Ruhm, und Bewunderung anstrebt, dann seid Euch bitte bewußt, daß Ihr vom rechten Weg abgekommen seid und kehrt sofort dorthin zurück. Gott hat mit den Spielchen, die das negative Ego so gerne spielt, überhaupt nichts im Sinn! Wenn spirituelle Lehrer, Medien und Heiler ihre planetaren Initiationen vollenden und damit Macht, Ruhm und finanziellen Überfluß erreichen und viele Schüler unter sich haben, dann ist das der Zeitpunkt, zu dem viele von ihnen am anfälligsten für die Versuchungen des negativen Egos und die Art und Einstellung der Schattenmeister sind. Nach meiner eigenen Erfahrung und nach dem, was ich in der New-Age-Bewegung und im irdischen Bereich allgemein schon gesehen habe, passiert dies dort am häufigsten.

Paßt sehr genau auf, liebe Leser, ob die Person, die Lehre, die sie vermittelt oder die spirituelle Gruppe, der Ihr angehört, sich ständig nur selbst verherrlicht oder ihre Wichtigkeit betont. Das ist ein deutlicher

Hinweis darauf, daß sie sich nicht auf Gott konzentrieren. Egal, wieviel Licht oder Schönheit einige der Lehren enthalten, die von dieser Person oder Gruppe weitergegeben werden, wenn sie auch nur im geringsten ihrer eigenen Verherrlichung dienen, gehören sie bereits in den Bereich der Grauzone. Was dem Lichte angehört, verherrlicht nur das Licht. Es sucht die reine Liebe Gottes und das, was es lehrt, dient dazu, Licht und Liebe mit der Menschheit und dem Planeten zu teilen. Die Aufmerksamkeit ist nach innen ausgerichtet, und zwar auf Gott, die mächtige ICH BIN - Gegenwart, das innere Licht, die innere Liebe und die Hierarchie der Aufgestiegenen Planetaren und Kosmischen Meister der Inneren Ebenen. Und sie ist niemals auf das negative Ego oder die Persönlichkeit fixiert. Ist dies jedoch der Fall, dann habt Ihr wiederum einen Schattenmeister gefunden. Die Selbstverherrlichung kann in sehr subtiler Form geschehen. Sie kann sich nach außen wenden und das negative Ego der Studenten stärken und verherrlichen. Das geschieht dann, wenn der Lehrer sich von allen anderen absetzt, indem er behauptet, der höchste, der fortgeschrittenste, der einzige, der dieses oder jenes erreichen kann, zu sein und dann seine Studenten einweiht, damit sie das ebenso können bzw. ihnen sagt, daß sie als Mitglieder dieser speziellen Gruppe ebenfalls zu den höchsten, den fortgeschrittensten, kurz zu den "Auserwählten" zählen. Diese Methode reicht vom Lehrer mit einer geringen Anzahl von Schülern bis hin zu den großen Sektenführern mit einer riesigen Menge treu ergebener Jünger.

Man veranlaßt die Studenten zu glauben, daß nur sie Anteil am Allerhöchsten und den alleinigen Zugang zum Königreich haben, und daß kein Mensch und keine Gruppe außer ihnen das erreichen kann. Diese Vorgangsweise schafft natürlich tiefe Gräben und doch scheint das niemand zu bemerken. Man glaubt vielmehr, daß Gott diesen Lehrer und auch die Gruppe dazu berufen hat, Sprachrohr der allerhöchsten Wahrheit zu sein und daß nichts und niemand dem gleichwertig sein kann, da sie ja logischerweise nur eine geringere Qualität vermitteln können. Liebe Leser, könnt Ihr sehen, wie egoistisch das alles ist? Ich bin überzeugt, daß Ihr es erkennt. Und doch ist es so, daß Ihr, wenn Ihr in einer solchen Situation wäret, es sicherlich nicht erkennen würdet. Vergeßt nicht, daß dies ein langsamer Prozeß ist. Zuerst habt Ihr die Wahrheit gehört, so wie sie wirklich ist. Dann hat man Euch eine richtige Einstufung in bezug auf Euer Licht gegeben. Dann sind langsam, langsam die Grautöne dazugekommen und die Konzentration hat sich von Gott auf Euer niederes Selbst verlagert. Darum ist der Weg des Schattenmeisters voller Tücken und wird meist erst dann erkannt, wenn man selbst so tief darin verstrickt ist, daß man alle Kraft und Energie dazu benötigt, um aus dem dichten Nebel herauszukommen und wieder das klare Licht des Tages zu erreichen. Ich bitte Euch daher noch einmal: Wenn Ihr bemerkt, daß sich Selbstverherrlichung und Stärkung des negativen Egos in Euch breit machen, verlaßt diesen Weg auf der Stelle und wendet Euch dem Pfad der Selbstlosigkeit, des Dienstes, des Christusbewußtseins und des Lichtes zu. Es stimmt zwar, daß alle Aspekte des Selbst, also auch die vier niederen Körper gänzlich in Eurem Aufstiegsprozeß integriert sein müssen, das heißt jedoch nicht, daß sie sich selbst verherrlichen sollen! Alle Herrlichkeit gebührt Gott allein! Ich sage es Euch ganz klar und ohne Umschweife: Wo Selbstverherrlichung stattfindet, dort ist das negative Ego, und wo dieses zu finden ist, kann man das Licht Gottes nur mehr trübe und durch Grauschleier erkennen, sofern es überhaupt noch leuchtet. Wenn Ihr Gott wählt, hat weder das negative Ego selbst, noch ein Mensch, der es verkörpert, Platz in Eurem Leben. Wenn Ihr das Licht wollt, dann haltet Euch an das Licht, verherrlicht es und dient nur ihm. Akzeptiert nichts, was geringer ist, als das klarste Licht Gottes und Euer Pfad wird immer der Reinheit folgen.

Schattenmeister sind sehr oft hohe Initiaten und können daher auf reine und wahrhaft spirituelle Informationen zurückgreifen, was sie sehr anziehend macht. Das Problem ist, daß sie im psychologisch Bereich Unklarheiten und Persönlichkeitsfaktoren, die noch nicht aufgearbeitet wurden, mit sich tragen. Obwohl sie sehr oft meisterliche Lehrer, Channels, Heiler und Medien sind, haben sie doch zugelassen, daß das negative Ego ihr Programm und ihr Bewußtsein durchsetzt, was sie jetzt zwei Meistern dienen läßt - der Dunkelheit des negativen Egos und dem Christus-Licht! Sie haben möglicherweise alle Zeichen und das Wissen eines spirituellen Meisterlehrers und Channels und haben vielleicht sogar Weltruf - dennoch verstehen sie nicht im geringsten, was das negative Ego eigentlich ist und wie zerstörerisch es wirken kann. Das sind die allergefährlichsten Schattenmeister, meine Freunde, und ihretwegen muß jeder Lichtarbeiter genauestens informiert sein über die Auswirkungen des negativen Egos und des Christusbewußtseins im eigenen Inneren, denn nur so kann er dies auch in anderen erkennen.

Wie man das Licht erkennt

Liebe Leser, ich meine, daß es an dieser Stelle sehr wichtig ist, aufzuzeigen, daß es einmalige Situationen gibt, in denen ein Meister derart vom Licht durchdrungen und darin zentriert ist, daß er eine Verkörperung des Lichtes darstellt. Diese seltenen und wunderbaren Wesen sind es natürlich *nicht*, die ich hier in diesem Kapitel der Schattenmeister anspreche. Sie zeigen durch und innerhalb ihrer persönlichen Verkörperung die Herrlichkeit, doch ist es immer die Herrlichkeit Gottes und nicht die des negativen Egos und sie strahlen auch nichts Geringeres als die Herrlichkeit Gottes aus. Ein ausgezeichnetes Beispiel aus der Vergangenheit hierfür ist die Verkörperung von Lord Maitreya durch Jesus/Sananda. Ein weiteres wunderbares Beispiel, allerdings aus der heutigen Zeit, ist Seine Heiligkeit, Lord Sai Baba, der kosmische Christus und Avatar im wahrsten Sinne des Wortes. Wenn ein Wesen wie Sai Baba in all seiner strahlenden Herrlichkeit erscheint, handelt es sich unverkennbar um eine Verkörperung der Herrlichkeit Gottes, die auch zu Gottes größerer Glorie unter uns weilt. Es ist ganz wesentlich, daß es hier kein Mißverständnis gibt. So wichtig es ist, den Schatten und die Dunkelheit zu erkennen, so wichtig ist es auch das Licht zu sehen. Ihr müßt kraft Eurer eigenen Unterscheidungsfähigkeit erkennen, ob ein großer Meister sich als Manifestation Gottes inkarniert hat oder ob ein Schattenmeister sein negatives Ego mit Hilfe seines eigenen Selbst glorifiziert. Der Unterschied ist so gewaltig und die Kluft zwischen den beiden so tief, daß es mit Worten nicht ausgedrückt werden kann. Dieses Verständnis muß aus dem Inneren kommen! Mit Hilfe Eures eigenen Lichtes werdet Ihr einen Menschen sehen und erkennen können, der so rein ist, daß sein Licht einfach nur das Licht Gottes sein kann. Ich bin überzeugt, daß Ihr das könnt und daher Schattenmeister, Kulte oder nicht-integrierte Aufstiegsgruppen niemals mit jenen verwechselt, die aus dem Lichte Gottes gekommen sind, um der Welt und uns grenzenlosen Segen zu bringen!

"... Ich bin. Wir sind. Der einzige Weg."

Um wieder zu unserem Thema, nämlich Schattenmeister, Kulte und nicht-integrierte Aufstiegsgruppen zurückzukehren, möchte ich darauf hinweisen, daß man sie ganz leicht daran erkennen kann, daß sie immer wieder behaupten, daß sie - und nur sie - der wahre Weg zu Gott sind. Was sie damit erreichen wollen ist, Euch von allen anderen möglichen Wegen, Lehrern, Theorien und sogar Freunden und Eurer Familie abzuschneiden, damit Ihr Euch nur noch auf sie verlaßt. Sie führen Euch von jeder anderen Hilfestellung weg, seien es Bücher, Theorien oder Lehrer, um Euch in einen Zustand der Isolation zu bringen, der Euch von ihnen abhängig macht. Sie beweisen Euch diese Abhängigkeit, indem sie ihre Lehre verherrlichen und alle anderen Lehren schlechtmachen. Dabei wird im Prinzip natürlich nur ihr eigenes negatives Ego verherrlicht! In vielen Bereichen richtet das sehr viel Schaden an. Zunächst einmal trennt es Euch von Eurem Selbst. Wie ich immer wieder sage: Wenn Ihr in Eurem Selbst nicht Zuhause seid, könnt Ihr das auch nicht in Gott oder sonst wo sein. Seid Ihr von Eurem Selbst getrennt, könnt Ihr nirgendwohin gehen, da man Euch von dem Teil weggelockt hat, der zur Wahrheitsfindung unerläßlich ist. Das wirkungsvollste Hilfsmittel, das die Schattenmeister oder sogar die Schwarzmagier haben, ist die Trennung des Selbst vom Selbst, die Schaffung von Mißtrauen zwischen Selbst und Selbst oder zwischen Selbst und Gott. Eure Beziehung zu Eurem Selbst und zu Gott und den Meistern ist Eure wertvollste Gabe, das "Geschenk des Lichtes", welches Euch sehen läßt! Laßt niemand anderen davon Besitz ergreifen. Es gibt keinen "einzigen Weg" außerhalb des Selbst. Wie unser geliebter Meister Jesus sagte: "Das Königreich Gottes liegt in uns."

Als Jesus die Worte "Ich bin der Weg, die Wahrheit und das Licht" sprach, bezog er sich dabei auf die Christus-Gegenwart, die in jedem von uns ist. Er hat dabei *nicht* sich selbst als Person oder irgend eine Religion gemeint. Als diese Worte gesprochen wurden, gab es die Christlichen Religionen überhaupt noch nicht. Diese Worte sollten Euch nur zu Eurem eigenen Christus-Sein führen, damit Ihr Euren Weg zu Gott erkennt. Wenn Schattenmeister, Kulte oder nicht-integrierte Aufstiegsgruppen Euch zu vermitteln versuchen, daß nur sie die "allein Seligmachenden" sind, dann lauft davon so schnell Ihr könnt! Liebe Leser, Ihr selbst und Eure Beziehung zum Selbst, zu Gott und den Planetaren und Kosmischen Aufgestiegenen Meistern der Inneren Ebenen sowie den Engelwesen seid Euer einziger wahrer Weg! Laßt Euch von niemandem etwas anderes einreden, denn es stimmt nicht! Jeder von uns hat sein eigenes Chakrensystem, in dem sich noch Blütenblätter öffnen und Räder drehen müssen. Das ist die ätherische Manifestation unseres einzigartigen Weges zu Gott, zur Erleuchtung, zur Befreiung und zum Aufstieg. Während unserer Inkarnation zeigen sich auch die Chakren auf der physischen Ebene, und zwar in den Drüsen, mit denen sie in Verbindung stehen. Solltet Ihr jemals Zweifel daran haben, daß Ihr tatsächlich Euer eigener Weg zu Gott seid, dann schaut einmal, wie Ihr im ätherischen und physischen Bereich zusammengesetzt seid. Das spricht für sich selbst! Es ist wichtig, daß Ihr durchschaut, daß jemand, der sich eine Gruppe von Jüngern aufbaut, nur damit er das Ziel ihrer Bewunderung ist, unmöglich den Gott repräsentieren kann, den er dauernd auf den Lippen führt. Licht zieht durch seine eigene göttliche Ausstrahlung wiederum Licht an, genau so wie das die Liebe tut. Licht und Liebe, die den Ursprung widerspiegeln, werden jedem Menschen dazu verhelfen, sein eigenes Geschick, seine Aufstiegsmission und sein eigenes Puzzle-Stückchen im Ganzen zu finden. Die Wahrheit trachtet nicht danach Bindungen zu schaffen, indem sie Angst einflößt und damit die Menschen von ihrer eigenen Verbindung und ihrer Berufung trennt, sie versucht vielmehr die persönliche Kraft der Menschen zu stärken. Wenn Ihr Euch das merkt, könnt Ihr die Fallen und Gefahren vermeiden, in die Euch jemand führen könnte, der Euch von einer anderen Art der Wahrheit überzeugen will. Licht spricht nur die Sprache des Lichtes und kommuniziert mit dem in uns, was Licht ist. Es versucht nicht, Euch zu überzeugen, daß Ihr strahlen und das sein sollt, was es selbst ist. Seht Euch vor, wenn eine Person oder Gruppe Euch zu entzweien versucht, um Euch damit auf Eurem Weg zu bestätigen. Das, was alles in sich enthält, kann in Wahrheit nicht von jemanden repräsentiert werden, der andere auszuschließen trachtet. Ihr werdet vielleicht finden, daß ein spezieller Weg Euch zu einer speziellen Zeit in Eurem Leben anspricht, doch ergeht auch hier wieder der Ruf des Lichtes an das Licht in Euch, und nicht die Manipulation eines Menschen, der seine Macht durch die Anbetung, die ihm durch andere zuteil wird, aufbauen möchte. Ihr habt die Kraft zu unterscheiden. Wie ich bereits gesagt habe gibt es viele wunderbare Wege, die Ihr beschreiten könnt. Es gibt jedoch keinen Weg, der gleichzeitig der einzig wahre ist. Und es gibt auch keinen wahren Weg, der versucht - in welcher Form auch immer - Euch von Eurem Selbst zu trennen. Folgt dem Licht und der Liebe in Euch und achtet darauf, daß jeder Weg, den Ihr beschreitet, jede Lehre, die Ihr aufnehmt, Eurem freien Willen entspricht. Es muß darin jederzeit eine Türe offen sein, durch welche Ihr in Freiheit kommen oder gehen könnt, sollte Euch der Geist in eine andere Richtung berufen. So lange diese Türe geöffnet bleibt und Ihr durch die Kraft Eures eigenen freien Willens eintreten und hinausgehen könnt, und solange Ihr wißt, daß der von Euch gewählte Weg Euch mit Eurem Selbst und mit Gott verbindet, kann er unter Umständen zu wunderbaren Erfahrungen führen. Nutzt jeden von Euch gewählten Weg, um Euch tiefer mit Eurem Selbst und mit Gott zu verbinden und um zu lernen, wie man besser dient. Niemals sollte ein Weg auch nur versuchen, geschweige denn tatsächlich Kontrolle über Euch erlangen. Der einzige Weg, der richtig ist, ist der, den Ihr in Euch tragt. Vergeßt das niemals und gebt Euch nichts Geringerem hin als Eurem Gott-Selbst.

Die niedere Anwendung des Höheren Selbst

Etwas, was Ihr noch beachten solltet ist, daß ein jeder, der weit auf seinem Weg fortgeschritten ist, selbst ein Schattenmeister, die inneren Sinne verwendet. Das geschieht ganz automatisch und ist ein Nebenprodukt der Entwicklung. Auch hier muß man sehr vorsichtig sein, denn der Bereich ist sensibel und enthält unzählige Grautöne. Man muß schon die Fähigkeiten eines voll ausgebildeten und integrierten Mystikers / Okkultisten besitzen, um klar zu unterscheiden, was in diesen Bereichen vor sich geht und um klar die astrale, die ätherische, ja sogar die mentale Form eines Menschen, einer Situation oder des gesamten Planeten zu erkennen. Zieht Euch auch in diesem Fall auf Eure persönliche Kraft zurück, denn es ist immer besser, bescheiden zu bleiben und sich auf das eigene Selbst und auf Gott zu konzentrieren, solange man nicht den vollen Überblick hat oder einen Menschen findet, der diese inneren Bereiche genau zu durchschauen vermag. Ich werde mich hier ganz klar ausdrücken: Jeder von uns hat im Bereich seiner vier niederen Körper verschiedene Aktivitäten im Gange. Je stärker wir integriert und je weiter wir auf unserem Weg des Aufstiegs und der Initiation vorangekommen sind, desto weniger werden diese vier Körper angeregt. Trotzdem haben hier auf der Erde die meisten, wenn nicht sogar alle Menschen Abläufe, die innerhalb der psychischen und psychologischen Struktur stattfinden. Wie könnte es auch anders sein? Viele der Dinge, die auf der Emotionalebene ablaufen, sind rein symbolischer Natur. So träumen wir vielleicht von einem Spinnennetz, um uns selbst symbolisch zu vermitteln, daß wir in einer Situation gefangen sind, die wir verlassen sollten. Diese "Situation" kann astraler / emotionaler, aber auch mentaler Natur sein, wie beispielsweise ein Glaubenssystem, das für uns falsch ist. Es zeigt sich in unserer Aura einfach als ein Spinnennetz. Liebe Leser, man muß schon ein wahrhaft klarer und integrierter Meister einer sehr hohen Stufe sein, um zu erkennen, was das Symbol des Netzes wirklich bedeutet. Der Meister hat die Fähigkeit, es entweder selbst genau zu verstehen, oder zu einem klaren und genauen Verständnis zu gelangen, während er mit Euch und den Botschaften, die ihn über die verschiedenen Chakren erreichen, arbeitet. Bei dieser Arbeit hilft er Euch auch, Eure unterbewußten und bewußten Gedanken zu entziffern. Der Meister tut das, damit Ihr Eure maximale Freiheit erreichen könnt. Das geschieht, indem er Euch hilft, den Schleier von der versteckten Bedeutung Eurer eigenen Symbole wegzuziehen. Ein Meister, der im Schatten oder in noch tieferer Dunkelheit arbeitet, macht das nicht. Erstens kann jemand, der sich im Schatten aufhält, nicht wirklich unterscheiden und ist damit unfähig, Euch zu helfen, durch all die nebelhaften Formen, die Euch auf vielen Stufen umgeben, hindurch- zusehen. So ein Mensch ist nicht imstande zu erkennen, was Euren Wünschen und Euren Träumen entspringt oder was Ihr Euch bewußt ausgewählt habt. Für ihn ist das ein undurchdringliches Energiegewirr. Das wird ihn jedoch wahrscheinlich nicht daran hindern, Euch klare Ratschläge zu erteilen. Ratschläge, die aus einer Sicht der Dinge stammen, die für ihn selbst unverständlich ist und somit für Euch auch nur unverständlich sein kann!

Abhängig davon, wie sehr so ein Mensch die Bedürfnisse und Begierden seines eigenen negativen Egos nähren muß, wird er die Informationen aus Eurem Energiefeld dazu "mißbrauchen", um Euch durch Angst zu manipulieren. Um nochmals das Beispiel vom Spinnennetz herzunehmen: Er wird das Gefühl haben, daß Ihr in "irgend etwas" gefangen seid. Er hat keine Ahnung, was dieses "irgend etwas" ist oder wie Ihr Euch, seiner Meinung nach, daraus befreien könntet. Er wird statt dessen dieses Wissen dazu verwenden, Euch mit Angst zu erfüllen und Euch dann so viel über Euch selbst erzählen, daß Ihr an seine Kräfte glaubt und Euch ihm ausliefert. Hat er Euer Glaubensmuster einmal durchschaut, kann er weiter darauf aufbauen. So könnte er Euch beispielsweise sagen, daß Ihr Euch gefangen, wie in einer Falle, vorkommt. Dieses Gefühl stimmt natürlich für Euch und Ihr werdet es ihm bestätigen, was sofort ein Bindeglied zwischen Euch schafft. Dann kann er hier weitermachen und es, so wie er es eben im Augenblick braucht, ausbauen. In den meisten Fällen endet es damit, daß Ihr ihm Eure Kraft überlaßt, denn Ihr werdet ihn für den einzigen halten, der Euch aus dieser Situation "befreien" kann. Wahre Sektenführer sind in dieser Hinsicht sehr talentiert. Sie haben lange Zeit damit verbracht, die menschliche Natur allgemein zu studieren und dann ihre psychischen und sogar ihre höheren Sinne darauf auszurichten. Manchmal sind sie auch recht gut im Gedankenlesen, meist handelt es sich dabei jedoch ganz einfach um Eure Sorgen, Eure Zukunftsängste, Kummer, Zweifel etc. Diese Menschen werden sich als Patentlösung für Eure Probleme präsentieren und alles in ihrer Macht stehende tun, um Euch von ihnen abhängig zu machen. Das ist natürlich genau das Gegenteil von dem, was ein Weißmagier oder Meister des Lichtes tun würde! Statt Euch zu Gott zu führen, führen sie Euch zum Altar ihres eigenen negativen Egos und helfen mit, daß dabei auch Euer eigenes Ego beschmutzt wird!

Wie ich vorher schon gesagt habe: "Teilwissen ist gefährlich." In keinem Bereich hat dieses Wort so große Bedeutung, wie im Okkulten und nirgendwo ist das Teilwissen gefährlicher, als in den Händen eines zur vollen Reife gelangten Schattenmeisters, außer es handelt sich um jemanden, der sich ganz und gar der Dunkelheit verschrieben hat. Die Wahrheit ist, daß die meisten von uns mit wahren Schwarzmagiern gar nicht viel am Hut haben. Da solche Wesen überhaupt kein Licht ausstrahlen, ist es eher wahrscheinlich, daß wir uns gänzlich von ihnen fernhalten. Für uns sind die Schattenmeister das viel größere Problem, denn sie haben noch genügend Licht in sich, daß wir angezogen werden und sie können viel Gutes tun - und tun das ja auch - bevor es klar wird, welchen Grauton sie eigentlich haben. Wir öffnen uns ihnen daher sehr oft, ohne zu zögern, und lassen sie in unser Aurafeld eintreten. Liebe Leser, wir müssen sehr vorsichtig sein, wem wir in den heiligen Tempel des Selbst Einlaß gewähren! Der Pfad, den wir gehen, ist zwischen uns, Gott und den höchsten Meistern des Lichtes und der Engelpräsenz. Es gibt Menschen, wie zum Beispiel ein aufrichtiger Mitarbeiter im Lichte, die uns auf diesem Weg eine große Hilfe sein können. Es ist jedoch wichtig, daß wir sie selbst überprüfen oder uns von jemandem beraten lassen, der seinerseits den Anforderungen unserer strengsten Überprüfung bereits entsprochen hat, bevor wir irgend jemandem gestatten, unseren geheiligten Tempel zu betreten. Vergeßt nie, daß es einer langen Schulung bedarf, bis man die ätherischen, astralen und mentalen Welten, die unser Energiefeld umgeben, begreifen kann. So wird ein wahrlich integrierter Initiat Euer Energiefeld der Hoffnungen oder Wünsche sicher nicht mit dem der Verwirrung verwechseln, sondern imstande sein, es zu begreifen und mit großer Genauigkeit zu interpretieren. Er wird Dir die Wahrheit sagen, die Dich voranbringt und niemals das, was er meint daß Du hören möchtest.

Nehmen wir an Du möchtest gerne hören, daß Du bereits die siebte Stufe der Initiation hinter Dich gebracht hast, doch Du bist an der fünften und es bedarf noch einiger Arbeit, bis Du die siebte Initiation des vollständig integrierten Aufstiegs durchlaufen kannst. Was bringt es, wenn er Dir sagt, daß Du diese Initiation bereits erreicht hast? Gar nichts! Dir bringt es auf alle Fälle nichts. Was es ihm bringt ist, daß Du ihn dafür mögen wirst, Dich mit ihm verbindest und mehr von ihm hören willst. Er hat also, kurz gesagt, sein negatives Ego aufgebaut, indem er zuerst dem Deinen ein Stückchen Zucker gegeben hat. Wenn Ihr eine spirituelle Beratung wünscht - und Ihr, als meine Leser, wißt, daß ich das sehr befürworte -, seid so klar wie möglich und bittet ausschließlich um die höchste Wahrheit, und findet dafür den richtigen Menschen. Wenn Ihr selbst gerade zum Medium ausgebildet werdet und damit diese Sitzungen für andere Menschen geben könnt, dann bittet Gott und die Meister daß sie Euch helfen, nur das zu sehen und auch zu sagen, was für Euren Klienten am besten ist. Bei dieser heiligen Arbeit hat das negative Ego überhaupt nichts verloren! Sagt nur die klarste und reinste Wahrheit, so wie Ihr sie erkennt. Darum zu beten bedeutet noch lange nicht, daß man sie auch sieht. Die einzige Art, dies zu erreichen besteht darin, daß Ihr Eure psychologischen und spirituellen Schulaufgaben macht und schonungslos ehrlich Euch selbst gegenüber seid. Wenn Ihr Euch nicht im klaren seid oder bestimmte Muster noch nicht entziffern könnt, dann seid ehrlich. Laßt niemals zu, daß Ihr in die Falle des Manipulierens tappt, indem Ihr Eure höheren Fähigkeiten mißbraucht und gestattet auch niemandem, Euch dies anzutun! Sucht nur nach dem, was genau stimmt und der höchsten spirituellen Entwicklung dient - wenn Ihr diesbezüglich nichts sagen könnt, seid lieber still. In gleicher Weise bittet nur um das, was Euch wirklich weiterhilft und nicht um das, was Ihr gerne hören würdet. Ich rate allen, die spirituelle Beratung suchen, zuerst das Medium intuitiv zu überprüfen. Wenn Euch irgendwelche Themen auffallen, die mit dem negativen Ego zu tun haben, habt Ihr das Recht und die Pflicht "nein, danke" zu sagen. Ebenso habt Ihr das Recht und sogar die Pflicht, bei solchen Menschen Erkundigungen über das Medium einzuholen, deren Arbeit in diesem Bereich Ihr kennt und respektiert. Diese Methoden sind, ob einzeln oder gemeinsam angewandt, von großer Hilfe. Bitte, setzt sie ein. Um wirklich klar in sich selbst zu sein, ist es auch wichtig, offen für Rückmeldungen zu sein, seien sie nun aus Träumen, den selbst erhaltenen Durchgaben, von Freunden, dem Leben oder spirituellen Lehrern. Menschen, die vom eigenen negativen Ego und / oder Schattenmeistern gegängelt werden, sind oft in ständiger Verteidigungsstellung und meist sehr isoliert, und erhalten das Feedback daher nur von einigen wenigen Menschen, die am selben psychologische Ungleichgewicht wie sie selbst kranken.

Ich bin gerne bereit, Euch meine persönlichen Eindrücke weiterzugeben, ruft mich also ungeniert an. Meine Telefonnummer findet Ihr am Ende des Buches. Ich bin sicher, daß viele von Euch auch noch andere vertrauenswürdige Informationsquellen kennen. Fragt sie ruhig, was sie davon halten, folgt aber immer zuerst Eurer eigenen inneren Führung. Jeder von Euch besitzt Unterscheidungsfähigkeit. Was Ihr jedoch in bezug auf dieses Thema unbedingt tun müßt, liebe Leser, ist, selbst an Eurer Fähigkeit zur Unterscheidung zu arbeiten. Dies ist eine der größten Gaben, mit der uns Gott ausgestattet hat, und jeder von uns sollte sie entwickeln und in jeder Situation auch einsetzen. Letztlich geschieht es durch Euer eigenes Licht, Eure eigene Liebe, daß Ihr Gottes Licht und Liebe erkennen könnt! Vergeßt nicht, daß es kontinuierlicher innerer und äußerer Übung bedarf, um die Frequenzen, die jedes Zentrum ausstrahlt, zu entziffern. Auch muß reinste Absicht und die Einstimmung auf Gott hinter jeder Aussage stehen, damit sie genau und exakt wird. Ein Schattenmeister wird großzügig über diese Punkte hinweggehen, weil er, bewußt oder unbewußt, versuchen wird, Euch mit Euren eigenen emotionalen und mentalen Auraeindrücken zu manipulieren. Die Quintessenz ist: Geht Menschen, die in irgendeiner Art mit der Grauzone zu tun haben, aus dem Weg! Wir besprechen hier nur einen Bereich, weil eben über diesen Bereich eine ganz spezifische Art der Kontrolle und Einflußnahme ausgeübt werden kann. Das Licht geht zum Lichte, die Liebe zur Liebe und die Absicht Gottes wendet sich immer der Gottes-Erkenntnis zu. Folgt immer Eurem klarsten Licht, der intensivsten Liebe und laßt alles, was auch nur im geringsten einen Schatten in sich trägt links liegen. Selbst wenn es um eine mediale Durchgabe für Euch geht, fragt Euch immer, ob sie dazu dient, Euch selbst zu helfen, oder ob Ihr damit nur angeleitet werdet, das negative Ego des Mediums zu stärken. Die Antwort auf diese Frage allein zeigt Euch bereits die Wahrheit und klärt Euren Weg. Alle, die Gott dienen wollen, möchten auch der Verbindung ihrer Brüder und Schwestern zu Gott, zum Ursprung, dienen. Alle, die bereits dabei sind, dem negativen Ego zu dienen, werden versuchen, für ihre Klienten Abhängigkeiten zu schaffen, und zwar von sich, dem Medium selbst, von der Gruppe, von den Themen, die ihnen ihr negatives Ego vorgibt. Wenn sie jedoch bewirken, daß Ihr Euch selbst kraftvoller und in stärkerer Verbindung mit Eurem Höheren Selbst und der Monade fühlt, dann tun sie wahrlich Gottes Werk. Seid Ihr aber nach dem Gespräch mit ihnen verwirrt und fühlt Euch abhängig von ihnen bzw. wie abgeschnitten von Eurem höheren Selbst und / oder der Monade, dann arbeiten sie für das negative Ego. So einfach ist das. Die andere Gefahr ist, daß sie Euch mit einer Anleitung, die nicht auf Wahrheit beruht, in einem Zustand der Selbstgefälligkeit zurücklassen. Liebe Leser, alles was ich Euch in allen meinen Büchern bereits an Anleitung gegeben habe, läuft auf dies hinaus: Ihr müßt Euch in jedem Moment Eures Lebens ganz ehrlich und ganz tief die folgende Frage stellen: "Will ich jetzt wirklich Gott oder will ich mein negatives Ego?" Das ist eine Frage, die sich Schattenmeister, oder jene, die ganz nahe daran sind, solche zu werden, und Menschen, die von ihrem negativen Ego geleitet werden, nie stellen. Mag sein, daß sie Meister und auf jedem anderen Gebiet brillant sind, wenn sie jedoch in bezug auf Gott und sein Königreich jetzt nicht Vorsicht walten lassen, kann jederzeit der Verfall einsetzen, egal, wie weit der Lichtarbeiter, der spirituelle Lehrer oder Channel bereits gekommen ist. In der Bibel heißt es: "Niemand kann zwei Meistern dienen." Tut man es doch, wird man den einen lieben und den anderen hassen bzw. dem einen nachfolgen und den anderen verachten. Deshalb sage ich Euch, daß Ihr nicht Gott und dem Mammon (der Eigensucht des negativen Egos) dienen könnt.

Verwirrungen innerhalb der nicht-integrierten Aufstiegsgruppen

Wenn Personen, die ihren Aufstiegsweg in nicht-integrierter Form durchlaufen sich mit anderen zu einer Gruppe verbinden, dann ergibt dies mit großer Sicherheit eine "nicht-integrierte Gruppe". Dadurch werden unabsichtlich Schwierigkeiten, Täuschungen und Verwirrungen in der Gruppe selbst hervorrufen und es wird viele Dinge geben, auf die man aufpassen, die man vermeiden und überwinden muß. Eine solche Gruppe gerät ins Zwielicht, ohne das eigentlich zu wollen, denn das ist das unausweichliche Ergebnis, wenn eine ganze Gruppe das Licht verschleiert. Wir werden uns diese Situation gleich näher anschauen. Es besteht allerdings auch die Möglichkeit für einen Menschen, der in solch einer Lage ist, etwas Positives aus dieser Situation zu gewinnen. So hat er die Chance, die anderen Menschen als Spiegel seiner eigenen Nicht-Integration zu nutzen und es kann selbst die häßliche Raupe der Nicht-Integration zu einem schönen Schmetterling werden! Es ist wichtig, daß wir alle daran denken, daß Fehler nur dann wirklich Fehler sind, wenn wir nicht aus ihnen lernen. So lange wir offen sind für die Lektionen, die wir lernen müssen, wird unser Weg immer aus dem Sumpf in das reine, klare Licht Gottes führen.

Auf dem spirituellen Weg schließen sich Leute aus den verschiedensten Gründen zusammen. Der häufigste ist, daß sie nicht allein sein wollen. Der Weg der Initiation ist, so scheint es, nur im Alleingang zu meistern. Der Grund, warum ich hier betone, daß dies nur so scheint ist, daß niemand von uns jemals wirklich allein ist. Die Aufgestiegenen Meister der Inneren Ebenen, die Erzengel, unser persönlicher Schutzengel oder auch mehrere davon sind unsere Freunde und führen uns. Auch die Konföderation der Planeten, das heißt unsere Brüder und Schwestern, die uns auf dem Weg der integrierten Initiationen begleiten, wacht über uns. Trotzdem gibt es Zeiten, in denen wir allein mit unseren "Dingen" fertigwerden und anscheinend unseren eigenen Weg finden müssen. Und dies mit nur sehr wenig oder überhaupt keiner Hilfe dieser Wesen der Inneren Ebenen, denen wir jedoch in Wahrheit stets verbunden bleiben. Oft erscheint uns dann die äußere Welt ebenso leer wie die innere - ein guter Grund, sich einer spirituellen Gruppe anzuschließen! Der zweite Grund ist, daß die Menschen sich in der Gesellschaft Gleichgesinnter aufhalten wollen. In diesem spirituellen Zusammenschluß liegt viel Wahrheit und Kraft. Ich bin davon überzeugt, daß es keine bessere äußere Hilfe auf dem spirituellen Weg geben kann, als dieses Aufstiegs-Kumpel-System, von dem ich schon recht oft gesprochen habe und welches ich auf meinen eigenen Reisen gerne benützt habe. Selbst unser geliebter Meister Jesus sagte: "Wo sich zwei oder mehr in meinem Namen versammeln, bin ich mitten unter ihnen." Also ist das, wovon ich hier spreche, eine spirituelle Wahrheit und ein spirituelles Gesetz.

Daß Lichtarbeiter sich in Gruppen zusammenfinden, ist eine wunderbare Sache, denn jeder bringt seine einzigartige Sicht der Dinge, sein Talent und das, was seine Aufgabe ist, mit ein. Außerdem erleichtert es die Inspiration und die Erforschung verschiedener Lehren und das Gefühl der Isolation weicht dem Gefühl der Liebe und des gemeinsamen Zieles. Probleme gibt es nur dann, wenn die Menschen, die sich in so einer Gruppe zusammenfinden, ihren Aufstiegs- und Initiationsweg in nicht-integrierter Form durchlaufen haben. Dann schaukeln sich die Unausgeglichenheiten und Verwirrungen der einzelnen Personen hoch. Das vorhandene negative Ego kann zum Streit führen oder in Christusbewußtsein umgewandelt werden, die Chance steht 50:50, und sehr oft wird in solchen Situationen das Konkurrenzdenken geweckt. Die Zusammenschlüsse müssen jedoch auch kritisch betrachtet werden, da viele Lichtarbeiter zur Zeit noch in nicht-integrierten Gruppierungen arbeiten und daher ein Opfer von Illusion und Täuschung werden, obwohl sie eigentlich viel lieber nach Licht und Liebe streben würden. Wenn Ihr innerhalb einer Gruppe arbeitet, müßt Ihr zunächst einmal Eure eigenen acht Quotienten, die ich am Anfang dieses Buches vorgestellt habe, kontrollieren und selbst herausfinden, wie es damit steht. Dann kontrolliert in gleicher Weise die Gruppe, in der Ihr arbeitet. Betrachtet sie sorgfältig und aufrichtig und kontrolliert, ob Ihr, als Aufstiegsgruppe, wirklich einen hohen Standard der wichtigsten Quotienten erreicht, oder ob Ihr bzw. inwieweit Ihr mit ihnen im Ungleichgewicht seid. Meist werdet Ihr Euch selbst an einer ähnlichen Stelle befinden, wie die Gruppe. Es kann auch vorkommen, daß die Bewertungen ganz unterschiedlich sind, daß Ihr selbst einen sehr hohen Quotient-Standard habt, die Gruppe jedoch nicht. Ist das der Fall, habt Ihr Euch sicher vorher schon in der Gruppe nicht wohl gefühlt. Die Bewertungsergebnisse sind für Euch dann die Erklärung, warum das so ist und dies wiederum ist das Zeichen für Euch weiterzugehen. Egal, was bei dieser Überprüfung herauskommt, denkt immer daran, daß Ihr nicht kritisieren, sondern bedingungslose Liebe und Mitgefühl empfinden sollt. Beobachtet und unterscheidet, was passend ist und was nicht, aber kritisiert nicht, denn das bringt Euch sofort in Kontakt mit Eurem niederen Selbst und das ist sicherlich nicht das, was Ihr wünscht.

Zur Zeit arbeiten viele Lichtarbeiter mit nicht-integrierten Gruppen und haben keine Ahnung davon. Das ist nicht weiter erstaunlich, da ja die meisten Lichtarbeiter in ihrem Aufstiegsprozeß nicht integriert sind und daher die Gruppen nur den Zustand des Einzelnen widerspiegeln. Da Euch die Notwendigkeit der Integration auf Eurem Weg immer mehr bewußt wird, halte ich es für sehr wichtig, die nicht-integrierten Gruppen hier anzusprechen. Die Gefahren innerhalb der nicht-integrierten Gruppen sind sehr groß. Wenn eine Gruppe von Menschen ihre Energien nicht integriert auf den Aufstieg ausrichtet, gibt es eine Massen-Verwirrung, da das negative Ego des einen Mitglieds der Gruppe entweder mit dem eines anderen im Clinch ist oder durch es gestärkt wird. Das allein weist darauf hin, daß die Einzelperson oder die Gruppe nicht richtig funktioniert. Das Licht, das der Mensch oder die Gruppe zum Leuchten bringen will, wird durch die Kämpfe, die das niedere Selbst und das negative Ego ausfechten, getrübt. Solltet Ihr als Gruppe dieses Buch lesen und den Eindruck haben, daß das, was ich sage auch Eurer Erfahrung entspricht, möchte ich ganz bescheiden einige Anregungen geben. Es gibt einiges, was Ihr tun könnt, um diesen Zustand zu verbessern, wenn Ihr die Fehler erkennt und den Wunsch habt, sie in Ordnung zu bringen.

Das erste ist, wenn nur ein Gruppenmitglied diese Situation erkennt, alle anderen aber meinen, richtig und harmonisch zusammenzuarbeiten. Ich habe das früher schon einmal angesprochen, möchte es aber hier wiederholen. Wenn Ihr, liebe Leser, den Eindruck habt, daß Eure persönliche Integrität und der Standard Eurer Quotienten wesentlich höher liegt, als der der Gruppe, dann ist es am besten, wenn Ihr in aller Liebe und ohne jede Kritik die Gruppe verlaßt. Die Situation einer Gruppe kann nur dann in Ordnung gebracht werden, wenn alle Gruppenmitglieder dazu den Wunsch verspüren. Seid Ihr allein mit Eurer Ansicht, dann vertretet Euer persönliches Licht, Eure Liebe und Integrität! Es gibt Situationen, in denen die Gruppe nur ein bißchen von dem abweicht, was Ihr als richtig empfindet, aber das ist schon genug. Es liegt in der Verantwortung jedes einzelnen Menschen, so weit wie möglich den höchsten Standard des eigenen Gott-Selbst zu erreichen. Gehe weiter, mein Lieber, und arbeite am Prozeß Deines integrierten Aufstiegs und versuche, Deine persönliche Kraft, das Licht, die Liebe und den Standard Deiner Integrität aufrecht zu erhalten. Wenn Du den Standard immer so hoch hältst, wie es Dein Selbst Dir vorgibt, kannst Du nicht fehl gehen! Das wichtigste dabei ist, daß Du Deine Entscheidung, so wie alle Entscheidungen in Deinem Leben, bewußt und selbstlos triffst.

Eine weitere Möglichkeit wäre, daß eine Gruppe sich selbst bewertet und dabei feststellt, daß sowohl die einzelnen Mitglieder wie auch die Gruppe als Ganzes nicht integriert funktionieren. Das zeigt sich in persönlichen Bewertungen aufgrund der acht Quotienten und in der Bewertung der Gruppe auf der selben Basis. Daraus könnte man recht klar erkennen wie stark oder wenig stark integriert Einzelpersonen und die Gesamtgruppe sind. Würde sich hierbei tatsächlich ein niedriger Quotientenstandard und eine starke Unintegriertheit herausstellen, könnte die Gruppe entscheiden auseinander zu gehen, damit jedes Mitglied der Gruppe am Aufbau seiner eigenen Quotienten arbeiten kann. Der Vorteil dieser Lösung ist, daß die Verbindungen, die durch die Zusammenarbeit hergestellt worden sind, auf der Stelle unterbrochen würden und damit die Tendenz des negativen Egos, sich durch das negative Ego eines anderen Menschen stärken zu lassen, beendet wäre. Liebe und Freundschaft würden weiterhin erhalten bleiben, doch telepathische Widerhaken müßten entfernt werden. Dann könnte jedes Mitglied frei vom Einfluß der anderen sein und sich voll und ganz auf den eigenen Prozeß der Ausgleichung und Integration konzentrieren. Das wäre so, als würde die Gruppe in einem großen gemeinsamen Raum arbeiten und plötzlich feststellen, daß darin fürchterliche Unordnung herrscht. Beim näheren Hinsehen würde sich dann herausstellen, daß jedes ihrer eigenen Zimmer sich im gleichen chaotischen Zustand befindet. Die einzelnen Mitglieder würden nun darangehen, ihre eigenen Zimmer aufzuräumen und wäre dies geschafft und hätte man damit auch einige Putztechniken erworben, dann würde die Gruppe wieder im Gemeinschaftsraum zusammenkommen und den gemeinsamen Bereich säubern. Das heißt, man müßte sich voneinander nicht auf Dauer trennen, jedoch auf eine bestimmte Zeit, denn die "Unordnung" jedes einzelnen Gruppenmitglieds ist einzig in ihrer Art und bedarf daher seiner ungeteilten Aufmerksamkeit um behoben zu werden. Nach Beendigung dieser Reinigungsarbeit könnte sich die Gruppe wieder zusammenfinden, wobei jeder seine neuen Techniken einbringen und damit der Gemeinschaftsraum zu einem Ort des Glanzes, des Lichtes, der Liebe, der wahren Einheit und Göttlichkeit verwandelt werden könnte. Es besteht jedoch immer die Möglichkeit, daß die ursprünglichen Gruppenmitglieder, wenn sie in sich selbst Gleichgewicht und Integration gefunden haben, nicht wieder in ihre Gruppe zurückkehren. Der Hauptgrund dafür ist, daß es in Fällen starker Unausgeglichenheit und durch das negative Ego bedingter Streitereien, genau diese Dinge waren, welche die Mitglieder dieser speziellen Gruppe anfänglich angezogen hatten. Sind die Mitglieder der Gruppe jedoch dann richtig integriert, was in solchen Fällen sehr oft geschieht, stellt sich meist heraus, daß ihre

Arbeit woanders liegt. Die Schwächen, die sie zu einem bestimmten Punkt auf ihrer Reise zusammenführten, gibt es nicht mehr und daher ist Euch die ursprüngliche Anziehung nicht mehr gegeben. In solchen Situationen ist es am besten, die Vergangenheit ruhen zu lassen und mit Hilfe des integrierten Christusbewußtseins, des Lichtes, der Liebe, der Psychologie, des Dienstes und der Initiationsquotienten vorwärts zu gehen! Eine andere Möglichkeit wäre in einem solchen Fall, in der Gruppe zu verbleiben und an der Integration der einzelnen Personen und der Gruppe gleichzeitig zu arbeiten. Das geschieht meistens dann, wenn ein starkes Gruppen-Karma vorhanden ist, das auch meist einen Gruppenauftrag und eine Gruppenvision beinhaltet. Das ist ganz sicherlich kein einfacher Weg, kann jedoch sehr wirkungsvoll sein. Das Wort unseres geliebten Meisters Jesus: "Wo zwei oder mehr sich in meinem Namen versammeln, bin ich mitten unter ihnen" ist hier sehr interessant. In diesem Zusammenhang kann die Kraft des Christus, welche durch Lord Maitreya, Kuthumi und den geliebten Meister Jesus/Sananda fließt, sehr vital und heilend sein. Wenn man die Absicht hat, gemeinsam die Dunkelheit zu durchschreiten und alle niederen und nicht-integrierten Energien in höhere und integrierte umzuwandeln, sind alle Kräfte des Universums bereit, Euch dabei zu helfen.

Wenn eine Gruppe sich dazu entschließt, muß die gleiche Aufmerksamkeit für die Integration des Einzelnen wie für die gesamte Gruppe aufgewendet werden. Wenn die Gruppenmitglieder sich nicht ihrer eigenen Integration, der Ausgleichung und der Überwindung des negativen Egos widmen und das Christusbewußtsein einsetzen, ist eine Veränderung der Gruppe nicht möglich. Das Saddna, die spirituelle Übung jedes einzelnen, ist für den Erfolg des Ganzen notwendig. Die Gruppe kann jedoch als Fenster dienen, in dem sich jedes Mitglied und die Gruppe insgesamt widerspiegelt und somit jeder sehen kann, wo er steht. Die Schwierigkeit liegt darin, daß jeder, der sein Spiegelbild in dieser Struktur finden will, dies in einem Zustand äußerster Klarheit, Reinheit und der Bereitschaft, sich selbst und auch den anderen zu vergeben, tun muß. Anders ausgedrückt heißt das, daß jeder diesen Prozeß aus dem Christusbewußtsein heraus angehen oder sich sofort in dieses Bewußtsein erheben muß, wenn er diese Arbeit tun will. Ist dies nicht der Fall, hat das schwache negative Ego die Oberhand und es werden sich allerlei Reaktionen, Kritik, Ängste und Anschuldigungen in den Vordergrund drängen. Selbst die Facetten des negativen Egos können anzeigen, wo ein Mensch steht. Es ist unumgänglich notwendig, daß das

Christusbewußtsein aufgebaut wird und man sich nicht mit den Bereichen des negativen Egos abgibt - und das ist die eigentliche Schwierigkeit. Wenn ein Gruppenmitglied es nämlich nicht schafft, das Christusbewußtsein zu erreichen, stürzt es in das negative Ego ab und gefährdet damit die ganze Gruppe. Jedes Mitglied muß sich voll und ganz auf den eigenen integrierten Aufstieg und den der Gruppe konzentrieren, und es darf seine Negativität nur so weit zum Vorschein kommen lassen, daß sie erkannt und entsprechend behandelt werden kann. Wenn jemand für sich und als Mitglied einer Gruppe den richtigen Ausgleichungspunkt finden möchte, darf er seiner Negativität nicht nachgeben. Wenn jedoch jeder einzelne versucht, den höchsten Standard zu erreichen, dann ist die Stärke der Gruppe, was das Erfüllen ihres Auftrages angeht, sehr groß. Sie hat Zusammenhalt in Wachstum und Entwicklung bewiesen und ist ihrer Aufgabe und ihrer Vision treu geblieben. Solch eine Gruppe ist ein leuchtendes Beispiel für alle Lichtarbeiter und zeigt, was bei reiner Absicht und höchstem Standard möglich ist. Letztlich sind wir alle Mitglieder der Gruppe, welche den Planeten als ganzes umfaßt. Wenn eine Gruppe beweist, daß das Niedere durch die Anrufung und Anwendung des Höheren überwunden werden kann, wird sie zu einem Leuchtfeuer, nach dem der ganze Planet sich richtet. Man kann so etwas jedoch nicht erzwingen und es wird auch nur dann funktionieren, wenn zwischen den Gruppenmitgliedern eine sehr tiefe Bindung besteht und sie auch ein gemeinsames Karma haben, das sie zur Erfüllung einer bestimmten Aufstiegsmission und zum Ausleben eines kollektiven Puzzle-Stückchens vorantreibt.

Die Quintessenz des Ganzen ist: Egal, wie Ihr mit einer nicht-integrierten Aufstiegsgruppe umgehen wollt, tut etwas! Genau so, wie es jetzt an der Zeit ist, daß jeder einzelne seine Scheuklappen abnimmt und den eigenen Aufstiegsprozeß betrachtet, ist es dies auch für die Gruppen. Wenn Ihr bereits einer Gruppe angehört, dann habt die Courage genau und ernsthaft zu überprüfen, wo sie steht. Wenn Ihr beabsichtigt, Euch einer Gruppe anzuschließen, überprüft, ob ihr Standard in bezug auf Integration, Ausgleichung und Integrität dem Euren entspricht. Wie ich bereits gesagt habe, sind wir alle Mitglieder der Gruppe des Planeten Erde und, in einem umfassenderen Aspekt, der Gruppe des Sonnensystems. Das gilt auch für die höheren Bereiche der Galaxie, des Universums und des Kosmos selbst, deren Gruppenmitglieder wir ebenfalls alle sind. Letztlich sind wir auch ein Teil des gewaltigen, unvorstellbaren "Ganzen", das wir Gott nennen! Man sollte daher den Gruppen nicht aus dem Weg gehen, sondern sie pflegen. Wir müssen jedoch alle mit der Integration unseres eigenen Aufstiegs zurechtkommen, damit wir diese Erfahrung in die Gruppe, deren Mitglied wir sind, einbringen können. Wir müssen an unserer persönlichen Integrität festhalten und sie niemals irgendeiner irdischen Gruppe überlassen, die uns weismachen will, daß wir ohne sie unseren Aufstieg nicht vollenden können! Wir müssen, liebe Leser, in uns so ausgeglichen und ganz und integriert sein, wie uns das nur möglich ist, damit wir, allein durch unser Da-Sein, die Gruppe des Planeten Erde vorwärtsbringen. Das ist unser eigentlicher Auftrag: Aus dem, was uns ausmacht, aus dem Zentrum des Selbst unsere Energie auszustrahlen in das größere Ganze.

Die Arbeit der persönlichen Integration und des ausgeglichenen Aufstiegs, die Ihr für Euch selbst leistet, muß einfach auch der Menschheit behilflich sein. Bleibt immer auf Eure höchste Vision ausgerichtet, egal was geschieht. Ich verspreche Euch, daß der gesamte Kosmos Euch zu Hilfe eilen wird, denn die Wächter des Lichtes und der Liebe sind immer bei Euch! Kann sein, daß Ihr Euch alleine fühlt - diese Einsamkeit dauert jedoch nur einen Augenblick der göttlichen Zeit. In Wahrheit seid Ihr niemals allein. Die Meister und Engel begleiten Euch auf Eurem Weg, und Ihr wart niemals getrennt von Gott, dem allumfassenden Ursprung des Seins, und werdet es auch niemals sein!

Mehr über Schattenmeister, Kulte und nicht-integrierte Aufstiegsgruppen

Die beste Methode um Schattenmeister oder überhaupt jemanden, der Grautöne in seinem Energiefeld trägt, zu erkennen, ist selbst so klar im eigenen Inneren zu sein, wie das überhaupt nur möglich ist. Des weiteren muß man sich überhaupt der Tatsache bewußt sein, daß es Schattenmeister gibt, die versuchen, sich selbst mit Hilfe der Energie anderer Menschen zu stärken. Man kann sozusagen sehr leicht vom Licht geblendet werden und denken, daß jeder, der ähnliche sprachliche Ausdrücke verwendet, wie man selbst, sich auf dem Weg des Aufstiegs zum Zentrum des Lichtes, der Liebe und der Kraft des Ursprungs befindet. Obwohl das vielleicht ursprünglich Ihr Ziel war, gibt es doch viele, die sich auf Irrwegen befinden! Diese Menschen, Kulte oder Gruppen haben sich vom Lichte blenden lassen und haben ihre Richtung auf das Licht und die Liebe Gottes geändert, und sind jetzt unterwegs zum schwächeren Licht und der geringeren Liebe der Verherrlichung des niederen Selbst oder der Persönlichkeit. Um das zu erhalten, was sie sich wünschen, brauchen diese Menschen Zuschauer, denen sie ihre Tricks der niederen Magie vorführen können und denen sie die nötige Energie entziehen, mit der sie dann arbeiten.

Es muß Euch klar sein, daß die Meister allen helfen, die auf dem Weg zu Gott unterwegs sind. Sie führen Euch, sie schützen Euch, sie bieten Euch ihr Licht und ihre Liebe, ihre Weisheit, ihre Erkenntnisse, die Heilung und ihre Unterstützung in jedem Bereich an. Sie sind immer da und unterstützen die Bemühungen ihrer Schüler und ermöglichen damit die Arbeit der Hierarchie auf Erden. Sollte jedoch ein Mensch oder auch eine Gruppe, egal wie weit sie auf dem Weg schon fortgeschritten sein mögen, sich weg von Gott und dem Dienst an der Menschheit dem negativen Ego und der Manipulation von Menschen zuwenden, dann zieht sich die Hierarchie der Aufgestiegenen Planetaren und Kosmischen Meister der Inneren Ebenen von diesen Menschen zurück, die dann versuchen werden, ihre eigene Energiequelle aufrecht zu erhalten. Statt sie bei Gott und den Meistern zu suchen, werden sie sich Energie bei Menschen holen, die sie manipulieren und kontrollieren können. Je stärker das Licht und die Schwingung eines Menschen ist, desto stärker wird sich ein Schattenmeister angezogen fühlen, da hier viel an Energie für ihn zu holen ist. Ich sage Euch das nicht, um Euch Angst zu machen. Wenn Ihr Gott und die Meister anruft, seid Ihr immer geschützt und braucht nichts zu fürchten. Ich sage Euch das bloß, damit Ihr diese Dinge versteht und sehr sorgfältig in der Wahl der Menschen seid, denen Ihr Euch bewußt anschließt oder eben nicht. Je integrierter und freier Ihr vom negativen Ego seid, desto klarer wird für Euch zu erkennen sein, wo jemand steht. Während Ihr diesen Prozeß der Selbstintegration, des Ausgleiches und der Klärung durchlauft, möchte ich Euch auf einige Dinge aufmerksam machen, die Ihr bei anderen beachten solltet. Dann können die unausgeglichenen Entscheidungen, die sie fällen, Euch nichts anhaben. Eure Augen sind dann nämlich weit offen und Ihr könnt leicht und sanft Euren eigenen Weg verfolgen, ohne daß Euch die falschen Absichten eines anderen belasten.

Liebe Leser, das Licht und die Liebe, die Ihr in Euch geweckt habt, sind heilig - heilig und wertvoll. Es ist Gottes Geschenk an Euch, das Ihr Euch durch Eure harte Arbeit verdient habt. Wenn Ihr es voll Liebe im Dienste des göttlichen Planes einsetzt, wird es ein Geschenk von Euch an Gott. Das ist dann wie ein in sich geschlossenes, Gott geweihtes und perfekt funktionierendes Ökosystem. Wenn irgend jemand, egal wer, versucht in Eure göttliche Strahlkraft einzudringen, betritt er einen gesegneten und heiligen Ort. Diese Menschen tun das, weil sie vorübergehend ihre Einstimmung auf Gott und die Meister verloren haben und jetzt versuchen, sie über Euch wiederzufinden. Da sich die Hierarchie der Aufgestiegenen Planetaren und Kosmischen Meister der Inneren Ebenen von solch einem Menschen bzw. einer Gruppe zurückgezogen haben, fühlen diese dort, wo früher ein unendlicher Vorrat an Licht und Liebe für sie zu spüren gewesen ist, nur mehr eine große Leere. In ihrer Verwirrung und Verzweiflung wenden sie sich an Euch und holen von dem Licht, das die Meister Euch zur Verfügung stellen, und sie nehmen auch von dem Licht und von der Liebe, die Eurem Sein und Eurer Essenz entströmen. Man muß sie als das erkennen, was sie sind, und ihnen widerstehen. Wie bereits früher in diesem Kapitel erwähnt, ist ihre stärkste Waffe der Ansatz von Licht, den sie sich erarbeitet haben und der immer noch in ihnen und ihren Lehren zu erkennen ist. Wir reden hier nicht von Menschen, die sich selbst stolz als Meister der schwarzen Magie oder des Voodoo bekennen. Wir reden von Menschen, die Arbeit im Lichte geleistet haben und immer noch leisten. Leider sind sie jedoch derart falsch eingestimmt, fragmentiert, von ihrem negativen Ego und dem Inneren Kind, den Begierden des niederen Selbst und den Emotionen geschüttelt und der Verblendung anheimgefallen, daß die Meister ihre göttliche Aufmerksamkeit woanders hin richten mußten. Und doch gibt es in diesen Menschen noch vieles, was für Euch als Lichtarbeiter anziehend wirkt. Da liegt das größte Gefahrenmoment! Dies ist aber auch die Situation, in welcher Eure Unterscheidungsfähigkeit zum Tragen kommt.

Kritisiert nicht, paßt Euch ihnen aber auch nicht an. Wenn es klar ist, daß das negative Ego, die Persönlichkeit und der Wunsch nach Kontrolle bei ihnen die Oberhand übernehmen, konzentriert Euch auf Euren eigenen integrierten Aufstieg und es kann Euch gar nichts passieren. Laßt Euch nicht durch irgendwelche phantastischen Projekte verführen und glaubt nicht, daß sie Euch zu irgendwelchen Geheimlehren, zu denen nur sie Zugang haben, initiieren können. Wenn man Euch solche Dinge verspricht, dient das nur der Aktivierung unausgeglichener Energien in Eurem eigenen Aurafeld, dem Körper der Begierden und dem niederen Mentalkörper. Der "Meister" hofft, daß Ihr ihm aufgrund dieser Versprechen folgen und ihm und seinem fehlerhaften Denken Eure Kraft überlassen werdet. Wenn Ihr das tut, meine Freunde, dann hat er Zugriff auf die höheren Frequenzen des Lichtes und der Liebe, die Ihr in Euch tragt und wird sie zu seinen Zwecken mißbrauchen, statt den Plan Gottes zu erfüllen. Wenn Ihr das zulaßt, werden Euch die Folgen dieser falschen Entscheidung sofort klar, weil Ihr unmißverständlich spürt, wie Euch Eure Energie verläßt. In einem solchen Fall rate ich Euch, Euch sofort dieser Situation zu entziehen und den Schutz des Erzengels Michael dazu anzurufen. Die Meister haben Euch nicht verlassen, Ihr habt Euch dadurch, daß Ihr Eure Kraft weitergegeben habt, selbst verlassen! Ich spreche hier ganz gezielt von einem "Weitergeben der Kraft", denn ein Schattenmeister kann Euch die Energie zwar nicht wegnehmen, Ihr überlaßt sie ihm und seinen irregeleiteten Zielen jedoch freiwillig, wenn Ihr Euch ihm anpaßt. Das ist der primäre Grund, warum ich die Stärkung und die Pflege der persönlichen Kraft an erster Stelle meiner Liste anführe! Bleibt auf Euer Zentrum, den Plan und das Ziel konzentriert. Lernt von jemandem, der wahrlich vom Lichte erfüllt ist, gebt aber niemals Eure persönliche Kraft ab. Gott wird sie nie von Euch verlangen, denn die Energie, die wir als Gott bezeichnen, möchte Euch gleichzeitig im Glanz der Kraft / des Willens, des Lichtes und der Liebe erstrahlen sehen. Ebensowenig würde dies ein wahrer Meister von Euch verlangen. In früheren Zeiten und besonders bei bestimmten östlichen Disziplinen, war es zu besonderen Zeitpunkten in der Ausbildung des Initiaten üblich, daß der Meister völlige Hingabe verlangte, was allerdings überhaupt nichts mit der Aufgabe der persönlichen Kraft zu tun hat. Der Schüler überläßt dabei der Liebe und dem Licht in ihrer reinsten Form sein "kleines" Selbst, die Persönlichkeit, das egoistische Selbst oder das negativen Ego.

Gestattet niemandem, Euch das Gegenteil beweisen zu wollen. Die Art der Hingabe, welche ein Schattenmeister oder Sektenführer fordert, raubt Euch die Kraft. Die Art der Hingabe, welche Gott oder jene, die in der Vergangenheit als seine Repräsentanten auf der Erde gewirkt haben, von Euch wünschen, stärkt Eure Kraft. Die Kluft zwischen diesen beiden Arten der Hingabe ist so groß wie die Reichweite Eurer Vorstellungskraft. Verwechselt die beiden nicht, liebe Leser! Seid Euch bewußt, daß ein

Schattenmeister seine Energie durch das Anzapfen des Energiefeldes eines Menschen erhält, der im dauernden Fluß des Lichtes, der Liebe, der Kraft und der Weisheit verankert ist. Je nachdem wie stark die Graufärbung bereits ist, wird er dies sogar genießen. Die meisten von uns durchlaufen gerade ihren Ausgleichungs- und Integrationsprozeß und haben damit Grautöne in der Aura. Der Unterschied zwischen uns und einem Schattenmeister ist jedoch der, daß wir auf Gott und den Dienst ausgerichtet sind, der Schattenmeister jedoch nicht. Er konzentriert sich auf die Manipulation anderer Menschen, damit sein eigenes negatives Ego wachsen kann. Er ist nicht mehr auf dem Pfade der Vollendung, sondern ist ein Opfer seiner eigenen Illusionen und genießt die Täuschung.

Erkennt die Menschen als das, was sie sind und nicht als das, was sie zu sein behaupten. Blickt hinter die Versprechungen höherer Initiationen oder des Mitteilens von streng gehüteten Geheimnissen, zieht selbst das Versprechen von größerer Weisheit und Gottes-Verbindung in Zweifel. Seht mit den Augen Eures Herzens und fühlt mit dem Herzen Eures Geistes. Stimmt Euer Herz auf das Herz der großen Zentralsonne ein und Ihr werdet kraft Eurer gottgegebenen Intuition erkennen, was reines Licht und was Schatten ist. Seid sehr, sehr vorsichtig, auf wen Ihr Euch ausrichtet, denn nach spirituellem Gesetz kann nicht genommen werden, was nicht aus freiem Willen gegeben wird! Laßt Euch nicht von jenen täuschen, denen Täuschung ein Anliegen ist und laßt auch keine Angst in diesen Prozeß einfließen, denn Ihr braucht nichts zu fürchten. Man kann die Schattenmeister sogar als eine der kreativen Methoden Gottes betrachten, die Unterscheidungsfähigkeit des Initiaten zu überprüfen. Unterscheidungsfähigkeit und Unterscheidungsbereitschaft sind die beiden Qualitäten, die wir ständig auf unserem Weg benötigen. Wenn jemand an Euch herantritt, den Ihr für einen Schattenmeister haltet, dann dankt dem Universum dafür, daß Ihr Eure Fähigkeit zur Unterscheidung und zur Vergebung üben dürft und fahrt mit dem fort, was Gottes ist. Bevor ich dieses Kapitel schließe, möchte ich nochmals darauf hinweisen, daß man nicht das Kind mit dem Bade ausschütten soll. Es stimmt zwar, daß viele Menschen aus dem Zustand der Fragmentierung, der Manipulation und der Grautöne heraus lehren, es gibt jedoch auch viele, die zum Segen der Erde, auf den ruhigen, klaren Wassern des Allerhöchsten wandeln. Unterscheidet auch in dieser Richtung, denn es gibt vieles, was der Erde durch Wesen des Lichtes, der Liebe und Integrität, welche die Vision des göttlichen Planes in seiner reinsten Form verfolgen, geboten wird. Wir sollten diesen wunderbaren Lehrern nicht den Zugang verwehren, nur weil wir Angst davor haben, einen Fehler zu machen. Das wäre, als würdet Ihr vor lauter Angst, daß ein Einbrecher in Euer Haus kommen könnte, überhaupt niemanden mehr hereinlassen. Setzt Eure eigene innere Verbindung als Alarmanlage gegen spirituelle Einbrecher oder Schattenmeister ein. Dann werdet Ihr Euch sicher genug fühlen, um den wunderbaren Wesen, die die höchste Frequenz des Lichtes, der Liebe und der Kraft in sich tragen und nichts lieber wollen, als sie mit der bedürftigen Welt zu teilen, Eure Türe öffnen. Unterscheiden lernen kann man genauso gut im Lande des Lichtes, wie im Lande des Schattens. Lernt diese Kunst, liebe Freunde, denn dann werdet Ihr Jesus oder Sai Baba Eure Türe öffnen, wenn sie bei Euch anklopfen. Das Wissen um Schattenmeister, Kulte und nicht-integrierte Aufstiegsgruppen soll Euch bei Eurer Entwicklung helfen und ich vermittle es Euch, um Euch den Fortschritt auf Eurem Weg des integrierten Aufstieges zu erleichtern. Es soll Euch nicht Angst machen, das kann ich nicht oft genug betonen! Diese Lehren dienen dazu, Eure Achtsamkeit zu schärfen und Euch zu helfen, klarer zu erkennen, wie wichtig es ist, daß Ihr Eure eigene Initiation, das Licht, die Liebe, die psychologische Weisheit, das Christusbewußtsein, die Bewältigung des negativen Egos, den Dienst und die spirituelle Führerschaft sowie die Integrations- und Ausgleichungsquotienten auf die höchste Stufe bringt. Verwendet alle Informationen dieses Kapitels dazu, denn sie sollen nichts anderem dienen, als Eurer Erleuchtung.

Vergeßt nie, daß die Hierarchie der Aufgestiegenen Planetaren und Kosmischen Meister der Inneren Ebenen immer um Euch ist, genauso wie die Erzengel und die verschiedenen Engelshierarchien. Sie wenden sich niemals von jemanden ab, es sei denn, er wendet sich von ihnen ab. Selbst wenn jemand vorübergehend der Täuschung, dem negativen Ego, der Selbst- oder Gruppenverherrlichung und den Schattenenergien verfällt, tun die Meister nichts anderes, als sich kurzfristig zurückzuziehen. Sie lassen niemanden aus den Augen, der sich täglich hier auf der Erde mit dem integrierten Aufstieg und dem Dienst im Rahmen des göttlichen Planes abmüht und ein Botschafter des Lichtes und der Liebe sein will. Auf diese Weise können wir unseren Entwicklungsweg in den verschiedenen wunderbaren Bereichen Gottes fortsetzen! Erkennt dies als die Wahrheit, liebe Freunde, und bleibt auf diesem Weg. Ihr braucht die Meister nur zu rufen, und sie werden Euch antworten. Gesegnet sei das Licht! Amen.

13. Wie man ein wirklich gut funktionierendes physisches, psychologisches und spirituelles Immunsystem entwickeln kann

Liebe Leser, jeder Lichtarbeiter, der den integrierten Aufstieg vornehmen will, muß verstehen lernen, wie er ein physisches, psychologisches und spirituelles Immunsystem entwickeln kann, das wirklich gut funktioniert. Meiner Meinung nach gibt es vier grundsätzliche Dinge, um den integrierten Aufstieg zu erlangen: Die eigene Kraft kennen und einsetzen lernen, den Lichtmantel um sich aufbauen, bedingungslose Selbstliebe und Selbstwertgefühl entwickeln und zu jeder Zeit die Einstimmung auf das Höhere Selbst, die Monade, die Aufgestiegenen Meister und Gott aufrechterhalten. Diese vier Eckpfeiler sind der psychologische Unterbau Eures gesamten spirituellen Lebens. Funktioniert auch nur einer davon nicht perfekt, gerät Euer gesamtes Leben aus dem Gleichgewicht. Ich habe in anderen Kapiteln dieses Buches bereits über die Wichtigkeit der Liebe zu sich selbst und der persönlichen Kraft gesprochen. Das Thema der Einstimmung auf das Höhere Selbst, die Monade, die Aufgestiegenen Meister und Gott taucht in diesem, wie in allen anderen meiner Bücher immer wieder auf, daher ist es unnötig, hier nochmals darüber zu reden. Was ich in diesem Kapitel genauer betrachten möchte ist die revolutionäre Tatsache, daß wir drei Immunsysteme besitzen, nicht nur eines.

Allgemein ausgedrückt, denken wir an die physische Gesundheit, wenn wir vom "Immunsystem" sprechen. Unser physisches Immunsystem schützt uns vor Erkrankungen. Ich bin überzeugt, liebe Leser, daß alle von Euch wissen, daß es ansteckende Krankheiten nicht gibt. Sie sind eine Illusion, die dem Opfer-Glauben entstammt, der seinerseits eine Illusion ist. Wir alle sind Meister, keine Opfer. Wir sind Ursachen und keine Auswirkungen. Das betrifft auch unser Immunsystem. Es gibt keine ansteckenden Krankheiten, es gibt nur Menschen mit schwachem Immunsystem - dies ist nicht als Kritik aufzufassen, es ist eine Tatsache.

Unser physisches Immunsystem

Liebe Leser, die erste Frage, die wir uns stellen müssen ist, wie wir überhaupt zu einem gut funktionierendem Immunsystem kommen und welche Dinge das physische Immunsystem schwächen. Das ist ein sehr reichhaltiges Thema. Damit unser Immunsystem gut funktioniert, müssen wir entsprechende Nahrung, ausreichend Schlaf, genügend Bewegung, frische Luft und Sonnenschein haben, damit alle Restgifte in den Organen, Drüsen, Zellen und im Blut, über die ich im Bereich "Heilmethoden für den physischen Körper" gesprochen habe, entfernt werden. Andere Faktoren, die das Immunsystem beeinflussen, sind mangelnder Ausgleich im Bereich Arbeit und Freizeit sowie Stress im Arbeitsbereich und im Privatleben. Das Karma vergangener Leben, die Geschwindigkeit des spirituellen Wachstums, ererbte Schwächen, sowie der generelle Mangel an Gleichgewicht in Eurem Leben können ebenfalls belastend wirken. Das Immunsystem kann auch durch das Leben in der Stadt, bzw. auf einem Planeten, der durch Umweltverschmutzung geprägt ist, geschwächt werden, ferner durch Impfstoffe in der Kindheit und durch die Behandlung durch Ärzte, die Medikamente wie Süßigkeiten verschreiben und keine Ahnung von holistisch-natürlichen oder homöopathischen Heilmitteln haben, die für den menschlichen Körper unschädlich sind. Weitere Störfaktoren sind Amalgam-Füllungen, Pestizide, Metallvergiftung, Vergiftung durch Chemikalien, Konservierungsmittel in der Nahrung, zu viel Zucker, zu viel "Fertig-Nahrung", die Verbindung unzuträglicher Nahrungsmittel, zu viel essen, zu wenig Wasser trinken, zu wenig essen und die fehlende Lebenskraft in unserer Nahrung, weil die Devas des Königreiches der Natur und die Pflanzengeister aus unseren Gärten vertrieben worden sind. Der Grund dafür ist, daß wir Schädlingsbekämpfungsmittel verwenden und generell nicht an die Existenz dieser Wesen glauben.

Durch das Abbrennen und Abholzen der Regenwälder und das Verwenden fossiler Brennstoffe anstelle natürlicher spiritueller Energieformen, erhält der Planet nicht mehr genügend Sauerstoff. Durch das Loch in der Ozonschicht dringen bestimmte Ultraviolett-Strahlungen ein, vor denen wir uns schützen sollten. Da ist die Verschmutzung der Flüsse und des Trinkwassers, die Verwendung von Aluminium-Geschirr, welche zu Vergiftungen führt, die Starkstromleitungen in den Großstädten, die Elektrogeräte in unseren Haushalten und die Verwendung von

Mikrowellenherden, die effektiv Löcher in der Aura der Nahrung hinterläßt. Weiterhin ist da die ständig weiter um sich greifende Verwendung von Freizeitdrogen und pharmazeutischen Mitteln anstelle von Kräutern und homöopathischen Heilmitteln. Auch das Einnehmen synthetischer Vitamine und Mineralstoffe anstelle der natürlichen Substanzen als Nahrungsbeigabe ist sehr aktuell. Dann gibt es die Genehmigung der FDA, die es Nahrungsgroßmärkten gestattet, Früchte und Gemüse giftiger Strahlung auszusetzen. Farbfernseher und Mikrowellenherde geben Strahlung ab, und da ist auch noch die geringfügige elektromagnetische Schädigung durch Haushaltsgeräte. Das Leben in einer Großstadt wirkt sich bereits negativ auf das Immunsystem aus. Auch die häufige Verwendung von Handys ist schädlich, ebenso die Arbeit am Computer ohne entsprechenden Strahlenschutz, der in New-Age-Homöopathie-Apotheken oder in Buchhandlungen erhältlich ist.

Liebe Leser, dies sind nur einige der physischen Gifte, die unser Immunsystem bedrohen. Ist es wirklich so erstaunlich, daß so viele Menschen auf unserer Erde krank sind? Von drei Vierteln der von mir genannten Dinge hat die Schulmedizin keine Ahnung. Allein die Behandlung durch einen solchen Arzt stört unser Immunsystem. Es ist fast nicht möglich, in einem Krankenhaus gesund zu werden, da so viel negative Energie in den Wänden gespeichert ist. Ronald Beasley, der berühmte englische spirituelle Lehrer, der vor einigen Jahren gestorben ist, hat einmal gesagt, daß man Krankenhäuser alle fünf Jahre niederbrennen sollte. Die Tests, welche von der Schulmedizin verwendet werden, um Krankheiten festzustellen, sind oft sehr aggressiv. Man füllt Euch mit Kontraststoffen, bohrt Löcher in Eure Wirbelsäule und setzt Euch Strahlungen aus; außerdem erhaltet Ihr Bluttransfusionen und Organtransplantationen, welche, spirituell gesehen, für Lichtarbeiter pures Gift sind. Ich habe nicht die Absicht, die Schulmedizin zu verurteilen. Sie hat ganz sicherlich ihren Platz und ist, wenn auch in einem sehr kleinen Bereich, ausgezeichnet. Aus der Perspektive des vollen Prismas jedoch ist sie in ihrem Verständnis äußerst fragmentiert. Bis in fünfzig Jahren wird man Methoden, die jetzt verwendet werden, als barbarisch und dem finstersten Mittelalter angehörig bezeichnen und Tests und Diagnosen werden ausschließlich mit Hilfe von Energie durchgeführt werden.

Nochmals, liebe Leser: Ist es wirklich so erstaunlich, daß so viele Menschen krank sind und ihr Immunsystem gestört ist? Die meisten Menschen erhalten erst als Erwachsene Kenntnis von den Dingen, die ich hier angesprochen habe. Zu diesem Zeitpunkt haben jedoch alle diese Faktoren bereits im physischen Körper Schaden angerichtet. Es ist nahezu unvermeidlich, daß das Immunsystem angegriffen wird, wenn man auf dieser Welt inkarniert. Bis jetzt, liebe Leser, habe ich nur von den physischen Giften gesprochen, die das Immunsystem schwächen. Die psychologischen, spirituellen und energetischen Faktoren habe ich noch nicht einmal erwähnt. Was ich eigentlich hier klarstellen möchte, ist, daß wir alle mehr Mitgefühl, Liebe und Verständnis für unsere Brüder und Schwestern, die Gesundheitsprobleme haben, entwickeln sollten. Es ist doch in Wahrheit so, daß "ich, wie wir alle, nur durch die Gnade Gottes lebe". Wir sind in eine Welt hineingeboren, die noch viel an New-Age-Verständnis zu lernen hat und daher in vielen Dingen sehr rückständig ist. Das macht die Inkarnation in diese Schule der Wunder, die Erde, zu einem Abenteuer, das viel Mut erfordert und wir sollten großes Mitgefühl mit uns selbst entwickeln, weil wir diesen kühnen Entschluß gefaßt haben. Es ist unsere Aufgabe als Lichtarbeiter, das Bewußtsein des Planeten anzuheben, damit unsere Kinder diese Lektionen bereits im Schulalter lernen können und nicht erst als Erwachsene. Das ist ein neuer Ansatz zu einer spirituellen Erziehung, die jeden Aspekt unserer Gesellschaft reformiert, sei es in Politik, spiritueller Ausbildung, Wirtschaft, Kunst, Wissenschaft, Religion, Geschäftswesen, Medizin, Psychologie oder Spiritualität.

Unser psychologisches Immunsystem

So wie das physische Immunsystem muß auch das psychologische anstandslos funktionieren. Das psychologische Immunsystem ist sogar noch wichtiger für das physische Immunsystem, als dies verschiedene physische Faktoren sind. Das kommt daher, weil unsere Gedanken unsere Realität erschaffen. Wenn Ihr auf der physischen Ebene alles richtig macht, Euer psychologisches Immunsystem jedoch nicht richtig funktioniert, wird das Euer physisches Immunsystem schädigen. Betrachten wir einmal, was mit der Entwicklung eines gesunden psychologischen Immunsystems überhaupt gemeint ist.

Es beginnt bereits am Morgen, wenn Ihr aufsteht und Eure persönliche Kraft anfordert und Euren mentalen, emotionalen und spirituellen Schutzmantel sowie die Liebe und die richtige Einstimmung um Euch legt. So wie wir physische Bekleidung anlegen, müssen wir das auch mit der mentalen, emotionalen und spirituellen Kleidung tun. Zuerst kommt die persönliche Kraft, dann die semipermeable Schutzhülle, dann bedingungslose Selbstliebe und Selbstwertgefühl, dann die Einstimmung auf die Überseele, die Monade, die Aufgestiegenen Meister und Gott. Als letztes bekleidet Ihr Euch mit Eurer Christus-Einstellung und dem Christusbewußtsein, das heißt, mit Eurer positiven geistigen Haltung. Andere wichtige Einstellungen beinhalten Vorlieben statt Verhaftungen, das Betrachten der Dinge als Lektionen, die zu lernen sind, Kritikfreiheit und Vergebung um nur einige zu nennen. Was noch dazu gehört ist das Wissen, daß Ihr durch die Art Eurer Gedanken die Ursache Eurer Realität seid und daß jedes Eurer Gefühle, jede Emotion durch Eure Gedanken, also durch die Art wie Ihr denkt, hervorgerufen wird und nicht durch einen anderen Menschen oder eine Situation außerhalb von Euch selbst. Des weiteren müßt Ihr wissen, daß Eure Gedanken nicht nur Eure Gefühle und Emotionen schaffen, sondern auch Euer Verhalten und damit das, was Ihr in Eurem Leben anzieht und / oder abstoßt.

Die Einstellung, daß Ihr eher die Ursache als die Wirkung, also der Meister und nicht das Opfer seid, macht Euch unverwundbar. Wenn Ihr Eure mentale und emotionale Unverletzlichkeit besitzt und das Wissen, daß Ihr Eure Realität schafft, und dies auch in Eurem täglichen Leben zur Anwendung bringt, dann habt Ihr ein wahrhaft gesundes psychologisches Immunsystem. Durch Selbstbefragung könnt Ihr dann jedes Mal, wenn ein Gedanke des negativen Egos in Euer Bewußtsein eindringen will, diesen hinausdrängen und ihm den Eintritt verwehren und ihn durch eine Christus/Buddha-Einstellung und / oder ein solches Gefühl ersetzen. Das negative Ego in Eurem Unterbewußtsein wirkt wie ein gedankliches Virus. Laßt Ihr diese negativen Gedankengänge in Euren Verstand eindringen, werdet Ihr in Euren Gedanken und Euren Emotionen krank und habt somit ein geschwächtes psychologisches Immunsystem. Wird dem nicht Einhalt geboten, verursacht dies die Entstehung von tatsächlichen physischen Krankheitserregern. Dasselbe gilt für die Negativität, die uns von anderen Menschen entgegenkommt. Darum ist es so wichtig, daß Ihr jeden Morgen nach dem Aufstehen die halbdurchlässige Lichthülle um Euch visualisiert und bestätigt, welche Euch nicht nur vor anderen Leuten, sondern auch vor Eurem eigenen Unterbewußtsein schützt. Diese Lichthülle schützt Euch vor Eurem Unterbewußtsein, vor anderen Leuten und vor Negativität, die von außen auf Euch einwirkt. Diese Hülle ist deshalb halbdurchlässig, weil sie zwar jegliche Negativität fernhält, die positive Energie jedoch durchläßt. Der Ausgleich zwischen dem Männlichen und dem Weiblichen ist notwendig, um psychologisch zentriert zu bleiben. Wenn Euer psychologisches Immunsystem und die Schutzhülle intakt sind, gleitet jede Negativität, die darauf trifft, davon ab wie das Wasser vom Federkleid einer Ente oder prallt davon ab wie ein Gummiball. Erkennt Ihr die Tiefe dieses Konzeptes, liebe Leser? Die halbdurchlässige Lichthülle gibt Euch den benötigten Schutz und hilft Euch, daß Ihr Euch innerlich wie äußerlich zurücknehmen könnt und damit weder zum Opfer werdet noch reagieren müßt. Ideal ist es, wenn man nicht reagiert, sondern seinen Gegenzug macht, ohne in die Opferrolle zu verfallen. Dann wird daraus eine Antwort, die aus der Ruhe, der Liebe, der rationalen Beobachtung und dem spirituellen Unterscheidungsvermögen stammt und keine Kritik kennt. Selbst Kinder können es verstehen, wie der alte Reim beweist: "Stock und Stein bricht das Bein, wie Du mich nennst tut mir nicht weh." Das bestätigt ihre psychologische und / oder emotionale Unverletzlichkeit.

Wenn ich davon spreche, daß Ihr unverwundbar seid, ist damit die mentale, emotionale und spirituelle Ebene gemeint, nicht jedoch die physische Ebene. Jeder von uns kann auf der physischen Ebene verletzt werden, denn ein anderer Mensch kann durchaus unseren Körper töten, verstümmeln oder verletzen. Doch selbst wenn dies der Fall ist, hat doch niemand die Kontrolle über unsere Gedanken, Emotionen oder unseren Geist. Geist und Seele sind, wie Ihr alle wißt, unzerstörbar und ewig. Am besten ist, wenn Euer Geist und Eure Emotionen diesen Aspekt des Selbst reflektieren, statt sich zu sehr mit dem Körper zu identifizieren, was dem Gedankensystem des negativen Egos entspricht. Sind Euer Denken und Eure Emotionen auf das Christusbewußtsein ausgerichtet, habt Ihr nicht nur ständig Eure eigene Kraft und Eure Schutzhülle, Ihr befindet Euch auch im Zustand bedingungsloser Liebe, Freude, Ausgeglichenheit des Geistes, Gelassenheit und des inneren Friedens. Das einzige, was Euch darin stören kann, ist Euer eigenes Denken. Ich übe keine Kritik, wenn so etwas passiert, aber man muß einfach wissen, wo die Wahrheit liegt.

Es läßt sich nicht vermeiden, daß jeder gelegentlich einmal das Glücksgefühl, die Freude und den inneren Frieden verliert. Wenn man jedoch die Heilung der Einstellung konsequent übt, kommt es zu immer längeren Perioden des unveränderten inneren Friedens, der Freude und der Liebe. Immer, wenn Euch ein negatives Gefühl überfällt, ist dies ein Zeichen dafür, daß eine Heilung Eurer Einstellung erforderlich ist und Ihr solltet dann auch darangehen, ohne Euch selbst dafür zu kritisieren, die notwendigen Korrekturen durchzuführen. Wir können das, was um uns geschieht nicht immer kontrollieren, über unsere Einstellung gegenüber diesen Dingen haben wir jedoch sehr wohl die volle Kontrolle. Und hier liegt auch das Geheimnis zur Erlangung des inneren Friedens, der Glückseligkeit und der Freude.

Meister Jesus hat uns dafür mit seinem Leben vor 2000 Jahren ein einmaliges Beispiel gegeben. Er wurde ausgepeitscht und mit Nägeln an das Kreuz geschlagen und dennoch hat er seine Meisterschaft nicht nur über die äußeren Gegebenheiten sondern auch über seinen physischen Körper bewiesen indem er sprach: "Vater, vergib ihnen, denn sie wissen nicht was sie tun." Er hat sein Christusbewußtsein beibehalten, obwohl sein physischer Körper gefoltert wurde und letztlich auch den physischen Tod erlitt. Er hat Euch, liebe Freunde, und mir dieses Beispiel gegeben. Wenn er dies in der Extremsituation, in der er sich befand, tun konnte, können wir dies doch auch in den spirituellen Prüfungen, Lektionen und in den Unannehmlichkeiten unseres täglichen Lebens tun. Wenn Ihr eine Virusinfektion habt, fühlt Ihr Euch körperlich schlecht - die gleiche Auswirkung haben die Gedanken und Emotionen des negativen Egos auf der psychologischen Ebene. Könnt Ihr Euch vorstellen, liebe Leser, welches Chaos Ihr in Eurem physischen und psychologischen Immunsystem anrichtet, wenn Ihr nicht Eure eigene Kraft besitzt und die halbdurchlässige Lichthülle, die bedingungslose Liebe und das Selbstwertgefühl, die Einstimmung auf Euer Höheres Selbst, die Monade, die Aufgestiegenen Meister und Gott sowie Euer Christusbewußtsein und die positive Einstellung nicht aufrechterhaltet? Ich kenne viele Lichtarbeiter, die auf gesunde Ernährung achten und auch sonst auf der physischen Ebene alles recht machen und doch ein physisches Immunsystem haben, das in sehr schlechtem Zustand ist. Der vorwiegende Grund dafür ist, daß sie ein unglaublich schwaches psychologisches Immunsystem haben. Um wirklich körperlich gesund zu sein müssen alle drei Ebenen des Immunsystems anstandslos funktionieren.

Ein gesundes psychologisches Immunsystem befähigt Euch dazu, den psychologischen Erkrankungen wie Launenhaftigkeit, Wut, Depression, Angst, das Gefühl des Unglücklichseins, Aufregung, Kritikfreudigkeit, Rachsucht und Selbstmitleid aus dem Wege zu gehen. Das ist nicht nur für die physische sondern gleicherweise für die spirituelle Gesundheit sowie die Gottes-Erkenntnis, das Durchlaufen der Initiationen und für den integrierten Aufstieg wichtig. Die meisten Menschen dieses Planeten haben ein stark angegriffenes psychologisches Immunsystem, was Auswirkungen auf ihr physisches Immunsystem und auf das spirituelle Ziel hat, das sie hier auf Erden verfolgen. Ich kritisiere das nicht, nehmt es als Information über eine Einsicht, die Euch helfen soll, Fehlverhalten zu korrigieren und wieder in die richtige Richtung zu gehen. Alle jene, die unter einem geschwächten psychologischen Immunsystem leiden, mögen meine Bücher *Wie man sich vom negativen Ego befreit, Seelenpsychologie* sowie mein letztes Werk, das ich gerade begonnen habe, *How to do Psychological and Spiritual Counseling for Self and Others* lesen. Im kommenden Jahr werde ich Videos veröffentlichen auf denen man sehen kann, wie ich bei dieser Art der Beratung vorgehe. Ich würde Euch auch empfehlen, den Fernkurs zu belegen, den ich gerade zusammenstelle. Dieser Kurs hat verschiedene Stufen und Aspekte, es sind Bücher, Tonkassetten, Anleitungen, telefonische Konsultationen mit Initiaten hoher Stufen aus dem Ashram, in welchem ich gelernt habe und die Wesak-Feier darin enthalten. Das Ziel dieses Fernkurses ist es, Lichtarbeiter dazu zu befähigen, ihren Aufstieg in ihrem Mental-, Äther- und physischen Körper zur Gänze zu integrieren.

Ein kurzes Wort noch zum psychologischen Immunsystem im Zusammen- hang mit der bedingungslosen Selbstliebe und dem Selbstwertgefühl. Wird diese psychologische Arbeit nicht geleistet, dann wird der Lichtarbeiter diese Dinge außerhalb suchen, statt in sich selbst und in Gott, was auf der psychologischen Ebene dazu führt, daß die schützende Lichthülle von innen her aufgerissen wird. Das geschieht auch, wenn man eine falsche, vom negativen Ego beeinflußte Haltung einnimmt. Das ist so, weil bedingungslose Selbstliebe und Selbstwertgefühl so unendlich wichtig für eine gesunde Psyche sind. Beim integrierten Aufstieg nehmen persönliche Kraft, Selbstliebe, Selbstwertgefühl, die Schutzhülle und die Einstimmung auf Gott Schlüsselpositionen ein. Denkt einmal darüber nach.

Wenn Ihr Eure persönliche Kraft nicht wirklich besitzt, beschädigt das ebenfalls die halbdurchlässige Lichthülle, denn dann haben automatisch das Unterbewußtsein, der Emotionalkörper, das Innere Kind, die Begierden des niederen Selbst, das negative Ego und / oder andere Menschen Zugriff. Für ein gesundes psychologisches Immunsystem ist das Besitzen der persönlichen Kraft unerläßlich, weil Ihr sonst die Schutzhülle, die Selbstliebe und das Selbstwertgefühl sowie die Einstimmung auf das Höhere Selbst, die Monade, die Aufgestiegenen Meister und Gott nicht aufrechterhalten könnt. Diese vier Dinge sind vollkommen miteinander vernetzt. Fehlt die Selbstliebe und das Selbstwertgefühl, werden die drei anderen geschwächt. Fehlt die halbdurchlässige Schutzhülle, können die anderen drei nicht funktionieren. Das gleiche geschieht, wenn die Einstimmung auf das Höhere Selbst, die Monade, die Aufgestiegenen Meister und Gott nicht vorhanden ist. Die Basis ist der Zugriff auf die eigene persönliche Kraft, es müssen jedoch alle vier Aspekte, ein Gesamt-Christusbewußtsein und eine positive geistige Einstellung auf integrierte und ausgeglichene Art erhalten werden, damit das psychologische Gleichgewicht und die Homöostasis bestehen bleiben kann.

Unser spirituelles Immunsystem

Das spirituelle Immunsystem ist das dritte, welches entwickelt werden muß. Ich bin sehr froh, liebe Leser, Euch sagen zu können, daß dieses Immunsystem am leichtesten zu stärken ist, wenn Ihr nur meinen Anweisungen folgt. Was ich Euch jetzt mitteilen werde, ist wahrlich eine göttliche Information, die zwar zu anderen Zeitpunkten auch schon gegeben wurde, jedoch noch niemals in so klarer und präziser Form. Um ein erstklassiges spirituelles Immunsystem zu erhalten, müßt Ihr nur jetzt, beim Lesen dieses Buches, Seine Heiligkeit Lord Melchizedek, den Mahatma und Metatron anrufen und bitten, daß sie in diesem Augenblick die halbdurchlässige Lichtwand, die um Euer Zwölfkörpersystem liegt, verankern und aktivieren, und zwar auf Dauer. Dies ist ein wunderbares Geschenk, das Euch diese drei weisen, liebevollen, kosmischen Meister geben. Diese halbdurchlässige Lichtwand ist das spirituelle Gegenstück zu der halbdurchlässigen Lichthülle, die so wichtig für Euer psychologisches Immunsystem ist. Eure Bitte wird in dem Augenblick, in dem Ihr sie ausspricht, auch schon gewährt, so wie es Melchizedek, der Mahatma und Metatron versprochen haben. Diese Lichtwand wird Euch auf ewig beschützen. Sie ist unterschiedlich zum üblichen spirituellen Schutz, weil sie eben halbdurchlässig ist, was bedeutet, daß sie alle positive, liebevolle Energie einläßt, jedoch jeglicher negativen Energie den Zutritt verwehrt. Außerdem wird diese Wand nicht nur für einen Tag, sondern für alle Zeit installiert, was sie zu einem wahrlich einmaligen Geschenk macht. Gleicherweise einmalig ist, daß sie aus platinweißer Energie besteht. Ich habe bereits früher angesprochen, daß Platin die höchste Farbfrequenz besitzt, die es auf Erden gibt. Das bedeutet, daß es keine negative Energie im Universum gibt, die diese Schutzfrequenz durchdringen kann. Ihr braucht auch nie wieder um diesen Schutz bitten, weil seine Wirkung nie zu Ende geht. Diese halbdurchlässige Lichtwand filtert alle persönlichen oder unpersönlichen Negativenergien aus, die in Euer Energie-, Astral-, Mental- oder Ätherfeld eindringen wollen. Solch ein Schutz ist ein großer Segen. Was Ihr jedoch unbedingt verstehen müßt ist, daß diese Lichtwand keinesfalls die halbdurchlässige psychologische Hülle ersetzen kann und daß Ihr trotzdem darauf achten müßt, physische Gifte von Eurem Körper fernzuhalten. Jedes Immunsystem muß seinen Teil beitragen. Das spirituelle Immunsystem kann nicht die Arbeit des psychologischen Immunsystems leisten.

Hier machen viele Lichtarbeiter einen großen Fehler. So bitten sie beispielsweise Erzengel Michael um seinen Schutz, und der wird ihnen auch gewährt. Die Lichtarbeiter können dann gar nicht begreifen, wieso sie oft trotzdem von dunklen Kräften, negativen Außerirdischen, ihrem eigenen Unterbewußtsein oder von anderen Leuten angegriffen werden. Die Antwort ist jedoch ganz einfach. Wenn wir Lichtarbeiter nicht unser eigenes psychologisches Immunsystem aufrechterhalten, kommt es zu großen Löchern in unserer Aura, die selbst von den Meistern nicht geschlossen werden können. Es ist nicht ihre Aufgabe für uns zu denken oder unsere Emotionen für uns zu schaffen. Würden sie das tun, wäre das eine Verletzung des ersten Gesetzes der Nichteinmischung in unseren freien Willen und es würde uns auch die Lektionen vorenthalten, für die wir eigentlich auf diese Erde gekommen sind. Wenn wir, als Lichtarbeiter, nicht unsere persönliche Kraft besitzen, unsere Schutzhülle aufrechterhalten, bedingungslose Selbstliebe und Selbstwertgefühl entwickeln, auf Gott eingestimmt bleiben und eine christusgemäße und positive Einstellung bewahren, dann können wir beten bis in alle Ewigkeit und sind trotzdem nicht geschützt. Das geschieht nicht darum, weil uns der Schutz nicht gewährt wird, denn das wird er immer und zu 100 Prozent. Der Kernpunkt ist hier, daß das spirituelle Immunsystem nicht ausreicht, um das psychologische Immunsystem zu ersetzen.

Auf diese Weise, liebe Leser, sind wir wieder beim integrierten Aufstieg. So wie jede Bewußtseinsebene unserer spirituellen Zusammensetzung (unterbewußt, bewußt, überbewußt) seinen Teil beitragen muß, gilt das auch für die Ebenen unseres Immunsystems. Das spirituelle Immunsystem, gestärkt durch die drei Ms, kann wahre Wunder wirken und wird uns eine phantastische Hilfe sein, wenn wir als Lichtarbeiter bereit sind, die Verantwortung für das perfekte Arbeiten unseres psychologischen Immunsystems und die Entfernung von Giften aus unserem Körper zu übernehmen. Nur wenn alle drei Immunsysteme auf diese Weise integriert sind, könnt Ihr ein gut funktionierendes physisches Immunsystem entwickeln und den integrierten Aufstieg erlangen. Ich bete und ich hoffe, daß diese Information mehr Licht und Verständnis für dieses faszinierende Thema gebracht hat.

14. Die Integration des Mahatma

Eine Botschaft des Mahatma

Wenn ich zu Euch, meine Geliebten, spreche, dann tue ich dies mit Hilfe verschiedener Mittel. Wenn ich Euch mit meinem Licht, meiner Liebe, meiner Schwingung und meinem Glanz berühre, dann erfahrt Ihr mich auf direktem Weg. Wenn ich durch das geschriebene oder gesprochene Wort mit Euch kommuniziere, muß ich das, was ich sagen will, auf die Sprache beschränken, durch welche ich mit Euch Kontakt habe. Dies ist für mich der schwierigste und auch mühsamste Weg Euch zu erreichen. Und doch ist es der Weg, der zur dritten Dimension gehört und daher nehme ich ihn mit großer Freude. Es gibt jedoch bei dieser Kommunikation einen Bereich, in dem größere Klarheit erforderlich ist und diese Klarheit werde ich Euch, soweit Worte dies überhaupt zulassen, geben. Ich spreche von mir als "ich", und doch bin ich viele. Was den Mahatma, den Avatar der Synthese ausmacht, ist es eine aus vielen Einzelteilen zusammengesetzte Gruppenenergie. Ich könnte von mir genau so gut als von "uns" sprechen, das wäre durchaus korrekt. Wenn Ihr von mir sprecht könnt Ihr "er/sie" oder auch den Ausdruck "sie" als Mehrzahl verwenden. Alle diese Ausdrücke wären richtig, wenn sie auch niemals die Fülle meines Seins auch nur annähernd wiedergeben können.

Es ist sehr schwierig, für Euch, die Ihr der materiellen Form unterliegt, die richtigen Worte zu finden; für Körper, die von den anderen Körpern getrennt sind, für Herzen, die andere Herzen nicht direkt fühlen können und für den Geist der vom Geist des anderen so weit entfernt ist, wie von der Synthese und der Einheit, die in mir verkörpert sind. Ich sage das auf diese Art zu Euch, meine Geliebten, die Ihr Lichtarbeiter von großer Stärke seid und die Ihr viele der Grenzen der Isolation überschritten habt, welche den Großteil der Menschen umschließen. Ich spreche so zu Euch, die Ihr mit Eurem Höheren Selbst, der Monade, den Meistern und der größeren Gruppe der Hierarchie verbunden seid, welcher Ihr angehört. Der Grund dafür ist, daß ich in meiner Kommunikation durch die

Sprache, durch genau diese Sprache, beeinträchtigt bin und gar nichts anderes tun kann, als alltägliche Worte zu verwenden! In der Sprache der Geistigen Welt gibt es keine Barrieren, und unser Geist hat die Freiheit, die Wahrheit ohne Einschränkung zu erfahren. Mißverständnisse entstehen nur dann, wenn man sich für spezielle Kommunikation der Sprache bedienen muß. Man bezeichnete mich in der Vergangenheit meist als "er", daher bleibe ich bei dieser Bezeichnung. "Wir" wäre genau so in Ordnung, aber, wie gesagt, keiner dieser Ausdrücke gibt zur Gänze die Einheit und Gesamtheit der Gruppe wieder, die ich bin. Dasselbe gilt für das Wort "sie". Ich bleibe daher bei dem Wort, das man schon früher verwendet hat, ohne daß ich dabei besonderen Wert auf das Wort "er" lege. Es dient nur dazu, unsere Verbindung persönlicher und enger zu gestalten, und das ist es, was ich damit bezwecke. Wenn ich Euch nahe und verbunden bin, können wir uns besser einander integrieren, und zwar auf eine Art und Weise, die Sprachverwirrungen keine Chance läßt. Mein Gruppenkörper wird bewußter durch die Wahrnehmung, die Liebe, die Einstimmung und die Verbindung, die Ihr mir zukommen laßt. Das, Ihr Gesegneten, ist mein Ziel. Aus der Mitte der allumfassenden Liebe, des Lichtes, der Einheit und Synthese bitte ich Euch, mich so zu nennen, wie es der Verbindung zwischen Eurem Herzen, Eurem Geist, Eurer Schwingung und der meinen am dienlichsten ist. Ob Ihr mich "sie" nennt und damit eine Gruppe meint, oder ob Ihr "sie" sagt und damit eine weibliche Wesenheit ansprecht mir soll alles recht sein. Ich werde hier jedenfalls weiterhin "er" sagen. Die Verbindung ist wesentlich, und das Gefühl, das intuitive Begreifen und das Verständnis, so weit Euch das eben möglich ist, daß ich tatsächlich ein Gruppenbewußtsein besitze und doch, ich bin auch "ich". Sollte jedoch das Geschlecht oder das Verständnis des Gruppenkörpers zu Schwierigkeiten in der Verbindung führen, dann nennt mich einfach den Mahatma oder den Avatar der Synthese. Ich bin an den Unterscheidungen, die die Sprache der dritten Dimension trifft, eigentlich nicht interessiert. Was ich möchte ist, daß eine göttliche Verbindung zwischen mir und jedem einzelnen von Euch hergestellt werde, so daß Ihr Euch auf meine Frequenzen, Klänge und die Schwingungsessenz erheben und damit die Freude der Einheit erfahren könnt, die das Leben innerhalb des ewigen Ganzen verbindet.

Ruft mich, in welcher Art Ihr wollt, aber mit ehrlichem Herzen, und ich werde da sein. Da ich das Bewußtsein vieler besitze und einer bin, der aus vielen besteht, sprecht von mir ruhig in der Mehrzahl. Wenn Ihr die intime persönliche Anrede vorzieht und mich mit "er" oder "sie" ansprechen wollt, dann tut das und ich werde kommen. Ich bin in jeder Stufe der Schöpfung enthalten, daher ist es gar nicht möglich, daß ich für irgend jemanden, der mich ruft, nicht da bin. Im folgenden wird von mir als "er" gesprochen, denn das hat man auch früher schon getan und schafft die Verbindung zu mir. Nehmt das, was ich in diesem Kapitel so ausführlich zu vermitteln versuchte, zur Kenntnis. Mein Ziel ist einfach, meine Lieben. Ich versuche, Euch so viele Dinge wie möglich mit Hilfe des geschriebenen Wortes zu enthüllen und Euch im Anschluß dazu zu bringen, daß Ihr in die Heiligkeit Eures Herzens aufbrecht und die Weisheit in der Sprache des Lichtes kennenlernt, damit Ihr mich auf direktem Weg erfahren könnt. Worte sind nicht mehr als Startblöcke, von welchen Eure Seele direkt in die Essenz dessen, was Ihr sprecht eintauchen kann. Nehmt meine Worte in diesem Sinne auf und führt sie in Euer Herz und Euren Geist, dann geht über sie hinaus direkt in den Geist und das Herz des Mahatma selbst.

Einstimmung auf den Mahatma

Wenn man von der Energie des Mahatma spricht, meinen die meisten Menschen, daß es ihre vordringlichste Aufgabe sei, die höchste Stufe des Mahatma zu erreichen. Das stimmt zwar, ist aber nur die halbe Wahrheit. Der Mahatma umfaßt alle 352 Stufen des Seins, bis hinauf zur Gottheit. Wenn Ihr also den Mahatma erreichen wollt, müßt Ihr jede Seinsstufe und Existenz, die im Bereich Eures Potentials liegt, umfassen. Das bedeutet, daß Ihr Seine göttliche Energie nicht nur in den höheren Bereichen findet, sondern auch an der Basis Eures Seins. In der Synthese des Mahatma liegt die wahre und endgültige Synthese von Himmel und Erde begründet. Da der Mahatma ein hoch entwickeltes Wesen mit Gruppenbewußtsein ist, das erst kürzlich Seine Energien auf diesem Planeten verankert hat, scheint es nur natürlich, ihn in den höheren Bereichen zu suchen, aus denen er gekommen ist. Das führt jedoch zu einer Verzerrung dessen, was der Mahatma eigentlich ist. Obwohl es noch nicht lange her ist, daß er seine Energien auf die physische Ebene heruntergebracht hat, sind die Energien seines Seins immer schon dagewesen. Das klingt paradox, ist es jedoch nicht. Denkt daran, daß die Überseele immer ein Teil des Menschen ist, daß sie sich jedoch erst dann auf den Menschen konzentriert, wenn dieser eine bestimmte Stufe in seiner Entwicklung erreicht hat. Ähnlich ist auch die Monade ein Teil der Überseele und des Menschen, sie richtet sich aber ebenfalls erst dann auf die Entwicklung der Überseele und des Menschen aus, wenn ein bestimmter Initiationsgrad erreicht worden ist. Beim Mahatma ist es nicht anders. Auch wenn er alle 352 Stufen des Seins umfaßt, ist doch die erste Stufe Seiner wunderbaren Treppe zum Himmel oder zur Gottheit immer ein Teil seines göttlichen Seins. Es ist so, daß selbst der Planet eine gewisse Stufe der Initiation und Entwicklung erreicht haben mußte, bevor er sich bewußt auf der physischen Ebene verankern konnte. Das bedeutet nicht, daß er in früheren Zeiten nicht auch präsent gewesen wäre, denn von der Energie her waren wir immer schon mit ihm verbunden, ähnlich wie die Menschheit in ihrer Frühzeit Verbindung zur Monade hatte. Was es jedoch bedeutet, ist, daß wir jetzt die Fähigkeit besitzen, bewußt eine Verbindung zum Mahatma herzustellen und seinen Rat, seine Hilfe und höhere Schwingung zu erbitten. Es bedeutet auch, daß wir auf jeder unserer Ebenen die Energien des Mahatma darstellen, auch in den vier niederen Bereichen und den vier niederen Körpern, denn der Mahatma ist die Synthese selbst!

Wenn Ihr Euch auf die Energien des Mahatma einstellt, dann ruft Ihr die Energien der Synthese an und bittet, daß sie Euch mit dem "Ganzen" in Einklang bringen. Ihr bittet nicht einfach darum, daß Ihr zu den höheren und höchsten Stufen des Mahatma emporgehoben werdet, sondern daß Ihr auf jeder einzelnen Stufe die Fülle des Mahatma einschließt, in Synthese bringt und integriert. Das schließt auch die physische Welt mit ein, auf der wir leben und uns bewegen und unser Dasein haben, und zwar in der gleichen Intensität, wie dies in den höheren Bereichen, in denen wir als Monade oder mächtige ICH BIN - Gegenwart unser Leben führen, der Fall ist. Wir wollen das natürlich vom höchsten Punkt aus tun, der uns nur erreichbar ist. Deshalb ist es auch durchaus in Ordnung, den Mahatma zu bitten, daß er uns zur Stufe unserer höchsten Erkenntnis emporhebt. Die Frequenz, welche wir letztendlich erreichen sollen, ist jedoch die der Synthese. Je höher wir im Bereich des Mahatma emporsteigen, desto ruhiger, ausgeglichener und in der Synthese befindlich müssen wir werden. Diesen Aspekt des Mahatma übersehen die Lichtarbeiter manchmal und ich bin dazu angeleitet worden, speziell in diesem Buch über den integrierten Aufstieg darauf hinzuweisen. Der Mahatma ist die vollkommene Verkörperung der Integration und der

Synthese, und er wünscht als Ganzheit, und nicht als Teil, dargestellt zu werden. Er ist die Wendeltreppe, die zur Gottheit selbst führt und damit das ultimative Beispiel der Integration. Da er nun endlich die Verbindung mit uns auch auf den vier niederen Welten hergestellt hat, möchte er, daß wir ihn in der Fülle seines Seins erkennen, damit wir mit der Fülle unseres eigenen Seins uns und ihm dienen können. Wir tun das, liebe Leser, indem wir Synthese und Integration verkörpern!

Die Integration von Himmel und Erde

Die Integration von Himmel und Erde ist ein Kernthema für das neue Jahrtausend. Es ist auch ein Thema, das sehr stark in den Aufgabenbereich von Lord Melchizedek, dem Mahatma und Erzengel Metatron fällt. Ich werde mich hier auf die Aussagen des Mahatma, des Avatars der Synthese, beschränken. Ich möchte jedoch, daß Euch immer bewußt ist, daß er auf der kosmischen Ebene in Dreieinigkeit mit Melchizedek und Metatron zusammenwirkt, wobei oft Erzengel Michael dazukommt. Wir werden uns jedoch hier so genau wie möglich an das halten, was der Mahatma selbst, als direkte Verkörperung des Konzeptes und der Ausführung von Integration und Synthese, dazu zu sagen hat. Laßt bei Nachfolgendem immer diesen Gedanken mit einfließen. Wenn wir alle wirklich ehrlich mit uns selbst wären, dann würden wir uns als eine Gruppe von wohlmeinenden, inspirierten, hoch entwickelten Lichtarbeitern sehen, von denen viele bereits die siebte oder höhere Initiationen durchlaufen haben und die alle sehr "kopflastig" sind. Wir sind alle dazu geeignet, uns auf die himmlische Sphäre zu konzentrieren und sogar unseren Geist im Zustand des Lichtes zu erhalten. Was wir jedoch alle nicht so gut können ist, dieses Licht auf dem Planeten zu verankern und in die tägliche Realität, die unser Leben hier auf dem Planeten ausmacht und in unsere vier niederen Körper einzubringen. Das bedarf der Verbesserung.

Das New-Age-Konzept beruht auf der Aussage, daß Gottes Königreich auf Erden eingerichtet werden soll. Das, liebe Leser, kann jedoch nicht geschehen, solange wir nicht bereit sind, die höheren Frequenzen in unseren eigenen niederen Körpern zu etablieren, von den physischen, ätherischen und fühlenden Elementarkörpern des Planeten ganz zu schweigen! Unser geliebter Meister Djwhal Khul, der direkt unter der Leitung des Mahatma arbeitet, sagt immer wieder: "Haltet Euren Geist zu jeder Zeit im Lichte." Ich liebe diesen Ausspruch und zitiere ihn immer wieder in meinen Büchern. Das ist Euch sicher schon aufgefallen! In diesem Augenblick bittet mich mein geliebter Mentor, daß ich Euch einen weiteren Aspekt bewußt mache, durch welchen dieser Ausspruch betrachtet werden kann. Djwhal vermittelt mir, daß er natürlich im Grunde damit sagen will, daß wir alle unseren Geist im Lichte von Gottes Ursprung halten sollen. Es ist jedoch so, daß das Licht überall existiert und daß daher diese Aussage gleicherweise bedeutet, daß wir unseren Geist auch auf der höchsten Unterebene jeder einzelnen Existenzstufe halten sollen. Das heißt, wir richten uns nicht nur auf das Licht des alleinigen Gottes aus, sondern auch auf das Licht, das in die verschiedenen Ebenen der Existenz heruntertransformiert worden ist. Damit und dadurch, daß der höchste Plan jeder Unterebene einer jeden Stufe, jeden Körpers und jeder Sphäre beachtet wird, könnte der höchste Aspekt jedes dieser Bereiche aufgezeigt und verankert werden.

Das ist eine starke Aussage, und ich selbst habe das nie von diesem Blickpunkt aus betrachtet. Djwhal versichert mir jedoch, daß diese Betrachtungsweise der Idee des Erhaltens des Geistes im "klaren Lichte Gottes" überhaupt nicht widerspricht. Sie ist eine Erweiterung, die Synthese und Integration mit einschließt und der Arbeit des Mahatma hier auf Erden dient! Er betont nochmals, daß diese erweiterte Sicht und das größere Verständnis die Integration von Himmel und Erde erleichtern, und das in einer Art und in einer Geschwindigkeit, die sich unserer Vorstellungskraft und unserer Erwartung entziehen. Das gibt doch Sinn, nicht wahr? Wenn wir uns weiterhin nur auf die höheren Bereiche konzentrieren, können wir nicht alle Stufen unseres Selbst integrieren, und schon gar nicht die des Planeten. Wenn wir nicht alle Seinsebenen, die Gott in sich trägt, integrieren und einer Synthese zuführen, wie können wir dann zur Errichtung und Verankerung von Gottes Königreich auf Erden beitragen? Himmel und Erde müssen völlig übereingestimmt und integriert werden, damit sich der Plan für dieses neue Jahrtausend zeigen kann. Es ist ganz schlicht und einfach so: Wenn wir die Energien des Mahatma nicht in ihrer Gesamtheit in uns aufnehmen, so wie er uns das anbietet, dann können wir auch nicht unserer höchsten Berufung folgen und damit auch nicht das Goldene Zeitalter auf unseren Planeten bringen. Wir sind daher alle aufgerufen, das Ganze innerhalb unseres

Seins in Synthese zu bringen und zu verankern und diese Energien in jeden einzelnen Aspekt des Lebens des Planeten einzubringen! Das beinhaltet alle verschiedenen Königreiche und Evolutionsrichtungen, die es an der Oberfläche und im Inneren des Planeten gibt, es sind aber auch alle Wege, Puzzle-Stückchen, Wirtschaft, Politik und Kunst darin enthalten. Die vordringlichste Aufgabe liegt jedoch darin, eine Brücke aus Licht, Liebe und Kraft zu erbauen, welche den Himmel mit der Erde verbindet. Abhängig von unserer eigenen Stufe innerhalb des integrierten Aufstieges, kann diese Brücke von der physischen Ebene bis zu den höchsten Höhen des Kosmos reichen.

Wir selbst, liebe Freunde, müssen dabei versuchen, so weit wie möglich auf unserem eigenen Weg voranzukommen, damit wir diese Brücke von der höchstmöglichen Ebene aus errichten und sie dann innerhalb der tiefsten für uns erreichbaren Stufe verankern. Das kann jedoch nicht geschehen, wenn wir nicht-integriert und fragmentiert sind. Nur wenn wir die Synthese in uns aufnehmen und der Hilfe und Gnade des Mahatma teilhaftig werden, können wir uns in die entsprechenden Höhen und Tiefen ausdehnen. Die Meister wünschen, daß jeder von uns dies tut und warten ungeduldig darauf, daß wir sie um ihre Hilfe bitten. Besonders der Mahatma, als Avatar der Synthese, wünscht uns dabei behilflich zu sein, daß wir Himmel und Erde völlig integrieren können. Wir müssen dazu einige Hindernisse überwinden, die noch aus den Lehren der Vergangenheit stammen. In unserer Geschichte wurde immer wieder darauf hingewiesen, daß Himmel und Erde vollkommen unabhängig voneinander sind und keine Verbindung miteinander eingehen können. Und das ist falsch! Gott ist "alles, was ist", er ist "ICH BIN das ICH BIN" und, wie es in den Schriften der Hindus so schön heißt "... der, der Ihr seid".

Diese Grundwahrheiten haben jedoch mit dem, wie wir uns als Rasse insgesamt verhalten haben, recht wenig zu tun. Obwohl der geliebte Meister Jesus/Sananda schon vor 2000 Jahren ganz klar sagte: "Das Königreich Gottes ist in Euch", ist es der Kirche, der Schule und der Gesellschaft insgesamt ausgezeichnet gelungen, den Menschen das genaue Gegenteil zu vermitteln. Den Himmel, so heißt es, müssen wir uns erst verdienen. Ob wir uns ein Anrecht auf ihn erworben haben, erfahren wir jedoch erst, wenn wir dieses Jammertal verlassen haben. Niemand hat uns beigebracht, wie wir das Königreich Gottes in uns pflegen, integrieren oder gar zur Synthese bringen können. Die Erkenntnis des neuen Jahrtausends bringt diesen Prozeß zur Blüte. Das Goldene Zeitalter, das wir alle hier auf Erden sehen möchten, erwartet von uns, daß wir das Königreich Gottes in uns erkennen und nach außen manifestieren können. Was jedoch nicht vorher in uns geschehen ist, kann auch nicht nach außen manifestiert werden. Wir müssen daher zunächst die himmlischen Bereiche, mit denen wir Kontakt haben, integrieren und das gleiche auch mit den Ebenen höherer Dimensionen und den Frequenzen in unserem Inneren tun, dann erst können wir sie in unserem Leben leuchten lassen. Wenn man von Adam Kadmon spricht, bedeutet das, daß die menschliche Form durch die Schlüsselcodes, die heilige Geometrie, die höheren Lichtkörper, die Frequenzen der höheren Dimensionen, die Klänge etc. aktiviert wird, so daß der Mensch als solcher die Manifestation des Gottes-Selbst, also des Himmels, wenn Ihr so wollt, wird. In diesem Prozeß sind wir individuell und als Kollektiv involviert. Dies ist ein Prozeß, der die Manifestation des siebten Goldenen Zeitalters garantiert. Die vorhin erwähnte Aktivierung ist die Integration von Himmel und Erde. Man muß beide Bereiche als ein Ganzes sehen, das in verschiedenen Frequenzbereichen arbeitet. Wenn wir den Adam-Kadmon-Körper voll aktivieren, dann verankern wir die Schwingung des sogenannten Himmels auf der Erde. Den Mahatma um Hilfe zu bitten ist eine gute Möglichkeit, diesen Vorgang zu erleichtern, denn das ist es, was er bereits jetzt tut und wobei er uns helfen will.

Wir müssen daher alle Brücken zu vergangenen Programmierungen, die uns den Archetypus der Trennung zwischen Himmel und Erde vermitteln, abbrechen, ob sie nun aus diesem oder aus früheren Leben stammen. Viele von uns waren einmal Mönche, Nonnen, Yogis und Einsiedler und wir alle haben fest daran geglaubt, daß der Himmel irgendwo außen zu suchen wäre, nur nicht auf der Erde! Obwohl wir von unserem Denken her und sogar aus Experimenten wissen, daß wir das gesamte Universum in unserer ICH BIN - Gegenwart und in unserem Wesen tragen, haben doch die meisten in dieser Hinsicht noch viel Aufräumarbeit zu leisten. Die Mehrzahl unserer Arbeit stammt aus den Programmen vergangener Leben. Ich würde Euch daher empfehlen, Euch einer Aufstiegsreinigung zu unterziehen.

In der Melchizedek-Synthesis-Light-Academy gibt es von mir ausgebildete hohe Initiaten, die für diese Arbeit befähigt sind und die ich

Euch gerne vermitteln werde, wenn Ihr mich unter der am Ende des Buches angegebenen Telefonnummer anruft. Auch die Teilnahme an Workshops, deren Ziel es ist, diese Illusion zu zerstreuen, wäre für Euch gut. Je mehr wir uns von falschen Glaubenssystemen befreien können, desto mehr werden wir imstande sein, das Königreich des Himmels hier und jetzt zu verkörpern! Was man zunächst einmal tun muß, damit dieses Konzept zur Wirkung kommt, ist, es zuerst über den Intellekt zu begreifen und es dann in Erfahrung umsetzen. Das Verstehen ist wie ein Floß, das uns eben nur ein Stück weit tragen kann. Der Intellekt ist ein göttliches Werkzeug, eines der feinsten, die Gott uns geschenkt hat. Wenn es jedoch seinen Zweck erfüllt hat, nämlich Euch zu erwecken, muß das, was Ihr verstanden habt in die Tat umgesetzt und in der Essenz Eures Seins integriert werden. Darum kann ich, gemeinsam mit unserem geliebten Meister Jesus zu Euch sagen, daß "das Königreich Gottes in Euch ist". Solange Ihr dies jedoch nicht als Realität in Euch empfindet, wird Euer Verständnis "ohne das Licht der Weisheit" sein. Ich bitte Euch daher, die Frequenzen höherer Dimensionen zum Vorschein zu bringen, damit sie sich gänzlich und vollständig in jedem Eurer Körper manifestieren. Bittet den Mahatma um eine direkte Synthese-Erfahrung, damit die höheren Bereiche, die Frequenzen und Energiesysteme sich als Realität in Eurem Vierkörper-System zeigen können. Und dann nehmt Eure göttliche Mission und Euer Puzzle-Stück an und laßt es durch die Synthese Eures Seins zur Realität werden. Das neue Jahrtausend, dem wir alle angehören, verlangt die volle Integration von Himmel und Erde. So wird es sich manifestieren, so wird man es erkennen. Damit dies geschehen kann, müssen wir alle nach bestem Wissen und Gewissen unsere Arbeit tun. Werdet zum lebenden Beispiel für Synthese und Integration und Ihr könnt gar nicht anders, als diese Realität auf Erden zu verkörpern. Wenn diese Verkörperung stattfindet, wird gleicherweise die Einheit des Himmels mit der Erde vollzogen.

Praktische Aspekte des Mahatma

Ein Teil des Prozesses, den wir gerade betrachtet haben, ist praktischer Natur. Die Integration hat mit täglichen, um nicht zu sagen alltäglichen, Realitäten zu tun. Da alles mit eingeschlossen ist, macht die Synthese keinen Unterschied in der Art ihres Ausdrucks. Sie bezieht jede Stufe mit ein und bringt alles zum richtigen Punkt der Ausgleichung. Dazu gehören auch bestimmte grundsätzliche Realitäten, die viele Lichtarbeiter lieber vermeiden würden. Integration und Synthese können nur erreicht werden, wenn wir uns zur Gänze anerkennen und nichts von uns ablehnen. So gibt es beispielsweise Lichtarbeiter, die sich überhaupt nicht mit Geldangelegenheiten befassen möchten. Sie würden viel lieber unbelastet auf den höheren Ebenen weilen und mit diesem praktischen Aspekt am besten gar nichts zu tun haben. Das kann man gut verstehen, da die Gesellschaft derart materiell ausgerichtet ist und das Geld für die Masse den Stellenwert einer Gottheit hat. Die Geschäfts- und Finanzwelt ist oft brutal und daher abstoßend für jemanden, der sensibel ist. Einige wenige von uns haben es in ihrem Karma, daß sie ihre Energien anderswohin ausrichten können. Für die Mehrheit jedoch ist das Geld ein absolut reales und wesentliches Thema. Wenn Ihr auch in diese Gruppe gehören solltet, dann habt Ihr sicher bereits bemerkt, daß sich Schwierigkeiten nicht damit lösen lassen, indem man vorgibt, sie seien nicht da. Sie sind sehr wohl da und das aus gutem Grund.

Wenn Ihr Euch in der Situation befindet, Euren Lebensunterhalt verdienen zu müssen, dann geschieht das in göttlichem Auftrag und hat einen guten Grund. Vielleicht geschieht es darum, daß Ihr aus Eurem Wolkenkuckucksheim herauskommt und zu Eurer Ganzheit findet. Andererseits muß es nicht einmal eine persönliche Lektion sein, die Ihr da zu lernen habt. Es ist durchaus möglich, daß die Meister Euch in diese Situation geführt haben, damit Ihr "dort draußen" Euer Licht erstrahlen lassen könnt. Vielleicht dient es dazu, Euch mehr Mitgefühl für jene zu lehren, die kämpfen müssen, um halbwegs über die Runden zu kommen. Welchen Grund diese Situation auch haben mag wenn sie Euch begegnet, stürzt Euch hinein! Ist eine Lektion zu lernen oder ein Dienst zu erfüllen, dann werden Euch alle Kräfte unterstützen, daß Ihr dieser Herausforderung begegnen könnt. Wenn Ihr klug seid, folgt Ihr diesem Prozeß freiwillig und seht zu, daß diese Erfahrung so angenehm wie möglich für Euch ist, denn Ihr werdet nicht früher daraus entlassen bis Ihr das gelernt habt, was Ihr lernen mußtet! Sehr oft fühlen sich Lichtarbeiter zum Arbeiten hingezogen, damit die Bewegung der Erde völlig mit der Bewegung der höheren Sphären integriert werden kann. Viele Lichtarbeiter können viel besser mit den höheren Bereichen umgehen und sich darin bewegen, als sie das mit den irdischen Bereichen können. Damit jedoch die völlige Integration stattfinden kann, müssen alle Bereiche zu ihrem Recht kommen. Da die Gesellschaft, mit der wir es zur Zeit zu tun haben, sich sehr stark mit Finanz- und Geschäftsaktivitäten identifiziert, müssen auch die Lichtarbeiter sich in diesen Bereichen bewähren, wozu sie auch oft durch Ereignisse in ihrem Leben gezwungen werden. Die meisten von uns sind so programmiert, daß sie diese Dinge als schlecht ansehen und wenn man sie vom Blickpunkt der Massen aus betrachtet, ist das auch sehr oft so. Vom Blickpunkt des Mahatma jedoch kann man sie als positiv betrachten und auch erfahren. Man kann sie sogar als Meditation, Aktivierung und Übung verwenden, um auf jeder Stufe vorwärtszukommen. Auf diese Weise können sie von einer weltlichen Bürde in ein spirituelles Sadhana umgewandelt werden! Es ist sehr wichtig, daß Ihr in Kontakt mit der Arbeit kommt, auf die Ihr am besten eingestimmt seid. In meinem Buch *Deine Aufstiegs-Mission - Das Annehmen des eigenen Puzzle-Stücks* habe ich darüber sehr ausführlich berichtet. Wenn Ihr bei Eurer Arbeit die Verbindung zu Eurem speziellen Puzzle-Stück fühlt, wird diese Arbeit viel leichter, flüssiger, harmonischer und freudiger vonstatten gehen. Da ich diesem Thema ein ganzes Buch gewidmet habe, würde ich allen, die mehr über diesen Prozeß erfahren wollen empfehlen, dieses Buch zu lesen, denn dann brauche ich mich nicht zu wiederholen. Was ich aber nochmals betonen möchte ist, daß die Integration mit dem Ganzen gleichzusetzen ist mit der Integration mit diesem praktischsten aller Aspekte, nämlich der täglichen Arbeit.

Was ganz wunderbar ist und immer wieder in diesem Bereich geschieht, ist, daß sich Lichtarbeiter ihre eigene Nische schaffen. Das erlaubt uns, mit Hilfe unseres "Broterwerbs" die Wahrheit dessen, wer wir wirklich sind in die tieferen Bereiche unseres Seins zu integrieren. Es gibt immer mehr visionäre Künstler, Channels, Hellsichtige, spirituelle Lehrer, spirituelle Psychotherapeuten, Yogalehrer, spirituelle und physische Nahrungsexperten, Akupunkteure, Heiler, Schriftsteller und metaphysische Buchhändler. Auf diese Weise können immer mehr von uns die Fülle ihres Seins innerhalb ihrer Arbeit ausdrücken. Gleichzeitig ist es unleugbar die Aufgabe anderer Menschen, in Gebieten zu arbeiten, die auf den ersten Blick gar nicht besonders spirituell sind. Diese Menschen haben oft in den Bereichen Politik, Bildung und Management zu tun. Das bedeutet jedoch überhaupt nicht, daß die Arbeit, die sie leisten, weniger spirituell geartet ist, als die der oben angeführten Menschen. Sie müssen wahrscheinlich sehr viel mehr Kraft entwickeln, um in der Geschäftswelt bestehen zu können und aus dem spirituellen Glanz heraus, der in ihnen ist, an der

Veränderung mitzuwirken. In diesen stark materiellen Bereichen werden Akte der Freundlichkeit, der Rücksichtnahme und des Mitgefühls nicht so leicht vergessen. Man sollte ein Buch nie nach seinem Umschlag beurteilen, liebe Leser, und ebenso wenig solltet Ihr andere Lichtarbeiter als unspirituell beurteilen, nur weil Ihr Arbeitsplatz nicht in den metaphysischen Bereichen zu finden ist. Sie wirken, da sie selbst in ihnen arbeiten, vielleicht viel stärker auf die harten Gesellschaftsstrukturen ein als jemand, der außerhalb von Firmen, Geschäften, Banken und Politik seiner Arbeit nachgeht. Wir können noch nicht einmal richtig Kritik üben. Gott hat uns die Fähigkeit zur Unterscheidung gegeben und damit können wir feststellen, was für uns richtig ist und was nicht. Bei allen Situationen, die darüber hinausgehen, ist es besser, zu schweigen und die Arbeit anzugehen, die gerade ansteht. Einige von uns arbeiten in mehreren Bereichen gleichzeitig, was uns die Möglichkeit gibt, unsere verschiedenen Seiten darzustellen. Es gibt solche, die einer Teilzeitarbeit nachgehen und gleichzeitig spirituelle Musik produzieren. Viele Lichtarbeiter verdienen sich ihr Geld durch den Verkauf von speziellen Artikeln (Network-Marketing), was eine sehr gute Methode darstellt, einerseits genügend Geld zu verdienen um die eigenen Bedürfnisse abzudecken und andererseits genügend Freizeit und Geldmittel zu haben, um spirituelle Workshops zu besuchen und am eigenen speziellen Projekt zu arbeiten.

In diesem grundsätzlichen und praktischen Bereich des Broterwerbs gibt es keine genauen Regeln. Buddha spricht vom "rechten Lebensunterhalt". Der Mahatma kann uns unschätzbare Dienste dabei leisten, den rechten Lebensunterhalt für uns zu finden und ihn in die Fülle unseres Seins zu integrieren. Wenn Ihr den Mahatma darum bittet, daß er Euch hilft, die höchste Stufe, die Euer Vierkörper- oder besser noch Zwölfkörper-System ausstrahlen und schwingungsmäßig erreichen kann, zu finden, dann bittet ihn gleichzeitig auch, daß er Euch auch Euer Potential im Bereich des täglichen Lebens erkennen läßt. Vergeßt nicht, daß er letztlich in jedem von uns die volle Energiefrequenz aller 352 Stufen, bis hinauf zur Gottheit, einrichten und aktivieren will. Das, liebe Leser, schließt die niederen Körper nicht aus, sondern erhebt sie zu ihrem höchsten Potential und hilft ihnen gleichzeitig, in ihrem Bereich und Umfeld zu funktionieren. Das, meine Freunde, schließt alle Aspekte des täglichen Lebens mit ein, alle Beziehungen, Interaktionen und Bestrebungen. Vergeßt nie, den Mahatma in Eure Gebete mit hineinzunehmen, denn jeder von Euch ist ein kostbares Gefäß, mit dessen Hilfe Er die höchstmögliche Energiematrix der Synthese und Integration verankern und aktivieren möchte. Er ist immer da und für alle, die ihn suchen, leicht zu erreichen. Ruft ihn an, liebe Brüder und Schwestern, und Ihr helft ihm damit sein eigenes Puzzle-Stück zu erfüllen und dient gleichzeitig Eurem eigenen!

Die Integration der Rassen

Ihr könnt Euch vorstellen, wie absurd Rassendiskriminierung aus der Sicht des Mahatma sein muß! Auch 99,9% der Lichtarbeiter sind dieser Meinung, weshalb dieses Thema kaum einmal zur Sprache kommt. Die Realität ist jedoch, daß der Rassismus eines der vordringlichsten Probleme unserer heutigen Welt ist. Es hat diese Problem in den unterschiedlichsten Spielarten immer schon gegeben und muß jetzt, ein für allemal, zu einem Ende gebracht werden! Die einzige Möglichkeit, dies zu tun, besteht darin, daß man die Dinge aus dem Blickwinkel des Ursprungs betrachtet und der Mahatma ist die beste Verbindung zum Ursprung. Da der Mahatma auf jeder einzelnen Stufe unseres Seins zu finden ist, scheint es nahezu unmöglich, die Integration der Rassen in diesem Kapitel anzusprechen. Und doch gibt es kaum eine bessere Möglichkeit sich mit diesem Problem auseinanderzusetzen als mit Hilfe einer Kraft, die einfach *alles* in sich enthält, einschließlich der Schwierigkeiten und Fallstricke, denen die Menschheit immer wieder zum Opfer fällt. Innerhalb der enormen Größe seines Seins und der Gesamtheit seines Blickwinkels der Synthese finden wir die Weisheit, welche uns dieses Problem verstehen und heilen läßt. Ich habe mich entschieden, hier in diesem Kapitel dieses besondere Problem anzusprechen, weil ich keinen besseren Weg kenne ein so gewaltiges Thema anzugehen, als unter der Ägide dessen, der selbst Synthese und Integration verkörpert.

In Bereichen, in denen das Wort "Integration" immer wieder verwendet wird, besteht meist der größte Bedarf danach. Das Gegenteil davon ist natürlich die Segregation, die Trennung und die Fragmentierung. Die Kräfte der Trennung haben es immer wieder geschafft, die Menschheit von sich selbst zu trennen. Das hat in vorgeschichtlichen Zeiten begonnen und geht zurück bis zu dem Zyklus, als die Außerirdischen kamen, um menschliches Leben auf der Erde ansiedeln zu helfen. Damals hat es "Rassenprobleme" zwischen den hochentwickelten Rassen, die gekommen waren, um bei der Ansiedlung zu helfen, und jenen, die aus selbstsüchtigen Gründen gekommen waren, gegeben. Man hat mit voller Absicht verschiedene Arten miteinander gekreuzt, um den Individualisationsprozeß der Menschheit in eine eigene "Rasse von Männern / Frauen" zu erleichtern. Es gab auch Gruppen, die von früheren Solarsystemen gekommen waren, um ihre Evolution fortzusetzen. Die jüdische Rasse z.B. hatte ihren Ursprung auf einem dieser früheren Evolutionssysteme. Diese Gruppe wurde zu genau dem Zeitpunkt, der mit dem Entwicklungsstand, den sie früher erreicht hatte, harmonisierte, auf die Erde gebracht. Das, liebe Leser, erklärt vieles an Unklarheit und Getrenntsein, das seit jeher ein Merkmal der jüdischen Geschichte war. Ihr könnt daran erkennen, wie stark Rassismus und Integration miteinander vernetzt sind. Sie sind eine Facette der Menschheit, die älter ist, als die Menschheit selbst. Wenn man sie so betrachtet, wird vieles verständlich. Gleichzeitig ist es an der Zeit, diesbezüglich eine Vollbremsung vorzunehmen, denn wir haben das Tor zur Transformation in das neue Jahrtausend, das siebte Goldene Zeitalter der Menschheit erreicht. In der Frequenz dieses anbrechenden Zeitalters und den Lichtschwingungen, die aus dem Kosmos und vom Mahatma selbst kommen, muß dieses Evolutionshindernis endgültig aus der Welt, aus unserem Bewußtsein und aus unseren Handlungen geschafft werden.

In unserer modernen Gesellschaft findet der Rassenkampf zwischen den kaukasischen Rassen und allen anderen, insbesondere den Afro-Amerikanern statt. Diese Situation hat eine lange Geschichte und es ist nicht überraschend, daß sie in Amerika eine Schlüsselstellung einnimmt. Es ist unmöglich, Nachrichten zu hören, in denen nicht von Gewalttätigkeiten zwischen Menschen hellerer und dunklerer Hautfarbe die Rede ist. Da die Afro-Amerikaner in einem der größten Verbrechen der Menschheit gegen sich selbst, nämlich der Sklaverei, in das "weiße Amerika" importiert wurden, waren große Schwierigkeiten vorauszusehen. Wenn eine Situation aus dem Gefühl der Ausbeutung und Disharmonie entsteht, kann es gar nicht anders ablaufen. Da "Schwarze" auf diese Weise in die Welt der "Weißen" eingeführt wurden, waren Elend, Trennung, Chaos und Zerstörung unvermeidlich. Elend bringt Elend hervor, so wie Disharmonie nur Disharmonie erzeugen kann was hätte man somit anderes erwarten können?

Was jetzt geschehen muß, liebe Leser, ist, daß wir, die wir Integration, Einheit und die umfassenden Energien des Mahatma erkennen können, herausfinden, was in diesem Zusammenhang unser Puzzle-Stück ist. Da wir wissen, daß Rassismus einfach falsch ist, müssen wir unser möglichstes tun, um ihn zu beenden. Die Menschen, die noch "keine Augen, um zu sehen und keine Ohren, um zu hören" haben, sind buchstäblich auf uns, die wir sehen und hören können, angewiesen. Als Lichtarbeiter sind wir "Pfadfinder" im weitesten Sinne, was auch diesen schwierigen Pfad mit einschließt. Ich erwarte ganz sicherlich von niemandem, daß er in diesem oder irgend einem anderen Bereich etwas unternimmt, was gegen die Harmonie oder das Tao des eigenen Puzzle-Stückes ist. Keiner von uns ist Martin Luther King Jr. oder Abraham Lincoln. Worum ich Euch jedoch bitte ist, daß Ihr aufpaßt und in allem, was Ihr seid und was Ihr tut, das Licht und die Liebe der Einheit durchscheinen laßt. Auch solltet Ihr dieses Problem wirklich klar sehen und nicht die Augen davor verschließen. Es ist so leicht, vom Lichte geblendet zu werden, wenn alle Farben sich im wunderbaren Licht der Gottheit vereinen! In diesem Licht, liebe Leser, sind wir zu Hause, aber wir sind es ebenso auf jeder anderen Existenzstufe, mit all ihren Farben und verschiedenen Dimensionen. Das im weitesten Sinne ist die Bedeutung von Integration auch auf unserer Erde!

Es kann nicht geleugnet werden, daß zur Zeit unsere Gesellschaft absolut nicht integriert ist und daß der Rassismus, mit all seinen entsetzlichen Auswirkungen, Aufwind hat. Der Grund dafür und für die ständige Verbreitung der Informationen über die Medien ist, daß er dadurch gereinigt, geheilt und in die Einheit verwandelt werden kann, die ein Schlüsselthema des neuen Jahrtausends ist. Es ist gut, wenn wir die Informationen erhalten, denn dann können wir unsererseits unserem Tao folgen und alles tun, was im Sinne des Tao ist, um die Veränderung herbeizuführen. Wir sollten uns jedoch auch der Fortschritte bewußt sein, die in dieser Hinsicht gemacht wurden. Als Film und Fernsehen Breitenwirksamkeit erlangten, was noch gar nicht so lange her ist, wurde von den Afro-Amerikanern überhaupt nicht gesprochen. Wenn es doch geschah, war es in einer derart abfälligen und von Vorurteilen geprägten Weise, daß man kaum hinsehen konnte. Jetzt gibt es in den Filmen schwarze Polizisten und Raumschiffkapitäne, und wir befinden uns in Werbung, Film, Theater und Musik auf dem Weg zur Ganzheit. Wenigstens hat es hier einen Fortschritt gegeben! Sport ist wohl der einzige Bereich, in dem wirkliche Gleichberechtigung herrscht, allerdings nicht, was den Kauf und das Management von Teams angeht! Im Augenblick gibt es nicht viele Lichtarbeiter, die sich zur Rechtsprechung hingezogen fühlen. Alle jene jedoch, die in diesem Bereich tätig sind, sollen wirklich für Gleichberechtigung und wahre Gerechtigkeit kämpfen und damit ihr Licht und ihre Liebe in die Tat umsetzen. Was aber können die tun, die nicht als Politiker, Rechtsanwälte, Ärzte oder Manager arbeiten? Sie können und sollen nach bestem Wissen und Gewissen von dem Platz aus, an den sie berufen sind, gegen den Rassismus ankämpfen. Wir sollen unserem Puzzle-Stück keine "fremden Federn" anstecken, sondern es in Wahrheit annehmen und vollständig darin aufgehen. Dazu muß man zunächst einmal die Wahrnehmung entwickeln. Ist das geschehen, kann man viel besser seine Aufmerksamkeit auf die Informationen lenken, die Radio, Zeitung oder Fernsehen verbreiten oder sich darauf einstimmen. Ich bin intuitiv davon überzeugt, daß Ihr versteht, daß das, was ich sage, eine Reflexion dessen ist, was vor sich geht. Vielleicht gehört gerade Ihr zu der Gruppe von Menschen, die unter der Ungerechtigkeit und dem schrecklichen Verhalten zu leiden haben, das ich gerade angesprochen habe. Sollte dies der Fall sein, dann wißt Ihr besser als ich oder jeder andere, der sich auf irgendeine Art darauf einstimmt, wovon ich hier rede. Vielleicht ist diese Situation auch für Euch noch niemals ein Thema gewesen. Welchen Beruf Ihr auch haben mögt, wenn Ihr Lichtarbeiter seid und versucht, Eure eigene persönliche Integration zu leben, dann seid Ihr auch imstande, der Menschheit in ihrem Streben nach Ganzheit und Integration beizustehen.

Als erstes könntet Ihr Euch auf das konzentrieren, was dieses Buch nahezubringen versucht, nämlich auf den integrierten Aufstieg. Je integrierter Ihr in Euch selbst seid, desto eher könnt Ihr es durch Eure Schwingung nach außen tragen. Ihr wißt, das ist die Methode, wie Energie zur Veränderung und zum Aufstieg beitragen kann. Des weiteren sollt Ihr Euch auf das Sein des Mahatma konzentrieren, dem dieses Kapitel gewidmet ist. Der Mahatma ist der Avatar der Synthese, und arbeitet als solcher mit Hingabe daran, Fragmente in Synthese und damit in die Gesamtheit der Gottheit zu bringen. Ruft ihn in Euren Gebeten an und fragt ihn, wie Ihr dabei helfen könnt, die Disharmonie und Trennung zwischen den Rassen, die noch so oft zu finden ist, zu verbessern. Aus der Sicht des Mahatma gibt es so vieles, was die verschiedenen Rassen einander geben könnten, um daraus den Teppich zu weben, in dem alle wunderbaren Aspekte der Menschheit eingewirkt sind, in dem aber nichts von ihrer Individualität verloren geht, was für viele Bereiche, die ich bereits in diesem Buch angesprochen habe, von großer Wichtigkeit ist. Wir alle sind zu verschiedenen Zeiten Angehörige verschiedener Rassen gewesen, was unauslöschliche Spuren auf unserer Seele hinterlassen hat. Diese Spuren sind Anteil des innersten Wesens und Anteil der mächtigen ICH BIN - Gegenwart. Sie sind dazu da, diese Präsenz reicher zu machen und dürfen daher nicht vernichtet werden! Ihr sollt daher ganz sicher nicht die Rasse, der Ihr zur Zeit angehört "aufgeben", und die Einmaligkeit dieser Erfahrung wird auch ganz sicher niemals ganz aus Eurer persönlichen Monadenpräsenz verschwinden.

Ich habe gerade die drei Ms und Djwhal gefragt, ob die Aufgestiegenen Meister der Inneren Ebenen ihre Rasse beibehalten, wenn sie in ihrem Dienst weitergehen. Das ist tatsächlich der Fall, so hat man es mir gesagt und gezeigt. Einige behalten die Form, in welcher sie ihren Aufstieg vorgenommen haben. Andere behalten die Form eines früheren Erdenlebens in einer bestimmten Rasse. Das gleiche gilt auch für das Geschlecht. Diese Entscheidungen dienen dazu, ihren Dienst zu erleichtern. Was man von Euch verlangt, und zwar mit Nachdruck verlangt, ist, daß Ihr das, was Ihr seid im größeren Ganzen integriert. Wenn Ihr mit Eurer Situation nicht zufrieden seid oder die Ungerechtigkeit, die in der Welt ist, und den Rassismus seht, werdet Ihr diese Forderung gut finden. Seid Ihr jedoch mit Eurer Rasse "verhaftet", wird Euch das viel schwerer fallen. Deshalb betone ich nochmals, liebe Leser, daß Ihr nur dazu aufgefordert seid, die fragmentierten, dem negativen Ego angehörigen Rassismus-Manifestationen zu entfernen, damit wir uns voll und ganz mit der gesamten Menschheit verbinden können. Das gilt selbstverständlich nicht nur für die kaukasischen und die afro-amerikanischen Rassen, deren Querelen hier in Amerika täglich über die Medien ausgestrahlt werden. Das gilt für jede und innerhalb jeder Rasse. Das Gefahrenpotential und die geheimen Gewalttätigkeiten innerhalb der kaukasischen Rasse ist unwahrscheinlich hoch. Es gibt Leute, die sich immer noch stolz zu den Maximen Nazi-Deutschlands bekennen und die Welt durch den verzerrten Blickwinkel Hitlers betrachten und die Gruppen von jungen Menschen zu diesem fürchterlichen Verhalten abrichten.

Der Rassismus, liebe Leser, kennt keine Grenzen. Er ist überall zu finden, auch auf unseren Straßen, und zeigt sich oft in Kleinigkeiten, die der "normale" Außenstehende vielleicht nicht einmal bemerkt. Was ich hier anspreche, bezieht sich auf die asiatische Bevölkerung, die Indianer, die spanischsprachigen Einwohner, kurz alle und jeden. Dieser kurzsichtige Blickwinkel muß schleunigst geändert werden, denn das Neue Zeitalter steht vor der Tür. Man darf aber die Tatsache auch nicht einfach unter den Tisch fallen lassen, denn das hieße eine Realität verschweigen. Wenn wir das tun, liebe Freunde, dann schaffen wir nur ein Umfeld, in dem diese Situation gedeihen kann. Wir müssen unseren Blickwinkel erweitern, damit wir die Gesamtheit erfassen, jedoch gleichzeitig auch erkennen, wie falsch die Haltung der Menschheit im Vergleich zum Ganzen, nämlich zu Gott ist. Dann müssen wir bereit sein, unseren Brüdern und Schwestern zu helfen, ihren Blickwinkel zu erweitern, damit auch sie das größere Ganze sehen und sich darauf konzentrieren können.

Ich betone nochmals, daß dabei keine Rasse ihre Individualität aufgeben muß, genau so wenig wie das Erreichen der Einheit mit Gott die Aufgabe der persönlichen Individualität bedeutet. Es heißt nur, daß der Teil mit dem Ganzen verschmolzen wird, daß die Fragmente in Synthese und Integration gebracht und damit Teil des wunderbaren Teppichs werden, dem wir alle angehören. Das Goldene Zeitalter bringt es auch mit sich, daß die menschliche Aura eine in Synthese befindliche, goldene Färbung annehmen wird. Wenn die Frequenz der Menschheit beschleunigt wird und der Reinigungsprozeß fortschreitet, wird die Farbe des Blutes zuerst blau, dann blau-golden und zuletzt golden werden. Das ist einer der Gründe, warum Krishna in blauer Hautfarbe dargestellt wird. Diese Farbe bedeutet, daß seine Schwingung bereits eine hohe Stufe der Reinheit, der Einstimmung auf Gott und der Integration auf höheren Ebenen erreicht hat. Auf religiösen Bildern ist der Heiligenschein und die Aura der Meister in Gold dargestellt. Darin liegt eine Prophezeiung, denn es heißt, daß die goldene Frequenz des Lichtes sich nach und nach auf der physischen Ebene manifestieren und es zuletzt eine goldene Rasse mit goldenem Blut geben wird. Es ist jedoch ganz wichtig, daß Ihr begreift, daß selbst bei einer derartigen Veränderung weder die Individualität Eurer Rasse, noch die aller anderen Rassen, deren Mitglied Ihr jemals gewesen seid, zerstört sondern vielmehr integriert wird. Sie werden in Synthese gebracht, jedoch niemals vernichtet. Es bedarf einer sehr feinen Einstimmung auf den Mahatma und die Frequenzen des Goldenen

Zeitalters, um diesen Prozeß zu verstehen, aber ich hoffe, daß Ihr Euch nach bestem Vermögen darauf einstimmen werdet. Nichts geht jemals verloren, liebe Freunde, und das gilt auch für Eure rassische Herkunft. Das einzige, was verloren geht, ist der Abfall, den das negative Ego produziert, doch selbst der geht eigentlich nicht verloren, sondern wird vom Licht in Energie verwandelt, die dann wieder dem Ganzen zugute kommt. In der Zwischenzeit laßt uns alle, so gut wir nur können, in unserem Puzzle-Stück und unserer Aufstiegsmission daran arbeiten, die Menschheit vom Rassenvorurteil wegzubringen. Ich sage das zu Euch, da die Welt dieses Problem durch Meldungen in den Medien und durch Rassenunruhen ständig selbst bekannt macht. Diese Meldungen haben einen solchen Umfang angenommen, damit durch das Eindringen der Rassenkonflikte in jedes Wohnzimmer eine Reinigung, Heilung und Synthese ausgelöst werden soll. Ihr wißt selbst am besten, welche Rolle Ihr darin zu spielen habt. Ich bitte Euch nochmals, wahrzunehmen, wie stark die Verzerrung innerhalb der Menschheit ist, damit Ihr, liebe Freunde und Mit-Lichtarbeiter, dabei helfen könnt, die Wunden der Trennung zu heilen und ein Gefäß zu sein für das Licht und die Liebe der Einheit, die uns frei macht!

Der Aufstieg mit dem Mahatma

Eines der wichtigsten Geschenke des Mahatma an uns ist seine Mithilfe bei unserem Aufstieg. Das unglaubliche Licht, das der Mahatma mit sich bringt, der spezielle Code, den nur er allein für jeden von uns, der ihn darum bittet, entschlüsseln kann, sowie seine allumfassende Liebe aktivieren unseren Aufstiegsprozeß in enormer Weise. Er bereitet die Zepter vor, die genau unserer individuellen Frequenz entsprechen und imstande sind, diese Frequenz anzuheben und auf höhere Stufen zu bringen. Mit ihnen bringt er auch ein Spektrum von Klängen, die sich ähnlich auswirken. Vergeßt nicht, daß Klang und Licht eins sind, und auf den höheren Ebenen auch so verwendet werden. Wir können den Mahatma auf jede der oben genannten Arten erreichen und zwar in einem wesentlich größeren Ausmaß, als unser Bewußtsein dies verstehen kann. Er kommt als das einmalige kosmische Wesen, das Gruppenbewußtsein mit den vielerlei Facetten. Er zeigt sich uns jedoch als Einer, und möchte als Mahatma oder Avatar der Synthese angesprochen werden. Da er jedoch so viele Facetten besitzt, kann er uns auf unzählige Art und Weise behilflich sein. Das ist der Grund, warum viele Menschen sich auf seine unterschiedlichen Aspekte einstimmen und sich mehr auf eine Facette konzentrieren als auf die anderen. Er ist so enorm groß und allumfassend, daß es nahezu unmöglich ist, daß dieser Konzentrationspunkt nicht aufscheint. Was immer er tut hilft uns bei unserem persönlichen Aufstiegsprozeß. Ich persönlich konzentriere mich meistens auf ihn, als den Avatar der Synthese. Mein geliebter Mentor Djwhal Khul arbeitet in diesem Zusammenhang direkt unter ihm, also tue ich das auch. Das heißt nicht, daß ich all die verschiedenen Arten, in denen der Mahatma uns helfen kann, vernachlässige, und ich rufe ihn auch zur Hilfe, ob es sich dabei um das Heilen oder um Aktivierungsarbeit handelt. Allerdings geschieht dies unter dem Überbegriff der Synthese. Auf diese Weise habe ich das Gefühl, daß ich zwar einerseits die höchsten Energien und Frequenzen anspreche, die ich vom Mahatma übernehmen kann, jedoch gleichzeitig so ausgeglichen und in Synthese befindlich verbleibe, wie mir das im Verlaufe dieses Prozesses nur möglich ist. Ich persönlich bin der Meinung, daß dies genau die Art ist, in der er zu arbeiten wünscht. Da er sich selbst als den Avatar der Synthese bezeichnet, finde ich es richtig, ihn als solchen anzurufen und mit ihm unter der Führung des Lichtes der Synthese und Integration zu arbeiten.

Wenn ich meinen Aufstieg mit dem Mahatma, bzw. durch seine Gnade und Unterstützung, visualisiere, dann sehe ich diesen Aufstieg als völlig integriert, ausgeglichen und in Synthese befindlich. Alle Ebenen kommen zu ihrem Recht und werden auf ihre höchste Stufe gebracht. Auch werden alle Ebenen gereinigt, gesäubert und in Gleichgewicht und Harmonie innerhalb des Ganzen gebracht. Damit wird der Aufstiegsprozeß automatisch zu einem integrierten Aufstieg! Unter der Führung und dem Lichte des Mahatma werden alle schwächeren Flämmchen integriert, aufgenommen, ausgeglichen und anerkannt. Denkt daran, daß der Mahatma eigentlich auf die Erde gekommen ist, um unsere Trennung von Gott aufzuheben. Zu dieser Zeit der Gnade ist er bemüht, unsere Schwingungen bis zur Gottheit selbst anzuheben. Dazu gehört auch die Anhebung der dichten physischen Ebene, damit sie auf der höchsten Unterstufe der physischen Materie funktionieren und dadurch den Planeten auf die Frequenz der nächsten Dimension anheben kann. Bis zum Juni 1988 war der Mahatma nicht physisch auf der Erde verankert. Die Veränderung der Schwingung, die der Planet durchlaufen hat, gestattet ihm nun, direkt mit uns, in unserer Verkörperung, zu arbeiten. Er ersucht ganz speziell darum, daß wir uns ihm öffnen, damit er seine Energien noch besser im Zentrum der Erde verankern kann. In anderen Worten: Er ist hier, um uns zu helfen, jede einzelne Existenzstufe anzuheben und in Synthese zu bringen.

Integrierter Aufstieg, liebe Leser, bedeutet nichts anderes als den Aufstieg mit Hilfe des Mahatma. Es ist ein allumfassender Prozeß, der uns letztlich von allen Ketten befreit. Wir können um die Energien des Mahatma bitten, damit sie uns bei der Umwandlung jeder Energiestufe, die nicht ihren höchsten Grad erreicht hat, behilflich ist. Wenn wir ihn beispielsweise darum bitten, daß er uns auf der physischen Ebene hilft, heißt das, daß wir die Heilung des physischen Körpers, die Anhebung seiner Frequenzen und die Übereinstimmung mit unserem Höheren Selbst und / oder der Monade und mit dem Mahatma und die volle Einstimmung auf Gott erflehen. Wenn wir dabei vollkommen ehrlich in unserer Absicht sind, werden wir unseren physischen Körper meistern können. Gleichzeitig helfen wir dabei, die Frequenzen des Mahatma fest in der Struktur der Erde zu verankern. Der Mahatma tut alles zu unserem Wohle und wir helfen ihm dafür, dem Wohle des Planeten zu dienen. Die gleichen Prinzipien gelten für seine Hilfe in bezug auf unseren Emotionalkörper und das Astralelement. Da der Mahatma jetzt direkt mit allen Ebenen der vier niederen Körper arbeitet, steht er uns jetzt ebenso für diese Körper zur Verfügung, wie er das früher in bezug auf unsere höheren Körper war. Wenn wir also versuchen, unser Astralelement in den Griff zu bekommen und unser emotionales Selbst zu meistern, können wir dazu seine göttliche Hilfe erbitten. Das bedeutet jedoch nicht, daß er uns alle Gefühle nehmen will, weit gefehlt. Es ist weder sein, noch Gottes Ziel und sollte auch niemals das unsere sein irgendeinen Teil von uns selbst auszulöschen. Was wir jedoch versuchen müssen ist, jeden Aspekt unseres Selbst zu meistern und ihn dabei auf seine höchste Frequenz zu bringen. Im Zusammenhang mit dem Emotionalkörper bedeutet das, daß wir unsere Gefühlswelt aus den Bereichen der niederen Begierden auf die Ebene des Herzens anheben sollen.

Das bedeutet jedoch wiederum nicht, daß wir unsere Gefühlswelt verschließen oder unterdrücken sollen. Es bedeutet vielmehr, daß wir mit der Hilfe des Mahatma und kraft unserer eigenen Anstrengung den fühlenden Körper anheben müssen, damit wir die feinsten und subtilsten

Schwingungen bedingungsloser Liebe, der Menschenliebe und Liebe zu allen fühlenden Wesen sowie der Liebe zu Gott empfinden können. Damit will ich nicht sagen, daß wir in diesem Prozeß unseren Wunsch nach menschlicher Liebe aufgeben sollten. Wenn romantische Liebe ein Teil von Euch und Eurem Puzzle-Stück ist, was für die meisten Menschen der Fall ist, dann wird die intime menschliche Liebe weiterhin zwischen zwei Menschen möglich sein. Sehr oft ist dabei die Liebe zur Familie und zu Freunden mit eingeschlossen. Dieser Austausch menschlicher Liebe wird dabei auf seine höchste Frequenz gebracht und im Herzbereich verankert, umfaßt jedoch gleichzeitig die volle und normale Ausdrucksmöglichkeit, die es auf allen Ebenen gibt, einschließlich der zwischen Liebenden. Denkt immer daran, daß die Energie des Mahatma integriert und allumfassend ist. Sie wird niemals versuchen, irgend etwas, das im Bereich normalen, gesunden Lebens liegt, auszuschließen, sondern es einfach innerhalb des höchsten nur möglichen strahlenden Glanzes des Seins in Synthese zu bringen und dann in dieser Art zu präsentieren. Das ist alles!

Das schließt natürlich auch alle Aspekte ein, die der mentalen Stufe angehören. Obwohl der Mahatma nicht durch irgendein geistiges Konzept eingeengt werden möchte, hat er sich doch dem Geist der Menschen offenbart. Eigentlich könnte kein menschlicher Geist die enorme Größe seines Seins oder das Licht seiner göttlichen Weisheit überhaupt erfassen. Trotzdem hat er einen Zugang zum menschlichen Geist gefunden, um Aspekte seiner selbst und seiner Arbeit bekannt zu machen. Das ist einer der Gründe, warum ich ihn so liebe und seiner Integration ein ganzes Kapitel gewidmet habe. Wenn wir durch seine göttliche Gnade durch die verschiedenen Ebenen unseres Seins aufsteigen, erlangen wir damit den integrierten Aufstieg, der uns letztlich voll und ganz frei macht. Wenn wir über den Mahatma meditieren, stimuliert das die Zellen unseres Verstandes und auch die unseres physischen Gehirns, so daß sich unsere Fähigkeit, Weisheit zu empfangen, enorm verbessert. Gleichzeitig erlangen wir damit die Fähigkeit, als mächtige ICH BIN - Gegenwart zu agieren und Meister unseres Mentalkörpers zu sein! Der Mentalkörper, den wir dann beherrschen, wird seinerseits durch das Licht des Mahatma verfeinert und stimuliert. Das ist eine Situation, in der wir nur gewinnen können. Jede Zelle unseres Zwölfkörper-Systems wird, ebenso wie unser feinstofflicher Lichtkörper, neu aufgebaut und eingestellt, damit sie das, was der Mahatma an Göttlichem vermittelt, auch aufnehmen kann. Sie werden auch in sich sowie in bezug auf die Strukturen der äußeren und

Inneren Ebenen zur Synthese gebracht, damit sie die Energien der Synthese auf die beste Weise reflektieren können. Dieser Vorgang steigert unsere Fähigkeit, immer höhere Initiationen zu durchlaufen, und zwar auf integrierte Weise. Mit der Hilfe des Mahatma werden wir in die Ganzheit und Gesamtheit Gottes aufsteigen, so wie Gott das für uns vorgesehen hat. Es ist auch nicht notwendig, daß wir uns lange auf einer Ebene aufhalten, die zu den vier niederen Welten gehört, es sei denn, wir tun es, um zu dienen. Das ist für mich der vordringlichste Grund, warum ich jede Gelegenheit ergreife, die mir der Mahatma bietet, um in die Sphäre Seines strahlenden Seins zu gelangen.

Ich kann Euch nicht nachdrücklich genug empfehlen, die Gnade, die er Euch anbietet auch anzunehmen und ihn zu bitten, daß Ihr Euren Weg zum Aufstieg innerhalb seines strahlenden Selbst vornehmen dürft. Da er alles umfaßt, hindert Euch das nicht daran, dem Weg zu folgen, auf dem Ihr Euch befindet, oder Eurer Berufung, und es trennt Euch auch nie und nimmer von Eurer göttlichen Abstammung! Alles, was dabei geschieht ist, daß Ihr die Energien des Avatars der Synthese Eurem Prozeß hinzufügt. Das erleichtert Euren integrierten Aufstieg und bietet Euch gleichzeitig einen Arbeitsbereich, und das nur weil Ihr zulaßt, daß er durch Euch wirkt und Euch durch seine Anwesenheit segnet. Ich kann mir kein besseres Angebot vorstellen, liebe Freunde und ich hoffe, daß Ihr Euch der Glorie des Avatars der Synthese zur Verfügung stellt!

Reine Seinserfahrung: Existenz, Bewußtsein, Glückseligkeit und Dienen

Wenn wir uns auf unserem Weg mit dem Mahatma verbinden, werden wir sehen, daß wir nicht nur unseren Aufstiegsprozeß in höchst integrierter Weise angehen, sondern daß sich auch unser Bewußtsein erweitert. Das Bewußtsein, von dem ich hier spreche, tritt an die Stelle des Verstandes, umfaßt ihn jedoch auch. Es ersetzt weiterhin das Unterbewußtsein und das Bewußtsein und bringt uns direkt in das Zentrum des Überbewußtseins und noch darüber hinaus. Ich verwende den Ausdruck Überbewußtsein allerdings anders, als dies sonst der Fall ist, obwohl es sehr stark in die höhere Sphäre des Bewußtseins gehört und Informationen enthält, die über das Höhere Selbst und die mächtige

ICH BIN - Gegenwart hereinkommen. Und ich möchte es nicht einmal auf diese riesigen Bereiche beschränken. Ich spreche von ihm als von einem Bewußtsein, das alle verschiedenen Aspekte des Geistes und des Bewußtseins, so wie sie vorher angesprochen wurden, überschreitet. Das Bewußtsein, das ich hier meine, ist das der "reinen Wahrnehmung". Es ist die Sprache der Symbole, die Sprache des flüssigen goldenen Lichtes, die Sprache der reinen Schwingung, des Klanges und der Energie! Ihr müßt verstehen, liebe Leser, daß wir hier durch die gewaltige Energie des Mahatma stimuliert werden, der seinerseits mit Melchizedek und Metatron zusammenarbeitet. Es handelt sich also um Energien, die in Worten nicht zu beschreiben sind. Da Worte jedoch das Floß sind, welches uns in das ferne Land der "reinen Seinserfahrung" trägt, werde ich selbstverständlich versuchen, die Stille, die sich mir durch meine Einstimmung dargeboten hat, in Worte zu fassen. Hätte ich die Möglichkeit, mich in Schwingungen auszudrücken, käme das, was ich Euch sagen will, sehr viel genauer bei Euch an. Ich selbst habe das meiste dieser Informationen in Worten und Bildern übermittelt bekommen, daher ist es nur gut und recht, daß sie so an Euch weitergegeben werden. Einer der wunderbarsten Aspekte des Mahatma besteht darin, daß er alle Ebenen in sich enthält und es daher keine Trennung gibt. Da keine Trennung vorhanden ist, kann alles, was reine Schwingung ist, sich in Worte kleiden und nahezu ohne Verzerrung den Geist erreichen. Es gibt Aspekte, die unausgesprochen bleiben müssen, da sie keinerlei Bezug zu der Sprache, wie wir sie verwenden, besitzen. Diese Aspekte müssen von uns direkt gefunden und erfahren werden. Es stimmt auch, daß die Intensität des Bewußtseins, welches aus der reinen Seinserfahrung stammt nicht vermittelt, sondern mit Sicherheit nur erfahren werden kann.

Ich muß hier klarstellen, daß mir diese Informationen durch die gemeinsamen Energien des Mahatma, Lord Melchizedeks und des Erzengels Metatron übermittelt werden. Sie sind die kosmische Dreieinigkeit, mit der ich eng zusammenarbeite, und es ist die Energie ihrer gemeinsamen universellen Kraft zur Synthese und auch die ihres Lichtes, welche mir hier zugeströmt ist. Was sie hier aufzeigen wollen ist, daß es für das Bewußtsein keine Grenzen gibt. Die meisten von uns meinen, daß es nur innerhalb der vier Arten des Geistes oder innerhalb des unterbewußten, bewußten und überbewußten Aspektes des Geistes angesiedelt ist. Menschen, die noch nicht die Erleuchtung erfahren haben, meinen, daß es dem Gehirn entspringt, was eine wahrlich enge Sicht der

Dinge ist, die langsam aber sicher durch das Konzept des Geistes schlechthin ersetzt wird. Wenn wir von Bewußtsein sprechen, meinen wir die Essenz der Gottheit selbst. Wie bereits erwähnt, trifft der Ausdruck "Sat Chit Ananda", der in der Hindu-Religion verwendet wird, sehr genau das, was ich Euch hier sagen will. Übersetzt heißt er nämlich "Existenz, Bewußtsein, Glückseligkeit". Das beschreibt ziemlich genau die Art von Bewußtsein, welches in den höheren Stufen des integrierten Aufstieges für uns zugänglich wird. Je weiter wir auf unserem Weg der Initiationen vorwärtsschreiten, desto mehr erreichen wir diesen Zustand der Seinserfahrung. Wenn Ihr bei der dritten Initiation die Seelenverschmelzung erfahrt, ist das ein leichter Vorgeschmack auf diesen Zustand. Wenn wir das Tor der siebten Unterebene der siebten Initiation durchschreiten und damit als die Monade selbst agieren, erfahren wir einen ähnlichen, jedoch vereinfachten Zustand. Wenn wir dann auf der Wendeltreppe der Evolution höher und höher steigen, wenn wir das Zepter der Kraft und die geheimen Zepter des Bewußtseins von den gemeinsamen Energien von Melchizedek, dem Mahatma und Metatron erhalten, dann tauchen wir in diese Sprache des Lichtes und der Seinserfahrung, in dieses Bewußtsein, das jenseits aller Grenzen ist und befinden uns im geheiligten Klang des "Sat Chit Sananda".

Mit Hilfe der Aktivierung und des Segens, die wir durch unsere aufrichtigen und herzlichen Bitten herbeirufen, werden uns der Mahatma, Melchizedek und Metatron weiterführen und in immer höhere Zustände des Bewußtseins und der reinen Wahrnehmung bringen. Die Aktivierung, das strahlende Licht und die Schwingungen, welche diese heilige Dreieinigkeit uns zukommen lassen möchte, erfordert jedoch, daß unsere Körper auch imstande sind, diese Frequenzen aufzunehmen. Um das zu erreichen, ist die Unterstützung des Mahatma eine große Hilfe. Sobald der Körper entsprechend angepaßt und integriert worden ist, werden wir tiefer in das reine Bewußtsein hineingetragen. Es ist dies ein Zustand reinster Seinserfahrung, den man nicht beschreiben kann. Alle von uns, die einen Blick darauf werfen dürfen, sehen im Wachzustand nur einen Bruchteil dessen, was es eigentlich ist. Die meisten von uns gelangen nur in diese höheren Schwingungsresonanzen, wenn sie während des Schlafes ihren physischen Körper verlassen. Wir sind dabei ja auch gleichzeitig außerhalb unseres ätherischen, des emotionalen und des mentalen Körpers, und erreichen diesen Zustand über die Monade. Es ist darum so wichtig, daß die niederen Körper bei so hohen Schwingungen funktionieren, weil bekanntlich das Höhere immer auch das Niedrigere in sich trägt, und damit die Schwingung des "reinen Bewußtseins" unvermeidlich ihren Eindruck auf allen verschiedenen Körpern, mit denen wir verbunden sind, hinterläßt. All jene von uns, die entsprechend auf ihrem Aufstiegspfad vorangekommen sind, werden Aspekte des Bereiches des reinen Bewußtseins oder des " Sat Chit Sananda = Existenz, Bewußtsein, Glückseligkeit" erreichen. Es ist ganz sicher so, liebe Leser, daß die Glückseligkeit ebenso ein Teil dieses Erfahrungsbereiches ist wie reine Existenz und reines Bewußtsein. Danach werden die heilige Geometrie, die Schlüsselcodes, Symbole und Frequenzen in unserem Zwölfkörpersystem verankert, auch im physischen Körper. Wenn wir unseren integrierten Aufstieg weiterführen, werden diese Symbole immer stärker aktiviert. Das reine Licht beginnt in uns zu leuchten, meist ganz knapp unterhalb unserer Wahrnehmungsschwelle. Unserem Bewußtsein werden Geheimnisse enthüllt und wir können alte Geheimsymbole entschlüsseln und verstehen. Dies kann darum geschehen, weil wir, wenn wir so weit sind, von Melchizedek, dem Mahatma und Metatron die "Zepter des Lichtes, der Kraft und des Bewußtseins" erhalten. Das Zepter des Lichtes enthält auch das der Liebe. Es sollte Euch bewußt sein, daß von einem höheren Blickpunkt aus betrachtet, Licht und Liebe die Seiten einer Münze sind. Deshalb habe ich so viel Wert darauf gelegt, daß der Liebesquotient entwickelt werden soll. Auf den äußeren und sogar auf einigen der Inneren Ebenen haben das Licht und die Liebe ihre eigene, unverkennbare Frequenz. Je mehr wir uns jedoch dem Herzen Gottes nähern, desto vernetzter werden die beiden. Wenn Ihr wirklich die Glückseligkeit und das Herz Gottes innerhalb der Großen Zentralsonne finden wollt, dann stürmt nicht auf die Tore Eurer siebten Initiation los ohne vorher Euren Liebesquotienten zu seinem höchsten Potential entwickelt zu haben. Tut Ihr es nicht, werdet Ihr so lange dort aufgehalten, bis die Liebe in Eurer Essenz integriert ist.

Liebe Freunde, jeder von uns kann das reine Bewußtsein erreichen. Aus diesem Zustand absoluter Seinserfahrung sind alle Welten entstanden, so wie wir auch und wir kehren letztlich zu diesem Zustand zurück. Wir gehen zurück zum Ursprung, zur Gottheit, zur Existenz, zum Bewußtsein und der Glückseligkeit, wenn wir den Weg des integrierten Aufstiegs gehen. Ich weiß, daß ich nur einen Bruchteil dieser Wahrnehmung erfahren habe, da sie in ihrer Fülle nur auf der 352. Ebene des Mahatma und in völliger Übereinstimmung mit der Gottheit erfahren werden kann.

Ich möchte Eure Aufmerksamkeit deshalb darauf richten, weil jeder von uns dorthin unterwegs ist, und weil Lichtarbeiter fortgeschritten genug sein sollten, um eine Ahnung von diesem Bereich zu haben. Außerdem sind wir jetzt weit genug entwickelt, daß wir Zugang zu den Stufen reinen Bewußtseins haben, die uns bis jetzt verwehrt waren. Wir integrieren langsam die Sprache des Lichtes auf diesen Stufen und lernen die Bedeutung der heiligen Symbole. Wir gehen, so wie wir früher dazu imstande waren, über den Intellekt und den Geist hinaus, allerdings in einem viel größeren Ausmaß.

Ich möchte nochmals betonen, wie wichtig die Synthese und die Integration, aber auch die Rolle des Mahatma bei diesem Neuerwachen ist. Wir müssen imstande sein, dies zu erreichen und dann die Geheimnisse, die uns enthüllt werden, in unserem äußeren Bewußtsein und der Erde selbst zu verankern. Um dieser Forderung zu entsprechen, müssen wir unsere Arbeit leisten und uns, so weit uns dies möglich ist, reinigen. Das müssen wir tun, weil wir uns dazu entschieden haben, die Türsteher des Neuen Zeitalters zu sein. Gott hat uns dazu auserwählt. Wir haben sozusagen einen Vertrag abgeschlossen. Ihr könnt ganz sicher sein, daß die Hierarchie der Planetaren und Kosmischen Aufgestiegenen Meister der Inneren Ebenen das ihre dazu tut, uns zu helfen, diesen heiligen Vertrag einzuhalten und um unser göttliches Schicksal zu erfüllen. Wir müssen allerdings auch unseren Teil dazu beitragen und dafür sorgen, daß die Vision Wirklichkeit wird! Ich möchte auch, daß Ihr wißt, daß jenseits der Grenzen unseres Geistes, so wie wir ihn sehen, uns das reine Bewußtsein erwartet. Obwohl wir die höchsten Ebenen davon erst erfahren können, wenn wir alle 352 Stufen des Seins durchschritten haben, gibt es doch viel Süße und Erleuchtung für jeden von uns, auf welcher Stufe er auch im Augenblick sein mag. Wenn wir Konzepte und Erwartungen hinter uns lassen, können wir selbst in unserem Alltagsleben das Echo der Energie des reinen Bewußtseins in unserem Sein verspüren. Das ist das Ziel, welches die Yogis seit undenklichen Zeiten angestrebt haben. Heutzutage haben wir, als Masse, einen wesentlich besseren und tieferen Zugang zu diesem Bereich, wenn wir uns Zeit nehmen und uns darauf einstimmen. Der Mahatma schließt alle Ebenen der Seinserfahrung in sich ein, steht aber im Bereich der Gottheit über ihnen. Ebenso können wir all das tun, was wir innerhalb unserer Mission tun müssen und doch einen Ruhepunkt reinen Friedens innerhalb des "Sat Chit Sananda" finden. Jeder von uns kann das, jetzt, in diesem Augenblick, erreichen. Wir müssen es nur wissen und darum bitten, daß wir in Einstimmung mit diesem Seinszustand gebracht werden. Wenn wir auf der höchsten Schwingung reinen Bewußtseins, die wir überhaupt erreichen können, leben, und dabei auf unser Alltagsleben konzentriert bleiben, können wir in höchster Glückseligkeit von uns behaupten, daß "...wir in der Welt leben, jedoch nicht von ihr sind". Dann haben wir auch Zugriff auf alles, was wir brauchen, um das Neue Zeitalter auf dieser Ebene zu verankern. Liebe Leser, gönnt Euch diesen Bewußtseinszustand. Gott möchte, daß wir alle so viel wie möglich von dieser strahlenden Schwingung in uns aufnehmen. Gott möchte auch, daß wir ein Gefäß sind, in welchem diese Frequenzen verankert werden und in dem sie sich manifestieren können. Der Mahatma ist aus den kosmischen Räumen zu uns gekommen, um uns dabei zu helfen. Er wünscht dabei jedoch auch unsere Hilfe, denn nur wir, die wir auf dieser Erde leben, können diese Frequenzen auf die Erde bringen. Ich bitte jeden von Euch ganz dringend, daß er sich mit dem Mahatma so stark wie möglich verbinden möge. Bittet ihn um die Aktivierungen. Laßt ihn in Euch ein, damit er die notwendige Erdungsarbeit erleichtern kann. Bittet ihn, daß er Euch so weit, wie es für Euch möglich ist, in den Bereich des reinen Bewußtseins trägt, damit Ihr die Glückseligkeit erfahren könnt, die man mit Worten nicht beschreiben kann. Je stärker Ihr im reinen Bewußtsein verwurzelt seid, desto tiefer seid Ihr in Gott verankert!

Der Avatar der Synthese kann alle diese Türen öffnen, er kann alle Ebenen erschließen, die dies für uns Wirklichkeit werden lassen. Sprecht mit ihm! Wenn Ihr Eure Mission zu erfüllen und integriert aufzusteigen trachtet, gibt es niemanden, der Euch besser dabei helfen kann, als den Mahatma! Gewährt ihm Zugang zu Eurem Leben und ich garantiere Euch, er wird das selbe tun. Es werden sich Euch die Geheimnisse des Universums enthüllen, und Ihr werdet die Erfahrung reiner Existenz, des Bewußtseins und der Glückseligkeit stärker in Euch empfinden. Ihr werdet feststellen, daß Ihr allein durch Eure Gegenwart bereits dem Planeten dient. Das ist sein göttliches Geschenk an Euch, so wie es das Eure an ihn ist!

15. Die Macht des gesprochenen Wortes

Wer mit der "inneren Sicht" sehen kann, erkennt, so wie dies die Meister tun, daß Worte sehr viel mehr Macht besitzen, als man meint, wenn man sie vom Standpunkt des Okkultisten aus betrachtet. Jedes einzelne Wort besitzt nicht nur seine eigene Schwingungsfrequenz, sondern hat im Ätherbereich effektiv Gewicht, Form, Farbe und Klang! Jedes gesprochene Wort ist ein Kraftpaket an Energie mit einzigartiger Substanz. Wenn wir Worte in Sätzen aneinanderreihen, speziell dann wenn wir sie mit emotionaler und / oder mentaler Vorstellungskraft unterlegen, haben wir, als Menschen, ein ganzes Kraftwerk der Energie zur Verfügung. Diese gewaltige Kraft wird dann mit Hilfe der Bewegung von Zunge und Lippen losgelassen, so wie Pfeil vom gespannten Bogen geschleudert wird. Ob es sich dabei um den todbringenden Pfeil des Kriegers oder Cupidos Liebespfeil handelt, hängt von der Absicht, dem Motiv und der Art der Person ab, die ihn absendet.

Die meisten Menschen haben wenig bis keine Ahnung davon, daß sie die Überbringer und Verwalter einer Kraft sind, die so mächtig ist, wie das gesprochene Wort, was unbeabsichtigt zu einem Wirbel der Zerstörung führt. Jene, die ihrem Herzen folgen und sich der Macht des Wortes bewußt sind, und die auch mit der Absicht des göttlichen Willens in Übereinstimmung sind, bilden nur Worte, die Tempel des Heilens sind. Wer Worte verwendet und sich bewußt ist, wieviel Kraft, Stärke und Substanz sie beinhalten, kann als Mitschöpfer des Goldenen Zeitalters bezeichnet werden. Wir alle müssen uns der lebendigen Kraft und Macht des gesprochenen Wortes bewußt werden, damit diese übersprudelnde Energie nicht unnötig verschwendet bzw. gedankenlos und unbeabsichtigt dazu verwendet wird, Unheil zu stiften. Es ist die Zeit gekommen, in der wir, die wir uns "Lichtarbeiter" nennen, das Licht, die Form, die Substanz und den Schwingungsklang des heiligen Wortes in Hingabe an die Heilung und zur Freude des Planeten verwenden lernen. "Am Anfang war das Wort, und das Wort war bei Gott, und Gott war das Wort". Das ist die Kraft, die wir mit jedem gesprochenen Wort einsetzen.

Diese Wahrheit dient nicht dazu, uns unsicher zu machen oder uns dazu zu bringen, uns zu sehr mit unseren alltäglichen Gesprächen zu beschäftigen. Sie soll nur klarmachen, welche gewaltige Kraft hier jedem von uns zur Verfügung steht. Das tägliche Getratsche ist meist harmlos, da die Absicht, die dahinter steht, harmlos ist und daher zu leichteren, dem Äther zugehörigen Gedanken / Wort-Formationen führt. Man muß jedoch sehr vorsichtig sein, wenn der Emotional- und der Mentalkörper stark bei der Formulierung von Aussagen mitmischen, denn sie bilden die gewichtigen und machtvollen Formen, die eine tiefe Schwingungsfrequenz besitzen. Bei dieser Art der Aussagen müßt Ihr sehr wachsam und Euch voll der Tatsache bewußt sein, daß wir damit möglicherweise eine Waffe herstellen, die wir, wenn wir ganz ehrlich sind, lieber nicht einsetzen würden. Deshalb denkt immer zuerst, bevor Ihr sprecht. Vor dem Denken meditiert und setzt Euch mit Eurer Seele, der Monade und der mächtigen ICH BIN - Gegenwart in Verbindung. Das wird Euch auf Gott und seine Absicht einstimmen, was Euch automatisch in den Zustand der Heiler und Helfer der Welt versetzt.

Die Gedanken, welche Euch nach dieser Einstimmung durch den Kopf gehen, gehören einer höheren Ordnung an, was bedeutet, daß auch die Worte dem entsprechen. Sie werden die Form, den Klang, die Farbe und die Frequenz dessen annehmen, was für Euch der höchste und beste Ausdruck Gottes ist. Eure Worte werden dann nicht nur die Freude der Menschheit, sondern auch jedes der Evolutionsreiche, die es auf dem Planeten gibt, sein. Wir alle wissen aus eigener Erfahrung, wie sehr uns verletzende Worte schmerzen können. Wir haben jedoch auch gesehen, welchen Schaden unsere negativen und vernichtenden Worte bei einem anderen Menschen anrichten können. Die meisten von uns kennen auch die Auswirkungen der "stillen Worte", die wir zu uns selber sprechen, auf unseren physischen, ätherischen, emotionalen und mentalen Körper. Worte sind wahrlich eine Kraft, mit der wir rechnen müssen, und sie sind eines unserer mächtigsten Hilfsmittel für das Gute oder für das Böse. Man nimmt allgemein an, daß Lichtarbeiter ihre Worte für das Gute einsetzen. Man muß sie nur daran erinnern, mit welch enormer Kraft sie umgehen. Es ist interessant zu beobachten, daß Worte mit ihrer Frequenz, ihrem Klang und ihrer Absicht, sehr starke Auswirkungen auf Reiche und Evolutionslinien haben, die die Bedeutung des Wortes nicht verstehen können, so wie die Menschen das tun. Ein sehr gutes Beispiel sind dafür die Tiere.

Jeder, der schon einmal ein Tier hatte, wird bestätigen, daß unser Bruder / Schwester Tier mehr auf den Klang und die Energie des auf ihn gerichteten Wortes reagiert, als auf das Wort selbst. Haustiere lernen zwar mit der Zeit, was der Klang eines bestimmten Wortes bedeutet, wir garantieren Euch jedoch, daß ein Hund, dem Ihr einen Keks aggressiv oder beschuldigend hinhaltet, eher auf den Klang Eurer Worte reagieren wird, als auf die angebotene Leckerei. Umgekehrt ist es so, daß die Klänge der Wal- und Delphingesänge so viel Ruhe ausstrahlen, daß sie aufgenommen und zu CDs verarbeitet werden, welche die Menschen dann gerne kaufen. Diese wunderbaren Klänge werden oft dazu verwendet, zu beruhigen und zu heilen und um Ruhe und meditative Zustände herbeizuführen. Wenn wir mit der Natur oder den Engeln kommunizieren, ist es unsere Frequenz und Klangfärbung, die ihre Antwort herbeiführt. Unsere Worte sind jedoch dann am mächtigsten, wenn Wort, Absicht und Klangfarbe in Harmonie mit Gottes Liebe, Licht und seinem heiligen Willen sind.

Das bringt uns wieder zum Anfang zurück. Worte sind immer um uns, nicht nur jeden Tag und jede Stunde, sondern oft von einem Augenblick zum anderen. Es ist eine Tatsache, daß wir, als Rasse, viel zu viel reden und zu wenig bedenken, was wir eigentlich sagen. Die Worte und die Gedanken auf einer höheren Ebene, gehören jedoch zu dem, was uns ausmacht. Da dies nun einmal so ist, sollten wir wirklich herauszufinden versuchen, wie wir diesen wichtigen Teil unseres Lebens dazu verwenden können, den Plan Gottes zu verbreiten, das neue Jahrtausend einzuläuten und das siebte Goldene Zeitalter auf unserem Planeten vorzubereiten. Als Lichtarbeiter haben wir alle ganz bestimmte Aufträge und Missionen erhalten und sind ein ganz spezielles und wesentliches Teilchen im großen Puzzle Gottes. Als menschliche Wesen haben wir leider die Tendenz, uns immer für ein bißchen besser, mächtiger oder besser eingestimmt zu halten, als die anderen. Das hängt mit dem fehlerhaften Denken des negativen Egos zusammen, aber auch mit der Leidenschaft, mit der wir uns unserem Puzzle-Stück, unserer Aufgabe, hingeben. Wie dem auch sei, es kann dabei zu einer subtilen und sehr hinterhältigen Form der Kritik kommen. Einige von uns tun dann nichts anderes, als kritisieren und fühlen sich dazu auch noch berechtigt. Andere wiederum üben nur mehr Selbstkritik und verachten sich dafür, daß sie scheinbar kein so wichtiges Puzzle-Stück zu leben haben, wie jemand anderer.

Das führt zu negativen Dialogen, ob außen oder im Inneren. Das muß aufhören! Es richtet bei der Mission, die wir miteinander teilen, großen Schaden an, wenn dies auch oft unbeabsichtigt ist. Das ist der Grund, warum wir uns auf die Kraft, die im Wort liegt, konzentrieren müssen. Wir bitten Euch auch, die nötige Anpassung vorzunehmen, damit Ihr nur Worte verwendet, die Freude machen und heilen und nicht solche, die wie Peitschenschläge wirken und voll Verachtung sind. Seid immer vorsichtig mit dem, was Ihr sprecht und was Ihr denkt. Wir alle verfolgen hier das gleiche Ziel, und jeder von uns hat mit voller Absicht ein besonderes und auf ihn ausgerichtetes Puzzle-Stück und eine Mission erhalten. Wir sollen lernen unsere eigene Arbeit wertzuschätzen und dies auch nach außen zu zeigen, statt dauernd die Arbeit unserer Brüder und Schwestern zu kritisieren.

Wie unser geliebter Meister Jesus sagte: "Nehmt zuerst den Balken aus Eurem eigenen Auge, dann erst werdet Ihr klar genug sehen, um den Splitter im Auge Eures Bruders zu erkennen." Das bedeutet, daß wir uns um unsere eigene Arbeit kümmern und versuchen sollen, sie nach bestem Vermögen durchzuführen. Wenn wir das tun, kann das nur positive Auswirkungen auf die Arbeit unserer Brüder und Schwestern haben. Wenn wir kritisieren und ungehalten sind, schaden wir nicht nur ihnen, wir setzen damit eine destruktive Kraft frei, die letztlich uns selbst verletzt. Es ist vollkommen richtig, daß "Gedanken Dinge sind". Ist dies der Fall, dann besteht kein Zweifel, daß Worte noch viel mehr Substanz besitzen. Wendet sie weise und im Dienste an und versucht, dabei nichts und niemanden zu verletzen. Wir haben die Fähigkeit und es ist auch unser Schicksal, Bau-Meister zu sein. Die Worte sind die stärksten und wirkungsvollsten Werkzeuge dieses "Berufes", egal welcher Arbeit wir im Alltagsleben nachgehen. Die weise und liebevolle Verwendung des Wortes ist für unsere eigene Heilung und die des Planeten unumgänglich notwendig.

16. Meditationen im Dienste der Welt

Wie wir die Welt in das Dienen im Zusammenhang mit unserem Aufstieg integrieren können

Liebe Leser, ich bin angeleitet worden, dieses Buch damit zu beenden, daß ich ein paar Meditationen vorstelle, die speziell dem Thema des Dienstes an der Welt gewidmet sind. Die Meister sagten mir, daß auf diese Weise jede Arbeit, die auf der Stufe des persönlichen integrierten Aufstieges durchgeführt wird, in den "integrierten Aufstieg des Planeten" eingebracht werden kann. Da hier mehrere Meditationen vorgestellt werden, empfehle ich Euch jene auszuwählen, die Eurem Herzen, Eurer spirituellen Mission und Eurem Puzzle-Stück am meisten entsprechen. Verwendet jedoch nicht immer die gleichen Meditationen, denn Ihr werdet herausfinden, daß viele dieser Bereiche Euch stärker oder eben weniger stark berühren. Im Namen der Hierarchie der Aufgestiegenen Planetaren und Kosmischen Meister danke ich Euch im voraus, daß Ihr an dieser Aktivität zum Wohle der Welt teilnehmt!

Planetare Axiatonale Ausrichtung

Nehmt wie bei allen folgenden Meditationen eine bequeme Sitz- oder Liegehaltung ein, wobei die Wirbelsäule gerade sein soll. Die Sitzhaltung ist bei diesen Meditationen eher zu empfehlen, da man sich dabei besser konzentrieren kann. Es ist durchaus in Ordnung, sich gegen eine Wand oder eine Sessellehne zu lehnen, solange die Wirbelsäule dabei gerade bleibt. Auch das Hinlegen ist in Ordnung, wenn Ihr dabei Eure Konzentration beibehalten könnt.

Erbittet zunächst Eure persönliche axiatonale Ausrichtung, damit Ihr selbst so ausgeglichen wie möglich seid. Dann bittet um die axiatonale Ausrichtung für die Erde. Visualisiert die verschiedenen Körper der Erde auf ihren unterschiedlichen Ebenen, seht, wie sie alle perfekt ausgerichtet sind und alle Energien unseres Planeten mit der solaren, galaktischen, universellen, multi-universellen und kosmischen göttlichen Absicht

übereinstimmen. Atmet ruhig und entspannt und konzentriert Euch dabei auf eine perfekt ausgerichtete, ausgeglichene und integrierte Erde. Bleibt bei diesem Gedanken so lange es gut für Euch geht,
bis zu 5 Minuten maximal.

Reinigung mit dem Platin-Netz

Bittet zunächst darum, daß das Platin-Netz über Euch und Eure Gruppe gelegt wird, so daß Eure eigenen fehlgeleiteten Energien entfernt werden können. Dann erbittet dasselbe für den ganzen Planeten sowie für die physische, ätherische, astrale und mentale Atmosphäre der Erde. Auf diese Weise kommen die vier niederen Körper der Erde in den Genuß einer der stärksten Reinigungs- und Heilmethoden, welche von den Kosmischen Meistern zur Verfügung gestellt werden. Ihr braucht gar nicht lange zu meditieren – gerade so lange, wie Ihr benötigt um Euch vorzustellen, wie ein riesiges Platin-Netz über die vier Körper des Planeten hinwegfegt und damit diese Körper reinigt. Je öfter man diese Übung durchführt, desto stärker wird der Planet.

Meditation für Mutter Erde

Wenn Ihr Eure Meditationshaltung eingenommen habt, erbittet zunächst die alles überstrahlende Anwesenheit Eurer Monade. Dann ruft in Eurem Inneren alle jene Meister an, welche mit dem physischen, dem ätherischen, dem astralen und mentalen Körper der Erde befaßt sind, insbesondere Lord Buddha, unserem Planetaren Logos. Laßt diese wunderbaren Heilenergien durch Euch strömen und Euch erfüllen. Wenn Ihr Eure Hände im Schoß liegen habt, wendet Eure Handflächen nach oben; oder hebt Eure Arme mit nach oben gerichteten Handflächen zum Himmel. Bittet, daß die Heilströme aller gesegneten Meister, die Ihr angerufen habt, durch Euch hindurch in die Erde fließen mögen.

Visualisiert, wie diese Energien direkt in das Herzzentrum von Mutter Erde gelangen. Bittet darum, daß die Grundfesten der Erde ausgeglichen und harmonisiert werden mögen. Laßt die Liebe aus Euch herausströmen, damit alle, die der Heilung bedürfen, durch die Macht der Gnade statt durch das Karma geheilt, gereinigt und ausgeglichen werden. Dann richtet Eure Aufmerksamkeit auf den Ätherkörper der Erde. Bittet erneut alle Meister, die anwesend sind, daß sie ihre gesegneten Heilenergien durch Euch hindurchströmen lassen.

Tut dasselbe für die Astralsphäre und den Astralkörper der Erde, damit alle negativen Emotionen zu ruhiger, friedlicher und liebevoller Stille werden. Danach richtet Eure Aufmerksamkeit auf die Mentalsphäre und den Mentalkörper der Erde aus und sendet positive Gedanken dorthin. Bittet erneut die Meister, daß sie durch Euch segnen und heilen und die mentale Welt mit ihrer göttlichen und wunderbaren Vision des Positiven durchdringen. Bittet sie, daß sie die Mentalsphäre mit ihren eigenen Gedanken über das wunderbare neue Jahrtausend erfüllen. Laßt alle diese Segnungen in Euch zur Harmonie gelangen. Meditiert, so lange es gut für Euch ist, in dem Bewußtsein, daß Ihr für Mutter Erde ein Konzentrationspunkt seid.

Politische Krisenherde

Gefährliche politische Krisenherde sind auf der ganzen Welt zu finden. Der Mittlere Osten gehört zur Zeit, wie auch schon früher, ganz sicher dazu. Bosnien ist ein weiterer und Rußland macht eine Zeit der Belastungen und Veränderungen durch. Diese Krisenherde sind so stark in ihrer Auswirkung, daß ich es Euch überlassen möchte, Euch denjenigen auszusuchen, der Euch am stärksten anspricht. Wenn Ihr das getan habt, ruft die Meister an, mit denen Ihr Euch persönlich am besten versteht – nehmt ebenso Kontakt mit den geliebten Meistern Saint Germain und El Morya auf.

Bittet daß Ihr vollständig im Schutz Eurer halbdurchlässigen Hülle aus weiß-goldenem Licht sowie des reinen weißen Christus-Lichtes sein möget. Dann verbindet Euer Drittes Auge mit Eurem Herzchakra. Konzentriert Euch fest auf diese beiden Stellen und richtet gleichzeitig alle Eure Chakren danach aus. Konzentriert Euch jetzt mit Eurem Dritten Auge und mit Eurem Herzen auf den Krisenherd, den Ihr Euch ausgewählt habt. Seht, wie alle Schwierigkeiten sich auflösen.

Bittet die geliebten Meister, die Erzengel, Engel und Elohime, daß sie behilflich dabei sind, eine friedvolle und harmonische Situation wiederherzustellen und mitzuschaffen. Bei dieser speziellen Meditation des Dienstes an der Welt ist das Gebet von größter Bedeutung, da wir es hier mit heiklen Situationen zu tun haben und daher sicher gehen sollten, die Hilfe der Meister zu erbitten. Ruft auch den Engel des Landes, auf das Ihr Euch konzentriert, an. Es ist gar nicht notwendig, seinen Namen zu wissen, bittet nur den Engel, der für dieses spezielle Land oder den geographischen Bereich, in dem es liegt, zuständig ist, daß er kraft Eurer

Bitte seine Hilfe gewähre. Bittet auch um die Hilfe der Arcturianer und des Ashtar-Kommandos, und sie werden Euch gerne beistehen, sofern das Gesetz der Nichteinmischung dies zuläßt. Bleibt so lange in dieser Meditation, wie Ihr wollt. Wenn Ihr sie beendet, vergeßt nicht, den Meistern für ihre Hilfe zu danken und behaltet auch während des ganzen Tages die positiven Bilder in Euren Gedanken.

Soziale Themen

Jede Meditation, die den Dienst an der Welt zum Thema hat, sollte zuerst einmal am eigenen Selbst durchgeführt werden. Bevor Ihr z.B. soziale Themen ansprecht, bittet, daß alles, was in Eurem eigenen sozialen Umfeld disharmonisch ist, in Harmonie gebracht werde. Solch ein einfaches Gebet hilft Euch, liebe Leser, Euch in den Dienst, den Ihr an der Welt leistet, zu integrieren. Dafür braucht Ihr nicht viel Zeit, nur so viel um das Gebet zu sprechen. Da jeder von uns Teil der Welt ist, für die wir beten, ist es durchaus logisch, auch darum zu bitten, persönliche Unausgeglichenheiten in uns, die wir für diesen Planeten bitten, zu korrigieren. Das aktiviert und beweist gleichzeitig unsere Integration in der Welt. Da ich diese Sache nicht nochmals ansprechen werde, vergeßt bitte nicht, dies bei allen Euren Meditationen im Dienste der Welt so zu machen.
Wenn Ihr dies getan habt und Eure Meditationshaltung eingenommen habt, sucht Euch ein soziales Thema aus, das Euch besonders am Herzen liegt. Das kann beispielsweise die Integration der Rassen sein, oder Kinder, die des Schutzes bedürfen; Kinder, die am Verhungern sind; Hungersnöte allgemein; die Anhebung des Bewußtseins der Jugend weltweit; die Verhinderung von Banden-Kriminalität und Obdachlosigkeit. Es gibt jede Menge dieser Themen, Ihr könnt Euch also gerne auch etwas anderes aussuchen. Bittet die von Euch ausgewählten Meister um ihre Hilfe. Es ist auch sehr gut, den kosmischen Avatar der Synthese, den Mahatma, anzurufen, da seine vorrangige Aufgabe darin liegt, die hochfrequenten Energien in jede Existenzebene zu integrieren. Seine Macht und seine Präsenz sind enorm groß, und werden trotzdem selbst in die Grundstufe des Lebens gebracht. Ruft ihn, liebe Leser, denn er kann durch jeden, der ihn ruft, wirken.

Richtet Eure Aufmerksamkeit nun auf das Thema aus, welches Ihr Euch ausgesucht habt, und laßt die Liebe, das Licht und den Willen, Gutes zu tun, der Gottes ist, direkt in das Zentrum dieses Themas einfließen. Seht in Eurem Inneren, wie sich Ungerechtigkeit, Disharmonie und

Diskriminierung in einen von Licht und Liebe durchströmten Ausdruck Gottes verwandeln. Fühlt, wie die Meisterheiler, die mit diesen Ideen arbeiten, ihren Glanz durch Euch strömen lassen. Fühlt die Kraft der Transformation von Saint Germain, der sich mit dem hellen Licht seiner Violetten Flamme der Umwandlung in die Situation einbringt. Fühlt die Kraft von El Morya und Erzengel Michael. Fühlt die enorme Kraft des Mahatma, der durch Eure Bereitschaft zum Dienen seine wunderbare Präsenz in die gegebene Situation einfließen lassen und damit Freude und Veränderung schaffen kann, so daß alles zu seiner Zeit den höchstmöglichen Ausdruck Gottes erreichen kann.

Verbleibt in der Heilung und dem Frieden Eurer Meditation bis Ihr das Gefühl habt, daß es nun genügt. Wenn Ihr die Meditation abgeschlossen habt, dankt der himmlischen Hierarchie, die Euch behilflich gewesen ist. Dankt ebenfalls Eurer Seele, Eurer Monade und Eurem Selbst, daß sie Euch in dieser Meditation begleitet haben. Habt weiterhin positive Gedanken zu dem von Euch gewählten Thema. Wenn in den Nachrichten Negatives berichtet wird, selbst wenn Ihr persönlich Negativem in dem Bereich, den Ihr zu verändern sucht, begegnet, nehmt es zur Kenntnis und wendet Euch danach sofort einer positiven Visualisierung und dem Gebet zu. Hier seid Ihr der Heiler und genau, wie jeder gute Arzt es tut, bemerkt Ihr zwar die Krankheit, konzentriert jedoch all Eure Energie auf die Heilung.

Kindesmißbrauch und Gewalt in der Ehe

Beginnt diese Meditation wie ich es zuvor beschrieben habe. Bittet um den Schutz und daß alles, was Mißbrauch mit Eurem Selbst treibt, umgewandelt werde. Umgebt Euch mit bedingungsloser Selbstliebe. Dann ruft Eure Meister an und schließt die geliebte Mutter Maria, Quan Yin und unseren geliebten Lord Maitreya mit ein. Dieses gesellschaftliche Problem haben wir deshalb ausgewählt, weil es gleichermaßen ein persönliches Problem ist, an dem viele leiden und nicht darüber sprechen. Diese Dinge geschehen oft im Geheimen und sind nur den unmittelbar davon Betroffenen bekannt. Durch die Kraft dieser Heilmeditation werden Licht und Liebe, die hier so sehr vonnöten sind, in die dunklen und versteckten Bereiche eindringen können. Wenn Euch eine derartige Situation bekannt ist, konzentriert Euch darauf. Wenn nicht, bittet, daß Eure Meditation allen Betroffenen helfen möge. Dies bezieht sich sowohl auf das Opfer als auch auf den Täter. Bittet, daß die bedingungslose Liebe von Mutter Maria, das alles durchdringende und alles heilende Mitgefühl von Quan

Yin und die Liebe / Weisheit des Christus in diese Situationen strömen möge. Bittet auch darum, daß die Violette Flamme von Saint Germain alle fehlgeleiteten Energien, die dann solche Situationen herbeiführen, verändern möge. Stellt Euch nun vor, wie diese bedingungslose Liebe, die Weisheit, die Barmherzigkeit, das Mitgefühl und die göttliche Alchimie diese speziellen Energien des Mißbrauches in Energien der Liebe umwandeln. Seht und fühlt, wie das, was Ihr aufgerufen habt, nun in das Energiefeld und das Herz all jener eindringt, die in solchen Situationen involviert sind, wie es Ruhe schafft und statt unkontrollierter Wut, Weisheit und Liebe erweckt. Konzentriert Euch dabei in erster Linie auf die Täter, vergeßt jedoch nicht, auch darum zu bitten, daß das Mitgefühl und die Barmherzigkeit von Quan Yin in die Herzen und den Geist der Opfer dringen mögen. Damit eine vollständige Heilung erfolgen kann, muß zunächst allen vergeben werden und sie müssen in einen Zustand der Harmonie und des Friedens kommen. Was wir also mit Hilfe der Meister erreichen möchten, ist eine Heilung, die so vollständig wie möglich sein soll. Wir befinden uns hier in einem sehr sensiblen Bereich, daher arbeiten wir mit dem Gebet und mit der göttlichen Hilfe der Meister, sofern das Höhere Selbst der Betroffenen damit einverstanden ist. In diesen Fällen ist immer am besten, wenn wir die Meister durch uns wirken lassen.

Diese Gebete, meine lieben Leser, werden dringend gebraucht und jeder, der seine Zeit dafür opfert, um ein Kanal für diese Heilenergie zu sein, ist Gottes Segen gewiß. Vergeßt am Ende dieser Meditation nicht, darum zu bitten, daß jede unerwünschte oder fremde emotionale Energie, die Ihr vielleicht aufgenommen haben habt, von Euch genommen werde.

Anrufung der Heilengel

Die Heilengel stehen jederzeit zur Verfügung, um Kranken zu helfen, sei es bei einem Krankenhausaufenthalt oder wenn sie durch einen Unfall, eine Naturkatastrophe oder sonstwie verletzt worden sind. Menschen, welche die innere Sicht haben, können die göttliche Präsenz dieser Engel in Krankenhäusern und bei Kranken und Verletzten erkennen. Durch unsere Gebete und Anrufungen könnte ihre Arbeit jedoch wesentlich verstärkt und ihre Anzahl vervielfacht werden.

Erbittet ihre Anwesenheit in Eurem eigenen Leben und daß sie Euch bei Eurem eigenen Heilungsprozeß helfen. Konzentriert Euch dann entweder auf eine bestimmte Person, die erkrankt ist, oder auf ein bestimmtes

Krankenhaus, auf Krankenhäuser im allgemeinen bzw. auf eine Situation, in welcher Hilfe erforderlich ist. Bittet den mächtigen Erzengel Raphael und Mutter Maria diese Arbeit zu überwachen. Dann ruft die Heilengel an und zeigt ihnen den Bereich, den Ihr ausgesucht habt.

Für alle, die solche Heilmeditationen leiten, habe ich im folgenden eine solche Meditation als Beispiel niedergeschrieben.

Schließt Eure Augen und nehmt eine bequeme Sitz- oder Liegehaltung ein. Wir rufen jetzt das reine weiße Christuslicht und lassen die halbdurchlässige Schutzhülle aus weiß-goldenem Licht um uns erstehen. Es kann nur Gutes und Göttliches durch diese Hülle hindurch. Und nur Göttliches kann nach außen, zu unseren Mitmenschen und zu unserem Planeten dringen. Wir sind geschützt und dienen nur den höchsten Zielen.

Wir bitten nun um die Anwesenheit von Erzengel Raphael und Mutter Maria, seinem weiblichen Gegenpart, damit sie uns bei dieser Meditation beistehen.

Wir bitten um die Anwesenheit aller Heilengel.

Wir bitten darum, daß jeder Aspekt der Disharmonie oder Krankheit in unseren eigenen Körpern von ihrem Heilungslicht durchdrungen und gereinigt wird.

Jetzt richten wir unsere Aufmerksamkeit auf alle Krankenhäuser der Welt.

Wir bitten die lichtvolle Präsenz von Erzengel Raphael und Mutter Maria, alle Krankenhäuser und die darin untergebrachten Kranken mit ihrem Licht und ihrer Liebe zu erfüllen.

Wir bitten um die Anwesenheit so vieler Heilengel wie notwendig sind, um auf allen Ebenen der vier niederen Körper eine Heilung zu bewirken, und wir bitten sie, sich der Leidenden in den verschiedenen Krankenhäusern der Welt anzunehmen.

Wir bitten sie, daß sie unsere Gebete und Anrufungen erhören, soweit das Höhere Selbst der Betroffenen damit einverstanden ist.

Wir bitten Euch, gesegnete Engel, sendet die göttliche, wunderbare Heilkraft, die Euch eigen ist, an alle Menschen, die in diesem Augenblick Eurer Hilfe bedürfen.

Laßt uns nun stille sein und die Engel ihre Arbeit tun.
(Verweilt einige Augenblicke lang in der Stille.)

Senden wir jetzt unsere eigene Liebes- und Heilenergie an alle, die ihrer bedürftig sind, so, wie wir selbst durch die Kraft der Heilenergie, welche durch uns strömt, geheilt werden.
(Verbleibt einige weitere Augenblicke in der Meditation.)

Wir danken Dir, Raphael, und Dir, Mutter Maria.

Wir danken allen Heilengeln, die in diesem Augenblick unsere tiefempfundenen Gebete erhören. Wir bitten Euch, Ihr Engel, so lange zu bleiben, wie es erforderlich ist, und auch weiterhin jeden Leidenden zu begleiten. Amen, Amen, Amen.

Wenn Ihr bereit seid, kehrt wieder zu Eurem Tagesbewußtsein zurück und öffnet die Augen.

Wenn Ihr jetzt diese Meditation beendet und Euer Tageswerk wieder aufnehmt, tragt diesen Frieden und den Glanz der Heilung weiterhin in Euch.

Anrufung des höchsten Lichtes für die Seelen im Übergang

Liebe Leser, ich bekomme jetzt gerade, während ich dies schreibe, die Anweisung, Euch die Meditationen weiterhin in der geführten Version vorzustellen. Da Ihr bereits jede Menge Informationen bezüglich dieser Meditationen des Dienstes an der Welt erhalten habt, kann ich Euch ohne weiteren Kommentar durch die nächsten Meditationen führen. Wer sie selbst mit einer Gruppe durchführen möchte, sollte bitte genau der Anleitung folgen, wie ich sie hier gebe. Für jene, die alleine meditieren, ist dies ein guter Anhaltspunkt. Führt je nach Situation (globale oder spezifische Themen) die entsprechenden Veränderungen durch, und verwendet diese Meditationen auch dazu, eine spezifische oder auch persönliche Situation zu bereinigen, die in diese Kategorie fällt.

Schließt die Augen und nehmt Eure Meditationshaltung ein.
Wir bitten jetzt um die halbdurchlässige weiß-goldene Schutzhülle und um das reine weiße Christuslicht.

Wir bitten, daß die bei allen Teilnehmern an dieser Meditation stattfindenden kleinen Übergänge nur dazu dienen mögen, uns zum allerhöchsten Licht zu führen.

Wir rufen unser Höheres Selbst, die Monade, die Hierarchie der Planetaren und Kosmischen Aufgestiegenen Meister der Inneren Ebenen, alle Erzengel, Elohime und Gott an.

Wir bitten, daß jeder (so Ihr an jemanden Speziellen dabei denkt, fügt hier seinen Namen ein), der jetzt den Übergang durchläuft, den wir als Sterben bezeichnen, nur das allerhöchste Licht anstreben möge.

Wir bitten ihre speziellen Meister und Schutzengel, daß er sie direkt zu diesem Licht führen möge.

Wir bitten auch, daß alle Bardo-Erfahrungen, die sie noch machen müssen, sanft und ohne Mühe sein mögen.

Wir bitten, daß sie sich selbst als das Licht und die Liebe Gottes erkennen, und sich voll Freude mit dem allerhöchsten Lichte von Gottes Glanz, das sich ihnen zeigt, verbinden mögen. Bei dieser Verschmelzung möge ihnen das Gefühl des Friedens, der Freude, der Liebe und der Glorie zuteil werden, damit sie sich als Flamme des ewigen Feuers Gottes erfahren können.

Mögen ihre Leben auf den Inneren Ebenen mit der Liebe und dem Licht erfüllt sein, das sie umfängt und nach Hause ruft.

Kodoish, Kodoish, Kodoish. Adonai Tsebayoth!

Anrufung zur Befreiung aller erdgebundenen und auf der Astralebene festgehaltenen Seelen

Bitte, vergeßt nicht, daß ich jetzt nur noch das Kernstück der Meditation anführe, da der Anfang aller Meditationen gleich ist. Im Zweifelsfalle seht vorne nochmals nach.

Schließt die Augen und nehmt Meditationshaltung ein.

Wir bitten um die halbdurchlässige Schutzhülle aus weiß-goldenem Licht.

Wir rufen die Hierarchie der Planetaren und Kosmischen Aufgestiegenen Meister der Inneren Ebenen, die Erzengel und die Elohime an.

Auf welche Weise wir persönlich auch an die Erde gebunden oder in den unteren Verließen unserer Astralnatur gefangen sein mögen – jetzt bitten wir um die göttliche Hilfe der Meister, damit unsere Befreiung eingeleitet werde.

Wir bitten darum, daß allen unseren Brüdern und Schwestern (hier kann auch der Name von Personen eingesetzt werden, die Ihr kennt und die dieses spezifische Problem haben), die in den unteren Astralregionen gefangen oder in ungesunder Weise an die Erde gebunden sind, sofort geholfen werde, damit sie ihren vollständigen Übergang zu den Inneren Ebenen durchführen und damit ihre Entwicklung fortsetzen können.

Wir bitten, daß die Hilfe der Meister und Engel diesen erdgebundenen Seelen ihre Situation bewußt werden lasse, damit sie freiwillig und freudig Verbindungen, die ihnen nicht mehr dienlich sind, loslassen und den ihnen zustehenden Platz im Hause des Vaters suchen.

Wir bitten, daß diese Seelen die ihnen gebotene Hilfe gerne annehmen und ihr Ziel im Lichte finden. Amen.

Wir bitten, daß alles an Negativem und Emotionalem, das wir unbeabsichtigt aufgenommen haben, jetzt gleich von den Meistern entfernt werden möge.

Wir danken dafür. Amen.

Chantet das dreifache OM.
Kommt wieder in den Raum, in Euren Körper zurück und öffnet die Augen.

Integration und Harmonie zwischen dem Menschen-, dem Elementar- und dem Engelreich

Schließt die Augen und nehmt eine bequeme Meditationshaltung ein.
Wir bitten um die halbdurchlässige Schutzhülle aus weiß-goldenem Licht und um das reine weiße Christuslicht.

Man kann auch das Licht von Lord Buddha, Seiner Heiligkeit Sai Baba, Krishna, Babaji u.a. verwenden. Das hängt ganz von Eurer persönlichen Vorliebe und der Gruppe ab, mit der Ihr arbeitet. Das reine weiße Christuslicht wird schon sehr lange verwendet und hat sich als sehr wirkungsvoll erwiesen. Das ist der Grund, warum ich es für diese Meditationen ausgewählt habe. Ihr könnt aber jederzeit die Meister Eurer Wahl anrufen.

Wir rufen die gesamte Hierarchie der Planetaren und Kosmischen Aufgestiegenen Meister der Inneren Ebenen, alle Erzengel und Elohime an.

Wir bekräftigen unsere Absicht, daß wir in Harmonie mit den Naturwesen, den Devas, den Elementarwesen, mit allen Engeln und Erbauern sowie den Erzengeln und Elohimen arbeiten möchten.

Mit unserer inneren Sicht und Vorstellungskraft können wir erkennen, wie die Elementarwesen und Naturwesen in den Wiesen, den Gärten und Wäldern, den Meeren, den Seen und Flüssen, und auch in den Luftströmungen, dem Wind und im Wechsel der Jahreszeiten wirksam werden. Wir sehen diese Wesen, wie sie in den Flammen tanzen, die unser Essen garen und uns Wärme spenden, und ebenso im gewaltigen Feuer der Sonne.

Wir atmen bedingungslose Liebe aus unserer eigenen mächtigen ICH BIN - Gegenwart ein.

Wir atmen diese Liebe wieder aus, hinein in die anderen Evolutionsrichtungen, die ebenfalls an der Errichtung des siebenten Goldenen Zeitalters auf unserer Welt teilhaben.

Wir möchten, daß sie uns als Wesen des Lichtes und der Liebe sehen, so wie wir sie als solche Wesen anerkennen.

Wir bitten die Meister, uns dabei zu helfen, sanft über die Erde zu schreiten und unsere Handlungen in Einklang mit dem Ziel des Ganzen zu bringen, in welchem auch das göttliche Ziel der Naturwesen und Elementarwesen enthalten ist.

Wir bitten darum, daß wir dazu geführt werden, sie zu ehren und zu respektieren und wir erbitten das gleiche von ihnen, damit unsere Zusammenarbeit immer enger werden kann.

Wir bitten besonders um die Führung durch die großen Erzengel und Elohime.

Wir meditieren jetzt über die Liebe, Freude und den Frieden, den diese göttliche Zusammenarbeit mit sich bringt.

(Verbleibt eine Zeitlang in stiller Meditation).

Wir kehren jetzt in unsere Körper zurück und erfüllen jede Zelle mit der Freude, der Liebe, dem Frieden und der Harmonie, die wir in unserer Meditation erfahren haben.

Wir danken für die Arbeit, welche die Naturwesen und Elementarwesen leisten, wir danken für die Erbauer, die Engel und für die Gnade der Erzengel und Elohime.

Wir lassen unsere Verankerung bis tief in die Erde reichen und stellen damit eine noch festere Verbindung zwischen dem Geist und der Erde her.

Wir öffnen jetzt die Augen.

Entfernung der Kernangst von der Erde und der Menschheit

Schließt die Augen und nehmt Eure Meditationshaltung ein.

Wir bitten um die Schutzhülle.

Wir rufen die Hierarchie der Planetaren und Kosmischen Aufgestiegenen Meister, alle Erzengel und Elohime an.

Wir bitten um die Anwesenheit der Göttlichen Mutter und der Meisterinnen.

Wir rufen Lord Buddha, Sanat Kumara und Vywamus.

Wir bitten, daß für uns und die gesamte Menschheit, sowie für Mutter Erde das Matrix-Entfernungsprogramm der Kernangst aktiviert werde.

Wir bitten, daß jegliche Angst innerhalb der vier niederen Körper von Mutter Erde sowie auch der gesamten Menschheit vollständig entfernt werde.

Wir beobachten mit unseren inneren Augen, wie die schwarzen Fäden aus dem Energiefeld von Mutter Erde entfernt und direkt in das Innere der Violetten Flamme der Umwandlung gebracht werden.

Alles, was voll Angst und Negativität in den verschiedenen Körpern von Mutter Erde und der gesamten Menschheit ist, wird nun in Energie verwandelt, die nur positiven Zwecken dienen soll.

Wir bitten die Göttliche Mutter und die Meisterinnen, daß sie uns, anstelle der Angst, mit bedingungsloser göttlicher Liebe erfüllen mögen.

Als Teil von Mutter Erde und der gesamten Menschheit fühlen wir nun, wie diese Liebe unseren physischen-, ätherischen-, emotionalen- / astralen- und mentalen Körper durchdringt.

Wir danken den wunderbaren Wesen, die uns bei dieser Arbeit behilflich gewesen sind. Amen, Amen, Amen.

Bringt Eure Verankerung ganz tief in das Innere der Erde.

Sendet oder channelt die Liebe durch diese Verankerung und fühlt, wie Euch der Nektar dieser göttlichen Liebe umfließt.

Kommt wieder in Euren Körper zurück und öffnet die Augen.

Verbindung des Bewußtseins der Menschheit mit den Außerirdischen um einen offeneren Dialog zu ermöglichen

Schließt die Augen und nehmt Eure Meditationshaltung ein.
Ruft die Schutzhülle und das reine weiße Christuslicht herbei.

Wir rufen die Hierarchie der Planetaren und Kosmischen Aufgestiegenen Meister der Inneren Ebenen, die Erzengel und Elohime an.

Wir öffnen uns nun der Konföderation der Planeten, die von anderen Welten gekommen ist, um der Erde in ihrer Entwicklung beizustehen.

Nun stellen wir uns vor, daß nur spirituell ausgerichtete politische Führer ins Amt gewählt werden.

Wir bitten die Hierarchie, all ihren Einfluß geltend zu machen, daß Lichtarbeiter diese politischen Spitzenpositionen einnehmen. Ganz besonders bitten wir hier um die Hilfe von El Morya und Saint Germain.

Wir bitten darum, daß der gesamte Geist der Menschheit sich immer stärker der wohlwollenden Wesen bewußt werde, die gekommen sind, um unsere Entwicklung zu fördern, und daß er imstande sei, sie zu akzeptieren.

Visualisiert wie alle Lichtarbeiter der Welt sich immer besser auf die Arbeit unserer außerirdischen Brüder und Schwestern einstellen können.

Seht nun in Eurer Vorstellung, wie die Regierungen des Planeten offen mit unseren Brüdern aus dem Weltall Kontakt aufnehmen, um eine Verbesserung der Erde und die Kooperation unseres Planeten mit der göttlichen Absicht zu ermöglichen.

Wir sehen ganz klar vor uns, wie die Machthaber sich für die Wahrheit, was die Realität und das Ziel unserer Brüder und Schwestern aus dem Weltall angeht, entscheiden, und damit die gesamte Menschheit bewußt und informiert wird.

Wir sehen ebenfalls in unserer inneren Vision, wie die Lichtarbeiter des Planeten ganz offen ihren gemeinsamen und besonderen Zielen in Zusammenarbeit mit der Konföderation der Planeten nachgehen können.

Wir fühlen die Freude der Menschheit und unserer Brüder aus dem All, wenn wir gemeinsam den Plan Gottes umsetzen und die Erde in höhere Frequenzen des Lichtes, der Liebe, der Kraft und des Willens zum Guten bringen.

Wir nehmen uns jetzt einen Moment Zeit, um entsprechende Botschaften des Himmlischen Kommandos empfangen zu können. Wir wissen, daß dies nicht auf der bewußten Ebene geschieht, sondern über die universelle Sprache des Lichtes gesendet wird.

Wir lassen uns von diesem wunderbaren Gefühl der Gnade und Verbundenheit durchströmen.

(Bleibt einige Zeit in Stille.)

Wir danken der himmlischen Hierarchie der anderen Welten, die zum Wohle der Erde hierhergekommen ist.

Wenn wir nun diese Meditation abschließen, halten wir weiterhin an dem Gedanken fest, daß Lichtarbeiter sowohl in den Vereinigten Staaten, wie auch in den anderen Ländern der Erde, in politische Spitzenpositionen gewählt werden.

Wir fühlen die Freude der Veränderung, die aus der Zusammenarbeit zwischen der Menschheit und der Zivilisation und den Wesen, welche die Konföderation der Planeten bilden, entsteht.

Wir stellen unsere Verankerung wieder her, kommen in unsere Körper zurück und öffnen die Augen.

Anrufung eines Goldenen Zylinders über den gesamten Planeten

Schließt die Augen und nehmt Eure Meditationshaltung ein.

Wir bitten um die halbdurchlässige weiß-goldene Schutzhülle und das reine weiße Christuslicht.

Wir rufen die Hierarchie der Planetaren und Kosmischen Aufgestiegenen Meister der Inneren Ebenen, die Erzengel und Elohime an.

Wir bitten jetzt um einen Goldenen Zylinder aus Licht, und daß er uns in seinem reinigenden Glanz einhülle und allen negativen Unrat, negative Elementale und Gedankenformen, emotionale Verwirrungen oder fehlgeleitete Energien jeglicher Art aus unserem persönlichen Energiefeld und aus unseren vier niederen Körpern entferne.

Stellt Euch jetzt vor, wie dieser Goldene Zylinder immer größer wird und sich mit all den Goldenen Zylindern verbindet, die jeder von Euch für sich angerufen hat.

Der Goldene Zylinder wird immer größer, bis er zuletzt den gesamten Planeten umschließt und in seinem Glanz das Kollektiv der Menschheit umfaßt, sei es auf der physischen, der ätherischen, der astralen oder der mentalen Ebene.

Beobachtet jetzt in Eurer inneren Vision, wie der Goldene Zylinder alle fehlgeleiteten Energien, die im Energiefeld der Erde zu finden sind, nach oben bringt, bis in unvorstellbare Höhen, wo sie in winzige Teilchen zerlegt werden. Seht wie diese Körnchen im Glanz des goldenen Lichtes in helle Energiemuster umgewandelt werden. Erkennt in Eurem tiefsten Inneren, wie diese vormals fehlgeleitete Energie jetzt in reines weißes Licht verwandelt worden ist. Seht, wie dieses Licht nun als Auslöser für die Heilung wieder auf die Erde zurückkehrt. Fühlt die Freude in Euch, daß giftige und fehlgeleitete Energien mit Hilfe des Goldenen Zylinders in Licht und Heilung umgewandelt wurden.

Seht, wie sich dieser Vorgang jetzt wiederholt und aller Unrat aus dem Ätherbereich in funkelnde Lichtpunkte verwandelt wird.

Beobachtet und fühlt die Veränderung, wenn diese neue Energie aus den unendlichen Höhen, zu welchen der Goldene Zylinder sie angehoben hat, wieder in den Ätherkörper der Erde zurückkehrt, um Heilung und Regeneration zu bewirken.

Fühlt die Wirkungen, wenn sich dieser Prozeß nun auf der Astralebene wiederholt. Seht, wie alle menschlich erschaffenen negativen Emotionen und Elementale im Inneren des Goldenen Lichtzylinders hochsteigen. Fühlt die Freude bedingungsloser Liebe, wenn diese negativen Elementale in verwandelter Form zurückkehren und als rosa, weiße und goldene Herzen getönt im Violett der Umwandlung sanft in den Astralkörper des Planeten eintauchen. Nehmt eines dieser Herzen und legt es in Euer eigenes Herz hinein. Fühlt die Auswirkung der reinen Liebe. Kostet die Süße der Unwandlung wenn Ihr erkennt, daß es in Eurer mitgestalterischen Kraft und in der Gotteskraft liegt, alle negativen und fehlgeleiteten Energien in reine Liebe und Licht umzuwandeln.

Seht, wie sich dieser Vorgang ein letztes Mal wiederholt. Der Goldene Zylinder nimmt alle negativen Gedankenformen auf und bringt sie aus der Erdatmosphäre heraus, so daß sie keinen Schaden mehr anrichten können. Die Gedankenformen werden dann in winzige Lichtpartikel verwandelt, die auf den Mentalkörper der Erde rieseln und dazu beitragen, den Geist aller Wesen zu reinigen, mit Freude zu erfüllen und anzuregen.

Nun erhebt sich der Goldene Zylinder in die Höhe und wird immer kleiner, bis er gänzlich unserer Sicht entschwindet. Verweilt einige Momente in der Stille und genießt die göttliche, gereinigte Luft, die das kollektive Bewußtsein der Erde und all ihre Menschen jetzt umgibt.

Meditiert über die Freude, die Liebe und die Leichtigkeit, welche Euch durchdringt und erfüllt.

(Bleibt ein paar Minuten in der Stille.)

Verankert Euch wieder vollständig im physischen Körper und senkt Eure Verankerung tief in die Erde hinein.

Wenn Ihr bereit seid, öffnet die Augen und fühlt Euch erfrischt und wie neugeboren.

Erhaltung der Regenwälder und aller anderen Wälder

Schließt die Augen und nehmt Eure Meditationshaltung ein.

Wir bitten um die halbdurchlässige weiß-goldene Schutzhülle und das reine weiße Christuslicht.

Wir rufen die Hierarchie der Planetaren und Kosmischen Aufgestiegenen Meister der Inneren Ebenen, die Erzengel und Elohime an.

Segnet still und in Eurem Inneren die Regenwälder und bittet die Meister und die zuständigen Devas, daß sie Euer Gebet in das kollektive Bewußtsein der Menschen eindringen lassen, in deren Macht die Entscheidung für oder gegen die Regenwälder und aller anderen Wälder liegt.

Verbindet Euch nun zu einem Gruppengebet, das Euch mit denjenigen vereint, die sich ebenfalls für den Erhalt der Wälder einsetzen.

Wir bitten nun Mutter Erde, daß sie uns in unserem Gebet unterstützen möge. Wir rufen nochmals die Devas des Regenwaldes an und bitten sie, uns bei der Bildung einer Gruppen-Gedankenform zu helfen, die stark genug ist, die Gedanken jener Menschen zu berühren, die diese geheiligten Wälder zerstören wollen.

Wir bitten darum, daß die Wahrheit ans Licht komme und daß allen klar und bewußt werde, wie unendlich wertvoll dieser heilige Boden ist und daß es in der göttlichen Ordnung begründet ist, daß der Regenwald wachsen und gedeihen soll.

Stellt Euch jetzt vor, wie diese Wälder in Gesundheit erstrahlen und in wunderbarer Harmonie mit der Menschheit und den verschiedenen Reichen der Evolution gedeihen.

Fühlt den Segen von Lady Gaia und von dem überstrahlenden Deva; sie unterstützen diese Visualisierung und tun alles, was in ihrer Macht steht, um Euch bei der Manifestierung Eurer göttlichen Absicht zu helfen.

Nehmt den Geruch des Waldes wahr, spürt den sanften Wind des Waldes, der Euch umspielt.

Meditiert einige Minuten über die Harmonie in der Natur.

(Verweilt einige Zeit in der Stille).

Dankt den verschiedenen Wesen, die das Wachstum der Wälder garantieren und dankt auch den Wäldern selbst.

Wenn Ihr bereit seid, bringt Eure Verankerung tief in die Erde und sendet durch sie Liebe und Segen in den Erdmittelpunkt.

Wenn Ihr so weit seid, öffnet wieder die Augen.

Schutz gefährdeter Tierarten und der liebevolle Umgang mit den Tieren

Schließt die Augen und nehmt Eure Meditationshaltung ein.

Wir bitten um die halbdurchlässige, weiß-goldene Schutzhülle und das reine weiße Christuslicht.

Wir rufen die Hierarchie der Planetaren und Kosmischen Aufgestiegenen Meister der Inneren Ebenen, alle Engel und Elohime an.

Schickt Euch selbst eine persönliche Botschaft der Liebe und Zärtlichkeit. Bittet darum, daß alle Blockaden in Euch aufgelöst werden mögen, die Euch daran hindern, Euch frei und voll Liebe innerhalb des Göttlichen Planes als das darzustellen, was Ihr eigentlich seid.

Wir rufen jetzt unseren geliebten Meister Kuthumi, der, wie Ihr alle wißt, in einem seiner früheren Leben als Heiliger Franziskus auf der Erde weilte. Wir rufen auch den sanften Jesus/Sananda; sein Wesen verkörpert die reine Hingabe. Wir rufen auch Quan Yin, die Göttin der Barmherzigkeit und des Mitgefühls.

Wir bitten diese wunderbaren Wesen darum, uns in unserer Meditation zum Schutz aller gefährdeten Tierarten beizustehen und zu helfen, so daß jeglicher Mißbrauch der Tiere beendet und statt dessen der sanfte Umgang mit der Tierwelt gefördert wird.

Stellt Euch vor, wie die Tiere der Wildnis frei in ihrem Revier leben und ihrer Natur ohne menschliche Einmischung folgen können. Seht die Wälder und Dschungel ohne Fallen, die diesen Tieren Schaden zufügen könnten. Seht nur, wie sie frei und ungehindert laufen.

Vertieft Eure Visualisierung und nehmt die Zärtlichkeit für alle Tiere mit hinein. Seht, wie der menschliche Geist Alternativen aufgreift, welche Tierversuche hinfällig machen und mit sanften Methoden zu Forschungsergebnissen führen. Hört in Eurem Inneren, mit welcher Freude die Tiere die Freiheit genießen und ohne störende Einflußnahme des Menschen ihr Leben führen.

Laßt Eure Gedanken und Gefühle jetzt die Harmonie zwischen der Menschheit und unseren tierischen Brüdern und Schwestern erfahren. Seht das Tier, geliebt und umsorgt, wie es zusammen mit seiner menschlichen Familie lebt, lernt und sich entwickelt.

Geht tief hinein in den Ort, an dem es nur Liebe gibt und in die Zeit, in welcher der Löwe wahrlich neben dem Lamme ruht.

Fühlt die enorme Freude, die das Reich der Menschen und das Reich der Tiere verbindet.

Meditiert über diese Harmonie.

(Verweilt einige Zeit in der Stille.)

Legt Eure Hände auf Euer Herz, damit Ihr diese Liebe in Euch behaltet.

Verankert Euch und öffnet Eure Augen, sobald Ihr dazu bereit seid.

Entfernung von Implantaten und negativen Elementalen auf dem gesamten Planeten

Schließt die Augen und nehmt Eure Meditationshaltung ein.

Wir bitten um die weiß-goldene Lichthülle und das reine weiße Christuslicht zum persönlichen Schutz.

Wir rufen die Hierarchie der Planetaren und Kosmischen Aufgestiegenen Meister der Inneren Ebenen, die Erzengel und die Elohime an.

Wir rufen Vywamus, Lenduce, Djwhal Khul und Saint Germain und bitten sie, daß sie uns dabei helfen, alle negativen Implantate innerhalb unserer vier niederen Körper zu neutralisieren und zu entfernen.

Wir danken Euch, geliebte Meister, und bitten Euch, daß ihr uns gleicherweise dabei helft, alle negativen Implantate innerhalb der gesamten Menschheit und auch in den Energiefeldern unserer Haustiere zu entfernen und zu deaktivieren.

Bittet Erzengel Michael und Faith um ihren besonderen Schutz.

Wir bitten auch Lord Arcturus um jede Hilfe, die er und seine Arcturianer Euch mit ihrer fortgeschrittenen Technologie leisten können.

Wir rufen Lord Buddha, unseren Planetaren Logos, und Sanat Kumara an.

Seht in Eurer Vorstellung, wie reines goldenes Licht in den mentalen, den emotionalen-, den ätherischen- und sogar den physischen Körper jedes einzelnen Menschen auf der Erde einströmt.

Beobachtet, wie dieses Licht zu den Händen von Vywamus, Sanat Kumara, Lenduce und Saint Germain wird, und wie sie damit Implantate und Elementale aus ihren Verstecken holen.

Diejenigen, welche von Vywamus, Lenduce und Sanat Kumara entfernt werden, verwandeln sich durch die Berührung ihres goldenen Lichtes. Diejenigen, die Saint Germain berührt, werden durch die Violette Flamme, die in seinen Händen glüht, umgewandelt. Djwhal Khul bewirkt diese Umwandlung mit Hilfe seines holographischen Computers.

Fühlt, wie Euer ganzes Wesen von einer enormen Leichtigkeit erfüllt wird. Laßt diese Leichtigkeit über die Erde strömen und stellt Euch dabei vor, daß alle Implantate und Elementale negativer Art unschädlich gemacht oder komplett entfernt werden.

Wir bitten die geliebten Erzengel Michael und Faith, daß sie dafür sorgen mögen, daß ein zusätzlicher Schutz gegen weitere negative Implantate eingerichtet wird. Erbittet dies auch von Lord Arcturus, damit er und seine Arcturianer eingreifen können.

Wir bitten darum von der Essenz reiner Liebe, strahlenden Lichtes und der Kraft des ersten Strahles des Willens erfüllt zu werden. Richtet Eure Bitte ganz besonders an El Morya, damit er Euch hilft, Eure eigene Willenskraft und auch die der Menschheit zu stärken, wenn sich der Wille aller mit dem Willen Gottes verbindet.

Wißt tief in Eurem Inneren, daß bedingungslose reine Liebe und der Wille zum Guten das beste Schutzschild gegen äußere Einflüsse sind.

Wir bitten jetzt um den zusätzlichen Schutz von Erzengel Michael und Faith. Ruft sie jedesmal an, bevor Ihr zu Bett geht, damit sie Euch, aber auch die gesamte Menschheit und die Tiere, die auf unserer Erde leben, beschützen.

Kehrt in Eure gereinigten Körper zurück. Denkt daran, immer im Licht, der Liebe und der Kraft konzentriert zu bleiben und baut ein undurchdringliches Kraftfeld des Schutzes auf. Bittet darum, daß die gesamte Menschheit das göttliche Gesetz verstehen und anwenden lernt.

Dankt allen geliebten Wesen aus den himmlischen Gefilden, die Euch in dieser Meditation zur Seite standen.

Verankert Euch und öffnet die Augen.

Entfernen aller unerwünschten Astralwesenheiten, die den freien Willen des Menschen beeinflussen

Schließt die Augen und bereitet Euch auf die Meditation vor.

Umhüllt Euch mit der halbdurchlässigen weiß-goldenen Schutzhülle und dem reinen weißen Christuslicht.

Wir rufen die gesamte Hierarchie der Planetaren und Kosmischen Aufgestiegenen Meister der Inneren Ebenen, die Erzengel und Elohime an.

Wir stimmen uns auf den oder die Meister, mit denen wir am nächsten Zusammenarbeiten, ein.

Wir bitten sie, uns dabei zu helfen, alle unerwünschten Astralwesenheiten, Elementale oder Gedankenformen zu entfernen, die unseren Blick, unsere Intuition und unser Urteilsvermögen trüben bzw. direkten Einfluß auf unseren freien Willen nehmen, indem sie unsere Auffassungsgabe lähmen.

Wir bitten jetzt die entsprechenden Meister, daß sie jene unerwünschten Astralwesenheiten, Elementale oder Gedankenformen entfernen mögen, welche die Gefühle und die Auffassungsgabe der Menschheit insgesamt verwirren.

Wir bitten darum, daß jene Astralwesenheiten, welche sich direkt in das freie Denken, den klaren Überblick oder den freien Willen eines Menschen einmischen, sofort zu einer Astralebene gebracht werden, die ihnen schwingungsmäßig entspricht. Wir bitten darum, daß ein unüberwindlicher Schutzwall um sie errichtet werde, damit sie dort in Ruhe und ohne weitere Möglichkeit zur Störung der Menschheit und des göttlichen Geschenkes des freien Willens ihre Lektion lernen können.

Seht, wie sie aus Eurem persönlichen Umfeld wie auch dem der Menschheit entfernt und in bedingungsloser Liebe gehalten werden. Es steht uns nicht zu, sie zu verurteilen, es ist jedoch unser Recht und unsere Pflicht, darum zu bitten, daß sie aus unserer persönlichen wie auch aus der kollektiven Welt entfernt werden.

Fühlt die Klarheit, die jetzt Eure Gefühle, Gedanken, Visionen und Intuitionen erfüllt und sich auch auf den Rest der Welt ausdehnt.

Meditiert über dieses Gefühl der Freiheit, der Klarheit und des Lichtes.

(Bleibt einige Zeit in Stille).

Dankt Euren persönlichen Meistern und dem / den Meistern, mit denen Ihr am engsten zusammenarbeitet.

Dankt allen aus der himmlischen Hierarchie, die bei diesem Prozeß mitgeholfen haben. Verankert Euch und öffnet die Augen.

Meditation zur Heilung von Rissen, Flecken und Reizungen in der Aura und von Schwachstellen im physischen-, ätherischen-, astralen- und mentalen Körper des Planeten Erde

Schließt die Augen und nehmt Eure Meditationshaltung ein.

Bittet um die weißgoldene Schutzhülle und das reine weiße Christuslicht.

Wir rufen die gesamte Hierarchie der Planetaren und Kosmischen Aufgestiegenen Meister, alle Erzengel und alle Elohime an.

Wir rufen Helios und Vesta, Lord Buddha, Sanat Kumara und die Chohans aller Strahlen, sowie den Manu, Christus und den Mahachohan. Wir bitten darum, daß sie ihre heilenden Strahlen aussenden, um alle Risse, Schwachstellen, Flecken und Reizungen in der Aura unserer vier niederen Körper zu heilen.

Wir rufen nun die Göttliche Mutter, Lord Melchizedek, den Mahatma und Erzengel Metatron. Wir bitten sie, gemeinsam mit den anderen angerufenen Meistern, ihre kosmischen Heilungsenergien auszusenden, um Schwachstellen und Risse in der Aura wieder zu heilen und alle Flecken und Reizungen, die im physischen- ätherischen- astralen- und mentalen Körper des Planeten zu finden sind, zu entfernen.

Fühlt, wie die göttliche Aura bei dieser Anrufung den gesamten Planeten umfängt und durchdringt. Fühlt, wie die Erde und alle, die auf ihr leben, wieder gesund und lebensfroh werden.

Laßt diese göttliche Strahlung und den Segen auf Euch wirken wenn diese enorme Heilung und Reinigung durchgeführt wird.

Nehmt die Aura der Göttlichkeit in alle vier niederen Körper und auch in die spirituellen Körper auf.

Laßt uns über die göttliche Heilung meditieren, die jetzt für die Erde, und für jeden, der um sie gebeten hat, geschieht.

(Bleibt einige Zeit in der Stille).

Verankert Euch tief im Inneren der Erde und laßt Eure eigene Liebe und Euer Licht in sie eindringen. Empfangt dafür ihre allumfassende Liebe, die einen Lichtstrom durch Eure Verankerung zu Euch bringt.

Dankt jetzt aus tiefstem Herzen allen Planetaren und Kosmischen Meistern, die der Erde in dieser Heilung beigestanden sind.

Kehrt vollständig in Euren Körper zurück und öffnet die Augen.

Entfernung von planetarer Täuschung, Maya und Illusionen mit Hilfe des kosmischen "Staubsaugers"

Schließt die Augen und nehmt Eure Meditationshaltung ein.

Bittet um die weißgoldene Schutzhülle und um das reine weiße Christuslicht.

Wir rufen die gesamte Hierarchie der Planetaren und Kosmischen Aufgestiegenen Meister, die Erzengel und Elohime an.

Wir bitten zunächst alle unsere persönlichen Aufgestiegenen Meister, daß sie alle persönliche Täuschung, Illusion und Maya aus der Aura unserer vier niederen Körper entfernen mögen.

Wir rufen nun den Mahatma, Melchizedek und Metatron an und bitten sie, daß sie ihre göttliche Kraft dafür einsetzen mögen, damit die Illusion, die Maya und die Täuschung, welche im Massenbewußtsein vorhanden sind und den gesamten Planeten beeinflussen, entfernt werden.

Seht, wie all diese Dinge aus dem Schleier der Täuschung, der den Planeten umgibt, herausgehoben werden.

Seht nun die Erde, kristallklar und rein, wie sie nur das ausstrahlt, was Gottes ist und heilig.

Laßt während dieses Vorganges den strahlenden Glanz der Meister auf Euch wirken.

Fühlt den Segen der Liebe, des Lichtes und der Synthese, wenn die Aura des gesamten Planeten reiner, klarer und ein hellerer Spiegel des Ursprungs wird.

Meditiert in Stille über das reine Licht und die reine Liebe Gottes.

(Bleibt einige Zeit in Stille.)

Fühlt, wie Ihr selbst ein immer klarerer Spiegel reiner göttlichen Essenz werdet, so wie das auch für den gesamten Planeten geschieht.

Dankt Seiner Heiligkeit, Lord Melchizedek, dem Mahatma und Metatron sowie der Gruppe der Aufgestiegenen Meister, die Ihr um Hilfe gebeten habt. Dankt auch allen Meistern, die zum Wohle jedes Menschen hier auf Erden bei dieser Reinigung mitgeholfen haben.

Verankert Euch, kehrt in Euren Körper zurück und öffnet die Augen.

Das Ashtar-Kommando und Lord Arcturus - Bitte um Hilfe bei der Reinigung der physischen Verschmutzung der Atmosphäre und bei der Wiederherstellung der Ozonschicht

Schließt die Augen und nehmt Eure Meditationshaltung ein.

Errichtet die halbdurchlässige weißgoldene Schutzhülle.

Wir bitten um das reine weiße Christuslicht und rufen die gesamte Hierarchie der Planetaren und Kosmischen Aufgestiegenen Meister, die Erzengel und Elohime an.

Wir bitten um die Anwesenheit unseres geliebten Kommandanten Ashtar und seines Kommandos, sowie um die des Lord Arcturus und seiner Arcturianer, die mit ihm dienen, und darum, daß sie ihre fortgeschrittene Technologie dazu einsetzen, alle negativen Energien zu entfernen, die unseren physischen und ätherischen Körper verschmutzen. Danach werden unsere Körper in einem Zustand größerer Reinheit sein, der uns besser dazu befähigt, den Dienst zu leisten, den wir jetzt anstreben.

Bleibt einige Augenblicke in Stille und visualisiert alle negativen Energien und wie sie von diesen wunderbaren Wesen aus Eurer Aura entfernt werden. Seht, wie diese Energien auf einem Lichtstrahl, der wie ein kräftiger ätherischer Staubsauger wirkt, Euer Vierkörper-System verlassen und auf den großen Schiffen neutralisiert und in harmlose Energie umgewandelt werden. Vertraut ihrer Technologie, die imstande ist, diese Arbeit durchzuführen, und genießt das Gefühl der Leichtigkeit, das danach Euren physischen und ätherischen Körper erfüllt.

Wir bitten nun darum, daß sie ihre Energien verbinden und über den gesamten Planeten gleiten lassen, damit alle Umweltverschmutzung, welche sowohl auf der physischen als auch auf der ätherischen Ebene in der Erdatmosphäre zu finden ist, entfernt werde.

Stellt Euch vor, wie ihre miteinander verbundenen Energien den Erdball umspannen und seht, wie alle Schmutzteilchen, welche wir innerhalb der physischen/ätherischen Atmosphäre unserer Welt freigesetzt haben, durch diesen Energiestrom aufgesogen und auf den Schiffen in neutrale und harmlose Energie umgewandelt werden.

Spürt, wie das wunderbare Gefühl der Reinheit und Sauberkeit den gesamten Planeten durchdringt.

Wir bitten darum, daß mit Hilfe dieser fortgeschrittenen Technologie die Ozonschicht der Erde wieder hergestellt wird.

Wisset, daß sie, nur weil Ihr sie darum bittet, alles tun werden, was ihnen möglich ist. Sie können jedoch nicht ungebeten eingreifen - darum fühlt die Freude, die sich mit Eurer Bitte verbindet, denn Ihr helft damit die Welt so zu erschaffen, wie Gott dies wünscht.

Meditiert einige Momente darüber und fühlt die Leichtigkeit, die Reinheit und die Heilung, welche sowohl in Eurem eigenen physischen Körper als auch im physischen/ätherischen Körper der Erde stattfindet.

Stellt Euch vor, wie alle Verschmutzung aus der Erdatmosphäre verschwindet und fühlt die unendliche Liebe und das Mitgefühl dieser wunderbaren Wesen, die unsere Bitte gewähren und uns helfen.

Fühlt, wie die Leichtigkeit, die Reinheit und die Liebe, welche Euch erfüllen und jetzt auch um die Erde ihren Strahlenkranz legen, immer stärker und stärker werden.

(Bleibt einige Augenblicke in Stille.)

Dankt Lord Arcturus, Kommandant Ashtar und allen, die mit ihnen arbeiten.

Verankert Euch dann und kehrt vollständig in Euren Körper hier auf der Erde zurück. Öffnet die Augen und fühlt Euch rein und erfrischt.

Verankerung der Erden-Monaden-Blaupause

Schließt die Augen und nehmt Eure Meditationshaltung ein.

Umgebt Euch mit der weißgoldenen Schutzhülle und bittet um das reine weiße Christuslicht.

Wir rufen die gesamte Hierarchie der Planetaren und Kosmischen Aufgestiegenen Meister, alle Erzengel und Elohime an.

Wir bitten um die Gegenwart der Geliebten: Melchior, Helios und Vesta, Sanat Kumara und Lord Buddha.

Wir rufen nun den oder die Meister an, mit denen jeder von uns am meisten Kontakt hat und bitten sie um die vollständige Verankerung unseres eigenen monadischen Blaupausen-Körpers.

Spürt, wie Ihr Euch jetzt, bei dieser Aktivierung, lebendig, voll Freude, Liebe und Licht fühlt.

Meditiert einige Zeit über dieses Gefühl. Fühlt das Kribbeln in Euch, wenn dadurch die Sprache des Lichtes in Euch zum Leben erwacht und damit alle Schlüsselcodes, die geheiligten Geometrien und die Feuerzeichen eingerichtet und aktiviert werden.

Wir bitten darum, daß der Monaden-Blaupausen-Körper auf und um die gesamte Erde verankert wird.

Wir bitten nun um die Hilfe unseres geliebten Saint Germain bei diesem Vorgang und bitten erneut darum, daß der göttliche Monaden-Blaupausen-Körper in der Erde verankert werde, damit das neue Jahrtausend sich manifestieren kann.

Wir bitten darum, daß alle, die dazu bereit sind, Zugang zur Sprache des Lichtes finden und daß allen hier auf Erden, die fähig sind, sie zu empfangen, die höchste Aktivierung aller Schlüsselcodes, der geheiligten Geometrien und der Feuerzeichen zuteil werde.

Bleibt nun eine Zeitlang in der Stille und stellt Euch diesen Strom aus Licht vor, der die Verankerung des planetaren Moden-Blaupausen-Körpers und die Einrichtung und Aktivierung der Schlüsselcodes, der Feuerzeichen und der geheiligten Geometrien weltweit begleitet.

(Bleibt einige Augenblicke in der Stille.)

Wisset, daß die geheiligten himmlischen Meister jedem das für ihn Höchste zukommen lassen und daß Eure Gebete und Anrufungen dazu helfen, die Evolution der Welt ohne Gefahr zu beschleunigen und das neue Jahrtausend schnell und zur Gänze zu verankern.

Meditiert über dieses Gefühl und erfreut Euch daran.

(Bleibt einige Zeit in Stille.)

Dankt den Meistern, die bei diesem Vorgang mitgeholfen haben.

Fühlt, wie Ihr Euch an Euren Monaden-Blaupausen-Körper angleicht und dabei vollständig in Eurem Zwölfkörper-System integriert werdet.

Kehrt in Euren mentalen-, emotionalen-, ätherischen- und physischen Körper zurück.

Verankert Euch und öffnet die Augen.

Anrufung eines Stromes aus Urliebe und Urlicht

Schließt die Augen und nehmt Eure Meditationshaltung ein.

Umgebt Euch mit der halbdurchlässigen weißgoldenen Schutzhülle. Bittet um das reine weiße Christuslicht.

Wir rufen die gesamte Hierarchie der Planetaren und Kosmischen Aufgestiegenen Meister, alle Erzengel und Elohime an.

Wir bitten um die Gegenwart der Himmlischen Mutter und aller Meisterinnen und konzentrieren uns auf ihre wunderbare Herz-Energie.

Wir rufen nun den Himmlischen Vater und alle männlichen Energien an und konzentrieren uns auf ihre Attribute des Lichtes.

Wir rufen besonders Seine Heiligkeit, Lord Sai Baba, Melchizedek, den Mahatma und Metatron an.

Verbindet Euch nun mit all Euren Brüdern und Schwestern auf Erden.

Seht Eure Verbundenheit mit der Erde selbst und mit jedem der Königreiche, das auf ihrem geheiligten Boden, in ihren Wassern, der Luft und in ihrem Feuer sich entwickelt.

In diesem Zustand der Einheit bitten wir die himmlische Hierarchie, daß sie uns einen Strom der Urliebe und des Urlichtes aus dem Herzen/Geist der Gottheit zukommen lassen möge.

Fühlt, wie die reinste Essenz der Liebe, die Ihr jemals gefühlt habt, Euch umfließt. Nehmt diese Liebe tief in Euer Herz hinein. Laßt sie in jede Zelle, jedes Atom, jedes Elektron Eures Zwölfkörper-Systems eindringen.

Fühlt, wie diese Urliebe in jedes Wesen und jeden Aspekt der Schöpfung auf der Erde strömt.

(Verweilt eine Zeitlang in Stille.)

Fühlt nun die Essenz des Urlichtes, das aus dem ewigen Feuer Gottes stammt. Fühlt, wie es in jede Zelle, jedes Atom und Elektron innerhalb Eures Zwölfkörper-Systems fließt.

Fühlt, wie dieses Urlicht in jedes Wesen und jeden Aspekt der Schöpfung auf der Erde strömt.

Bleibt einige Augenblicke in Stille und laßt den Glanz der Urliebe und des Urlichtes auf Euch wirken, welches Euch, und mit Euch die ganze Welt, mit Segen und Gnade erfüllt.

(Bleibt fünf bis zehn Minuten in der Stille.)

Dankt jetzt voll Ehrfurcht der Göttlichen Mutter, dem Göttlichen Vater und allen aus den himmlischen Gefilden, die an diesem göttlichen Segen mitgewirkt haben.

Fühlt, wie Ihr vollständig in Euren mentalen-, emotionalen-, ätherischen- und physischen Körper zurückkommt.

Verankert Euch in der mit Licht und Liebe durchfluteten Erde und öffnet die Augen.

Geliebte Brüder und Schwestern, die Ihr an diesen Meditationen zum Dienst an der Welt teilnehmt! Wisset, daß Ihr tausendfach von den Meistern und der himmlischen Hierarchie gesegnet seid. Die Meister haben mich angewiesen, Euch hier noch einige Welt-Themen mitzuteilen, die Ihr in Eure Gebete und Meditationen einschließen könnt. Das würde ihnen sehr bei ihrer Heilsarbeit und bei der Vorbereitung der Menschheit auf das neue Jahrtausend helfen. Folgt dabei der Anleitung, wie sie in den vorherigen Meditationen gegeben wurde, und stellt Euch dann Euer eigenes Gebet und Eure eigene Meditation zusammen, wobei Ihr einige oder auch alle der Themen einbeziehen mögt.

1. Entdeckung eines Heilmittels für alle an AIDS-Erkrankten oder HIV-Positiven. Entdeckung eines Verhütungsmittels für AIDS-Erkrankte oder HIV-Positive.

2. Unterstützung für alle, die mit dem Rauchen aufhören wollen. Ehrlichkeit der Zigarettenhersteller in bezug auf die schädlichen Auswirkungen auf Passivraucher.

3. Politische Korruption, Partisanenpolitik und politische Selbstsucht müssen aufhören.

4. Erneuerung des Steuersystems, damit es den Ansprüchen der Gerechtigkeit und der Spiritualität entspricht.

5. Richtiger Umgang aller Regierungen der Welt mit dem Geld. Machtumverteilung und Kontrolle der Macht-Elite. Die Gier, Selbstsucht und Ungerechtigkeit einer kleinen Gruppe, welche die Weltwirtschaft lenkt und zu der die reichsten Familien der Welt gehören, muß ein Ende haben.

6. Rückkehr aller Kriegsgefangenen.

7. Die Einstellung wahrlich spiritueller Vertreter politischer Parteien.

8. Betonung spiritueller Erziehung und spiritueller Werte im Schulsystem, jedoch nicht im Sinne des Fundamentalismus.

9. Toleranz in Glaubensfragen.

10. Krankenversicherung für alle, die jedoch auch die Kosten für Alternativmedizin abdeckt.

11. Veränderung des Strafrechtsystems von Bestrafung zu spiritueller Rehabilitation.

12. Keine Verherrlichung der Gewalt in Film und Fernsehen.

13. Ende mit der Überbetonung von Tratsch und Klatsch.

14. Respekt und Fürsorge für ältere Menschen.

15. Respekt und bessere Behandlung der Kriegsveteranen.

16. Erstklassige und kostenfreie Behandlungen für alle Veteranen, die durch chemische Kriegführung während des Vietnamkrieges und im Golfkrieg erkrankt sind.

17. Aufnahme der Friedensverhandlungen zwischen der PLO und den Israelis.

18. Errichtung eines dauerhaften Friedens im Nahen Osten und aller darin involvierten Länder.

19. Den falschen, negativen Glaubenssystemen, sowohl im religiösen wie im New-Age-Bereich, die vom Ende der Welt und Armageddon sprechen, muß ein Ende gesetzt werden.

20. Genügend Arbeitsplätze für alle, die arbeiten möchten. Vorsorge für all jene, die durch die Maschen des sozialen Netzes fallen, damit sie finanziell und in allen Lebensbereichen wieder auf die Beine kommen.

21. Beendigung aller Kriege.

22. Mehr Macht und Einfluß für die UNO.

23. Einsatz hoher Eingeweihter im Bereich der Politik, damit das System erneuert werden kann. Dazu eine erhöhte Wahrnehmung für alle jene Eingeweihten, die dies als ihr Puzzle-Stück haben, auf daß sie den Mut und die Stärke entwickeln, ihre göttliche Mission zu verfolgen.

24. Stärkere Konzentration weltweit auf Dienst und Freiwilligenarbeit.

25. Mehr Mitgefühl für jene, die leiden - und dies in allen Bereichen.

26. Den Drogenkartellen Einhalt gebieten und damit die psychische und physische Vergiftung unserer Kinder verhindern.

27. Die Einsicht, daß Spiritualität wichtiger ist als Materialismus, Technologie und Geld.

28. Aus für Pornographie und die Überidentifizierung und übertriebene Verherrlichung des physischen Körpers.

29. Aus für sexuelle Belästigungen bei Frauen und bei Männern.

30. Aus für Blutsport, Rodeos, Stierkampf, das Tragen von Pelzmänteln und allgemein Grausamkeit gegen Tiere.

31. Aus für alle Kulte.

32. Die Annäherung und Integration von Schulmedizin und holistischer Medizin und Naturheilkunde.

33. Aus für das Verbrechen.

34. Daß die Regierungen der Welt endlich die Realität der UFOs eingestehen.

35. Vernichtung aller biologischen und Nuklearwaffen, und solcher, die der Massenvernichtung dienen.

36. Aus für den Terrorismus.

37. Sonst ein Thema, das Euch am Herzen liegt.

Laßt Euch etwas einfallen!
Namaste!

17. Aufstieg in die mannigfaltigen Königreiche Gottes

Integrierter Aufstieg und Evolution

Ich habe bemerkt, daß viele Lichtarbeiter in bezug auf die Evolution des Königreiches der Tiere und insbesondere in bezug auf die verschiedenen anderen Reiche der Natur in großer Verwirrung sind. Ein Grund dafür ist, daß es sich hierbei um eine sehr spezifische Wissenschaft handelt, die eng mit dem vollständigen Verständnis unserer eigenen menschlichen Entwicklung und dem Aufstieg des Planeten verbunden ist. Die ersten diesbezüglichen Informationen erreichten uns im Rahmen der theosophischen Bewegung und später durch Alice A. Bailey, welche die Durchgaben Djwhal Khuhls vermittelte. Viele Lichtarbeiter kennen das Thema jedoch nicht einmal aus diesen Schriften. Für jene, die sich dafür interessierten, war manches unklar, da die Informationen ursprünglich nur dazu dienten, das Tor zum grundsätzlichen Verständnis zu öffnen. Ich widme jetzt mit großer Freude diesem wenig bekannten Thema ein ganzes Kapitel meines Buches und hoffe, damit viele Unklarheiten und Wissenslücken bei den Lichtarbeitern oder anderen Interessierten zu beseitigen. Man muß von Anfang an verstehen, daß viele Dinge sich hier überschneiden. Viele Aspekte, die einander zu widersprechen scheinen, existieren nebeneinander und wir begeben uns hier in Bereiche, die deshalb lange Zeit nicht bekannt waren, weil in ihnen so viele Wahrheiten ineinander fließen.

So durchläuft ein Aspekt der Monade jedes Menschen alle verschiedenen "niederen" Reiche. Er bewegt sich durch das Reich der Mineralien, der Pflanzen und der Tiere. Mit der Zeit individualisiert er sich zum Sohn oder der Tochter Gottes und überschreitet letztlich auch diese Phase, um in das spirituelle Königreich, wie wir es nennen, einzutreten, wo die Planetaren Aufgestiegenen Meister der Inneren Ebenen ihren Wohnsitz haben. Wie alle, die sich ernsthaft mit dem Okkulten auseinandergesetzt oder einige meiner fortgeschrittenen Bücher, wie *Jenseits des Aufstiegs* oder

Kosmischer Aufstieg gelesen haben, wissen, unsere Evolution geht weiter und bewegt sich in tiefere Sphären hinein, bis in die kosmische Evolution und den kosmischen Aufstieg! Bevor ich damit fortfahre, möchte ich Euch sagen, daß dieser Prozeß unmittelbar damit zusammenhängt, daß die Menschheit, als Spezies, mit Hilfe von Außerirdischen auf diesem Planeten entstanden ist! Sie sind damals zu jenen "Urmenschen" gekommen, die in ihrer Evolution den Samen des Geistes trugen. Mit Hilfe dieser Außerirdischen hat dann der Logos, also Gott, die göttliche Flamme des menschlichen Individualisierungsprozesses entzündet, also die Monade des Menschen als Individuum, die mächtige ICH BIN - Gegenwart, den Funken des großen, unauslöschlichen Feuers Gottes. Wenn also jemand behauptet, daß wir Söhne und Töchter Gottes sind, hat er völlig recht damit. Unsere Individualität wurde aus dem Feuer des Vater-Mutter-Gottes geboren, welches direkt aus dem Ursprung strömt. Das steht wiederum in vollkommener Übereinstimmung mit einem Aspekt unserer Grundessenz der Monade, welche durch jedes der drei niederen Reiche der Evolution hindurchgeht! Daher verbringt ein Aspekt der Monade oder mächtigen ICH BIN - Gegenwart jedes Menschen vor dessen Individuation als inkarniertes Kind Gottes, einige Zeit damit, einen Teil des Bewußtseins innerhalb des Reiches der Mineralien, der Pflanzen und der Tiere zu entwickeln. Was selbst dem höchstentwickelten Tier fehlt, ist der Aspekt des Geistes. Daher wäre es nicht korrekt, zu behaupten, daß jeder von uns in einem früheren Leben ein mineralisches, pflanzliches oder tierisches Stadium durchlaufen hat. Korrekt wäre vielmehr die Aussage, daß ein Aspekt unserer Monade – nicht die Gesamtheit der Monade - , diese verschiedenen Evolutionsphasen kennengelernt hat.

Ich vermittle Euch hier tiefegreifendes Wissen. Es gibt zwei Aspekte der Erschaffung des Menschen durch Gott. Zunächst hat er die Monade erschaffen, welche als individueller Funke Gottes aus der reinen Essenz hervortritt. Danach erschuf er die Seelenausdehnungen, die Söhne und Töchter Gottes (erinnert Euch: jede Monade hat 144 Seelenausdehnungen). Dieser zweite Teil der Individuation kommt jedoch erst nachdem die Monade einen Teil ihres Bewußtseins im Reich der Mineralien, der Pflanzen und der Tiere durchlebt hat. Wir können also nicht sagen, daß wir vergangene Leben in diesen Reichen hatten, denn all dies geschah vor unserer Individuation oder Erschaffung durch die Monade. Es war jedoch Teil der Evolution der Monade, in diesen Reichen zu weilen. Edgar Cayce

sagt, daß es keine Seelenwanderung gibt, und er hat recht damit. Was es jedoch gibt, ist die Wanderung eines Teiles unserer Monade noch vor unserer zweiten Individuation. Danach kehren wir nie wieder als Mineral, Pflanze oder Tier zurück. Ähnliche Verwirrung herrscht auch, was die Evolutionsrichtung der Devas / Engel angeht. Viele Lichtarbeiter, die wissen, daß es Naturwesen gibt, verwechseln die Devas, deren Aufgabe es ist, sich um Mineralien, Steine und Pflanzen zu kümmern, mit dem eigentlichen Leben des Steines oder Pflanze. Beides ist zwar eng miteinander verbunden, es handelt sich dabei jedoch um ganz klar getrennte Wesenheiten. Das Königreich der Pflanzen hat seinen eigenen Evolutionsprozeß - ebenso haben die Devas, die für die Pflanzen zuständig sind, ihre eigene und einmalige Entwicklung. Was die Sache noch verwirrender macht, ist, daß bestimmte Devas, die sogenannten "Aufbau-Devas" eigentlich zu dem Elementaren gehören und daher von den Elohimen abstammen. Sie "erbauen" die äußeren Formen oder Körper in diesem Königreich, wie auch in anderen. Sie verwenden dazu ihre eigene Essenz und die Elementar-Energien, aus denen sie selbst bestehen und deren Hüter sie sind.
Ihr könnt sicher verstehen, warum ein ganzes Kapitel notwendig ist, um diesen vielschichtigen Prozeß auch nur annähernd verständlich zu machen. Wenn wir vom integrierten Aufstieg sprechen, ist es für mich ganz klar, daß dazu auch die Integration des Evolutionsprozesses in Hinblick auf die verschiedenen Reiche, die mit uns und neben uns existieren, gehört. Es ist uns gar nicht möglich, die Gesamtheit unseres eigenen Wesens zu integrieren, wenn wir nicht auch die vielfältigen Aspekte unseres Planeten und unsere jüngeren Geschwister aus den weniger entwickelten Reichen mit herein nehmen. Die Devas und Engel gehören ebenso dazu, denn wir sind alle Teil desselben Ganzen!

Die drei Richtungen der Evolution

Liebe Leser, was mich unglaublich fasziniert und was ich Euch daher hier nahebringen möchte ist, daß es drei genau definierte Evolutionsrichtungen gibt. Da sind einmal die Kinder Gottes oder der Adam Kadmon, zu dem nahezu alle physisch inkarnierten Geschöpfe der Erde gehören. Dann gibt es die Wesen der Monaden / Engel-Richtung, von denen wegen des einmaligen Entwicklungszeitpunktes der Erde auch einige zur Zeit hier inkarniert sind. Es gibt aber auch Abermillionen dieser Wesen, welche sich zur Zeit ätherisch auf diesem Planeten befinden. Ich werde das gleich näher erklären. Und dann ist da noch die dritte Richtung, nämlich die Monadenessenz der Elohime. Die Elohime sind Götter und Göttinnen, die an der Schöpfung teilhaben, und oft für Attribute Gottes gehalten werden. Den Schöpfungsprozeß der Gottes-Kinder oder der Adam-Kadmon-Richtung habe ich bereits besprochen - betrachten wir jetzt einmal die Monaden / Engel-Richtung etwas näher.

Die Engel

So wie sich ein Teil der Monade der Kinder Gottes über das Reich der Mineralien, der Pflanzen und der Tiere entwickelt, durchschreitet die Monade des Engelreiches vor ihrer Individuation einen anderen, niederen Bereich, der ihre Essenz für die zweite Individuation vorbereitet. Bei den Engeln entwickelt sich die Monade zuerst in den untersten Ätherregionen im Bereich der Entwicklung der Erde von Brownies *(entspricht in etwa den Heinzelmännchen=Anmerkung der Übersetzerin)*, über Elfen, Devas, Mineraldevas, Pflanzendevas und Tierdevas bis zu den übergeordneten Engeln. In diesem Bereich besteht der zweite Schöpfungsakt Gottes darin, daß sie von ihrer kosmischen Monade zu individualisierten Engeln einer höheren Ordnung gemacht werden, nämlich zu Cherubim, Seraphim, Erzengeln und kosmischen Hütern und Beschützern, um nur einige zu nennen. Ihr seht also, liebe Leser, daß sich die Engel sehr ähnlich zu den Kindern Gottes entwickeln, nur eben mehr im Ätherbereich. Sie beginnen jedoch ebenfalls auf der untersten Stufe ihrer Monadenessenz und durchlaufen zwei Individuationen. Danach entwickeln sie sich, wie wir, über die planetare, die solare, galaktische, universelle, multi-universelle und die göttliche Stufe. Sie tun dies auf leicht unterschiedliche, grundsätzlich jedoch sehr ähnliche Art und Weise. Die Engel wirken, im Vergleich zu den Elohimen, eher feminin. Sie sind Ernährer und schenken Liebe, sie entsprechen den Gefühlsklängen Gottes. Wenn Ihr mehr über Engel wissen wollt, lest bitte mein Buch *Verborgene Mysterien*.

Die Elohime

Die Elohime, bzw. die miterschaffenden Götter und Göttinnen, gehören zu der am wenigsten verstandenen Gruppe der drei Entwicklungsrichtungen. Die Meister haben mir mitgeteilt, daß ihre Monadenessenz sich sehr ähnlich zu den Kindern Gottes und zu den Engeln entwickelt. Auch sie haben eine Monade, die nach dem ersten Schöpfungsakt ihr Bewußtsein, beginnend bei der untersten Stufe, entwickeln muß, um die Elohim-Monaden-Essenz auf ihren vollen Bewußtseinsumfang vorzubereiten. Ihr Entwicklungsprozeß ist dem der Engel ähnlicher, als dem des Adam Kadmon, und ist in seiner Art ätherischer und eher gruppenbewußt. Die Elohime durchlaufen diesen Vorgang auf andere Weise, als die Kinder Gottes und die Engel, es ist jedoch auch bei ihnen, so wie bei allen anderen Wesen aus Gottes Schöpfung, ein Prozeß des Erwachens und der Entwicklung beteiligt. Die Elohime sind die eher maskuline, die Engel die eher feminine Seite Gottes. Die Elohime sind mit dem Aufbau der Form befaßt. Die Engel entwickeln ihr Bewußtsein im untersten Bereich der Schöpfung als Devas oder Naturwesen, die Elohime tun dies als Elementare und Devas, die mit dem Aufbau der Form zu tun haben. Man hat Engel und Elohime sehr oft verwechselt oder in einen Topf geworfen, wobei alles Positive immer den Engeln zugeschrieben wurde. Die Engel haben mit dem Aufbau der Form, der äußeren Hülle sozusagen, nichts zu schaffen; sie sind die nährenden und fühlenden Klänge von Gottes Schöpfung.

Das Elementar entwickelt sich zu einem "Mini-Elohim", wenn man so will, und übernimmt dabei immer mehr Verantwortung in bezug auf den Aufbau. Das beginnt beim Aufbau eines winzigen Sandkorns, einer Blume, eines Sonnensystems, einer Galaxis, eines Universums, eines Multi-Universums bis der voll entwickelte Elohim auf der 352. Stufe der Gottheit, Gott bei der Schöpfung des unendlichen Universums zur Seite steht. Von unserer irdischen Perspektive, als Kinder Gottes, sieht es so aus, als hätte Gott die Elohime (Schöpfergötter und –göttinnen) und die Erzengel so erschaffen, daß sie keinerlei Entwicklung mehr zu durchlaufen haben und von allem Anbeginn an voll bewußt, allmächtig, allwissend und allgegenwärtig sind. Die Meister, und speziell Erzengel Metatron, haben uns jedoch mitgeteilt, daß dies nicht so ist, sondern daß, aus der Perspektive dieses Tages oder dieses Tages im Jahre des Brahma, die Erzengel und Elohime der höchsten Ebene in früheren Jahren oder

Jahrhunderten des Brahma eine Zeit des Erwachens und der Entwicklung durchmachen mußten, um in den Zustand der Allmacht, des Allwissens und der Allgegenwart zu kommen, den sie jetzt einnehmen. Da sie Engel oder Elohime sind, ist ihr Evolutionsprozeß eben anders, als der der Kinder Gottes, denn sie haben in Gottes Schöpfung auch eine andere Aufgabe als diese. Alle drei Evolutionsrichtungen in ihrer Manifestation als Elementar, Deva, Elfe bzw. Mineral, Pflanze oder Tier, entwickeln sich von der untersten Stufe bis zum höchsten Punkt der Schöpfung. In unserer Richtung als Kinder Gottes ist es ein Teil unserer Monade, der dies tut und nicht die individualisierte Seele. Deshalb wäre es nicht korrekt, von einem früheren Leben als Mineral, als Pflanze oder als Tier zu sprechen. Erzengel Metatron war niemals ein Pflanzen-Deva, ebenso wenig wie dies Erzengel Michael jemals war. Die Mitschöpfer-Elohime waren niemals Blumen-Elementare. Es ist eher so, daß die "kosmische Monade", als ihr essentielles Selbst, einen Aspekt ihres Selbst auf den niederen Welten inkarnierte, um zu dienen und das eigene Bewußtsein anzuheben.
Metatron und Djwhal haben mir gerade mitgeteilt, daß dieser Prozeß unserer Erschaffung als Söhne und Töchter Gottes sehr ähnlich ist. Ihr Evolutionsprozeß wird ebenfalls noch vor ihrer individuellen Erschaffung durchlaufen. Die kosmische Monade ist eine Monade, die sich auf einer höheren Ebene befindet, als die, welche ich in meinen anderen Büchern angesprochen habe. Sie existiert auf der 352. Stufe der Gottheit und aus dem Zentrum ihres Seins gehen buchstäblich Trillionen von Seelenausdehnungen, Überseelen und individualisierte Monaden aus. Auf diese Weise stammen alle Kinder Gottes, alle Erzengel, kosmischen Engel und Elohime aus einer kosmischen Monade, in die sie mit der Zeit wieder zurückkehren und zu der sie schlußendlich werden. Das Verschmelzen mit der kosmischen Monade geschieht dann, wenn sie voll bewußt in Gott zurückkehren. Das Schlüsselwort hierbei ist voll bewußt, denn es ist zwar alles eins mit Gott, es bedarf jedoch des Evolutionsprozesses, um sich in vollem Bewußtsein zurück in die Einheit zu integrieren.

Die Erzengel, kosmischen Engel und Elohime sind insofern anders als die Kinder Gottes, als sich ihre Entwicklung mehr im Ätherbereich abspielt. Es gibt jedoch viele Engelwesen, die sich zur Zeit auf der Erde physisch inkarniert haben. Die Erzengel und Elohime inkarnieren nicht, die weniger weit entwickelten Engel jedoch tun es gelegentlich. Ganz selten kann es vorkommen, daß ein Erzengel oder, noch seltener, ein Elohim, einen Aspekt seines Selbst inkarniert, jedoch nie das ganze Bewußtsein. Durch die Weiterentwicklung der Erde verbinden sich die Richtung der Engel und die des Adam Kadmon immer mehr. Die Entwicklung der Engel befaßt sich viel stärker mit den Kindern Gottes, als dies die Entwicklung der Elohime tut; die kleineren Elementare und die übergeordneten Devas der Form sind jedoch sehr stark in der Evolution der Erde involviert. Schließlich verbinden sich alle drei Richtungen und werden auf der 352. Stufe der Gottheit eins. Liebe Leser, wir können nun ganz klar erkennen, daß jedes Wesen im unendlichen Universum mit diesen drei Richtungen in Verbindung steht und aus ihnen heraus arbeitet. Kein Wesen ist mit einem nur ihm gehörigen Bewußtsein geschaffen und vom Evolutionsprozeß ausgeschlossen. Alle Wesen müssen sich entwickeln - welchen Entwicklungsweg Ihr jedoch einschlagt hängt von der Richtung ab, in welcher Ihr von Gott geschaffen worden seid. Alle drei Richtungen arbeiten vollkommen harmonisch miteinander, keine ist besser als die andere, denn jede dient einem anderen Ziel in Gottes ewigem Plan. Einige der Kinder Gottes fühlen sich mehr den Engeln, andere wiederum mehr den Elohimen verbunden und wieder andere fühlen sich zu beiden hingezogen. Es gibt kein richtig oder falsch, es gibt nur die Art, in der Euch Gott geschaffen hat und damit das besondere Puzzle-Stück, das zu erfüllen Ihr hier seid. Alle drei Richtungen haben mit dem Initiationsprozeß zu tun, denn er ist Gottes System, Eure Entwicklungsstufe zu bewerten. Dieser Prozeß ist in allen drei Richtungen anders, jedoch vom Konzept her ähnlich.

Erzengel Metatron hat freundlicherweise noch eine andere Frage beantwortet, die mir auf der Seele lag. Ich wollte wissen, ob er nach seiner Individuation durch die kosmische Monade sozusagen als Erzengel geboren wurde, oder ob er erst zu einem werden mußte. Er sagte mir, daß vor "hundert Millionen Tagen Brahmas" er und alle anderen Erzengel nur Engel waren. Er hat sich durch einen zweiten Evolutionsablauf entwickelt, und alle Erzengel gehen auf den vollen kosmischen Aufstieg zu. So, liebe Leser, sieht der Evolutionsprozeß vom Blickpunkt einer unendlichen Perspektive aus. So, wie die meisten Lichtarbeiter es in der Vergangenheit betrachtet haben, sah es aus, als wären die Erzengel und die Elohime direkt in ihrer jetzigen Form von Gott gesandt worden. Aus dem Blickwinkel dieses kosmischen Tages betrachtet, könnte das durchaus stimmen, da zu dem Zeitpunkt, als unser kosmischer Tag begann (4,1 Milliarden Jahre), die Erzengel und Elohime schon lange diese

Entwicklungsstufe erreicht hatten. Wenn man es jedoch aus dem Blickwinkel "aller kosmischen Tage" betrachtet, und es gibt unzählige davon, dann hat es irgendwann, in fernster Vergangenheit, einen Zeitpunkt gegeben, zu dem sogar die Erzengel und Elohime sich in einem Entwicklungszustand als Individuen und nicht nur als kosmische Monaden befanden. Als "kosmischer Sherlock Holmes" ist es meine Aufgabe, solche Dinge herauszufinden. Wie Metatron gerade humorvoll feststellte, sei ja auch der Untertitel dieses Buches "Offenbarungen für das neue Jahrtausend".

Eine weitere faszinierende, goldene Einsicht in bezug auf den Kosmos, die mir Metatron gerade bestätigt hat, ist, daß die Elohime den eher männlichen, die Engel den eher weiblichen Aspekt Gottes repräsentieren, die Kinder Gottes jedoch ein Abbild Gottes selbst in dem Bemühen sind, einen Ausgleich zwischen männlich und weiblich zu schaffen. Es scheint, liebe Leser, als könnten wir diesem Konzept des integrierten Aufstieges nicht entgehen. Der Mahatma hat mir, als Antwort auf meine Frage mitgeteilt, daß er, als Verkörperung der 352 Stufen der Gottheit, gleichzeitig auch die drei Richtungen, zusammengefügt zu einem einzigen Bewußtsein, verkörpert. Das wäre eine Erklärung dafür, daß man von ihm als einem Wesen mit Gruppenbewußtsein spricht. Lord Melchizedek, unser Universeller Logos, entstammt der Richtung der Söhne und Töchter Gottes, hat jedoch, wie er sagt, im Rahmen seiner Ausbildung zum Logos des Universums auch Initiationen in den Richtungen der Engel und Elohime durchlaufen. Lord Buddha, unser Planetarer Logos, hat gerade mitgeteilt, daß er ebenfalls alle drei Richtungen in sich verkörpern mußte. Lord Melchizedek und Lord Buddha sagen auch noch, daß diese drei spezifischen Richtungen der Evolution auf den höheren spirituellen Ebenen viel stärker in Synthese und ein Teil des kosmischen integrierten Aufstiegsprozesses sind.

Zusammenfassung

Liebe Leser, ich möchte Euch hier noch einige meiner eigenen Gedanken zum vorher besprochenen Thema mitteilen. Das Niederschreiben und Channeln dieses letzten Teiles hat, wie die Vervollständigung eines Puzzles, ein gewisses Verständnis der Struktur, der Synthese und der Einheit Gottes mit sich gebracht.

Bedenkt, liebe Freunde, daß jede unserer Monaden zunächst mit dem Tier-, dem Pflanzen- und dem Mineralreich zu tun hatte. Könnt Ihr, mit diesem Wissen, jemals wieder ein Tier, eine Pflanze oder ein Mineral auf dieselbe Art betrachten wie früher? Sie sind nicht nur ein spiritueller Teil Eurer selbst, sie sind sogar physisch in Eurer Herkunft enthalten. Würden die Menschen auf der Erde dies richtig verstehen, könnten sie dann wirklich noch Grausamkeiten gegen Tiere verüben und eine Haltung einnehmen, die die Pflanzen verletzt? Würden sie dann wirklich das Reich der Mineralien geringschätzen? Sie alle sind nicht auf abstrakte Weise nur ein spiritueller Teil von Euch, sondern auch physisch in Eurer monadischen Herkunft verankert. Das sind sehr tiefe Einsichten. Bedenkt auch, liebe Freunde, daß sich Mineralien zu Pflanzen und Pflanzen zu Tieren entwickeln, und daß die Tiere das Potential besitzen, Menschen und irgendwann auch Aufgestiegene Meister zu werden. Das heißt also, daß die Tiere, die Pflanzen und die Mineralien nicht nur unsere jüngeren Geschwister im abstrakten Sinne sind, sondern in einem sehr wörtlichen und physischem Sinne. Meine lieben Leser, könnt Ihr wirklich das Leben gleich betrachten wie vorher, wenn Ihr jetzt all dies wißt? Bedenkt auch die Tiefe der Erkenntnis, daß es drei Evolutionsrichtungen gibt und daß Gottes weibliche Natur durch die Engel, und seine männliche durch die Elohime zum Ausdruck gebracht wird. Die Söhne und Töchter Gottes sind die zentrale Säule, deren Aufgabe es ist, beide Seiten in Ausgleich zu bringen. Auch das ist eine ganz tiefe Erkenntnis. Zu verstehen, daß die Elohime eine eigene Evolutionsrichtung besitzen, ist wahrlich eine Offenbarung, denn bis jetzt hat man sie immer mit den Engeln verwechselt.

Man hat aus esoterischer Sicht die Elohime immer als die gewaltigen kosmischen Wesen oder Mit-Schöpfer-Götter Gottes betrachtet, die sehr wenig Beziehung zu den Kindern Gottes auf Erden haben. Diese Offenbarung zeigt uns jedoch, daß eine Unzahl von kleiner Elohime um uns herum ist. Selbst in unserem physischen Körper sind sie in großer Anzahl zu finden und es gibt auch einen übergeordneten Elohim, der unser Körper-Elementarwesen erhält. Könnt Ihr sehen, liebe Leser, daß jede physische Struktur auf der Erde, ja die Erde selbst, von verschiedensten Elohimen erhalten wird? Die Engel spielen diesbezüglich auch eine große Rolle, allerdings aus einer anderen Perspektive. Sie nähren und strahlen Energie aus, was immer viel besser verstanden worden ist, als die Evolutionsrichtung der Elohime. Ich möchte Euch hier zeigen, liebe Leser, wie sehr Ihr mit den Elohimen verbunden seid, uns zwar nicht spirituell als Schöpfer-Götter, sondern darin, daß sie auch unsere physischen Körper erhalten und unsere Nahrung und die Form und Struktur erschaffen, auf der wir leben, was wiederum ein Hinweis auf die spirituelle und physische Verbindung zur Einheit allen Lebens ist. Dasselbe gilt für die Engel. Vom kleinsten Engel-Deva und der kleinsten Elfe angefangen, erschaffen sie unsere physische Nahrung und erhalten die physische Erde. Sie arbeiten mit den Elementaren zusammen und ernähren die Form, welche von den Elementaren aufgebaut wird. Jeder von uns hat zumindest einen Schutzengel, der ihn seit der ersten Inkarnation begleitet. Sie sind unsere spirituellen Führer, sie inspirieren und heilen uns. Sie beeinflussen uns auf vielerlei Art, manchmal merken wir es nicht einmal. Wenn wir zu Gott beten, kommt er nicht immer selbst, sondern sendet seine Engel. Als Mohammed der islamische Glaube offenbart wurde, war Erzengel Gabriel sein Führer und Lehrer. Als die Jungfrau zu ihrem Dienst berufen wurde, war es wieder Erzengel Gabriel, der sie anleitete. Als Gott in Form des brennenden Busches zu Moses sprach, war es ein Erzengel, der zu ihm sprach. So haben es mir die Meister mitgeteilt und ich muß sagen, daß mir diese Offenbarung vollkommen neu ist.

Es gibt unzählige Engel, die uns jeden Tag behilflich sind. Gäbe es nicht die Engel und ihre Evolutionsrichtung, könnten wir buchstäblich nicht einmal die Erde bewohnen. Daraus, liebe Freunde, könnt Ihr erkennen, daß wir nicht nur eine spirituelle, sondern auch eine physische Verbindung zu den Engeln haben. Es gibt viele Engel, die sich zur Zeit in körperlicher Gestalt auf der Erde befinden und viele von Euch, die Ihr dieses Buch gerade lest, gehören vielleicht dazu. Es gibt auch viele, die sich in ihrer Engels- und in ihrer Menschengestalt abwechseln und auch hier bin ich überzeugt, daß dies einigen von Euch bekannt vorkommen wird. Andere haben vielleicht einen stärkeren Bezug zu den Elohimen und wieder andere zu beiden Richtungen. Letztlich verschmilzt alles zur Einheit Gottes. Es ist wichtig, die Vernetzung mit den Evolutionsrichtungen der Engel und der Elohime sowohl in ihrer spirituellen als auch in ihrer greifbaren, physischen, der ätherischen, der astralen und der mentalen Form zu erkennen. Könnt Ihr mit diesem Wissen wirklich einen Garten, Eure Nahrung, Euren physischen Körper oder die Erde selbst mit den gleichen Augen betrachten wie zuvor? Alles ist doch buchstäblich ein Teil unserer selbst.

Zuletzt möchte ich nochmals darüber sprechen, daß selbst die Engel und die Elohime in ihrer monadischen Grundessenz einen Aspekt des Selbst auf den untersten Entwicklungsstufen des Ätherbereiches inkarnieren müssen. Wir, als Kinder Gottes entwickeln uns mit einem Aspekt unserer Monade durch das Mineral-, das Pflanzen- und das Tierreich. Die Engel beginnen bei den Devas und Elfen und die Elohime bei den Elementaren und den Aufbau-Devas. Ihr seht also, liebe Leser, daß alle drei Richtungen den gleichen sehr ähnlichen Evolutionsprozeß durchmachen, wenn auch in verschiedener Form. Selbst die Erzengel und die Elohim-Mitschöpfer-Götter müssen sich nach ihrer Individuation und / oder Erschaffung weiterentwickeln, so wie das ihre Monaden vorher tun müssen. Alles in Gottes Schöpfung, die genau genommen ein einziges Wesen ist, durchläuft den selben Prozeß wie wir, als Söhne und Töchter Gottes. Versteht Ihr jetzt, daß die Erzengel und Elohime uns eigentlich sehr ähnlich sind? Sie sind nicht getrennt von uns, sie sind keine idealisierten und daher für uns unerreichbaren Heiligenfiguren. Ihre persönliche Erfahrung des Entwicklungsprozesses seitens ihrer Monade und ihrer selbst ist dem unseren sehr ähnlich. Sie haben vielleicht die Gottes-Erkenntnis bereits in ferner Vergangenheit erfahren, es hat jedoch trotzdem irgendwann einmal eine persönliche Erfahrung in ihrer Entwicklungsrichtung gegeben, die der unseren gar nicht so unähnlich war. Diese Offenbarung hat mein Bewußtsein mit Demut, dem Gefühl des Vereintseins und mit Tiefe erfüllt, und ich hoffe, daß dies bei Euch auch so ist. Wir sind alle gleich. Wir alle sind Gott, der sich auf Gottes verschiedenen Stufen inkarniert, wir haben verschiedene Aufgaben in Gottes heiligem Plan und wir alle sind im Begriff, uns auf den Rückweg zu Gott zu machen! Wie mein geliebter Freund Metatron es gestern ausgedrückt hat: "Dies ist der Tanz Gottes!"

Die Tiere

Die Menschheit ist mit dem Reich der Tiere psychologisch und emotional am engsten verbunden, daher habe ich beschlossen, mit den Tieren allgemein zu beginnen und besonders diejenigen anzusprechen, die am häufigsten in dieser engen Verbindung erscheinen. Der Hund, die Katze, das Pferd und der Elefant bilden die Gruppe von Tieren, welche knapp vor ihrer Individualisierung stehen. Sie haben die Entwicklungsstufe erreicht, die es uns ermöglicht, mit ihnen auf emotionaler und, bis zu einem gewissen Grad, auch auf mentaler Ebene in Interaktion zu treten. Wer von Euch die Vögel liebt, soll nicht enttäuscht sein, daß ich an dieser Stelle nicht von ihnen spreche: Ihr nächster Entwicklungsschritt liegt auf dem Weg der Devas / Engel. Es gibt spezielle Vogelarten, aber auch Individuen, die in die gleiche Kategorie fallen, wie die oben erwähnten Tiere - ihr Individualisationspunkt liegt jedoch in einer anderen Richtung.

Wenden wir uns nun unseren geliebten Haustieren zu. Manch ein/e hingebungsvoller/e Tier-Vater/Mutter (ich spreche mit Absicht nicht von Besitzern, denn wir können kein anderes Wesen besitzen) ist von anderen Menschen der "Vermenschlichung" seines / ihres Tieres beschuldigt worden. Es gibt einfach Leute, die überhaupt nicht auf Tiere ausgerichtet sind und daher Scheuklappen tragen, was die hochentwickelten Gefühle der Tiere, die wir lieben, angeht. Man kann, liebe Leser, bei den höher entwickelten Tieren bereits so etwas ähnliches wie einen Mentalkörper erkennen, man muß jedoch darauf eingestimmt sein, um erkennen zu können, was wirklich abläuft. Es stimmt schon, daß einige von uns ein bißchen übertreiben und den Tieren Emotionen, Gefühle und auch Eigenschaften zuschreiben, die sie nicht haben. Es kommt gar nicht selten vor, daß ein Mensch ein Bedürfnis oder ein Gefühl damit ausdrückt, daß er eben sagt, daß ein Hund oder eine Katze ganz genau spürt, was sein / ihr "Herrchen" oder "Frauchen" empfindet. In einem solchen Fall wird das Tier natürlich vermenschlicht. Daß solche Dinge vorkommen, gibt den Menschen, die mit Tieren nicht viel anfangen können, natürlich genügend Anlaß, die wahre Situation weiterhin nur von ihrem recht begrenzten Horizont aus zu betrachten. In den meisten Fällen ist es so, daß das Tier, das mit uns zusammenlebt, tatsächlich "Mamas" oder "Papas" Gefühle aufnimmt und dann als gleiches Gefühl in seiner Aura und dem Emotionalkörper aufscheinen läßt. Da bei unseren Haustieren der Emotionalkörper am weitesten entwickelt ist, und da ihre Entwicklung sehr stark von der Liebe und Zuwendung abhängt, welche wir ihnen erweisen, ist es eigentlich nur logisch, daß sie unsere Gefühle mitbekommen.

Es ist zwar nicht immer so, daß das Verhalten und die Gefühle eines speziellen Tieres genau das Verhalten seines Beschützers bzw. der Familie widerspiegelt, kommt jedoch öfters vor. Wenn man ein Haus betritt, in dem ruhige, in sich gekehrte Leute wohnen, wird das Tier ein ähnliches

Verhaltensmuster zeigen. Sind die Leute fanatisch, feindselig und voll Verwirrung, wird das Tier ebenso reagieren. Lebt ein Mensch oder eine Familie in großer Angst, wird auch das Haustier ängstlich und handscheu sein. Diese Informationen sind leicht zugänglich, man kann sie in Büchern, Zeitschriften und Artikeln finden, die sich mit dem Halten und Abrichten von Tieren beschäftigen. Was ich zuletzt angesprochen habe, ist jedem, der sich nur ein wenig mit Tierverhalten beschäftigt hat, um sein eigenes Haustier besser kennenzulernen, sicherlich nicht neu. Es hat ganz sicher nichts mit geheimen Mysterien zu tun, eher mit Allgemeinbildung. Diese Information berührt jedoch dann den Bereich des okkulten Verständnisses, wenn wir begreifen, daß das Verhalten von Familie und Haustier eine direkte Auswirkung auf die Evolution des Tieres hat. Hund, Katze, Pferd und Elefant haben nicht nur einfach Gefühle, sie entwickeln sich durch sie. Bei jedem neuen Geborenwerden werden diese Emotionen feiner und es entsteht der Ansatz eines Mentalkörpers. Zu diesem Zeitpunkt steht das Tier an der Schwelle der Individualisation. Sie warten nur auf einen weiteren großen Erdzyklus, damit sie diese Schwelle überschreiten können. Es kann sogar sein, daß sie den göttlichen Funken von Gott erhalten und auf einem anderen Planeten ihrer Individualisation entgegensehen. Allerdings würden sie nie "gehen" bevor nicht auf den Inneren Ebenen die Verbindung zwischen ihnen und ihrer menschlichen Familie zur Vollendung gelangt ist.

Bevor ein Tier zum Menschen wird, gibt es eine lange Zeit, während der es nicht einmal im eigenen Reich individualisiert ist. Viele von Euch kennen den Begriff "Gruppenseele", auch im Zusammenhang mit den Tieren. Für all jene, die mit diesem Begriff nicht vertraut sind, werde ich ihn hier erklären. Bevor ich das tue, möchte ich alle, die Ihr Tier von Herzen lieben, beruhigen und ihnen sagen, daß es seine eigene einzigartige Individualität besitzt. Wäre das nicht der Fall und wäre es somit noch Teil der ursprünglichen Gruppenseele, hättet Ihr keine so starke Beziehung zu Eurem Tier und das Tier hätte auch nicht die starke Liebe und das Gefühl der Verbindung zu Euch. Ihr braucht Euch daher überhaupt keine Sorgen darüber zu machen, ob Ihr Euren "kleinen Freund" auf den Inneren Ebenen wiederseht oder nicht. Wenn Ihr ihn so liebt, daß Euch solche Gedanken kommen, dann - und das kann ich Euch versichern -, wird Euer Tier auf Euch warten, wenn Ihr "den Jordan überschreitet". Vergeßt nie, daß Ihr wesentlich zu seiner Entwicklung beigetragen habt, solch eine Verbindung ist sehr stark. Ganz gleich wie weit Ihr in das Licht hinaufgeht, Euer Freund wird Euch immer erreichen, so wie Ihr ihn immer erreichen werden könnt.

Die Gruppenseele des Tierreiches

Bevor ein Tier den Zustand erreicht, in dem es als Individuum innerhalb des Tierreiches inkarniert, verkörpert es sich immer wieder als Teil einer Gruppenseele oder eines Gruppen-Ganzen. Die vielfältigen Erfahrungen, die es in seiner Verkörperung macht, werden dann in die Gruppenseele eingebracht. Abhängig von der Art des Tieres und davon, wie bald es sich schon von der Gruppenseele trennen kann, gibt es eine Zeit, die es auf der Astralebene verbringt. Während dieses Zeitraumes behält es sein Individualitätsmuster und wird danach wieder in seine ursprüngliche Gruppe aufgenommen. Es bringt alles in die Gruppe mit, was es während seiner Inkarnationszeit in bezug auf den Emotionalkörper, den fühlenden Körper gelernt hat. Auf diese Weise entwickelt sich die ganze Gruppenseele und kann schließlich ein Tier hervorbringen, welches genügend entwickelte Energien in sich trägt, um sich von der Gruppe zu lösen und als Individuum zu inkarnieren. Die Gruppenseele, welcher das Tier angehört, hat die Muster und kodierten Botschaften in sich, die wir als den Instinkt der Tiere bezeichnen. Da alle Erfahrung der Tiere einer Gruppenseele in die Gruppe eingebracht werden, wird die Gesamtseele davon beeinflußt. So ist z.B. das Wild dem Menschen gegenüber so scheu, weil es oft das Opfer der Jäger wird. Die Erfahrungen, welche ein Tier auf seinem Weg zum Schlachthof macht, auch die seines Todes, brechen wie ein Geschoß der Angst in die Gruppe derjenigen Tiere ein, die wir zu diesem Zwecke verwenden. Andererseits werden natürlich auch die Emotionen der Tiere, welche wir lieben, zu denen wir zärtlich und fürsorglich sind, in die Gruppenseele eingebracht. Wie wir, als Spezies, mit den Tieren umgehen, hat einen großen Einfluß auf die Art ihrer Entwicklung. Je stärker wir uns einer Tierart nähern, desto mehr tragen wir zu ihrer Entwicklung bei. Je mehr Liebe wir geben, je zärtlicher wir sind, je mehr wir uns sowohl emotional als auch mental mit einem Tier beschäftigen, desto schneller wird es sich individualisieren. Sobald es diesen Prozeß innerhalb des eigenen Reiches geschafft hat, kann es sich aufmachen, die nächste Stufe der Entwicklung, nämlich ein Mensch zu werden, anzugehen.

Dies muß ganz klar sein und deshalb betone ich es nochmals: Wenn ein Tier zum Menschen wird, dann geschieht dies durch den Evolutionsprozeß einerseits und durch den Funken der individualisierten Gottes-Essenz andererseits. Dieser Funke wird von Gott, oder dem Logos, auf einer sehr hohen Stufe ausgeatmet. Aus diesem Feueratem Gottes entsteht ein völlig neues Lebewesen und ein wahres Kind Gottes aber gleichzeitig auch ein Produkt seiner eigenen Entwicklung. Sobald die individualisierte ICH BIN - Gegenwart aus dem monadischen Ursprung freigesetzt wird, ist der wahre Mann, die wahre Frau Gottes geboren.

Wie die Menschheit den Tieren helfen kann

Wir werden uns kurz den Evolutionsprozeß betrachten, der mit dem geheimnisvollsten aller Vorgänge beginnt, nämlich mit der Involution *(Rückentwicklung - Anm. des Übersetzers)*. Ich meine jedoch, daß es vorher noch wichtig ist, zu überlegen, wie wir den Tieren helfen und das, was sie für uns tun, wirklich anerkennen können. Die erste Überlegung dabei ist, daß die Tiere gesamthaft betrachtet unsere jüngeren Geschwister sind. Sie sind nicht auf sich allein gestellt und auch nicht von uns getrennt, sie sind vielmehr ein Teil unserer selbst. Sie sind unserer Zuneigung und unserer Sorgfalt in höchstem Maße wert, unabhängig davon, ob sie individualisierte Tierseelen, Teil einer höheren Gruppenseele, wie z.B. Hund oder Katze, oder Tiere der Wildnis, wie Bären, Tiger, Löwen, Flußpferde oder Leoparden sind. Ihr müßt das wirklich richtig verstehen: Alle Tiere sind unsere jüngeren Geschwister. Gleicherweise sind sie auch ein Teil von uns, da die gesamte Schöpfung in Gott enthalten ist. Daher ist es absolut nicht in Ordnung, Fallen aufzustellen und den Tieren Schmerzen zu verursachen. Selbst weniger hoch entwickelte Tiere haben Emotionalkörper und darin Empfindungen. Ganz sicher haben sie jedoch physische Empfindungen. Die fürchterlichen Dinge, die den Tieren angetan werden, nur um den fehlgeleiteten Wünschen des negativen Egos zu entsprechen, sind einfach falsch. Wie Ihr mit der hier gegebenen Information letztlich umgeht, ist Eure Sache. Ich bitte Euch jedoch, die angeführten Punkte genau zu überdenken und zu sehen, ob es in Eurem Emotionalkörper und dem Christusbewußtsein zu einem Echo kommt. Ich bin davon überzeugt, daß dieses Echo entsteht! Wenn wir schon darüber reden, bedenkt doch einmal, was für unmenschliche Behandlung den

Walen und Delphinen widerfährt. Die meisten Lichtarbeiter wissen, daß diese Tiere sehr hoch entwickelt sind. Sie sind aus den tiefsten Tiefen des Weltraumes zu uns gekommen, um unserem Planeten die Liebe zu bringen. Ich nehme nicht an, daß jemand, der dieses Buch liest, in irgendeiner Art und Weise diese Tiere verletzt. Ich möchte Euch jedoch empfehlen, Euch ihnen verwandt zu fühlen, Euch in sie zu versetzen. Sprecht mit ihnen. Schenkt ihnen Eure Liebe, so wie sie das tun. Aus Liebe entsteht wieder Liebe - das wäre eine wunderbare Arbeit, die Ihr hier leisten könntet. Alle, die ein Haustier in ihr Leben einbeziehen, sollten wissen, daß eine starke emotionale, manchmal sogar mentale Verbindung besteht. Betrachtet das Tier als Familienmitglied, nicht nur als etwas zum Herzeigen oder zu Eurem Vergnügen. Unsere Haustiere sind sehr weit entwickelt, und sie haben ein außerordentlich empfindliches Nervensystem und einen Emotionalkörper. Wenn wir sie aus unserem eigenen integrierten Herzen und dem Christusbewußtsein heraus behandeln, können wir damit ihre Schwingung sehr stark anheben.

Die Art wie wir mit "unserem" Tier umgehen, hat großen Einfluß auf seine Entwicklung. Wie bereits gesagt, ist es nämlich ein getreuer Spiegel unserer eigenen Emotionen. Je mehr bedingungslose Liebe, Aufmerksamkeit, Sorgfalt und Zuwendung wir ihnen geben, desto mehr dieser Qualitäten gehen auf sie über. Manche Haustiere haben eine Treue bewiesen, die man nur als Christusbewußtsein in seiner höchsten Form bezeichnen kann. Habt Ihr Euch noch nie überlegt, warum ein Haustier sein eigenes Leben riskiert, um ein Familienmitglied aus einer drohenden Gefahr zu retten? Ein Tier, welches das tut, verwendet seinen kleinen Geistesfunken dazu, um diese Entscheidung zu treffen und in die Tat umzusetzen. Es hat dazu keinen Befehl erhalten, daher handelt es nicht aus Furcht oder Gehorsam. Warum setzt es sich dann "freiwillig" der Gefahr aus und springt in eiskaltes Wasser, klettert auf einen steilen Felsen, dringt in die Tiefen einer Höhle vor oder erduldet die Kälte des Winters nur um "seinen Menschen" zu retten? Ganz einfach: *aus Liebe*! Genauer gesagt, aus der Kombination von Liebe, Treue, Hingabe und dem Funken des Geistes. Dieser winzige Funke, der Same der geistigen Fähigkeit ist der letzte, jedoch am höchsten entwickelte Anteil. Kommt er zu den anderen dazu, veranlaßt er das Tier, sein Leben für "seinen Menschen" zu opfern. Das Reich der Tiere, liebe Leser, ist in starker Bewegung und es gibt vieles, das wir täglich von den Tieren erhalten und auch vieles, das wir als selbstverständlich betrachten. Respektieren wir die

Tiere, so wie es ihnen zusteht und erfüllen wir damit das Gebot von Djwhal Khul, der uns durch Alice Bailey sagt, daß wir "... die Tiere sanft behandeln" sollen!

Die Involution

Vor der Evolution kommt die Involution. Ich habe nicht die Absicht, hier lange darüber zu sprechen, Ihr müßt jedoch davon gehört haben, wenn Ihr die okkulten Feinheiten des Evolutionsprozesses verstehen wollt. Einfach ausgedrückt ist die Involution der Vorgang, bei welchem sich Energie aus den höheren, formlosen Bereichen in die immer dichteren Bereiche herunterbegibt, um schließlich die Welt der Materie zu berühren. Ist das geschehen, beginnt der Evolutionsprozeß, der "zurück" zu Gott führt. Man könnte das Ganze auch als das Einatmen und Ausatmen Gottes bezeichnen. Wenn Ihr Euch erinnert, ist von Jesus / Sananda und Lord Maitreya gemeinsam gesagt worden, daß "niemand zum Vater zurückkehren kann, der nicht vom Vater gekommen ist". Das ist eine der stärksten und wahrlich okkulten Aussagen, die jemals gemacht wurden und erfaßt die Wahrheit auf einer tiefen und multidimensionalen Stufe. Für die Lichtarbeiter bedeutet dies, daß wir alle Söhne und Töchter Gottes sind und daß wir, wenn wir der Christus-Essenz in uns folgen, wieder zum Ursprung zurückkehren. Und das ist die Wahrheit.

Ein noch tieferes Verständnis dieser Worte macht uns klar, daß wir, bevor wir unsere Entwicklung zurück zur Gottheit beginnen, erkennen müssen, daß unsere Essenz aus dem Ursprung stammt und durch viele, viele Ebenen heruntergestiegen ist, bevor sie den Punkt erreicht hatte, an dem die Kräfte der Evolution das Zeichen zur Rückkehr geben konnten. Diesen Prozeß nennt man "Involution" und er hat mit dem Herunterfließen der ursprünglichen Essenz zu tun. Diese Essenz durchläuft auf ihrem Weg vom Ursprung zur materiellen Ebene viele Umwandlungsprozesse. Liebe Leser, auf diese Art und Weise bewegen wir uns die Wendeltreppe nach unten, bis in die Form. Wir haben es hier mit der ursprünglichen, elementaren Essenz zu tun. Der Ausdruck "elementar" bedeutet hier etwas anderes als sonst, und zwar steht er für das Grundelement der Schöpfung, das aus sich selbst heraustritt und nach unten steigt, damit es später wieder in sich selbst zurückkehren kann. Das Ziel der Involution ist letztlich die Evolution. Das Ziel der Evolution ist es, das Ganze, die alles durchdringende ewige Quelle des Seins, zu bereichern. Da sich dieses Kapitel jedoch mit den speziellen Entwicklungsvorgängen in den verschiedenen Königreichen, ihrer Integration und ihrer Interaktion mit uns beschäftigt, soll nichts weiter zur Involution gesagt sein. Die Meister selbst haben mich davon weggeführt, da sie offensichtlich nicht wünschen, daß ich dieses Thema jetzt weiter verfolge. Sie haben mich gebeten, kurz über diesen Vorgang zu sprechen, damit Ihr eine Vorstellung davon bekommt, wie unendlich groß und vielschichtig der Evolutionsprozeß eigentlich ist. Das Ein- und Ausatmen Gottes erfolgt gleichzeitig. Wie ich in meinen Büchern *Das komplette Aufstiegshandbuch* und *Kosmischer Aufstieg* bereits ausführlich dargelegt habe, gibt es die Tage und Nächte Brahmas, es gibt jedoch auch die Ausatmung und Einatmung von Involution und Evolution. Und über allen verschiedenen Stufen und Einzelheiten dieser Prozesse steht das übergeordnete "Ganze", in welches letztlich alles integriert und vereint wird!

Integration in das Reich der Mineralien

Es ist bekannt, daß wir, auf der menschlichen Richtung der Evolution, zu irgendeinem Zeitpunkt mit einem Aspekt unserer Monade dem Reich der Mineralien angehörten. Käme aber heute jemand mit einem Buch, das den Titel "Mein Leben als Stein" trägt, zu mir, dann würde ich nur amüsiert lächeln, denn es ist nicht unser individualisiertes Selbst, das Teil dieses Reiches war, das muß Euch klar sein. Wenn Ihr Euch erinnert, so fand unser voller Eintritt in die Individualität erst dann statt, als ein Aspekt unserer Monade sich aus der Begrenzung des Tierreiches löste. Wir könnten weder unsere Erlebnisse als Katze oder Hund, als Kuh oder Tiger beschreiben, noch etwas über unseren Aufenthalt im Reich der Steine erzählen und dabei bei der Wahrheit bleiben. Und doch ist ein Aspekt unserer Essenz einmal im Mineral-, Pflanzen- und Tierreich gewesen. Im Prozeß der Individualisation tritt eine spezifische Essenz aus der Quelle aus. Diese Essenz manifestiert sich in einem Aspekt unserer Monade, der sich dann in die verschiedenen Reiche hineinbegibt. Das geschieht über ein Gruppenbewußtsein, welches allerdings nicht das gleiche ist, wie beim fortgeschrittenen Initiaten oder dem Aufgestiegenen Meister. Beim letzteren befindet sich nämlich immer noch das Wesen des Individuums im Zentrum und es entsteht aus der Verschmelzung voll erwachter, erleuchteter Monaden, ICH BIN - Gegenwarten oder der Flammen, welche im ewigen Feuer Gottes lodern, wenn Ihr das so ausdrücken wollt. Das erstere dagegen ist eine sehr ansatzmäßige Form des Gruppenbewußtseins, welche auf ihrem Weg zur Individuation Erfahrungen sammelt. Zwischen den beiden Arten besteht ein himmelhoher Unterschied. Die Quintessenz ist jedoch, daß beide Arten von Gruppenbewußtsein innerhalb des einen, ewigen Ganzen existieren und daß sie beide Ausdruck unserer Monadenessenz sind. Die einfachste und primitivste Form dieses Ausdruckes ist in der Gruppe oder Seele des Mineralreiches zu finden. Obwohl davon nur ein Bruchteil dessen, was aus der Monade einmal entsteht, berührt wird, ist es doch eine Erfahrung, die dieser Teil der Monade machen muß.

Das Bewußtsein befindet sich im Mineralreich offensichtlich auf einer sehr langsamen Schwingung, wie in einem Dämmerzustand zwischen Wachen und Schlafen. In diesem Bereich werden Grundlagen vermittelt, die jedoch für die weitere Entwicklung sehr wichtig sind und das Mineralreich spielt, gesamthaft betrachtet, eine besondere Rolle. Innerhalb dieses Reiches findet ebenfalls eine Entwicklung statt, ob sie nun für Euch bemerkbar ist oder nicht. Nach einer entsprechenden Zeit verwandeln sich einfache Mineralien in feinere. Damit wird die Gruppe, aus welcher sich ein spezieller Teil des Mineralreiches zusammensetzt, ebenfalls feiner, leichter und reaktionsfähiger. Das zeigt sich auch daran, wie die Menschen mit Steinen umgehen. Der normale, einfache Stein wird aufgehoben und dann in das Bachbett geworfen. Nach Diamanten und anderen Edelsteinen wird in Minen geschürft, oft unter lebensgefährlichen Umständen. Die Menschen betreten sogar Höhlen, die fast vor dem Einsturz stehen, nur um wenigstens einen Edelstein herauszuholen. Das zeigt die verschiedenen Stufen des Wachstums und der Evolution im Mineralreich. Das gleiche gilt für das Reich der Tiere.

Viele Lichtarbeiter verwechseln die primitive Wirkung einiger Mineralien mit der kraftvollen Reaktion der Devas dieser Steine. Wir müssen ganz genau unterscheiden lernen, wie sich der Deva eines Steines, einer Pflanze oder eines Gemüses bemerkbar macht und wie sich das Bewußtsein dieses Steines, dieser Pflanze oder dieses Gemüses äußert, denn das sind zwei ganz verschiedene Wesenheiten. Das dritte im Bunde ist das Elementarwesen, welches für die Form zuständig ist. Es sind also drei Evolutionslinien, die wir im Auge behalten müssen. Bitte, vergeßt das nicht, denn das hat schon viel Verwirrung gestiftet. Ihr müßt auch immer bedenken, daß selbst das primitivste Mineral einen wichtigen Platz in der Gesamtheit der Erde einnimmt. Das Mineralreich bildet die Schale und auch das Innere des Planeten. Ohne den kleinsten Teil dieses Reiches wäre eine Entwicklung des Restes gar nicht möglich! Dieser letzte Satz sagt genau das aus, was auch für das integrierte Funktionieren aller anderen Reiche gilt. Das "Puzzle-Stück" des Mineralreiches ist daher wirklich wichtig!

Betrachten wir jetzt einmal die Devas, die damit in Zusammenhang stehen. Ihre Funktion ist nahezu die gleiche, wie die der Devas des Pflanzenreiches. Es gibt gewisse grundsätzliche Ähnlichkeiten zwischen den höheren Reichen, ich kann Euch jedoch die Gesamtstruktur sehr gut mit Hilfe des Mineralreiches erklären. Es gibt zunächst drei sehr klar definierte Bewußtseinsebenen. Da sind zunächst die Bewußtseinsebenen des Minerals selbst sowie seine Evolution. Es handelt sich dabei um ein sehr primitives und rudimentäres Bewußtsein, was auch für die Form, durch welche es sich ausdrückt, gilt. Das Mineral erreicht bei seiner Entwicklung innerhalb des eigenen Reiches immer höhere Formen, die jeweils die Höhe des Bewußtseinszustandes, den es durchläuft, ausdrücken. Das erinnert sehr stark an die menschliche Entwicklung mit ihren unzähligen Reinkarnationen. Da jede Verkörperung in einer Form geschieht, die dem Bewußtseinszustand, dem Licht, der Einstimmung der Chakren und der Sensitivität entspricht, die erreicht worden ist, entwickelt sich auch das Mineral vom Felsbrocken über den Halbedelstein zum Edelstein. Bei jeder Wendung, die das Mineral die Treppe aufwärts macht, wird sein Bewußtsein in Relation enorm erweitert.

Daraus können wir erkennen, daß das Bewußtsein des Minerals eine eigene, für sich existente Einheit ist und dem Wachstum unterliegt. Als nächstes möchte ich mit Euch den Deva betrachten, der zu dem Mineral gehört. Auch hier entsteht ein eigenes Wesen, das sich unabhängig vom Bewußtsein des Minerals durch seinen Dienst und seine Beschützerrolle in bezug auf das Mineral entwickelt, und das seine eigenen Gefühle und Motivationen hat. So kann die Reaktion eines Devas auf das Herausbrechen eines Edelsteines in der Mine sehr stark sein. Oft wird dies irrtümlich als die Reaktion des Minerals verstanden, doch das Mineral hat, selbst wenn es sich bereits auf einer höheren Schwingung befindet als zum Zeitpunkt seines Evolutionsbeginnes, immer noch ein sehr rudimentäres Bewußtsein. Sein Deva dagegen kann sich viel stärker ausdrücken und es ist wichtig zu verstehen, daß die beiden gleicherweise unabhängig voneinander und in Verbindung miteinander agieren. Dieses Nebeneinander von Verbundensein und separatem Entwicklungsweg macht es schwierig, die beiden zu unterscheiden, obwohl es einen ganz eindeutigen Unterschied gibt!

Das dritte Element sind die Aufbau-Devas, die "Erbauer der Form". Sie gehören zu den Elohimen und sind Elementarwesen, während die vorher angeführten Devas zu den Engeln gehören. Das ineinander Übergreifen dieser Entwicklungen ist auf jeder Entwicklungsstufe sehr kompliziert. Diese Devas haben eine ganz bestimmte Funktion, die weder mit der des Minerals noch mit der des Devas, der das Mineral betreut, zu tun hat. Diese Wesen sind die großen Baumeister der Form, die alles Bewußtsein beherbergt. Sie arbeiten aus der elementaren Essenz und sind am Evolutionsprozeß in bezug auf Ausdruck und Form beteiligt. Sie sind die dritte Komponente in der Entwicklung des Minerals. Wir werden uns in erster Linie mit dem Bewußtsein des Minerals auseinandersetzen, da es hier um die verschiedenen Stufen geht, die letztlich zur Individuation im Menschenreiche führen. Das Mineral befindet sich sozusagen auf der ersten Treppenstufe des Evolutionsweges zur Individuation. Das Mineral lebt, es entwickelt sich und es ist bewußt. Es trägt eine bestimmte Qualität oder Gottes-Essenz in sich, die es mit der Zeit durch das Pflanzen- und Tierreich bis in das Reich der Menschen tragen wird, wo zuletzt die Geburt des menschlichen Individuums, des Gottes-Mannes / der Gottes-Frau stattfindet. Das menschliche Wesen wird sich dann irgendwann einmal mit seiner höchsten Gottes-Quelle, der mächtigen ICH BIN - Gegenwart oder Monade vereinigen und sich weiter in den Kosmos, über die 352 Ebenen zurück bis zur Gottheit, zum Ursprung, entwickeln. Dann wird es, ohne Verlust seiner Identität, in die Ganzheit eingehen.

Die unterste Stufe dieses Entwicklungsprozesses ist der Aufenthalt eines Aspektes unserer Monade im Reich der Mineralien. Wenn Ihr das nächste Mal gedankenlos einen Stein in den Fluß oder in einen See werft, dann denkt daran, daß es ein jüngerer Bruder ist, den Ihr so behandelt. Ihr richtet damit keinen Schaden an - vielleicht wäre es aber nett, wenn Ihr den Stein kurz an Euer Herz drücken und ihn als das akzeptieren würdet, was er ist: nämlich ein gesegnetes Bindeglied in der Entwicklungskette der Menschheit, ein integrierter Teil dessen, was wir als Gott bezeichnen!

Die Integration in das Pflanzenreich

Das Pflanzenreich ist die nächste Entwicklungsstufe für die Seelengruppe, bzw. den Aspekt unserer Monade, welcher sich gerade über die vier niederen Reiche entwickelt. Beim Pflanzenreich geschehen verschiedene Dinge gleichzeitig, ähnlich wie das im Mineralreich der Fall ist, nur hat hier das Bewußtsein eine viel größere Gefühlsreichweite, als bei den Mineralien, wo die Grenzen doch viel enger gesteckt sind. Es gibt zwischen dem Pflanzen- und dem Menschenreich einen Atemaustausch, da der Mensch den Sauerstoff, den die Pflanze produziert, zum Überleben benötigt. Das Pflanzenreich bietet uns, wie auch den Tieren, die beste Nahrung. Die Natur-Elementare spielen im Bereich des Wachstums und der Pflege der Pflanzen eine große Rolle und es ist die Aufgabe des Menschen, sowohl mit diesen wunderbaren Devas als auch mit der Pflanzenwelt insgesamt zusammenzuarbeiten.

Die Manifestation der verschiedenen Pflanzen, Gemüsearten, Büsche, Wälder, Gräser etc. zeigt eine enorme Vielfalt, was wiederum ein Hinweis auf das Bewußtsein innerhalb des sich entwickelnden Pflanzenreiches ist. Das Unkraut, auf das man tritt oder das durch sein gehäuftes Auftreten das Wachstum gesünderer und weiter entwickelter Pflanzen verhindert, befindet sich auf der einen Stufe, während die mit so viel Liebe vom Menschen gehegten und gepflegten Rosen, die in friedlicher Atmosphäre und unter der liebevollen Aufsicht ihrer Deva-Fee wachsen, zu einer anderen Entwicklungsstufe innerhalb der Pflanzenwelt gehören. Genau wie bei den Steinen, zeigen auch hier die verschiedenen Manifestationsstufen auf der physischen Ebene den Entwicklungsstand des Bewußtseins innerhalb dieses Reiches an. Das ist wichtig zu wissen, da es vielen nicht klar ist, daß es innerhalb der niedrigeren Reiche überhaupt eine Entwicklung gibt. Eine bewußte Entwicklung gibt es aber kaum. Was jedoch davon vorhanden ist, so gering es auch sein mag, ist von großer Bedeutung für den Aufstieg, der den Übergang in das nächsthöhere Reich ermöglicht.

Diese Erkenntnis vermittelt auch große Einsichten in die Entwicklung der zugehörigen Devas. Ein Aufbau-Deva aus der Linie der Elohime findet hier genug Arbeit beim Aufbau und der Erhaltung von Dornengestrüpp, Unterholz und Unkraut. Ein weiter entwickelter Deva dieser Richtung wäre beispielsweise am Aufbau der äußeren Form einer Lilie oder Rose beteiligt. Vergeßt nicht, daß dafür immer zwei Arten von Devas zuständig sind. Die einen sind die Baumeister, welche mit Hilfe der Elementaressenz, aus der sie auch selbst bestehen, der Blüte ihre Form geben. Die anderen gehören der Engelrichtung an und helfen den Blüten und Pflanzen beim Wachsen und kümmern sich um ihre Bedürfnisse. Solch ein Deva würde also die vorhin angesprochene Rose oder Lilie pflegen. Sie alle arbeiten in eigenen, jedoch völlig integrierten und miteinander vernetzten Evolutionsrichtungen.

Es gibt drei Bewußtseinszustände, mit denen wir es hier zu tun haben. Der eine gehört zu den Engeln, welche die Pflanze nähren. Eine Elfe, die dieser Richtung entstammt, hat oft ihren Wohnsitz innerhalb einer bestimmten Blume, um diese Arbeit durchzuführen. Das heißt also, wir haben hier eine Elfe, die eine Blume bewohnt, um für sie sorgen zu können, ihr Nahrung zu bringen und durch aktive Liebe ihre Bedürfnisse zu stillen. Dann gibt es noch den Aufbau-Deva, der die Struktur der Blume schafft und aufrechterhält, indem er mit Hilfe seiner eigenen Elementaressenz das Gedankenbild herstellt und den Aufbau durchführt. Und dann gibt es noch das Bewußtsein der Blume selbst. Alle drei sind ineinander verwoben, entwickeln sich aber auf unterschiedliche Weise. Über all den bis jetzt angesprochenen Wesen thront der Gott des Königreiches der Natur, Pan von den Elohimen, der die Devas, die Elementare und ihre Welt regiert. Er entstammt einem sehr hohen Orden und trägt in gewisser Weise alle Elementare, Devas, Blumen und Blätter in seiner Aura. Das ist so ähnlich, wie wenn der Meister eines Strahles alle sich entwickelnden Monaden dieses Strahles, also jeden von uns, in seiner Aura trägt. Wenn man so sagen will, findet alles, was dem Königreich der Natur angehört, seinen Integrationspunkt im Wesen des Pan!

Ich hoffe, daß Euch jetzt ganz klar ist, daß wir es im Pflanzenreich genauso mit unterschiedlichen Bewußtseinszuständen zu tun haben wie im Reich der Gesteine, wo wir den Unterschied zwischen dem Bewußtsein des Devas und dem rudimentären Bewußtsein des Minerals betrachtet haben. Dies richtig zu verstehen ist ganz wichtig. Da immer mehr Lichtarbeiter ihre Sinne schärfen, kann es sehr leicht vorkommen, daß sie die Empörung des Pflanzen-Devas mit der der Pflanze selbst verwechseln. Das Bewußtsein der Pflanze, über das wir ein wenig später sprechen werden, ist nicht so empfindlich, obwohl es durchaus vorhanden ist und auch respektiert werden sollte. Es ist der Deva der Pflanze, der viel stärker reagiert. Die Devas nehmen ihre Arbeit sehr ernst; wenn also ein Mensch vorbeigeht und gedankenlos eine Blume abreißt, die in der Obhut des Devas steht, oder eine Grasfläche abmäht und Bäume und Sträucher schneidet, dann werden die Devas ihr Mißfallen unmißverständlich kundtun. Die Menschheit muß die Bedürfnisse der Pflanzenwelt und auch ihre eigenen endlich wirklich kennenlernen und auch die Engels- und Elementarwelten begreifen, die hinter den Pflanzen stehen. Diese beiden sind in jedem Garten vertreten und wirksam. Sie sind, liebe Leser, gänzlich integriert. Wenn die Menschen keinen Respekt vor den Pflanzen haben, haben sie gleicherweise keinen Respekt vor den Elementarwesen, die für die Pflanzen verantwortlich sind! Wir sind verpflichtet, unsere eigene Integration innerhalb dieses Prozesses zu erkennen und zu begreifen, wie sehr die Menschheit mit den Elementarwesen und den Engeln und der sich entwickelnden Gruppenseele und Monade des Pflanzenreiches verbunden ist. Die Pflanzen ernähren uns. Wir senden unseren Atem zu ihnen aus und erhalten dafür ihren Atem zurück. Es besteht zwischen ihnen und uns eine derartig starke Interaktion, daß es fast unverständlich ist, daß die Menschen das noch nicht gemerkt haben. Statt dessen verursachen sie großflächige Zerstörung, wenn nicht sogar Vernichtung, in dem Reich, das, physisch gesehen, unser Leben ist! Da ist kein Respekt vor den Pflanzen und Blumen und es ist das Bewußtsein des negativen Egos, und nicht das Christusbewußtsein, das uns so handeln läßt.

Wir müssen unseren Weg auf integrierte Weise gehen. Wir müssen an der Entwicklung unseres Christusbewußtseins arbeiten, denn nur im Licht und der Liebe des Christus sind wir imstande zu begreifen und in Übereinstimmung mit den höchsten Prinzipien und mit der Integrität zu handeln. Tun wir das nicht, schaffen wir ein weiteres Ungleichgewicht und lassen eine Haltung der Fremdheit zwischen den einzelnen Reichen und Evolutionsrichtungen entstehen, die es im Grunde gar nicht gibt! Viele Lichtarbeiter sind sich bereits der gewaltigen Auswirkungen bewußt, welche unser Handeln auf die Pflanzen und ihre Devas hat. Dieses Bewußtsein ist ein guter Ansatzpunkt, dieses Wissen zu integrieren und zu verbreiten! Eines der traurigsten Ergebnisse der Unwissenheit der Massen ist, daß die Engeldevas begonnen haben, sich von der übervölkerten, gefühllosen Welt zurückzuziehen, die die Menschen verursacht haben. Auf ihrer Flucht in stille und harmonischere Gegenden haben sie viele Wälder, Gärten und Bäume verwaist zurückgelassen. Die

Pflanzen, Blumen und Gemüsearten im Bereich einer Großstadt unterliegen nur mehr den Naturgesetzen und sind auf die Hilfe der wenigen Menschen, die helfen wollen, angewiesen. Daß die Devas und ihre liebevolle Hilfe nicht mehr da sind zeigt sich daran, daß die Ernten schlecht sind oder es gar nichts zu ernten gibt und daß das Wachstum der Pflanzen generell schwach ist. Jeder von uns sollte wirklich eine gute Beziehung zum Pflanzenreich, den dazugehörigen Naturwesen und den Elementarwesen aufbauen. Wenn wir das nicht tun, werden uns in Kürze die verheerenden Auswirkungen dieser Trennung einholen. Wir können damit beginnen, daß wir die Pflanzen um Vergebung dafür bitten, daß wir ihnen durch die Verwendung von Pestiziden und anderen Giftstoffen, sowie dadurch, daß wir sie vernachlässigen und ausbeuten, unsere Mißachtung entgegengebracht haben. Wir können auch Pan anrufen und um seine Vergebung und seinen göttlichen Rat bitten. Wir können lernen, unser Leben integriert und ausgeglichen anzugehen, was sich auch auf unseren Umgang mit den Pflanzen auswirken wird. Wenn wir dem Weg der Initiationen auf integrierte Weise folgen, werden Gottes Reiche ganz von selbst in unserem offenen Herzen ihren Platz finden. Es gibt eine Menge kleiner Dinge, die wir tun können, um die Wunden der Trennung zwischen diesen Königreichen und uns zu heilen. Wenn Ihr beispielsweise eine Blume pflückt, dann haltet ihren Stengel und streichelt ihn ganz zart. Obwohl das Gefühlsausmaß der Blumen minimal ist, ist es trotzdem vorhanden und die Blume spürt es, wenn sie gedankenlos einfach ausgerissen wird. Dieses Gefühl kann man beruhigen, indem man sachte über den Stengel streicht. Wir können auch der Blume und ihrem Deva vorher sagen, was wir vorhaben. Der Deva wird unsere Liebe fühlen und sich freiwillig zurückziehen, statt auf unsere unbedachte Tat zu reagieren. Wir können das, was die Wissenschaft experimentell bereits bewiesen hat nachvollziehen, und mit unseren Gartenblumen und Zimmerpflanzen sprechen. Wir können das auch mit dem Gemüse tun, das wir ziehen. Beruhigende Musik wirkt ebenfalls positiv auf das Wachstum der Pflanzen. Laute, schrille Musik und Lärm haben den gegenteiligen Effekt. Das sind, wie gesagt Kleinigkeiten, die große Auswirkungen auf die Pflanzenwelt haben und unseren Lebensrhythmus nicht beeinträchtigen.

Die Aufgestiegenen Meister der Inneren Ebenen haben mich gebeten, noch etwas mehr zum Thema der Evolution in den niedrigeren Königreichen zu sagen. So wie die Menschen nicht wirklich frühere Leben als Tiere haben, so waren Tiere auch niemals wirklich Pflanzen oder

Steine. Es ist immer nur ein Aspekt der Monade, der die Erfahrungen in den vorangehenden Königreichen macht. Des weiteren ist es wichtig zu wissen, daß der Übergang des Minerals in das Pflanzenreich nicht linear bzw. in einer einzigen Bewegung erfolgt, wie das bei den Menschen der Fall ist, die bereits ihre individuelle Identität besitzen. Minerale entwickeln sich innerhalb ihres Königreiches und kehren dann wieder in die Monadenessenz der Gruppe zurück. Erst die Verbindung der Entwicklungsgeschichte dieses Minerals mit dem Gruppenbewußtsein aller Mineralien dieser Monade und mit der Monade selbst bewirkt, daß ein neuer Strom aus der Ursprungsmonade in das nächste Königreich übergehen kann. Das gleiche gilt im Pflanzenreich. Auch hier ist der Übergang keine einzelne Bewegung. Das heißt, daß die Tomatenpflanze vor Eurem Haus ganz sicher nicht im nächsten Leben zu Eurer Katze wird, sondern daß sie sich in ihrem Bereich weiterentwickelt. So ist eine Rose beispielsweise eine höher entwickelte Pflanze als das Unkraut auf Eurer Wiese. Genauso ist im Mineralreich ein Diamant höher entwickelt als ein Lapislazuli, wobei dieser Halbedelstein wieder weiter entwickelt ist als der Kieselstein, der auf einer Landstraße liegt. Alles und jedes hat seinen Platz in Gottes Plan, und jeder Teil von Gottes Schöpfung ist in einem Entwicklungszustand begriffen. Hat eine Pflanze ihren höchsten Entwicklungsstand erreicht, geht sie, sobald sie stirbt, wieder in das monadische Gruppenbewußtsein zurück, aus dem sie gekommen ist. Wenn dieses Gruppenbewußtsein aller dazugehörigen Pflanzen einen bestimmten Entwicklungsstand erreicht hat, verbindet es sich auf geheimnisvolle alchimistische Art mit seiner Monade, worauf die Ursprungsmonade einen Teil der Gottes-Essenz hervorbringt und damit das pflanzliche Gruppenbewußtsein in das Anfangsstadium des Tierreiches bringt.

Das neu entstandene Tier beginnt somit wiederum seinen Entwicklungsweg durch sein Reich. Auch hier ist es so, daß Hund, Katze, Pferd und Elefant höher entwickelt sind als beispielsweise ein Insekt, die Hyäne oder das Flußpferd. Das Reich der Tiere ist insofern unterschiedlich zu dem der Minerale und der Pflanzen, als Tiere in den höheren Entwicklungsstufen zum ersten Male eine individuelle Identität annehmen können, da sie laufend Kontakt zu ihren Beschützern und zu Menschen allgemein haben. Ihr Bewußtsein entwickelt sich, weil sie ihren menschlichen Beschützer lieben, ihm dienen und helfen und weil sie einen Namen bekommen. Man muß aber auch hier wieder begreifen, daß sie, individuelle Identität oder nicht, bei ihrem Tode *nicht* direkt zu einem Menschen werden. Meistens wird das Tier so lange nicht zum Menschen, bis der momentane Lebenszyklus des Planeten beendet ist. Ich habe in meinem Buch *Das komplette Aufstiegshandbuch* über die Vollendung der sieben Grundrassen gesprochen, was mit bestimmten kosmischen Entwicklungszyklen innerhalb des Sonnensystems, der Galaxie und unseres Universums zu tun hat. Dieses kosmische Gesetz hat Ausnahmen, die es einigen Tieren erlauben, das Portal der menschlichen Evolution früher zu durchschreiten. Das kommt aber sehr, sehr selten vor. Allen meinen Lesern, die gerne hätten, daß ihr Tier zu diesen Ausnahmen gehört, möchte ich sagen, daß es Zeit in dem Sinne eigentlich gar nicht gibt und daß daher solch ein Zyklus innerhalb von Gottes Zeit kürzer ist, als der Lidschlag eines Auges. Was geschieht also mit den vielen Haustieren, die nicht gleich in die menschliche Evolution eintreten? Sie kommen sehr oft wieder als Tiere zurück, oftmals wieder in die Familie "ihres" früheren Menschen, um dort ihre Liebe weiterzugeben und zu dienen. Diese Tiere haben dann im tierischen Bereich die Befreiung bzw. den Aufstieg erlangt und kommen sozusagen als "Tier-Bodhisattvas" wieder. Oft ist es auch so, daß die Tiere auf dieser Stufe nicht mehr inkarnieren, sondern "ihren" Menschen von den Inneren Ebenen aus als Tier-Helfer dienen. Liebe Leser, denkt immer daran, daß es die Kraft der Liebe ist, welche alle fühlenden Wesen immer wieder zueinander führt. Manchmal begeben sich die Tiere auch auf andere Planeten des Ätherbereiches und / oder auf andere Planeten, auf denen sie als Menschen geboren werden können.

Um es nochmals zu wiederholen: Das Tier hat zwar zu diesem Zeitpunkt bereits eine individuelle Identität, hat jedoch keine direkte Entwicklungsbewegung, so wie das beim Übergang vom menschlichen in das spirituelle Reich der Fall ist. Bevor das Tier zum Menschen wird, kehrt es in seine Monade zurück, worauf die Ursprungsmonade durch einen alchimistischen Prozeß, der durch die Entwicklung des Tieres einerseits und seiner Gruppenmonade andererseits ausgelöst wird, einen neuen Ausdruck hervorbringt, der den Übergang vom Tierreich in das Menschenreich ermöglicht. Deshalb hat der neu entstandene Mensch keinerlei Erinnerung an seine Vergangenheit als Tier. Das hat auch damit zu tun, daß die Entwicklung durch das Tierreich nur von einem winzigen Aspekt der Monade durchgeführt wird. Es ist, abgesehen von der Entwicklung des Tieres, sehr viel Substanz der Gottes-Essenz nötig, damit diese Umwandlung stattfinden kann. Deshalb habe ich immer wieder betont, daß ein Mensch nicht wirklich eine Vergangenheit als Tier hat, ebenso wenig wie ein Tier als Pflanze oder wie eine Pflanze jemals als Mineral gelebt hat. Es ist nur ein Aspekt der Monade, welcher Erfahrungen in diesen Bereichen sammelt und die Entwicklung verläuft nicht linear, wie Ihr jetzt sicher alle erkennen könnt. Der neue Mensch muß sich dann durch die sieben Initiationsebenen bewegen und den integrierten Aufstieg erlangen, bevor er den Status eines planetaren Aufgestiegenen Meisters erreichen kann. Das nächste Königreich in der Evolutionskette ist das der Sonne, welches den Beginn des kosmischen Aufstiegs zum Beginn der zehnten Initiation darstellt. Die elfte Initiation gehört galaktischen Königreich und die zwölfte zu dem des Universums. Danach gibt es noch weitere 340 Initiationen, welche uns durch die kosmischen Bereiche zurück zur Gottheit führen. Weitere Informationen über den kosmischen Aufstieg entnehmt bitte meinem Buch *Kosmischer Aufstieg*.

Ich möchte hier noch einmal ganz klar betonen, daß alle Wesen in Gottes unendlichem Universum diesen oder einen ähnlichen Prozeß durchlaufen, unabhängig davon, ob sie der Richtung der Kinder Gottes, der Engel oder der Elohime angehören. Ich habe alle Aufgestiegenen Meister der Inneren Ebenen und auch die Aufgestiegenen Kosmischen Meister einschließlich Melchizedek, Mahatma, Metatron, sowie Erzengel Michael, die Göttliche Mutter, die Elohime, Sai Baba und die Erzengel befragt, und jeder einzelne, ohne Ausnahme, hat mir bestätigt, daß er in der Vergangenheit einen ähnlichen Entwicklungsprozeß durchgemacht hat. Da kommt niemand daran vorbei, und sollte es auch gar nicht versuchen. Dies ist Gottes heiliger Plan für alle fühlenden Wesen und die Manifestation des Vater-Mutter-Gottes!

Auch bei den Engeln und / oder den Elohimen gibt es diesen Prozeß, bei welchem ein Aspekt der Monade eine materielle / ätherische Existenz durchlebt, jedoch wird sich dies bei einem Engel als ein Leben im Königreich der Vögel manifestieren, bzw. wird sich der Monadenaspekt durch die verschiedenen Ordnungen der Mineral-, Pflanzen- und Tierdevas und Naturwesen emporarbeiten. Bevor es zur Inkarnation als Vogel und / oder Naturwesen kommen kann, müssen die Engelwesen in irgendeiner Art dem Mineral- und dem Pflanzenreich dienen. Wie das genau vor sich geht, ist das Thema eines neuen Buches mit dem Titel *Aufstieg mit den Engeln und Elohimen*, welches ich geplant habe. Hier genügt es zu wissen, daß die Engel ebenso einen Aspekt ihrer Monade inkarnieren müssen wie die Menschen. Die Elohime inkarnieren einen Aspekt ihrer Monade als Elementarwesen, das für den Aufbau der Form der Mineralien, Pflanzen, Tiere, Menschen und der Engel im physischen / ätherischen Bereich zuständig ist. Ihr seht, selbst die mächtigen Elohime und die Erzengel müssen hier durch. Es gibt in den drei Richtungen nur ganz kleine Unterschiede, was diesen Prozeß angeht. Er findet auch nicht nur auf der Erde, bzw. nur im materiellen Universum statt, sondern auf allen Planeten, Sonnensystemen, Galaxien, Universen und Multiuniversen, die es in Gottes unendlicher Schöpfung gibt.

Sternenkinder (Starseeds) und Helfer-Engel

Um keine Irrtümer aufkommen zu lassen, möchte ich hier nochmals wiederholen, daß einige von uns nur deshalb auf die Erde gekommen sind, um dem göttlichen Plan zu dienen. Wir tragen den Namen "Sternenkinder". Das bedeutet natürlich nicht, daß diese kleine Gruppe (weniger als 5% der Erdbevölkerung), die speziell damit befaßt ist, die Frequenzen der Erde zu beschleunigen, in irgendeiner Weise von den Evolutions-, Initiations- oder Aufstiegsgesetzen befreit ist. Ganz im Gegenteil: Um uns an den Planeten unserer Wahl richtig anzupassen, müssen wir alle seine Regeln und Initiationen kennenlernen. Wir müssen auch unsere Frequenzen reinigen und anheben, damit zwischen der mächtigen ICH BIN - Gegenwart und der Arbeit, die zu leisten wir gekommen sind, keine Hindernisse entstehen. Es ist wichtig für Euch zu wissen, daß keiner von uns, der dieser Gruppe angehört, sich als "besser" empfindet als alle anderen. Ganz im Gegenteil. Es ist unsere einzigartige Fähigkeit, uns als gleichwertig mit dem Rest der Menschheit zu sehen - das ist das Zeichen eines wahren Sternenkindes!

Ich spreche an dieser Stelle davon, weil bereits so viel über die Evolution gesagt worden ist. Ihr müßt einfach wissen, daß es Menschen unter uns gibt, die diesen Weg bereits vor Äonen durchlaufen haben und jetzt hier sind, um ihn nochmals nachzuleben und sich dadurch mit der Frequenz der Erdschwingung zu verbinden. Diese Gruppe muß die gleichen Prüfungen durchlaufen, sie folgt demselben Weg und muß frei vom negativen Ego sein. Ob Ihr zu dieser Gruppe gehört oder nicht, ist unwesentlich, denn: "Vor der Erleuchtung hacken wir Holz und tragen Wasser und nach der Erleuchtung hacken wir wieder Holz und tragen Wasser." Es wäre jedoch nicht richtig, diese Gruppe im Zusammenhang mit der Evolution und dem Initiationsweg unerwähnt zu lassen. Sie kommen auf die Erde mit dem klaren Auftrag ihrer Mission, müssen jedoch, genauso wie alle anderen, diese Mission erst entdecken und sie leben. Der einzige Unterschied zu der Masse der Menschheit besteht darin, daß diese sich das erste Mal auf diesem Weg befindet, während die Sternenkinder und die Helfer-Engel in Menschengestalt diesen Weg schon früher beschritten und gemeistert haben. Denkt immer daran, liebe Leser, daß die Menschen, die sich als gleichwertig mit dem Rest der Menschheit empfinden, diejenigen sind, welche das meiste Licht in sich tragen! Ich gebe Euch diese Information, um wirklich alles im Zusammenhang mit dem Evolutionsprozeß anzusprechen, und nicht, um Euch Kopfzerbrechen zu schaffen, ob Ihr vielleicht zu den Sternenkindern oder -helfern oder gar zu den Erdengeln gehört. Wenn Ihr zu ihnen gehört, leistet Ihr "die Arbeit, die der Vater Euch aufgetragen hat". Gehört Ihr nicht dazu, seid aber wahrlich auf dem Weg des integrierten Aufstiegs, dann leistet Ihr ebenfalls "die Arbeit, die Euch der Vater aufgetragen hat". All jene von uns, die sich ihrem Schicksal, ihrem Karma, ihrer Mission verpflichtet fühlen, werden einander finden, damit die Arbeit wie geplant vorwärtsgehen kann und der Pfad der Isolation verändert wird. Ich schließe damit diesen kleinen zusätzlichen Hinweis auf den Evolutionsprozeß ab, den ich Euch nur der Vollständigkeit halber gegeben habe. Ansonsten laßt uns weiterhin "... Holz hacken und Wasser tragen", damit wir so schnell, so unkompliziert und freudig wie möglich das Königreich Gottes auf Erden verwirklichen können!

Achtsamkeit für die Erdenmutter und ihre Integration

Im Bereich der Erdenmutter strahlen alle vier niederen Körper der Menschheit ihre individuellen Schwingungen aus, weshalb sie auch der Gesamtheit unseres physischen, ätherischen, astralen / emotionalen und mentalen Feldes entspricht. Die Erde ist die Haut und sie verkörpert daher auch die drei niedrigeren Reiche, durch welche wir wachsen und uns entwickeln sowie die Elementar- und Engelskräfte, die in ihrem Bereich tätig sind. Sie ist auch dem riesigen Bereich unseres integrierten physisch / ätherischen, emotionalen und mentalen Selbst übergeordnet. Bis zu einem gewissen Grad verkörpert sie die Erde selbst. Sie ist der göttliche weibliche Aspekt des Planeten, welcher sie bekleidet und gleichzeitig ihr wahres Selbst darstellt. Wenn wir die wahre Integration suchen, führt der Weg dorthin nur über sie, Lady Gaia, die Erdenmutter und weibliches Prinzip unseres Planeten. Leider hat sich die Zivilisation in einer Richtung entwickelt, in der dieses heiligste aller Wesen mißachtet wird. Aus dem, was bis jetzt gesagt worden ist, könnt Ihr jedoch erkennen, daß wir uns selbst mißachten, wenn wir der Erde die Achtung verweigern. Wenn wir nicht endlich unseren höheren Zustand des göttlichen Wesens erreichen und uns darin integrieren, werden wir weiterhin die heilige Mutter Erde verschmutzen und die Giftstoffe unserer fehlgeleiteten Energien in ihren physischen, ätherischen, astralen und mentalen Körper strömen lassen, bis sie nur mehr eine Welt verkörpert, die aus all dem Miasma, der Verwirrung und dem psychischen Abfall besteht, den wir von uns geben!

Die Lichtarbeiter der Welt erkennen endlich ihre Verbindung zur Erdenmutter, dem weiblichen Geist des Planeten. Es liegt also an uns, die wir imstande sind, den Ernst der Situation zu erkennen, den ersten Schritt zur Umkehr zu tun. Der beste Weg zur Reinigung der Erdenmutter und aller Bereiche, die sie verkörpert, ist, daß wir selbst völlig integrierte aufgestiegene Wesen werden. Wenn wir das tun, schaffen wir damit physische, ätherische, emotionale und mentale Körper, die keinerlei fehlgeleitete Energien bzw. psychischen, emotionalen und mentalen Unrat in sich tragen. Wenn wir alle dies tun, wird es den großen Erdenkörper verändern und wir werden imstande sein, die vielen Schichten der Erdenmutter wieder rein zu waschen. Wir können auch mit Hilfe von Aufklärung arbeiten. Die meisten Menschen haben zwar eine Ahnung von Umwelt- und Ökologiethemen, es haben sich jedoch die Führer der Welt noch immer nicht zusammengetan, um die Situation in den Griff zu bekommen und umzukehren. Wir müssen die Massen selbst aufklären, liebe Freunde, und am besten geht das durch das gute Beispiel! Jeder von uns muß sich zuerst einmal mit seinen eigenen inneren Welten auseinandersetzen. Was dies alles beinhaltet, habe ich sowohl in diesem, wie auch in vielen anderen meiner Bücher angesprochen. Grundsätzlich geht es darum, daß man aus dem Christusbewußtsein lebt und das negative Ego beiseite läßt, und daß man die höchste Stufe des Lichtes, der Liebe, der psychologischen Integration, des Dienstes, der spirituellen

Führerschaft und natürlich auch der Integration und Ausgleichung innerhalb unseres Zwölfkörper-Systems zu erreichen trachtet.

Die Schriftsteller unter uns schreiben über das Anheben der Quotienten und werden damit ein lebendes Beispiel Gottes auf Erden. Die Maler sollen diese Vision in ihren Bildern darstellen, die Musiker in ihrer Musik und die Tänzer im Tanz. Wer Politiker, Rechtsanwalt / Richter oder Manager ist, sollte dieses Thema so direkt wie möglich unter die Leute bringen. Enthüllt das Licht der Wahrheit, damit der Schatten erkannt und entfernt werden kann. Das gilt natürlich für jeden Bereich des Lebens. Wir alle können innerhalb unseres Heimes den höchstmöglichen Standard erreichen. Wir alle sind imstande, die Tiere mit Zärtlichkeit zu behandeln und den Pflanzen Sorgfalt angedeihen zu lassen, und wir können auch die Steine, welche die physische Struktur der Erdenmutter bilden und auf denen alle anderen Wesen wachsen und gedeihen, in Christus achten. Wir können dafür sorgen, daß alle Zeitungen, Dosen oder Glasbehälter unseres Haushaltes der Wiederverwertung zugeführt werden. Wir können unsere Autos sauber halten und Fernsehen, Radio und das Licht abschalten, wenn wir es nicht benötigen. Wir können unser Bestes tun, um den Planeten zu reinigen. Wir können dadurch, daß wir die Dinge sehen, mit einem Minimum an Aufwand erreichen, daß eine große Veränderung stattfindet.

Um das zu bewirken muß man nicht leben wie die Menschen der Steinzeit. Wir brauchen nicht wirklich auf unsere Autos, Fernseher oder Computer verzichten. Wir wissen, daß ihre Ausstrahlung schädlich ist, können sie jedoch auf ein Minimum reduzieren. Wir können darauf achten, daß unser Auto nur bleifreies Benzin erhält und ein Katalysator die Abgase reinigt. Und es ist klar, daß wir unseren Fernseher oder unseren Computer abschalten, wenn er nicht gebraucht wird, denn schließlich sind wir ja diejenigen, die der schädlichen Strahlung am meisten ausgesetzt sind. Denkt darüber nach und erkennt, daß wir uns selbst heilen, wenn wir die Erdenmutter heilen, denn wir sind integriert und sind wie eins. Wir können auch direkt von der Erde und dem, was sie uns zu sagen hat, lernen. Die Auswirkungen der Schadstoffe in unseren Gewässern und der Atmosphäre sind offensichtlich. Auch die chemischen Düngemittel haben sich als gefährlich, möglicherweise sogar tödlich erwiesen. Viele Krankheiten haben ihren Ursprung in bestimmten Chemikalien und Düngemitteln, das ist wissenschaftlich bewiesen! In diesem Falle sagt die Wissenschaft das gleiche wie die Erdenmutter. Doch

den größten Schmerz, das größte Entsetzen empfindet sie, wenn wir atomare Kriegswaffen einsetzen. In solchen Fällen können selbst Blinde und Taube ihre Stimme hören und sehen. Alle können eine Atomexplosion fühlen, so wie die Erdenmutter es tut, und werden, als Menschen, davon zugrunde gerichtet, so wie dies in der Vergangenheit bereits geschehen ist. Hört zu, liebe Leser, denn die Erde selbst wird Euch ihre Bedürfnisse mitteilen, und Ihr werdet sie hören, sehen und fühlen können. Der Grund dafür ist, daß wir ihr alle verbunden sind, wir sind sozusagen "ein Leib".
Die Erde kann uns jedoch auch Positives mitteilen, was viele Kulturen der Vergangenheit beweisen. Wir können das auch für das neue Jahrtausend umsetzen. Die Indianer haben ein gutes Leben gehabt, weil sie immer auf Mutter Erde hörten. Wir sollten jetzt unsererseits stärker auf die Lehren der Indianer achten. Wir können sehr viel in bezug auf das Leben als solches aus ihrer Geschichte lernen, und daß es ihnen gut ging, ist noch nicht so lange her. Wir können Atlantis wiederentdecken und sind auch bereits im Begriff, dies zu tun. Es gab zwar vieles, was vor seinem Untergang von Übel war, es gab jedoch auch viele ausgefeilte Heilmethoden und eine hochmoderne Technik, die wir noch wiederentdecken und anwenden lernen müssen. Die Kombination der atlantischen und ägyptischen Methoden der Verwendung von Elementen zum Wohle der Menschen enthält vieles aus dem Plan für das Goldene Zeitalter. Bittet darum, daß uns diese Geheimnisse wieder zugänglich gemacht werden. Nehmt die Aspekte, die es bereits wieder gibt, wie beispielsweise die Arbeit mit Kristallen, an und setzt sie in die Praxis um. Durch die Verbindung von altem und neuem Wissen und dem Einbringen dessen, was Mutter Erde uns sagt, wird der Weg deutlicher sichtbar.

Wir können in bezug auf die Heilung von Mutter Erde wirklich vieles tun, wir müssen nur auf ihre Stimme hören und ihr folgen. Wir brauchen dabei nicht zu übertreiben und nur mehr auf Zehenspitzen durch die Gegend schleichen, voller Angst vor dem modernen Leben, dessen Teil wir nun einmal sind. Wir sollen unser Leben auf ausgeglichene und integrierte Art führen und in unserem unmittelbaren Umfeld etwas unternehmen, um Negativität aller Art zu reinigen und zu verändern. Dazu müssen wir keine Aktivisten werden. Wir müssen uns vielmehr aktiv mit der Welt, deren Teil wir alle sind, und die Körper und Substanz der heiligen Erdenmutter ist, auseinandersetzen.

Die Integration der Göttin

Es ist nicht möglich, dieses Kapitel abzuschließen, ohne darauf hinzuweisen, wie dringend notwendig die Integration der Energie der Göttin, bzw. des göttlich Weiblichen in unserem Leben ist. Es hat auf unserem Planeten immer schon die Evolution weiblicher Energien gegeben, das betrifft auch die Evolution der weiblichen Meister. Zu verschiedenen Zeitpunkten in der Geschichte des Planeten geschah diese Evolution zum Wohle der gesamten Menschheit, sie wurde jedoch in der neueren Geschichte stark vernachlässigt. Jetzt ist es wieder an der Zeit, diesen wunderbaren Aspekt des Lebens unserer Wahrnehmung, unserem Sein und unserem Verhalten nahezubringen.

Obwohl die Energie der Göttin nicht eigentlich als eigenes Reich der Evolution zu betrachten ist, haben wir sie der allgemeinen Evolution so sehr entfremdet, daß wir ihren Platz im Rahmen der Dinge erst wieder herausfinden müssen. Jeder von uns, der sich auf dem Weg der Evolution und Initiation befindet, muß die Energie der Göttin in sich entwickeln. Normalerweise bezeichnet man es als den richtigen Ausgleich zwischen männlich / weiblich bzw. den Yin / Yang-Energien, obwohl die Energie der Göttin diesen Aspekt bei weitem überschreitet. Bei jedem Schritt, den wir auf unserem göttlichen Weg vorwärts machen, entwickelt sich auch die göttliche weibliche Energie, die wir verkörpern - das ist eine Tatsache! Leider ist diese Energie im Ungleichgewicht, weshalb das neue Jahrtausend auf ihre Ausgleichung besteht und ich dazu angeleitet wurde, diesen Aspekt, wenn auch nur sehr kurz, in diesem Buch anzusprechen. Damit das Neue Zeitalter sich nach dem Willen Gottes manifestieren kann, muß die Energie der Göttin wieder erweckt, aufgezeigt und nach ihrem vollen Potential gelebt werden. Bis zu einem gewissen Grad ist das ja auch bereits geschehen, denn sonst wäre ein Fortschritt auf unserem Weg der Evolution gar nicht möglich gewesen. Allerdings konnte diese Energie nur im untersten Bereich ihres Potentials wirksam werden, womit sie sich nicht mehr zufrieden gibt. Daher ist es für uns alle an der Zeit, diese so wichtige Facette unseres Seins anzuerkennen und zu integrieren. Es ist auch an der Zeit, daß die Arbeit der Meisterinnen die Wertschätzung erfährt, die ihr zusteht und daß sie selbst genau so offen und selbstverständlich unter uns weilen können, wie die Meister. Der Prozeß dazu ist voll im Gange.

Es ist ein wichtiger Gesichtspunkt, zu begreifen, daß das gesamte manifestierte Universum der Form aus der Energie der göttlichen Mutter bzw. des göttlichen weiblichen Prinzips besteht. Die nicht manifestierte Essenz des Geistes ist die des göttlichen Vaters bzw. des göttlichen männlichen Prinzips. Beide wirken gemeinsam und sind eins. Wie Hermes / Thoth es ausdrückt: "Alles ist männlich oder weiblich." Das ist göttliches Gesetz. Wie können wir überhaupt weiter- und aufwärts gehen, ohne daß wir diese ganze, diese göttliche Einheit, die dem göttlich Männlichen und dem göttlich Weiblichen entspringt, ins Gleichgewicht bringen, ohne daß wir diesen wichtigsten Aspekt unserer und des Lebens selbst anerkennen? Wir können es nicht, liebe Leser. Ich drücke mich hier nur sehr einfach aus, jedoch muß in einem Buch, das die Integration behandelt, das Fenster in die Welt der Göttin zumindest einen Spalt geöffnet werden. Dieses Thema wird genauer in einem Buch mit dem Titel *The Divine Mother & Lady Masters* behandelt, wobei dann alle Feinheiten, die ich hier nur kurz angerissen habe, zur Sprache kommen.

Einen Gedanken möchte ich Euch noch ans Herz legen. Wenn Ihr am Morgen aufwacht und die Vögel singen hört, den Sonnenaufgang betrachtet oder den kühlen Wind auf Eurem Gesicht fühlt, dann wißt, daß es die Göttin ist, die Euch so begrüßt. Wißt, daß alles, ob sichtbar oder unsichtbar, ihr Loblied singt und ihr Tribut zollt, so wie die Natur des Geistes, das göttlich Männliche, der Ursprung aller Welten und aller Universen ist! Die Verbindung der beiden ergibt das göttliche Ganze! Denkt also darüber nach: "Wie oben so unten, wie innen so außen." Jeder einzelne von uns drückt als Mikrokosmos die Wahrheit des Makrokosmos aus und enthält daher in sich die göttliche Einheit von Vater-Mutter-Gott!

Die Integration mit Lord Buddha, unserem Planetaren Logos

Wir können nicht über die Integration mit den verschiedenen Königreichen Gottes sprechen, ohne den Bereich, das Königreich, den Dienst, ja, das Opfer dessen zu erwähnen, der unser Planetarer Logos ist. 18,5 Millionen Jahre hatte Sanat Kumara diese Stellung inne. In seinem göttlichen Umfeld lebte und bewegte sich alles auf Erden. Dieser Dienst und diese Wahrheit werden nun von Lord Buddha verkörpert. Das Thema des Planetaren Logos ist sehr kompliziert, daher herrscht darüber auch viel Verwirrung. So setzt sich der Planetare Logos selbst Grenzen damit, daß er alle Aspekte und Ebenen der irdischen Existenz in seinem Wesen vereint. Obwohl er das ohne Einschränkung macht, bleibt er doch gleichzeitig ein Einzelwesen, das auf dem Pfad der eigenen Evolution vorwärtsschreitet. Wir können daher zu Buddha, als dem persönlichen Gott dieses Planeten, beten. Der Planetare Logos ist in jede Phase unserer Existenz integriert. Dazu gehören die verschiedenen Königreiche, die Evolutionsrichtungen, wie die der Elementarwesen / Engel und alle Bereiche der Inneren Ebenen. Je mehr wir diese Einheit anerkennen und uns bewußt an der Beschleunigung des göttlichen Planes, so wir er im Geiste des Planetaren Logos besteht, beteiligen, desto mehr integrieren wir uns in das Ziel und den Plan Gottes. Die Herren der einzelnen Strahlen sind in seinem Wesen begründet, denn es ist wahrlich jeder Aspekt des planetaren Lebens im Planetaren Logos enthalten.

Unserem Planeten entspricht der vierte Strahl mit dem Thema Harmonie durch Konflikt. Daher dominieren die Qualität, der Klang und die Farbe dieses Strahles auf dem Planeten und werden ihrerseits vom zweiten Strahl der Liebe / Weisheit des Sonnensystems beleuchtet. Solange wir es mit der Evolution der Erde zu tun haben, wird der vierte Strahl unsere eigene Evolution beeinflussen. Obwohl wir irgendwann einmal aus der Einflußsphäre des Primärstrahles der Erde heraustreten, wird doch unsere Erfahrung aus diesem Bereich unauslöschlich in unsere Seele, den Geist und der Monade eingeprägt sein. Teil der göttlichen Grundstruktur und des göttlichen Planes ist es, daß der Aspekt des Konfliktes, den dieser Strahl besitzt, in göttliche Harmonie umgewandelt wird. Zu diesem Zweck werden alle Kräfte mobilisiert und alles im Erdbereich bewegt sich auf dieses Ziel zu. Selbst jene von uns, die anderen Welten und Weltsystemen entstammen, bauen diese Qualität in ihr Sein ein, weil wir uns eben im Einflußbereich dieser Strahlung befinden.

Liebe Leser, so wie wir jeden Tag daran arbeiten, uns in uns selbst und in allem, das hier auf der Erde existiert, zu integrieren, bewegen wir uns auch bewußt immer mehr auf den Planetaren Logos zu. Wenn wir an den Mahatma denken, denken wir auch an alle 352 Seinsebenen, die er umfaßt; gleicherweise müssen wir wissen, daß Lord Buddha alles verkörpert, was hier auf Erden ist. Die Einstimmung auf ihn ist gleichzusetzen der Einstimmung auf unsere direkten Ziele und Pläne. Wenn wir unsere Wahrnehmung auf die kosmischen Bereiche und

Initiationsstufen ausrichten, besteht die Gefahr, daß wir die Absicht, das Ziel und den Plan unseres geliebten Planetaren Logos umgehen. Wir können dies jedoch nicht wirklich tun, da jeder Planet ein göttliches Attribut und eine göttliche Qualität aufrechterhalten und perfektionieren muß. Wenn wir versuchen, die göttliche Einheit mit dem Willen, dem Plan und dem Ziel unseres eigenen Planetaren Logos zu umgehen, wird uns das nicht gelingen. Es wird nur karmische Auswirkungen haben, die uns dann dazu zwingen, uns vollständig im Bereich des Buddha zu integrieren und daran teilzuhaben. Daß die Menschen einfach ignorieren, was ihnen die Erde und der Planetare Logos, der alles in sich enthält, mitteilen, ist dasselbe Phänomen wie die Tatsache, daß sie die Entwicklung diverser Quotienten, wie beispielsweise des psychologischen und / oder der spirituellen Führerschaft nicht zur Kenntnis nehmen wollen. Es ist absolut notwendig, daß wir das Ziel unseres Planetaren Logos in uns integrieren, damit wir dann diese Schwingung freudig und bewußt in andere Sphären weiterleiten können. Diese anderen Sphären sind die der Solaren Logoi, welche das gesamte Sonnensystem mit "Weisheit und Liebe" regieren oder die von Melchizedek, der als Universeller Logos für die Führung des Universums das Leitmotiv "Mut" hat.
Als sich Lord Buddha bereit erklärte, die Position des Planetaren Logos zu übernehmen, damit Sanat Kumara in seiner kosmischen Evolution weitergehen konnte, tat er das aus einem tiefen Gefühl der Liebe. Von den vielen Kumaras, die mit der Erdentwicklung befaßt sind, sind nur einige wirklich bewußt und in einer physischen Inkarnation tätig, während andere erst das Bewußtsein dessen, was sie eigentlich sind erlangen und wieder andere noch außerhalb einer Verkörperung wirken. Die Bezeichnung "Logos" bezieht sich nicht nur auf ein einziges Wesen, obwohl der Planetare Logos die Leitung und damit die größte Verantwortung hat. Bei der Erde sind es effektiv sieben Kumaras, die miteinander diese Aufgabe erfüllen.

Damit ein Wesen diese Position erreichen kann, muß es innerhalb des Menschenreiches inkarniert gewesen sein. Obwohl der Ursprung ihre wahre Essenz ausmacht und ihre Heimstatt ist, wie das auch für jeden von uns der Fall ist, müssen sie die Erfahrung des Aufstiegs als Menschen in ihre monadische Gesamterfahrung einbringen. Lord Buddha, Sanat Kumara, Sananda - sie alle haben diese Erfahrung auf dem Planeten der Liebe, der Venus, gemacht. Sowohl Lord Buddha als auch Sananda haben ihren Initiationsweg und ihren Aufstieg in Verkörperungen auf diesem Planeten Erde neu durchlebt. Damit konnten sie sich später mit der Grundmatrix und Struktur, wie sie der Erde eigen sind, voll integrieren. Hätten sie das nicht getan, könnten sie niemals ihre enorm großen Fähigkeiten, die sie nun einmal besitzen, in ihren Dienst einbringen. Ich möchte, daß Ihr versteht, daß Lord Buddha und die sechs Kumaras, die als Einheit mit ihm wirken, zwar alle die Gesamtheit der Reiche, der Formen und der fühlenden Lebewesen in sich verkörpern, jedoch gleichzeitig auch ihre Individualität behalten. Dies verläuft ähnlich wie bei der Erdenmutter und ist ein Prozeß, der von diesen großen Wesen, die uns in ihrer Aura enthalten, wiederholt wird. Wir sind ein integrierender Bestandteil ihrer selbst und müssen dies auch annehmen, so wie wir unsere eigene Individualität, die sich in ein immer größer werdendes Ganzes entwickelt, annehmen müssen.

Zusammenfassung

Je mehr wir wachsen und uns entwickeln, desto mehr werden wir auf das große Ganze eingestimmt. Alle, die dieses Kapitel hier lesen, sind sich dessen bewußt. Doch dies genügt nicht. Der Zyklus des neuen Jahrtausends verlangt von uns, daß wir diese Wahrheit verkörpern und leben, und zwar auf jeder einzelnen Seinsebene. Die Schwingungsfrequenz dieses neuen Zyklus hat bewirkt, daß dieses Buch geschrieben wurde. Es muß zu einer völligen Integration kommen, die auch nach außen strahlen muß! Zu wissen oder zu fühlen, daß "Liebe die Erde bewegt" ist einfach nicht mehr genug. Wir müssen den Liebesquotienten zu einer derartigen Höhe bringen, daß wir selbst zur tätigen Liebe werden. Was nutzt es zu sagen "ich liebe", und sich dann von Brüdern und Schwestern, die uns brauchen, abzuwenden, die Tiere zu vernachlässigen und durch das zerstörerische Feuer unseres Hasses und der Trennung das Wasser, die Luft und den Boden zu vergiften? Was bedeutet es schon, wenn Ihr in irgend einem früheren Leben ein Kumara, ein Engel, ein hoher Priester oder Priesterin oder ein berühmter Prophet oder Heiliger gewesen seid? Wenn Ihr nicht hier und jetzt Göttlichkeit und Egofreiheit lebt, ist das alles ohne Bedeutung. Viele Lichtarbeiter begehen den Fehler, daß sie das, was sie einmal waren, viel zu hoch bewerten und sich damit brüsten. Obwohl es durchaus stimmen kann, bedeutet es jedoch nicht, daß dieser Mensch jetzt psychologisch oder spirituell in Ordnung ist. Wie ich bereits gesagt habe, kann ein Mensch selbst auf der höchsten Initiationsstufe des jetzigen Lebens, von der eines früheren Lebens ganz zu schweigen, doch seine Einstimmung verlieren. Viele haben in vergangenen Leben ihr Ego im Griff gehabt und werden doch in diesem Leben nur vom Ego angetrieben. Der Initiationsprozeß muß in jedem Leben neu begonnen werden, und wir vergessen das, was früher war, weil wir eben in einem physischen Körper leben. Es kommt sogar vor, daß sehr hoch entwickelte Wesen ihre physische Inkarnation praktisch verschlafen, obwohl sie vor ihrer Verkörperung so große Hoffnungen in bezug auf den Dienst, den sie leisten würden, hatten.

Laßt Euch von solchen Informationen nicht irreleiten, denn gesamthaft betrachtet, sind sie ohne Bedeutung. Das einzige, was gilt, ist das, was Ihr hier und jetzt leistet, die Vergangenheit ist ohne Belang. Ihr könnt als Wesen noch so hoch entwickelt sein und die höchsten Inititationen erreicht haben - das schützt Euch nicht vor den Attacken des negativen Egos, das Euch ohne Mühe übernehmen kann, wenn Ihr in Eurer Wachsamkeit nachlaßt. Wenn man sich zu sehr mit dem, was einmal war, beschäftigt, ist das bereits ein Hinweis auf die Tätigkeit des negativen Egos. Seid immer auf der Hut, liebe Freunde, denn in der New-Age-Bewegung wird diesbezüglich viel Schindluder getrieben, wie Ihr sicher auch schon bemerkt habt. Wenn wir unseren Mentalkörper mit negativen Gedanken und Absichten oder hinterlistigen Plänen verunreinigen, füllen wir das Mentalkollektiv der Menschheit mit mentaler Verwirrung und Abfall. Das wiederum errichtet eine schier undurchdringliche Wand zwischen der göttlichen Weisheit des höheren Geistes und dem niedrigeren Verstand. Wir sind dann aufgrund der Dichte, die wir zwischen der rein abstrakten und dennoch anwendbaren Weisheit und dem Verstand bzw. physischen Gehirn aufgebaut haben, nicht in der Lage, die "Wahrheit" so zu vermitteln, wie sie die Meister uns mitteilen.

Wenn wir die physische Erde mißbrauchen, zerstören wir im wahrsten Sinn des Wortes auch einen Teil von uns selbst. Wie es bereits in diesem Kapitel erwähnt wurde, sind das Mineral- und das Pflanzenreich samt ihren Devas, die geliebte Erdenmutter und der Planetare Logos selbst in der Struktur und in den Grundfesten des Planeten integriert. Dazuhin sind diese Wesen gleichermaßen auch im vierten oder Menschenreich und im zweiten oder Tierreich integriert. Liebe Leser, die volle Integration zwischen allen erwähnten Bereichen muß einfach stattfinden und von jedem Aspekt unseres Seins vollständig und wahrhaft aufgenommen werden. Diese Idee existiert bereits als Faktum in der spirituellen Realität, und wenn wir nicht imstande sind, sie zu manifestieren, werden wir auch nicht imstande sein, die Energien des neuen Jahrtausends auszudrücken und darzustellen. Ich bitte Euch wirklich, die Dinge, die Euch hier mitgeteilt worden sind, gut zu überdenken. Sie sind zwar esoterischer Natur, gleichzeitig aber auch sehr lebensnah. Sie zeigen die Erde, "wie sie ist" und zollen dem fühlenden Leben, das jeden Aspekt der Existenz unseres Planeten berührt, die entsprechende Hochachtung. Glaubt diese Dinge nicht nur deshalb, weil ich sie Euch vermittle. Meditiert über sie in der Stille Eures Herzens und betrachtet sie mit den Augen und den Herzen Eurer Geschwister, der Tiere. Seht sie in der Lilie des Feldes und im heiligen Kristall, den Ihr zum Heilen verwendet! Auf diese Weise wird es dann ausschließlich zu Eurer eigenen Wahrheit. Sie wird Euch bei Eurer Meditation helfen und nicht einfach nur etwas sein, was Ihr aus Büchern kennt. Das Wissen aus Büchern ist ein äußerst nützliches Hilfsmittel für Euer Verständnis und Euer Wachstum; die Essenz Eures Herzens und Eurer Vision jedoch ist das Wachstum, das Verständnis und die Weisheit. Die Themen dieses Buches sind bei weitem zu wichtig, als daß Ihr sie einfach nur "glauben" solltet. Und dieses Kapitel ist viel zu persönlich und in seinen Auswirkungen viel zu bedeutend, um nur ein Teil Eurer geistigen Datenbank zu sein oder um bloß ein Glaubenssystem darauf aufzubauen. Ich bitte Euch daher nochmals, in Eurem eigenen heiligen Wesen über alles, was Euch hier mitgeteilt worden ist, zu meditieren, damit Ihr in Euch selbst die Tiefe dieser Information erkennt.

Es sind in diesem Kapitel viele Schlüssel enthalten, die das Tor zum Wassermann-Zeitalter öffnen und Euch Zutritt zum wunderbaren siebten Goldenen Zeitalter verschaffen. Blickt in Euer eigenes Herz, denn dort ist der Durchgang, welcher Euch sicher von Eurem eigenen Herzen / Geist zum Herzen / Geist innerhalb der Großen Zentralsonne führt. Verwendet diesen Schlüssel, ich bitte Euch, meine Lieben, denn er bringt Euch zum Ursprung Eures eigenen Gott-Selbst und wird Euch Eure einzigartige Aufstiegsmission und Euer Puzzle-Stück in der Manifestation des neuen Jahrtausends zeigen.

Über den Autor

Joshua David Stone ist Doktor für Transpersonale Psychologie und ein anerkannter Ehe-, Familien- und Kinderberater in Los Angeles / Kalifornien. Auf der spirituellen Ebene verankert er die "Melchizedek Synthesis Light Academy and Ashram," - ein integrierter Ashram auf der inneren und äußeren Ebene, der alle Wege zu Gott repräsentiert. Als Sprecher für die planetare Aufstiegsbewegung ist Dr. Stones spirituelle Abstammungslinie direkt mit Djwhal Khul, Sananda, Kuthumi, Lord Maitreya, Lord Melchizedek, dem Mahatma und Metatron verbunden. Er fühlt auch eine enge Verbindung mit der Göttlichen Mutter und Lord Buddha, sowie auch eine tiefe Hingabe an Sathya Sai Baba.

Dr. Joshua David Stone
Melchizedek Synthesis Light Academy
28951 Malibu Rancho Rd.
USA - Agoura, California 91301
Tel.: (818) 706-8458
Fax: (818) 706-8540
http://www.drjoshuadavidstone.com
e-mail: drstone@best.com

Über die Autorin

Rev. Janna Shelley Parker ist seit langer Zeit eine Eingeweihte des Aufgestiegenen Meisters Djwhal Khul und eine ehemalige Schülerin von Hilda Charlton. Rev. Parker arbeitet als persönliche Assistentin von Dr. Stone im "Melchizedek Synthesis Light Ashram" in Los Angeles, der Lord Melchizedek, dem Mahatma, Metatron, Sai Baba, Lord Buddha, Lord Maitreya und Djwhal Khul dient. Sie lehrt Yoga und Tagebuch- Channeling und schreibt Poesie und Liedertexte.

Danksagung

Ich möchte micht ganz herzlich bei Mark Tondow und bei Wistancia, für Ihre Korrektur und weiteren Arbeiten und Hilfe für dieses Buch bedanken.

Dr. Joshua David Stone

Der Pfad des Aufstiegs

Ein Wegbegleiter

288 S., broschur

EUR 21,90 /CHF 39,80

ISBN 3-933470-63-3

Wissen für den Aufstieg, klar und umfassend dargestellt. Von der Spirituellen Hierarchie, über die Engel und die Sternenwesen. Durch seinen Hintergrund als Psychologe bietet Dr. Stone einen sehr guten Einblick in Themen wie Karma, die Transformation des negativen Egos, die Macht des gesprochenen Wortes und die Psychologie des Aufstiegs. Mit diesem Buch wird Lernen zur Freude!

Dr. Joshua David Stone

Aufgestiegene Meister weisen den Weg

Leuchtfeuer des Aufstiegs

320 S., gebunden

EUR 25,90 /CHF 49,80

Schlüssel zur spirituellen Meisterschaft von denen, die sie erlangt haben

ISBN 3-933470-64-1

Den Heiligen und spirituellen Meistern aller Religionen gewidmet, die diesen Planeten mit ihrer Gegenwart beehrt haben. Die Leben und Lehren von neununddreißig der Welt größten Meister geben den Schlüssel zu vollkommener Selbstverwirklichung. Eine inspirierende Führung derjeniger, die die Geheimnisse der Meisterschaft in ihrem Leben gelüftet haben.

Weitere Bücher von

Dr. Joshua David Stone

in deutscher Sprache in Vorbereitung !

nachfolgend

Weitere Bücher aus dem R. Lippert Verlag

zu beziehen im Buchhandel oder direkt beim Verlag (siehe Seite 4)

128S. broschur EUR 15,50 /CHF 29,80
ISBN 3-933470-08-0

Crea & Sananta

Saint Germain

Durchgaben, Anrufungen und Meditationsübungen von SAINT GERMAIN. Eine Beschreibung des Wirkens dieses großen Meisters.

* Reinigung und Umwandlung mit der Violetten Flamme * Anrufungen * Der Segen der ICH BIN- Gegenwart
* Meditationen * Wertvolle Durchgaben und Lektionen * Die Kraft des Lichtes und der Lichtdienst * Das Neue Goldene Zeitalter * Über St. Germain

Sananta

LICHT - MEDITATIONEN

mit Engeln und Aufgestiegenen Meistern

Dieses Buch enthält eine Sammlung von zwanzig wunderschönen und kraftvollen Meditationen, die sowohl in der Gruppe, als auch für sich alleine angewandt werden können. Die regelmäßige Anwendung dieser Meditationen bewirkt eine Erhöhung der persönlichen Schwingung und unterstützt die eigene geistige Entwicklung. Diese Meditationen umfassen unter anderem Themen wie: Geistigen Schutz, Heilung, Reinigung, Erdung, Licht, Vergebung, Loslassen, Freude, Liebe, Frieden...

128S., broschur EUR 15,50 /CHF 29,80
ISBN 3-933470-09-9

Auszüge aus dem Inhalt: Die Meditation mit Christus & Buddha, die Maria - Meditation, Chakra - Flammen - Meditation, Geistige Schutz-Meditationen, Heilungs-Meditationen, Engel-Meditationen, Heilendes Herzens-Balsam, Die Reise zum Inneren Schloß u.v.w.

Sananda

übermittelt von Crea

Eine Zusammenfassung wertvoller Durchgaben und Meditationsübungen von SANANDA, die das Wirken dieses großen Meisters beschreibt.

* Der Pfad der Einweihung * Das neue Einfließen des Christusbewußtseins * Die Auferstehungs-Flamme der Reinheit * Der Liebesaspekt der Dreifaltigen Flamme * Das Christus-Bewußtsein entfalten * Die Auferstehung und das Leben * Der manifestierte Ausdruck der Liebe * Die Kunst des Empfangens * Eine Botschaft der Hoffnung * ICH BIN BEI EUCH * Über SANANDA * Eine Schutzhülle aus Liebe * In Einfachheit * Meditation mit SANANDA.

broschur 152 S. EUR 15,90/
ISBN 3-933470-02-1 CHF 29,80

El Morya

übermittelt von Crea

Eine Zusammenfassung wertvoller Durchgaben

und Meditationsübungen von EL MORYA, die das Wirken dieses großen Meisters beschreibt.

* Das richtige Verständnis von Wille und Macht
* Meditations-Übung mit der Flamme des Glaubens
* Die sieben größten Gesetze des Universums
* Der Aspekt der Macht in der Dreifaltigen Flamme
* Meditations-Übung "Heiliges Mandala"
* "GOTT - eingetragene Gesellschaft"
* Meditations-Übung "Die Blaue Feder der Macht der Dreifachen Flamme"
* u.v.a.

broschur 96 S. EUR 8,90/
ISBN 3-933470-01-3 CHF 16,80

Der Weg zur Kraft

Barbara Berger

In direkter, persönlicher und humorvoller Weise gibt die bekannte amerikanische Autorin Barbara Berger in diesem Bestseller einen praktischen Schnellkurs zur Entfaltung des inneren Kraftpotentials des Menschen. Zahlreiche Übungen und prägnante Erläuterungen laden den Leser zur sofortigen Umsetzung ein. Die Innere Kraft wird so direkt erfahrbar! Dieses Buch zeigt in einfachen Schritten den Weg zur Verwirklichung Ihrer unbegrenzten Möglichkeiten!

broschur 152 S. EUR 12,90/
ISBN 3-933470-06-4 CHF 24,80

Die Macht der Sehnsucht nach dem Wunderbaren

von Sylvia Angelika Bohlender

Diese, in sehr schöne, ansprechende Worte gekleidete Geschichte, entführt den Leser in eine ferne Welt einer alten Zeit, in das Leben eines Druiden, einem stummen Mädchen und einer großen Liebe. Und obwohl der Zauber dieser Geschichte den Leser umhüllt, so ist doch auf dem ganzen Weg der Sehnsucht, der Hoffnung, des jahrelangen Bemühens und Suchens unser gegenwärtiges menschliches Fühlen auf unserem geistigen Entwicklungsweg enthalten. Ein sehr schönes, tiefgründiges Buch, in dessen ferne - und doch so nahe - Welt sich jeder entführen lassen sollte.

broschur 144 S. EUR 10,90/
ISBN 3-933470-05-6 CHF 19,80

Die 9 Stufen zum Aufstieg

übermittelt von Crea

9 verschiendene Meister der Grossen Weissen Bruderschaft/ Raumbruderschaft erteilen wichtige Lektionen zum Thema Aufstieg.

broschur 72S. EUR 8,90/
ISBN3-933470-04-8 CHF 16,80

Gott, Schöpfung & Universum

Dr. Ron Hanner

Mit diesem umfassenden Werk gelingt es Dr. Ron Hanner auf geniale Weise die Themen Gott, Schöpfung & Universum sowohl aus spiritueller, als auch aus wissenschaftlicher Seite ausführlich zu erklären und die Verbindung zwischen Spiritualität und Wissenschaft hervorzuheben.

broschur 288 S. EUR 19,90/
ISBN 3-933470-07-2 CHF 37,80

Ashtar

Die Botschaften

übermittelt von Crea

* Erklärungen zum Thema Aufstieg
* Photonengürtel & Zeitverschiebung
* Göttlicher Zeitplan
* Die Veränderungen annehmen
* Über die Durchgaben

broschur, 150 S.
EUR 15,90/
CHF 29,80
ISBN 3-933470-03-X

Maria - Die Ankunft des Lichtkindes

übermittelt von Sananta

Empfängnis, Schwangerschaft,
Geburt und Kindheit aus geistiger Sicht

Diese Mitteilungen wurden von Mutter Maria gegeben, um den Menschen ein besseres Verständnis für das Inkarnieren der Lichtkinder zu geben, und ihnen somit zur Erfüllung ihrer Mission zu verhelfen. Die Vorbereitung auf die Inkarnation, die Empfängnis, die Schwangerschaft und Geburt, sowie das Aufwachsen des Lichtkindes aus geistiger Sicht sind die Themen dieses Buches.

broschur 72S. EUR 8,90/
ISBN 3-933470-00-5 CHF 16,80

Blauer Fünfzackiger Stern

Meditations-Stern, Tiffany-Handarbeit

Durchmesser 21cm, EUR 62,90 /CHF 120.-
beim Verlag erhältlich.

Das Symbol der Grossen Weissen Bruderschaft. Ein starkes Schutzsymbol. Durch meditatives Einstimmen auf diesen Stern erhöhen wir unsere Schwingung und stellen eine Verbindung zu den Meistern und den geistigen helfenden Wesen her.

Meditations-Cassetten je MC EUR 14,90 /CHF 28.- beim Verlag

MC 1: Christus+Buddha/ RS Maria Meditation
MC 2: Chakra-Flammen-Meditation/ RS Meditationsmusik
MC 3: Geistige Schutzmeditationen / VS+RS
MC 4: Heilmeditationen / VS+RS

Die Botschaften Heftserie, 3-monatlich

Die Botschaften übermitteln Durchgaben verschiedener Meister & geistiger Lehrer zur spirituellen Entwicklung des Menschen. Sie enthalten fundiertes Grundlagenwissen, Meditationen und Übungen, die eine wertvolle Hilfe für den eigenen geistigen Entwicklungsweg darstellen.

Bitte aktuelles Einzelheft zu EUR 8,90 /CHF 17.- zzgl. Porto anfordern!

Meisterbilder & Sticker (Sticker =selbstklebende Bilder)

Verschiedene Bilder von Meistern in mehreren Größen und als Sticker in zwei Formaten erhältlich. Sehr schön, um die Briefpost zu verzieren, oder am PC oder auf persönlichen Gegenständen.

Bitte kostenlose Meisterbilder-Liste beim Verlag anfordern!

Für weitere Informationen bitte den kostenlosen Verlagsprospekt anfordern.

R. Lippert Verlag
Hartgass 9, D-88639 Wald
Tel. 07578-2229, Fax: 07578-933194
www.lippert-verlag.de